THE
LOGIC OF
CENTRAL BANK

中央银行的逻辑

第 2 版

汪洋 ◎著

图书在版编目（CIP）数据

中央银行的逻辑 / 汪洋著 . --2 版 . -- 北京：机械工业出版社，2022.3
ISBN 978-7-111-70604-5

I. ①中… Ⅱ. ①汪… Ⅲ. ①中央银行 - 经济理论 Ⅳ. ① F830.31

中国版本图书馆 CIP 数据核字（2022）第 068080 号

世界各国都有自己的中央银行或者货币当局，尽管名称不尽相同，但都具有某些共同的特征。未来中央银行制度会有哪些变化趋势？中央银行制度从诞生到现在，再到未来，其发展的逻辑是什么？特别是如何理解我国中央银行制定的政策和各项统计指标——本书将对此展开讨论。

出版发行：机械工业出版社（北京市西城区百万庄大街 22 号　邮政编码：100037）
责任编辑：王洪波　　　　　　　　　　　　　　责任校对：殷　虹
印　　刷：河北宝昌佳彩印刷有限公司　　　　　版　　次：2022 年 6 月第 2 版第 1 次印刷
开　　本：185mm×260mm　1/16　　　　　　　印　　张：25.5
书　　号：ISBN 978-7-111-70604-5　　　　　　定　　价：79.00 元

客服电话：（010）88361066　88379833　68326294　　投稿热线：（010）88379007
华章网站：www.hzbook.com　　　　　　　　　　　读者信箱：hzjg@hzbook.com

版权所有·侵权必究
封底无防伪标均为盗版

PREFACE 前 言

美国作家威尔·罗杰斯（Will Rogers）曾经有句名言："自从开天辟地以来，曾经有三件伟大的发明，火、轮子以及中央银行。"为什么中央银行会被视为人类如此重要的发明？中央银行都实现了哪些制度创新？为什么各国一般都由中央银行垄断现钞发行？中央银行垄断现钞发行是不是就可以获得铸币税？为什么英格兰银行会有"老妇人"的绰号？仅仅有百余年历史的美联储，其政策为何对世界经济与金融运行有牵一发而动全身的影响？欧洲中央银行于1999年开始运作，作为国际上成立时间最晚，但同时又非常有影响力的中央银行，它的成立意义何在？日本银行的成立对于日本在甲午战争中的获胜有何影响？中国成立的最早的银行与甲午战争有何关系？中国的中央银行制度建立与形成经历了哪些波折？

国债是中央政府的债务，中央银行发行的钞票是中央银行的债务。当中央政府（财政部）持有中央银行（全部或大部分）股权时，那么在财政部与中央银行的资产负债表并表之后，中央银行发行的钞票和财政部发行的且私人部门持有的国债都属于中央政府的负债。如果中央银行发行的钞票主要以国债为发行准备，那么中央银行发行的钞票也可以近似地视为中央政府的负债。上述这两种负债有何差异呢？简单来说，中央银行发行的钞票是中央政府无利息支出的负债，国债则是中央政府有利息支出的负债。两相比较，中央政府通过中央银行发行钞票的债务成本似乎更低。这是不是意味着中央政府就可以开启"中央银行提款机"模式呢？古今中外无数的事实告诉我们，视中央银行发行钞票为钱袋子的中央政府，鲜有在发钞之后不面临通货膨胀困境的。如果继续追本溯源，早期的钞票通常由中央政府的财政部发行，而在现代社会各国基本上都由中央银行发行钞票。钞票的发行为什么会从财政部转移到中央银行,并由中央银行垄断发行呢?这背后的逻辑是什么?成功的中央银行制度有哪些要素呢?如果进一步追问,在发行机构转变的漫长过程中,有几个问题值得考虑:第一,在中央政府的财政部发行纸币之前,也就是在社会上流通的是中央政府铸造的硬币的条件下,出现赤字的中央政府如何解决资金缺口呢?第二,钞票最早是私人部门发行的,为什么各国都出现过由中央政府发行钞票的现象,其原因是什么?第三,中国是世界上最早发行纸币的国家,如在北宋年间出现世界上最早的纸币——交子,之后历朝历代都进行过纸币发行,如元朝在全国范围内推行"中统交钞"和"中统宝钞"等纸币,明朝开国皇帝朱元璋在位期间发行"大明宝钞",清朝咸丰皇帝在位期间发行过"官票"和"宝钞",但这些纸币的发行最终都以失败告终。中国历代统治者发行纸币屡屡失败的原因何在?当时的统治精英们到底犯了哪些错误?

中国人民银行每个月都公布各层次货币供应量,你知道这些指标是如何统计出来的吗? 2019 年年末,中国的广义货币供应量接近 200 万亿元人民币,这一规模是当年中国 GDP 规模的 2 倍。为什么这个比例会如此之高?为什么如此巨大的货币供应量没有在中国引起通货膨胀,甚至在部分时段中国还出现了通货紧缩?中国的经济学家需要给世界一个解释。2013 年 6 月,中国的银行体系出现了较严重的"钱荒",如此规模巨大的货币供应量居然还出现了钱荒,这该如何解释?什么是钱荒?钱荒是指中国百姓缺钱还是中国的金融机构缺钱?抑或是上述说法本身就不恰当?本书希望给读者一个分析思路。此外,中国人民银行从 2011 年开始公布社会融资总量这个指标,这个指标与货币供应量有哪些差异?再进一步考虑,如果我们穿越回清朝末年,当时流通中既有本国政府铸造的银两和银元,也有外国铸造的银元;既有本国政府发行的钞票,也有本国金融机构(包括当时新兴的商业银行,也包括传统的钱庄和票号)发行的银行券,还有外国商业银行发行的银行券。如果请你来统计清宣统溥仪皇帝逊位之前的货币供应量,我们该如何统计呢?

伴随着互联网技术的不断发展,中国货币流通领域在移动支付方面快速发展并且领先于世界,成为货币流通领域的第一个特征。近年来民众的日常交易很多采用移动支付,如微信和支付宝两家的支付市场份额占到了 95%,大大便利了交易。以"双十一"交易为例,2009 年,"双十一"活动的成交额为 5 200 万元。10 年之后的 2019 年,仅仅天猫网站在这一天的交易额就达 2 684 亿元,平均每一秒就成交 300 多万元,支付宝每秒处理的交易峰值达到 6 100 万次。这颠覆了人们的传统认知,也大大改变了货币支付流程。如果民间的支付工具如此快捷高效,那么中国人民银行再投入资源发行数字人民币有无必要?央行此举是否有更深含义?除此之外,中国人民银行发行的数字人民币能否应对如此高频的交易笔数和交易规模?

货币流通领域的第二个新特征是数字货币的问世。近年来,比特币、莱特币等数字货币出现了,其价格一度呈现出过山车式的波动,不少人热衷于对数字货币的炒作,严重影响了正常的金融市场秩序。数字货币的问世,对现行的以主权货币为特征的各国货币运行与管理将会产生怎样的影响？简言之，这种影响分为两类。一类是技术变化带来的冲击。众所周知，区块链是比特币等数字货币的技术基础。对于许多不懂计算机技术的经济学家来说，搞懂什么是区块链并非易事。如果技术问题是经济学家理解和分析数字货币问题的障碍，那么我们能否可以继续推演——因为许多经济学家也不懂印刷技术，所以他们也不理解现在各国流通的纸币，也就不懂当前的货币流通规律？可惜，我们得不出这样的结论。到目前为止，各国货币政策委员会里没有一个是印刷技术专家。因此，不懂数字货币技术不是理解和分析数字货币流通规律的障碍。数字货币带来的第二类影响是货币的性质发生了变化。从货币的性质来看，比特币的属性与各国的主权数字货币有差异吗？不少民众曾经一度担心美元、欧元、日元等主权货币可能被比特币等数字货币取代。如果数字货币与各国主权货币的性质相同，并且可以取代后者，那么各国中央银行未来还有存在的必要吗？如果数字货币与主权货币不同，那么这又存在哪些差异呢？数字货币的性质该如何分析？

纵观世界各国，它们都有自己的中央银行或者货币当局。这些机构都具有哪些共同的特征呢？未来中央银行制度还会有哪些变化趋势？中央银行制度在未来的发展逻辑体现为什么呢？本书将对此展开讨论。

本书的章节安排如下。第一部分，首先介绍英格兰银行、日本银行、美联储、欧洲中央银行和中国人民银行的简史，让读者对中央银行制度的历史有所了解。其次，本书重点从资产负债表的角度来认识中央银行及其各项职能——发行的银行、银行的银行和政府的银行。第二部分，从量的角度围绕着货币概念展开讨论，不仅探讨中央银行发行的现钞，而且对具有现钞功能的其他类型货币一并讨论，比如广义的货币供应量、基础货币、银根、流动性、准备金等概念，以及容易与此混淆的国债、国家纸币以及最近出现的比特币乃至社会融资规模等概念也将逐一分析。第三部分，从价格的角度对货币展开分析，货币都有哪些价格呢？一般来说，货币有三个价格，通胀率、利率与汇率。这三个价格又两两构成一个定理，对此我们将深入分析。第四部分，主要探讨货币政策的目标和工具。货币政策的目标包括货币政策的最终目标、中间目标和操作目标，货币政策的工具主要涉及传统的三大政策工具以及全球金融危机出现之后的若干新型政策工具。本书对此进行了详细阐述。第五部分主要讨论铸币税问题。这一部分详细介绍了铸币税的源与流，既从不同的货币制度探讨铸币税，又从不同机构的角度分析铸币税。同时，对若干容易产生混淆的概念和认识予以了澄清。

本书第 1 版出版之后，得到了学界同人诸多的鼓励。此次修订，对书中纰漏和若干不太准确的表述进行了更正，对部分内容进行了更新和完善，对结构也进行了调整。不足之处，请读者批评指正。

CONTENTS

目 录

前 言

第1章　主要国家（地区）中央银行简史　　1
　　1.1　英格兰银行简史　　1
　　1.2　日本银行简史　　6
　　1.3　美联储简史　　16
　　1.4　欧洲中央银行简史　　25
　　1.5　中国人民银行简史　　27
　　1.6　本章小结　　38

第2章　从资产负债表来认识中央银行　　41
　　2.1　金融机构分类以及部门分类　　41
　　2.2　资产方科目　　46
　　2.3　负债方科目　　51
　　2.4　资本金科目　　54
　　2.5　中央银行的收益与风险特征　　58
　　2.6　货币局制度　　60

2.7　本章小结　67

第 3 章　中央银行的职能之一：发行的银行　69

3.1　人类历史上的货币演进　70
3.2　中国历史上的铸币　73
3.3　中国历史上的纸币　89
3.4　自由银行制度、中央银行制度与货币局制度　100
3.5　不同发行机构发行的货币　103
3.6　人民币（现钞）是如何发行出来的　113
3.7　本章小结　115

第 4 章　中央银行的职能之二：政府的银行　116

4.1　向政府提供融资　116
4.2　管理政府债券　118
4.3　管理政府存款（国库现金管理）　119
4.4　管理外汇储备与汇率　128
4.5　代表政府参与国际金融事务　131
4.6　本章小结　133

第 5 章　中央银行的职能之三：金融机构的银行　134

5.1　中央银行的负债业务　134
5.2　中央银行的资产业务　138
5.3　中央银行主导清算业务　146
5.4　实施金融监管　157
5.5　中央银行的其他特征　160
5.6　货币当局和中央银行的差异　166
5.7　本章小结　169

第 6 章　从资产负债的性质认识货币　171

6.1　几个术语的辨析　174
6.2　美国金本位制度演变的曲折经历　177
6.3　货币是资产还是负债　192

6.4	不同金融工具货币属性的探讨	195
6.5	本章小结	206

第 7 章　银根与流动性　208

7.1	银根和流动性	209
7.2	流动性的供求影响因素与失衡	212
7.3	原始存款和派生存款	217
7.4	本章小结	223

第 8 章　货币供应量的统计　225

8.1	货币统计的三大要素	226
8.2	如何统计货币供应量	232
8.3	迪维西亚货币指数	240
8.4	储蓄率、储蓄存款与货币供应量	242
8.5	社会融资规模	247
8.6	本章小结	249

第 9 章　货币的价格　251

9.1	通胀率	251
9.2	利率	254
9.3	汇率	268
9.4	本章小结	270

第 10 章　货币价格之间的关系　271

10.1	费雪效应	271
10.2	购买力平价	272
10.3	利率平价	274
10.4	各种平价的相互关系	281
10.5	本章小结	282

第 11 章　货币政策目标　283

11.1	货币政策框架	283

11.2	货币政策的最终目标	298
11.3	货币政策的中间目标	309
11.4	货币政策的操作目标	315
11.5	本章小结	321

第 12 章 货币政策工具   323

12.1	法定准备金制度	324
12.2	公开市场操作	335
12.3	发行中央银行票据	339
12.4	外币公开市场操作	346
12.5	再贷款和再贴现	348
12.6	常备借贷便利、中期借贷便利和临时借贷便利	352
12.7	非常规货币政策工具	359
12.8	本章小结	365

第 13 章 铸币税与通货膨胀税   367

13.1	金属货币本位下的铸币税	369
13.2	信用货币的铸币税问题	373
13.3	不同货币制度下铸币税含义的演化	377
13.4	实际铸币税、通货膨胀税与成本视角的铸币税	382
13.5	本章小结	384

结语   385

参考文献   387

后记   395

CHAPTER1·第 1 章

主要国家（地区）中央银行简史

环顾世界，国际社会最引人注目的中央银行主要包括美联储、欧洲中央银行、日本银行、英格兰银行以及声誉正隆的中国人民银行。每家中央银行的发展都经历了诸多曲折，都有自己的故事。西方哲人有言："你能看见多远的过去，就能看见多远的未来。"

1.1 英格兰银行简史

英格兰银行（Bank of England）是世界著名的中央银行，该行成立于 1694 年（康熙三十三年）。该行并非成立之初就履行中央银行的职责，而是随着英国经济的增长和金融危机的出现，才开始发挥不同于其他商业银行的作用，其中央银行功能日渐突出。该行的发展历程展示了中央银行制度形成并不断发展的曲折历程。

1.1.1 英格兰银行成立的背景

英格兰银行的成立与当时英法两国的战争密不可分。1688 年，英法两国为了争夺海外殖民地爆发了战争。在这之前，英国议会于 1688 年废黜了信奉天主教的詹姆士二世。1689 年 1 月国王威廉三世和王后玛丽二世（詹姆士二世的女婿和女儿）在接受《权利法案》的前提下继位，该法案规定，未经议会同意国王不得征收任何赋税，未经议会同意国王不能终止任何法律的效力等。这一事件史称"光荣革命"（Glorious Revolution），英国由此奠定了国王统而不治的君主立宪制政体，国家权力由君主逐渐转移到议会。当战争进行到1694年时，英国王室的财力已经陷入枯竭的窘境。如何解决军费问题呢？1691年，苏格兰人威廉·皮特森（William Peterson）曾经提出借给王室120万英镑以换取包括银行券发行权在内的融资方案，但是英国政府没有接受该方案。1694年，他再次向政府提出以下融资方案：以7%的年利率向政府提供200万英镑资金，作为回报，向政府提供融资的认购者可以获准组建银行，并发行银行券。依据《财政筹款特别法案》（The Ways and Means Act），在英国财政大臣查尔斯·孟塔古（Charles Montagu）的支持下，1694年7月27日，英国议会上院以43票对31票批准成立英格兰银行。

英格兰银行获得的皇家特许状包括：允许英格兰银行突破当时的法律规定，可以不受人数的限制成立一家资本雄厚的股份公司，独享政府存款的管理权（即为英国政府财政收支提供服务），以及享有银行券⊖（其规模不超过资本金）发行权，前提是英格兰银行借给英国政府120万英镑，年利率为8%，以解政府军费支出的燃眉之急。除了利息收入之外，英格兰银行每年还可以获得政府支付的4 000英镑管理费。当时，伦敦城⊜1 208位股东（包括当时国王威廉三世和王后玛丽二世）只用12天就集齐了英格兰银行成立所需的120万英镑。1694年8月1日，英格兰银行正式营业，当时只有17名职员和2名门房，营业地点设在伦敦齐普赛街（Cheapside）的摩斯大楼（Mercers' Hall）。其章程明确宣布，该行的宗旨是"促进广大公众的利益"。不过，英格兰银行获得的皇家特许状有时间限制，即在12年之后的1706年，一旦英国王室归还全部贷款，皇家特许状就会被收回。但由于在成立后的半年时间内英国政府就花光了这笔钱，英格兰银行的皇家特许状得以延续。在1742年、1764年和1781年，英格兰银行的皇家特许状又得到多次延续。1826年，英国议会通过法案，准许成立其他发行银行券的银行，但必须距伦敦65英里⊕之外，以有别于英格兰银行发行的银行券。1833年，英国议会规定，只有英格兰银行发行的银行券为无限法偿货币，这为英格兰银行在成为英国中央银行的道路上迈出了决定性的一步。

英格兰银行成立之后，真正管理英格兰银行的人是伦敦金融城中的著名商人约翰·霍布伦爵士（Sir John Houblon，1632—1712），他后来担任了英格兰银行的首任行长。1994年，在英格兰银行成立300周年之际，50英镑面额的纸币上就印有他的头像和寓所。该寓所位于伦敦金融城的针线街上，也就是现在英格兰银行的位置。这种50英镑面额的纸币自2014年4月30日起退出流通，不再具有法偿货币的地位。

⊖ "银行券"的英文是"Banknote"，现在通常译作"钞票""现钞"。由于当时银行券的材质为纸张，因此，也有不少学者将其译为"纸币"。历史上，这个词还被译作"兑换券"，因为早期的银行券是可以兑换金、银等商品货币的。例如，清政府的户部银行在1908年更名为大清银行之后，在发行的钞票上就印有"大清银行兑换券"，在钞票的底部印有"凭券即付银币若干元全国通用"的字样。

⊜ 伦敦城位于英国首都伦敦的市中心，面积约1平方英里（约2.6平方千米），是独立的行政区，有自己的市长和警察，系英国的金融和商业中心。

⊕ 1英里=1 609.344米。

1.1.2　1797 年英格兰银行暂停银行券兑换黄金与"金块论争"

1734 年,英格兰银行搬迁至伦敦金融城的针线街。在 60 多年后,英格兰银行获得了一个绰号——"针线街的老妇人"。为什么会有这个绰号呢? 1797 年 5 月,漫画家詹姆斯·吉尔雷(James Gillray)发表了一幅政治讽刺漫画(见图 1-1)。在针线街英格兰银行的圆形大厅里,银行工作人员正坐在柜台后面忙碌。一位身材消瘦、满脸雀斑、鼻子又长又尖的男子一边强吻一位丑陋粗鄙的老妇人,一边伸手去掏老妇人口袋里的金币。慌乱之间,不少金币还掉在了地上。老妇人身着面额为 1 英镑和 2 英镑的银行券做成的裙子,坐在锁了两把大锁的钱箱子上面,钱箱里装有英格兰银行的金币。男子脚边的地上有份文件,上面有"贷款"(LOANS)的字样。抓狂的老妇人喊道:"有人要流氓啦!有人要强暴啊!有人要谋杀我啊!我的一世清白都被你毁了……"漫画的下面写着:"政治强奸——针线街的老妇人处于危险之中"。

漫画中的老妇人暗指英格兰银行,那位男子暗指当时的英国首相小威廉·皮特(William Pitt the Younger),贷款文件暗指英格兰银行与英国政府的贷款协议。发生的背景是,由于向与法国交战的英国政府提供贷款,英格兰银行不得不在 1797 年暂停银行券兑换黄金。作者讽刺英格兰银行与英国政府同流合污,其结果是通货膨胀,民怨沸腾。该漫画发表之后,英格兰银行从此就有了一个绰号——"针线街的老妇人"。至今,读者还可以在英格兰银行网站上看到这幅漫画。不过,英格兰银行对此却有另一番解释:作为金融市场秩序的守护者和银行体系的最后贷款人,"老妇人"这一绰号代表着"谨慎、安全和顾家"。

图 1-1　漫画:"针线街的老妇人"

漫画中暗指的小威廉·皮特(1759—1806)是英国历史上非常著名的政治家,他在 1783 年第一次成为大英帝国的首相,年仅 24 岁。他如此年轻就位高权重,在英国历史上可谓前无古人、后无来者。他先后在 1783～1801 年及 1804～1806 年两次组阁。在他执政期间，大英帝国面临前所未有的挑战，例如英国与欧洲诸国的战争、1776 年美国独立后两国存在的各种隐患关系、加拿大行政权的分割等。1789 年法国大革命爆发，干涉法国革命成为欧洲大陆封建王室的共同目标。英国希望充当阻止法国革命在欧洲蔓延的保护神，从 1792 年至 1815 年，英国和欧洲大陆各国先后多次组织反法同盟干涉法国革命。然而，与北美殖民地的战争（美国独立战争）已经令英国元气大伤，国库空虚，财力不足。最后，皮特首相说服了英国议会和英国国王，派遣英军赴欧洲大陆作战。从 1793 年的第一次反法同盟战争开始，英国政府的财政支出急剧增加，除税收之外，英国政府的资金来源主要是向英格兰银行借款，总额达 1 000 万英镑。自 1694 年成立以来，英格兰银行对政府的贷款余额不过 1 100 万英镑，皮特首相上任之后的 3 年内，英格兰银行对政府的新增贷款就相当于在此之前英格兰银行对政府的贷款总规模。英格兰银行信用膨胀的结果是，其无法保证英镑银行券兑换黄金的承诺，通胀加剧。

1797 年，法国对英国宣战。2 月 21 日，伦敦开始传言，有一艘法国军舰将在英国东南沿海登陆，英国军舰立刻从朴茨茅斯港赶往这一海域阻截法军，却一无所获。2 月 22 日，三艘法国军舰驶抵英国威尔士海岸西南部的菲什加德（Fishguard）海港，1 200 名法国士兵随即登陆。尽管当地民众的反击取得了胜利，这部分法军也投降了，但是英国民众的恐慌情绪迅速蔓延。惊慌失措的伦敦市民纷纷到英格兰银行用银行券兑换黄金。此外，当年英国农业歉收，粮食进口增加，工业品出口减少，国际收支出现逆差，结果黄金大量外流，英格兰银行的黄金储备迅速从 1 600 万英镑降至 200 万英镑，黄金储备占英格兰银行的银行券发行额的比率大幅下降。在内外交困的情况下，为了避免黄金的进一步流失，1797 年 2 月 26 日，首相皮特主持枢密院会议，通过了《英格兰银行管制法案》（Bank Restriction Act of 1797），在历史上首次暂停了英格兰银行的银行券兑换黄金的承诺。3 月，英国议会通过法案，授权英格兰银行发行不可兑换黄金的面额为 1 英镑和 2 英镑的银行券，以替代流通中日益减少的金币，自此开启了所谓的"暂停兑换期"（Restriction Period）。

英格兰银行当时的这一举措激怒了一位名为 R. B. 谢里登的国会议员，这位能言善辩的剧作家议员在议会发表演说，将英格兰银行比喻为"一个上了年纪不幸与人同流合污的老妇人"。漫画家詹姆斯·吉尔雷就是据此创作了如前所述的漫画，发表在第二天的报纸上。暂停兑换期从 1797 年开始，一直到 1821 年（拿破仑去世）结束，持续了 24 年。银行券的暂停兑换意味着通货膨胀，这自然引发了英国民众的不满，漫画的出现也就在情理之中了。彼时，备受嘲讽的皮特首相才 38 岁。虽然如此，但是在英国的历史上，他仍然是一位杰出的政治家。此外，皮特首相任职期内的 1793 年，英国国王乔治三世派出乔治·马戛尔尼勋爵带领的外交使团以贺寿之名，来华觐见乾隆皇帝，希望与清政府建立外交关系，扩大两国贸易，最终无功而返。

英格兰银行暂停银行券兑换黄金后，还导致了一场非常著名的大讨论——"金块论争"（Bullion Controversy）。因为直到 1809 年，银行券和黄金的价值背离更甚，这成为当时英国民众关心的大问题。1810 年英国议会下院成立了金块委员会（The Bullion Committee），旨在研究英国恢复金本位制度的可能性以及相关的操作问题。罗伯特·皮尔爵士（Sir Robert Peel，1788—1850）是该委员会的主席，他后来两度成为英国首相。"金块论者"认为，金块价格和银行券价格背离是由于银行券发行过多，因此主张减少银行券的发行，具体方法就是立即恢复银行券兑换黄金，其代表人物有著名的经济学家大卫·李嘉图（David Ricardo）。"反金块论者"认为，银行券是按社会需要发行的，银行券即便不能兑换黄金，也不至于发行过多。"金块论争"的结果是1821年英格兰银行恢复了银行券兑换黄金。这一年，拿破仑去世了，英法两国的战争随之结束，英国政府的军费开支规模下降了。这说明财政赤字是当时银行券超发的主要原因，当财政支出下降后，银行券超发和通货膨胀问题就自然解决了。在1825年和1836～1839年，英国先后两次出现严重的经济危机，通货膨胀严重。为了彻底解决这一问题，英国议会在1840年设立"下院发行银行委员会"（Select Committee of the House of Commons upon Bank of Issue），讨论银行券的发行改革问题，由此形成了观点对立的"通货学派"和"银行学派"之间的"通货论争"（Currency Controversy）。通货学派继承了金块论者的观点，银行学派则继承了反金块论者的观点。皮尔首相是通货学派的忠实信徒，他在1844年主持通过了《英格兰银行特许法》（Bank Charter Act 1844），该条例的通过标志着通货学派的胜利。

1.1.3 英格兰银行作为中央银行地位的确立

1921年，英国其他私人银行完全放弃银行券发行权，这使得英格兰银行成为英国唯一的"发行的银行"。1928年，英国议会通过《通货与银行券法》（Currency and Banknotes Act 1928），从法律上明确了英格兰银行是唯一有权在英格兰和威尔士地区发行货币的机构。由于历史原因，直到今天，苏格兰银行和北爱尔兰银行仍然保留在本地区的现钞发行权，但是其发行规模极小，仅具有象征意义，我们仍然将英格兰银行视为英国的"发行的银行"。此外，英格兰和苏格兰在1707年才正式合并为大不列颠联合王国，英格兰银行的成立比这要早13年，出于尊重历史的缘故，英国政府仍然以英格兰这一地名来命名其中央银行，而没有改变其行名。1946年，英国政府对英格兰银行实施国有化政策，英格兰银行自此成为典型的国有化中央银行。

在历史上，英国还曾经饱受假钞之苦。例如，第二次世界大战（后简称二战）期间，纳粹德国大规模实施"伯恩哈德行动"（Operation Bernhard），它从1939年开始有计划地组织囚犯伪造5英镑、10英镑、20英镑和50英镑四种面额的钞票。当时的英镑钞票采用亚麻纸作为原材料，钞票的正面文字和图案是黑色的，其他部分是白色的，钞票的背面也是白色的，所以又被称为白色英镑。英镑钞票貌似简单粗糙，却是最早运用水印技术进行防伪的钞票。除此之外，在整张钞票上防伪标记有150余处，且每张纸币上都印有独一无二的序列号。然而，英镑钞票即使在当时使用了世界一流的防伪技术，也没能阻止纳粹德国进行有组织的伪造生产。1942年9月，英格兰银行从西非分行收到一捆面额为10英镑的假钞，此后陆续在欧洲、非洲、中东等地发现假钞。据估计，纳粹德国印制的各种面额的英镑，其总值比同期英格兰银行的现钞发行面额还要多。到1945年，全球流通的英镑钞票有 1/3 是假钞。面对不断泛滥的假钞，英格兰银行和英国政府极为恼火。自 1942 年英镑假钞被发现后，英格兰银行不得不宣布上述面额的钞票不再具有法偿资格，并决定发行防伪程度更高的新版钞票，同时也不再发行大面额钞票（当时钞票的最高面额是 1 000 英镑）。

1.2　日本银行简史

明治维新以来，日本在亚洲最早开始实施资本主义制度。在金融制度方面，日本主动学习当时西方先进的金融制度经验，是亚洲最早建立中央银行的国家，也是亚洲最早建立金本位的国家。

1.2.1　明治政府发行纸币和金属货币

1868 年明治维新是日本近代史上的重要转折点，也是日本向西方国家学习货币发行制度和中央银行制度的起点。当年 5 月，日本明治政府颁布《银目废止令》，废除传统的称量银货币制度，寄希望通过改革实现国内货币统一。

1868 年 6 月，明治政府发行了一种不可兑现纸币——太政官金札（太政官是日本明治政府初期的最高议政机构，札指纸币），其货币单位沿用德川幕府时期的币制单位"两、分、朱"。太政官金札的票面为十两、五两、一两、一分、一朱，由于太政官金札并没有相应的金属铸币（金、银和铜）作为储备，所以通过政府，强制该纸币在全国各地流通。明治政府期望以此来解决军费、官员俸禄等财政支出的资金来源。这是明治政府对信用货币（纸币）发行的初步探索。此时，日本还没有建立中央银行制度，货币发行还远未统一。

1871 年明治政府颁布《新货币条例》，开始仿照西方国家的货币制度对江户时代混乱的货币制度进行改革。条例规定，币材分为金、银、铜三种，其中金币是本位币，单位是圆，"1 圆"金币的重量为 25.72 格令（1.66 克），成色 90%（含金量 23.15 格令 =1.5 克），银币和铜币是辅币，银币的单位是"钱"，铜币的单位是"厘"，采用十进位制，1 圆 =100 钱 =1000 厘。此外，当时在亚洲各国贸易结算时使用的是墨西哥银币——鹰洋，其重量为 416.5 格令（26.7 克），成色为 89%，为了便于国际贸易，在《新货币条例》颁布之前的 1870 年 11 月，日本政府就开始铸造与鹰洋重量和成色基本相同的日本贸易银元，其重量为 416 格令（26.95 克），成色 90%，而日本其他银币的成色为 80%。很快这种银元就在日本国内可以自由流通了。

1.2.2　日本国立银行制度的实施与国立银行券的发行

1870 年 11～12 月，日本政府派遣大藏省少辅伊藤博文赴美国专门考察其财政金融制度。当时美国实行双轨制的商业银行制度——国民银行和州银行。所谓国民银行就是在联邦政府注册的商业银行，州银行就是在州政府注册的商业银行。这两类商业银行均为私人部门出资，而非政府出资，其差异主要体现为银行监管的机构不同，前者受联邦政府监管，后者受州政府监管。在货币发行方面，美国的国民银行制度采取分散发行现钞的方式，即每家国民银行都可以发行钞票。伊藤博文回国之后，借鉴美国的经验，向政府建议在日本设立国立银行制度（也有译作国民银行制度），一方面为殖产兴业提供资金来源，另一方面改革日本政府的货币发行制度，收回政府发行的不可兑现的纸币，同时发行纸币的机构主体从政府财政部转向银行部门。1872年（明治五年），日本政府颁布《国立银行条例》，建立国立银行制度，其目的是构建日本的银行体系，汇集民间资本，为其国内新式企业的创立和运营提供资金支持，殖产兴业。所谓国立银行，就是根据国家法律设立的民营资本银行。

根据日本政府的法律规定，国立银行资本金的60%必须购买政府国债，其余40%以正币（银币）缴纳。国立银行均享有银行券的发行权，但必须可以兑换金币，并在全国范围内通用。国立银行券的发行规模为该行资本金的60%，且必须以资本金40%折合成金币作为发行准备。1873年7月，涩泽荣一①主导的第一国立银行在东京开业，这是日本历史上最早的银行机构。同年8月，该行开始发行第一国立银行券。由于国立银行是按照获批成立的顺序来命名的，如第一国立银行、第二国立银行、第三国立银行……且所有面值相同的国立银行券在票面设计上几乎都是一样的，即正面印有"大日本帝国通用纸币"的字样，唯一的差异就是票面上用红色字体标注的发行银行名称是不同的。由于《国立银行条例》对开设国立银行的门槛设置较高，到1875年，日本各地仅批准开设了4家国立银行，它们均享有可兑换银行券的发行权，但是受制于当时日本国内商人对国立银行业务的抵制，银行券的发行规模不大，流通不畅。部分持有者在获得国立银行券之后，很快就向银行兑现金币，导致国立银行经营困难。

为了鼓励民间资本进入银行业，1876年8月，明治政府又修订了该条例，放宽了对资本金的要求，取消国立银行券的金币兑换义务，提高发行规模（从资本金的60%提高到80%）等。此后，国立银行的数量开始呈现出井喷式增长，截至1879年，日本共成立了153家国立银行，其负面影响是各家国立银行纷纷滥发银行券，导致这些不可兑现的银行券迅速贬值，日本政府遂停止了设立新的国立银行。

1.2.3　日本西南战争和通货膨胀的治理

明治维新时期，武士阶层虽然在推翻幕府封建统治的过程中发挥了主导作用，但是在

---

① 1873年，由号称"日本金融之王"的涩泽荣一（1840—1931）创立了日本第一家股份制银行——第一国立银行（即现在的瑞穗银行）。彼时的涩泽荣一年仅33岁，已经是主管日本国家预算的大藏少辅，但是他向政府递交了辞呈，弃官从商。他的这一举动极大地影响了当时日本社会的观念，商人开始受到尊重。日本政府将于2024年上半年启用新版纸币，其中1万日元面额的纸币的正面图案就采用涩泽荣一的头像。涩泽荣一一生参与创办的企业组织超过500家，包括东京证券交易所，这些企业遍及日本最重要的产业部门，如银行、保险、矿山、铁路、机械等行业。

随后的改革中被剥夺了政治、经济等领域的一系列特权。随着明治政府废藩置县等政策的出台，武士阶层失去了政治特权；随着"废刀令"和"征兵制"的实施，武士阶层又丧失了军事特权；金禄公债制度的实行，武士阶层的经济来源被明治政府采用赎买的方式剥夺了。最后，心生不满的武士们于1877年在日本西南的鹿儿岛县发动了反对明治政府的大规模武装叛乱，史称"西南战争"（Seinan Civil War），实际上就是日本内战。这场叛乱的领导者是被誉为"维新三杰"之一的西乡隆盛。他出生在日本九州鹿儿岛，生于下级武士家庭，曾在推翻幕府的维新运动中立下卓著的功勋。1873年，西乡隆盛由于在征韩问题上与其他人政见不合而辞职返回鹿儿岛。在武士阶层与明治政府的冲突愈演愈烈之时，西乡隆盛被萨摩藩的武士们推为首领。他以"但以此身付众人"的勇气与武士们共进退。最终，政府军取得了胜利，西乡隆盛兵败自杀，但其死后仍然深受日本民众的尊敬和爱戴，在东京上野公园就立有他的铜像。

西南战争历时8个月，政府军与叛军均伤亡惨重。明治政府的军费支出高达4 200万日元，要知道1877年日本政府全年的财政收入预算规模也不过5 100万日元。为了筹集军费，明治政府采取了以下方式：一是大量发行政府纸币（明治通宝札、神功皇后札），填补此次战争支出造成的财政赤字；二是向东京的商业银行（第十五国立银行）借款，这造成国立银行券的超额发行。以明治通宝札为例，这是明治政府大藏省从1872年4月开始发行的竖长条形样式的纸币，但不可以兑现相应面额的金币。西南战争结束后，明治政府从1881年2月开始发行另一种设计风格的纸币——横长条形的神功皇后札，其货币属性与明治通宝札一样，发行后与明治通宝札并行流通。神功皇后是日本历史上著名的首位女性君主，但是神功皇后札票面上的女性图像却并非神功皇后本人，而是以一位日本女性的肖像作为代替，且在票面上印有"大日本帝国政府纸币"的字样。神功皇后札开启了日本将人物图像印制在票面上的先河，并深刻影响了日本后世的纸币设计风格。不论是政府纸币，还是国立银行券，由于发行规模过大，这些纸币的名义价值远高于其实际价值，到1881年4月时，这些纸币的兑换价格急剧下跌，远低于其法定面额，"1圆"银币可兑换"1圆80钱"（1.8圆）明治通宝札，而到1876年时两者就是等值兑换了。与此同时，在1877～1880年期间，日本贸易逆差规模扩大，导致金币与银币外流，各类纸币与金、银的比价进一步贬值，国内物价飞涨。

西南战争的爆发引发了恶性通货膨胀（从1877年至1881年，物价上涨了近2倍），进一步加剧了日本政府的财政困难。这不仅使得国内社会各阶层怨声载道，也阻碍了日本经济的发展。正因为如此，日本政坛爆发了"明治十四年政变"，当时的大藏卿（相当于财政部部长）大隈重信失势下台。1881年10月，松方正义出任日本大藏卿，此后他掌管日本财政达22年之久。他认为，通货膨胀的根源在于滥发纸币，应当采取紧缩性的政策来抑制通货膨胀。为了克服通货膨胀，一方面，松方正义推行增加税收、减少支出的紧缩性财政政策；另一方面，逐步收回超额发行的政府纸币和国立银行券，并需要建立一家中央银行来专门履行这一职能。

1.2.4 日本银行的银行券发行与货币统一

1882年6月，日本政府在学习英国中央银行制度的基础上，按照松方正义的建议，颁布了《日本银行法》，设立日本银行（Bank of Japan），资本金为1 000万日元，并规定日本银行为唯一有权发行银行券的银行，这标志着日本开始实施中央银行制度。日本银行于当年10月10日运行，首任总裁是吉原重俊。日本银行的成立比中国人自己创办的中国通商银行（1897年）早了15年。1883年，日本政府再次修订《国立银行法》，提出所有的国立银行的经营期限为20年，自成立之日起算，在到期之前或期满解散，或改为普通商业银行。通过这一改革，日本政府取消了各家国立银行的发钞权，并确定了日本银行垄断发钞权。结果，在1899年之前所有的国立银行都转成了普通银行。

日本经济史学家将此事件导致的通货紧缩称为"松方通货紧缩"，即源于松方正义推行的紧缩财政支出下的纸币治理措施，该措施稳定了大隈重信任职大藏卿时期形成的通货膨胀，却引发了通货紧缩。如何保障货币发行的统一并稳定币值呢？1884年5月，日本政府公布了《日本银行银行券条例》，明确由日本银行垄断银行券的发行，从法律上结束了银行券分散发行的混乱局面。1885年，日本银行首次发行银行券，其名称为"日本银行兑换银券"，也称为"大黑札"（因为十元券的正面印有日本财神大黑天的形象），"兑换银券"的意思即"可兑现为银币的银行券"。由于其可兑换银币，相较于那些不可兑现的政府纸币和国立银行券，"兑换银券"在问世之初就得到了民众的接受和认可。到1899年年底，旧纸币基本退出了流通领域，日本银行券成为唯一流通的纸币，日本政府完成了纸币的统一。

1.2.5 甲午战争与清政府的对日赔款

1894年8月1日，中日双方正式宣战。1895年4月，中国战败，被迫签署《马关条约》。根据《马关条约》的规定，清政府向日本赔款金额具体为：军费库平银2亿两，威海卫驻军费150万两，赎辽费3 000万两，合计23 150万两，需分8次在7年内支付，分期支付的利息为5%，最终期限是1902年。但是，清政府在1898年5月先后分4次付完了全部赔款，主要目的是节约2 100多万两的利息费用和200万两的威海卫驻军费（《马关条约》规定，赔款交清之前，日本在威海卫驻军的费用，由中国政府每年支付库平银50万两）。这23 150万两白银约合当时3.583 6亿日元，是1894年日本财政收入（一般账户）9 817万日元的3.6倍多。如果扣除战争期间日本政府的军费开支约2亿日元，日本从清政府手中多赚了约1.6亿日元。日本明治政府将这笔赔款主要用于三个方面：第一，陆海军备的扩张，为此后日俄战争做准备，仅1896～1902年合计投入约1.25亿日元；第二，币制改革，日本政府利用部分赔款作为实施金本位的准备金，合计7 260余万日元；第三，"三基金"的设立，即军舰水雷艇补充基金、灾害准备基金和教育基金，合计5 000

万日元。扣除上述用途，日本政府还有剩余资金。

关于清政府支付的赔款金额以及日本政府获得的赔款金额，中外史学家多有研究，结论并不完全一致。这主要是因为：一方面，清政府支付赔款的时间跨度和日本政府使用赔款的时间跨度并不一致，且周期较长，这中间汇率变化较大；另一方面，清政府采用库平银计价，赔付的是英镑，日本政府在计算时又将英镑折算成日元，多次折算之后，导致彼此的数据并不统一。在折算过程中，清政府不仅承担了成色亏，还承担了镑亏。所谓成色亏，就是日本政府要求赔款的白银成色高于《马关条约》的规定。所谓镑亏，就是日本政府要求清政府支付赔款的币种为英镑，由于白银对英镑贬值，所以支付同样数额的英镑，清政府需要赔付更多的白银。下面详细介绍这两个细节。

第一，成色亏。日方以库平银成色不足为由，提出要"库平实足"。所谓"库平实足"，实际上是要另行规定库平银的成色。《马关条约》原本规定，清政府对日本的赔款采用库平银，而不是当时在国际社会没有争议的海关两。库平银为清政府规定的国库收支银两的计算标准，并无白银实物存在，是作为价值符号的一种虚银两。这一标准成色源于康熙朝，约为935.374，即每1 000两纹银含有935.374两纯银，所以习惯上每100两纹银须申水（当时称为申水，现在统称升水）约6两始等于足银。如果将每两库平银折合成西方的重量标准，则为544.629 6格令（Grain，曾译作"英厘"），即35.292克。当时在全国范围内，库平银的成色并未实现统一，不仅中央政府的库平与地方政府的库平不同，有大小之分，而且各省之间也有差异，甚至一省之内也有藩库平、道库平、盐库平之差。这给了日本驻华公使林董向清政府交涉的借口，他代表日本政府以"库平实足"为借口，要求中国所赔之库平银成色必须达到988.89，即每1 000两含纯银988.89两，即库平银1两为572.82格令，折合37.312 56克。与按清政府通行的康熙库平银成色标准相比，赔款需要多付1 325万两。尽管这一要求没有道理，但是在日本的压力下，清政府不得不接受。

第二，镑亏。日方以"先划定一公平之镑价"为由，确定赔款币种问题，即赔黄金还是白银的问题。甲午战争之时，中日两国均采取银本位，西方国家主要采取金本位。1893年10月，印度实施了货币制度改革，放弃银本位，实施金本位，从而银价暴跌，这对日本经济造成了较大的冲击，也促使日本政府希望采取金本位制度。日本欲借甲午战争获胜之机，为日后实行金本位打下基础，故要求中国在伦敦用英镑支付赔款。同时由于白银兑英镑（黄金）日渐贬值，林董为本国利益考虑，要求总理外交事务衙门用英镑在伦敦支付甲午战败的赔款。总理外交事务衙门当时提出两点：①白银折合英镑的价格应该按照交款之日的市价计算；②采用中国惯例规定库平银的方法，再折合英镑支付。但是，这两点遭到了林董的拒绝。19世纪末20世纪初，金价上涨银价下跌是国际货币市场的整体态势，白银相对英镑（黄金）总体上是贬值的。林董提出，库平银换成英镑的汇率用1895年6~8月伦敦市价（白银兑换黄金）的平均值计算，余款利息也按照这个汇率标准折算。这意味着清政府实际要付出更多的白银，其债务负担更重，此即为"镑亏"。这项规定使得清政府多付给日本库平银1 494万两。白银成色和汇兑损失这两项相加约为2 819万两库平银（戚其章，2009）。

1895年4月《马关条约》签订之后，日本政府要求清政府将赔款折合成英镑支付，清政府不得不在伦敦市场上筹集资金。同时日本政府委托横滨正金银行伦敦分行代为办理中国赔款事宜，而横滨正金银行此前无法在英格兰银行开户，正是在得到这个代理业务后，才很快成为英格兰银行的座上宾。清政府将在伦敦市场筹集的赔款（英镑）支付给日本政府之后，日本政府将其存放在英格兰银行，日本银行则以此为基础实施了金本位。

1.2.6 日本金本位的实施与放弃

1897年3月，日本政府通过《货币法》，并于当年10月正式实施，该法律规定每单位日元含黄金0.75克。日本政府以清政府甲午战败的赔款为基础，在亚洲第一个实施了金本位制度。从1899年开始，日本银行发行了可以兑换金币的日本银行兑换券，此时的日本银行券票面上写的是"日本银行兑换券"，少了"银"的概念，也暗示着日本从银本位向金本位的转变。

从国际背景来看，截至1870年采用金本位的国家只有英国、加拿大、澳大利亚、葡萄牙、阿根廷和乌拉圭六个国家。从那之后，伴随着美洲和澳大利亚金矿的发现，黄金产量大幅增加，欧美等国家相继采用金本位。与此同时，银矿冶炼技术的迅速提高以及白银产量的迅速扩大，直接导致国际银价不断下跌，由此造成采用银本位的国家货币贬值和汇率不稳，这也是当时的两大白银帝国——中国与印度衰落的原因之一。

1902年，英日两国政府签订了《英日同盟协议》。根据该协议，如果一国与其他国家开战，另一国有义务为对方提供军事援助。从1904年开始，日本银行的官员高桥是清（后来任日本财政部部长）主持发行英镑债券以支持日本政府进口武器，这为日本政府赢得日俄战争提供了资金。同时，日本采取金本位制使得日元债券的风险溢价降低了，便利了其在国际金融市场的发行，这也为日本取得日俄战争的胜利奠定了金融基础。除此之外，日本政府还设立了各种特定目的的银行，如横滨正金银行、劝业银行、农工银行、北海道拓殖银行、兴业银行、台湾银行、朝鲜银行，这些银行的资金运用被限定为某些特殊领域，为日本实体经济提供融资，支持了日本现代工业体系的建设和大型财阀的扩张。

日本在近代先后发动了几次战争，其中在1894～1895年的中日甲午战争和1904～1905年的日俄战争中都取得了胜利。每次战争之前或者战争之后，日本银行的资本金都发生了明显的变化。例如，从1887年3月到1895年8月，日本银行的资本金从2 000万日元增加至3 000万日元，1910年2月，其资本金又从3 000万日元增加至6 000万日元。1929年纽约股市崩盘，世界经济危机爆发，并波及日本。为了转移国内矛盾，1931年9月，日本发动侵华战争，日本政府开始对金融业实施全面管制。

受英国退出金本位的影响，1931年12月日本政府宣布禁止黄金出口，退出金本位，日本银行停止银行券与金币的兑换。为了适应对外侵略战争的需要，满足国内军需生产的资金需求，日本银行推行低利率政策，以便国债的发行。1941年12月日本偷袭了美国珍珠港，太平洋战争爆发。1942 年，为了更好地服务于战时新体制，日本政府不仅改组了中央银行，而且正式颁布了《日本银行法》，同时将该行的资本金增加至 1 亿日元，其中政府认购 55% 的比例。另外根据该法律，日本银行正式放弃了金本位，从此时开始，"日本银行兑换券"变成了"日本银行券"，暗示银行券不再可兑换，同时规定日本银行必须对政府进行无担保的贷款并承销和认购政府国债，体现了当时日本战时经济的特征。在货币发行方面，该法规定：日本银行券的发行有额度限制，发行额度由大藏大臣通过内阁会议规定并予以公告。日本银行认为在有必要时，可以超限额发行，但是如果在超过 15 天后仍然继续超限额发行，从第 16 日起对超出限额的部分，要按天数和大藏大臣规定的比例缴纳发行税。1945 年 8 月，日本宣布战败，美国在战后对其经济、社会制度进行了大规模的改造。1949 年 6 月，仿照美联储模式，日本银行成立了货币政策委员会。

战后的日本经济取得了巨大的发展，一度成为仅次于美国的发达经济体，其成功秘籍之一就是日本银行在战后较好地保证了物价稳定，为日本经济高速发展创造了稳定的经济环境。不过，日本银行也出现过失误。20 世纪 80 年代末，日本出现了泡沫经济，虽然当时日本物价水平保持低位运行，但是日本银行没有意识到，仅仅保持物价稳定还不足以保证金融业的稳定。随着 20 世纪 90 年代初日本泡沫经济破灭，日本银行才意识到，不仅要保持物价稳定，还需要保持金融系统的稳定。

1997 年 6 月，日本政府对 1942 年《日本银行法》进行了全面修订，并于 1998 年 4 月正式实施，新法更加强调了其独立性和透明度。

1.2.7　通货紧缩与安倍经济学

1990 年，日本泡沫经济破灭，日本经济陷入低迷。1997 年，日本再一次修订了《日本银行法》。这一新的法律借鉴和吸收了当时许多国家宏观调控的成功经验，并于 1998 年 4 月 1 日开始执行。泡沫经济破灭之后，日本经济饱受通货紧缩的困扰。为了解决这一问题，日本银行先后多次采取了激进的货币政策。截至 2010 年年末，日本经济一直没有从通货紧缩的泥潭中摆脱出来，以至于当时的日本经济被贴上了"失去的二十年"的标签。

2012 年下半年，日本主要宏观经济指标并不理想，经济重新回到了通货紧缩状态，核心消费者物价指数从年初的 0.1% 降至 12 月的 −0.2%，GDP 连续两个季度负增长，日元对美元和对欧元的汇率分别贬值 10.2% 和 11.7%。为了刺激低迷的经济，2012 年日本银行采取的量化宽松货币政策先后五次扩大规模，从年初的 55 万亿日元扩大至年末的 101 万亿日元。日本银行甚至对外宣称，通货膨胀率的目标值为 1%，日本银行将与政府一道共同为实现该目标而努力。

2012 年年末，安倍晋三再度出任日本首相。日本政府采取了极度扩张性的经济政策，俗称"安倍经济学"政策，即实行宽松的财政政策、货币政策和汇率政策，旨在将日本拉出经济低迷的泥淖，尤其是改变日本长期的通货紧缩状态。根据这一政策导向，日本银行货币政策委员会在 2012 年 12 月的会议上确定了"在中长期内实现物价稳定的目标"。2013 年 1 月，日本银行货币政策委员会将"物价稳定"定义为"包括住户和公司在内的经济主体在做出投资和消费的决策时无须考虑一般物价水平的波动"，将每年 2% 的 CPI 涨幅视为物价稳定，并决定从 2014 年起实施日本国债无差别购买计划（对不同剩余期限的日本国债实施无差别购买）。

2013 年 4 月 4 日，日本银行再次召开货币政策会议，决定为尽快完成两年内通胀率达到 2% 的目标，日本银行决定采用新的货币宽松政策——量化和质化货币宽松政策（Quantitative and Qualitative Monetary Easing，QQE）。我们该如何理解这个政策呢？何谓量化宽松政策？即中央银行扩大基础货币的规模，这体现在中央银行资产负债表的负债方。何谓质化宽松政策？即为降低某些特定品种资产的价格，中央银行有针对性地买进某些资产，这主要体现在中央银行资产负债表的资产方。在此次会议上，日本银行货币政策委员会对 QQE 政策做出了以下几点规定。第一，为了推行 QQE 政策，日本银行的货币政策操作目标由未抵押的隔夜拆借利率转换成基础货币，保证基础货币的规模每年增长 60 万亿至 70 万亿日元。第二，为引导利率进一步降低，日本银行将以每年 50 万亿日元的增长规模购买日本国债。日本银行可以购买所有期限的日本国债，包含 40 年期的国债。所购买的日本国债平均剩余期限从低于 3 年延长至 7 年。第三，为降低资产价格的风险溢价，日本银行将购买交易所交易基金（Exchange-Traded Funds，ETFs），其规模维持在每年 1 万亿日元，同时将购买房地产信托基金（Japan Real Estate Investment Trusts，J-REITs），其规模维持在每年 300 亿日元。

2014 年 10 月 31 日，日本银行货币政策委员会再次召开会议，决定进一步强化 QQE 政策的实施，将基础货币的每年增长额提升至 80 万亿日元，相较于此前的 QQE 政策约增加 10 万亿至 20 万亿日元。此外，国债购买规模提高至每年 80 万亿日元，国债平均剩余期限延长 7~10 年，ETFs 和 J-REITs 每年购买增加额均提高至原来的 3 倍，分别为 3 万亿日元和 900 亿日元。

随着 QQE 政策的不断推进，日本民众对通货紧缩的担忧逐渐缓解，日本国内投资规模不断扩大。为了进一步促进利率下降，尽快实现 2% 的通胀率目标，日本银行决定对 QQE 政策采取补充措施。例如，在资产购买方面，日本银行开始购买商业票据和公司债，并维持商业票据每年增长额为 2.2 万亿日元，公司债每年增长额为 3.2 万亿日元。

1. 配合负利率政策的量化和质化货币宽松政策

随着 QQE 政策的不断推进，日本经济逐渐复苏，日本民众的收入状况得到好转，通胀率稳步上升，实际利率不断下降。然而，在国际原油价格大幅波动并不断下跌的背景下，全球金融市场动荡不安，这对新兴经济体和以大宗商品出口为主的经济体产生了较大的影响，尤其是对中国经济存在较大的不确定性（为此，2015 年 8 月中国实施了汇率改革）。这些不稳定因素导致日本经济运行的风险日益增加，影响了日本民众和企业家对未来物价水平的预期，甚至有可能产生新的不利因素。为避免风险加大带来的不确定性，进一步降低实际利率，尽快实现 2% 的通胀率目标，在 2016 年 1 月 29 日召开的货币政策会议上，日本银行决定引入"配合负利率政策的量化和质化货币宽松政策"（Quantitative and Qualitative Monetary Easing with a Negative Interest Rate），成为继瑞典央行、丹麦央行、欧洲央行和瑞士央行之后，全球第五家实施负利率的中央银行。日本银行货币政策委员会充分考虑各种可行性措施，从利率、量化、质化三个方面进一步追求货币宽松。

在利率方面，日本银行货币政策委员会以 5 比 4 的投票结果同意采用负利率政策，即从 2016 年 2 月 16 日开始，对准备金实行 −0.1% 的利率。同时根据未来经济的发展，在有必要时日本银行还可能会进一步降低利率水平。具体来说，日本银行对金融机构存放在日本银行活期存款账户中的余额采用分级制（The Multiple-tier System）的管理办法：对基础余额（Basic Balance）部分即超额存款准备金实行 0.1% 的正利率；对宏观加算余额（Macro Add-on Balance）部分即法定存款准备金及政策性资金（包括对企业的贷款资金、对地震灾害地区金融机构的援助资金等）都实行零利率；对政策利率余额（Policy Rate Balance）部分，即除适用正利率和零利率以外的剩余存款部分，也就是新增准备金部分实行 −0.1% 的负利率。

在量化方面，日本银行货币政策委员会以 8 比 1 的投票结果通过了货币市场操作指引，即维持基础货币规模每年增长 80 万亿日元。

在质化方面，日本银行货币政策委员会通过了资产购买指引。日本银行将以每年 80 万亿日元的增长幅度购买日本国债。为降低收益率曲线的整体利率水平，日本银行将根据金融市场的状况灵活购买不同期限的国债，所购国债的平均剩余期限延长至 7～12 年。日本银行对 ETFs 的购买规模每年新增 3 万亿日元，对 J-REITs 的购买规模每年新增 900 亿日元，对商业票据的购买规模每年新增 2.2 万亿日元，对公司债的购买规模每年新增 3.2 万亿日元。

日本银行为尽快实现 2% 的通胀率目标，将持续实施"配合负利率的量化和质化货币宽松政策"。日本银行通过降低利率和购买国债等资产，收益率曲线面临继续下行的压力。在 2% 的通胀率目标实现之前，日本银行会继续实施该政策，强化该政策的实施效果。

2. 配合收益率曲线控制的量化和质化货币宽松政策

2016 年 9 月 20 日和 21 日，日本银行货币政策委员会对实施 QQE 政策以来的经济发展状况、价格水平以及政策效果等方面进行了全面评估。自实施 QQE 政策以来，日本实际利率水平不断下降，自 1990 年泡沫经济崩溃以来的通货紧缩问题得到了解决。但是，日本的物价表现与 2% 的通胀率目标仍然相距甚远，以至于日本银行不断推迟实现该目标的最后期限。2016 年 1 月，日本开始实施负利率政策，日本各个期限的国债名义利率下降，收益率曲线变得更为平坦，10 年期国债在实施负利率政策之后出现了负的收益率。2016 年 2 月，10 年期国债收益率降至 −0.035%，此后几个月该收益率持续走低，最低为 −0.3% 左右。负利率政策的实施已经对日本各大金融机构的收益产生了很大的影响，不仅不利于稳定日本金融市场，还破坏了日本经济发展，实现 2% 的通胀率目标也变得更为困难。因此，为了加强政策效果，尽快实现 2% 的通胀率目标，日本银行决定引入新的货币政策框架——"配合收益率曲线控制的量化和质化货币宽松政策"（Quantitative and Qualitative Monetary Easing with Yield Curve Control）。

该政策框架主要由两部分组成：第一部分是收益率曲线控制，即日本银行通过市场操作来控制短期和长期的利率水平，实现对收益率曲线的整体调节；第二部分是通胀超调承诺（Inflation Overshooting Commitment），即日本银行承诺继续扩大基础货币的规模，直到通胀率达到并稳定在2%的水平之上，增强公众对日本银行的信心。

在收益率曲线控制方面，日本银行货币政策委员会以7比2的投票结果通过了市场操作指引，即通过市场操作来调节短期和长期利率，改善收益率持续走低的情况，使收益率曲线达到日本银行的合意状态。日本银行的短期利率目标为，继续采用负利率政策，对政策利率余额部分实行 -0.1% 的利率。日本银行的长期利率目标为，购买的国债规模维持在年均增加80万亿日元的水平，直至10年期的国债收益率维持在零利率的水平上。同时废除对购买国债的期限设置，保证国债购买范围更广泛，购买期限多元化、长期化。此前实行负利率政策的经验表明，同时采取负利率政策和购买国债政策，可以有效控制收益率曲线。因此，为了能够顺利实施收益率曲线控制，日本银行决定引入新的操作工具——固定利率购买业务，即日本银行以某个固定利率水平持续购买国债，同时延长固定利率的资金供给期限，从当前的1年期延长至10年期。日本银行买进的资产品种除了国债之外，ETFs的规模维持在每年6万亿日元，J-REITs的规模维持在每年900亿日元，商业票据的规模维持在每年2.2万亿日元，公司债的规模维持在每年3.2万亿日元。

在通胀超调承诺方面，在通胀率达到并稳定在2%的水平之上的目标实现之前，日本银行会继续扩大基础货币的投放量以实现货币宽松，促进经济发展。根据这一承诺，日本银行预计基础货币量与名义GDP比值在未来一年内将从2016年的80%达到100%，同期美国和欧元区该比例仅为20%。

3. 前瞻性指引政策

2018年7月31日，日本银行召开货币政策会议，决定引入政策利率（Policy Rate）的"前瞻性指引"（Forward Guidance），以强化"2%的通胀率目标"承诺，使得"配合收益率曲线控制的量化和质化货币宽松政策"得以继续实施。在此次会议上，日本银行货币政策委员会做了以下几方面的规定。

在对利率的前瞻性指引方面，鉴于未来经济活动的不确定性，以及2019年10月消费税上调对日本经济的影响，日本银行决定在未来很长一段时间内将短期利率和长期利率都维持在很低的水平上。

在收益率曲线控制方面，日本银行货币政策委员会以7比2的投票结果通过了以下市场操作规定：针对短期利率，继续采用负利率政策，政策利率水平确定为 -0.1%，同时减少适用负利率政策的金融机构账户余额的规模，目前该余额的平均规模约为10万亿日元；针对长期利率，日本银行将控制国债的购买规模（见表1-1），直至10年期的日本国债收益率维持在零利率水平，并且尽可能维持国债购买规模年均增加80万亿日元。

表 1-1　日本银行持有国债额及占比

项目	2013 年	2014 年	2015 年	2016 年	2017 年	2018 年
日本国债余额（万亿日元）	821.47	853.76	881.48	910.81	934.90	959.14
日本银行的国债持有额（万亿日元）	124.20	195.80	265.56	342.77	408.27	438.17
占比（%）	15.12	22.93	30.13	37.63	43.67	45.38

注：表中统计数据截至每年 3 月末。
资料来源：蔡玉成. 日本银行的收益率曲线调控及其启示 [J]. 现代日本经济, 2018（6）。

在资产购买计划方面，ETFs、J-REITs、商业票据和公司债的购买规模按原计划执行。但是，日本银行对单只 ETF 的购买规模进行了调整，将购买的 ETF 与东京股票价格指数 (Tokyo Stock Price Index，TOPIX) 挂钩，加大对 TOPIX 指数 ETF 的购买。

日本银行的高层在 2018 年年末表示，"日本经济距离实现 2% 的通胀率目标只走了一半的路。如果经济再度承受压力，日本可能会重新陷入通缩状态。日本银行将采取持续的大规模货币宽松措施，设法让通胀加速到与经济相称的水平"。

1.3　美联储简史

目前世界上影响力最大的中央银行是美联储（Federal Reserve System），这源于美国是全球最大的经济体，其具备深度、广度和弹性均位居前列的金融市场，美元在储备货币、计价货币等方面有着无可撼动的地位。了解美联储的历史，有助于理解中央银行制度演进的曲折过程。

1.3.1　美国对中央银行制度的初步探索

美国在 1776 年建国之后，就一直尝试建立中央银行制度，但是美国社会各界对具有集权性质的中央银行制度的反感由来已久。在美国独立战争结束后，美国的第一任财政部部长亚历山大·汉密尔顿（Alexander Hamilton）就向国会提议成立一个全国性的银行。汉密尔顿是美国开国元勋之一，也是一位高尚的理想主义者，他主张银行业实行高度的中央集权管理，并由联邦政府来审批和发放银行牌照。尽管有反对意见，但他最终力排众议，于 1791 年在费城成功建立了美国第一银行（The First Bank of the United States），该银行同时具备私人银行和中央银行的性质。然而，农业和其他利益集团对于银行业的中央集权管理模式表示怀疑，认为应该由州政府来审批和发放银行牌照。美国第一银行的资本金为 1 000 万美元，其中 20% 由政府出资，80% 由私人出资，国会最终只授予该行 20 年的经营权。⊖ 20 年后，美国第一银行必须获得国会批准才能继续存在。美国第一银行虽然有政

⊖ 1791 年 7 月，美国第一银行股票上市后，仅仅几个小时便被认购完毕，价值 25 美元的股票在一个月内涨到 325 美元。费城、纽约和波士顿证券投机成风，一些政府官员、议员也卷入其中，财政部部长助理威廉·杜尔甚至辞去公职转而从事证券投机，成为当时的"投机王子"。资料来源：何顺果. 美国历史十五讲 [M]. 2 版. 北京：北京大学出版社, 2019.

府出资，但是由于私人股权可以自由交易，以至于欧洲人掌控了其70%的股权，这让很多美国人担心美国第一银行成了欧洲金融家族控制美国的一个工具。此外，美国第一银行对州银行采取了一系列的管理措施，这引起了州银行的普遍不满和反对。1811年，美国第一银行经营许可权到期，其延长经营权的提案在国会以一票之差未获得通过。1812年，英美两国战争再起。由于没有建立中央银行，美国的金融市场也没有实现统一，美国各州的银行业务陷入一片混乱。此外，美国第一银行经营权到期之后，国库的职能由州银行代理，联邦政府一度失去了对财政收支的掌控。为了稳定金融秩序、筹集战争资金、重新掌控联邦政府的财政收支，美国再次考虑成立中央银行。1816年，美国第二银行（Second Bank of the United States）获得国会授权，经营期限同样是20年，资本金为3 500万美元，联邦政府占20%的股权。联邦政府是该银行的主要客户，该银行有权在各大城市，如纽约、费城、巴尔的摩等城市设立分行，这就妨碍了根据州政府颁发特许状而成立的小规模银行的业务发展，银行业中央集权管理的支持者和反对者的斗争再次上演。美国第二银行的总裁尼古拉斯·比德尔对州银行的自由信贷政策甚为不满，于是美国第二银行采取限制信贷的政策，进而打击州银行。1829年3月，安德鲁·杰克逊就任美国总统，由于他强烈反对金融垄断政策，并得到各州银行的大力支持，这就注定了美国第二银行的命运。尽管美国第二银行在1832年营业期满前4年就向国会提出申请颁发新的特许状，但这很快遭到了杰克逊的否决。之后，比德尔总裁采取全面紧缩银行信用的做法，企图造成信贷恶化迫使总统让步，但是这直接引发了广大民众的不满。1836年，该行也因此破产。

由于美国第二银行破产，1837～1863年美国国内仅有州银行维持经营，这加速了各地州银行的设立和发展，尤其在西部各州发展尤为迅猛。到1860年，这些小规模的州银行已经发展到1 562家。由于这些州银行均为发行银行，结果各家银行发行的钞票五花八门，曾经达到数百种之多。甚至有些银行有意设在偏僻地区，使人们难以用其银行券兑现，俗称"野猫银行"。这类野猫银行的特点是：第一，由州政府颁发特许状，因此在监管方面并不严格；第二，大量发行钞票，但是并没有足够的发行准备，甚至就没有考虑过兑现其发行的钞票。这引发了巨大的投机浪潮，整个19世纪的美国也因此发生了几次经济危机，如1857年、1873年和1893年的危机。由于美国政府没有一家机构能够向陷于困境的商业银行提供紧急资金，所以危机的程度远胜于欧洲，对经济和金融的破坏程度也更大。在这种背景下，1863年美国国会不得不一方面取缔野猫银行，另一方面加紧制定《国民银行法》，重新建立国民银行体系，以恢复货币信誉和金融秩序。

1.3.2　1907年美国金融恐慌

1906年4月，旧金山市发生地震并引发了大火，这给美国经济造成了巨大的损失。紧接着1907年美国爆发了一场严重的金融恐慌，这对美国的经济来说更是雪上加霜，美国社会也因此就是否设立中央银行进行了空前热烈的讨论。

1907年美国金融恐慌的起因是美国西部蒙大拿州的铜矿投机。电的发明和广泛应用引发了市场对铜的巨大需求，由于蒙大拿州西南部的比尤特（Butte）小城的铜矿储量丰富，并得到了大规模开采。F. 奥古斯塔特·海因兹对铜矿勘探非常精通，曾经是波士顿-蒙大拿矿业公司的雇员。他利用当时的法律漏洞，肆意在本属于波士顿-蒙大拿矿业公司的矿脉中采矿，发了一笔横财。事实上，波士顿-蒙大拿矿业公司是行业巨头——统一铜矿公司的子公司，其董事会成员包括 J. P. 摩根、标准石油公司的高级主管 H. H. 罗杰斯、石油大王洛克菲勒的弟弟等当时美国商界大佬。限于当时的法律规定，他们对海因兹厚颜无耻的行径无可奈何。为了避免损失继续扩大，统一铜矿公司不得不花高价买下了海因兹在蒙大拿州的全部矿产权。这次哑巴亏让这几位美国商业巨头心中愤愤不平，并伺机准备报复。海因兹因为大赚了一笔，自信心爆棚的他于是觉得在股市上也可以教训一下这些不可一世的商界大佬。因此发财之后的海因兹联手另一家公司的创始人——查尔斯·莫尔斯，利用手中的资金控制了几家商业银行，并将这几家银行作为下一步投机资金的提款机。他们随后获得了商业国民银行（Mercantile National Bank）以及纽约金融市场上非常著名的尼克博克斯信托公司的控制权，该信托公司本质上也是一家银行。海因兹和莫尔斯还合作开设了一家公司——联合铜矿公司。该公司资本金高达 8 000 万美元，但是它除了通过发行股票募集资金之外，并没有什么实际资产。这两人希望通过融资杠杆的方式操纵联合铜矿公司的股价并从中获利。

从 1907 年 1 月开始，联合铜矿公司的股票一路上涨。10 月 14 日（周一），尽管铜业板块其他公司的股价都在下跌，联合铜矿公司的股价却仍然一路上涨，从每股 37.5 美元上涨至每股 60 美元。然而就在此时，媒体开始爆出联合铜矿公司的负面新闻，公司股价开始掉头并一路下跌；一些不受海因兹和莫尔斯控制的商业银行开始要求两人提前偿还贷款，这样他们不得不低价抛售手中联合铜矿公司的股票。当时华尔街都在传言，对联合铜矿公司的这一系列打压都来自统一铜矿公司董事们的幕后操作。周二，该公司股价跌至每股 36 美元，周三跌至 10 美元。海因兹坐庄操控股价的计划破产了。此时，海因兹控制的商业国民银行出现了"挤提"，而听命于标准石油公司的纽约清算中心（New York Clearing House）拒绝向该银行提供资金帮助，除非海因兹和莫尔斯从该行辞职。10 月 18 日，两人被迫辞职，但是这并没有挡住联合铜矿公司股价的进一步下跌。随后，海因兹控制下的尼克博克斯信托公司也陷入了公众挤提的浪潮。10 月 22 日，该公司不得不宣布破产，其总裁在绝望中开枪自杀。虽然统一铜矿公司的董事们复仇成功了，但是这仅仅是悲剧的开始。美国的银行体系此时开始面临崩溃的威胁，因为当时还没有一家金融机构能承担"最后贷款人"职能，没有谁可以阻断金融市场上的多米诺骨牌效应。尼克博克斯信托公司的破产使得另一家机构——美国信托公司（Trust Company of America）也陷入危机。

美国总统和财政部部长对此也束手无策，于是人们将最后的希望投向了华尔街的大佬——J. P. 摩根（后人称其为"老摩根"），希望他能够力挽狂澜。最终在他的多方协调下，石油大王洛克菲勒承诺提供 1 000 万美元，财政部、纽约清算中心、其他商业银行也先后承诺提供资金支持，以避免危机蔓延。随着大量的资金存入遭受挤提的金融机构，银行破产的谣言不攻自破。

10月24日，纽约证券交易所的经纪人开始出现流动性危机，J. P. 摩根再次向纽约金融市场上的几位大佬募资，并且很快筹集到了2 700万美元，用以帮助那些经纪人渡过难关。此外，他还放出话来警告此时试图做空的投机者。当天晚上，纽约的银行家们在J. P. 摩根的私人图书馆开会，商讨如何结束这场危机的对策。最终的协商结果是，纽约清算中心按6%的利率贷款给流动性不足的金融机构。当银行体系流动性大幅增加之后，1907年的金融恐慌也随之结束。在此次危机当中，J. P. 摩根和摩根银行成为万众瞩目的中心，扮演了事实上美国中央银行的角色。这场金融恐慌终于使得美国各界认识到，如果未来美国遭遇的金融危机更严重，解决方案所需的融资规模会更大，因此在下一次金融恐慌到来之前，美国必须设立一个能够统筹全局、统一实施反危机措施的中央银行，来充当最后贷款人以保证整个金融体系的稳定。简言之，要从根本上解决类似的金融危机，美国就必须成立中央银行。其实长期以来，反对派人士一直对美国建立中央银行心怀疑虑，他们担心中央银行会成为难以约束的金融怪兽，甚至还认为，美国建国以来就一直没有中央银行，但经济依然实现了持续的繁荣和增长，因此未来也没有必要建立中央银行。然而，在经历1907年的金融恐慌之后，即使是反对派也认为，没有中央银行，美国经济就难以实现长久的正常运行。不过，他们仍然担心隶属于联邦政府的中央银行权力过大，因此受美国第一银行和美国第二银行制度设计思路的影响，认为美国未来的中央银行应该具有双重结构。

1908年，美国国会成立了国家货币委员会（National Monetary Commission），由该机构提出建立中央银行的方案。1909年9月，威廉·H. 塔夫脱总统公开呼吁全国民众应该支持设立中央银行。1913年6月23日，曾经担任普林斯顿大学校长的托马斯·伍德罗·威尔逊作为总统亲临国会，敦促抓紧推进银行与金融体制改革。同年9月22日，《华尔街日报》在头版开设14个专栏讨论设立中央银行的问题。经过激烈的争论，美国国会最终通过了《联邦储备法》（Federal Reserve Act）。威尔逊总统于1913年12月23日签署了《联邦储备法》，该法律将位于华盛顿的美国联邦储备委员会（Federal Reserve Board）定性为联邦政府机构，12家联邦储备银行则被定性为更接近于私人部门的非营利机构，属于辖内各会员银行所有，会员银行以其资本的6%入股。

1.3.3 美联储成立及其机构设置

1914年11月，12家联邦储备银行正式开业，此时距离第一次世界大战（后简称一战）爆发已有3个月。在战争爆发的初期，也就是1914年7月底至8月初，美国金融体系实际上面临着重大的危机。在7月的最后一周，英国和法国的投资者开始抛售其持有的美国证券。他们计划把出售证券获得的收入在美国兑换成黄金，运回欧洲以应付战争开支。如果上述情况真的发生，美国的黄金储备将会耗尽，美国金本位的崩溃将不可避免，12家联邦储备银行还没有开始运作就面临夭折的风险，美国金融业无法再次承受类似1907年的金融恐慌了。时任美国第46任财政部部长的麦卡杜，同时也是美联储第一任主席（根据1913年《联邦储备法》的规定），采取了断然措施，将纽约证券交易所暂时关闭，停止交易4个月，欧洲投资者做空的如意算盘落空了。麦卡杜还努力扩大美国对欧洲的出口，如将美国生产的谷物、棉花以及其他商品出口到欧洲。为了减少战时国际海运的风险，财政部下设战争风险保险局，为商船运输提供保险服务，通过鼓励出口来改善国际收支差额。等到各家联邦储备银行开业之时，美国经济最糟糕的阶段已经过去。原来向欧洲进口商品的中立国家转而向美国进口，协约国也向美国增加进口以应付国内的民用和军用需求，美国企业因此获得了大量军需品和农产品的出口订单，美国经济出现了南北战争以来最大的繁荣。华尔街股市在经历战争爆发初期的短暂下跌之后迎来了一波大牛市。商品出口获得的黄金大量流入使得美国黄金储备增加了70%。换言之，美联储刚刚成立就面临资本流入的挑战。与此同时，美联储在成立之后最主要的任务是如何弥补财政赤字的缺口。美联储将再贴现率压低至国债利率水平之下，使得各家商业银行向美联储融资之后购买国债仍然有利可图。一战期间，美联储与财政部相互配合，很好地解决了财政赤字问题。到一战结束之后，彼此愉快的合作也随之结束，美联储旋即面临如何保持物价稳定的问题。简言之，从货币政策来看，美联储刚刚成立就经历了因战争爆发带来的一系列挑战。

由于美国盛行分权制衡的思想，美联储在机构设置上非常特别。根据《联邦储备法》的规定，联邦储备委员会位于华盛顿，是联邦政府机构之一；将美国各州划分为12个区域，每个区设立1家联邦储备银行。这12家联邦储备银行又分别在全美主要城市设立分行，有的地区甚至设立5家分行，如亚特兰大储备区；有的地区则不设立分行，如波士顿储备区。因此，全美共有25家联邦储备银行的分行。目前，各家联邦储备银行在资产规模和对信贷的影响力方面存在很大的差异。其中，纽约联邦储备银行的资产规模最大，对美国金融体系的影响力也最大，这不仅因为纽约联邦储备银行与外国中央银行、国际性金融机构资金往来密切，而且纽约联邦储备银行在外汇市场上扮演着政府独家代理人的角色，是美国政府干预美元汇率的重要机构。纽约是全球金融中心，纽约联邦储备银行的行长也是唯一拥有联邦公开市场委员会（FOMC）永久投票权的行长，而其他联邦储备银行行长的投票权则采取轮换制。

12家联邦储备银行在股权设计上更像是股份公司，即向所在地区的会员银行发行股票，其数额相当于各会员银行实收资本和资本盈余的6%。从所有权结构来看，每家联邦储备银行为其会员银行所有，但是会员银行持有的联邦储备银行的股票既不可以出售、交易，也不可以用作申请贷款的抵押物。另外根据《联邦储备法》第7条的规定，会员银行持有的联邦储备银行股票的红利每年在6%以内。虽然各家联邦储备银行的所有权归会员银行所有，但是美联储货币政策的管理权并不受此影响，也就是说会员银行对美联储如何制定和执行货币政策没有任何发言权。上述制度设计目旨在规避历史上美国第一银行和第二银行的股票在市场上可以公开交易，以至于股票被集中在少数富人手上的制度缺陷。

1.3.4　2008年全球金融危机与美联储量化宽松货币政策

量化宽松货币政策最早由日本银行在2001年提出，是指在利率等常规货币政策工具不再有效的情况下，央行通过购买国债、企业债券等方式增加基础货币供给，向市场注入大量流动性，以刺激微观经济主体增加借贷和开支。2008年全球金融危机爆发之后，更多地是指中央银行数量方面的操作。也就是说，如果利率水平太低，中央银行下调利率已无空间，货币当局预期未来的通胀率低于预定目标，那么中央银行将大量购买政府债券，上述操作将使得中央银行的资产负债表出现扩张，这就是量化宽松（Quantitative Easing, QE）货币政策。量化宽松货币政策可以使银行体系的流动性增加，这既可能会刺激经济，实现经济复苏，也有可能不会对经济产生刺激作用。如果中央银行购进的是短期政府债券，就不会缩小商业银行存贷利差，或者缩小长短期利率之间的利差，其结果是对经济影响较小。这种情况在日本就发生过，其经济非但没有复苏，而且持续处于通货紧缩的状态。如果中央银行买进的是私人部门的证券，则直接降低了企业的融资成本，由此导致宽松的货币政策，就是信贷宽松（Credit Easing）。

美联储在历史上先后遭遇了两次大的冲击：第一次是1929～1933年的经济危机，第二次是2008年9月爆发的全球金融危机。第一次危机形成了大萧条（Great Depression），第二次危机形成了大衰退（Great Recession）。美国著名经济学家弗里德曼曾经对美联储应对第一次危机的紧缩性政策提出过批评，而在2008年的危机中，美联储先后连续三轮采取量化宽松货币政策，资产负债表规模翻番。量化宽松货币政策属于非传统的货币政策，实质上就是美联储大规模资产购买计划，这与传统的以利率政策为主导的政策差异很大。

1. 第一轮量化宽松操作（2008年11月至2010年3月）

2008年9月15日，雷曼兄弟公司宣布破产，美联储的货币政策迅速转为扩张。然而在一年前，也就是2007年9月18日，美联储已经开始下调联邦基金利率⊖50个基点，那时美国次贷危机已经爆发。在这种情况下，美联储多次下调联邦基金利率，到美联储宣布实施量化宽松货币，政策之前，联邦基金利率已经降至1%的水平，继续下调的空间有限。

2008年11月，美联储宣布从2008年年底开始，将购买6 000亿美元的债券以支持房地产市场。其中，抵押支持债券（Mortgage-Backed Security, MBS）的规模是5 000亿美元，GSE机构债的规模是1 000亿美元。2008年12月26日，美联储再次宣布降息75～100个基点，联邦基金利率降至0～0.25%的水平。在两年半左右的时间里，联邦基金利率共下调了10次（见表1-2）。受零利率下限的约束，联邦基金利率已无继续下调

⊖ 联邦基金利率（Federal Fund Rate），是美联储进行宏观调控的重要指标，它实际上是一种目标利率，因此译作"联邦基金目标利率"更为恰当。从性质上来讲，该利率是美联储规定的各家商业银行同业拆借的利率水平，体现了美联储的政策意图，因此是美联储的目标利率。从时间属性来看，联邦基金利率是各家商业银行同业拆借成交之前就知晓的利率水平。但是，该利率不属于报价利率。

的空间，美联储只有依靠数量型的政策工具，量化宽松政策的出台和量化宽松操作规模的频频调整也就是大势所趋了。由于此次危机十分严峻，计划6 000亿美元的资产购买规模，不足以将美国经济从金融危机的泥潭中拖出来。2009年3月，美联储决定进一步扩大资产购买规模，计划到2009年年底前完成购买总计1.25万亿美元的MBS债券（包括2008年11月确定的5 000亿美元）和最多2 000亿美元的GSE机构债券（包括2008年11月确定的1 000亿美元），同时美联储计划在未来6个月内完成3 000亿美元长期国债的购买。为了进一步促进经济复苏并保持物价平稳，2009年9月，美联储宣布逐步放缓MBS债券和GSE机构债券的购买步伐，并推迟到2010年第一季度末完成资产购买计划。2009年11月，考虑到市场上GSE机构债券的可得性，美联储宣布将GSE机构债券的购买规模从2 000亿美元调整为1 750亿美元，并计划在2010年第一季度末完成。

表1-2 2006～2008年美国联邦基金利率的变化

序号	日期	上调（BP）	下调（BP）	联邦基金利率（%）
1	2006年6月29日	25	…	5.25
2	2007年9月18日	…	50	4.75
3	2007年10月31日	…	25	4.5
4	2007年12月11日	…	25	4.25
5	2008年1月22日	…	75	3.5
6	2008年1月30日	…	50	3
7	2008年3月18日	…	75	2.25
8	2008年4月30日	…	25	2
9	2008年10月8日	…	50	1.5
10	2008年10月29日	…	50	1
11	2008年12月16日	…	75～100	0～0.25

资料来源：美联储网站。

从2008年11月至2010年3月，美联储的资产购买计划规模达到了17 250亿美元，这被称为第一轮量化宽松货币政策（QE1），其目的主要在于稳定金融市场。当时，美国经济虽然实现了复苏，但是失业率仍高达9.8%，因此这一时期美国的经济增长又被称为"无就业的复苏"（Jobless Growth）。

2. 第二轮量化宽松操作（2010年11月至2011年6月）

2010年11月，美国经济面临通货紧缩的风险，为刺激美国经济，美联储推出了第二轮量化宽松的政策（QE2），即在未来8个月内购买上限为6 000亿美元的长期政府债券（平均每个月750亿美元）。QE2刺激了投资、消费和经济增速的反弹，但是对于提高物价水平、降低失业率的效果并不明显。

3. 扭转操作（2011年9月至2012年12月）

在这一期间，美联储先后两度实施"扭转操作"（Twist Operation），即卖出短期债券，买入长期债券。与量化宽松政策不同的是，扭转操作不会扩大美联储资产负债表的规模，也不会增加货币供应量，属于冲销操作。第一阶段为 2011 年 9 月至 2012 年 6 月，美联储共买入 4 000 亿美元（每月大约 450 亿美元）、剩余期限为 6～30 年的美国长期国债，同时出售等量的、剩余期限为 3 年或 3 年以下的美国短期国债，目的是压低长期利率（这会使得利率期限结构发生"扭曲"）。第二阶段为 2012 年 7 月至 2012 年 12 月，买入长期国债 2 670 亿美元（大约每月 450 亿美元），同时卖出了 2 340 亿美元的短期国债，约 330 亿美元的短期国债将自动到期。根据美联储关于延长扭转操作的声明，在第二阶段出售的债券将选择于 2013 年 1 月至 2016 年 1 月到期的短期国债，330 亿美元的短期国债将于 2012 年下半年到期，因此短期国债到期和短期国债卖出所带来的影响几乎是一样的，综合起来看在扭转操作的第二阶段美联储相当于卖出了 2 670 亿美元短期国债。从 2011 年 9 月至 2012 年 12 月，美联储两度实施的"扭转操作"规模合计达到 6 670 亿美元，这配合了量化宽松操作的执行，在不增加基础货币总量、不增加通货膨胀压力的前提下促进了长期利率的下降。

4. 第三轮量化宽松操作（2012 年 9 月至 2014 年 10 月）

第二轮量化宽松政策虽然降低了政府债券利率，但是房贷利率下降的幅度并不大。美联储主席本·伯南克在 2012 年 9 月 13 日的新闻发布会上称，"如果我们看不到经济出现显著改善的迹象，我们就会持续这样操作，直到美国劳动力市场出现明显的复苏迹象"。为了促进房地产市场的复苏、降低失业率、加快美国经济的增长，2012 年 9 月美联储实施第三次量化宽松（QE3）政策，具体可以分为以下三个阶段。第一阶段为 2012 年 9 月至 2012 年 12 月，这一阶段与扭转操作的第二阶段重合，美联储共购入 1 600 亿美元的 MBS 债券（每个月 400 亿美元）。第二阶段为 2013 年 1 月至 2013 年 12 月，美联储总共购买了 6 000 亿美元的长期国债，4 800 亿美元的 MBS 债券。第三阶段为 2014 年 1 月至 2014 年 10 月，美联储决定每个月都购买长期国债和 MBS 债券，但是购买规模逐次减少。在这段时间内，美联储买进的长期国债为 2 000 亿美元，MBS 债券为 2 500 亿美元。

2014 年 10 月 29 日，美联储宣布终止资产购买计划，这意味着 QE3 结束。QE3 持续两年有余，避免了美国经济陷入衰退，巩固了房地产市场向好的趋势，降低了失业率，保持了物价稳定，从总体上提振了美国经济。联邦公开市场委员会认为，未来需要实现货币政策的正常化，而这有两个标志：一是联邦基金利率逐步恢复到正常水平，二是逐步降低美联储公开市场账户的证券规模。

第一轮量化宽松政策主要以稳定房地产行业和金融市场为目标，第二轮和第三轮量化宽松政策目的主要是刺激疲弱的美国经济。对美联储而言，量化宽松政策的直接结果是资产负债表的扩张，资产规模的扩张增加了美联储的利润，这可以弥补美国政府的赤字规模，但这扭曲了美联储的资产配置。从 2008 年 11 月至 2014 年 10 月，在量化宽松政策的要求下，美联储买进长期国债达到 23 670 亿美元，GSE 机构债券 1 750 亿美元，MBS 债券 21 400 亿美元，卖出的短期国债 6 670 亿美元，合计 40 150 亿美元（见表 1-3 和表 1-4）。

表1-3　美联储实施三轮量化宽松政策购买资产的规模

（单位：亿美元）

阶段	时间	购买规模				
		短期国债	长期国债	机构债券	MBS	合计
QE1	2008年11月至2010年3月		3 000	1 750	12 500	17 250
QE2	2010年11月至2011年6月		6 000			6 000
TO	2011年9月至2012年6月	-4 000	4 000			0
	2012年7月至2012年12月	-2 670①	2 670			0
QE3	2012年9月至2012年12月				1 600	1 600
	2013年1月至2013年12月		6 000		4 800	10 800
	2014年1月至2014年10月		2 000		2 500	4 500
合计	2008年11月至2014年10月	-6 670	23 670	1 750	21 400	40 150

① 表示该数字包括被赎回的330亿美元短期国债。

资料来源：美联储网站。

表1-4　2014年1～10月美联储实施量化宽松政策后的债券购买规模

（单位：亿美元）

时间	购买规模				
	短期国债	长期国债	机构债券	MBS	合计
2014年1月		400		350	750
2014年2月		350		300	650
2014年3月		350		300	650
2014年4月		300		250	550
2014年5月		250		200	450
2014年6月		250		200	450
2014年7月		200		150	350
2014年8月		150		100	250
2014年9月		150		100	250
2014年10月		100		50	150
合计		2 000		2 500	4 500

资料来源：美联储网站。

美国从2015年开始了货币政策的正常化操作。第一步是提高联邦基金利率。2015年12月17日，美联储宣布加息，联邦基金利率提高25个基点，调整到0.25%～0.5%的水平。这一加息政策标志着美联储结束了连续7年0～0.25%的准零利率政策（见表1-5）。到2018年12月20日，联邦基金利率上调至2.25%～2.50%的水平，这也是该利率本轮上调的最高水平。第二步是美联储资产负债表的正常化，也就是所谓的"缩表"。2017年9月联邦公开市场委员会宣布美联储从当年10月开始缩表。

表1-5　2015年以来美联储货币政策正常化过程中联邦基金利率的变化

时间	联邦基金利率
2015年12月17日	0.25%～0.50%
2016年12月15日	0.50%～0.75%
2017年3月16日	0.75%～1.00%

（续）

时间	联邦基金利率
2017 年 6 月 15 日	1.00%～1.25%
2017 年 12 月 14 日	1.25%～1.50%
2018 年 3 月 22 日	1.50%～1.75%
2018 年 6 月 14 日	1.75%～2.00%
2018 年 9 月 27 日	2.00%～2.25%
2018 年 12 月 20 日	2.25%～2.50%
2019 年 8 月 1 日	2.00%～2.25%
2019 年 9 月 19 日	1.75%～2.00%
2019 年 10 月 31 日	1.50%～1.75%

资料来源：美联储网站。

1.4 欧洲中央银行简史

1999 年最具实力的跨国中央银行——欧洲中央银行（European Central Bank）正式开始运作，欧元区各成员国的中央银行开始失去单独发行现钞、制定货币政策的功能。纵观历史，人类社会很少有不诉诸武力而实现货币统一的，欧元则是人类历史上的一次伟大创举，并且欧元的影响力还在不断扩大。

1.4.1 欧元区的成员国

1999 年欧元问世之初，欧元区共有 11 个成员国，分别是奥地利、比利时、芬兰、法国、德国、爱尔兰、意大利、卢森堡、荷兰、葡萄牙、西班牙。在此之后，希腊（2001年）、斯洛文尼亚（2007 年）、塞浦路斯和马耳他（2008 年）、斯洛伐克（2009 年）、爱沙尼亚（2011 年）、拉脱维亚（2014 年）、立陶宛（2015 年）陆续加入欧元区。截至 2018 年12 月末，欧元区共有 19 个成员国，人口约 3.4 亿，涉及 24 种语言，人均 GDP 比日本的稍高，位居世界第二。2008 年全球金融危机之后，欧洲爆发了债务危机，欧元区不少成员国深陷其中。希腊政府退出欧元区的言论曾经一度甚嚣尘上。欧洲中央银行位于德国法兰克福，《马斯特里赫特条约》（以下简称《马约》）是其成立的制度基础。欧洲中央银行以德意志联邦银行（Deutsche Bundesbank），即德国的中央银行为蓝本，以物价稳定作为其首要目标，同时保持政治独立性，免受政治当局（各成员国政府和欧盟）的干扰。

1.4.2 欧洲中央银行的决策机制

作为最年轻的中央银行，欧洲中央银行体系的结构类似于美国联邦储备体系。欧元的货币政策是由欧洲中央银行体系来制定的。欧洲中央银行体系不仅包括欧洲中央银行，而且包括已经加入欧元区的各成员国中央银行（目前共有19家）。欧洲中央银行体系设有执行委员会（The Executive Board）和总裁理事会（The Governing Council）。执行委员会由欧洲中央银行行长、副行长和4位理事共6人组成，他们与19位成员国中央银行行长共同构成了总裁理事会。总裁理事会负责确定货币供应量、基准利率、外汇储备规模和整个金融体系流动性水平等目标值的决策。总裁理事会每两周在法兰克福开一次会，由理事会25位成员商讨并进行投票。欧洲中央银行执行总裁理事会的政策决定，对各成员国中央银行下达指令。简要流程如图1-2所示。

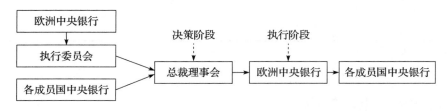

图1-2 欧洲中央银行体系的组织架构

《马约》最初规定，总裁理事会采取"一人一票"（One Member One Vote）的投票制度，并且要求总裁理事会中的每位成员国代表在投票时应当以欧元区整体利益而非其代表国家的利益为重。但是，各成员国代表在投票时是否能够真正做到这一点仍有待商榷。最糟糕的情况是，"一人一票"的制度很有可能使得货币政策决策被欧元区的小国所绑架。从欧元诞生至今，欧元区成员国数量已经从11个扩大到了19个。最初，总裁理事会中每个成员国参与每一次投票，拥有一票表决权。随着欧元区的扩张，小国的数量随之增加，如果众小国在投票时彼此联手，欧元区货币政策的决策就可能出现偏差。例如，假设德国处于经济繁荣阶段，此时德国希望欧洲中央银行采取紧缩性的货币政策以防止经济出现通胀。与此同时，假设希腊与斯洛伐克等小国正处于经济衰退阶段，需要采用扩张性的货币政策刺激其经济增长。在"一人一票"的投票制度下，希腊与斯洛伐克等小国相互联手，投票结果是欧洲中央银行需要采取扩张性的货币政策，这将导致德国经济过热。由于德国的经济规模占欧元区的比重最大，这最终会使得整个欧元区出现严重的通胀。这种结果并不符合欧元区的整体利益，这也是《马约》规定总裁理事会中的每位成员国代表在投票时应当以欧元区整体利益为重的原因。

为了解决这个问题，总裁理事会修改了相关投票规则和程序，其主要内容包括：第一，总裁理事会每次投票的成员国数量应当不超过15位（也就是说共15个国家的代表参加投票，即15票，不论未来有多少新的成员国加入）；第二，投票权的分配实行"轮转投票制"，即不是每个成员国每次都有投票权，而是存在轮空的可能性。每个成员国轮空的概率基本相同。何谓"轮转投票制"（Rotation of Voting Rights）呢？总裁理事会依据各成员国的经济规模和金融业的发展状况把成员国分为两组。经济规模较大的5个成员国（德国、法国、意大利、西班牙和荷兰）为第一组，投票权为4票。其他14个成员国为第二组，投票权为11票。未来新的成员国加入，分到第二组，但是总的投票权仍然为11票。全部的投票权保持不变，为 15 票（4+11）。投票权在分组内部每月依次轮转。因此，从概率来看，每次投票时第一组中各成员国有 80% 的可能性获得 1 票投票权（4/5），第二组各成员国获得投票权的概率取决于成员国的数量。2015 年立陶宛成为欧元区第 19 个成员国，欧洲中央银行才开始正式实施此规则。此时，第二组各成员国有 78% 的概率（11/14）获得 1 票投票权，这保证了欧洲中央银行的货币政策被小国所控制的概率更小。目前，第二组成员国获得投票权的概率稍小于第一组成员国的概率，并没有很大的差距，这确保了每个国家的权利基本相同，也大体符合"一人一票"的原则。随着更多的国家加入欧元区，第一组成员国获得投票权的概率不会发生改变，而第二组成员国获得投票权的概率则会随着成员国的增加而逐渐降低。此外，执行委员会的 6 位委员拥有永久的投票权。上述制度安排与美联储的联邦公开市场委员会的投票设计安排非常类似，不同的是，欧洲中央银行采取的是每个月轮转的制度。

众所周知，欧洲中央银行是以德意志联邦银行为蓝本来制定货币政策的思路的，同时欧洲中央银行的行址位于德国的法兰克福，这是否说明德国对欧洲中央银行具有巨大的掌控能力，甚至包括决定欧洲中央银行行长的人选呢？1999 年欧洲中央银行诞生之前，首任行长人选花落谁家的象征意义巨大，德国与法国意见并不统一，德国推荐由荷兰中央银行前行长维姆·德伊森贝赫担任，他被称为"欧洲的格林斯潘"，是欧洲中央银行的前身——欧洲货币局（European Monetary Institute）的局长，法国则推举本国的中央银行行长让-克洛德·特里谢。经过多次讨价还价，双方最终达成协议：欧洲中央银行第一任行长由德伊森贝赫来担任，当其任期达到一半时由法国的特里谢继任。

1.5 中国人民银行简史

目前，中国的中央银行是中国人民银行。近代以来，中国的银行业和中央银行制度都是在学习和借鉴外国银行业的过程中不断成长发展的。早期进入中国的外国金融机构是典型的商业银行，相较于国内传统的票号、钱庄，西方商业银行在资产规模、盈利水平、风险管理等方面更胜一筹。其实 1894 年甲午战争爆发之前，国内就有人讨论过"官银号""国家银行"等问题，但没有实质意义上的推进。1895 年，甲午战争中国战败，清政府被迫与日本政府签订了丧权辱国的《马关条约》。洋务派代表人物督办全国铁路事务大臣盛宣怀（1844—1916）等人意识到，甲午战败的原因之一在于当时中国金融制度的落后，于是向清政府奏请成立银行。尽管受到了西方国家和国内守旧顽固派的干涉和阻挠，但是这并没有动摇盛宣怀"通华商之气脉，杜洋商之挟持"的决心。1897 年，中国人自己创办的第一家银行——中国通商银行㊀正式成立，并于 5 月在上海外滩正式开业。该银行名义上为商办（私人所有），实际上是奉旨设立的官商。开业之初，该行聘任了曾经在汇丰银行任职的人员作为外籍大班（经理）。为了拓展业务，中国通商银行在北京、天津、保定、烟台、汉口、

㊀ 该行的英文名最初是"The Imperial Bank of China"，直译就是"中华帝国银行"。1911 年辛亥革命之后，为了避免误会，该行将其英文名称改为"Commercial Bank of China"。

重庆、香港、福州等地开设分支机构。开业之后，该行很快发行了银两票和银元票（即兑现银两和银元的银行券），这是近代中国人自己创办的银行发行银行券的滥觞。然而，这个时候清政府远没有实现币制统一，更遑论建立现代的中央银行制度。

进入 20 世纪，清政府已经意识到本国设立银行的重要意义。1905 年，清政府设立了户部银行，这是一家集商业银行职能和中央银行职能于一体的银行。1908 年，户部银行更名为大清银行，同年又成立了交通银行。这两家银行都具有发行货币的权利，也都具有代理国库的职能，同时也履行吸收存款、发放贷款等商业银行职能。一直到 1912 年 2 月清帝宣布逊位，中国一直没有实现货币的统一发行，货币制度也十分混乱。1919 年五四运动之后，马克思主义在中国广泛传播。1921 年 7 月，中国共产党成立。1931 年 11 月，中华苏维埃共和国临时中央政府在江西瑞金成立。1932 年 2 月，中华苏维埃共和国国家银行成立，这标志着中国共产党领导下的红色金融事业开始登上历史舞台。1948 年 12 月，中国人民银行在河北石家庄成立并开始发行人民币。目前，中国已经是世界第二大经济体，中国人民银行在国内外的地位和重要性日益凸显。

1.5.1　井冈山革命根据地时期：工字银元的铸造与发行

1927 年 10 月，毛泽东同志率领秋收起义的部队到达井冈山地区；1928 年 4 月，朱毛红军在井冈山会师之后，在宁冈县成立了湘赣边界工农兵苏维埃政府。但是，新生的革命政权很快遭到了国民党政府严密的经济封锁和军事围剿。根据地的生活必需品，如食盐、布匹、药品等极度匮乏，经济非常困难。为了解决上述问题，同年 5 月湘赣边界工农兵苏维埃政府在井冈山上井村创办了造币厂。造币厂将打土豪获得的各种银器和银首饰作为原材料，利用当地一家仿制银元的作坊里的模具，开始仿铸清咸丰以来大规模流入中国的七钱二分的墨西哥鹰洋。为了与市场上流通的其他银元相区别，造币厂在铸造好的鹰洋上凿上一个"工"字，表明这是工农兵苏维埃政府铸造的银元，这便是工字银元的由来。在铸造与发行初期，由于技术问题，工字银元的品相不是很理想，流通范围有限，商人和群众不敢放心使用。为了提高工字银元的信誉和扩大其流通范围，井冈山革命根据地开设了兑换处，承诺工字银元不仅可以兑换当时普遍流通的"袁大头"，而且百姓使用工字银元可以以更优惠的价格购买兑换处的商品。工字银元的铸造与发行一度改善了井冈山革命根据地物资供给短缺的情况。可以说，工字银元是中国共产党领导下的红色政府最早铸造和发行的货币。井冈山革命根据地是以毛泽东同志为代表的中国共产党人建立的第一块农村革命根据地，铸造与发行工字银元就是中国革命在经济金融领域的星星之火，点燃了中国共产党努力实现经济独立的燎原之势。

1.5.2　中央苏区时期：红色金融的发端

新中国的中央银行是中国人民银行，其历史最早可以追溯到土地革命战争时期。1931

年成立了中华苏维埃共和国临时中央政府，当时决定建立国家银行。1931年11月7日，中华苏维埃第一次代表大会（以下简称一苏大）在江西瑞金召开，决定建立国家银行。中央苏区在中央银行制度建设和货币发行方面深深地打上了苏维埃红色政权的烙印。

一苏大通过了一系列法律文件，如《中华苏维埃共和国宪法大纲》《中华苏维埃共和国土地法令》《中华苏维埃共和国劳动法》《中华苏维埃共和国关于经济政策的决定》等。其中，《中华苏维埃共和国关于经济政策的决定》在第三条"财政与税则"第三款中明确提出："苏维埃区域内旧的货币在目前得在苏维埃区域通行，并消灭行市的差别，但苏维埃须对于这些货币加以清查以资监督，苏维埃应发行苏维埃货币，并兑换旧的货币，对于旧的货币开始亦可采用，加盖图记通用，外来之货币须一律兑换已盖苏维埃图记之货币，或苏维埃自己发行之货币。"该文件在第四款中提出："为着实行统一货币制度并帮助全体劳苦群众，苏维埃应开办工农银行，并在各苏维埃区域内设立分行，这个银行有发（行）货币之特权。工农银行对于各农民家庭工业者，合作社，小商人，实行借贷，以发展其经济。这个银行应实行兑换货币，其分行并带征税收。"这表明当时中央苏区控制下旧货币流通的多元性和复杂性，提出了渐进式地实现货币统一。该文件提出开办的银行既具有发行货币、代理财政的中央银行职能，又有发展经济、提供工商贷款的商业银行职能。

1932年2月1日，苏维埃国家银行在瑞金叶坪村正式成立，第一任行长是毛泽民。这标志着中国共产党领导下的红色金融事业的正式启航。同年3月，该行正式营业，包括行长在内只有5位工作人员，驻地面积不足200米^2，各方面条件十分简陋。成立之初，该行的资本金虽然规定为100万元，但实收资本仅有20万元，而且这部分资金在开业后不久便用于战争开支。当时中央苏区高利贷现象非常严重，流通的货币也五花八门，严重阻碍了苏区经济的发展。为了发展苏区经济，中华苏维埃共和国临时中央政府颁布了《借贷暂行条例》，明确规定取消和废止一切形式的高利贷，但不干涉为帮助生产事业而举办的银行、信用社和私人借贷（中国人民银行，2012）。苏维埃国家银行成立之后，先后制定和颁布了《定期放款暂行规定》《定期抵押放款暂行规定》等。上述规章制度不仅体现了中央苏区积极发展经济的政策思路，而且对于打破国民党的经济封锁也起到了积极的作用。

1932年8月，中华苏维埃共和国临时中央政府人民委员会第二十三次常委会修正通过了《中华苏维埃共和国国家银行暂行章程》，该章程分总则、资本、业务、组织、决算及纯利分配五个部分。从隶属关系来看，国家银行直接隶属财政人民委员部（相当于现在的财政部），由财政人民委员部监督国家银行一切事务，指导与监督国家银行业务，核准国家银行各种营业规则、利率及经费的预算和决算，审查国家银行各项报告及资产负债表。国家银行的管理权属于管理委员会（由财政人民委员部呈请临时中央政府人民委员会任命的9人组成），其职权为：规章制度的制定，纸币发行量和现金准备的规则制定，分支机构的设立和撤销，预算决算的审定，利润的分配处理，资本的增加及内部事务的监督。管理委员会主任，由财政人民委员部呈请临时中央政府人民委员会任命。

作为中央银行，苏维埃国家银行发行了纸币与硬币。纸币的面额有1元、5角、2角、1角、5分，这些纸币印有"中华苏维埃共和国国家银行银币券"字样，简称"苏维埃国币"或者"苏区票"。这套纸币由黄亚光设计，还印有列宁的头像，以及中华苏维埃共和国财政部长邓子恢和国家银行行长毛泽民的亲笔签名。苏维埃国家银行发行的硬币有2角银币、5分铜币和1分铜币。按照中华苏维埃临时中央政府的第14号命令的第五条，苏维埃国家银行发行的"壹元钞票一张，兑付光洋一元"，即银行券与银元按照1∶1的比价兑换。虽然在名义上苏区票可以兑换银元，但在实际上并不可行，这主要是因为国民党的军事围剿和经济封锁。可以说，中华苏维埃共和国国家银行发行纸币和硬币是中国共产党人治国理政的最早尝试，是发展苏区经济、管理金融的初步探索。虽然苏维埃国家银行从成立到撤离苏区，也就仅仅两年半左右的时间，货币发行和管理还在摸索之中，但是中华苏维埃共和国国家银行的成立标志着一个崭新的红色金融时代的开始。

1.5.3　抗日战争时期：光华商店代价券的发行

在国民党军事围剿的重重压力之下，中央苏区的军事斗争是第一位的工作，发行货币、发展经济都是围绕军事斗争展开的。1934年第五次反围剿斗争失败了，10月苏维埃国家银行随中央红军进行战略转移，开始了二万五千里的长征。在长征路上，苏维埃国家银行先后有6位同志牺牲。

1. 光华商店代价券的发行背景与特征

1935年10月，中央红军胜利到达陕北。苏维埃国家银行的资产与人员损失严重，同年11月，苏维埃国家银行与西北革命根据地的陕甘晋省苏维埃银行合并，改组为中华苏维埃共和国国家银行西北分行。1937年7月卢沟桥事变后，中国进入全面抗战阶段，国共两党开始了第二次合作。陕甘宁边区是中共中央的所在地，是抗日根据地的总后方。根据国共两党的合作协议，红军接受改编，同时陕甘宁边区政府不设立银行，不发行货币。1937年10月，中华苏维埃人民共和国国家银行西北分行（1936年7月更名）改组成陕甘宁边区银行，首任行长是曹菊如，资本金仅为10万元。改组后的陕甘宁边区银行不正式公开营业，更不从事银行业务，主要任务是经营和管理光华商店。光华商店成立于1938年4月，由经营文具、杂货和书籍的光华书店与边区贸易局改组的合作总社合并而成，主要业务就是利用八路军军饷以及边区银行的资金购进生产生活物资，保证边区的商品供给，在边区各地设立分支机构扩大经营，为边区银行积累资金。边区银行以后在边区各地设立分支机构，其做法是先在当地设立光华商店，然后才转变为边区银行的分支机构，所以群众有时候又将边区银行称为"光华银行"。

这一时期，陕甘宁边区银行没有独立发行货币，但是以光华商店的名义发行了代价券。"光华商店代价券"有1938年、1940年两种版别，面额分为二分、五分、一角、二角、五角，后来还增发了七角五分面额的代价券。截至1941年2月，上述六种面额的代价券共发行430多万元。光华商店代价券的货币属性体现在以下条款当中："一、为便利市面流通，特发行代价券；二、凭此券×张或其他通用小票凑足拾角即兑付法币壹圆；三、此券发行十足准备，准备金全部存放边区银行，由边区银行保证并代理兑换。"

根据货币的属性来分析，光华商店代价券的性质类似于辅币，同时，代价券与法币可保持自由兑换，且实行十足准备制度，保证了代价券的信誉。边区百姓日常交易过程中出现的小额货币不足是现实困难，中国共产党通过发行代价券的方式进行处理，既便利了边区群众的日常交易，又维护了国共合作的大局。

2. 光华商店代价券与法币的关系

何谓法币呢？法币是国民党南京政府发行的法偿货币的简称，即法律规定可以用于偿还一切公私债务的货币。从材质上看，法币是纸质货币；从货币属性上看，法币是不可兑现的信用货币。1935年11月，国民党南京政府实施货币改革，开始发行法币（即不可兑现白银的纸币）。这一改革的背景与1933年竞选成功的美国总统罗斯福采取的白银政策密切相关。罗斯福总统为了兑现竞选承诺，在1934年要求美国财政部大幅度提高白银的收购价，这直接导致中国国内流通的白银大量外流，形成了中国近代史上第二次大规模的白银外流（第一次是鸦片战争前夕清政府鸦片贸易逆差导致的白银外流）。此时，日本已经占领了东三省，其吞并中国的野心昭然若揭。在美国白银政策的刺激下，国内白银的大量外流直接导致国内货币供给减少、经济萧条、物价下跌的不利局面。在军事上面临外敌入侵、经济上遭受资本主义国家以邻为壑政策冲击的背景下，国民党南京政府不得不实施了法币改革。通过发行法币，国民党南京政府摆脱了银本位制度下白银外流带来的负面影响，同时也终结了2000多年来中国传统的金属铸币时代。

在抗战时期，不论在陕甘宁边区，还是在国民党统治区，百姓日常使用和流通的都是法币。当时国民党政府每月发给八路军的63万元①军饷也是以法币支付的。但是，国民党政府支付的军饷多为10元、5元面额的法币，1元以下的辅币缺乏，边区百姓在交易过程中找零困难，很快就出现了以邮票找零等支付不便的现象。为了方便边区群众的交易，1938年6月边区政府授权边区银行以光华商店的名义发行1元以下的"光华商店代价券"作为辅币使用，与法币并行流通。代价券发行之后，很快遭到国民党政府的查问。边区政府主席林伯渠郑重回复国民党行政院院长孔祥熙、国民党西安行营主任程潜，申明边区之所以发行代价券，既是权宜便民之计，并且仅限于边区境内流通，同时也是因为辅币的严重缺乏导致的。从1937年1月到1938年6月代价券发行之前，设在西安的国民党南京政府的中央银行分支机构给边区政府兑付的辅币仅仅2 000元，完全无法满足边区百姓日常交易的需求。

当时辅币缺乏的情况不仅在边区出现，而且在国统区和沦陷区均有出现。与此同时，

---

① 1937年度月发经常费30万元法币，战务费20万元，补助费5万元，医药补加费1万元，米津及兵站补助费7万元，合计月发63万元。罗平汉. 中共党史知识问答[M]. 北京：人民出版社，2021：117.

各地先后出现了不同形式的代价券，如上海永安、先施、新新等百货公司先后发行本公司的代价券，所以说光华商店代价券仅仅是全国各地中的一例而已。1935 年 11 月，国民党南京政府实施法币改革，但是并没有涉及辅币问题。1936 年 1 月，国民党南京政府颁布了《辅币条例》，推行新辅币（分为镍币和铜币两种），并明确辅币和法币为十进位制。镍币有 20 分、10 分和 5 分三种，铜币有 1 分和半分两种。1937 年全面抗战后，辅币原材料（镍与铜）供应日益紧张，其成本超过了其面值，导致金属辅币很快退出了流通领域。由于抗战时期的交通阻隔，在货币发行过程中如果投放的是小票，则必须提高投放次数，会增加运输成本；如果投放的是大票，则可以减少投放次数，会降低运输成本。于是，国民党南京政府加大了对大票的投放额，结果导致各地的小票供给不足，因而形成了大小票问题（小面额现钞供给不足出现黑市价，大面额现钞则贴水使用）。面对这一问题，在 1939 年 3 月国民党南京政府举行了第二次地方金融会议[1]，决定由战区的地方银行发行 1 元券或辅币券解决当时辅币不足的问题。

1.5.4 抗日战争时期：边币的发行

1941 年 5 月，毛泽东同志发表的《改造我们的学习》一文中提到，"经济学教授不能解释边币和法币"[2]。那什么是边币？这篇文章发表的背景是什么？毛泽东同志为什么说经济学教授不能解释边币和法币呢？

1. 边币发行的时代背景与主要特征

陕甘宁边区地处陕甘宁三省交界，地广人稀，交通不畅，面积近 13 万平方千米，人口近 150 万。这篇文章发表的大背景是 1940 年开始的陕甘宁边区面临的经济困难。从 1940 年起，陕甘宁边区连续发生旱灾、虫灾等自然灾害，粮食减产明显。早在 1940 年 9 月，国民党拖延拨付八路军军饷，11 月就完全停发了八路军的军饷、弹药和被服等物资，并且对边区实行军事包围和经济封锁，扬言"不让一粒米、一尺布进入边区"，并断绝边区的一切外来援助。边币发行的直接因素则是 1941 年 1 月皖南事变爆发后，国民党南京政府取消了新四军的番号，进一步严格限制与边区的人员与物资往来。皖南事变之前，边区政府的主要收入来源有两项，一是国民党南京政府给八路军发放的军饷，二是国际社会和海外华侨对边区的各种捐赠，国内外同胞汇款不得汇入，公私款项不得带入。皖南事变之后，这两项收入来源断绝，陕甘宁边区财政很快遇到了极大困难。

在这种背景下，1941 年 1 月 28 日，陕甘宁边区政府通过了"发行边币，禁止法币在边区内流通"的决议。1 月 30 日，边区政府发布了《关于停止法币行使的布告》，林伯渠以答记者问的方式阐明了禁止法币流通的理由。2 月 15 日，边区政府进一步发出通知，

---

[1] 中国人民银行总行参事室编. 中华民国货币史资料：第二辑 [M]. 上海：上海人民出版社，1991：295.
[2] 毛泽东. 毛泽东选集：第 3 卷 [M]. 北京：人民出版社，1991：798.

指出发行边币的目的"一是为边区实行经济自给，限制外货入境，刺激边区生产；二是使人民免受法币狂跌的损失……三是免使法币外流使日寇得以套取外汇；四是顽固分子对边区经济封锁，边区不得停使法币为政治之抵制，种种理由停使法币，至为正当"。1941年2月18日，边区政府发布了《关于发行边币的布告》，授权边区银行发行一元、五元和十元三种边币，表示对国民党的抗议并以此解决边区财政困难。2月22日，陕甘宁边区政府发布《训令》指出："……此次发行边币是在停止法币流通后，金融上的一种新的重要措施。各专员、县长及财经工作人员对此措施应有正确的认识。第一，发行边币是为了建立正规的边区金融制度，逐渐换回光华代价券，使边币成为唯一的边区通货本位。第二，边币发行是有限制的，它以盐税、货物税及公营经济收入作保证，边区经济恢复，边币就得从法币影响之下解放出来，回到能兑换现金（金银）的地位。第三，发行边币是使人民免受法币狂跌的损失。第四，因为法币停止流通后，法币在边区的市场就腾出来了，而光华券没有1元以上的，故须发行边币以资周转。第五，因为要发行公债，使人民能够认购公债，所以要发行边钞……"3月18日边区银行正式向市场投放"陕甘宁边区银行券"（以下简称"边币"）。同时，边区银行以边币逐渐换回"光华商店代价券"，使边币成为边区唯一的法定货币。边币有1角、2角、5元、10元、50元、100元、200元、500元、1 000元、5 000元共10种面额15种币别，另外1元边币虽然已经印制好，但实际上并没有投放。

边币的正式发行，表明陕甘宁边区银行由此前的非公开状态转向了公开状态（1941年11月7日，边区银行大楼正式落成，举行了隆重的开业典礼），业务经营的类型由商品购销转变为以银行业务为主，边区银行的性质从过去的财政收付机关转向了国家银行（既有中央银行的职能，又有商业银行的职能）。同时，我们发现，边币的发行具有以下特征：第一，边币的面额种类中，"元"以上面额的品种占80%，与代价券以"角""分"为主的面额品种形成了鲜明的对照。这说明边区银行发行的货币由辅币转向了本位币。第二，边币发行是以盐税、货物税等作为保证，这种发行保证与西方国家当时以发行银行资产方的资产（金、银或者外汇）作为保证是有差异的。此外，边币在当时战时状态下也不能兑换金银。第三，边币的正式发行，标志着中国共产党领导下的边区银行开始独立自主地发行货币，为日后独立发行人民币积累了经验。

2. 边币与法币的比价关系

毛泽东同志提到的"经济学教授不能解释边币和法币"，实际上是指当时金融领域对敌斗争中边币和法币之间的兑换比价如何确定的问题。在1941年边币发行之初，边币和法币的比价确定为1∶1。之后边币不断贬值，曾经一度贬值到13元边币才兑换1元法币，在边区有的地方，如关中、陇东三边等地一度被百姓拒用。为何边币持续贬值呢？

要回答这个问题，必须从当时陕甘宁边区政府的经济基础、对外贸易、财政收支等因素来综合分析。边区的现代化生产几乎没有，边区所需要的布匹、棉花、文具、烟类、糖类、西药均从国统区输入。如前所述，1940年年底之前，边区政府的财政收入主要有八路军军饷和国内外各界的捐赠，包括共产国际对中共的经费支持。除此之外，边区百姓向边区政府缴纳爱国公粮（在1937年和1938年都是1万担），不过其负担较轻。1941年皖南事变之后，边区政府最重要的两项财政收入受到严重冲击，不得不依靠对内征税（当时主要是农业税，即救国公粮）维持运转，因此边区百姓缴纳的公粮不得不迅速增加。例如，1940年征收的公粮是9万担，1941年增加到20万担，1942年是16万担。在边区财政极度困难的情况下，中共中央不得不求助于共产国际。例如，1941年5月16日，中共中央致电季米特洛夫，要求100万美元的拨款。7月3日，联共（布）中央政治局召开会议，同意"拨给共产国际执委会100万元，用来援助中国共产党中央"。7月7日，季米特洛夫致电毛泽东同志："您关于资金援助的请求得到了满足，已采取措施，使您能尽快分批得到全部款项。"⊖现有的史料表明，共产国际的拨款额与中国共产党收到的款项额并不一致，且通常后者小于拨款。无论怎样，这种临时性的收入一定程度上可以解边区政府的燃眉之急，然而，这不是根本之道。从财政支出的角度看，边区有8万多由财政供养的党政军人员（为防止国民党的袭扰，边区不得不大量驻军防守），人吃马喂式的财政支出存在明显的刚性。从边区的对外贸易来看，边区所能够输出的，最主要的就是食盐，其占整个输出总额约为90%，其他10%是一部分皮毛、药材等，因此对外贸易逆差严重。综合来看，迫于当时的经济与战争形势，边区政府的进口支出刚性和财政支出刚性明显，贸易逆差和财政赤字的结果是陕甘宁边区银行不得不超额发行边币，边区很快出现了严重的通货膨胀，边币对法币不断贬值。

边区物价的动荡和对法币的贬值，引起了边区各界群众的广泛议论和中共中央高度关注。1941年8月，毛泽东同志向边区各界广泛征求意见后提出，发展经济和平衡进出口是解决边区财经问题的关键。之后在中共中央讨论金融问题的会议上，毛泽东同志指出：边区的问题，基本上不是金融问题，而是经济与财政的矛盾，解决这个矛盾，只有通过发展生产⊖。1942年12月，毛泽东同志在陕甘宁边区高级干部会议上做了《经济问题与财政问题》的报告，提出了"发展经济，保障供给"的方针。这一系列方针都清楚地揭示了边区政府金融、财政和经济之间的相互关系，通货膨胀是表象，供给不足才是本质。在上述方针的指导下，从1943年到1945年，边区掀起了热火朝天的大生产运动。例如，毛泽东、周恩来等中央领导同志都亲自纺纱织布。大生产运动大大增加了边区的生产供给，同时减少了国统区棉纱和布匹的输入规模，边区政府的财政赤字和贸易赤字都迅速下降了。

1.5.5　抗日战争时期：贸易公司商业流通券的发行

1941年5月，中共中央将中央西北工作委员会与陕甘宁边区中央局合并成立中共中央西北局，以高岗为书记。为了统一领导陕甘宁边区和晋绥边区的财经工作，中共中

⊖ 罗平汉. 中共党史知识问答 [M]. 北京：人民出版社，2021：121.
⊖ 陕甘宁边区金融史编辑委员会. 陕甘宁边区金融史 [M]. 北京：中国金融出版社，1992：101.

央于 1942 年 10 月在延安成立西北财经办事处，该办事处隶属中共中央西北局，贺龙为主任。1942 年 12 月，西北局高干会议上曾经一度批评金融本位主义的观点。所谓金融本位主义，是指 1942 年 8 月至 10 月间，边区银行存有法币 200 万元，以及光华商店储备的物资有 200 万元，当时担任行长的朱理治主张"紧缩银根"，没有扩大发行边币。朱理治因此被免去行长职务，边区银行的管理体制同时发生变化，改由财政厅管理。这为财政厅将边区银行发行货币作为解决财政赤字提供了制度上的可能，结果是货币由财政发行，通货膨胀显著。边区银行在 1943 年大规模增发货币，其发行规模增加了 12.8 倍，结果是物价飞涨，边币相对于法币贬值严重。当时法币的黑市价格不断上涨，与边币比价一度高到 1∶13 至 1∶14。1943 年 2 月中旬后，为控制比价，延安和各分区货币兑换所大量卖出法币，才使得法币的黑市价格（与边币比价）降至 1∶10 至 1∶12。有鉴于此，到 1943 年 12 月 17 日，西北局不得不做出一系列决定，如停止发行陕甘宁边区银行币，停发 3 个月政府经费等。用现代经济学术语表达，就是边区政府采取了紧缩性的货币政策、财政政策。此外，取消固定牌价意味着边区汇率制度转向了浮动汇率制度。

为整顿边区金融形势，1944 年 3 月，中央选派陈云同志担任西北财经办事处副主任，兼任政治部主任，主持日常工作（贺龙同志担任陕甘宁晋绥联防军司令员，无暇顾及财经工作）。如何稳定边币与法币的比价，成为边区政府财经工作的首要任务。陈云同志经过调研，提出了如下设想："要使得边币与法币的比价达到一比一，又要使得市场上金融交易不停顿，就要想个'偷梁换柱'的方法。发行新的货币在政治上会有不良影响，允许边币与法币同时流通也有弊端。因此，可以考虑由盐业公司发行一种流通券，其定价与法币是一比一，而与边币是一比九，使之在边区内流通，逐渐收回边币，达到预想程度的时候，再以边币收回盐业流通券，这样既可以使得边币与法币比价提高到一比一，驱逐法币，又不至于扰乱市面金融。"这个想法就是后来边区银行发行贸易公司商业流通券的雏形（中共中央文献研究室，2000）。

1944 年 5 月，经过讨论，西北财经办事处第五次会议做出《关于发行商业流通券的决议》，决定发行陕甘宁边区贸易公司商业流通券，共有 5 元、10 元、20 元、50 元、100 元、200 元、250 元、500 元、1 000 元、2 000 元、5 000 元 11 种面额，14 种券别。商业流通券于 1944 年 7 月 1 日开始发行，1948 年 1 月停止。贸易公司商业流通券具有以下几个特点。第一，此券是陕甘宁边区政府的本位货币（1945 年 5 月，西北财经办事处发布公告对此予以明确），用于边区境内所有的纳税、日常交易等。因此，商业流通券虽然名称上既不叫作货币，也不称为银行券（兑换券），但实际上就是陕甘宁边区的本位币。第二，商业流通券名义上是由边区政府的贸易公司发行的，这一点与光华商店代价券的发行模式一样。实际上，边区银行在幕后发挥真正的作用。第三，通过 1 元商业流通券兑换 20 元边币的固定兑换价格，收回流通中发行的边币。货币面额的缩小使得边币与法币的兑换比率由原来的 8∶1 变成了 1∶2.5。从货币原理来看，虽然商业流通券与边币的兑换对边法币比价的影响是名义上的，但是在当时却有政治上的积极意义：边区银行发行的货币相对于法币实现了升值。第四，商业流通券的发行准备不是金或银，也不是外汇（如美元、英镑），而是边区贸易公司及其下属各家公司的全部财产。1941年边币发行时，边区政府强调以盐税、货物税等作为发行准备。贸易公司商业流通券发行时，则以实物资产作为发行准备，但是这并不反映在陕甘宁边区银行的资产负债表上。西方国家传统的货币发行准备（如比例准备制、最高准备制等）强调发行银行资产方的准备资产科目（如黄金、白银、外汇等）与负债方的货币发行科目之间的比例关系。发行准备制度的差异表明中国共产党人已经意识到只有充足的物资准备才是保障边区货币流通稳定、物价稳定、汇率稳定的决定因素。就这一点来看，中国共产党人当时的认识是超越时代的。

在陈云同志的领导下，边区政府采取了鼓励出口、减少进口的政策措施，尽可能减少对国统区的贸易逆差。例如，边区政府鼓励百姓扩大棉花种植面积，发动军民自己动手纺纱织布，减少从国统区的棉花和棉布进口；同时增加对盐业的放款，促进盐的生产，扩大对国统区的食盐出口以此减少贸易逆差；边区银行加大对农业的放款，鼓励粮食生产。这些措施稳定了对外贸易形势，降低了贸易逆差对比价的冲击。

1.5.6　解放战争时期：各解放区货币的逐步统一

抗战胜利后，在1945年10月10日，国共双方签署了《双十协定》。但是，国民党很快撕毁该协定，1946年6月，国民党向我中原解放区展开进攻，全面内战爆发。在经济领域，为适应战争需要，解放区各级人民政府根据党中央关于"发展经济，保障供给，统一领导，分散经营，军民兼顾，公私兼顾"的财经工作方针，对财经工作实行由和平建设体制到战时经济体制的转变。抗战时期，中国共产党领导下的各敌后根据地大都建立了自己的银行并发行货币。由于这些敌后根据地互不相连，且处于四面受敌的恶劣环境当中，1947年5月，我党历史上非常著名的华北财经会议召开，其目的是统一各大解放区力量，通过相互调剂物资、统一货币来共同对付国民党的重点进攻，并为战略反攻做好经济上的准备。会议最后通过了《华北财政经济会议综合报告》。此次会议之后，各解放区的货币统一就纳入了议事日程。所谓货币统一，就是固定各解放区货币的兑换比价。通过固定兑换比价，逐步朝着货币统一的方向迈进，为日后发行人民币打下基础。实现货币统一的目的就是实现各解放区的资金、人员和物资自由流动，进而扩大我解放区的经济力量，为最后夺取全国胜利做好经济上的准备。华北财经会议对固定的兑换比价予以了明确：

（1）晋察冀边币与冀南银行币兑换比价为10∶1（1948年4月15日开始执行）。

（2）晋察冀边币与冀南银行币和北海银行币兑换比价为10∶1∶1（1948年10月5日开始执行）。

（3）西北农民银行币与冀南银行币兑换比价为20∶1，西北农民银行币与晋察冀边区银行币兑换比价为2∶1（1948年11月20日开始执行）。

（4）冀南银行币与华中银行币兑换比价为1∶1。

（5）冀南银行币与陕甘宁贸易公司商业流通券兑换比价为1∶20。

（6）冀南银行币与陕甘宁边区银行币兑换比价为 1∶400。

按照以上兑换比价，各解放区货币可以相互流通。⊖ 1947 年 10 月 24 日，中共中央华北财经办事处成立，统一领导华北各解放区的财经工作。

同样是实现货币统一，在半个多世纪以后的 1999 年 1 月 1 日，欧元问世。在欧元问世之前，欧洲货币局（欧洲中央银行的前身）就明确，各成员国货币转换成欧元的汇率必须等于 1998 年 12 月 31 日外汇市场交易结束时各国货币与埃居（欧元的前身，1 埃居等于 1 欧元）的兑换比率。为避免各成员国在 1998 年 12 月 31 日当日干预市场汇率，以便本国以更有竞争力的汇率加入欧元，各成员国货币当局在 1998 年 5 月就宣布了货币转换的双边固定汇率。此后，市场人士认为如果市场汇率偏离了官方宣布的汇率水平，各成员国会进行无限量的干预，因此市场上少有投机活动，即便是 1998 年下半年亚洲金融危机最为严峻的时刻，欧洲外汇市场上依然平稳运行。上述措施保障了欧元在 1999 年的顺利诞生，国际社会因此将欧元的问世视为实现货币统一的经典范例。

由此可见，在半个多世纪之前中国共产党人就决定通过锁定各解放区货币比价，实现了货币统一。虽然当时战事频繁，三大战役还没有打响，新中国的中央政府还没有建立，但是此时的中国共产党就在为掌握政权之后的货币统一做准备，这更加凸显了中国共产党管理金融、发行货币的智慧。

1.5.7　中国人民银行的成立和人民币的诞生

伴随着粉碎国民党的重点进攻和三大战役先后取得胜利，中国共产党在金融领域的工作同样取得了突飞猛进的成绩。1947 年 3 月，陕甘宁边区银行撤离延安。10 月，陕甘宁边区政府、晋绥边区行政公署共同决议，统一陕甘宁晋绥两边区币制，确定两边区银行合并，定名为西北农民银行。以西北农民银行发行的西农币为准。陕甘宁边区贸易公司发行的商业流通券与西农币等值流通。此后，中共中央在金融领域的重点工作主要体现为两方面。一是陆续合并各解放区银行机构，如 1948 年 7 月，晋察冀边区银行与冀南银行合并为华北银行。1948 年 12 月，以华北银行为基础，合并山东解放区的北海银行、西北解放区的西北农民银行，在河北省石家庄组建了中国人民银行。二是在各解放区货币统一后着手发行新的货币——人民币。1948 年 11 月 25 日，《华北银行总行关于发行中国人民银行钞票的指示信》发布。1948 年 12 月 1 日上午 9 时，由河北省平山县银行发行的第一套人民币问世。人民币上的行名、年号和面额均出自当时的华北人民政府主席董必武之手。在石家庄的大街上到处可以看到由董必武签署的金字第四号《华北人民政府布告》："于本年十二月一日起，发行中国人民银行钞票，定为华北、华东、西北三区的本位货币，统一流通。"自此，中国人民银行成立了，同时人民币正式诞生。

⊖ 《中共中央批准华北财经会议报请的各解放区货币兑换比价》(1947 年 10 月 24 日)。薛暮桥，杨波. 总结财经工作 迎接全国解放——记全国解放前夕两次重要的财经会议[M]. 北京：中国财政经济出版社，1996：406.

还需要指出的是，此时新中国还没有正式成立，人民币的发行只是统一了华北、华东和西北三大解放区的流通货币。人民币发行之后，冀币（包括鲁西币）、边币、北海币、西农币（简称"旧币"）逐渐收回。旧币未收回之前，旧币与新币固定比价，照旧流通，不得拒用。新旧币比价规定如下：

（1）新币对冀币、北海币均为1∶100，即中国人民银行钞票1元等于冀南银行钞票或北海钞票100元。

（2）新币对边币为1∶1 000，即中国人民银行钞票1元等于晋察冀边区银行钞票1 000元。

（3）新币对西农币为1∶2 000，即中国人民银行钞票1元等于西北农民银行钞票2 000元。

以上比价与此前的《华北财政经济会议综合报告》确定的比价是一致的。这表明，人民币钞票的发行和扩大是一个渐进的过程。1949年3月，中原解放区的中州农民银行改为中国人民银行中原区行，至此关内各解放区的货币统一基本完成，但此时中国共产党还没有完成与东北地区货币的统一。从1946年3月开始，东北解放区的东北银行发行了地方流通券，简称东北币。1948年11月辽沈战役结束后，东北全境解放。由于东北有较为完整的工业和交通体系，物资流转顺畅，全区货币统一，物价稳定，为了使东北地区及早恢复工业生产，尤其是军工生产，减少全国战时财政对东北的影响，中共中央决定东北币暂时不与人民币实现统一。直到1951年3月20日，中央政府才决定收回东北银行的地方流通券，中国人民银行在当年4月1日开始，按照东北币九元五角折合人民币一元的比价收兑。同时，东北银行改组为中国人民银行的下级机构。此时，不仅新中国已经成立，而且朝鲜战争已经爆发，中国人民志愿军已经入朝作战约半年了。人民币实现统一的策略表明：货币斗争服务于军事斗争，中国共产党人并不是机械地采取货币统一的模式，而是从全局利益出发，有策略性地进行货币统一。

历史表明，中国共产党领导中国革命取得成功，不仅要有枪杆子，而且还要抓好钱袋子。中国共产党在成立初期，从依靠共产国际的外援，到后来坚持独立自主的原则，通过扩大生产增加供给、增加税收，通过发行债券筹集资金，尤其是通过发行货币逐步实现货币的独立和统一。可以说，没有财力的支撑，中国共产党就不可能领导中国革命取得成功。在具体操作层面上，中国共产党人的许多见识和做法远远走在同时代其他国家和政党的前面，甚至领先西方国家半个世纪，其智慧和时代价值在今天依然值得我们总结与学习。习近平总书记曾经说过："行百里者半九十。中华民族伟大复兴，绝不是轻轻松松、敲锣打鼓就能实现的。全党必须准备付出更为艰巨、更为艰苦的努力。"

1.6　本章小结

本章介绍了英格兰银行、日本银行、美联储、欧洲中央银行和中国人民银行的发展简史，通过分析它们在发展过程中的典型事件，揭示中央银行制度诞生、发展的曲折过程。从源头上看，中央银行发钞是作为政府解决其财政赤字的方法之一而问世的。从如何保证中央银行发行的钞票不贬值，到现在各国中央银行纷纷将保持物价稳定作为货币政策的首要目标，中央银行制度的发展经历了无数次失败和挫折。各国中央银行法的若干规定，恰恰是对历史上各种失败的经验总结。

英格兰银行是公认的探索现代中央银行制度的第一家银行，其成立之初就是为解决英国政府财政赤字问题而获得特许经营权的一家具有发钞资格的商业银行。当时，具有发钞资格的商业银行不只有英格兰银行，还有其他银行。但由于英格兰银行经营稳健，英国议会最终将其他问题银行的发钞额度授予英格兰银行，从而使得英格兰银行发钞额的规模不断扩大。在英格兰银行的发钞史上，曾经有过两次暂停兑换（即暂停英格兰银行的银行券与黄金的兑换），这引发了货币史上的两次争论。尽管如此，世界其他国家在探索本国中央银行制度的过程中，无疑都参考过英格兰银行的经验。

日本银行是亚洲国家建立的第一家中央银行。1868年明治维新之后，日本向英美等国派出代表团，专门学习现代国家的各种制度。1882年日本银行建立，但是其发钞制度并没有实现统一，当时的日本仍然处于银本位时期。甲午战争后，日本政府利用中国支付的赔款，成功完成了向金本位制度的转型，也成为亚洲最早实施金本位制度的国家。日本的现代中央银行制度和金本位制度建立的过程，与日本侵略亚洲其他国家的过程同步。

美国是西方发达国家中建立中央银行相对较晚的国家。美国在建国之初，先后建立了兼具发钞功能和商业银行功能的美国第一银行和美国第二银行，由于担心中央银行的专权，这两家银行在特许权到期后，均没有获得授权持续经营。然而，伴随着金融危机的频繁出现，中央银行的缺位使得美国意识到有必要建立中央银行。然而，为了规避中央银行制度建立后带来的权力集中，经过国内各利益相关主体的博弈，目前的美联储体制形成，该体制较好地体现了分权制衡的思想。由于美国是当今世界规模最大的经济体，且美元是国际社会最主要的国际货币，因此其货币政策具有很强的外部效应。

欧洲中央银行是西方发达经济体中成立最晚的一家中央银行，它的成立与欧元的诞生关系密切。欧元是人类货币史上唯一一种不是通过战争而是通过各成员国协议在国家间实现统一的货币。为了更好地管理这种共同货币，欧洲中央银行沿袭了欧洲各成员国货币管理历史上的诸多成功经验。然而，欧洲中央银行制度存在天生的制度缺陷，即各成员国的财政制度并没有实现统一。伴随着欧元区的扩大，其成员国不断增加。截至2020年年末，欧元区共有19个成员国。然而，各成员国经济实力与人口规模相差悬殊。2008年全球金融危机爆发后，由于欧元区各国经济表现各异，欧洲中央银行在如何保持货币政策独立性的同时，还能够提高其政策有效性等方面，面临着更大的挑战。

中国虽然是世界上最早发行纸币的国家，但中央银行制度却是从西方国家引进的。1895年甲午战争失败之后，中国人意识到金融制度的落后，于是把创办中国自己的具备发行现钞功能的商业银行提上了议事日程，具有现代银行意义的中国通商银行在1897年成立。但是，到清政府下台，货币发行制度并没有实现统一。新中国中央银行制度的诞生与其他国家中央银行制度的形成有着巨大的不同，它是在战争中不断发展与成熟的，其指导思想在当时是最先进的，也是符合历史潮流的。

自 1694 年英格兰银行成立，中央银行制度的发展不过 300 多年。至今，世界经济已经历了翻天覆地的变化，人类的福祉超过了历史上任何一个时期，但是各国经济与世界经济也曾经遭遇过各种金融危机。正是在应对这些危机的过程中，中央银行制度从形成到发展，再到不断成熟。可以说，中央银行是当前各国经济管理部门中不可或缺的部门。进入 21 世纪以来，从日本持续的通货紧缩到 2008 年全球金融危机爆发后各国采取量化宽松政策，从部分国家中央银行采取负利率政策到 2018 年以来中美贸易摩擦导致的世界经济秩序变化，再到 2020 年开始的新冠肺炎疫情对全球经济的冲击，各国中央银行经历了一系列前所未有的局面，所采取的政策思路和政策工具都发生了很大的变化。未来，世界经济还会出现新的风险，中央银行制度还将面临新的挑战。"青山遮不住，毕竟东流去。"我们完全有理由相信，人类在各种危机和挑战中将变得更加成熟，中央银行制度也必将不断完善。

CHAPTER2 · 第 2 章

从资产负债表来认识中央银行

中央银行是一国最重要的金融机构之一,它不仅制定和执行货币政策,而且管控着金融运行的各个重要方面,如发行现钞、管理国际储备、代表本国政府与国际金融机构进行沟通、向其他金融机构提供信贷等。在不同的国家,中央银行的名称不完全相同,除了"中央银行"这一称呼之外,有的国家还称之为"储备银行"(Reserve Bank),有的国家则称之为"国民银行或国立银行"(National Bank)或者"国家银行"(State Bank)。另外,完全以外汇储备作为发行准备发行本国现钞的货币局(Currency Board)或者金融管理局(Monetary Authority),也被视为广义上的中央银行。

2.1 金融机构分类以及部门分类

中央银行属于典型的金融机构,只不过地位比较特殊。从机构的性质来看,中央银行属于何种金融机构呢?

一般来说金融机构都存在以下特征:第一,持有的资产可能面临违约风险(信用风险)、利率风险或汇率风险;第二,其资产和负债都面临流动性风险;第三,资产负债存在期限错配的问题;第四,都采取了负债经营模式,资本金占比很低。从负债方来看,金融机构分为两类:一类是存款机构,如商业银行、储蓄机构和信用社;另一类是非存款机构，如保险公司、证券公司、投资银行与共同基金。各类金融机构的划分，主要依据其资产和负债特征。根据 IMF《货币与金融统计手册》（*Monetary and Financial Statistics Manual*）（以下简称"《手册》"）的定义，中央银行在狭义上属于存款性公司（Depository Corporations），在广义上属于金融性公司（Financial Corporations）。如表 2-1 所示，金融性公司分为存款性公司和其他金融性公司（Other Financial Corporations），存款性公司又分为货币当局和其他存款性公司（Other Depository Corporations）。换言之，除中央银行（货币当局）之外的金融机构分为两大类：一类是其他存款性公司，另一类是其他金融性公司。根据《手册》的定义，其他金融性公司又分为保险公司和养老基金（Insurance Corporations and Pension Funds）、其他金融中介机构（Other Financial Intermediaries）、金融辅助机构（Financial Auxiliaries）。其中，保险公司和养老基金大致对应了国内银保监会监管的各类保险机构。其他金融中介机构包括财务公司、金融租赁公司、证券承销商和交易商以及特殊目的载体（SPV）等。金融辅助机构主要从事与金融资产和负债交易相关联的活动，或者与对这些交易进行监管相关联的活动，但是在交易过程中并不获得所交易的金融资产或负债的所有权，这些机构包括各类交易所以及证券登记结算公司、金融担保公司、货币经纪公司、为金融市场提供基础设施的公司等。

表 2-1 各金融机构之间的相互关系

金融性公司	存款性公司	货币当局（中央银行）
		其他存款性公司
	其他金融性公司	保险公司和养老基金
		其他金融中介机构
		金融辅助机构

资料来源：IMF《货币与金融统计手册》。

2.1.1 金融机构的分类

其他存款性公司的负债主要是存款货币，并纳入广义货币供应量的统计范围。其他存款性公司包括商业银行（Commercial Banks）、商人银行（Merchant Banks）、储蓄银行（Savings Banks）⊖、储贷协会（Savings and Loan Associations）、房屋互助协会（Building Societies，起源于英国的一种金融机构，主要提供住房抵押贷款和其他金融服务）、抵押贷款银行（Mortgage Banks）、信用社（Credit Unions）、信用合作社（Credit Cooperatives）、农村和农业银行（Rural and Agricultural Banks）、主要从事金融性公司业务的旅行支票公司（Travelers' Check Companies that Mainly Engage in Financial Corporation Activities）。有的教材也将其他存款性公司称为存款货币银行（Deposit Money Banks）或商业银行。在美国，一些最大的银行通常称为货币中心银行（Money Center Banks）。要想成为货币中

⊖ 还有一个术语"Thrift Institution"，可以译作"储蓄机构"，在美国其含义是指包括储蓄银行、储贷协会和信用社在内的机构类称。这些机构主要为美国居民提供抵押贷款和贷款服务，并且提供吸收居民储蓄存款的服务。

心银行，一方面看其地理位置，另一方面看其是否严重依赖非存款或者借入资金作为其资金来源。其他金融性公司主要包括保险公司（Insurance Corporations）和养老基金（Pension Funds）、共同基金（Mutual Funds）、证券交易所等。其他金融性公司主要通过在金融市场上发行债券或股份，或者发行保单等方式来获得资金，这类负债通常不计入货币供应量。

根据其资产与负债的不同，美国将金融机构分为三类：存款机构与银行（Depository Institutions，Banks）、契约型储蓄机构（Contractual Savings Institutions）和投资中介机构（Investment Intermediaries）。以商业银行为代表的存款机构，负债主要是各类存款，资产主要是工商业贷款、消费者贷款、抵押贷款、美国政府债券和市政债券等。契约型储蓄机构包括寿险公司（Life Insurance Companies）、财险公司（Property Insurance Companies）、养老基金、政府退休基金（Government Retirement Funds），其负债主要是投保人缴纳的保费（Premiums from Policies）、雇主和雇员的社保及医保等基金缴款（Contributions），资产主要是企业股票、各类抵押贷款、各类债券等。契约型储蓄机构的主要特征是，按照合同约定，定期收到确定的付款，同时在合同规定的事件发生时向合同另一方支付规定的款项。投资中介机构包括财务公司［也称金融公司（Finance Companies）］、共同基金和货币市场共同基金（Money Market Mutual Funds），主要通过发行商业票据、股票、债券或者份额来筹集资金，资产主要是发放的各类贷款，投资的各种股票、债券和货币市场工具等。此外，美国的货币金融统计将商业银行和储蓄机构划分为存款性机构。

2008年全球金融危机爆发之后，全球范围内的金融统计领域暴露出一系列问题，如部分从事金融业务的机构没有被纳入金融统计、部分创新型金融产品的信息统计不完整、缺乏统计信息共享机制等。针对上述问题，中国对金融统计制度进行了改进。例如，将中国人民银行和外管局分类为货币当局，将银保监会和证监会分类为监管当局，把具有部分监管职能的交易所、登记结算公司单列，统一分类为交易与结算类金融机构，具体包括交易所、证券登记结算公司和国债登记结算公司。根据是否吸收公众存款、是否缴纳法定准备金以及在货币创造中的地位，将原银监会监管的机构划分为银行业存款类金融机构和银行业非存款类金融机构两类。前者包括银行、信用合作机构和财务公司。后者包括信托公司、金融资产管理公司、金融租赁公司、汽车金融公司、贷款公司和货币经纪公司。证券业金融机构包括证券公司、期货公司、证券投资基金管理公司和投资咨询公司。保险业金融机构分为财产保险公司、人身保险公司、再保险公司、信用保险公司、保险资产管理公司、保险经纪公司、保险代理公司、保险公估公司、企业年金等机构。另外，中国人民银行新设立特定目的载体类机构，包括证券投资基金、信托投资计划、代课理财项目和资产证券化项目。因此，读者在其他专业书籍中还可以看到，《手册》中的"其他存款性公司"在中国对应的是"银行业存款类金融机构"。除此之外，由地方金融监督管理局负责监管的小额贷款公司、融资担保公司、区域性股权市场、典当行、融资租赁公司、商业保理公司、地方资产管理公司七类机构，截至2020年年末尚未纳入现有金融机构分类。

不少人将"Financial Intermediaries"和"Financial Intermediation"都译为"金融中

介"或"金融媒介"。不论采用何种译法，在中文语境下我们都难以对这两个术语的含义予以区分。不过，在英文语境下，这两者的差异还是非常显著的。"Financial Intermediaries"一词的英文定义是"Institutions (such as banks, insurance companies, mutual funds, pension funds, and finance companies) that borrow funds from people who have saved and then make loans to others"，译成中文就是"从储蓄方借入资金，然后发放贷款给其他方的金融机构，比如银行、保险公司、共同基金、养老基金和金融公司"，因此"Financial Intermediaries"应该译为"金融中介组织"或"金融中介机构"。"Financial Intermediation"的英文定义是"The process of indirect finance whereby financial intermediaries link lender-savers and borrower-spenders"，译成中文就是"各类金融中介机构连接贷款方（储蓄者）和借款方（消费者）的间接融资过程"，因此"Financial Intermediation"应该译为"金融中介过程"或"金融中介活动"。根据国际社会的统计惯例，公司被分为两类：一类主要是提供金融服务，另一类主要提供货物与其他服务。前面提到的金融中介活动就是金融服务（Financial Services），属于生产性活动（Productive Activities），具体包括金融中介活动（Financial Intermediation）、金融风险管理（Financial Risk Management）、流动性转换（Liquidity Transformation）或辅助性金融活动（Auxiliary Financial Activities）的成果。金融中介活动会受到严格的监管，但是不提供其他的货物与服务。简言之，金融中介过程具有生产的属性。

专栏 2-1

金融机构部门及其分类

从整体上来看，金融机构部门包括所有主要从事向其他机构单位提供金融服务（含保险、养老金等）活动的公司。金融机构通常包括三类，即金融中介机构（Financial Intermediaries）、金融辅助机构（Financial Auxiliaries）和其他金融机构（Other Financial Corporations）[①]。金融中介机构是以在市场上从事金融交易获得金融资产为目的，以自己的名义发生负债的机构单位，包括商业银行、保险公司和养老基金等。金融辅助机构主要为金融市场提供服务，从事与金融资产或负债交易相关联的活动，但是在交易过程中不获得所经手的金融资产和负债的所有权，如投资银行、证券公司等。其他金融机构同样提供金融服务，但是其大多数资产或负债并非在公开市场上交易而得。本书提到的存款性公司属于金融中介机构。

2.1.2　部门机构的分类

要完整地认识中央银行的机构属性，必须对中央银行资产负债表有深入的了解。

[①] 其他金融机构与前述的其他金融性公司尽管英文 Other Financial Corporations 一致，但是其内涵不一致。其他金融性公司是 IMF《货币与金融统计手册》中提到的机构分类的统计术语，以机构的负债是否属于货币供应量为划分标准。本专栏提到的其他金融机构是从机构的资产负债性质来区分的。

表 2-2 给出了一个简化的中央银行资产负债表。

表 2-2　简化的中央银行资产负债表

资　产	负债及资本金
国外净资产	储备货币
国内资产	货币发行
对政府的要求权	流通中现金
对其他存款性公司的要求权	库存现金
对其他金融性公司的要求权	对其他存款性公司的负债
对住户部门的要求权	法定准备金
	超额准备金
	政府存款
	中央银行发行的证券
	对其他金融性公司的负债
	资本金

与工商企业和经营性金融机构一样，中央银行的资产负债表也是由资产、负债和资本金三大项构成，其中每一项又由若干子项组成。在资产方，中央银行的资产分为国外净资产和国内资产两大类。其中，国内资产分为四个构成项：对政府的要求权、对其他存款性公司的要求权、对其他金融性公司的要求权和对住户部门的要求权。在负债方，主要是储备货币、政府存款、中央银行发行的证券和对其他金融性公司的负债。储备货币是中央银行负债的主体，分为货币发行和对其他存款性公司的负债两类。前者分为流通中现金和库存现金，后者包括法定准备金和超额准备金。资产负债表的右侧最后一项是"资本金"。

整个资产负债表基本上是按各个部门来分类的。何谓部门（Sectors）呢？根据机构单位（Institutional Units）的基本功能、行为和目标，SNA 将其分为五个独立的部门：非金融公司（Non-financial Corporations）、金融公司（Financial Corporations）、一般政府机构（General Government）、住户（Households）、为住户服务的非营利机构（Non-profit Institutions Serving Households，NPISHs）。

例如，非金融公司是指主要从事货物生产、提供非金融服务的企业，包括农业企业、工业企业、建筑业企业、批发零售业企业、交通运输业企业等，所有非金融公司组成了非金融公司部门。金融公司是指主要从事金融中介活动以及与金融中介相关的辅助金融活动的公司，包括银行、证券公司、保险公司等。所有金融公司组成了金融公司部门。一般政府机构是指在一定区域内拥有立法、司法或行政权的机构单位，包括各级党政机关、群众性团体组织、事业单位等，其主要职能包括：通过税收和其他方式获得资金后向社会公众提供货物和服务；通过转移支付，对居民收入和财产进行再分配；从事非市场性生产。所有一般政府机构组成了政府部门。住户是指共享同一生活设施，共同使用部分或全部收入和财产，共同消费住房、食品和其他消费品与服务的个人或个人群体。所有住户组成了住户部门。住户部门既是生产者，也是消费者和投资者。为住户服务的非营利机构是指从事非市场性生产，为住户提供服务，其资金主要来源于会员会费和社会捐赠，且不受政府控制的非营利性质的机构，如宗教组织，各种社交、文化、娱乐和体育俱乐部，以及各类慈善、救济和援助组织等，它们组成了为住户服务的非营利机构部门。以上五个部门组成了一国的经济总体。与一国上述五个部门发生交易的所有非常住单位，视为同一个机构部门处理，简称国外部门（Foreign Sector）。

既然本书的目的是分析中央银行的金融调控活动，为了更好地揭示货币政策发生变化后各部门的资金变化情况，本书将机构部门的分类加以调整，细化了金融公司部门的分类，合并了非金融公司部门、住户部门和为住户服务的非营利机构部门，具体分为以下六类：中央银行、其他存款性公司、其他金融性公司、政府部门、住户部门和国外部门（见表2-3）。前三类就是IMF对金融机构的分类，政府部门是指中央政府和各级地方政府，住户部门就是除各类金融机构之外的国内企业和个人。国内部门（也称"居民部门"）包括以上五类机构，国外部门包括国外的所有部门，也称"非居民部门"。

表2-3 机构部门的分类

国内部门（居民部门）	中央银行
	其他存款性公司（如商业银行、信用社等）
	其他金融性公司（如证券公司、保险公司、期货公司等）
	政府部门（如中央政府、地方政府等）
	住户部门（如企业、个人等）
国外部门（非居民部门）	国外部门（所有的国外机构）

在不同的国家，中央银行资产负债表的科目设置并不完全相同。有的科目甚至没有设置，如有的中央银行并未采取发行中央银行票据这种方式来调控银行体系的流动性，也就没有"中央银行发行的证券"科目；有的中央银行不实行法定准备金制度，负债方也就没有"法定准备金"科目；有的中央银行不对本国金融机构提供流动性支持，不履行"最后贷款人"（Lender of Last Resort，LOLR）职能，在资产方也就没有"对其他存款性公司的要求权"科目。

从历史发展变化来看，在中央银行诞生之初，以上各个科目也并非同时存在，随着中央银行职能的不断扩大，才陆续设置相应科目。例如，在1978年改革开放之前，中国人民银行不仅发行货币，还向国有企业提供融资，表现为"对住户部门的要求权"科目余额较大，这体现了中国人民银行集中央银行职能和商业银行职能于一身。改革开放之后，中国人民银行专司宏观金融调控职能，对普通企业的贷款余额逐年下降，并将对企业的贷款全部划转给商业银行，2016年年底这类贷款只有约81亿元，与当年中国人民银行资产方余额343 711亿元相比，几乎可以忽略不计。中央银行与其他金融机构的差异，就体现在其资产负债表的各个科目当中。下面，我们逐一进行分析。

2.2 资产方科目

与工商企业相比，中央银行持有的主要是金融类资产。按资产性质划分，金融类资产可以分为股权类资产和债权类资产两大类。中央银行持有的主要是债权类资产，个别中央银行还会持有少量的股权类资产。除金融类资产之外，中央银行还有固定资产，不过与其持有的金融资产相比,固定资产规模几乎可以忽略不计。

如果以国别划分的话,中央银行的资产可以分为国外净资产(主要是国际储备部分)和国内资产(中央银行向国内机构提供融资)两大类。所谓国外净资产,就是本国中央银行对外资产与对外负债的差额,即对非居民净债权。对外资产主要是一国中央银行持有的国际储备,包括货币黄金和特别提款权、外汇储备和在 IMF 的头寸等。

对外负债主要是本国中央银行对非居民的负债,如外国政府、外国中央银行和国际组织等机构在本国中央银行的存款。一般来说,其他国家的中央银行、国际组织往往会在关键货币国家的中央银行开立账户,其目的主要是用于干预本币汇率或国际援助。例如,不少国家的政府、中央银行和国际金融组织等机构在美联储(具体是纽约联邦储备银行)开设账户,这些账户的变化会影响美联储的超额准备金等。纽约联邦储备银行从 1917 年开始就代理美联储执行上述操作,目前约有 200 多个外国机构在纽约联邦储备银行管理超过 550 个存款和保管账户(Deposit and Custody Accounts)。

2.2.1 外汇储备

外汇储备是一国中央银行非常重要的资产。以美国为例,2019 年年末,美国政府持有的外汇储备刚刚超过 400 亿美元。表 2-4 显示了美国政府外汇储备的构成。按币种划分,其外汇储备主要是欧元资产和日元资产,各占一半。按资产性质划分,主要分为外汇存款和债券资产两类。外汇存款主要是美国政府存放在外国中央银行以及国际清算银行中的存款。债券资产主要是一次性(on an outright basis)买入的政府债券。

表 2-4 2019 年年末美国政府持有的外汇储备

(单位:百万美元)

	美国外汇稳定基金(ESF)	美联储公开市场账户(SOMA)
欧元资产	**12 156.6**	**12 175.4**
在官方机构存放的存款	6 872.3	6 891.0
持有的可交易证券	5 284.3	5 284.3
德国政府债券	1 166.6	1 166.6
法国政府债券	2 657.2	2 657.2
荷兰政府债券	1 460.6	1 460.6
日元资产	**8 601.8**	**8 601.8**
在官方机构存放的存款	7 752.0	7 752.0
持有的可交易证券	849.8	849.8

资料来源:纽约联邦储备银行网站:https://www.newyorkfed.org/markets/international-market-operations/foreign-reserves-management.

中国的外汇储备在 2014 年 6 月末达到 3.99 万亿美元。在中国人民银行资产负债表的"国外资产"的"外汇"科目下,以人民币计价的外汇储备余额最大值为 2014 年 5 月的 272 998.64 亿元。到 2018 年年末,该余额为 212 556.68 亿元。如果以外汇资产占总资产的比例来看,最大值为 2014 年 3 月末的 83.32%。到 2018 年年末,该比例降至 57.06%。中国外汇储备的下降有各种原因，尤其是既涉及私人部门主动增持外汇资产，也涉及官方动用外汇储备干预人民币汇率（"8·11"汇改之后），还涉及中国政府动用外汇储备对国有商业银行、政策性银行进行注资的因素。例如，2003年成立中央汇金公司并向中国银行、中国建设银行各注资225亿美元，2005年向中国工商银行注资150亿美元，2007年向国家开发银行注资200亿美元，2008年向中国农业银行注资190亿美元，2015年利用外汇储备分别对国家开发银行、中国进出口银行补充资本金480亿美元、450亿美元（见表2-5）。这些外汇均不再纳入外汇储备的统计。此外，还包括中国外汇储备在支持"走出去"等方面的资金运用，如对中国投资有限公司、中非产能合作投资基金、丝路基金、中拉产能合作投资基金等的注资。

表 2-5 中国外汇储备注资一览表

时间	注资对象	金额（亿美元）	备注
2003年12月	中国银行	225	通过中央汇金公司注资
2003年12月	中国建设银行	225	通过中央汇金公司注资
2003年12月	中国建银投资公司	25	通过中央汇金公司注资
2005年4月	中国工商银行	150	通过中央汇金公司注资
2005年7月	中国进出口银行	50	通过中央汇金公司注资
2007年9月	中国投资有限公司	2 000	财政部通过向央行发行15 500亿元人民币特别国债注资
2007年10月	中国再保险集团	40	通过中央汇金公司注资
2007年12月	国家开发银行	200	通过中央汇金公司注资
2008年11月	中国农业银行	190	通过中央汇金公司注资
2012年5月	国新国际投资有限公司	99.999	通过博远投资注资
2014年12月	丝路基金	首期注资65亿美元，届时总注资达260亿美元	通过梧桐树投资平台注资
2015年6月	中拉产能合作投资基金	100	通过梧桐树投资平台注资
2015年7月	金砖国家开发银行	首批注资20亿美元，届时总注资达410亿美元	通过梧桐树投资平台注资
2015年8月	国家开发银行	480	通过梧桐树投资平台注资
2015年8月	中国进出口银行	450	通过梧桐树投资平台注资
2015年11月	中非产能合作投资基金	80	通过梧桐树投资平台注资
2015年12月	亚洲基础设施投资银行	297.8	通过梧桐树投资平台注资

资料来源：各大银行及基金官方网站。

2.2.2 货币黄金

黄金分为货币黄金和非货币黄金。货币黄金就是货币当局持有的黄金，非货币黄金就是非货币当局（如国内的消费者）持有的黄金。中央银行持有的黄金就属于货币黄金。在有的国家，中央银行直接持有货币黄金的实物，如中国人民银行持有的黄金就反映在国外资产的子项目"货币黄金"中；在有的国家，中央银行间接持有货币黄金，如美联储持有的金证券。何谓中央银行间接持有货币黄金？以美联储为例，1934年1月30日，罗斯福总统签署的《黄金储备法》（Gold Reserve Act of 1934）规定，将美联储的黄金全部划拨给美国财政部（Department of the Treasury）。同时，美国财政部部长将这些黄金按当时的法定价格（每盎司黄金 35 美元⊖）向美联储发行金证券（Gold Certificates），但美联储不得将金证券兑现为黄金。这可以视为美联储的黄金货币化（见表 2-6），类似于政府债务的货币化（即中央银行持有政府债券）。简言之，美联储资产负债表资产方的金证券代表着美国政府持有的货币黄金。

表 2-6 美联储的黄金货币化

美国财政部资产负债表				美联储资产负债表			
资　产		负　债		资　产		负　债	
货币黄金	+（1）	金证券	+（2）	货币黄金	-（1）	政府存款	-（1）
政府存款	-（1）			金证券	+（2）	政府存款	+（2）
政府存款	+（2）						

注：（1）美联储向财政部划转黄金；（2）财政部向美联储发行金证券。

尽管美联储并不直接拥有黄金，但是纽约联邦储备银行却作为美国政府、外国政府、其他国家中央银行、国际组织持有黄金的保管人。任何个人和私人机构均不允许在纽约联邦储备银行或者其他联邦储备银行存有黄金。美国财政部持有黄金的 95%（按照账面价值计算约 104 亿美元）由美国铸币局（U.S. Mint）保管，其余约 5% 的黄金（按照账面价值计算约 6 亿美元）由纽约联邦储备银行保管，其他联邦储备银行只保管很小的部分。

2.2.3 国内资产

按部门划分，中央银行的国内资产包括中央银行对政府的要求权、对其他存款性公司的要求权、对其他金融性公司的要求权和对住户部门的要求权。

1. 对政府的要求权

所谓对政府的要求权就是指中央银行对各级政府提供的融资，包括透支、贷款以及购买的政府债券等。以美联储为例，这部分债权资产占其总资产的 85% 以上，是美联储历年进行公开市场业务累积下来的政府债券。比如，2008 年全球金融危机之后，美联储执行量化宽松的货币政策，买进了大量的政府债券。

2. 对其他存款性公司的要求权

这主要是中央银行对这类机构的债权，如中央银行对国内商业银行发放的再贴现或再贷款。这里提到的要求权（Claims），还包括少部分的股权资产。例如，20 世纪 90 年代以来，日本银行曾经为了稳定金融体系，买入过股权类资产。自 1984 年中国人民银行承担中央银行职能以来，通过这一渠道向金融体系注入的流动性一度成为基础货币增加的主渠

⊖ 1792 年美国《铸币法案》规定美国实施金银复本位制度，当时黄金的价格被确定为每盎司黄金 19.39 美元，1834 年的《铸币法》将黄金的价格提高为每盎司黄金 20.67 美元。1934 年国会通过了《黄金储备法》，美国政府再次将黄金的价格提高为每盎司黄金 35 美元，1972 年 2 月又提高为每盎司黄金 38 美元，1973 年 9 月提高到每盎司黄金 42.22 美元。这种现象又被称为定值调整（Valuation Adjustments）。

道。当外汇占款在 21 世纪初成为主渠道之后,中国人民银行对国内商业银行的再贷款降为次要渠道。2014 年下半年以来,再贷款逐渐恢复为中国人民银行注入流动性的主渠道。

3. 对其他金融性公司的要求权

这主要是中央银行对这部分机构的债权。中央银行对保险公司、证券机构提供的流动性就属于这个科目。以中国为例,当股市发生较大规模的动荡时,中国人民银行提供的相关融资则是股市稳定的重要资金来源。较为知名的救助有两次。

第一次是 2005 年中国人民银行为了解决证券公司的流动性不足,对其发放再贷款。2005 年 6 月 12 日,中国人民银行网站公布了一则新闻:"中国人民银行有关部门正在请示拟对两家证券公司提供再贷款支持。"这则消息证实了其正在受理申银万国证券股份有限公司和华安证券有限责任公司因存在流动性困难提出的再贷款申请。2005 年 7 月 18 日,《金融时报》的有关报道则称,中国人民银行有关部门负责人否认将提供 100 亿元资金帮助券商解决流动性问题,并明确指出,其所提供的 100 亿元资金是投资者保护基金的启动资金,这笔资金由投资者保护基金负责偿还,具体用途由该基金按照有关规定使用。2005 年 9 月 29 日,国有独资的中国证券投资者保护基金有限责任公司正式成立,其资金来源包括两方面:一是财政部专户储存的历年认购新股冻结资金的利差余额 63 亿元,此笔资金一次性划入,作为基金公司的注册资本;二是中国人民银行安排发放专项再贷款 617 亿元。换言之,中国人民银行决定将此前由各分支机构对被处置证券公司托管清算机构发放的风险处置再贷款统一变更为由总行营业管理部对保护基金公司发放。德恒、恒信、汉唐等高风险证券公司由于违规行为导致经营不善,退出证券市场,中国人民银行间接地提供了再贷款援助,即由中国人民银行统一对投资者保护基金提供再贷款。

第二次发生在 2015 年 6 月的股市震荡期间。中国人民银行通过对中国证券金融股份有限公司提供资金稳定动荡的中国股市。中国证券金融股份有限公司(China Securities Finance Corp.,以下简称"证金公司")成立于 2011 年,是经中国证监会批准设立的国有独资的全国性证券类金融机构。该机构是"中国境内唯一从事转融通业务的金融机构,旨在为证券公司融资融券业务提供配套服务",其股东包括上海证券交易所、深圳证券交易所、大连商品交易所、郑州商品交易所和上海期货交易所等。该公司的资金来源主要是发行股票和债券,以及在银行间市场上借入资金。2015 年 7 月 5 日,中国证监会发布《关于中国人民银行给予中国证券金融股份有限公司流动性支持的公告》。7 月 8 日,中国人民银行新闻发言人表示,中国人民银行积极协助证金公司通过拆借、发行金融债券、抵押融资、借用再贷款等方式获得充足的流动性。㊀中国人民银行的资产负债表显示,2015 年 7 月末"对其他金融性公司债权"余额从 6 月末的 7 696.35 亿元升至 9 696.35 亿元,增加了 2 000 亿元。

㊀ 2015 年 7 月 9 日,该公司在全国银行间市场发行 2015 年第三期短期融资券,募集资金 720 亿元。同日,该公司完成第三次增资扩股,注册资本由 240 亿增至 1 000 亿元。融入的资金增强了该公司入市购买股票的能力,对于维护股市稳定、防范系统性风险发挥了积极作用。

4. 对住户部门的要求权

所谓住户部门，就是除国外部门、其他存款性公司、其他金融性公司和政府部门之外的其他所有机构，通常是国内企业与个人。这主要表现为有的中央银行为本国的企业和居民提供少量的融资等，不过这个科目的余额往往很小，如 2016 年年末，中国人民银行该类科目的余额为 81.03 亿元，占总资产的比例不到 0.03%。

除此之外，中国人民银行的货币当局资产负债表中还有一个科目"其他资产"，在 2015 年年末该科目余额为 15 338.87 亿元，占比为 4.8%。到 2016 年该科目余额降为 7 497.26 亿元，占比为 2.2%。其他资产主要是指无法归类的资产。

2.3 负债方科目

中央银行最关键的负债科目是"储备货币"（Reserve Money），又称高能货币（High-Powered Money）、基础货币（Base Money）、中央银行货币（Central Bank Money）或货币基础（Monetary Base），是中央银行为广义货币和信贷扩张提供支持的负债，是经济中货币总量的基础。负债方的各科目既可以从部门来划分，也可以从是否属于储备货币的口径来划分。本章主要从后者的角度来讨论。

2.3.1 储备货币

储备货币科目又分为"货币发行"和"对其他存款性公司的负债"两项。"货币发行"就是中央银行发行的现钞，这些现钞最终流通到全社会各个部门甚至海外市场。在封闭经济条件下，中央银行发行的现钞最终在两大类机构手中：一类是国内企业和居民以及其他金融性公司，它们持有的现钞称为"流通中现金"；另一类是其他存款性公司，它们持有的现钞简称"库存现金"，注意，不是中央银行的库存现金，而是其他存款性公司的库存现金。不论流通中现金，还是库存现金，其显著特征都是中央银行不需要对此支付利息。这两者的主要差异体现为，流通中现金计入货币供应量，库存现金则不计入货币供应量。伴随着人民币国际化的推进，人民币现钞也开始流出国境，这部分仍然统计在"流通中现金"科目下。

在中国的货币当局资产负债表中，储备货币的子科目还包括"非金融机构存款"（Deposits of Non-financial Institutions）。这是从 2017 年 6 月开始新增加的科目，记录的是以"支付宝""财付通"等第三方支付机构向中国人民银行缴存的客户备付金存款。过去，第三方支付机构的客户备付金存放在各家商业银行，为了加强对这些机构备付金的风险管理，中国人民银行现在要求上述第三方支付机构直接在中央银行开立账户。

对其他存款性公司的负债包括"法定准备金"和"超额准备金"两项内容。换言之，储备货币既包括中央银行发行的纳入货币供应量的"流通中现金"部分，也包括中央银行发行的不纳入货币供应量的部分，即法定准备金、超额准备金[⊖]和库存现金[⊖]。同样是金融机构的负债，中央银行的储备货币与商业银行的存款货币存在哪些差异呢？一般来说，中央银行的储备货币是国内经济体进行债务清偿的最终手段。这包括两个层面：一是中央银行发行的现钞，民众在日常支付中采用现钞可以了结彼此的债权债务；二是中央银行的超额准备金，各家商业银行通过划转在中央银行的超额准备金完成彼此的清算。从民众的角度来说，中央银行负债（如现钞）和商业银行负债（如储蓄存款）之间的转换，就表现为民众在商业银行的存款和取款。商业银行出现挤提事件就是民众在短时间内集中向商业银行要求将其存款（如储蓄存款）兑现为中央银行的现钞。

2.3.2　政府存款

（各级）政府将其资金存放在中央银行形成的款项，其余额大小受政府财政管理体制和财政政策等因素的影响。以中国为例，2017 年 11 月，该科目余额为 41 410 亿元，到 12 月末则降至 28 626 亿元。该科目余额变化剧烈会严重影响金融体系的超额准备金规模。

2.3.3　中央银行发行的证券

除了发行无利息的现钞之外，有的中央银行还会发行附利息的证券，有时在负债方的占比还较大。例如 2003 年～2014 年，中国人民银行发行了大量的各种期限的中央银行票据。到 2017 年年末，该科目余额降为零。2018 年 11 月以来，中国人民银行开始在香港常态化地发行人民币央行票据。截至 2020 年年末，其余额已经达到 750 亿元。当然，并非所有国家和地区的中央银行都设置有该科目。

除了用发行央行票据进行流动性调控之外，中国人民银行还通过发行央行票据置换农村信用社不良资产的方式推进农村信用社改革。根据《国务院关于印发深化农村信用社改革试点方案的通知》（国发〔2003〕15 号）的规定，对试点地区的信用社，采取两种资金支持方式。第一种方式是"由中国人民银行按照 2002 年年底实际资不抵债数额的 50%，安排专项再贷款。专项再贷款利率按金融机构准备金存款利率减半确定，期限根据试点地区的情况，可分为 3 年、5 年和 8 年"。第二种方式是"中国人民银行按 2002 年年底实际

[⊖] 在美国，存款机构（Depository Institution）在美联储除了法定准备金、超额准备金之外，还有契约性质的清算准备金余额（Contractual Clearing Balances）。该项资金可以帮助存款机构在无须透支的情况下满足其每天清算的需要。存款机构持有的这部分清算资金可以赚取利息收入，并向联邦储备银行支付清算服务的费用。

[⊖] 对于读者来说，库存现金科目在中央银行资产负债表的负债方，这的确难以理解。对于普通的经济主体来说，其持有的库存现金是在资产负债表的资产方反映，而不是负债方。中央银行负债方的库存现金科目的经济含义是其他金融机构持有的现金，而不是中央银行持有的现金。中国人民银行持有的现金在业务上被称为"发行基金"，这并不体现在中央银行的资产负债表上。换言之，货币发行的两个子科目是按照经济主体来划分的，一类是居民和企业，另一类是金融机构。正是由于负债方出现库存现金容易引起歧义，所以中国人民银行正式公布的"货币当局资产负债表"，就没有列出库存现金这个科目。本书如此安排，仅仅是为了讲解的方便。

资不抵债数额的 50%，发行专项中央银行票据，用于置换信用社的不良贷款，票据期限为两年，按不低于准备金存款利率每年付息。该票据不能流通、转让和抵押，可有条件提前兑付。中央银行票据支付必须与信用社改革效果挂钩，以县（市）为单位验收支付，标准为：产权明晰，资本金到位，治理结构完善，由中国人民银行分支行、银监会分支机构和地方政府监督执行"。这实际上是中国人民银行希望通过"花钱买机制"，推荐农村信用社改革。参加试点改革的省份均选择了第二种方式。按 2002 年年底农信社实际资不抵债数额 3 300 亿元的 50% 计，专项央票的总额应为 1 650 亿元。同时为加大对老少边穷地区的支持力度，央行的政策进行了微调，对中西部地区管理水平较高、资产质量较好的 616 家农信社增加资金扶持 33.22 亿元。调整后的全国农信社可享受央行资金扶持总额约为 1 688 亿元，其中专项央票 1 679 亿元，专项借款 8.3 亿元。

假定 2002 年 12 月某农村信用社不良资产为 5 亿元，2003 年 1 月中国人民银行发行 5 亿元专项央票予以置换。2004 年 10 月，中国人民银行收到不良资产的处置收入 4 亿元。2005 年 1 月，中国人民银行兑付这 5 亿元专项央票。置换过程见表 2-7。

表 2-7 中国人民银行发行专项央票及其置换过程

中国人民银行资产负债表				农村信用社资产负债表			
资产		负债		资产		负债	
特种资产	+5（1）	专项央票	+5（1）	不良资产	−5（1）		
	−4（3）		−5（2）	超额准备金	+5（2）		
其他资产	+4（3）	超额准备金	+5（2）	专项央票	+5（1）		
					−5（2）		

注：表中（1）中国人民银行发行 5 亿元专项央票进行 5 亿元不良资产的置换；专项央票两年后到期，中国人民银行兑付 5 亿元专项央票（为考虑利息）；中国人民银行收到不良资产的处置收入 4 亿元。

2.3.4 对其他金融性公司的负债

从 2019 年开始，中国货币当局资产负债表对其他金融性公司的负债，分为了两个科目：一个属于储备货币科目，具体名称是"其他金融性公司存款"；一个不属于储备货币科目，具体名称是"不计入储备货币的金融性公司存款"。不过，前者的余额一直为零，后者的数据持续变化，这主要是因为其他金融性公司在中央银行的存款变化。在中国，其他金融性公司主要包括信托投资公司、金融租赁公司、保险公司、证券公司、证券投资基金管理有限公司、养老基金公司、资产管理公司、担保公司、期货公司、证券交易所、期货交易所等。当然，并不是所有的上述机构都在中国人民银行开户。简言之，其他金融性公司在中央银行的存款都不纳入储备货币的口径计算。

综上所述，中央银行的负债还可以从货币的属性进行分类：一类是货币性负债，另一类是非货币性负债。货币性负债主要包括流通中现金、库存现金和各种准备金，它们均包括在基础货币（储备货币）的口径内，同时这部分负债具有货币属性，是货币供应量的一部分（当然，库存现金、法定准备金和超额准备金就不属于货币供应量的范畴，原因在于上述资产的持有者不是普通民众和企业）。非货币性负债又可以分为存款型负债和债券型负债，与货币性负债的差异主要是中央银行的这部分负债不计入货币供应量。对于中央银行来说，典型的存款型负债就是政府存款，典型的债券型负债就是中央银行票据。存款型负债和债券型负债的差异主要体现在，存款型负债没有二级交易市场，而债券型负债往往存在二级交易市场。

2.4 资本金科目

中央银行资产负债表右侧的最后一项是资本金科目。根据出资者的不同，中央银行可以分为中央政府出资、私人部门出资、政府和私人部门共同出资、成员国政府出资和无资本金五种情形。

2.4.1 中央政府出资

第一种类型，中央银行资本金由中央政府拨款形成，由财政部代表中央政府持有，这是中央银行资本构成的主流模式。中国人民银行、英格兰银行目前就是这种模式。目前英格兰银行是由英国财政部全资持有的，其资本金大致是 1 460 万英镑。英格兰银行在 1694 年成立之初，是一家私人性质的股份银行。在此后的业务发展过程中，英格兰银行与政府密切合作，但是在所有权性质上仍然是私人商业银行。在此期间，英格兰银行的董事由股东选举，而不是由政府任命。在 1946 年 2 月，英国工党政府颁布《英格兰银行法》，对英格兰银行实施国有化。当时英格兰银行大约有 17 000 名股东，2/3 是小股东，持有的股票不足 1 000 英镑。英国政府在当时买进了所有股东持有的股票。目前，英格兰银行已经是一家完全由英国政府所有的中央银行。其董事由政府提名，英国女王任命。

2.4.2 私人部门出资

第二种类型是私人部门出资认购中央银行的资本金，如美国的 12 家联邦储备银行（简称美联储）。美国联邦储备体系由联邦储备委员会、12 家联邦储备银行和联邦公开市场委员会构成。联邦储备委员会是美国联邦政府的机构之一。12 家联邦储备银行虽然由私人部门认购其股本，却不为任何私人部门所控制，也不以营利为目标。《联邦储备法》（Federal Reserve Act）第五条对联邦储备银行的股本发行和注销予以了规定，并确定每家联邦储备银行的股本为每股 100 美元，其股本由辖内的成员银行（Member Banks）认购。根据《联邦储备法》规定，成员银行持有联邦储备银行的股权仅仅是成为成员银行的条件之一。成员银行拥有的联邦储备银行股本份额不可以出售、转让，也不能用作抵押品以获得融资。成员银行按其实收资本和资本盈余（Capital and Surplus）的 6% 认购所在地区的联邦储备银行的资本金,并按年股息率6%的水平获取收益,但是它们并不因为持有联邦储备银行的股权而对美联储货币政策的制定与执行具有话语权。当成员银行出现数量增减、增资扩股、破产、经营赢利(亏损)时,各家联邦储备银行的资本金规模都会发生变化。当成员银行出现上述情况时,必须相应调整持有的联邦储备银行股本的数额,使其持股比率始终为其实收资本和资本盈余总额的6%。成员银行持有的联邦储备银行的资本金规模会出于很多原因被取消,如成员银行破产或自动清盘、通过并购转换成非成员银行、自愿或非自愿终止成员银行资格等。虽然各成员银行无法对各家联邦储备银行实施控制,但是可以参加各家联邦储备银行9名董事中6名董事的选举。此外,有的中央银行还以股份公司的形式来筹集资本金,股票在证券交易所挂牌交易。例如,瑞士国家银行(Swiss National Bank)的资本金为2 500万瑞士法郎,共10万股,每股250瑞士法郎。瑞士国家银行的股份在瑞士证券交易所(SIX Swiss Exchange)挂牌交易。根据法律规定,瑞士国家银行的每股最高分红比例是6%,因此其股价与年息6%的瑞士联邦债券(Confederation Bond)走势趋同。

2.4.3 政府和私人部门共同出资

第三种类型是中央银行由政府与私人部门共同出资。例如,按照《日本银行法》(Bank of Japan Act)规定,日本银行的资本金为1亿日元,其中由政府认购的资本金不得少于5 500万日元。因此,日本银行大约55%的资本金由日本政府出资,剩余45%的资本金由私人部门出资。据最新统计,截至2019年3月底,日本银行资本金中约5 500.8万日元由日本政府出资,其余部分由私人部门出资(见表2-8)。虽然日本银行的资本金由政府与私人部门共同出资,但是与美联储相似,私人部门无权参与和干涉日本银行的管理以及货币政策的制定与执行。日本银行的私人部门股权持有者在收益分配时按照实收资本的占比,以5%以内的年股息率参与盈余分配,其他盈余部分则转入日本银行的特别储备(Special Reserve)当中。

表2-8 日本银行的资本金构成

出资部门	出资金额(千日元)	出资占比(%)
日本政府	55 008	55.0
私人部门(Private Sector)	44 991	45.0
个人(Individuals)	40 305	40.3
金融机构(Financial Institutions)	2 039	2.0
公共组织(Public Organizations)	191	0.2
证券公司(Securities Company)	30	0.0
其他公司(Other Firms)	2 423	2.4
合计	100 000	100.0

注:①数据截止日期为2019年3月底。
②出资金额不足千日元的舍去。
③因为四舍五入,数据加总后与合计值有差异。
资料来源:日本银行官网。

2.4.4 成员国政府出资

第四种类型是成员国政府出资。对于由多个成员国组成的中央银行，如欧洲中央银行，其资本金就是由成员国中央银行共同出资的。目前，欧洲中央银行的资本金已经超过100亿欧元。其中，欧洲中央银行资本金的约70%由欧元区成员国出资（见表2-9），其余由非欧元区的欧盟成员国出资（见表2-10）。各成员国的份额根据各成员国的GDP和人口规模（两者的权重相同）确定。欧洲中央银行每五年调整一次各成员国的权重，或者当有新成员国加盟欧洲中央银行时也会调整各成员国的权重。同时，根据欧洲中央银行的相关法律，欧洲中央银行的净损益应当按照以下顺序分配给欧元区各成员国中央银行：净利润的20%（最高）应当按照欧元区理事会规定转为普通准备金（General Reserve Fund），但其余额应当小于或等于资本金总额；剩余净利润应按照各成员国实缴比例分配给欧洲中央银行各成员国。若欧洲中央银行发生亏损，该损失通过普通准备金予以抵消。在必要时根据欧元区理事会的决议按比例对相关财政年度的货币收入进行调整，即该部分损失按比例分配给各成员国中央银行。非欧元区的欧盟成员国则无权参与欧洲中央银行的净利润分配或者净损失承担。

表2-9　欧洲中央银行资本金：欧元区成员国出资

成员国	按关键指标分配的资本权重（%）	已上缴的资本金数额（欧元）
比利时	2.477 8	268 222 025.17
德国	17.997 3	1 948 208 997.34
爱沙尼亚	0.192 8	20 870 613.63
爱尔兰	1.160 7	125 645 857.06
希腊	2.033 2	220 094 043.74
西班牙	8.840 9	957 028 050.02
法国	14.179 2	1 534 899 402.41
意大利	12.310 8	1 332 644 970.33
塞浦路斯	0.151 3	16 378 235.70
拉脱维亚	0.282 1	30 537 344.94
立陶宛	0.413 2	44 728 929.21
卢森堡	0.203 0	21 974 764.35
马耳他	0.064 8	7 014 604.58
荷兰	4.003 5	433 379 158.03
奥地利	1.963 1	212 505 713.78
葡萄牙	1.743 4	188 723 173.25
斯洛文尼亚	0.345 5	37 400 399.43
斯洛伐克	0.772 5	83 623 179.61
芬兰	1.256 4	136 005 388.82
合计	70.391 5	7 619 884 851.40

资料来源：欧洲中央银行。

表 2-10　欧洲中央银行资本金：非欧元区的欧盟成员国出资

成员国	按关键指标分配的资本权重（%）	已上缴的资本金数额（欧元）
保加利亚	0.859 0	3 487 005.40
捷克共和国	1.607 5	6 525 449.57
丹麦	1.487 3	6 037 512.38
克罗地亚	0.602 3	2 444 963.16
匈牙利	1.379 8	5 601 129.28
波兰	5.123 0	20 796 191.71
罗马尼亚	2.602 4	10 564 124.40
瑞典	2.272 9	9 226 559.46
英国	13.674 3	55 509 147.81
合计	29.608 5	120 192 083.17

资料来源：欧洲中央银行。

2.4.5　无资本金

第五种类型是中央银行不设资本金的模式，如韩国银行（韩国的中央银行）。根据《韩国银行法》，韩国银行于 1950 年 6 月 12 日成立。最初，其资本金为 15 亿韩元，全部由政府出资。1962 年《韩国银行法》的修正案将韩国银行设定为无需资本金的特殊法人团体（Special Juridical Entity）。

纵观世界各国，不论中央银行采取何种出资形式，出资者对于中央银行货币政策的制定与执行都无权干预。这是中央银行与一般企业的一个显著不同点。中央银行的出资者主体以及金额的变化远不如货币政策的变化那样引人注目。

专栏 2-2

中央银行"缩表"是否等价于紧缩性货币政策

2008 年全球金融危机爆发之后，不少国家的中央银行采取了非传统货币政策来应对危机。这一操作使得中央银行的资产负债表急剧扩张。美联储宣布 2014 年年底退出"量化宽松"的货币政策，开始考虑如何"缩表"的问题。从 2017 年 10 月开始，美联储开始缩减资产负债表，具体方式遵循 2017 年 6 月联邦公开市场委员会例会公布的《货币政策正常化原则与计划》（Policy Normalization Principles and Plan），即逐步减少到期证券本金再投资，10 月起缩减规模上限分别为 60 亿美元国债和 40 亿美元 MBS，缩减规模上限每季度增加一次，增幅分别为 60 亿美元和 40 亿美元，直至每月缩减规模上限达到 300 亿美元和 200 亿美元。一般认为，中央银行收缩其资产负债表，往往意味着中央银行的超额准备金规模下降，也就是银行体系的流动性下降。因此，中央银行的缩表就意味着紧缩性货币政策。然而，对于中国人民银行来说，其资产负债表规模的下降，却未必是紧缩性货币政策。这是因为中国人民银行的负债方有不少科目，其余额比较大，且不属于储备货币的范畴（如政府存款、央票发行等科目），所以负债方余额下降并不就意味着是紧缩性货币政策。当然，在2020年新冠肺炎疫情爆发之后，美联储再次扩表。

2.5 中央银行的收益与风险特征

通常来说，中央银行的资产一般都有利息收入，如中央银行在公开市场操作过程中买入的本国政府债券、持有的外汇储备以及对金融机构发放的融资。相应地，中央银行负债方的大部分余额不需要支付利息，如货币发行科目。在过去，美联储对法定准备金余额也不支付利息。这种资产负债结构使得中央银行能够稳定地获得利差收入。利差收入的大小具体取决于资产和负债各个科目的利息收付状况。此外，如果再考虑中央银行为金融机构提供的各种服务，如资金清算服务，中央银行每年可以获得不菲的利润。然而，中央银行是否有可能出现亏损甚至资不抵债呢？事实上，拉美不少国家的中央银行就因为资不抵债导致资本金不足（Undercapitalized），货币政策的声誉遭受冲击，中央政府不得不对中央银行进行再资本化（Recapitalization）。具体操作程序为，政府（财政部）通过发行政府债券筹集资金，然后将这笔资金作为资本金注入中央银行，以弥补其资本金不足。

通常，中央银行会面临与其他金融性公司一样的金融风险，这些风险主要包括利率风险、汇率风险、通胀风险和违约风险。中央银行面临的**利率风险**主要源自其资产和负债的各个科目的利率变化，这种变化可能会使中央银行的实际收益低于预期收益，或者实际成本高于预期成本，从而使中央银行遭受损失。**汇率风险**是指中央银行持有的对非居民的要求权（即国外净资产）由于汇率的变化而遭受损失的可能性，如中国人民银行持有的巨额外汇储备由于人民币升值而形成的潜在损失。中央银行同样面临**通胀风险**，具体包括两个方面，一是外币的通胀风险，二是本币的通胀风险。一般来说，中央银行是外币通胀风险的承担者，是本币通胀风险的制造者、责任者和掌控者。若外国出现较严重的通货膨胀，中央银行所持的外汇（净）资产会因此遭受外币购买力的损失。若本国出现严重的通货膨胀，社会公众会认为这是中央银行向市场投放了过量的流动性，是中央银行没有履职到位，中央银行的声誉会受到损失。要控制通货膨胀，中央银行必须采取紧缩性货币政策。也正为如此，各国都将"保持物价稳定"作为本国中央银行的首要职责。同样，当本币出现较为严重的通货膨胀时，中央银行资产负债表的各个科目，尤其是有利息收入的资产类科目和利息支出的负债类科目，都会受到影响，波及中央银行的财务状况。对于中央银行而言，**违约风险**相对来说较为罕见，但仍有可能发生。例如某些发展中国家和新兴市场国家让中央银行承担过多的财政职能，即通过中央银行向事实上已经破产的金融机构提供融资，而这部分融资没有任何归还的可能，由此造成中央银行在财务上资不抵债。

专栏 2-3

瑞士国家银行面临的汇率风险

瑞士法郎在整个 20 世纪和 21 世纪初保持了相对强势，这使之成为金融动荡时期最为重要的"避险货币"（Safe-Haven Currency）。2007 年至 2012 年间瑞士法郎的强势是由金融与经济危机以及意外事故等人为因素共同引发的，如 2007 年爆发的美国次贷危机、2009 年发生的欧洲债务危机，以及 2011 年发生的日本地震、海啸和福岛核电站事故。结果，国际金融市场上短期资本大量且快速地涌入瑞士避险。瑞士国家银行（Swiss National Bank）很快陷入两难的境地：要么任由不断升值的瑞士法郎削弱本国出口的竞争力，本国经济面临通货紧缩的风险；要么在外汇市场进行干预，避免本币升值，但是需承担基础货币过度扩张带来的通货膨胀风险。

瑞士国家银行最后决定干预外汇市场，结果导致国内基础货币猛增。2007 年至 2011 年第三季度，其外汇资产增加了 4 倍，由 510 亿瑞士法郎增加到 2 620 亿瑞士法郎。随着外币持续贬值，瑞士国家银行的损失不断增加，仅 2011 年的损失就高达 260 亿瑞士法郎。其所有者权益占资产的比重由 2007 年的 52% 下降到 2010 年的 16%，再到 2011 年第三季度末的 15%。瑞士国家银行在 2011 年 9 月宣布将本币最高价值设定为 1 瑞士法郎兑 0.83 欧元，结果导致外汇储备的进一步累积。

瑞士国家银行所有者权益的减少很快引起了一系列质疑和担忧。中央银行是否有能力自主实施货币政策？政府是否有必要对中央银行进行资产重组？中央银行是不是有可能破产？瑞士国家银行副主席托马斯·乔丹（Thomas Jordan）当时对此予以了回应："答案很简单——'不会'，不能将瑞士国家银行与普通的商业银行或私人企业相提并论。中央银行不会缺乏流动性。这意味着中央银行的政策操作不会因为所有者权益变成负数而受到限制。"他强调，中央银行的货币创造能力使得其不受流动性不足困扰。同时，他也承认所有者权益持续出现负数会"损害中央银行的信誉和独立性"。如果没有别的原因，所有者权益占比下降会使得中央银行监管地位下降——己所不欲勿施于人。这个问题带来的影响将危及整个瑞士，因为中央银行所有者权益占比下降会影响全球金融市场对瑞士法郎和瑞士国家银行的信心。

资料来源：John E Marthinsen. Managing in a Global Economy: Demystifying International Macroeconomics [M]. 2nd ed. South Western Educational Publishing, 2015.

简言之，与其他金融机构一样，中央银行同样面临各种风险，需要采取更为严格的措施来规避损失。为避免汇率风险，中央银行需要控制其所持有的外汇资产总量和占比；为控制违约风险，中央银行要求向其借款的金融机构提供足够的抵押资产等。对于利率风险和通胀风险，中央银行不仅要对其自身负责，而且有义务保持经济以较低的通胀率运行。

2.6 货币局制度

在中央银行制度完全确立之前，各国采取的货币制度主要是金本位（Gold Specie Standard）及其变形，如金块本位（Gold Bullion Standard）或者金汇兑本位（Gold Exchange Standard）。典型的金本位制度包括以下两点主要特征。第一，在金本位制度下，政府规定货币单位与黄金之间的数量关系。这既可以用单位重量（如 1 盎司或 1 磅）的黄金值多少本币（如英镑或者美元）来表示，也可以用单位本币（如英镑或者美元）的含金量是多少克来表示。第二，黄金可以自由输出入。第三，政府承诺无限制地按照前述的价格买进或者卖出黄金。此时，政府犹如黄金的做市商，承担黄金的双向买卖责任。政府承诺按某个价格买进黄金，意味着黄金的本币价格不可能低于政府的黄金定价；同样，政府承诺按照该价格卖出黄金，意味着黄金的本币价格不可能高于政府的黄金定价。在金本位制度的鼎盛阶段，中央银行制度远未成熟，现钞还没有实现垄断发行。以美国为例，当时发行现钞的机构主要是在联邦政府注册的各家国民银行，此时其面临的风险主要是居民用现钞集中兑换黄金所带来的流动性风险。国民银行的主要资产之一是黄金，在黄金储备的支持下发行现钞，现钞按规定可以兑换为金币，所以国民银行（也称为发钞行，Note-Issuing Banks）资产负债表负债方的现钞账户与资产方的黄金存在一定的比例关系。在现钞流通较为稳定的条件下，居民一般很少持现钞去兑换黄金。同时，由于政府规定了黄金的本币价格，因此，发钞行拥有的黄金储备（资产）就是一个不可控制的量，同时发钞量也是一个不可控制的量。一旦某发钞行的黄金出现流失，或者现钞发行过多（发钞行的黄金资产占现钞发行额比例下降过快），公众会担心所持有的现钞没有足够的黄金作为保证，有可能出现客户挤提黄金的情况，进而导致发钞行黄金储备的进一步流失与耗尽，发钞行最终面临倒闭的风险。所谓金块本位制度，就是公众只有当持有一定限额以上的现钞时才可以去发钞行兑付黄金，在这种制度下现钞兑换黄金的条件更为严格。在金汇兑本位制度下，本国公众可以兑换的不是黄金，而是外汇，只不过这种外汇可以兑换黄金。无论何种金本位制度，其主要风险都来自公众持有的现钞无法兑现黄金的可能性。

在现代社会，仍然保留金本位特征的货币制度就是在少数国家和地区实施的货币局制度（Currency Board System）。所谓货币局（Currency Board），就是专门从事现钞发行的机构，最关键的特征是其发行的现钞均可以按要求以固定的汇率兑换成所钉住的国际储备货币。如果要改变这一兑换比率，政府必须通过法律程序予以变更。货币局资产负债表的主要特征是资产方科目主要是"外汇储备"，负债方主要是"储备货币"（见表 2-11）。货币局持有的储备资产主要是高质量并有利息收入的外币资产，与本币无利息支出的负债（储备货币）相比，其资产负债比至少是 1∶1 甚至更高一点。资产方的利息收入是货币局的主要收入来源。因此，货币局被视为一种货币发行制度，但是现在该制度更多地被视为一种严格的汇率制度。从国际范围来看，中国香港地区在 1983 年 10 月实行的联系汇率制（钉住美元）、阿根廷曾经实行的货币兑换制度（2002 年已经取消）都属于货币局制度，只是在操作细节方面存在差异。

表 2-11　典型的货币局资产负债表

资　产		负　债	
外汇储备	+	储备货币	+

2.6.1　香港联系汇率制的特征

香港目前实行的仍然是货币局制度。1982 年 9 月英国首相撒切尔夫人访问中国，两国就香港回归问题展开谈判。由于中国政府在收回香港的问题上态度非常坚定，1983 年 9 月 16 日，英国《金融时报》发表文章，对香港的前景表示担忧，国际金融市场上随即出现抛售港元的风潮。9 月 24 日，香港金融市场出现"黑色星期六"，股市下跌，港元大幅贬值，一度跌至 9.6 港元兑 1 美元的历史低点。香港民众纷纷抢购粮食、食用油、罐头食品和奶粉等生活日用品，多家商业银行出现了存款挤提现象。为了稳定香港经济与金融市场，港英政府财政司司长彭励治在当年 10 月 15 日宣布实施汇率制度改革。10 月 17 日，联系汇率制（Linked Exchange Rate System）正式实施，即以 7.80 港元兑 1 美元的汇率与美元挂钩，港元汇率随后实现稳定，香港市场上的经济动荡逐渐稳定下来。2008 年全球金融危机爆发后，香港遭受了一定的冲击，但是在 2012 年 6 月 12 日，香港特区政府仍然发表声明：无须亦无意更改联系汇率制。

与传统的货币局制度不同，香港的现钞并不是由本地的货币局来发行，而是由当地的商业银行来发行，分别是汇丰银行、渣打银行⊖和 1994 年开始介入发钞的中国银行香港分行，这三家商业银行又称为发钞行。发钞行发行港元现钞时，需按 7.80 港元兑 1 美元的汇率向香港金融管理局（Hong Kong Monetary Authorities，类似于中央银行，成立于 1993 年 4 月）提交等值的美元，购买香港金融管理局发行的无息负债证明书（Certificates of Indebtedness，CI），作为发行纸币的发钞准备。相反，发钞行回笼港元现钞时，发钞行会收回等值的美元，香港金融管理局则会赎回负债证明书（见表 2-12）。

表 2-12　香港金融管理局、发钞行在港元发行过程中的作用

香港金融管理局资产负债表				发钞行资产负债表			
资　产		负　债		资　产		负　债	
美元储备	+（1）	负债证明书	+（1）	美元资产	-（1）	流通中港元	+（2）
				负债证明书	+（1）	客户存款	-（2）

注：（1）香港金融管理局发行负债证明书；（2）发钞行发行港元。

假定香港民众对港元现钞的需求增加，发钞行需要增加港元现钞的投放。为此，发钞行首先需要用美元资产购买金融管理局发行的负债证明书。这个过程反映在发钞行资产负债表上就是其资产方的一增一减；在金融管理局资产负债表上，其资产和负债同时增加。此时，客户来该行提现，则发钞行客户存款下降，流通中港元增加（负债方的一增一减）。

⊖ 1858 年，渣打银行在上海成立分行时，英文名称是"The Charted Bank of India，Australia and China"，中文名称是"印度新金山中国汇理银行"。在上海，这家银行当时被称为麦加利银行。

合并两张资产负债表，最终出现的是客户存款的下降和流通中港元的增加。经济学家们之所以认为香港的联系汇率制具有货币局制度的特征，是因为从香港金融管理局的资产负债表来看，负债证明书的增减与美元储备的增减是一一对应的。将负债证明书视为港元的替代品，那么港元的发行就体现了货币局制度的发钞特征。从原理上看，香港金融管理局资产负债表负债方的负债证明书余额等于三家发钞行合计资产负债表资产方的负债证明书余额，也等于三家发钞行合计资产负债表负债方的流通中港元余额。从单家发钞行来看，其负债证明书的余额要等于流通中港元的余额。例如，2018 年年末，汇丰银行的资产负债表显示，资产方的负债证明书（Government Certificates of Indebtedness）余额等于负债方的流通中港元（Currency Notes In Circulation）余额，均为 358.59 亿美元。

1990 年，全国人民代表大会通过了《中华人民共和国香港特别行政区基本法》。该法律第 111 条规定：港元为香港特别行政区法定货币，继续流通。港币的发行权属于香港特别行政区政府。港币的发行须有百分之百的准备金。港币的发行制度和准备金制度，由法律规定。香港特别行政区政府，在确知港币的发行基础健全和发行安排符合保持港币稳定的目的的条件下，可授权指定银行根据法定权限发行或继续发行港币。港元现钞发行的法律依据是《法定货币纸币发行条例》（Legal Tender Notes Issue Ordinance）。因此香港回归之后，继续沿用了货币局制度。

1997 年 7 月 2 日，泰铢宣布贬值，东南亚金融危机爆发。当时中国香港地区金融市场受到了很大的冲击，为了保证港元汇率的稳定，香港金融管理局先后采取了一系列措施。其中，2005 年实施了政府干预港元的规定：不论港元汇率走强还是走弱，香港金融管理局都提供兑换保证（Convertibility Undertaking），也就是对港元的双向干预承诺。强方兑换保证，就是当港元走强时，香港金融管理局承诺在 7.75 港元兑换 1 美元的水平向持牌银行（香港本地的商业银行）买入美元，投放港元。例如，2020 年 4 月 21 日，外汇市场上港元汇率触发了强方兑换保证。香港金融管理局从市场买入美元，卖出 15.5 亿港元。这是 2015 年 10 月后首次触发强方兑换保证。弱方兑换保证，就是当港元走弱时，香港金融管理局承诺在 7.85 港元兑换 1 美元的水平上向持牌银行出售美元，回收港元。2018 年以来，全球外汇市场上港元汇率先后有三次触发弱方兑换保证。第一次是 2018 年 4 月 12 日，在伦敦外汇市场交易时段，港元汇率触发了弱方兑换保证，香港金融管理局向市场卖出美元，买入 8.16 亿港元；第二次是 2018 年 8 月 15 日，在纽约外汇市场交易时段，港元汇率再次触发了弱方兑换保证，香港金融管理局卖出美元，买入 21.6 亿港元。这主要是源于 2015 年年末美元利率的正常化后，美联储连续 7 次加息，使得港美息差扩大，引发套息活动，资金流出香港。第三次是 2019 年 3 月 8 日，在伦敦和纽约外汇市场交易时段，港元汇率触发弱方兑换保证，香港金融管理局卖出美元，买入 15.07 亿港元。在 7.75～7.85 港元兑换 1 美元的兑换区间，香港金融管理局按照货币局制度的运作原则不予干预。简言之，香港金融管理局所有的政策措施都是以稳定港元汇率、维护联系汇率制、增加金融市场对港元的信心为首要目标。

综上所述，香港实行的联系汇率制本质上就是货币局制度。在货币局制度下，任何本地现钞的发行，都有足够的外汇资产作为发行准备。在香港，这些外汇资产归属于外汇基金。1935 年，该基金根据香港《货币条例》（后更名为《外汇基金条例》）成立，是作为支持香港发钞行发行纸币的准备金。截至 2020 年 12 月 31 日，外汇基金总资产达 45 008 亿港元。外汇基金的资产方包括港元资产（5%）和外币资产（95%），负债方主要有负债证明书、政府发行的流通纸币及硬币、银行体系结余、已发行外汇基金票据及债券、银行及其他金融机构存款、财政储备存款、香港特区政府基金及法定组织存款、附属公司存款和其他负债等科目，占比 81%，权益部分占比 19%。

香港财政司司长委托金融管理局总裁管理外汇基金并履行相应的职责。与传统的货币局制度不同，外汇基金的主要用途已经不仅限于稳定港元汇率，而且该基金还可以发挥最后贷款人职能，干预金融市场，通过投资实现资产增值。目前，外汇基金在管理上被分成两个组合——支持组合及投资组合，比例约为 71∶29。支持组合主要由流动性高的美元资产构成，作为港元的发钞准备，实现外汇资产的保值；投资组合由 OECD 成员方的股票、债券构成，实现外汇资产的增值。上述两个组合中的外汇资产都可以用于稳定港元汇率。外汇基金的大部分资产（包括整个支持组合及部分投资组合）由香港金融管理局直接管理，其余（外汇基金约 1/4 的资产）则由香港金融管理局外聘的投资经理管理。

因为支持组合里的美元外汇资产有利息收入，所以支持组合的资产规模会超过基础货币的余额，其比率称为支持比率（Backing Ratio），香港金融管理局将该比率的下限定为 105%。如果支持比率达到 112.5%（触发上限），便会把资产从支持组合转移至投资组合，将支持比率降至 110%。相反，如果支持比率降至低于 105%（触发下限），则会把投资组合的资产注入支持组合，使支持比率回升至 107.5%。

截至 2017 年年末，香港有三家发钞行，分别为汇丰银行、中国银行香港分行和渣打银行，发钞余额约为 4 478.85 亿港元，三家发钞行的发钞占比大致为 6∶3∶1。在历史上，香港先后有八家发钞行。⊖ 此外，香港特区政府还发行纸币和小面额的硬币（Government-Issued Currency），具体由香港金融管理局代表香港特区政府发行，由 10 港元面额的纸币（塑料币）和 10 港元及以下面额的各种硬币构成。其中，10 港元的纸币在 2002 年开始发行，10 港元的塑料币在 2007 年开始发行。截至 2017 年年末，其余额约为 124 亿港元，它们同样有百分之百的外汇资产支持。

在传统的货币局制度下，其负债方就是基础货币，主要是当地流通中的本币。在联系汇率制下，香港金融管理局在外汇基金的基础上构造了"货币发行局账目"。货币发行局账目同样分为资产方和负债方，但不是一个资产负债表的概念。其负债方是基础货币，也就是完全有美元资产支持的负债，主要包括负债证明书（Certificates of Indebtedness）（为发钞行发行的纸币提供十足支持）、政府发行的流通纸币（塑料币）和硬币（Government

---

⊖ 这八家发钞行分别是东藩汇理银行、印度伦敦中国三处汇理银行（有利银行前身）、呵加剌汇理银行、印度新金山中国汇理银行［现为渣打银行（香港）有限公司］、印度东方商业银行、香港上海汇理银行（现为香港上海汇丰银行有限公司）、香港中华汇理银行和中国银行［现为中国银行（香港）有限公司］。
资料来源：香港金融管理局网站。

Notes/Coins in Circulation）、银行体系结余（Closing Aggregate Balance）（各家银行在香港金融管理局结算账户的余额，类似于超额准备金余额）、未偿付的外汇基金票据及债券（Outstanding Exchange Fund Bills and Notes）（由香港金融管理局代表香港特区政府发行，计入外汇基金账目内）、外汇基金债券应付利息五项。截至2020年年末，其余额为20 980亿港元。货币发行局账目的资产方为美元资产，主要是外汇基金的支持资产，2020年年末其余额为23 063亿港元，支持比率为109.93%。请读者注意：不论货币发行局账目的资产还是负债，均为外汇基金资产或负债的一部分。即便是相同的科目，也仍然是如此。

专栏 2-4

汇丰银行简史

汇丰银行，全称是香港上海汇丰银行有限公司（The Hongkong and Shanghai Banking Corporation Limited，HSBC），中文名简称汇丰银行，取"汇款丰裕"之意。1864年8月6日，香港大英轮船公司代理人托马斯·苏石兰（Thomas Sutherland）倡议成立一家总行设在香港本地的商业银行，其在香港的地位类似于总督银行（the Presidency Banks）在印度，或者澳洲银行（the Banks of Australia）在澳大利亚的地位。资本金500万港元，股东包括宝顺洋行、琼记洋行、沙逊洋行等十家洋行。该行英文名遵循英国早年合股银行的先例，以主要业务活动所在区域来命名。1865年3月该行正式营业，同年4月上海分行开业。

汇丰银行成立的背景是鸦片战争之后，中国对外开放的贸易口岸增加，中外贸易迅速增加，贸易融资和货币兑换的需求也随之增长。中国传统的金融机构——钱庄或者票号无法提供这样的服务，外资银行应运而生。中国当时的外资银行基本上都是总部在英国或印度的分支机构，其业务局限于中外货币的汇兑业务，难以满足中国对外贸易的融资需要。汇丰银行在香港本地注册，股本结构（主要从事对华贸易的英国洋行或英裔印度洋行是大股东）和业务模式有别于其他的外资银行。汇丰银行成立后，原来分散在各家贸易洋行的金融业务逐渐向汇丰银行集中。1866年，汇丰银行因为向香港殖民地政府提供紧急贷款10万港元，缓解了其财政危机，所以该行获准发行纸币钞票。1869年，苏伊士运河开通。1871年香港和上海接入国际电报网络，中国的对外贸易更是发展迅速。1872年，汇丰银行获准发行1港元的纸币，之后其纸币发行量逐步占香港市场港元流通量的3/4。之后，汇丰银行的现钞还在中国内地许多地区广泛流通。

1921年，汇丰银行在上海外滩兴建高7层、占地14亩（1亩≈666.7米²）的大楼，1923年该大楼落成（现在是浦发银行总行所在地）。为了凸显其大气庄重，汇丰银行铸造了两只铜狮子安放在其大楼的左右两侧，因此汇丰银行又被称为"狮子银行"。开口吼叫的狮子称为"史蒂芬"（Stephen），是为了纪念曾经的汇丰银行总行总经理Alexander G. Stephen，闭口的狮子称为"施迪"（Stitt），是为了纪念时任汇丰银行上海分行经理的Gordon H. Stitt。据说为了显示这两只狮子的举世无双，汇丰银行在铸就之后就毁掉了模具。现在这对铜狮收藏在上海历史博物馆。汇丰银行在香港发行的钞票上仍然印有狮子的头像。

近代以来，清政府或因为发展洋务，或因为战争赔款，在国内资金不足的情况下，先后向外国银行多次借款。汇丰银行对其提供的贷款都附加了苛刻的条件。例如，1898年的总额为1600万英镑的"英德续借款"合同中规定，此项借款以中国海关收入和部分厘金为担保，且要求中国海关总税务司职位在借款偿清前一直由英国人担任。1911年辛亥革命之后，西方国家以清理债务、保障债权为借口，要求中国关税归汇丰、德华、华俄道胜三家银行存储保管，但资金汇总和收支拨解的总枢纽为汇丰银行的上海分行。1913年北洋政府的"善后大借款"以中国全部盐税收入为担保，所有盐税收入都必须解入汇丰等五家外国银行存放。

1935年之前，中国实行银本位制度，中国的贸易伙伴国大都采用金本位，两种金属货币之间的兑换价格由汇丰银行向市场公布，并成为中国官方的外汇汇率。汇丰银行买卖外汇的规模往往占上海外汇市场成交量的60%~70%。借助这一优势，汇丰银行操纵着中国的外汇行市。每当中国政府偿付外债的付款日，汇丰银行常常以非正常的汇率控制外汇市场（高估英镑对白银的汇价），这使得中国政府承担了额外的汇兑损失。1935年，在英国政府的支持下，南京政府实行法币改革，中国以1元法币兑1先令2.5便士的汇价钉住英镑，法币被拉入英镑集团，汇丰银行将其库存白银作价移交给南京政府的中央银行，外汇汇率才由南京政府的中央银行挂牌。简言之，在中国近现代史上，汇丰银行扮演了极为重要的角色，垄断了当时中国的国际汇兑、对外贸易结算、国内存贷款等业务，很大程度上主宰了当时中国的财政与金融制度。

新中国成立之后，汇丰银行逐步退出中国内地，并以香港为中心开展业务。改革开放以后，汇丰银行不断拓展内地市场。由于担心1997年香港回归中国之后前景不明，该行在1990年12月宣布进行重组，在英国注册成立汇丰控股有限公司，将汇丰银行伦敦分行升格为汇丰控股的注册办事处，并将汇丰银行全部股份转到汇丰控股名下，汇丰银行遂成为汇丰控股的全资附属公司。此后，汇丰控股发行新股，分别在香港及伦敦两地上市。如今，汇丰银行已经是一家业务遍及全球的跨国银行。

2.6.2 阿根廷货币局制度及其破产

从1975年至1990年，阿根廷在大部分时间内出现了恶性通货膨胀（通胀率年均325%），经济陷入了持续的萧条，GDP甚至出现了负增长。在汇率制度方面，阿根廷采用双重汇率制度，对贸易账户实行固定汇率制度，对金融账户实行浮动汇率制度。阿根廷的通胀率在1989年达到了5 000%。20世纪80年代，拉美国家爆发了债务危机，史称"拉美债务危机"。为减少财政赤字、稳定阿根廷比索（Argentine Peso）的汇率，阿根廷政府采取了包括国有企业私有化、贸易与金融自由化、削减政府开支等一系列"新自由主义"举措。

实施货币局制度是阿根廷政府稳定汇率的主要措施。1991年4月，在经济部长多明戈·卡瓦诺（Domingo Cavallo）的主持下，阿根廷政府公布了《自由兑换计划》

（Convertibility Plan），将阿根廷比索和美元的汇率固定为 1∶1，同时允许资本自由流动。从货币制度来看，阿根廷中央银行用等量的外汇、黄金和外国证券作为比索的发行准备，并采取货币可自由兑换制度。经济学家们将该汇率制度视为货币局制度。不过，《自由兑换计划》有两点值得关注：第一，该制度实施之初，阿根廷中央银行 2/3 的资产为外汇储备，其余部分是阿根廷政府债券；第二，阿根廷中央银行可以采取相机抉择（Discretionary）的货币政策，保留了金融监管的某些权力，同时履行最后贷款人职能。因此，有学者将阿根廷的货币局制度视为一种硬钉住美元（Hard Dollar Peg）的固定汇率制度，而不是传统意义上的货币局制度。《自由兑换计划》的实施成功地抑制了恶性通胀，1990 年阿根廷的通胀率接近 800%，到了 1994 年，通胀率下降到 5% 以下。1991 至 1994 年的经济增长也表现良好，达到年均近 8% 的水平。

  与此同时，拉美其他国家的货币则先后出现了大幅波动甚至是货币危机。例如，1994 年 12 月墨西哥爆发了"比索危机"。其国际背景是 1994 年美联储加息，拉美国家很快出现了资本外流，不少国家的货币大幅贬值。墨西哥比索兑美元汇率在 1994 年 12 月 1 日最高为 1 美元兑换 3.430 7 比索，12 月 27 日最低为 1 美元兑换 5.7 比索。墨西哥政府于 12 月 19 日放弃固定汇率制度，宣布比索一次性贬值 15%，史称"比索危机"。比索危机爆发之后，拉美其他国家先后转向爬行钉住或浮动汇率制度。此时阿根廷经济表现相对较好，继续维持货币局制度。

  1997 年 7 月，亚洲金融危机爆发，其影响渐次波及拉丁美洲。1999 年巴西为了增强其出口产品的竞争力，将货币贬值 40%。比索危机和亚洲金融危机后，拉美国家的货币贬值对阿根廷经济形成了明显的冲击。一方面，阿根廷比索实际有效汇率升值，阿根廷经常账户逆差不断扩大。另一方面，为了减轻比索贬值压力，阿根廷政府在外汇市场上进行外汇干预，导致外汇储备不断下降。1999 年，阿根廷出口额降为 233 亿美元，比上一年减少 31 亿美元。2001 年 12 月至 2002 年 1 月是阿根廷经济社会最为严峻的时刻，经济增长下滑，失业率接近 20%。面对外资大规模撤离，阿根廷政府不得不向 IMF 申请贷款援助，得到的答复是阿根廷必须实施惩罚性的紧缩政策以换取 IMF 的贷款支持。2001 年 12 月 1 日，阿根廷货币局制度的设计者卡瓦诺再次担任阿根廷经济部长，上任之后他立即宣布严格限制金融交易，以阻止资金外流。一方面阿根廷政府禁止出国人员携带超过 1 000 美元的外汇出境；另一方面，政府严格限制本国居民提现规模，每位储蓄者，不论有多少个账户，每周只能从银行取出 250 比索。12 月 5 日，IMF 官员拒绝向负债累累的阿根廷政府提供 12.64 亿美元的贷款。于是，国际金融市场出现了阿根廷国债的恐慌性抛售。12 月 23 日，圣诞夜的前一天，阿根廷临时总统阿道弗·罗德里格斯·萨阿宣誓就职，随即宣布暂停偿付一切外债本息。这意味着作为拉丁美洲第三大经济体的阿根廷将出现 1 550 亿美元的外债拖欠，也是全球经济史上规模最大的债务拖欠。《纽约时报》在报道该新闻时直接用了"阿根廷破产"的标题。在阿根廷 1 550 亿美元的外债中，短期外债占比不足 20%，但是每次短期外债到期都会引起国际金融市场对阿根廷政府筹资能力的怀疑，其筹资的风险溢价迅速上升。恶化的经济形势还迫使阿根廷政府宣布推迟发放大约 140 万名退休人员的养老金。阿根廷各地先后出现了前所未有的骚乱，民众纷纷走上街头抗议示威，并在议会大楼纵火。阿根廷不仅经济上一塌糊涂，政府领导人也频繁调整。从 1999 年 12 月卡洛斯·萨乌尔·梅内姆总统下台，到 2002 年 1 月爱德华多·杜阿尔德上台，短短两年多的时间里有五位总统下台。在 2001 年 12 月危机最为严峻的时间里，有三位领导人任职时间不超过 7 天，有的仅仅上台 2 天就辞职。阿根廷政府领导人的频繁调整显示出当时阿根廷债务危机、社会危机和政治危机的全面爆发。2002 年 1 月，阿根廷政府宣布放弃实施了 11 年的货币局制度，转而实施浮动汇率制度。随即比索贬值 40%，双边汇率为 1 美元兑换 1.4 比索。2002 年 2 月，阿根廷政府宣布采取一系列经济比索化的措施：以美元结算的全部银行债务、抵押贷款和其他美元债务，一律按 1∶1 的汇率转换成比索债务；商业银行的美元存款则以 1∶1.4 的汇率转换成比索存款，其中 3 万美元以下的美元存款，如果储户不愿意转换成比索存款，可以换成以美元标价的政府长期债券。经济比索化的措施进一步动摇了国际社会对比索的信心。2002 年 3 月，官方汇率已经贬值到 1 美元兑换 4 比索。阿根廷经济此后一直在低谷徘徊，直到 2003 年才略有起色。

综上所述，货币局制度在阿根廷的历史上，曾经取得过很好的效果。但是，这又是一种非常脆弱的制度。当外部经济环境发生显著改变，严格按规则运行的货币局制度就无法适应经济运行。严格的钉住汇率制度、受到约束的最后贷款人制度，都限制了当局的政策运用。

2.7　本章小结

一般来说，金融机构都存在以下特征：第一，持有的资产可能面临违约风险、信用风险、利率风险或汇率风险；第二，其资产和负债都面临流动性风险；第三，资产负债存在期限错配的问题；第四，金融机构都采取负债经营模式，资本金占比很低。根据 IMF 的分类，中央银行属于存款性公司中非常特殊的一类金融机构。本章从资产负债表的角度介绍了中央银行的资产、负债和资本金科目。从资产方来看，按照业务对象划分，可以分为"国外净资产"和"国内资产"两大类，国内资产又可以分为对政府部门、金融机构和住户部门的要求权。为了规避各种风险，中央银行的资产主要是高质量的本币资产。如果外汇储备在资产总额中占比过高，中央银行将面临较大的汇率风险。近年来，中央银行也开始涉足高风险的股票资产，尽管这还不是主流模式。中央银行的负债主要有"储备货币""政府存款""中央银行发行的证券""对其他金融性公司的负债""资本金"等科目。中央银行的负债多是无息或者低息的。其中，"货币发行"科目是典型的无利息支出的科目，也是中央银行区别于其他金融机构的显著特征。因此，典型的中央银行的主要收入来源除了各种服务收费之外，主要是利差收入。根据出资者的不同，中央银行的所有者可以分为中央政府出资、私人部门出资、政府和私人部门共同出资、成员国政府出资和无资本金五种情形。不论谁持有中央银行的股权，也不论股权收益率的高低，中央银行的股东都无权参与货币政策的决策。由于中央银行在现代社会垄断了现钞的发行，借此获得垄断发钞的利润，因此资本金的多少对于中央银行而言并不重要。

与中央银行制度相比，传统的货币局制度主要体现为资产方的科目更为简单，主要是外汇资产，没有本币资产。这一设计使得货币局制度不仅仅是一种货币发行制度，而且常常被视为一种严格的汇率制度。现代意义的货币局制度存在些许变化。香港的联系汇率制就是货币局制度中的一种。香港金融管理局通过外汇基金设计了货币发行局账目。该账目的负债方就是基础货币，资产方就是联系汇率制的支持资产，支持比率在 2020 年年末为 110% 左右。在香港，三家商业银行作为发钞行，目前主要发行面额为 20 港元及其以上的纸质货币。香港金融管理局代表特区政府发行面额为 10 港元的纸质（塑料材质）钞票和 10 港元及其以下面额的硬币。不论商业银行发行的纸币，还是政府发行的纸币，抑或政府发行的硬币，均有十足的美元资产予以支持。面对亚洲金融危机的冲击，香港金融管理局的改进措施（弱方兑换保证和强方兑换保证）增加了联系汇率制的可信度。尽管遭受了多次国际金融危机，香港特区政府仍然在 2012 年发表声明：无须亦无意更改联系汇率制。

阿根廷是在 1991 年开始实施货币局制度的。在该制度实施之初，阿根廷很快实现了物价稳定，经济也进入了上升通道。但是，1998 年亚洲金融危机爆发之后，该危机蔓延至美洲，阿根廷最终被迫放弃了货币局制度。显然，货币局制度不是包治百病的灵丹妙药。货币制度的选择必须与本国的经济运行相适应。

CHAPTER3 · 第 3 章

中央银行的职能之一：发行的银行

美联储前任主席本·伯南克（2014）认为，中央银行的职能包括两个方面：一是保持宏观经济稳定，即维持经济的平稳增长和低且稳定的通胀水平；二是维持金融稳定，即确保金融体系运转正常，尽一切可能防止出现金融危机或金融恐慌（Financial Panic），即便无法阻止，也要尽力减轻其带来的影响。前者通过货币政策工具来实现，后者通过"最后贷款人"职能来实现。由是观之，在现代社会很少有中央银行行长会将现钞发行作为当今中央银行的主要职能了。

当然，中央银行发行的现钞仍然是社会公众和企业日常小额支付的主要工具，但是其规模占比已经很低了。为了提高支付效率，大宗商品交易多采用商业银行货币进行支付，中央银行的现钞已经退居相对次要的地位。在当今世界，绝大多数国家将现钞发行权赋予一个独立的机构——中央银行。当然，由中央银行垄断发钞职能不是从其诞生的第一天就存在，而是各国政府在实践中逐渐认识到货币发行权必须统一之后，才将这一职能单独赋予中央银行。如果从货币的发展历史来看，人类社会的金属货币出现的历史要早于纸质货币出现的历史，私人机构发行纸币的历史要早于政府财政部门发行纸币的历史。简言之，中央银行正式介入货币发行也只是最近几百年的事情。

3.1 人类历史上的货币演进

从货币的材质来看,大体分为三类,分别是金属铸币、纸质货币和电子货币(也可以称为数字货币),其中金属铸币长期作为人类社会主流的货币,纸质货币进入20世纪后才成为各国现钞的主体,金属铸币则退居次要地位。计算机技术问世之后,电子货币开始问世。互联网技术诞生之后,数字货币开始出现。

> 专栏 3-1

金属铸币:东西方两大体系

从全球范围来看,金属铸币发展的历史演变大体分为东西方两大体系。西方货币体系根植于地中海周边发达的商业经济,起源于小亚细亚半岛的吕底亚,之后延伸到希腊、罗马,并影响了古埃及、巴比伦、波斯、印度以及阿拉伯世界,最终形成西方货币体系。其币材多用金、银等贵金属;货币造型主要是圆饼无孔;从制作工艺来看,多为打压制成,货币上的图案多为人物头像或动物图案,展现了古代希腊和罗马精湛的造型艺术;货币上的铭文多记载地名、王名、年代及宗教颂词等,具有较为浓厚的宗教色彩。

东方货币体系以古代中国为中心,影响范围覆盖朝鲜、日本、琉球以及越南、菲律宾、暹罗等东南亚国家。东方货币文化根植于自给自足的农耕经济,货币造型最初由农具演变而来,之后演变为圆形方孔的造型;币材多为铜、铁等贱金属,从制作工艺来看,由范铸或翻砂浇铸制成;钱币上铸有不同书体的汉文字,且以币值、年号及地点等,反映了中国古代的书法艺术(范一飞,2016[一])。

中国在春秋战国之前,"货"与"币"是两个不同的概念。将"货"与"币"组成词组来使用,则是近代从日本引进的。"货"最初指珠贝,贝币的单位是"朋",相传五贝为一朋。还有一说是五贝为一系,两系为一朋,即十贝为一朋。因为中国的货币最早采用贝,所以与钱财相关的许多汉字都有贝字偏旁,如财、购、账、贷、贪、贺、贡、赏、贾、贿、赂、赊、赎等(买、卖、宝的繁体字也有贝字偏旁)。殷周时期是天然海贝流行的时代,河南安阳殷墟商王武丁之妻妇好的墓葬品中就有这样的贝币。由于天然的贝壳难以满足商品交换的需要,于是出现了以陶土、玉石和金属制作的仿贝。河南安阳大司空村的商代墓穴里就有几枚锈蚀的铜贝,这是中国出土的最早的金属钱币。春秋战国时期楚国铸行的蚁鼻钱也是一种仿贝,这种钱币又被称为鬼脸钱。与商周时期的贝币最大的差异是表面有文字。"币"主要指皮币,是以兽皮制成的货币,典型的如汉武帝时期的白鹿皮币。汉武帝在位期间发动了汉匈战争,导致国库空虚,加之自然灾害频发,解决政府的财政困难迫在眉

㊀ 王永生,《钱币史话》[M],2016,社会科学文献出版社。本段内容是范一飞为该书撰写的序言部分内容。

睫。汉武帝元狩四年（公元前119年），为了解决财政收支缺口，在御史张汤（历史上有名的酷吏）的建议下开始发行白鹿皮币。当时汉朝的宫苑之中有白鹿，朝廷收集了许多鹿皮作币材，在一尺见方的鹿皮上饰以彩画，标价为40万枚半两钱，规定王侯宗室要朝觐天子或祭祀时必须献上这种白鹿皮币。通过发行这种白鹿皮币，诸侯国的财富很快就转移到朝廷，后因其作价太高，不久被废止。截至目前，白鹿皮币只是存在于文献典籍当中，考古发掘并没有出现相应的实物。当然，白鹿皮币的物理特性也决定了其无法保存两千多年。

纵观世界各国，其货币最终都过渡到了以金银为代表的金属货币，这主要是由金属货币的物理特性所决定的。战国秦汉时期，币材主要分为两类：一类是金，称为"上币"；另一类是铜，称为"下币"。这可以从最近海昏侯墓出土的货币中得到验证。2015年，在江西南昌新建县发现了海昏侯墓，随后挖掘出土了大量的汉代货币。堆积如山的五铢钱（材质主要是铜）有近200万枚，重约10吨。出土的金饼有385件，金的纯度达到99.9%，大多数金饼的重量为250克左右，这与汉代黄金以斤为单位的制度基本一致。这些金饼呈圆形，正面凹陷、背面隆起，形状非常类似柿子，因此民间又俗称为"柿子金"。汉代的文献正式称之为"饼金"。将生金铸成一定重量的饼金，并流通全国，这一制度是从秦朝开始的，汉代尤盛。在汉代，黄金的使用非常广泛。例如，政府对酎金⊖、市租等收取黄金，犯罪可以用钱进行赎罪，但也必须是用黄金，皇帝赏赐臣下也使用黄金。从目前的文献记载来看，至少在西汉时期，流通中的黄金不仅数量可观，而且流通领域较广。在交易的时候，饼金可以进行任意切割，所以汉代的黄金仍然处于较为原始的称量货币阶段。海昏侯墓出土的文物还有裹（niǎo）蹄金、麟趾金73件，并且有"上""中""下"的铭文。所谓裹蹄金、麟趾金，非常类似于现在的纪念币。《汉书·武帝纪》中曾经记载："（太始二年），诏曰：'有司议曰，往者朕郊见上帝，西登陇首，获白麟以馈宗庙，渥洼水出天马，泰山见黄金，宜改故名。今更黄金为麟趾马蹄以协瑞焉。'因以班赐诸侯王。"这段话用现代汉语来表述就是：在公元前95年，因为有麒麟和天马这样的祥瑞出现，汉武帝以此为由下令制作裹蹄金和麟趾金以示纪念，并将其赏赐给各诸侯王。诸侯王能够受到这样的赏赐也是其荣誉和身份的象征。汉武帝天汉、太始年间，大旱、蝗虫等自然灾害频发，长期对匈奴作战使得人口减少，此时出现麒麟和天马的祥兆，汉武帝因此铸行裹蹄金、麟趾金实际上是其粉饰太平的作秀。海昏侯墓中出土的这批裹蹄金和麟趾金文物，造型精美，差异仅仅是两者底部不同，麟趾金为椭圆底，裹蹄金为圆底。它们在重量、成色使用方面并没有什么不同。不过至今经济学家们仍然难以解释的是，从东汉开始，黄金为什么从中国的货币流通中消失了？

⊖ 酎是经过多次酝酿的醇酒。汉文帝规定，每年八月在长安祭祀高祖庙献酎、饮酎时，各诸侯王和列侯都要按照封国大小和人口规模向少府献上黄金作为"助祭费"。诸侯王献上的黄金数量和质量都有严格规定，如果所献黄金分量不足，成色不够，将会受到王削藩、侯免国的处罚，这就是在《汉律·金布令》中记载的酎金制度。但是，该政策很少真正予以执行。据《史记·平准书》记载，元鼎五年（公元前112年），汉武帝借口"酎金不如法"，一次性废除了106名列侯的爵位。此后，汉武帝多次以此为由，废除列侯的爵位，这一措施进一步巩固了西汉的中央集权制度。海昏侯墓出土的饼金中就发现了墨书"……海昏侯臣贺……酎黄金……"的字样。

从明朝中晚期开始，中国出现了白银货币化的潮流。中国本身并不产银，为什么白银成为明清两朝大额交易的货币呢？这和当时中国对外贸易特征有关。中国当时出口的大宗商品有茶叶、瓷器、丝绸等，西方国家对中国的这些商品趋之若鹜，乐此不疲。他们用美洲产的白银与中国进行交换，白银才开始大量流入中国。到明朝中晚期，白银才逐渐确定了在中国货币领域中的主流地位。

造纸术和印刷术诞生之后，纸币的问世才有了技术上的可能。顾名思义，纸币就是纸质的货币。在北宋年间出现的交子是世界上最早的纸币，这种纸币从最初的私人部门发行到后来的官方部门发行，中国是世界上政府介入货币发行最早的国家。元朝地域辽阔，为了便于远距离的商品交换，中国流通的全部是纸币，明朝前期也是如此。当鸦片战争爆发，中国的国门被迫打开之后，中国逐渐开启了从金属货币制度向可兑现的信用货币制度的演进。在这个过程中，既有咸丰朝时期户部发行的纸币，如官票、宝钞，也有中国私人金融机构（如票号、钱庄）发行的银两票或银元票，还有光绪朝国家银行（如户部银行、交通银行）发行的银行券，如1905年成立的户部银行发行的银行券，还有外国银行发行的银行券。在早期，这些银行券上都印有"××银行兑换券"的字样，表明该银行券可以与多少枚银币或多重的银两兑换。民国初年，中国的货币发行制度与世界其他国家并没有本质上的差异。

在中国的古籍文献中，除了使用"货""币"之外，多用"钱币"一词，也有称为"货泉""钱钞"等，还有"钱法""钞法"等词汇。直到清朝末年，中国政府拟设立银行和改革币制的时候，"货币"一词才较为广泛地使用。我们现在一般将"Banknote"译作"银行券""现钞""钞票"，主要是因为这种货币是由银行发行的。从英文构词法来看，"Banknote"还与银行有关联，因此译为"银行券"比较恰当。现在，"Banknote"常常被译为"现钞""钞票"。从汉语字面来看，我们已经无法将其与银行联系起来。在银行诞生之前，出现的纸币如果是由政府的财政部发行的，如中国咸丰朝的官票、宝钞，美国南北战争时期的绿背钞票，则在英文中对应的术语为"State Note"或"Government Note"，译作"政府现钞"更为恰当。从汉语词汇"钞票"来看，实际上是官票、宝钞的合称，从字面上并不能看出其与发行机构之间的关系。当然，由于中央银行也是政府所有，所以"政府现钞"这个词汇也容易引起歧义。在中国人民大学出版社1980年第2版的《资本主义国家的货币流通与信用》教材中，纸币被定义为"国家为了弥补财政赤字而发行的、强制行使并不能兑现的货币符号。"按照马克思的观点，纸币是金的符号或者货币符号，但可以执行货币的部分职能：流通手段和支付手段。马克思所指的货币是指商品货币，此时的纸币是由财政部发行的。

在现代社会，中央银行发行的钞票占全社会广义货币供应量的比重通常不足5%。纵观世界各国中央银行控制通货膨胀的经验，即便控制了广义货币供应量，也未必能保持物价稳定，更遑论仅仅控制中央银行的现钞发行量了。为控制通货膨胀，人类社会为何最终选择采用中央银行垄断发行钞票的制度？对中央银行的发钞职能又做出过哪些限制？本章将重点讨论这些问题。

专栏 3-2

钱币学和货币学的差异

在英文中，钱币与货币是两个不同的术语。美国钱币学会的英文是"American Numismatic Society"。中国钱币博物馆的英译是"China Numismatic Museum"，中国钱币学会的英译是"China Numismatic Society"，期刊《中国钱币》的英文就是"China Numismatics"。在英文中，涉及货币的单词有不少，如"Money""Currency""Cash""Banknote""Coin"等，很少用"Numismatics"这个术语。钱币学，顾名思义是研究铸币的科学，主要研究铸币的制造工艺及其文化内涵，如铸币的重量、纯度、比价关系、外观及形制、制作过程和工艺等，是文物考古学的一部分，属于人文学科的范畴。例如，中国古代钱币的铸造主要采用浇铸法。浇铸法又分为范铸法和翻砂法。在中国隋朝以前，钱币的制作主要采用范铸法，范是指钱范，具体流程是首先做出"阳文"的"模"，再用"模"翻铸出"阴文"的"范"，最后将青铜水浇注在"范"中，冷却之后形成"阳文"的钱币。钱范的采用使得钱币的铸造规范化和标准化。钱范可以理解为古代的印钞机。王莽篡汉时期和东汉前后，中国古代工匠又创造出叠铸法。所谓叠铸法，就是将许多个钱范垂直叠放后一次性浇铸，由此大大提高了钱币铸造的生产效率。唐宋之后，中国钱币的铸造主要采用翻砂法。近代以来，西方国家铸币多采用冲压打制的方法（锻造法），生产效率远高于中国的范铸法，目前世界各国硬币的生产工艺就是沿袭了西方锻造工艺的原理。类似这些问题的研究属于钱币学的范畴。货币学是研究货币发行和流通经济规律的科学，是经济学的子学科，属于社会学科的范畴。二者之间有所区别又有交叉。

通常，经济学家们将金、银为代表的货币定义为商品货币（Commodity Money），也就是其名义价值与实际价值基本相符的足值货币。马克思在《资本论》中曾经将黄金称为货币商品，并且将货币定义为：货币是固定地充当一般等价物的特殊商品。马克思还说过：金银天然不是货币，但货币天然是金银。不论是金还是银，都不仅有价值，而且也都是有使用价值的商品。从货币发展的历史沿革来看，货币从足值货币（商品货币）过渡到不足值货币（信用货币），从有形货币（纸质货币、塑料货币）过渡到无形货币（电子货币、数字货币）。当然，许多教科书还从货币职能的角度进行分析。此外，我们还可以从货币发行者的角度来认识货币以及中央银行。本章将以中国为例，梳理中国历史上较为典型的铸币和纸币发行。

3.2 中国历史上的铸币

人类社会最初诞生的货币多种多样，有的国家曾经用烟草作为货币，有的用过食盐，还有的用过海贝，千奇百怪，不一而足，这就如同转动万花筒，每转动一下，你就会看到一个五彩斑斓的新图案。

人类社会自从进入物物交换阶段，货币的问题就逐渐浮出水面。自从进入物物交换阶段，货币的问题就逐渐浮出水面。在金属货币时代，货币分为计重货币（money by weight，也称为称重货币或称量货币）和计数货币（money by tell）两大类。前者指形制、纯度和重量都没有标准化的金属货币，在交易过程中，必须在鉴定其纯度和重量后才能确定其价值量的大小。例如，中国明清两朝大规模使用的银锭就属于较为典型的计重货币。虽然当时的中央政府将银两作为政府预算收支、民间契约的货币单位，但是直到清朝末年，中央政府都没有在法律上对银锭的铸造标准予以规定，而是任由地方政府各行其是。正是由于国内在交易过程中的种种不便，才产生了虚银两制度。所谓虚银两制度，就是并不存在于实际上的货币流通中，而是人们在观念中具有约定成色和重量的银两。在当时中国主要的商业中心，如上海、天津、武汉等地都有本地的虚银两，重量和成色各不相同。因此，国内贸易在资金清算过程中仍然存在诸多障碍。计数货币是指形制、纯度和重量都已经标准化的金属货币，交易过程中，双方省去了鉴定纯度和重量的过程，只需要计其数量就可以确定其价值量的大小。在金属货币时代，社会上最典型的计数货币就是政府发行的铸币（Coins）。在这个阶段，中央银行还远没有诞生。从铸币的发行者来看，既有官方部门，又有私人部门。一般来说，铸币主要由政府财政部门负责铸造与发行，如汉代的五铢钱、唐朝的开元通宝钱、明朝的永乐通宝钱（见图3-1）。当然，也出现过官方许可的私人部门铸造的货币，如汉文帝时期的邓通钱。

图 3-1　明朝的永乐通宝钱

从铸币材质上来看，中国历史上的铸币材料先后主要有黄金、白银、铜（个别时期出现过用铁作为原料）。战国、秦、西汉是中国使用黄金作为货币的高潮时期。在这一时期，黄金在经济生活中的作用主要表现为馈赠、赏赐、贿赂、罚款或赎罪。东汉以来，中国的黄金存量迅速下降，主要币材转变为白银和铜。其间中国还出现过绢帛这样的实物货币。白银从明朝中后期开始成为主要的交易媒介，其时代背景是1545年南美洲波托西银矿的发现。1563年万卡韦利卡水银矿被发掘之后（水银是分离纯银的工具），波托西银矿就进入了全面开采的阶段。这座银矿出产的白银占世界白银产量的一半以上。明朝中晚期，中国对外贸易顺差导致白银大量流入。白银进入中国之后，日益扮演货币的职能。可以说，白银在中国发挥货币的职能大约有五百年左右。对于百姓日常使用的小额货币来说，两千多年以来，其材质一直以铜为主要原材料，辅之以铅、锌、锡等贱金属。

从货币的名义价值和实际价值来分类，存在足值货币和非足值货币两大类。从外国货币演变的历史来看，本位币一般是足值货币；辅币通常是非足值货币。正因为是非足值货币，所以通常由政府部门垄断铸造。否则，由于存在巨大的铸币利差，私人部门必然会偷铸、私铸，政府也就不可能独享铸币税。中国长期以来一直没有主币和辅币之分，并且主币与辅币之间没有固定的比价关系。以明清两朝为例，大额交易一般使用白银，日常生活的小额交易使用制钱（也就是百姓常说的"铜钱"）。制钱的原材料是铜、白铅、黑铅或锡混合冶炼而成，其中铜的含量在不同时期有所变化，在50%～80%之间。到清朝末年，广东开始利用西方机器制造银币和铜币。民国建立之后，北洋政府开始发行俗称"袁大头"的国币（银币），中国长期以来混乱的钱币制度逐渐走向统一。不论是明清两朝的制钱，还是北洋政府时期的国币，其铸造也是政府垄断的。下面我们按照时间顺序介绍中国历史上几种典型的铜钱。

3.2.1　中国历史上全国范围流通的铜钱

从中国的历史来看，在春秋战国年间，诸侯国各自发行本地货币。当时流通的钱币按照形制来分主要有四类：刀币、布币、蚁鼻钱和圜钱。刀币是战国时期流通在中国东部的齐国、燕国和赵国等地的青铜铸币，由当时的农具、手工工具——刀演变而来。刀币按刀首形制可以分为尖首、针首、圆首、截首和平首，按国别又分为齐刀、燕刀、赵刀和鲜虞刀。其中，燕国的刀币较小，称为小刀；齐国的刀币较大，称为大刀。布币的形状如铲，又称"铲币"，从青铜农具镈演变而来，是春秋战国时期流通在中原地区的钱币。布币分为空首布和平首布两大类。空首布保留着铲的形状，有装柄的空首，流通于春秋时期。平首布的布首扁平，流通于战国时期。蚁鼻钱是战国早期江淮流域楚国流通的钱币，从仿制贝币转化而来。蚁鼻钱的形制为椭圆形，正面凸起，背面是磨平的，形状像贝壳但体积较小，重量只有2～5克。蚁鼻钱又称"鬼脸钱"，因为这种钱币的币面很像鬼脸。随着楚国疆土的扩大，蚁鼻钱的流通范围随之扩大，逐渐在长江中下游地区形成了较为独特的货币体系。圜钱主要流通在战国时期的秦国和魏国，其形制是圆形，中间有孔，钱上铸有文字。从钱孔来讲，有圆孔和方孔两种。圆孔钱多见于魏国铸行的钱币，方孔多见于秦国铸行的钱币。在当时，上述形制各异的钱币不仅在本地可以流通，在其他各诸侯国依然可以使用。之所以如此，是因为当时钱币是以重量来计价的，属于纪重货币。

秦统一六国之后，全国范围流通的半两钱就是以其方孔半两圜币为基准的。从时间顺序上来看，以秦半两钱为标志的圆形方孔钱先后经历了以下几个阶段。

第一阶段是秦半两钱。秦国建立初期生产力相对落后，本国并不铸造钱币，自商鞅变法（公元前356年）才将流行于魏国的圜钱引入秦国，这是秦国货币流通的开端。秦半两钱始铸于战国时的秦惠文王二年（公元前336年）。秦王政二十六年（公元前221年），秦灭六国后统一了币制，秦半两钱成为全国统一流通的钱币。其形制为圆形方孔，重12铢（秦实行二十四进位制，24锱为1铢，24铢为1两，16两为1斤，12铢为半两，半两约为现代计量标准的8克），上面铸有文字"半两"。这两个字分列于方孔的两侧，通常是右"半"左"两"。一直到汉武帝开始颁行五铢钱，半两钱一共流通了108年。

第二阶段是汉代开始流通的五铢钱。在当时的经济条件下，秦半两钱的币值较高，不利于小额的商品交易。于是汉高祖初年多次降低铜钱的重量，如当时铸造的榆荚钱重三铢，其方孔太大，周边像四片榆荚合成，被人们称为"荚钱"，这种钱币又太轻，结果导致通货膨胀的出现。同时，汉朝初年国力尚在恢复阶段，政府没有足够的财力进行大规模的铸钱生产，汉高祖刘邦允许民间私铸钱币，吕后则禁止私人铸币，文帝则采取放铸政策，景帝继位之后又禁止民间铸币，但保留了郡国继续铸币的特权。在历经多次改制之后，元狩五年（公元前118年），汉武帝废三铢钱，改铸五铢钱。中央政府最初也允许郡国铸五铢钱。元鼎四年（公元前113年），汉武帝下令禁止郡国铸钱，将铸币权收归中央政府。中央政府成立专门的铸币机构——上林三官署，负责铸造标准五铢，又称"上林五铢"或"上林三官钱"，并"令天下非三官钱不得行"。所谓三官，即钟官、辨铜、均输（技巧）三官。钟官负责铸造技术，辨铜负责审查铜的质量成色，均输（技巧）负责刻范，三官统指政府铸钱的官员。上林苑是汉室的皇家园林，也是政府铸钱机构办公地点。上林五铢就是指代汉武帝时期开始铸造的五铢钱，也是汉代唯一合法流通的钱币。从汉武帝元鼎四年（公元前113年）到唐高祖武德四年（公元621年），五铢钱流通了724年，是中国历史上流通时间最为长久的一种钱币形态。五铢钱采用青铜制造，在钱币上铸铭"五铢"字样，是典型的纪重铜钱，也是依靠其钱币本身的金属价值流通的钱币。简言之，半两钱和五铢钱都是中国古代全国范围内流通的纪重货币。

第三阶段开始于唐朝开国皇帝李渊在武德四年（621年）七月，"废五铢钱，行开元通宝钱"。"开元通宝"简称开元钱或通宝钱，这四个字出自大书法家欧阳询（557—641）的手笔。标准的开元钱重二铢四丝，每十枚重一两。"开元"意指开辟新纪元，其典故出自班固《东都赋》的"夫大汉之开元也，奋布衣以登皇位。"这也暗含李渊以布衣身份登基的背景。"开元通宝"的问世，标志着中国铢两货币的终结，通宝币制的开端，并且该币制成为以后历朝的铸币标准。"开元"同时是唐玄宗李隆基的年号（即713～741年），所以"开元通宝"让不少人误以为是李隆基在位期间铸造的钱币，实际上李隆基继位的时间比开元通宝的问世晚了近百年。一般来说，通宝钱不再铸铭重量，而是铸铭年号或者吉语。通宝钱的法定地位及其定价是依靠政府的法令规定，而不再是其实际价值，如唐朝的"开元通宝"、宋朝的"太平通宝""宣和元宝"、元朝的"至元通宝"、明朝的"洪武通宝""永乐通宝"等。纪重钱向通宝钱的过渡，不仅是纪重货币向计数货币的转变，而且是金属货币向名目货币转化的过程。通宝制钱币虽然采取与"秦半两""五铢钱"类似的形制，但是该制度规定，每枚铸币的单位为"文"，每十文为一钱，每千文为"一串"或"一吊"，也称"一贯"或"一缗"。该制度结束了中国古代铜钱的二十四进位制，开始转向十进位制。通宝钱的问世是一个重大的转变，这标志着货币单位从过去的重量单位转为抽象意义的货币单位。

第四阶段是明清两朝的"制钱"制度。所谓"制钱"，就是政府垄断铸造和发行的以铜为主要材料的铸币。清代的铸钱机构分为京内和京外两部分。京内有户部管理的宝泉局和工部管理的宝源局。两者各自为政，互不统属。京内所铸制钱主要供京城使用，不准运往外省。京外有各省设立的铸钱局，归属各省的布政使司管理，后者又统一由户部统一管理。清朝铸造的制钱通常以年号为正面钱文，以铸钱局为背面钱文。制钱的形制、重量、配料比例，政府均有规定。每年春秋两季先由户部为每个铸钱局打制一枚祖钱，呈皇帝批准之后，再用祖钱铸造出数百枚母钱，分送各地铸币局。各地铸钱局再按照母钱铸造出规定数量的制钱（燕红忠，2019）。从制钱的币材来看，主要是铜，其占比为 50%～60%，其余为铅、锌、锡三种原料，配比往往随原材料的价格变动而有变化。当时的原料主要来自云南的滇铜，此外还从日本进口一部分铜。当时，因为制钱的原材料不足，所以各地制钱的铜含量实际上并不完全统一，这种差异主要是由政府的管理制度、原材料不足、运输困难、铸造技术水平落后等因素造成的。制钱的分散铸造和销毁的权力都在中央政府。百姓私铸（也称"盗铸"）和私毁制钱要以重罪论处。私铸有民私和局私两类：民私是指民间的非法铸造；局私是指官方铸钱机构中的官吏利用官方铸造机构，不按照官方标准进行铸造，造成铸币的成色或重量低于官方的正式标准。一般来说，根据清朝的资料记载，局私要多于民私。私毁是指将制钱私自融毁，其目的有二，一是利用熔化制钱获得的铜制造铜器，二是利用熔化制钱获得的铜铸造轻钱。由于私铸和私毁的利润高昂，尽管官方采取严刑峻法，例如首犯判斩首，从犯判绞首，私铸、私毁者仍然络绎不绝。

中国封建社会基本上不存在类似西方国家的主辅币制度。以明清两朝为例，白银不是本位币（主币），制钱不是辅币。白银与制钱的兑换比价也不是一成不变的。银贵钱贱的时候，白银兑换制钱的比价走高；银贱钱贵的时候，白银兑换制钱的比价走低。在清朝，"银贵钱贱"和"银贱钱贵"的问题始终困扰统治当局。加之两次大规模的白银外流，上述问题严重影响了社会的货币流通秩序。清朝统治者采取了种种办法：禁止私铸和私毁制钱，禁止使用前朝的制钱；大力开采滇铜和向海外采购洋铜；通过增加制钱的铸造规模（添炉加卯）⊖或者减少制钱的铸造量（停炉减卯）来调节银钱之间的比价；改变制钱的重量（如铸行大钱）；通过户部印制钞票等价值符号代替制钱流通，或者按比例搭收搭放（钞票与制钱在财政收与支过程中的比例），或者实行以货易货，禁止白银和制钱的流入与流出。尽管如此，清朝货币制度混乱的局面仍然没有发生根本的改变。

在明清两朝，白银与制钱的关系也不同于复本位制度。复本位制度是指由两种或者两种以上的贵金属组成，一般来说就是金与银，两者完全相互替代。金与银分别都有自己的辅币，并且能够独立承担经济运行中的货币职能。政府选择复本位制度主要是为了解决单一货币供给不足的问题。复本位分为双本位和平行本位两种。双本位制度就是政府同时以金与银作为本位币，并且固定金与银之间的比价，市场交易都要按照官方比价进行。这会导致"格雷欣法则"的出现，造成在某一时期金币流通，银币绝迹，在另一时期，银币流通，金币绝迹。在平行本位制度下，市场上每种商品都必然有两种价格表现形式：一种是金币价格，一种是银币价格。商品的价格受到金银比价的影响而发生变化。不论是双本位，还是平行本位，这两种货币都实行无限铸造，当某一种货币为政府垄断铸造后，这就属于跛行本位制度。严格来说，跛行本位属于复本位向金本位过渡的一种货币制度。在明清两朝的银钱本位体系下，白银和制钱分别满足不同市场的货币需求，其职能并不能相互替代。白银并非垄断铸造，但制钱属于垄断铸造。

在中国，铜钱的形制变化发端于 20 世纪初。从光绪二十三年（1897 年）起，多位清

⊖ 所谓"卯"，就是铸钱一期称为卯，各地铸币局每卯的数量各不相同。根据清代古籍记载，宝泉局以 12 480 缗为一卯，宝源局以 6 249.17 缗为一卯。"缗"也是制钱的货币单位，1 缗即 1 000 文。

政府大员奏请依照铸造银元之法，用机器铸造铜元。光绪二十六年（1900年），李鸿章出任两广总督，开始用机器铸造铜元——"广东一仙"。清政府的第一批机制铜元面世。中国流行了两千多年的圆形方孔的铜钱开始向现代社会的圆饼形钱币转变。清初银两和制钱并行的货币体制逐渐转变成银元和铜元并行的货币体制。因为清朝中央政府在镇压太平天国运动中，各省督抚的权力日渐扩大，到19世纪末，新式铸币诞生的时候，清朝中央政府并没有垄断新式铸币的铸造权，各省督抚纷纷在本省铸行各式铜元，造成了各地铸造的铜元成色和形制并不统一。这导致了两方面的问题：一是各地方政府有意铸造不同形制的铜元，不断降低铜元的铜含量，以期可以获得铸币利差以补贴本地政府财力的不足；二是各地滥铸铜元在客观上造成日益严重的通货膨胀，百姓怨声载道，这进一步加速了清政府的覆灭。清政府认识到铸币权分散带来的问题之后，于宣统二年（1910年）颁布了《币制则例》。但是，即便是到清政府覆灭，铜元的铸造也没有在全国实现统一。

3.2.2 汉文帝的放铸政策：一次成功的货币实践

一般来说，在大部分时间内，铸币主要由政府垄断铸造，虽然在现实中存在民间私铸现象，但并非合法行为。不过，中国历史上也曾短暂时间出现过中央银行认可的私人铸币制度。换言之，这种情况下的私人铸币是合法的。例如，汉文帝（公元前179年至公元前157年）就曾经采取放铸政策，即允许民间自由铸造货币。汉文帝在登基后的第5年（公元前175年）宣布两项新政策：一是铸造新币，铭文"半两"，法定重量为四铢（1铢 = 0.651克），后世称为"文帝四铢"；二是颁布"除盗铸钱令"，即开放铸币权（即放铸），民间可以自由铸造，私人铸币无罪。这是中国货币史上唯一的放铸时代，其效果非常好，为"文景之治"（公元前179年至公元前141年）的出现奠定了良好的基础。需要强调的是，汉文帝的放铸政策意味着政府将钱币的生产活动（铜料的开采、冶炼，钱币的铸造等）交由民间处理，但并不意味着民间可以铸造任意重量、任意成色的钱币。相反，政府会在以下方面做出规定（汪锡鹏，2009；石俊志，2011）。

第一，政府提供"法钱"。所谓法钱，就是官府专门铸造的标准形制、成色与重量的钱币，它不仅是私人铸币时的样本，而且是普通民众在日常交易中区分良币和劣币的标准。私人部门按照法钱的形制、成色和重量标准来铸币，私人部门赚取铸币成本与铸币面额之间的利润。

第二，政府提供"称钱衡"。所谓称钱衡就是专门用来称量钱币重量的衡器。天平以特制的竹木横杆为梁，以环形砝码或者四铢半两钱为砝码。民众交易时用称钱衡来称钱币的重量，以评断出哪种钱币成色更高。政府还规定：对于交易中使用轻钱支付的买方，需要依法补加；对于使用重钱支付的买方，卖方需要予以找退。对于违反使用称钱衡的民众，如私自选用轻衡或重衡，或者不按规定使用称钱衡的，政府都要给予处罚。1975年，湖北省江陵市凤凰山168号汉墓就出土了这种"法钱"和"称钱衡"，类似现代社会的砝码和天平。

上述规定使得民间的铸币出现良性竞争，良币更易为民众接受，劣币逐渐失去市场。根据出土的汉代各种钱币的含铜量分析，汉文帝时期四铢钱的做工质量最好，含铜量最高。赖建诚（2016）认为，之所以出现这一现象，有两个条件：第一，政府不规定劣币与良币的交换比价；第二，通过使用"法钱"和"称钱衡"，民间百姓对放铸政策下铸造的钱币质量信息对称透明，由此可以判断钱币的优劣。

汉文帝的放铸政策导致了"邓氏钱"（也称"邓通钱"）的出现。《史记·佞幸列传第六十五》就记载了汉文帝时期"邓氏钱"的故事。在周勃、灌婴铲除吕后及其同党，恢复了汉室江山后，帝位的继承人该是谁呢？大臣们经过多次商议，一致认为在刘邦的子嗣当中，代王刘恒宽厚仁慈，是继承帝位的最佳人选，这就是后来著名的汉文帝。代王刘恒当时不知继承皇位是福是祸，担心不已，通过卜筮得到大吉的结果后才安心赴京继位。这表明汉文帝是个迷信占卜和鬼神的皇帝。唐朝李商隐的《贾生》就写道："宣室求贤访逐臣，贾生才调更无伦。可怜夜半虚前席，不问苍生问鬼神。"贾生就是汉文帝时期非常著名的政论家、文学家贾谊，可惜英年早逝。《贾生》这首诗里描述的是汉文帝曾经向贾谊询问鬼神的原本，贾谊详细讲述其中的道理，两人一直谈到深夜。贾谊曾经向汉文帝提出了一系列改革建议，但是并没有得到汉文帝的重视。例如，在汉文帝五年（公元前175年），贾谊在长沙向文帝上《谏铸钱疏》，指出私人铸钱导致币制混乱，对国家和百姓都很不利，建议文帝下令禁止。但是，汉文帝非但没有颁布禁令，反倒是采取了放铸政策。邓通是当时蜀郡南安（现在的四川乐山）人，是汉文帝的弄臣，所谓弄臣就是古代帝王宠幸狎玩的臣子。邓通如何博得汉文帝的赏识呢？这还是与汉文帝迷信鬼神有关。邓通年少时就入宫，是一名没有俸禄的侍从。当时人们称之为"郎"，因他被分配到船上做事，头戴黄帽，所以被称为黄头郎。一天晚上，汉文帝梦见自己正要飞升上天，无奈身重乏力。正当此时，一个头戴黄帽、衣带反穿的船夫从后用力狠狠地推自己一下，于是文帝便飞到了九天之上。梦醒之后，文帝前往渐台，根据对梦中情景的记忆，暗中寻找那位黄头郎，结果一眼就发现邓通与梦中的那位船夫特征相符，便问其姓名。得知其姓"邓"名"通"后，文帝大喜道："邓尤登也"。文帝认定邓通就是梦中帮自己飞上天的人，邓通顿时成了汉文帝的红人。邓通不但得到汉文帝的大量赏赐，而且破格被提升为上大夫。有一次，汉文帝让国师许负（以看相算命出名）给邓通看相，许负端详良久之后，说邓通将来"当贫饿死"。文帝说道："能富通者在我也。何谓贫乎？"也就是说，汉文帝认为自己一句话就可以让邓通飞黄腾达、富甲天下，岂能让他在饥寒交迫中死去？于是，汉文帝下令把当时产铜最多的严道山（四川荥经县）赐给邓通，特许他自行铸造钱币。由于邓通铸造的"半两钱"光泽亮、分量足、厚薄匀、质地纯，号曰"邓通半两"，后世称之为"邓通钱"。上至三公九卿，下至贩夫走卒，都喜欢使用邓通钱。一时间"邓氏钱，布天下"。邓通也成了全国最富有的人之一。

晚年的文帝身上长了许多病痈。据《史记》记载，"文帝尝病痈，邓通常为帝唶吮之"。后世成语"吮痈舐痔"指的就是邓通。文帝问邓通说："天下谁最爱我呢？"邓通说："天下哪里还有谁比太子更爱您呢？"太子也就是后来的汉景帝（公元前157年至公元前 141 年在位）。有一次，太子前来看望病榻上的文帝，文帝让他给自己吮吸脓血，太子虽然吮吸了脓血，却面露难色。过后，太子听说邓通经常为文帝吮吸脓血，心里感到惭愧，同时也因此而怨恨邓通。汉文帝去世后，汉景帝即位。邓通先是被罢去官职，随后又被指控违法到封地以外的地方开采铜矿铸钱，被判巨额罚款，在全部家产都被充公之后，还欠了官府一大笔钱。汉景帝的姐姐（馆陶长公主）派人送钱给邓通，也悉数被朝廷的官员拿去抵债。最后，邓通果然在贫病交加中死去。虽然如此，但是"邓通钱"却因为铸造质量好而流通天下。

不仅仅邓通钱，当时吴王刘濞铸造的钱币也因为质量好也通行天下。《史记》中记载"吴邓钱布天下"，其中"吴"就是指吴王刘濞。刘濞是汉高祖刘邦的侄子，汉高祖晚年亲征英布，刘濞在战场上身先士卒，屡立战功。平定叛乱后，刘邦将吴地（今江苏一带）封赏给刘濞。史载，"吴有豫章郡铜山，濞则招致天下亡命者盗铸钱，煮海水为盐，以故无赋，国有富饶"（《史记·吴王濞传》）。吴王刘濞的封地豫章郡境内有座铜山，他招募亡命之徒开采铜矿非法铸币，同时通过煮海水的方法生产食盐，因此不用向百姓征收赋税但是郡国的国库充裕。这里用"盗"字，说明吴王与邓通不同，后者是经过皇帝批准的，而吴王铸钱是非法的。由于吴国非法铸造货币以及煮盐，其经济实力日益强大，并独霸东南，以至于当时以吴王刘濞为首的刘姓诸侯王的势力尾大不掉，汉景帝不得不采取削藩政策，并最终平定了"七国之乱"（公元前 154 年）。汉景帝先后解决了私铸钱币的两大势力——邓通和吴王刘濞，政府收回铸币权只是时间问题。汉朝的放铸政策虽然只维持了 30 年（公元前 175 年至公元前 144 年），时间短暂，但是该政策并没有引起通货膨胀，反倒是在这一政策的作用下，恢复了国力，实现了经济繁荣。汉武帝在执政之初，延续了任由郡国放铸的政策。不久，汉武帝改变了与匈奴的和亲政策，改为征伐匈奴，战争很快耗尽了汉初三朝积累的财富。元鼎四年（公元前 113 年）汉武帝取消了放铸政策，将铸币权收归中央政府，以减轻财政压力。

3.2.3　王莽篡汉前后的币制改革：一场彻头彻尾的失败

王莽是中国历史上一位备受争议的人物。这里我们仅仅介绍王莽的币制改革。公元 7～14 年，王莽连续四次实施币制改革，平均两年一次。与此同时，他五次下诏，实行货币改革，同时禁止民间私铸货币。频繁的币制改革非但没有促进社会的进步，反倒是加速了其政权的覆灭。王莽的货币改革大体分为两个阶段，代汉之前和代汉之后。代汉之前也就是居摄时期，他进行了两次改革；代汉之后，他全面掌握了政权，开始实行宝货五品制度，但是很快又废除了该制度。

第一次币制改革在居摄二年（公元 7 年），王莽尚未称帝，但开始铸造大钱——"大泉五十""契刀"和"错刀"。"大泉五十"重 12 铢，每枚"大泉五十"值 50 枚五铢钱。中国的钱币从这个时候开始称为"泉"，这是王莽在位时铸造量最多、流通范围最广的一种钱币，在中国各地均有挖掘出土，甚至在边陲地区的云南大理和曲靖、甘肃武威和敦煌等地也有出土。"契刀"和"错刀"上端如圆形方孔钱，下面有柄，虽然称为"刀"，但是更像钥匙。"契刀"上面的文字为"契刀五百"，即一枚"契刀"值500枚五铢钱。"错刀"上铸有文字"一刀平五千"，其中"一刀"两个字系黄金嵌入铜内，俗称"金错刀"，值5 000枚五铢钱。以"大泉五十"为例，一枚"大泉五十"重12铢，值50枚五铢钱。这50枚五铢钱重250铢，至少可以铸造20枚"大泉五十"。这20枚"大泉五十"又可以兑换1 000枚五铢钱。如此循环往复，民间财富就被洗劫一空。同时，他宣布"禁列侯以下不得挟黄金，输御府受直，然卒不与直。"换言之，王莽规定黄金收归国有，百姓可以用黄金兑换大钱，但是百姓不可以用大钱兑换黄金。

第二次币制改革在始建国元年（公元9年）正月，即王莽篡汉的前一个月。汉朝国姓是刘姓，刘的繁体字"劉"由"卯""金""刀"三个字组成，当时流通的货币"契刀""错刀"和"五铢"都与"刘"字的部首有关，他迷信地认为：继续使用五铢钱等于在新政权的头上悬着一把"金刀"，这是非常不吉利的。因此，王莽以"废刘而兴王"为理由，宣布废除"契刀""错刀"和汉五铢钱，彻底消灭一切与刘氏汉朝相关的货币遗迹。他规定流通的货币改用"大泉五十"和新铸的"小泉直一"。"小泉直一"重1铢，"大泉五十"重12铢，"大泉五十"与"小泉直一"的比价应该为1∶12，但是官方的比价为1∶50，这大大高估了"大泉五十"的价值。兑换比价上的混乱会导致劣币驱逐良币的现象产生，"小泉直一"退出流通领域，"大泉五十"因为数量不够，百姓只好在日常交易中暗地里使用五铢钱。为了防止老百姓私自铸造货币，王莽下令禁止民间采铜烧炭，并禁止五铢钱的流通，违禁的百姓被发配到边疆地区。

第三次币制改革是在始建国二年（公元10年），此时王莽已经大权在握。王莽借口当时流通的货币只有"大泉""小泉"两品，品种单一，兑换不便，需要增加新的品种。这个方向本没有问题，但是王莽这次增加品类的货币改革却是历史上最糟糕、最荒唐的一次。此次实施的货币制度称为"宝货制"。简单地讲，宝货制的内容为五物、六名、二十八品。五物是指金、银、铜、龟、贝五种币材。六名为金货、银货、龟货、贝货、泉货、布货六大钱币类型。二十八品指不同币材、不同形制、不同兑换比率的二十八品钱币，分别为黄金一品、银货二品、龟货四品、贝货五品、泉货六品、布货十品。当时各个品级之间的兑换价格不像现代社会的进位制这么简单易算。以龟货为例，龟货分为四品，即"元龟"长尺二寸，直钱二千一百六十（价值为2 160枚五铢钱）；"公龟"九寸，直钱五百（价值为500枚五铢钱）；"侯龟"七寸以上，直钱三百（价值为300枚五铢钱）；"子龟"五寸以上，直钱百（价值为100枚五铢钱）。以上规定表明，即使是同一币材的钱币，各品之间的兑换关系也很复杂。这造成了货币流通的极大混乱，致使"农商失业，食货俱废，民涕泣于市道"（《食货志·下》）。如此复杂的币制，老百姓无法遵行，实际流通的仍是"大泉五十"和"小泉直一"两品。其后果是民间盗铸成风，触法犯禁者不可胜数。为了禁止盗铸，王莽实施了连坐制度。一家盗铸，五家连坐，没为官奴婢。然而，严刑峻法事实上并没有挡住盗铸的风潮。这种混乱的货币制度前后持续了四年。

第四次币制改革在天凤元年（公元14年），王莽废除宝货制，改变金银龟贝的作价，废除大小泉，改行"货泉"与"货布"。"货泉"圆形方孔，铭文从右至左，分别是"货"和"泉"。"货泉"重5铢，与"大泉五十"等值，与之并行流通，六年之后将"大泉五十"废除。"货布"不是圆形钱币，而是布型钱币，其形状与战国时期的"平首方足布"很像。其铭文从右至左分别是"货"和"布"，重25铢，1枚"货布"兑换25枚"货泉"。"货泉"与"货布"二品并行，其实是对西汉五铢钱制度的恢复。王莽特意在"货布"的头中央铸造一圆形小孔，名曰"圆好"。对迷信的王莽来说，能够苟延国祚，便是圆好。

　　王莽当政之后，实施货币改制的首要原因在于西汉后期发生了严重的社会危机——贫富分化严重。豪强富商占有了社会上大部分的财富，兼并土地、买卖奴隶。许多农民失去土地，一部分沦为奴婢，一部分形成流民，这一方面使得朝廷的税源下降，另一方面流民聚众山林，或为盗贼，或起义造反，威胁到了朝廷政权。王莽掌权之后需要解决这一社会危机。他认为最直接的办法就是掠夺富人手中的财富。如何实现这一点呢？在他看来，货币改制是可行的办法。一枚错刀按法律规定可以兑换5 000枚五铢钱；一个乌龟壳最高可以兑换2 160枚五铢钱，这绝不是普通平民可以换得起的。他认为币制改革可以使得富人手中的财富大幅缩水，这样富人自然就没钱来兼并土地、收买奴婢、放高利贷了。然而，币制改革不仅剥夺了富人的财富，普通百姓也被劫掠一空，其受损的程度更大。因此，在这场币制改革的社会财富重新分配过程中，王莽几乎没有得到支持者，其货币改革失败也就在情理之中（石俊志，2012）。根据现代货币流通的规律，王莽币制改革失败的原因如下。

　　第一，王莽屡改币制，大规模发行大钱，实施通货膨胀政策。所谓"铸大钱"就是金属本位货币条件下政府实施通货膨胀政策的手段。大钱就是钱币的名义价值高，但实际价值低的铸币。当政府出现财政收不抵支的情况，为了解决收支缺口，政府往往会采取两种货币发行方式，一种是政府变相减少铸币的重量（"铸大钱"），另一种是政府发行纸币（后面章节介绍）。铸大钱就是政府重新铸造一种新的名义价值高的铸币，其结果是通货膨胀。这是在纸币诞生之前政府为应对财政收支缺口在货币领域采取的主要方法，在纸币生产技术问世之后，发行纸币成为可能，政府在应对财政收支缺口的方法上，就不仅仅是铸大钱，而且超额发行纸币，不履行兑现承诺就成为主要方法了。旧铸币假设含铜量为3克，新铸币的含铜量为30克。从含铜量的对比来看，新旧铸币的比率应该是1∶10。然而，政府却规定新旧铸币的官定比价是1∶100。假设1斤大米是10个旧铸币（30克铜）。对于卖家而言，不论在哪种铸币制度下，他都希望卖出1斤大米就可以获得30克铜。在新铸币制度下，1斤大米的卖价为1个新铸币，如果使用旧的铸币，百姓需要支付100个旧铸币。对于买家来说，在旧铸币制度下，1斤大米要支付10个旧铸币，在新铸币制度下，按官价要支付100个旧铸币。新铸币发行之后，在劣币驱逐良币的作用下，旧铸币会退出流通领域。这相当于在新铸币制度下，同样的商品，其价格是原来的10倍。新铸币的结果就是通货膨胀。当然，在中国封建社会，并非只有王莽执政时期采取这种政策，实际上遇到财政收不抵支的情况，历朝历代的政府都会采取类似的政策。

第二,王莽屡次铸大钱直接引发民间私铸泛滥。由于私铸的利润高昂,老百姓纷纷铤而走险盗铸大钱。为此,王莽政权采取严刑峻法。王莽把盗铸的人判处死刑,把诋毁新货币制度的人发配到边远地区,官吏以及左邻右舍若知情而不举报,将处以连坐。据史料记载,地皇二年(公元21年),犯罪的男子用槛车送往京都,随行的家属则用铁锁锁住头颈,总数达10万人,死伤者最终占十之六七。

第三,在宝货制的推行中,王莽采用五种币材,规定了六种钱币类型和二十八个品类。这当中没有主辅币之分,并且实行了复杂的兑换比率(见表3-1),这非但没有便利百姓的日常交易,反而使得交易的计算更为复杂。从理论上分析,这种货币制度与货币的价值尺度职能相矛盾。

表 3-1　王莽政权制度下宝货制品名表

品　名	标　准	值钱数
黄金	一斤	10 000
朱提银	一流(8两)	1 580
它银	一流	1 000
元龟	长1.2尺	2 160
公龟	长0.9尺	500
侯龟	长0.7尺以上	300
子龟	长0.5尺以上	100
大布	长2.4寸,重24铢	1 000
次布	长2.3寸,重23铢	900
弟布	长2.2寸,重22铢	800
壮布	长2.1寸,重21铢	700
中布	长2寸,重20铢	600
差布	长1.9寸,重19铢	500
序布	长1.8寸,重18铢	400
幼布	长1.7寸,重17铢	300
幺布	长1.6寸,重16铢	200
小布	长1.5寸,重15铢	100
大泉	径1.2寸,重12铢	50
壮泉	径1寸,重9铢	40
中泉	径0.9寸,重7铢	30
幼泉	径0.8寸,重5铢	20
幺泉	径0.7寸,重3铢	10
小泉	径0.6寸,重1铢	1
大贝	4.8寸以上,一朋(2枚)	216
壮贝	3.6寸以上,一朋	50
幺贝	2.4寸以上,一朋	30
小贝	1.2寸以上,一朋	10
漏度(贝)	1.2寸以下,一枚	3

资料来源:叶世昌. 中国金融通史(第一卷):先秦至清鸦片战争时期[M]. 北京:中国金融出版社,2002:71.

3.2.4 清政府传统的银两制度：混乱、复杂且落后

明朝万历九年（1581年），内阁首辅张居正实施一条鞭法，这标志着白银成为明朝政府正式认可流通的货币，开启了中国的白银时代。出现这一现象的背景是，中国的对外贸易顺差导致了白银的大量内流，其主要来源是大航海时代开启之后在美洲发现的白银。此外，中国白银的货币化还与中外金、银比价不一致相关。当时，中国的金银比价为1∶6，欧洲国家的金银比价为1∶12，印度的金银比价为1∶8。在格雷欣法则的作用下，白银大规模流入中国，黄金则流出中国。因此，从明朝中晚期开始，白银货币化是明清两朝货币流通的重要特征。

清政府延续明朝的货币制度，基本形成了大额交易使用白银，小额交易使用制钱；政府财政收支和国库记账均使用白银，百姓日常交易使用制钱，向政府纳税则使用白银。然而，清政府对制钱和银两的铸造采取完全不同的政策。制钱由政府垄断制造（严禁私铸），并且对制钱的重量、大小、形制都有明确的规定。清政府对银两则采取自由铸造的政策，也就是对于各地流通的白银，清政府没有在重量、成色和形制等方面予以统一的规定。一般来说，铸造的银两形似马蹄，又称为马蹄银。重五十两左右的称为"元宝"（其铸造大约始于元代，"元"本为元朝的简称，因此其库银称为"元宝"），称十两为中锭，五两三两为小锭。清朝的银两制度，以白银的重量、成色来计算其价值，是一种典型的纪重货币体系。

按照现代金融学的观点来看，明清两朝的银两制度非常落后，全国的货币制度没有实现统一。具体来说，当时的货币制度有以下特征。

第一，白银的重量和纯度在全国的标准各异。按照当时的惯例，白银的货币单位是两，两既是重量单位，又是货币单位。作为货币单位，采用十进位制，从大到小分别为"两""钱""分"和"厘"。作为重量单位，按照现代社会的计量标准，全国各地的"两"的实际重量并不相同。重量标准称为"平"，当时清政府全国各地"平"有几百种，最为常见的有库平、漕平、广平、关平和公砝平五种。**库平**是清政府康熙朝规定财政收支使用的货币重量单位，一两约为37.31克。**漕平**是清政府征收漕粮折色所用的银两单位，一两约为36.66克。库平和漕平在中央和地方的标准又不完全相同。**广平**又称司马平，是清政府对外贸易所用的货币重量单位。**关平**始于1858年的《中英天津条约》和《中英通商章程善后条约》，专为征收进出口税所用，是清政府海关征收进出口关税的货币重量单位，一两约为37.48克。**公砝平**是官定的货币重量单位，在北京、上海、天津等地民间收付银两时所通用，在票号与钱庄国内汇兑最为通行。

白银作为货币金属，还存在含银量（纯度）的问题，在文献中经常出现足银、纹银、标准银等术语，其成色有所差异，足银的成色在990‰以上，纹银的成色在930‰，标准银的成色在900‰以上。因此，银"两"的重量和纯度在全国范围内并不相同。

第二，各地流通的实银两和虚银两具有区域性。在全国各地，白银有实银两和虚银两之分。所谓实银两，也称为"宝银两"，就是实有其物，百姓在日常交易中支付使用的

实物货币。当时，各地流通的白银货币的名称、形式、大小、重量、成色各不相同，如北京地区百姓日常交易使用和接受的白银货币是十足银，在天津是白宝银，在上海是二七宝银，在汉口则是公估二四宝银等。这类似于西方经济理论中的货币金属主义（Metallism）分析的货币。

除了实银两之外，各地还有虚银两。所谓虚银两，就是在实际流通中并不存在，是人们观念中的货币。虚银两只规定其名称、重量和成色，并没有对应重量和成色的实物白银。虚银两主要用于会计记账，是某一地区通用的银两记账单位。它是实银两的价值符号，不具有支付手段的职能，类似于西方经济学理论中的货币名目主义（Nominalism）分析的货币。典型的虚银两如上海的规元（又称九八规元⊖）、天津的行化银、汉口的洋例银等，因上海作为近代中国的金融中心，故上海使用的规元影响最大。每两上海规元的含银量为 33.598 9 克，每两天津行化银的含银量为约 35.451 5 克，每两汉口洋例银的含银量为 34.741 3 克。由于中国各地习惯使用的白银成色、重量标准并不统一，因此资金的异地汇兑计算复杂，手续费高，并且存在升贴水的问题。马士（清朝海关总税务司赫德的下属）在《中华帝国对外关系史》中谈过下面这样一个有趣的例子。从江苏税收中拨一笔款汇往甘肃，作为协饷。江苏税款用的是库平，实际纳税是地方银两；将税款汇往上海，要用漕平，到了上海，要用规元；由上海汇往甘肃，要用漕平（假定采用汇票），到了甘肃，要用当地银两计算；甘肃对于江苏协款，要用库平计算，而回存到当地银钱号，要用地方银两；北京户部的账项，还是要用库平计算；实际支付仍然要用当地银两。统计全部兑换过程，不下九次之多。每一过程，除了两地间应付汇水，以及"剥削"纳税人的问题以外，只将 1% 的利润，就不算少（杨端六，2007，84）。

简言之，银两是清政府货币制度中最为重要的一环，同时又是最为混乱和复杂的一环。所谓混乱，就是银两的重量、成色、形制在全国没有实现统一；所谓复杂，就是各地银两标准、成色不统一带来的复杂的换算关系。这很大程度上阻碍了当时经济的发展。

3.2.5 明清外国银元的流入：改变中国币制的重要力量

清朝流通的白银不仅有银两，还有银元。银元分为两类，一类是从明朝开始就从海外流入的外国银元，如西班牙、墨西哥、美国、日本和英国等国输入的银元，另一类是清中央政府及地方政府自行铸造的各式银元。银两和银元的混合流通既是清政府货币流通的一大特点，也是当时货币流通混乱的表现。

当时的外国银元主要是从美洲、日本等地流入的银元。这些银元种类繁多，主要有西班牙银元（Carolus Dollar）、墨西哥银元（Mexican Silver Dollar）、美国贸易银元（America Dollar）、日本银元（Japanese Silver Yen）。其中，西班牙银元和墨西哥银元先后在中国市

⊖ 1842 年上海开埠之后，当地饼豆业推出以上海二七宝银折算使用的办法，具体的计算方法是：二七宝银实重五十两，加升水二两七钱五分，含实银五十二两七钱五分，再行"九八升算"（即除以 98%），含实银五十三两八钱二分六厘。这种虚银被称"九八规元"。

场上占有重要地位，是当时国内对外通商口岸主要流通的货币。发现美洲新大陆之后，西班牙殖民者在美洲发现了储量丰富的银矿，尤其以 1545 年在秘鲁发现的波多西银矿产量巨大。经过近百年的开采，这个银矿储量逐渐耗竭。17 世纪中叶，西班牙殖民者又在墨西哥发现了银矿。西班牙殖民者在秘鲁铸造西班牙双球双柱银元，在墨西哥铸造西班牙人像双柱银元（在中国俗称"佛头"，因为当时西班牙贵族流行戴假发，非常类似中国百姓心目中的佛像），币面图案中的"双柱"代表直布罗陀海峡两岸山岩的两根柱子，每枚银元重约库平 7 钱 2 分。这些银元从明朝万历年间（1573～1620 年）就开始流入中国，数量巨大。西班牙银元尽管图案各有不同，但是在中国被统称为"西班牙本洋"或"本洋"，这是因为西班牙银元有固定的成色、重量和图案，逐渐成为中国对外大宗贸易的结算货币，也就是"结算本银"或"本位银洋"，因而称为"本洋"。这种银元是中国境内流通最早、持续时间最长的外国银元。美洲各国独立后，西班牙政府失去了白银来源，本洋不得不停铸。从 19 世纪 30 年代开始，中国市场上广泛流通的银元主要是墨西哥鹰洋。这种银元是墨西哥政府独立之后 1823 年开始铸造的银元，中国民间俗称"墨西哥鹰洋"（见图 3-2）。墨西哥银元之所以称为"鹰洋"是因为这种银元上铸有一只老鹰。传说古代游牧民族印第安阿特兹加人相信神的告诫，他们定居的家园有一只老鹰叼着一条蛇站在仙人掌上。按照神的旨意，他们不断迁徙，最终在墨西哥城找到了这个地方，于是就在此定居下来。为了纪念这件事，实现民族独立后的墨西哥政府在银币的正面就铸有这个图案。这两种银元重 27 克，成色 90%左右。由于中国各地银两的成色和重量有差异，因此银两和银元的兑换比价并没有固定，维持在 1 银两约等于 1.43 银元（1

图 3-2　墨西哥鹰洋

银元约等于库平银 7 钱 2 分）。重量、成色、形制和图案统一的银元流入中国之后，对中国后世的货币制度产生了重要的影响。1905 年，墨西哥政府实行金本位，输入中国的鹰洋数量才开始下降。截至 1911 年辛亥革命爆发，在中国市场上流通的银元有一半是鹰洋。

美洲白银流入中国的线路有两条：一条是西班牙人用大帆船横渡太平洋，从美洲直接将白银输送到菲律宾，以菲律宾群岛作为与中国商人贸易的基地，再由中国商人将白银运回中国；另一条是西班牙人把美洲白银经过大西洋运回本国，在与葡萄牙、荷兰的贸易中，一部分白银流入这两个国家，这两个国家的商人绕过好望角，经印度洋，过马六甲海峡，最后到达中国的澳门，用美洲白银交换中国的茶叶、瓷器等商品。

除了上述外国银元之外，英国、日本和美国也先后铸造银元，以期与鹰洋竞争，推动本国银元在中国的流通。1868 年，日本明治天皇上台，为开展对外贸易，在日本明治三年（1870 年）开始铸造发行面值为"一圆"的贸易银元，直至大正三年（1914 年）为止。日本贸易银元的币面铸有"飞龙戏珠"图案，俗称"日本龙洋"。到 1914 年，日本龙洋累计铸造了约两亿枚。日本政府铸造的这种银元主要用于当时的对华贸易中的资金清算，目的是替代墨西哥银元。英国和美国也都先后铸造贸易银元。从国外输入的机制银元由于铸造工艺先进、重量和成色统一，流通数量和范围不断扩张，成为中国东南沿海、长江中下游地区通商口岸流通的主要货币。

3.2.6 清末民初的币制改革：货币制度开始与国际接轨

清政府自行铸造的银元始于光绪十三年（1887年）。当时两广总督张之洞创办了广东官银钱局，奏请在广东试造银元。在得到朝廷许可之后，张之洞通过驻英大使向英国伦敦伯明翰造币有限公司购买了中国第一套西式铸币机，招聘技师，在广东建成了当时世界上最大的造币厂。光绪十五年（1889年）四月，广东第一批银元铸造成功，这是中国正式铸造银元的开端。该银币的背面铸有蟠龙图案，故称为"龙洋"，其形制与传统的圆形方孔钱完全不同。这反映出在中外经济交往下中国的传统币制发生的变化。光绪十五年（1889年）十一月，张之洞调任湖广总督，又获准在湖广铸行银元。

清政府银两和银元的混合流通也体现在当时清政府的对外条约中，如1842年的《南京条约》规定清政府赔款2 100万元，《马关条约》规定清政府赔偿日本军费白银2亿两，《辛丑条约》规定清政府向侵华各国赔款白银4.5亿两，分39年还清，本息共计9.8亿两。在《南京条约》中，英方向清政府索赔的2 100万元指的是银元，具体为600万元为鸦片价值，300万元为行欠，1 200万元为陆水军费。《南京条约》的赔款共分七期偿付，除第一期的600万元在条约签订后立即支付外，其余款项从1843年起，每半年偿付一次，至1845年12月前付清。《南京条约》的赔款虽然按银元计价，但是清政府实际交付的赔款为银两。到后来的《马关条约》和《辛丑条约》则直接改为以银两为单位。

1910年，清政府颁布了《币制则例》。该条例规定以银元为国币，并确定了"元""角""分"的十进位制度。㊀一元银币重库平七钱二分，含纯银九成，计六钱四分八厘。该条例同时规定了一元银币的公差范围。这是中国近代第一个较为完整意义上的货币制度方案。传统的银两制度是按照白银的重量来计算货币价值，银元制度则是按枚计算货币价值，一枚银元称为一元，人们不再关心一银元背后的实际白银含量，这标志着中国货币制度开始摆脱传统的纪重货币制度。《币制则例》颁布后，清政府在宣统三年（1911年）向英、美、德、法四国银团借款1 000万英镑，作为币制改革的资金来源。当年5月，南京和武汉两地的造币厂开始铸造国币。当年10月，辛亥革命爆发，至1912年2月宣统皇帝逊位，清政府垮台，但是已经铸造好的银币按照市价流入市场。中国近代第一个币制改革方案还未完整实行就夭折了。到其政权覆灭，清政府也没有完成货币的统一。

民国初年，中国币制依旧十分混乱，社会上流通的货币五花八门，既有铸币，又有纸币。铸币有传统的银两、铜钱，又有新式的银元、铜元。银元中既有外国银元，又有清政府各省铸造的银元。流通的纸币当中，既有国内钱庄、票号发行的各种"庄票""银

㊀ 中国古代铜钱的重量单位及其换算关系为：10忽等于1丝，10丝等于1毫，10毫等于1厘，10厘等于1分，10分等于1钱，10钱等于1两，旧制的16两等于1斤（500克），1两合31.25克。

票""钱票",还有外国商业银行发行的兑换券(即现代意义的银行券)。也正因为货币品种繁多、流通混乱、换算复杂,统一全国币制才迫在眉睫。1912年4月,袁世凯出任民国大总统,随即筹备币制改革。1913年1月,熊希龄内阁提出了以银本位为基础的统一币制方案。1914年2月,袁世凯以大总统令形式公布了《国币条例》及《国币条例施行细则》。

《国币条例》以清政府的《币制则例》为基础。《国币条例》共十三条,确定了银本位制度,规定了铸币权的归属、本位币和辅币的兑换关系、法偿性质、公差和铸币费用等各项基本要素。第一,国币铸造和发行权专属于中央政府。第二,《国币条例》规定了本位币的重量、成色和进位制度。国币以一元银币为主币,重量为库平纯银六钱四分八厘,以银九铜一(后改为银89铜11)铸造后总重量为七钱二分,定名为元。国币包括银币、镍币和铜币共三种。国币计算采用十进位制,分别为元、角、分、厘。第三,《国币条例》规定了本位币和辅币的法偿性质。一元银币为无限法偿,辅币为有限法偿。辅币五角银币,每次交易以二十元为上限;二角、一角银币,每次交易以五元为上限。镍币、铜币,每次交易以一元为上限。不过,民众缴纳租税,国家银行的银行券兑换不受数额限制。第四,《国币条例》规定了国币铸造的公差范围和重铸的标准。流通的每枚银币重量与法定重量相比,公差不得超过千分之三。每一千枚各种银币合计的重量与法定重量的公差,不得超过万分之三。因日常使用导致国币磨损超过一定范围,需要向政府兑换新币。第五,《国币条例》规定了铸造费用。以生银委托政府代铸一元银币,每枚政府收铸币费用库平六厘。

《国币条例》公布后,袁世凯下令在天津、南京、广州、武昌等造币厂陆续铸造。1914年12月,由意大利设计师专门设计、正面镌有袁世凯戎装光头左侧面像、背面铸有两株交叉的嘉禾花纹(下系结带)的国币银元问世,俗称"袁大头"。一圆面额的袁大头银币重量为26.6克,实际含银量为23.947 5克,含银量达到90.4%,是当时的主币,也是本位币;中圆银币重13.3克,成色为84.5%,并且背面铸有"每二枚当一元";两角银币重5.3克,背面铸有"每五枚当一元";壹角银币重2.6克,背面铸有"每十枚当一元"。因为一圆银币形制统一,成色、重量有严格规定,很快得到了社会各界的认同和接受,在国内金融市场上逐步取代了龙洋、鹰洋等各式银元,成为流通领域的主币,也是近代史上中国铸造数量最多的银元。1917年,北洋政府财政部还规定所有财政收支,如税项、军饷一律使用国币,这些举措进一步巩固了国币的本位币地位。"五四"反帝运动高潮中,上海钱业公会公开宣布使用国币银元,这进一步扩大了国币的流通范围。历史学家们通常认为"袁大头"是中国近代史上唯一发行成功的银铸币,其铸造规模巨大,后来成为市场上唯一流通的主币,其他银币或者被收回改铸,或者仅以纪念币的意义存在(如孙中山侧像币)。当时,北洋政府希望在短时间内将国币颁行全国,但是造币厂的生产能力有限,过去各省官局铸造的各式银元不得不按名义价继续流通。这在北洋政府同时出台的《国币条例实施细则》里有规定:旧有各官局铸发之一元银币,政府以国币兑换改铸之;但于一定期限内,认为与国币一圆有同一之价格。北洋政府认为其理由如下。

第一,当时国内各省铸造的旧银元约合2亿枚以上(不包括外国银元)。各家造币厂的生产能力有限，每天生产规模为 50 万枚左右，如果完成 1 亿枚新国币的铸造，预计要两年才能完成。假设不允许各省官局所铸旧币流通，必然造成流通中的现金不足。

第二，币制改革必须推动国家银行兑换券的发行。所谓国家银行兑换券，当时就是中国银行和交通银行⊖发行的钞票。政府要提高银行券的信用，扩大银行券的流通范围，必须保证持券者随时兑现新国币。在当时情况下，政府暂时认定旧币为国币，则银行券随时用以回笼流通中的各式旧币。回笼的旧币一方面可以陆续进行改铸，一方面仍然可以暂时充当银行的准备金。

第三，北洋政府认为当时采用银本位是权宜之计，将来需要改为金本位。如果币改阶段不用旧币，必然导致流通中的货币不足，此时外国白银必然大量流入中国。这既给过渡到金本位留下障碍，又使得世界银价可能发生暴涨暴跌，扰乱世界金融秩序，因此政府也必须暂时认定旧币。

第四，新国币与旧币如果因为重量、成色不同，就不认定旧币为国币，那么新国币的流通规模就太小，不足以覆盖全国。在这种情况下，旧币就必然流通，并且与新币形成新的兑换比价，这会使得币制更加紊乱。如果希望新国币在短时间覆盖全国，就必须有数量足够的新国币，因为铸造能力限制，政府必须将铸造的新国币贮藏起来，数年之后有足够的数量再投放市场。若采用这个办法，一方面政府需要购入足够的白银，成本浩大，另一方面又将影响金融秩序。因此，暂时认定旧官局所铸银元为国币是当时无奈之举。

当时有观点认为旧银元为重七钱二分，与新铸国币价格一致，政府收回改铸的时候会遭受巨大损失。北洋政府则认为，这是货币改革必须付出的成本。各省银元预计按照新币纯银重六钱四分八厘改铸，每元成色上必有一分左右的损耗。以 2 亿元计算，损失 250 万两左右。虽然存在这一成本，但是币制得以统一，国家银行券得以通行，其所得足以补偿该成本且绰绰有余。

综上所述，北洋政府 1914 年的币制改革，虽然存在改革成本，但是从总体上看，实现了币制统一，国家银行的银行券扩大了流通范围，结束了明清以来混乱的货币流通秩序。袁大头的正式发行，很快将当时劣质的"龙洋"逐出市场，也在很大程度上取代了外国银元的地位。到 1924 年，市场上流通中的银元 75% 的银币都是"袁大头"（中国人民银行总行参事室，1986）。

3.3　中国历史上的纸币

欧洲最早的纸币（Paper Money）出现在 1661 年，由斯德哥尔摩银行发行。1694 年英

⊖ 交通银行于 1908 年 3 月 4 日在北京成立，邮传部是其最大的股东。清政府设立该行的目的有四个：经办募集债券赎回京汉铁路；经营铁路、电报、邮政、航运四大行业的收支；办理国外汇兑；辅助统一币制。在晚清时期，交通银行实际上兼具商业银行和特许银行的双重身份，特许业务包括：享有分理国库的权力；发行兑换券的权力（交通银行与中国银行在发行兑换券的比例为 3∶7）。1915 年 10 月 31 日，袁世凯发出大总统申令，宣布交通银行和中国银行具有国家银行的性质。

格兰银行成立之后，开始发行纸币。英格兰银行最初发行的纸币，其金额大小是手写的，后来才改为统一印制相同面额的纸币。一般来说，中国被认为是最早发行纸币的国家。北宋年间，中国西南地区的成都出现了"交子"，这被认为是世界上最早的纸币。为什么在中国北宋年间会出现世界上最早的纸币呢？这是否具有某种必然性呢？这和当时中国的经济金融发展水平以及当时特殊的时代需求关系密切。其条件主要包括以下几个方面。

第一，中国当时的商贸活动频繁，经济发展水平高。从全球范围来看，一般认为北宋时期（960～1127年）中国的经济水平要领先于同时代的欧洲。例如，北宋画家张择端的《清明上河图》描绘了当时汴京的城市风貌和繁荣的城市经济。北宋时期的四川是盐、茶叶和丝绸的重要产地与集散地，当地工商业非常发达，在当时以农业为主的封建社会中，这一点非同寻常。发达的商贸活动必然对便捷的交易媒介形成强大的需求，纸币的问世呼之欲出。

第二，造纸和印刷技术的出现。纸质货币的问世显然离不开造纸技术和印刷技术的诞生。中国在东汉年间发明了造纸术，到了北宋年间出现了活字印刷术，这为纸币在中国北宋年间的出现提供了技术准备。此外，出于防伪的需要，对纸币的原材料和制作工艺要求较高，否则就会假币泛滥。

第三，传统的铁钱不适合四川地区异地贸易和结算的需要。北宋初年的四川，由于铜料的缺乏，当地主要流通的是铁钱，这种货币体积大、重量重、价值低，当时铁钱仅值铜钱的1/10到1/5，按照当时的价格，如果到市场上买两斗米，要携带30斤以上的铁钱，这与物物交换已经差别不大了。此外，铁的化学性质非常活泼，很容易氧化生锈而丧失价值。因此，铁钱不易被保存，这也是铁钱被取代的重要原因。随着商品经济的不断发展，铁钱的弊端日益显现。中国最早也是世界上最早的纸币——"交子"登上了历史舞台。

3.3.1 宋朝的交子：世界上最早出现的纸币

四川是中国纸币——交子的发源地。当时四川的特殊地理条件使其经济相对独立。在丝绸和茶叶贸易盛行的背景下，北宋时期当地的商业发展和经济繁荣使得货币需求大幅增加。与此同时，北宋初年，四川地区佛教兴盛，不仅表现为到处摩崖石刻佛像，而且大量用铜铸造佛像和宗教器具，这使得用于货币流通的铜供给不足。公元950年，为了弥补铜钱的不足，四川地区的蜀国开始铸造铁钱，形成了铜钱与铁钱同时流通的双币体系。铁钱体重而价值量低，市场流通不便，于是四川的民间富商开始联合发行被称为"交子"的货币。

当时的商人们把铁钱交给交子铺户，交子铺户在楮纸制作的纸卷上填写好金额，再交给商人，同时收取一定保管费，这种楮纸卷就是交子，上面有图案、密码、画押、图章等印记。虽然此时的交子还不是现代意义上的纸币，但这非常类似英国历史上的金匠开出的黄金保管收据。商人交给交子铺户的铁钱就相当于交子铺户的准备金。交子铺户在经营中发现，动用一部分保管的铁钱并不会危及交子的兑付，于是便开始印刷并投放有统一面额和格式的交子,这一过程与现代意义的"现钞发行"原理几乎没有差异。异地商人将交子交还给交子铺户,这就相当于现代意义上的"现金回笼"。根据货币流通规律,如果交子的流通量超过了社会需要的合理规模,那么也必然形成通货膨胀。并非所有的交子铺户都是守法经营。部分唯利是图的铺户,在大量发行交子之后关门歇业,或者动用客户存款经营其他买卖失败而破产。凡此种种,均导致交子无法兑现,引发诸多民间诉讼案件。于是,北宋景德二年(1005年),益州(现在的成都)知州张咏实施了货币改革。一是对交子铺户进行整顿,剔除不法之徒,由十六户富商经营,还规定了"交子"印制的技术标准,包括纸张、尺寸、颜色和格式等。此时,"交子"的发行开始获得政府的认可,但还不是由政府发行。二是发行大铁钱,一个大铁钱等于十个小铁钱或者两个小铜钱。

宋仁宗天圣元年(1023年),四川转运使薛田、张若谷请准设益州交子务,发行"官交子"。换言之,交子由私营改为官营,并严禁私人发行。"交子务"就是掌管纸币流通事务的政府机构,类似于现代的中央银行。"官交子"类似于现代的中央银行发行的钞票。从"交子"到"官交子"的变化,意味着当时这种纸币的发行权从私人部门转移到了政府部门。官交子作为当时政府规定的交易媒介,为商业活动提供了便利。更重要的是,官交子还作为支付工具在政府财政收支管理中发挥了作用。

官交子每三年为一界,界满换发新交子。这里所谓的"界"是指期限,"一界"的发行额也就是三年内的最高发行规模为126万贯[一],以本钱36万贯为现金准备,这相当于"官交子"的发行准备率为28%(即36/128)。"官交子"的券面额一般是一贯、五贯、十贯等,还可以应当事人的请求临时填写数额。交子发行每三年为一界,主要是官交子的材质(桑树皮为原材料)使用期限所致。然而,每界发行的新交子,却一定是按照一比一的比例兑换旧交子,往往是按照更高的比例用新币兑换旧币。如元符年间(1098~1100年)换发时,新交子一缗要换回旧交子五缗,即新旧比价一比五。如此设置兑换比例,自然是减轻了交子务的债务,为官交子的超额发行提供了可能,其结果必然是旧交子贬值,通货膨胀严峻。

宋仁宗康定元年(1040年),宋朝与西夏党项爆发战争,朝廷动用了大量的人力、物力和财力投入战争。为了鼓励商人们为边境前线提供谷物、草料和衣物等军需物资,朝廷使用期票对商人们进行支付,当时的期票称为"交引"。"交引"可以在开封"榷货务"兑换成铜钱。"榷货务"是宋朝的市场交易管理机构,拥有管理政府专卖商品,为专卖商品发行"便钱"、期票和代金券的特权。"榷货务"不仅发行"交引",而且发行食盐、烟和其他商品的代金券。期初,"交引"并没有固定面值,发行"交引"的商铺在上面填写金额,加盖个人印章。后期,宋朝发行了有固定面额的"交引"。

宋徽宗大观元年(1107年),政府将"交子"改称"钱引",改"交子务"为"钱引务",发行新纸券"钱引"。钱引的纸张、印刷、图画和印鉴都很精良。发行单位由"贯"改称"缗",一缗即为铜钱一千文。但是,因为不设置本钱(相当于没有现金的发行准备),所以随着发行额的增加,钱引的价值不断下跌。可以说,中国虽然最早诞生了纸币,但是

[一] 铜钱一枚称为一文。贯、缗、吊,均指成串的铜钱,数量为一千文。

在北宋时期，不论是政府还是民众，对于纸币的流通规律仍然处于摸索阶段。

3.3.2 元朝的纸币：世界上最早通行全国的纸币

元朝是中国封建社会首次在全国范围内流通由政府统一发行纸质货币的朝代，时间远早于世界其他国家。元政府之所以在全球最早统一发行纸币，很大程度上是因为元政府管理的地域辽阔，使用纸币作为交易媒介，不仅便于携带，而且促进了商品交易。

元钞的发行大致分为三个阶段。第一阶段：从中统元年（1260 年）到至元二十四年（1287 年），元世祖忽必烈先后七次下诏，统一钞法，其间元政府发行了"中统交钞"和"中统宝钞"。第二阶段：从元世祖末年到至正十年（1305 年），元政府大量发行"至元宝钞"和"至大银钞"，元钞日渐贬值。第三阶段：从至正十年到元朝覆灭（1305～1368 年），其间通货膨胀十分严重，元钞出现了严重的信用危机。

中统元年七月，元世祖忽必烈下诏印制中统交钞，以丝为本。白银每五十两兑换丝钞一千两。由于当时全国各地发行的纸币只能在当地范围有限流通，因此元世祖忽必烈采纳了著名政治家耶律楚材的建议，限制中统交钞的发行规模，上限不超过万锭（一锭为五十贯）。中统交钞发行后，同年十月元世祖又发行了中统宝钞。中统宝钞以白银作为准备金，其面额分为两类：一类是以文计者，共有九种，分别为十文、二十文、三十文、五十文、一百文、二百文和五百文；一类是以贯计者，共一贯文和二贯文两种。中统宝钞问世后，中统交钞随即停止发行。这两种纸币的混合流通只有很短的时间，此后中统宝钞全部取代了中统交钞。中统钞不分界（即不分期限），不过，用中统钞兑换白银或者以旧钞兑换新钞，需要交工墨费三分（即工本费三十文）。

至元二十四年（1287 年），元世祖忽必烈开始发行至元宝钞，中统宝钞仍然流通。根据规定，至元宝钞一贯文相当于中统宝钞五贯文。截至彼时，中统宝钞和至元宝钞成为元朝的法偿货币。对于政府财政收支来说，诸如官吏的俸禄、军队的粮饷、朝廷的岁赐、赈灾的费用和百姓的纳税都用纸钞支付。百姓的日常生活，如商品买卖、日常借贷都使用纸钞支付。元世祖忽必烈统一币制的举措，结束了自唐末五代以来政权割据情况下币制不统一的局面，促进了当时的社会经济发展。其之所以成功，原因如下。

第一，有充足的白银作为发行储备。在元钞发行初期，元政府实施百分百的发行准备制度，有多少白银，才可以发行多少纸币。

第二，设置专门的货币管理机构。在中央由户部主管，下设宝钞总库、印造宝钞库、烧钞东西二库，分别管理贮藏、印制和销毁旧钞。在地方有诸路交钞提举司管理元钞。除此之外，元政府在中统四年（1263 年），设立燕京平准库，次年又在全国各地建立平准库。平准库也称为"平准行用库"，或称"钞库"。设置平准库的目的是平抑物价水平，稳定元钞币值。若市面上纸币流通规模过多，政府则用白银收兑纸币，反之亦反。

第三，严格控制元钞的发行量。在发钞初期，元政府态度谨慎，严格控制财政支出，设置元钞发行上限，如中统元年按照"印造交钞，不过万锭"的原则只发行了 7 万多锭。然而，在政权稳定之后，元政府常年出现财政赤字，用于敬鬼神、修寺院、赏赐方面的开支一度高达政府全年收入的 2/3。元政府的财政收不抵支，不得不挪用发钞的准备金（从至元十三年开始），年复一年，元钞大幅度贬值，通货膨胀日渐严重。至元二十一年（1284 年），忽必烈的中书右丞卢世荣对当时的钞法进行以下几方面的整治（彭信威，2007，第 401 页）：一是允许人们自由买卖白银；二是发行至元宝钞；三是大量收回流通中的纸币；四是广事牧畜，扩大生产，增加产品供给；五是设立平准周急库。平准库的作用原为通过白银和纸币的兑换以稳定元钞的购买力，将平准库扩大为平准周急库，使库存的白银除用于稳定纸币的购买力之外，还能以此向贫民提供低息贷款，最终达到稳定元钞价值、平抑物价的目的。

然而，卢世荣的一系列整改计划并没有得到很好的实施，同时元钞发行量逐年累积，虽然每年有一部分损耗，或者作为昏钞（残损券）送回平准库，但是每年的发钞量仍远高于残损量，因此流通中的元钞规模越来越大，无法保证元钞兑现白银，最终导致元钞这种货币制度名存实亡，元朝政权也因此倾覆。

3.3.3　明朝的纸币：封建强权下的盲动与掠夺

在明朝初期，流通中的货币有三类，分别是白银、铜钱和元代宝钞。其中铜钱又分为制钱、古钱和私钱。制钱是明政府官方铸造的铜钱，私钱则是民间私铸的铜钱，为政府法律所禁止。古钱则是唐宋时期的铜钱。为了整顿货币秩序，洪武皇帝朱元璋曾经计划铸造足够的制钱流通全国。但是，受铜矿开采和冶炼技术限制，明朝政府没有足够的铜原料大规模铸造制钱以满足货币流通的需要。为此，明政府决定延用元朝的纸币制度，垄断发行本朝的纸币。洪武七年（1374 年），明朝设立宝钞提举司（隶属户部），该机构类似于现代的中央银行。洪武八年三月，朱元璋下诏中书省印造大明宝钞，开始发行"大明通行宝钞"。宝钞分六等：一百文、二百文、三百文、四百文、五百文和一贯。大明宝钞的幅面大小有现在的 A4 纸那么大。当时的钞法规定：每钞一贯，准钱千文，银一两；四贯准黄金一两。用现代语言来表述就是：钞 1 贯折合钱 1 000 文或银 1 两，钞 4 贯折合金 1 两。也就是说，黄金、白银、宝钞的官方比价为 1 两∶4 两∶4 贯。明朝政府规定，禁止百姓用黄金、白银买卖商品。百姓可以用黄金、白银向政府兑换宝钞，但是不能用宝钞兑现黄金、白银。同时政府还规定百姓缴纳税款是钱钞兼收，钱与钞的比例为 3∶7。一百文以下则只用铜钱。

大明宝钞的发行是中国货币史上非常重要的历史事件，这标志着金、银从此沦为法律意义上的非法货币，结束了明朝初年银、钱、钞三币并行的局面，演变成为钞、钱两币兼行，形成以钞为主币、制钱为辅币的货币体系（黄阿明，2016）。大明宝钞材质采用桑树皮，纸质呈青色，横题印有"大明通行宝钞"，其两侧有八个篆字："大明宝钞　天下通行"。宝钞的下部印有："中书省奏准印造大明宝钞，与铜钱通行使用，伪造者斩，告捕者赏钱二百五十两，仍给犯人财产。"洪武十三年，中书省撤销，大明宝钞的印制和发行改属户部。宝钞上面的文字"中书省"也因此改为"户部"。明朝政府一方面采用最先进的印刷技术提高宝钞防伪的效果，另一方面对伪造宝钞者实施严刑峻法。在洪武十三年，明政府设立了"倒钞法"，在各地设行用库收兑大明宝钞的残损券，实际上就是将破旧的宝钞更换成新的宝钞。不过，行用库很快罢用，其原因在《明太祖实录》中有记载："先是，钞法既行，岁久有昏软者，因置倒钞库，听民换易，官收朱墨费三十之一。然细民利新钞，非昏软者亦揉烂，以易新者。上闻，遂罢之"。洪武二十二年（1389年），明朝政府又印制和发行五种小钞，即十文、二十文、三十文、四十文和五十文，票面幅面较小。

由于市场上流通的宝钞越来越多，其价值持续下降。明洪武二十三年（1390年），1贯钞只值250文钱；到明洪武二十八年（1395年），1贯钞只值100文钱；到了明永乐五年（1407年），1贯钞只值12文钱——这还仅仅是官方规定的钱钞交易价格，实际上的交易价格还要低很多！

洪武二十七年，明朝政府还出台了另外一项政策，即禁止行用铜钱令。"令军民所有铜钱不许行使，尽行入官，依例给钞。"这一措施相当于废除了制钱的流通职能，全部归政府所有。没有了兑换保障的大明宝钞很快大幅度贬值。明成祖继位后，宝钞流通不畅。"令诸有以金银贸易者，以奸恶论，告捕者以所易金银充赏，钞昏烂仍许入库换易，收工墨直。"到后来，为了保障宝钞的流通，永乐皇帝不得不下旨，交易若不使用宝钞，将判交易者死罪，并全家罚款后充军；有知情不报的，罚钞百倍；有偷偷降低钞票价值进行交易的，要罚钞万贯。然而，严刑峻法仍然无法抑制宝钞的贬值。

此外，在旧钞的回收方面，明朝也承袭元朝的做法，每贯宝钞收工墨费三十文，五百文以下递减。相比现在的钞票，大明宝钞的材质较差，长期流通后会出现票面残缺、污损、颜色变化、字迹模糊不清等情况，不适宜继续流通，发行机构需要予以收兑。宋代的交子流通三年，就需要收回，流通的期限也称为"界"。因为大明宝钞不分界（也就是不分期限），凡票面金额、文字可以辨认的宝钞都可继续使用，不许商家因为买家使用旧钞而提高商品的价格。实际上，政府收税只收新钞，所以旧钞和破钞（也就是残损券）越来越多。事实上，民间百姓在交易时，旧钞价值最多只值新钞价值的1/3或者1/2（石毓符，1984）。

用现代货币经济学的观点来分析，大明宝钞的特征如下。第一，大明宝钞是由政府财政部发行的纸币，发行过程没有任何发行准备，相当于完全的信用发行。相比较而言，元朝的纸币、北宋的官交子在发行之初都有发行准备。第二，大明宝钞没有规定发行数量的上限，是明朝政府弥补财政赤字的工具。明朝政府发行的宝钞主要用于军事费用、俸禄、赏赐等财政支出，且回笼渠道（征收工商税等措施）回收的宝钞数量有限，因此宝钞的实际价值不断下跌，以宝钞标价的商品价格不断上涨，通货膨胀不可避免。第三，大明宝钞没有合理的兑换机制。大明宝钞只有单向的兑换机制，即允许百姓用黄金、白银兑换大明宝钞，但是不允许百姓用大明宝钞兑换黄金、白银。即使大明宝钞与制钱的兑现，也不是按照事先规定的价格兑换。第四，大明宝钞属于政府发行的纸币，与现代社会由中央银行发行的银行券（纸币）在发行原理上完全不同。出于弥补赤字的要求，大明宝钞的投放规模大，回笼的规模太小。现代货币发行主要是基于信贷机制，也就是有借有还。当然，不是说现代的货币发行就不履行弥补财政赤字的职能。第五，政府在回收旧钞过程中要收工本费，导致新钞和旧钞实际价值不同。加之各级政府官员上下其手，破坏了收兑机制，致使市面上的宝钞越来越多，宝钞的贬值速度非常快，导致民怨沸腾，到了成化七年时，"钱贯值二三钱"。最终，到明朝正德年间大明宝钞不得不予以废止。

3.3.4　清政府的纸币：封建王朝的最后一次喘息

清政府的纸币发行主要集中在咸丰朝。为何清政府会在咸丰朝发行纸币呢？这与当时国内糟糕的政治、经济形势有关。1851 年 1 月太平天国运动爆发之后，清政府调兵遣将进行镇压。咸丰帝从户部银库中拨付，从各地封贮银中调解，从内务府"私房钱"中拨付现银用于军事开支。到 1853 年 7 月，清政府花费了总共近 3 000 万两的白银，非但没有实现预期目标，太平天国势力反倒是日益壮大，并定都天京（现在的南京）。清政府用于铸造制钱的原材料铜和铅，主要依赖云南和贵州两省供应，太平天国运动爆发之后，因水运阻隔，难以运到北京。因此，制钱的生产规模受到严重影响，并影响到当时的物价水平。此时，清政府户部库银仅剩下 29 万两，财政危机一触即发。如何解决财政收支缺口成为最为迫切的问题之一。在这种情况下，清政府不得不开启了捐例（也就是卖官鬻爵）、铸大钱㊀、发行"官票"和"宝钞"、征收厘金等方法弥补财政收支缺口。这里重点介绍"官票"和"宝钞"。

咸丰三年（1853 年）清政府发行了户部官票，又称"银票"或"银钞"，以银两为单位。银票的上端用满汉两种文字印有"户部官票"四个字，还印有"户部奏行官票，凡愿将官票兑换银钱者与银一律，并准按部定章程搭交官项，伪造者依律治罪不贷"。四周印有龙纹，票面盖有户部关防，并有"永远通行"方形满汉文合璧图记。按面额分为一两、三两、五两、十两和五十两等多种。同年 12 月，咸丰帝又批准户部印制和发行"大清宝钞"，又称"钱钞"或者"钱票"，以制钱为单位，面额有一千文、二千文、五千文、十千文、五十千文、一百千文。宝钞的格式与银票类似，钱数上钤"大清宝钞之印"满汉文合璧钤记。宝钞上端印有"大清宝钞"四个汉字。中间是"准足制钱若干文"，右侧写有"天下通行"，左侧写有"均平出入"，下面写有"此钞即代制钱行用，并准按成交纳地丁钱粮，一切税课捐项，京外各库一概收解，每钱钞两千文抵换官票银一两"。用现代经济学的语言来表述，就是清政府的户部发行了两种不兑现的纸币，规定了这两种纸币的兑换价格，并且允许百姓用这种不兑现的纸币纳税（事实上是否如此又是另外一回事了）。

清初规定各项税收银和钱的缴纳比例为银七成，铜钱三成。1733 年之后，除小户零

㊀ 从 1853 年 4 月开始，户部开始铸造当十铜大钱（也就是 1 枚大钱抵 10 枚制钱）。在此后的一年中，又添铸当五十、当百、当二百、当三百、当四百、当五百，甚至当千的铜大钱。除了中央政府之外，清政府又有 13 个行省先后获准开局铸造大钱。此时清政府并不是开矿炼铜或者进口洋铜，而是销毁原值一文的制钱，改铸大钱。1854 年 2 月，咸丰帝又批准铸造铁钱，甚至是当五、当十的铁大钱。是年 9 月，咸丰帝还批准了铸造铅钱。

星及大户尾数的缴纳仍可使用铜钱支付外，各省的赋税⊖缴纳基本都使用白银（燕红忠，2019）。在官票、宝钞发行之初，清政府规定五成搭收、五成搭放。所谓五成搭收和搭放，就是在财政收入（百姓缴纳地丁银、关税、盐税等）和财政支出（如支付官俸和兵饷等）环节，官票宝钞的使用占50%，白银占50%。有的财政支出项目达到了20%支付白银，80%支付官票宝钞，如黄河的工程支出。当然，这仅仅是法律的明文规定，在现实生活中，并没有得到有效执行。简言之，政府财政收入的过程也就是官票宝钞的回笼过程，政府财政支出的过程也就是官票宝钞的投放过程。事实上，各级政府官员在政府收入过程中少收或者拒收官票宝钞，在政府支出过程中多搭放或者全部用官票宝钞，然后按五成搭收、五成搭放的规则记入官方的账簿，从中渔利。各级官员这种损公肥私的做法极大地破坏了官票、宝钞的信用。尽管清政府财政的收不抵支是发行官票、宝钞的根本原因，但政府官员在操作环节的违规操作，加速了官票、宝钞的贬值。到咸丰十年，在京城一两的银票市价仅值两百余文，而一两实银价值六千多文。钱票的贬值幅度更大，每千文的钱票仅值十余文。在官票、宝钞迅速贬值的同时，欧美等国的商人低价收购这些官票、宝钞，但仍然按五成的比例缴纳海关税，从中渔利。这使得清政府不得不急令户部及各省收回和撤销所发行的官票、宝钞。随着咸丰皇帝的驾崩，历时不及十年的官票宝钞制度也结束了。

除此之外，官票、宝钞的发行与银行券的发行之间最大的不同就是，官票、宝钞从发行之初就没有实行过发行准备制度。发行机构也存在本质上的差异，官票、宝钞的发行机构是财政部，银行券的发行机构是银行（后来则是中央银行）。

专栏 3-3

纸币——一个容易引起混淆的专业术语

在中国人民大学出版社1980年第2版的《资本主义国家的货币流通与信用》教材中，纸币被定义为"国家为了弥补财政赤字而发行的、强制行使并不能兑现的货币符号"（林与权，第229页）。按照马克思的观点，纸币是金的符号或者货币符号，但可以执行货币的部分职能：流通手段和支付手段（《资本论》2004年版，人民出版社，第2版，第151页）。目前，黄金早已退出了流通领域，IMF在1973年宣布黄金的非货币化。那么，我们还可以这么理解纸币吗？人民币从它诞生的第一天起，就与黄金没有任何联系，那么人民币是不是纸币呢？告诉普罗大众，人民币不是纸币，这与其日常认知完全不符；如果承认人民币是纸币，又该如何解释人民币的发行与弥补财政赤字没有直接联系，与能否兑现也没有关系呢？

从汉字字面来理解，纸币就是用纸质原材料印制的货币。这个术语主要强调纸币的物理属性，而非经济属性。所谓纸币的物理属性，就是印制货币的原材料。但是，

⊖ 赋税一般分为田赋和贡赋。田赋以米、麦为本色，是土地的耕种者按照一定的税则向政府缴纳的地租。贡赋是国家派办于地方的特产、军需和工程物料等，名目不固定，体现了"任土作贡，因地制宜"的地方特色的原则。

这个术语并没有区分发行纸币的是哪个机构。回顾历史，**纸币的发行机构**，既可能是私人部门，又可能是官方部门。从私人部门来看，既可能是金融机构，又可能是非金融机构。从官方部门来看，既可能是官方的财政部，又可能是官方的中央银行。从官方发行纸币的历史顺序来看，财政部发行纸币在前，中央银行发行纸币在后。此外，从**纸币的生产机构**来看，本质上纸币的生产与印制书籍、邮票等印刷品没有本质的差异，只是生产工艺更为复杂而已。这个生产机构有的隶属于财政部，如美国和日本，有的属于中央银行管理，如中国。还有的国家将本国纸币的生产外包给国外生产企业，如尼泊尔最大面额的纸币1 000卢比就是中国印钞造币总公司生产的。

如果仅仅从物理属性来解释和理解纸币，那么如何理解马克思对纸币的分析呢？马克思在1867年出版的《资本论》第一卷中对货币的职能进行分析时，首先明确是以黄金为分析对象。了解了这一点，对于马克思的论断就不难理解了。在马克思生活的年代，虽然英格兰银行已经诞生，但是中央银行制度还没有在全球范围内完全确立。英格兰银行发行的银行券还是可以兑现黄金的。超额的银行券主要是为弥补财政赤字而发行的（可参阅第1章）。这个时候的银行券的确是黄金的价值符号。然而，在当今时代，黄金早已非货币化，货币的发行机制也不仅仅局限于财政渠道。因此，纸币这个术语仅仅是从材质的角度对货币的一种界定，并不是从经济意义上对货币的恰当表述。

专栏3-4

日本军票：剥削占领区百姓的政策工具㊀

所谓日本"军票"（Military Payment Certificate），是日本"军用手票"的简称，最初称为"军用切符"，是日本政府在进行对外战争过程中，在日军占领区发行并强制流通使用的货币。军票的发行是为了日军在当地征用战争物资，实现"以战养战"的目的。明治维新之后，日本政府先后多次发动战争，如中日甲午战争、日俄战争、俄国十月革命后日本出兵西伯利亚。在战争中，日本政府都先后发行过军用切符，供日军在海外使用。一战时期，日本出兵青岛后统一改称"军用手票"。之后在侵华战争、太平洋战争当中都大规模发行军票。

1894年8月1日，甲午战争正式爆发。11月17日，大藏大臣向内阁会议提出发行"军用切符"，作为日军在占领区流通的货币。日本内阁会议当天通过了这一决议。在印制的军票背面，用中文写有"此券为便于支出军费而发给，俟事完之后，每壹两准兑换现银日元壹元四拾钱"，货币单位沿用清政府当时的银两制度，采取十进位制，计量单位从大到小分别为"两""钱""分""厘"。日本政府发行军票，其目的是将战争经费转嫁给占领区人民。虽然军票与日元存在固定的兑换比价，从表面上看，军票是日元的替代品，但是军票与日元做了很好的切割，军票只允许在日军占领区使用，这

㊀ 资料来源：①林晓光，孙辉. 日本军票史考略［J］. 抗日战争研究，2005（4）. ②蔡德金. 历史的怪胎［M］. 桂林：广西师范大学出版社，1993.

事实上隔断了军票与日元的联系,进而避免对日元的通胀压力。例如,日军在甲午战争期间的军费支出为 5 000 万日元,当时日本银行的准备金仅为 9 000 多万日元,如果这些开支全部由日本银行发行日元现钞进行支付,必将引发日本国内的通胀。因此,军票的发行对于日本政府维持日元稳定和政局稳定起到了巨大的作用。

1937 年 7 月,卢沟桥事变爆发。10 月,日本内阁决定发行军票以应付对华军费开支。11 月 5 日,日军柳川兵团在杭州湾登陆,之后在其占领区强制推行军票。日本发行军票的目的是"一切军费的支付"。军票票面印有"大日本帝国政府军用手票"的字样,面值有"壹钱""五钱""拾钱",军票的背面有"此票一到即换正面所开日本通货如有伪造变造仿造或知情行使者均应重罚不贷"(见图 3-3)。就其本质而言,军票就是日本政府在占领区发行的一种不可兑换的纸币。此前,侵华日军的华北方面军支付军费使用的是朝鲜银行券,上海派遣军使用的是横滨正金银行发行的日本银行券。从此在中国市场上出现了日本银行券、朝鲜银行券、军票与南京国民政府发行的法币混合流通的局面。日本政府通过发行军票,在当地征收战争物资,压缩国民政府法币的流通范围(如低价强制收兑法币),曾经在我沦陷区华东、华中和华南地区大量流通。之后,随着日军攻占香港和东南亚地区,日本军票的发行也就延伸至当地。1941 年 12 月日本偷袭珍珠港后,太平洋战争爆发。针对东南亚和太平洋地区,日本同样采用了大规模发行军票的方式实施经济掠夺。

图 3-3 日本侵华时期发行的军用手票

军票与日元的关系如何呢?首先,军票的发行没有任何准备金,因此其价值取决于流通中军票的多少。其次,军票与日元保持固定比价关系,同时为了扩大在占领区的流通范围，发行了为当地民众所熟悉的不同券种。再次，要么通过日本横滨正金银行，要么通过日本政府扶持下的当地傀儡银行发行的银行券逐步收回军票。例如，1915年2月，日本政府以横滨正金银行发行的银行券回收在侵占青岛时期发行的军票。1941年1月，日本人扶持的汪精卫政府设立了"中央储备银行"，该行发行了"中储券"。在上海等沦陷区，从1941年1月至1943年4月，法币、中储券和日本军票共同流通。从1943年4月开始，日本通过"中储券"来收回军票，其兑换比率为18元军票兑换100元"中储券"。

3.3.5　塑料钞票的问世：换汤不换药的戏法

20世纪80年代，世界上出现了塑料钞票（Polymer Banknote）。塑料钞票从研制到问世耗费了近三十年时间，直到1988年才正式问世。1996年澳大利亚开始发行塑料钞票，它是世界上第一个发行塑料钞票的国家。传统的纸币一般采用棉纤维和亚麻纤维制成，长时间使用之后，纸币易污损，且容易传播细菌。塑料钞票比传统的纸币更加清洁、安全，且耐磨损。塑料钞票由聚合物制成，如聚丙烯（BOPP），这不是普通的塑料，而是一种技术含量非常高的无纤维高分子聚合物，质地接近于印制钞票的纸张，而且无纤维、无孔隙、防静电、防油污、防复印。塑料钞票采用了在纸质钞票上无法实现的如激光穿孔、全息图像等高技术防伪措施。塑料钞票的制造成本虽然是纸币的两倍，寿命却是纸币的四倍。塑料钞票适合于气候潮湿的国家，不易浸水损坏，不易因为折叠而产生褶皱。塑料钞票还易于辨认，不粘尘、不吸水，其原材料可以循环再利用，十分环保。更重要的是，塑料钞票的问世还满足了各国中央银行对现钞防伪功能的需要。

2016年9月，英格兰银行推出5英镑面额的塑料钞票，这种钞票的背面印有二战时英国首相温斯顿·丘吉尔（Winston Churchill）的肖像，并有他在1940年5月13日英国议会演讲中的一句名言："我所能奉献的没有其他，只有热血、辛劳、眼泪和汗水。"（I have nothing to offer but blood, toil, tears and sweat.）新版5英镑钞票正面是英国女王的头像，蓝色背景中隐藏着英格兰银行大楼。此外，还有与丘吉尔有关的其他细节，如英国议会大厦、显示时间为下午三点的大本钟、丘吉尔获得的诺贝尔文学奖奖牌、他的出生地布伦海姆宫。英格兰银行在2017年9月发行了新版10英镑的塑料钞票（印有文学家简·奥斯汀的肖像），计划在2020年发行新版20英镑的塑料钞票（印有艺术家J. M. W. 特纳的肖像）。除了澳大利亚和英国外，目前全球还有30多个国家使用塑料钞票，如新西兰、加拿大、罗马尼亚、新加坡、斐济、毛里求斯、巴布亚新几内亚、越南以及智利等。中国人民银行在2000年发行了面额为100元的新世纪纪念钞，这是截至目前中国发行的唯一的塑料钞票。塑料钞票与纸币最大的差异就是币材不同，防伪效果更好。从经济关系的属性来看，这两者并没有什么不同。

简言之，以中国历史出现的纸币为例，历史上既出现过私人部门发行的纸币，如北宋的交子和明清两朝山西票号发行的银票；又有中央政府（财政部）垄断发行的纸币，如清朝咸丰年间的官票宝钞（见表 3-2）。有的纸币可以兑现金属货币，如交子；有的纸币不可以兑现金属货币，如明朝的大明宝钞，还有的纸币在发行之初可以兑现金属货币，后来却不可以兑现金属货币，如北宋的官交子。

表 3-2　现代商业银行诞生之前中国的铸币与纸币

		货币形态	
		铸币	纸币
货币发行者	官方部门	半两钱、五铢钱、通宝钱、明清时期的制钱等	明朝的大明宝钞（不可兑现） 清咸丰朝的官票宝钞（可兑现）
	私人部门	邓通钱	交子（可兑现） 山西票号的银票（可兑现）

3.4　自由银行制度、中央银行制度与货币局制度

历史上曾经出现过两种类型的现钞发行制度，一种是自由银行制度（Free Banking），另一种是中央银行制度（Central Banking）。自由银行制度是指在自由市场（Laissez Faire）的环境下，不存在最后贷款人制度，没有利率限制，各家商业银行都可以自由发行现钞的货币制度安排（Monetary Arrangement）。换言之，自由银行制度又可以认为是现钞的自由发行制度。在自由银行制度下，市场力量决定了流通中的现钞数量，同时没有任何政府机构发行现钞，也没有存款保险制度。通过各家发钞行的自由竞争，币值稳定的发钞行胜出，币值下跌的发钞行退出发钞领域。通过在自由市场经济下的相互竞争，最后流通在市场上的理论上应该是币值稳定的钞票。从历史上的实践来看，美国历史上的野猫银行制度（Wildcat Banking）就是自由银行制度。1836 年美国第二银行的特许权到期，安德鲁·杰克逊总统否决了其特许权延期。因此，从 1836 年至 1862 年，在美国没有中央银行，这一时代又被称为美国的自由银行时代。1837 年密歇根州建立了一项制度，规定只要具备了一定条件，任何人都可以申领银行执照。第二年，纽约州也通过了类似的法律，其后不久，其余大多数州都照此办理。美国社会兴起了通过开办银行借机大捞一笔的热潮。由于设立银行的条件不是很严格，执行起来更为宽松。头脑精明的不少商人在偏僻地区开设银行并发行纸币，由于纸币持有者实际上出于各种原因不可能用纸币去兑现黄金，这些商人通过上述方式扩大资产获取利润，人们将这种银行称为野猫银行。这种现象主要发生在 1863 年《国民银行法》（National Banking Act）颁布之前，野猫银行发行的这种不值钱的钞票就被称为野猫银行钞票（Wildcat Money）。有资料称，"野猫银行"一词源于当时芝加哥的一家银行，其发行的钞票上印有野猫的形象，后来这家银行破产了，人们就将这种发行不值钱钞票的银行称为"野猫银行"。还有资料称，"野猫银行"一词源于美国著名作家马克·吐温（1835—1910）的自传，在这本书中马克·吐温提到了 1853 年受聘的公司付给自己工资的时候就是使用这种钞票。从理论上看，赞成实施自由银行制度的经济学家还不少，如戴维 D. 弗里德曼（David D. Friedman）、弗里德里奇·哈耶克（Friedrich Hayek）、

乔治·塞尔金（George Selgin）、劳伦斯 H. 怀特（Lawrence H. White）等。

中央银行制度是指由中央银行一家机构垄断现钞发行，其发行的现钞是政府规定具有法偿资格的流通手段。如果从意译的角度来看，这两种发钞制度也可以分别称为"分散发行的银行制度"和"集中发行的银行制度"（垄断发行的银行制度）。这两种发钞制度完全对立。从历史发展来看，中央银行制度在国际上占据了主流地位。

货币局制度作为中央银行制度的变种，不仅是一种货币发行制度，而且是一种汇率制度。这种货币发行制度与现代意义上中央银行的货币发行制度存在巨大差异。这种差异体现在以下几个方面。

第一，货币发行受制于外汇储备的多少。根据国际金融学原理，外汇储备的增减受经常账户和资本与金融账户（不含储备账户）差额的影响。这使得货币局制度下的信用扩张与收缩完全受制于该国的国际收支状况。如果外汇储备流失，将直接影响该国流动性状况。

第二，正统的货币局制度，往往不履行"最后贷款人"职能，这意味着在货币局制度下的商业银行必须谨慎经营，否则没有中央银行施以援手将可能出现破产清算。货币局制度可以视为经济上的某种准外币化，放弃货币局制度则是经济的本币化，如阿根廷政府在2002年宣布放弃《货币兑换计划》。

第三，正统的货币局制度，既不为政府提供存贷款服务，也无法主动调整货币政策。因此，当本国经济与被钉住货币国家的经济周期不一致时，货币局制度下的政策当局利用货币政策来刺激经济的能力就会受到限制。正如1998年后，面对经济日益衰退，阿根廷政府束手无策，无法通过扩张性货币政策将经济的"车轮"从衰退的泥淖中拉出来。

▧ 专栏3-5

领券制度

所谓领券制度，即银行券领用制度，是指不具有银行券发行权或准备放弃发钞权的银行，向拥有银行券发行权的银行缴纳准备金后，领用相应规模的该行银行券。清政府逊位之后，中华民国政府仍然没有建立起中央银行制度，此时许多商业银行均有发钞权。为了尽快实现银行券的集中发行，政府有计划地实现货币统一，部分有发钞权的商业银行开始放弃发行权，领用行采用十足准备制或者部分准备制，将银元（银两等）或其他保证品（如政府债券）换取发钞行的银行券。对于领用行来说，这属于资产的一增一减；对于发钞行来说，则是资产和负债的同时增加。发钞行因此而扩大了货币发行，遂将增加发钞（领用行领用的银行券）获得的收益让渡一部分给领用行。

领券制度是近代中国实现现钞垄断发行的过渡性措施。该制度兴起于1915年，结束于1942年，是在中央银行缺位的情况下，为加速中国银行的银行券扩大发行设计的间接发行制度。1942年，南京国民政府中央银行垄断了货币发行权，确立了央行的职能，领券制度宣告终结。

专栏 3-6

大面额现钞的是与非

欧洲中央银行在 2002 年开始发行第一套现钞，这些现钞不仅在欧元区国家流通，而且在欧元区的周边国家（如东欧国家）流通。据估计，20%～25% 的欧元现钞在欧元区之外流通。在第一套现钞当中，就有 500 欧元面额的，这是当时世界上单张币值最高的现钞。之所以发行如此大面额的现钞，主要是欧元区部分国家在欧元问世之前，就发行过与 500 欧元面额相近的现钞。500 欧元目前大约相当于 4 000 元人民币。该面额现钞发行之后，被许多欧盟国家的超市、便利店和加油站拒收。普通民众花 20 欧元就可以购买一周的食物，以至于许多欧元区的民众都没有见过这种面额的现钞。然而据统计，欧元大面额现钞的印制数量（张数）和流通价值额却在逐年增加。为什么会如此呢？实际上，500 欧元面额现钞的需求分为两类。一是主要用于非法的地下交易，如毒品交易、军火贸易、走私贸易、人口贩卖和器官买卖等。500 欧元面额的现钞是全球犯罪团伙最为偏爱的币种，恐怖分子也常常携带该面额现钞进行大规模的资金转移，以至于该面额现钞获得了"本拉登"的绰号。二是金融体系动荡、社会经济生活不稳定的中小发展中国家，尤其是那些经历了 2008 年金融危机的国家，其民众主要将 500 欧元面额的现钞用于价值储藏。

500 欧元大额现钞的发行不仅使得欧洲中央银行获得了可观的铸币税收入，也成为欧元实现国际化"曲线救国"的路径之一。在欧洲中央银行决定发行 200 欧元和 500 欧元面额现钞的时候，美联储很快做出反应，曾经一度决定也发行 500 美元面额的现钞，以抗衡大面额欧元现钞，保护美元在海外的铸币税收入。不过，伴随着 500 欧元面额现钞主要用于非法交易，欧洲中央银行改变了思路。2016 年 5 月，欧洲中央银行宣布，2018 年年底之后不再发行 500 欧元面额的现钞。不过，已经发行在外的 500 欧元面额的现钞仍然可以正常流通。

除此之外，有的国家取消或者废除大面额现钞的，其主要目的是打击假币和偷税漏税。例如，2016 年 11 月 8 日，印度总理莫迪突然宣布印度 500 卢比与 1 000 卢比（约相当于 50 元和 100 元人民币，1 元人民币约合 9.8 印度卢比）面额的现钞从当晚零时起作废，不再是法定货币。印度所有商业银行 9 日将歇业一日，ATM 取款机将暂停使用一天。从 11 月 10 日起，印度中央银行开始发行新版 500 卢比和 2 000 卢比面额的现钞。持有 500 卢比与 1 000 卢比面额现钞的民众需要在 11 月 11 日至 12 月 30 日期间到印度各商业银行、邮政局等机构兑换为小面额现钞，且每人每天只允许换取总值 4 000 卢比的新币。2016 年 12 月 30 日之后，旧版 500 卢比与 1 000 卢比面额现钞就成为废纸一张。

印度政府宣称，此举是为了打击贪腐和来路不明的黑钱。在印度，为了偷逃税款，很多人都用现金交易。尽管印度政府曾经采取过多种措施鼓励民众如实填报收入，但效果甚微。此外，有专家估算，印度货币市场上流通的卢比中假币占到了大约 25%。因此有专家认为废钞令也是为了遏制货币流通领域中的假币。

不过，废钞令实际上作用有限。印度政府曾经认为在废钞令发布后将会有 5 万亿卢布的废钞，但是 2017 年印度储备银行发布的年度报告称："旧版 500 卢比与 1 000 卢比面额现钞存入银行或者换为新钞的金额达到了约 15.28 万亿卢比，占所有废钞纸币总额的 99%。"这表明拥有大量"黑钱"的人借此机会进行了洗白，富人们或是雇人将旧钞存入银行，或是雇人兑换新钞，这使得印度政府的废钞令效果大打折扣。

3.5 不同发行机构发行的货币

从世界范围来看，货币的发行机构分为官方部门和私人部门。官方部门发行的货币（Government Money）分为两大类，分别是中央银行发行的货币（Central Bank Money）与财政部发行的货币（Treasury Money or Ministry of Finance Money）。从材质来看，这些货币又分为两类，一类是纸币（Paper Money），另一类是硬币（Coins）。因此，流通的货币可以分为六种类型（见表 3-3）。从价值量来看，硬币的价值规模要远小于纸币的价值规模。从时间顺序上来看，由中央银行发行的货币整体上要晚于财政部发行的货币。财政部直接发行纸币，典型的例子是美国的"绿背钞票"（Greenback）。所谓绿背钞票，就是美国在南北战争时期由财政部直接发行的纸币，其目的是应付战争开支。这种纸币既不可以兑换金币或者银币，又没有金币或者银币作为发行准备。出于防伪需要，美国财政部在印制这种货币时使用了难以通过照相复制的绿色油墨（卤化银感光剂对绿光最不敏感，因此采用绿色油墨具有很好的防伪功能），因此这种钞票被称为"绿背钞票"。在清政府时期，咸丰朝曾经发行过官票和宝钞，这两者也属于财政部直接发行的纸币。在现代社会，财政部虽然退出了纸币的发行，但是在部分国家（如美国、日本等），财政部还在发行小额硬币，只是硬币的价值规模占其全部货币供应量的比重很小。在现代社会，各国政府将发行纸币的职能赋予中央银行，财政部不再直接发行纸币了。在当今中国，不论是硬币还是纸币，全部由中国人民银行发行。

表 3-3 从货币材质角度对官方和私人部门发行的货币的划分

		货币材质	
		硬 币	纸币（塑料币）
官方发行机构	财政部	美国、日本财政部发行的硬币	美国财政部发行的绿背钞票（Greenback） 咸丰朝的官票宝钞 （现在各国财政部基本退出纸币发行领域）
	中央银行	人民币硬币	联邦储备券（Federal Reserve Notes） 人民币现钞
私人发行机构		邓通钱	山西票号发行的银票等

资料来源：笔者自行总结。

私人部门发行的货币（Private Money），从材质上也分为硬币和纸币。硬币如前文提到的邓通钱，纸币如山西票号发行的各种银票等。到现代社会，由于缺少政府的信用背书，私人部门发行的货币的信誉较政府发行的货币稍逊一筹。本节重点探讨官方发行的货币。

专栏 3-7

硬币是资产还是负债

如上所述，纸币是发行机构（不论是财政部还是中央银行）的负债，那么硬币是发行机构的负债吗？硬币是政府的资产还是负债，取决于硬币的发行机构。有的国家，纸币和硬币都是中央银行的负债，例如中国人民银行。有的国家，硬币的资产负债性质需要站在不同的角度来理解。以美国为例，在美联储资产负债表上，未偿付的财政部硬币（Treasury Coins）科目在资产方，这主要是因为美联储和美国财政部在硬币发行过程中扮演了不同的角色。在美国，硬币由财政部下属的美国铸币局铸造，由美国财政部发行。各家联邦储备银行从财政部按面额购买硬币，如此形成了美联储的现金资产。此时，美联储负债方的"政府存款"科目同时增加（第1步）（见表3-4）。显然，这部分资产并不构成货币供应量的组成部分。因为只有当硬币为居民持有，才被视为货币供应量的组成部分。各家联邦储备银行通过存款货币机构将硬币投入流通领域，以满足公众的需求。如何实现这一过程呢？商业银行从联邦储备银行提取硬币，其超额准备金下降，同时硬币增加。这反映为商业银行资产方的一增一减（第2步）。当公众提取硬币，商业银行资产负债表的资产与负债同时下降，硬币和公众存款同时下降（第3步）。综上所述，不同机构发行的硬币，其性质是不同的。对于中国人民银行来说，硬币是其负债；对于美联储而言，硬币是其资产。读者可以思考：纳入美国货币供应量统计的硬币规模该如何统计？

表 3-4 美元硬币的投放

美联储资产负债表				商业银行资产负债表			
资产		负债		资产		负债	
财政部硬币	+（1）	政府存款	+（1）	财政部硬币	+（2）	公众存款	-（3）
	-（2）	超额准备金	-（2）		-（3）		
				超额准备金	-（2）		

注：（1）联邦储备银行向财政部购买硬币；（2）商业银行向联邦储备银行支取硬币；（3）客户向商业银行支取硬币。

3.5.1 财政部发行纸币的机制

从历史发展顺序来看，财政部发行的纸币要早于中央银行发行的纸币。这两类机构都发行过以黄金或白银为主要材质的本位币（铸币）和以贱金属为主要材质的硬辅币，也发行过纸质的信用货币。官方部门（财政部）发行的纸币流通机制是怎样的呢？

政府发行的纸币是通过财政支出渠道进入流通领域的。政府（财政部）发行纸币，往往是在政府财政收支出现赤字的背景下，在这一阶段现代意义上的中央银行还没有诞生，现代意义上的政府发债机制也未形成⊖，因此政府的收支预算恒等式如下：

$$G = T + \Delta CU$$

其中，G 表示本期政府支出（包括政府的购买支出和转移支出），T 表示本期政府的税收收入，ΔCU 表示政府在本期直接新发行的纸币。在财政收不抵支的情况下，政府通过发行纸币来弥补收支缺口。在财政收支出现盈余的情况下，从余额来看，政府发行的纸币余额会下降；从流量来看，当年应该出现纸币回笼。

那么，财政部纸币投放和回笼渠道有哪些呢？简单地说，纸币通过财政支出渠道进行投放，通过财政收入渠道回笼。千家驹和郭彦岗（2005：249）认为，政府发行纸币的回笼渠道包括租赋关税、盐铁酒茶专卖、进奉纳贡等方式。以咸丰三年开始发行的官票与宝钞为例，清政府就规定缴纳地丁、钱粮、盐课、关税及一切款项后才可以使用（当然，事实上是否如此是另外一回事）。

在理想状态下，政府（有时就是财政部）发行货币能否实现物价稳定呢？当然可以，这需要当年财政收支缺口额小于或等于社会合理的货币流通量增加额（见表3-5）。然而，从历史经验来看，古今中外的政府都有扩大财政开支的倾向，在财政收入一定的情况下，财政收支缺口不断扩大，政府只有通过发行纸币来弥补收支缺口。结果往往是发行规模超过社会经济发展所需要的现钞规模，发行的现钞不断贬值，通货膨胀率不断高涨。

表 3-5 政府发行纸币时的预算收支平衡表

支 出		收 入	
财政支出	+	税收收入	+
		大明宝钞	+

专栏 3-8

咸丰朝的货币改革家王茂荫

咸丰朝之所以发行官票和宝钞，其背景是太平天国运动爆发之后，清政府的军费开支大幅增加，财政赤字增加。如何解决财政危机呢？群臣纷纷给出了各种建议，如减俸减饷、开捐例、铸大钱、行钞币、设厘金等。王茂荫（1798—1865），安徽歙县人，是马克思《资本论》中提到的680多位世界各国人物中唯一一位中国人。他出生于清嘉庆三年，出任京官前后达30年，历经道光、咸丰、同治三朝，曾经是负责清政府财政货币事务的高级官员。他为官清廉，两袖清风，不携眷属随任，独居京城歙县会馆，以直言敢谏闻名（张成权，2005）。王茂荫在咸丰元年（1851年）九月初二任陕西道监察御史的时候，给咸丰皇帝递交一份奏折——《奏请行钞并胪陈钞法十条折》，以"先求无累于民，后求有益于国"为出发点，主张发行定额10万银两的纸币，

⊖ 最早的国债可以追溯到12世纪的意大利。当时的威尼斯城市国家以对盐的垄断权做担保首次发行了国债。这种制度在西欧逐步推广。以后，政府债务演变成各种期限的公债乃至永久公债（张宇燕、高程，2004）。

以应军用、河工急需。换言之，他当时第一个提出了通过发行钞币来缓和财政危机的建议。其政策建议十分谨慎，既有发行上限，又有兑换现银的承诺，这份奏折使他登上了咸丰时期危机重重的财政舞台，并以主张发行纸币而名垂青史，至今仍然被人们视为货币改革家。

尽管清政府没有采纳王茂荫的建议，但是这拉开了咸丰年间币制改革的大幕。定鼎中原以来，清政府对于明朝发行大明宝钞的失败教训记忆深刻，除了顺治八年至十八年因为财政困难发行过钞票之外，从顺治十八年至咸丰二年（1661～1852年）的192年间，清政府一直避免通过发行纸币的方式解决财政收支问题。但是，随着财政状况的恶化，发行钞币的方案不得不提上议事日程。王茂荫深知发行钞币有可能带来诸多问题，因此提出了防止流弊的几点建议。一是钞币只是用以辅助金属铸币之不足，而不是代替金属铸币。钞币发行后，金属铸币不但不可以退出流通，而且要若干倍于钞币的数量，金属铸币和钞币同时流通。二是约束钞币的发行规模，必须有个"定数"。王茂荫认为，"钞无定数，则出之不穷似为大利，不知出愈多，值愈贱"。三是所发行的钞币必须是可以随时兑取现银现钱的，这种可兑换制度是对钞币发行的约束。王茂荫提出的上述防范措施并没有得到清政府的采纳。

咸丰三年（1853年）十一月初三日，王茂荫被提升为户部右侍郎兼管钱法堂事务，成为清政府主管财政货币事务的官员之一。同月二十一日，王茂荫上书《论行大钱折》，坚决反对"铸大钱"。咸丰四年（1854年）三月初五日，他再向咸丰皇帝上书《条陈钞法窒碍难行折》，"现行官票宝钞，虽非臣原拟之法，而言钞实由臣始"。其背景是官票、宝钞发行过滥导致了严重的通货膨胀，这使得首次提出发行钞币的王茂荫倍感压力。他在奏折中提出了四条补救措施，分别是"拟令钱钞可以取钱""拟令银票并可取银""拟令各项店铺用钞可以易银""拟令典铺出入均准搭钞"。最后自请严加议处。这四项措施的实质就是主张将不兑现的官票、宝钞改为可兑现的官票、宝钞。咸丰看了这个奏折之后，大发雷霆，下谕内阁："王茂荫由户部员司经朕洊擢侍郎，宜如何任劳任怨，筹计万全，乃于钞法初行之时，先不能和衷共济，止知以专利商贾之词率行渎奏，竟置国事于不问，殊属不知大体。复自请严议以谢天下，尤属胆大。如是欺罔，岂能逃朕洞鉴耶？王茂荫著传旨严行申饬。"王茂荫的直言进谏触怒了咸丰皇帝，他担任户部右侍郎仅仅四个月，就被调离了户部去兵部担任右侍郎。从此，他失去了在货币问题上的发言权。

在中国货币理论史上，王茂荫如此具有影响力，和马克思在《资本论》中对他的提及有密切关系。中文版的《资本论》（1975，人民出版社）在第83号脚注写道："清朝户部右侍郎王茂荫向天子上了一个奏折，主张暗将官票宝钞改为可兑现的钞票。在1854年4月的大臣审议报告中，他受到严厉申斥。他是否因此受到笞刑，不得而知。审议报告最后说：'臣等详阅所奏……所论专利商而不利于国。'（《帝俄驻北京公使馆关于中国的著述》，卡尔－阿伯尔博士和阿－梅克伦堡译自俄文，1958年柏林版第1卷第54页）……"

马克思在《资本论》中提到了王茂荫受到咸丰皇帝申饬这件事，因为当时驻北京的俄罗斯使节将这件事写进了《帝俄驻北京公使馆关于中国的著述》一书中。1858年该书（俄文版）被德国人卡尔·阿伯尔博士和阿·梅克伦堡译成德文版发行，马克思读到了这本书，并在《资本论》中提到了该事。根据孟氧著的《〈资本论〉历史典据注释》（2005年版，中国人民大学出版社）第188页的著述，清代军机处档案里的原文如下："咸丰四年三月初八日和硕恭亲王奕䜣等谨奏：为遵旨核议王茂荫条陈钞法不可行折。"在奏折结尾处写道："臣等详阅所奏，尽属有利于商，而无益于饷；且该侍郎系原议行钞之人，所论专利商而不便于国，殊属不知大体，所奏均不可行。"马克思在《资本论》中认为，从货币的流通手段职能中产生了国家强制性纸币，从货币的支付手段职能中产生了信用货币。马克思在《1857—1858年经济学手稿》中就这样说过："如果纸币以金银命名，这就说明它应该能换成它所代表的金银的数量，不管它在法律上是否可以兑现。一旦纸币不再是这样，它就会贬值。"他甚至说："只要纸币以某种金属（一般是一种）本位命名，纸币的兑现就成为经济规律。"

王茂荫的货币改革建议在当时具有很强的前瞻性，也是符合货币流通规律的。然而，清政府并没有采纳王茂荫的正确意见。通货膨胀的恶果让清政府认识到无限制发行官票、宝钞只是饮鸩止渴，到后来清政府命令户部及各省收回和撤销所发行的官票、宝钞。

3.5.2 中央银行发行纸币的机制及其约束制度

从金融机构发行货币（现钞）的历史进程来看，最早是商业银行的自由发行模式，之后过渡到了集中发行模式，也就是中央银行制度模式。不论是在何种发行制度下，纸质的银行券进入流通领域都是经过信贷机制实现的。所谓信贷机制，就是有借有还的机制。以私人银行发行银行券为例（体现为私人银行负债规模的增加），本质上是源于其对客户大规模的信贷投放（体现为私人银行资产规模的增加），此即为银行券进入流通领域的过程。其业务流程体现为发钞行资产负债表资产方的信贷资产增加，负债方的客户存款同时增加（见表3-6中的业务1）；当客户向私人银行提取存款时，私人银行给付的是本行承诺兑付的银行券，银行券便流通到社会上（见表3-6中的业务2）。如果信贷超额投放，整个经济就会出现通货膨胀，银行券贬值，银行券的持有者为避免通胀风险，将手中的银行券向发钞行兑现黄金或者白银（见表3-6中的业务3）。此即为银行券的回笼过程，也是银行券退出流通领域的过程。如果私人银行的库存黄金/白银实物不足以支持其客户来兑付的银行券规模，这种挤兑将导致私人银行破产，形成银行危机。持有这种银行券的经济主体将由于发钞行的破产而变得一贫如洗。整个社会恰恰是通过银行破产这种破坏性的方式强制减少流通中的银行券规模，使得其价值重新趋于稳定，直到下一次危机的到来。即使该发钞行最终可以抵御住这种集中兑付，也会因为资产下降导致流通中的银行券大幅下降，即发钞行资产负债表资产与负债的同时收缩。

表 3-6　私人银行信贷膨胀及其货币发行

资　　产		负　　债	
黄金 / 白银	−20（3）	银行券发行	+30（2）
对客户的信贷	+100（1）		−20（3）
		客户存款	+100（1）
			−30（2）

注：（1）私人银行向客户提供融资 100 元；（2）客户支取银行券 30 元；（3）客户持银行券兑现黄金 20 元。如果私人银行的黄金 / 白银不足 20 元，且无法收回"对客户的信贷"，私人银行将面临破产的风险。

为了避免经济运行出现通货膨胀，各国政府先后对中央银行的现钞（银行券）发行采取了以下措施。

第一，现钞的发行准备问题。所谓现钞的发行准备制度，就是发行银行有义务保证将银行券按事先的约定价格兑现为黄金或白银等贵金属。从资产负债表的角度来理解发行准备制度，就是发钞行资产负债表负债方的银行券发行科目的余额与资产方的黄金 / 白银实物价值余额的比例关系必须维持在一定水平，不可能无限制地扩大。当然，也可以从新增银行券发行的角度来理解，即发钞行资产负债表负债方新增的银行券发行规模必须与资产方新增的黄金 / 白银实物价值规模保持一定的比例。如果该比例超出一定范围，有可能出现公众挤兑的风险。

在典型的金本位下，以市场上流通的美元现钞为例，令 P_g 表示每盎司黄金的美元价格。金本位下，中央银行有义务保证美元现钞与黄金的兑现价格 P_g（如每盎司 35 美元），令 M 为流通中美元现钞的数量，美元现钞的发行以黄金为发行准备，中央银行持有的黄金数量为 G_m，因此中央银行持有的货币性黄金价值为 $P_g G_m$，即每盎司黄金的美元价格 P_g 乘以中央银行持有的黄金储备量 G_m。在部分发行准备制度下，中央银行持有黄金储备（即货币性黄金）的美元价值与流通中的美元现钞价值 M 的比值为 λ（$P_g G_m/M$），λ 即为发行准备金率。如果 $\lambda<100\%$，比如说 30%，就是部分准备制。如果 $\lambda \geq 100\%$，就是货币局制度。简言之，不同形式的发行准备就是确定资产方的商品货币（黄金或者白银）、外汇等资产与负债方银行券的比例关系。

为什么要做这些规定呢？货币的发行权从政府的财政部转移到中央银行，虽然避免了政府财政赤字对货币发行的直接影响，但是仍然可能出现失控。具体途径是中央银行被强制要求对政府提供融资（不论是透支还是购买政府债券方式），这完全可能诱发通货膨胀。因此，规定银行券（发行银行的负债）与商品货币（发行银行的资产）的比例关系，可以约束银行券的发行规模。这实际上就是约束发钞行资产方的规模，进而对中央银行向政府的融资进行约束。一般来说，发钞行的准备金包括两大类：一类是商品货币准备（后来也被称为现金准备），另一类是证券准备。前者包括黄金、白银等商品货币（后来包括外汇等资产），后者主要包括政府债券等信用等级较高的债券。从发行准备的变化历史来看，各国的发行准备最初是以金银等商品货币作为发行准备，逐渐过渡到以政府债券等作为发行准备，到现在各国中央银行已经基本放弃了发行准备制度。以美联储为例，1913 年《联邦储备法》规定：对于联邦储备银行的存款类负债（准备金存款），需要保持不低于 35% 的黄金或法定货币（Lawful Money）作为准备金，对于流通中的联邦储备券（Federal

Reserve Notes），需要保持不少于 40% 的黄金作为准备金。1934 年《黄金储备法》仍然没有降低上述比率。1945 年，上述比率统一降至 25%。1965 年 3 月，取消了对各家联邦储备银行的存款（准备金存款）的 25% 黄金储备要求。1968 年 3 月，约翰逊总统签署法令，取消联邦储备券以及美国钞票和 1890 年财政部钞票（Treasury Notes of 1890）的黄金储备要求。现在联邦储备券的发行已经不受黄金储备要求的约束。

　　第二，实施银行券的可兑现制度，即规定银行券与商品货币可按事先确定的固定比价（如 1 盎司黄金 35 美元或者 1 美元的含金量为 0.888 671 克黄金）进行兑换。一旦发行机构现钞发行过多，经济主体意识到手持的银行券币值下降，则直接到货币发行机构进行兑现，其结果是发行机构负债方的银行券和资产方的黄金或白银同时下降。这会导致商品货币准备比率下降。一旦由于某种原因，爆发民众集中挤提兑现事件，导致发行银行倒闭，政府当局的这种货币制度就会崩溃。为了约束发行银行的资产膨胀，政府的措施之一就是采取现钞的可兑现制度。

　　第三，规定政府可以征收发行税。对于银行券的发行机构来说，银行券是一种无息负债，其资产均为有息资产，因此资产规模越大，发行机构的净利润就越大。发行机构就存在扩大发行现钞的冲动。负债额越高，资产额也就越高，实际上信用膨胀导致的通货膨胀压力就越大。为了抑制这种现象，政府按发行机构负债方的银行券余额或新增额进行征税，无形中就是增加发行机构的负债成本，抑制其发钞的冲动。中外历史上都曾经采取过这种做法。例如，1865 年美国政府规定对各州银行在 1866 年 7 月 1 日（后改为 1866 年 8 月 1 日）后发行的银行券都要征收 10% 的寓禁税（Prohibitory Tax），即高额税率。这使得钞票发行业务无利可图，许多州银行立即申请改为国民银行。也有许多州银行因为税率过高而关门歇业。征收寓禁税的做法实际上剥夺了州银行发行银行券的可能。因此也诞生了一句著名的美国谚语："征税的权力是事关毁灭的权力。"（The power to tax involves the power to destroy.）在中国现钞发行的历史上，也有过征收发行税的做法。中华民国南京国民政府财政部在 1931 年 8 月 1 日就曾经颁布《银行兑换券发行税法》（1932 年 10 月 29 日修正公布），该法共十一条。⊖第一条就规定国民政府特许发行兑换券之银行，应依本法，完纳兑换券发行税。第二条规定兑换券发行税不分银圆券辅币券，一律完纳。第三条规定银行发行兑换券应具十足保证金，至少以六成为现金准备，余为保证准备。其现金准备部分免征发行税。第四条规定发行兑换券之银行必须按财政部规定的表格按旬填报发行数额及现金保证准备数额，以 12 个月平均额计算。第五条规定了兑换券发行税税率，依据实际保证准备数额，定为 1.25%。⊖第十条规定凡发行兑换券之银行，对于其他银行领用兑换券部分应纳之税金，一并缴纳，但得向领用银行收回之。当时南京国民政府规定省银行或地方银行领用中央银行兑换券，应照领用数额缴存六成现金准备、四成保证准备于中央银行。其中现金准备以现币及生金银充之，保证准备以财政部发行或保证之有价证券照市价折实充之。

　　⊖ 资料来源：中国人民银行总行参事室. 中华民国货币史资料（第二辑）[M]. 上海：上海人民出版社，1991，87.
　　⊖ 该税率最初定为 2.5%，后来不少有发钞资格的商业银行（如四明银行、中国实业银行、中国通商银行、浙江兴业银行、中国垦业银行、中国农工银行）向政府提出将税率降为 1.25%。

第四，银行券垄断发行制度。在银行券分散发行的状态下（自由发行时代），私人性质的商业银行纷纷实施信贷膨胀政策，以期获得利差收入。由此造成各家商业银行银行券的超额发行，引起流通中银行券的贬值。为了解决信贷膨胀的问题，政府将银行券的发行权单独授予一家银行——中央银行，由其垄断发行。各家商业银行的存款货币实现与中央银行发行的现钞兑现。

一国的现钞发行采取了上述制度，政府是否就能够控制通货膨胀呢？未必！进入现代社会之后，中央银行发行的现钞仅仅是整个社会广义货币供应量中很小的一部分。控制了现钞发行规模，未必一定能够控制整个社会的广义货币供应量规模。到现在，控制了货币供应量也未必能够保持物价稳定。因此，如果说控制现钞发行规模在中央银行制度诞生之初还非常关键的话，现在已经不再那么重要了。

专栏 3-9

历史上的发行准备制度

历史上许多国家采取过不同类型的准备制度，如部分准备制度（Fractional Reserve Banking）、百分百准备制（Full Reserve Banking）、最高准备制度等。其中，以 1844 年《英格兰银行特许法》最为著名。1844 年 7 月 29 日，英国议会通过其银行发展历史上非常重要的法案——《英格兰银行特许法》。因为保守派的罗伯特·皮尔爵士时任英国首相，所以该法又称为《皮尔银行业法》（Peel Banking Act of 1844），国内多译为《皮尔条例》。该法案的通过标志着通货学派的胜利。通货学派继承了与此前金块论者的观点，认为银行券的发行应该有商品货币（黄金、白银）作为准备，强调过多现钞的发行会带来通货膨胀。其代表人物有诺尔曼（G. W. Norman）、托伦斯（R. Torrens）以及首相皮尔。与通货学派针锋相对的银行学派继承了反金块论者的观点，其代表人物有托马斯·图克（Thomas Tooke）、约翰·富尔顿（John Fullarton）、詹姆斯·威尔逊（James Wilson）等，他们反对《英格兰银行特许法》，认为"只要能够维持流通中的现钞与商品货币的兑现，流通中的现钞数量就会因为各家发钞行之间的竞争而受到约束"。

《英格兰银行特许法》主要内容如下。（1）自 1844 年 8 月 31 日起，英格兰银行发行钞票业务和普通银行业务分离，分别设立发行部（Issue Department）和银行部（Banking Department）。发行部只负责发行钞票及其相关业务，并履行政府的财政代理人职责，管理全国的债务。银行部只对股东负责，经营商业银行的各项业务，和其他商业银行形成业务竞争，以延续英格兰银行民间和私人机构的地位。（2）发行部获准发行最高限额为 1 400 万英镑的银行券，全部以政府债券作为发行准备。超过此限额的银行券发行必须有足额的贵金属作为准备，如黄金、白银，而且以白银作为准备不得超过发行准备的 1/4，后世的经济学家把这个制度称为固定额度的信用发行准备制度（Fixed Fiduciary Issue System）⊖。（3）将银行券的发行权集中赋予英格兰银行，在

⊖ 信用发行（Fiduciary Issue）是指发行银行发行的银行券，没有商品货币作为支持。在历史上，信用货币（Fiduciary Currency）有过多种发行准备，整体的趋势是从完全的商品货币准备到部分的商品货币准备，最后过渡到完全没有商品货币作为准备。

1844 年 5 月 6 日之前已获得银行券发行资格的其他银行，其发行额不得超过 1844 年 4 月 27 日前 12 周的平均数。之前已获得银行券发行资格的银行，若发生破产、倒闭和合并，该银行的发行额度转移给英格兰银行，同时英格兰银行增加的发行额度不得超过原发行银行额度的 2/3。（4）不批准新的发行银行。《英格兰银行特许法》不仅确定了英格兰银行在英国作为发行银行的地位，而且对后来各国中央银行制度的建立和银行券的发行准备制度产生了深远的影响。

此外，法国曾经采取最高发行准备制度，即在 1848 年规定法兰西银行发行的银行券最高规模为 3.5 亿法国法郎，对于其中的现金准备和保证准备的比例并无明确规定。美联储曾经实施比例准备制度，即规定银行券的发行额须有一定比例的商品货币准备。德国 1875 年还曾经实施过伸缩限制制度，即政府规定银行券的信用发行上限额度，经政府批准后，可以超额发行银行券，但是超额发行的部分须缴纳一定的发行税。不论何种比例的发行准备制度，都以黄金、白银作为发行准备，其作用都是约束货币（现钞）的过量发行，避免发行银行形成信用膨胀。此外，政府向发行银行征收发行税，其目的也是抑制发行银行的信用膨胀。

以黄金、白银等作为发行准备，也有其不利之处。当经济运行出现通货紧缩时，发行银行必须降低发行准备的比率，才能扩大货币（现钞）发行，避免通货紧缩。但是，由于受制于发行准备的法律约束，或者因为银行券兑付导致发行银行的黄金、白银储备流失，面对通货紧缩，发行银行往往无法自主扩大银行券的发行规模，以避免危机的发生。1929～1933 年世界经济危机爆发之后，各国先后取消了本国银行券与黄金（白银）的可自由兑换，如英国、法国先后在 1931 年和 1939 年取消了银行券的黄金准备制度。这一做法在当时就是为了执行扩张性的货币政策。

在当前信用货币时代，各国中央银行对于银行券的发行不再有明确的发行规则（实施货币发行局制度的国家和地区除外）。一方面，中央银行发行的银行券只占整个货币供应量很小的一部分，货币供应量的绝大部分是商业银行发行的存款货币，因此即使控制了银行券的发行，不一定就可以有效控制广义货币供应量；另一方面，各国法律对中央银行都有明确的规定，中央银行的首要任务是保持物价稳定，实现这一目标主要依赖于货币政策工具的运用，而不是依靠中央银行货币发行的准备制度。

3.5.3 不同官方机构发行纸币的差异

一般认为，纸币是不足值的货币，也是信用货币。不论是财政部还是中央银行发行的纸质货币，都属于信用货币。也不论是金属货币时代的大明宝钞还是交子，抑或是美国南北战争时期发行的绿背钞票，或者当下中国人民银行发行的人民币，都属于信用货币，也有学者称之为债务货币。这种信用货币有如下特点。

第一，信用货币是发行机构的负债，是持有者的资产。信用货币只要进入流通，它就会在发行者和持有者双方的资产负债表上进行反映。

第二，不论是财政部还是中央银行发行的信用货币，都是官方机构发行的，都是根据本国政府相关法律发行的，因此这类货币又被称为法令货币（Fiat Money）。也不论其材质是纸质的还是塑料的，抑或是电子的，官方发行的货币都具有这个性质。

除了上述共同点之外，财政部发行的信用货币与中央银行（私人银行）发行的银行券有何差异呢？在性质上又有什么异同点呢？什么特征可以作为划分两者差异的主要标志？综合来看，**两者具有如下相似点。**

第一，无法从币材的角度进行区分。从币材角度看，我们无法区分私人部门与官方部门（财政部）发行的纸质货币，如交子是纸质的，大明宝钞也是纸质的。在现实经济生活中，它们都可以发挥流通手段、支付手段的职能。这同时也从性质上决定了，不论哪个部门发行的纸币，都是不足值的货币。

第二，无法从可兑现黄金（白银）的角度进行区分。在历史上，私人部门发行的纸币不乏信用记录非常好的，如山西票号鼎盛时期发行的银票。也有私人银行发行的信用记录非常糟糕的现钞，如美国历史上众多野猫银行发行的银行券。官方部门（财政部）发行的纸币，在历史上有完全可兑现的，如美国政府发行的银证券（Silver Certificate），也有为弥补财政赤字发行的不可兑现的纸币，如美国的绿背钞票。还有名义上可兑换，实际上不可兑换的，如清政府发行的官票、宝钞。

财政部发行的纸币和中央银行发行的纸币，其差异主要表现为发行和回笼机制不同。 私人银行发行的纸币，是通过信用渠道进入流通领域的，这种流通机制与现代社会商业银行的存款货币进入流通领域基本上没有差异。这种纸币还存在回流机制，即当借款人归还贷款，私人银行发行机构资产负债表的资产与负债同时会出现下降。中央银行发行货币的原理也是如此。对于中央银行来说，货币发行（负债）的增加，必然伴随着某项资产的增加，如央行持有的国债或外汇储备增加。

财政部纸币的发行和回笼机制是通过财政支出渠道（政府购买）和财政收入渠道（如税收收入、债务发行）实现的。因此，在中央银行垄断现钞发行之前，甚至在私人性质的商业银行发行银行券之前，财政部为了弥补财政赤字，选择发行纸币是收支不平衡情况下的无奈之举。伴随着赤字规模的不断扩大，这种纸币的币值必然不断下跌，由于财政部发行的纸币具有法偿性质，因此纸币币值的下跌就意味着全社会的通货膨胀。正是由于政府财政发行纸币造成通货膨胀的可能性非常大，且无法对发行的纸币发行形成自我的制度约束机制，所以需要将现钞的垄断发行权赋予独立性较强的另一个机构，这就是后来的中央银行。

专栏 3-10

财政发行和经济发行

过去在谈到货币发行时，不少教材常常会将其分为财政发行和经济发行两种。所谓财政发行，就是通过发行货币来弥补财政收支缺口的货币发行方式。从历史上来看，货币的财政发行往往与通货膨胀联系在一起。所谓经济发行，又称信贷发行（信用发行），是指为了适应生产发展和商品流转扩大的需要，通过信贷渠道有计划的货币发行。这种货币发行适应于经济发展的需要，不会导致通货膨胀。是不是说造成了通货膨胀的就是财政发行，没有造成通货膨胀的就是经济发行呢？或者是中央银行对政府财政赤字进行了融资就是财政发行，否则就是经济发行呢？

以财政发行为例，如果新发行的现钞超过了社会对新钞的需求，造成了通货膨胀。按传统观点，这可以视为财政发行。如果新钞发行规模恰恰等于或者小于社会对新钞的需求量，整个经济运行并未出现通货膨胀，我们还可以称之为财政发行吗？

令 MB 为基础货币（央行负债），暂不考虑央行的资本金，FE 为外汇储备（央行资产），DC 为国内信贷（央行资产）。如前所述，国内信贷包括央行对中央政府、金融机构的各项融资。根据资产负债表原理，$MB=FE+DC$。从增量的角度来看，则有 $\Delta MB=\Delta FE+\Delta DC$。假定央行资产方仅有国内信贷科目，且国内信贷仅仅为央行对中央政府的融资（$\Delta FE=0$，$\Delta MB=\Delta DC$）。如果经济出现了通货膨胀，这当然是财政发行；如果经济中并没有出现通货膨胀，我们是否该视之为财政发行？如果 $\Delta DC=0$，$\Delta MB=\Delta FE$，即由于中央银行外汇储备的增加导致基础货币增加，并且经济运行出现了通货膨胀，我们是否该判定其为经济发行？显然，将货币发行的渠道与通货膨胀挂钩并不合适，同时，我们也不能将货币发行的后果与发行方式挂钩。简言之，财政发行仅仅是中央银行注入货币的渠道之一，与是否引起通货膨胀没有必然联系。通货膨胀的出现与中央银行资产规模膨胀有关，而与渠道无关。

3.6　人民币（现钞）是如何发行出来的

中国人民银行在货币（现钞）发行过程中，通常会涉及发行库和发行基金的概念。所谓发行库，就是中国人民银行代国家保管待发行货币的金库。发行基金则是中国人民银行代国家保管的待发行货币，是调节市场货币流通的准备基金。发行基金同时也是存放在发行库中的人民币。与发行库相对应的是业务库。业务库是商业银行基层网点为办理日常现金收付业务而建立的金库。发行库和业务库同样都存有人民币现钞，却有所差异。

以中央银行资产负债表来说明，发行库中的人民币现钞（发行基金）没有反映在中央银行资产负债表当中，即使发行库中的人民币现钞再多，也与货币供应量无关，既不是中央银行的负债，更不是中央银行的资产。业务库中的人民币现钞反映在中央银行资产负债表中负债方的库存现金科目下，但不属于流通中的现金。业务库中的人民币现钞是中央银行的负债，同时是商业银行等持有者的资产。

当商业银行向中央银行缴存现金，也就是人民币现钞从业务库向发行库转移，这就是现金回笼（常常也称为"货币回笼"）。对于中央银行资产负债表的负债方而言，库存现金下降，超额准备金上升。对于中央银行的现金发行来说，这意味着现金发行额（存量）的下降。当商业银行向中央银行提取现金，也就是人民币现钞从发行库向业务库转移，这就是现金发行（常常也称为"货币发行"），在中央银行资产负债表的负债方表现为库存现金上升，超额准备金下降。对中央银行的现金发行而言，这意味着现金发行额（货币发行额）的上升。

中央银行是如何发行货币的呢？从业务程序上来看，中央银行一般不直接和企业、居民发生业务往来，中央银行的现钞是通过商业银行间接地发行到其手中的。从中央银行的角度来看，货币发行科目余额的增加（假定其他科目不变）有两种情况：第一种情况是资产的增加，这对应的资产既可以是国外资产业务（如收购外汇储备），也可以是国内资产业务（如向金融机构提供紧急融资）；第二种情况是负债方其他科目的等额下降，如超额准备金科目的下降。

第一种情况发生时，比如中央银行收购外汇储备（资产方增加），其他存款性公司（即商业银行）在央行的超额准备金增加（负债增加），不可能出现货币发行科目的增加。第二种情况出现的结果是中央银行负债方的一增一减，即超额准备金下降，货币发行增加。如此现钞进入流通领域。因此，中央银行的货币发行是以上两个环节的统一。从业务的先后程序上看，资产业务在前，货币发行业务在后。因为不论中央银行采取何种业务，都将直接增加商业银行在中央银行的存款（超额准备金）。当国内企业与居民向其开户行提取现金时，商业银行必须先向中央银行提取现金（超额准备金下降，库存现金增加），然后向客户支付现金（库存现金下降，储蓄存款下降），如此现金就进入流通领域了（例见表3-7）。如果商业银行的超额准备金余额低于民众向商业银行的提现额，商业银行如何处理呢？在这种情况下，中央银行就必须事先向商业银行提供贷款，使得商业银行的超额准备金能够满足客户的提现额，或者是中央银行通过买入外汇储备的方式使得商业银行的超额准备金增加，之后商业银行才能实现提现的过程。简言之，中央银行资产业务的发生才会最终导致货币（现钞）的发行。居民之所以能够手持现钞，一定是中央银行资产业务发生在前，只是这一业务没有被民众关注到而已。

表 3-7　中央银行现钞进入流通领域的程序　　　　　　　（单位：万元）

中央银行资产负债表				商业银行资产负债表			
资　产		负　债		资　产		负　债	
外汇储备	100（1）	库存现金	20（2）	外汇资产	-100（1）	储蓄存款	-20（3）
			-20（3）	超额准备金	100（1）		
		流通中现金	20（3）		-20（2）		
		超额准备金	100（1）	库存现金	20（2）		
			-20（2）		-20（3）		

注：(1) 中央银行向商业银行买进100万元外汇资产；(2) 商业银行向中央银行提现20万元；(3) 客户以现金方式支取储蓄存款20万元。

简言之，中央银行的现钞发行必然是源于中央银行资产业务。只有资产规模的扩大，才会导致现钞发行规模的增加。

有的中央银行并不印制钞票，如美联储，但为什么在现实生活中还有中央银行"印钞票"（printing money）这种说法？在美国，美元纸币和硬币由财政部下属的美国印钞局（Bureau of Engraving and Printing）和美国铸币局（United States Mint）负责生产和制造，美联储对此并不负责。"印钞票"这一说法是指中央银行通过大量发行现钞为联邦政府的财政赤字提供永久性的融资。尽管美联储购买政府债券并不涉及印钞票，但是美联储持有的政府债券增加会伴随着商业银行体系准备金的增加。商业银行通过提现，美元现钞就会进入流通领域。

3.7 本章小结

在计算机和互联网出现之前，人类社会的货币主要有两类，即纸币和硬币。硬币的问世要早于纸币的诞生。人类社会最早的纸币始于中国的交子。纸币之所以诞生，从技术上看，源于造纸术和印刷术的成熟；从经济上看，源于社会经济发展到一定程度对便于携带的流通手段的需求。按时间顺序，本章分别介绍了中国历史上典型的硬币和纸币。

在现代社会，中央银行履行发行货币的职能。中央银行发行的货币，通常又被称为现钞（过去常常称为"银行券"），是社会公众进行小额交易的最为主要的流通手段和支付媒介。从历史沿革来看，货币从足值货币过渡到不足值的信用货币，从商品货币过渡到纸质货币、塑料货币甚至是电子货币。货币的材质既有纸质的，也有塑料的，还有电子的。

以纸质货币为例，我们无法从材质上对财政部发行的纸币和中央银行发行的纸币进行区分。从时间顺序来看，政府（财政部）发行的纸币要早于中央银行发行的纸币。这两者的差异体现为货币的发行和回笼机制。财政部发行货币是基于财政收支机制，商业银行（中央银行）发行货币是基于信贷机制。由于政府有扩大财政支出的倾向，财政部发行纸币天然存在通货膨胀的倾向。为了避免信用货币的贬值和通货膨胀的出现，货币发行从自由银行制度逐渐过渡到了中央银行制度，各国政府先后将货币的垄断发行权赋予中央银行。然而，中央银行也不是天然地就能够规避通货膨胀的出现，而是需要建立一整套的约束制度。具体来说，包括银行券的发行准备问题、实施银行券的可兑现制度、规定政府可以征收发行税以及银行券垄断发行制度。

银行券在不同的经济主体手上，其性质就不同。如果人民币现钞在中央银行的发行库中，属于中国人民银行的发行基金，不在中国人民银行的资产负债表中反映。如果人民币现钞在商业银行的业务库中，它属于商业银行的资产（库存现金），中国人民银行的负债（货币发行的一部分），属于基础货币的范围，但是不纳入货币供应量的统计。如果人民币现钞在普通民众手中，它属于国内经济主体的资产，中国人民银行的负债（流通中现金），属于基础货币的范畴，同时纳入狭义货币供应量 M_0 的统计。

纵观世界各国中央银行，不少中央银行并不承担印制钞票的职能，但为什么老百姓在日常生活中有中央银行"印钞票"的说法？中央银行的货币发行本质上源于中央银行资产规模的扩大，与谁印制钞票没有关系。通货膨胀的出现，与中央银行资产规模有关，与中央银行资产规模扩大的渠道无关。从业务流程来看，人民币是如何流通到老百姓手中的呢？中央银行的现钞发行必然是源于中央银行资产业务。只有中央银行资产规模的扩大，才会导致现钞发行规模的增加。

第 4 章 · CHAPTER4

中央银行的职能之二：政府的银行

如前所述，中央银行制度是各国经济发展到一定阶段才出现的。从发展顺序来看，各国政府财政部要早于中央银行出现。中央银行制度出现之后，各国政府不仅逐步将财政收支管理职能转移给中央银行，而且将债务收支管理、国库现金管理、国债收益率管理等职能也转移给中央银行。从目前来看，中央银行发挥了"政府的银行"这一职能，这可以从中央银行资产负债表的主要科目中体现出来。例如，从资产方来看，中央银行会向政府提供各种形式的融资；从负债方来看，政府存款是其主要科目，中央银行承担着代理财政收付的重要工作；从权益方来看，在不少国家，中央银行由政府（财政部）出资，政府是中央银行最主要的股东（或股东之一）。此外，实施金融监管、保持金融稳定不仅仅是中央银行的职责，不少国家的财政部也履行这一职能，尤其是2008年金融危机爆发之后，各国多头监管、分散监管的模式已经不合时宜，新的监管模式正在探索之中。中央银行还代表政府管理外汇储备，干预外汇市场，参与国际金融事务。

4.1 向政府提供融资

从资产业务来看，中央银行向政府提供各种形式的融资，如透支、借款和购买债券等，即中央银行拥有对政府的求偿权。从资产的安全性来看，由于政府较普通公司的信用等级更高，因此中央银行购买政府债券可以最大限度地规避违约风险。中央银行购买政府债券是否会带来通货膨胀风险呢？在现代社会，各国中央银行法通常规定：中央银行不得为政府直接提供融资；中央银行的首要目标是保持物价稳定。这是从手段和目标两个方面实现中央银行避免通货膨胀风险的举措（见表4-1）。

中央银行不得为政府直接提供融资，主要是指中央银行不得在一级市场购买政府债券，但是可以在二级市场自主买卖政府债券。因此，在中央银行的资产负债表上，我们仍然可以发现中央银行持有的国债资产规模不断扩大。中央银行在一级市场上买进政府债券是否就必然会导致通货膨胀呢？中央银行在二级市场上买进政府债券是否就必然不会导致通货膨胀呢？如果中央银行在一级市场上买入政府债券的数量没有超出合理规模，未必会引发通货膨胀。如果中央银行在二级市场买入政府债券的数量超出了合理规模，同样可能引发通货膨胀。但是，为何各国政府均强调中央银行在二级市场操作的自主性呢？这是为了保证中央银行的独立性和自主权。

表4-1 中央银行在不同的金融市场买入政府债券对流动性的影响

中央银行资产负债表（一级市场）		中央银行资产负债表（二级市场）	
资 产	负 债	资 产	负 债
政府债券 +（1）	超额准备金 +（2） 政府存款 +（1） －（2）	政府债券 +（3）	超额准备金 +（3）

注：在表中，（1）中央银行在一级市场买入政府债券；（2）政府动用存款（政府支出）导致超额准备金增加；（3）中央银行在二级市场自商业银行买入政府债券。

专栏4-1

部分中央银行已经介入股票买卖

一般来说，中央银行很少在股票市场上直接买卖股票，这主要是因为股市风险太大。然而，为了解决长期威胁国内经济的通货紧缩问题，日本银行采取的措施日益激进。根据2019年4月24日《日本经济新闻》网站的报道：日本银行在2020年年底将超过公共养老金机构，成为日本持有股票资产规模最大的机构。日本银行每年购买约6万亿日元的ETF。伴随着股价上涨，2019年3月末日本银行持有的资产组合市值将达到28万亿日元，这将占东京股票交易所上市公司总市值的4.7%。自从黑田东彦于2013年3月就任行长以来，日本银行采取了大规模量化宽松的货币政策，大幅增加了ETF购买规模。尽管日本银行没有披露相关细节，但是买入ETF与买入股票没有实质性的差异，因为ETF是交易型开放式指数基金，代表了整个股市的变化。实际上早在2010年年底，为了刺激经济增长，提振市场信心，日本银行就已经开始购买ETF了。在此之前，日本银行也曾在2002～2003年和2009～2010年两度入市购股。

20世纪90年代是日本经济"失去的十年"。2002年9月初，日本股市已经跌至历史最低点。这不仅反映了日本经济的低迷状态，而且给主银行制度下的商业银行带来了巨大的冲击。由于银行持有不少企业的股票，且规模十分庞大，银行经营业绩与股市波动关系紧密，来自股票资产的价值波动令银行资本金频频吃紧。2002 年日本 13 家大银行的平均资本充足率（Capital Adequacy Ratio）接近《巴塞尔协议》规定的下限 8%。其中，主要银行持有的股票价值（按成本计）占其一级资本的比率一度超过 140%。后来，日本修改相关法律，要求商业银行到 2004 年 9 月为止应将超出自有资本部分的所持股票出售，因此减持股票成了日本商业银行面临的艰巨任务。然而，股市低迷使得银行抛售股票举步维艰。在此背景下，日本银行决定直接从商业银行手中收购上市公司的股票。2002 年 11 月至 2004 年 9 月间，日本银行共买入了 2 万多亿日元的股票。2008 年全球金融危机发生以后，股价暴跌让商业银行等金融机构所持股票的价值严重缩水，这导致其自身财务状况急剧恶化，于是商业银行惜贷心理严重。为了避免日本经济持续恶化，2009 年 2 月 3 日，日本银行再度宣布入市，以市价购买金融机构持有的股票，以确保金融体系保持稳定，防止惜贷现象蔓延。为了防止股市进一步下跌，日本银行还推出了规模庞大的资产购买计划，2010 年年底开始买入 ETF 正是该计划的一部分。日本银行投资国内股市的行为在世界范围内也是十分少见的。一般来说，中央银行应持有高等级且有利息的证券，而不宜大量持有价格波动幅度较大的证券。

近年来，受当前国际市场低利率的影响，全球肩负着管理国家外汇储备职责的中央银行开始在外汇投资组合中增加股票资产。官方货币与金融机构论坛（Official Monetary and Financial Institutions Forum，OMFIF）2014 年发布的《全球公共投资者》（Global Public Investor）报告指出，"部分央行投资者已变成全球股市的主要参与者"。来自 162 个国家的 400 个公共部门机构持有包括黄金在内的 29.1 万亿美元的市场投资额。其中，由中国人民银行管理的国家外汇管理局成为"全球最大的公共部门股票持有者"；2013 年年末，瑞士央行有 15% 的外汇资产（720 亿美元）投资于股票；挪威、韩国、意大利、丹麦、波兰、以色列等国也在大力推进以外汇储备增持股票的多元化投资策略。各国不断增加的外汇储备既带来了外汇储备红利，也增加了外汇储备资产的管理风险。如何在确保安全性的前提下提高外汇储备资产的收益，已经成为各国外汇储备管理面临的越来越大的挑战，包括股票在内的更加多元化的资产配置方案自然成为中央银行的备选方案。

4.2 管理政府债券

什么是政府债券？简言之，政府债券就是各级政府（既包括中央政府，又包括地方政府）发行的各类债券。从期限来看，可以分为短期、中期和长期债券。以美国国债（Treasury Securities）为例，通常包括短期国债（Treasury Bill）、中期国债（Treasury Note）、长期国债（Treasury Bond）以及财政部抗通胀型长期国债（Treasury Inflation Protected Securities，TIPS）。短期国债是美国财政部发行的 1 年期以内的债券；中期国债是美国财政部发行的 1～10 年期的债券；长期国债是美国财政部发行的 10 年期以上的债券。美国国债又被称为可交易债券（Marketable Treasury Securities），其流动性较高，存在着活跃的二级市场。此外，还有不可交易的美国国债（Non-Marketable Securities），如储蓄债券（Savings Bonds），这些债券直接向认购者发行。中央银行管理政府债券，深刻地影响了政府债券的属性。一般来说，政府债券具有以下三个属性。

第一，政府部门的融资工具（融资属性）。政府债券的发行最初是为了弥补政府财政收支的缺口。因此，政府财政赤字规模的大小很大程度上决定了其政府债券的发行规模。与私人部门的债务相比，政府债券以政府信用为担保，其安全性和流动性更高，收益率相对更低。可以说，发行政府债券最初主要是因为其具有公共部门的融资属性。在现代社会，政府如果实现了预算平衡，是否就不需要发行政府债券了呢？实际上，即使政府能够实现预算的年度平衡，但是其预算收入与预算支出在时间上并不匹配。比如，为了解决这种临时性的收支不平衡，美国政府就会发行一种比短期国债期限更短的政府债券（通常在1个月以内），也就是现金管理券（Cash Management Bill）。现金管理券的发行方式和发行条件更为灵活，也不需要提前公布发行计划。如果政府预算出现盈余，是否需要发行政府债券呢？这就涉及政府债券的第二个属性。

第二，宏观调控的工具（调控属性）。中央银行通过买卖政府债券的方式（即公开市场操作）进行银行体系的流动性调控，这是当前中央银行的三大货币政策工具之一。中央银行通过买卖政府债券，调控银行同业拆借市场利率或银行体系的超额准备金规模，以实现宏观金融调控的目标。从中央银行选择买卖的债券来看，政府债券通常是首选，而不是私人部门发行的债券。为什么中央银行不选择私人部门的债券呢？如果中央银行选择私人部门的债券，就存在中央银行为特定的私人部门债券背书的嫌疑，不利于私人部门之间的公平竞争。在政府预算保持盈余的情况下，政府是否就不需要发行政府债券呢？如果政府终止发行国债，中央银行的国债资产将会伴随着国债到期而逐渐减少，中央银行也就无法通过买卖政府债券来实施公开市场操作。政府通过有计划地发行政府债券，可以满足中央银行宏观调控的需要，一方面在长期内满足全社会对流动性增长的需要，另一方面在短期内通过买卖国债增减流动性。

第三，基础性的金融工具（价格发现属性）。众所周知，政府债券由于其安全性和流动性高，所以成为私人部门债券和金融衍生品定价的基准。例如，美国政府3个月期的短期国债是全球金融市场短期资金的风向标，美国政府10年期国债的利率水平就是全球金融市场上长期债券利率定价的基础性指标，具有很强的价格发现功能。中央银行通过买卖不同期限的政府债券，进而改变政府债券的收益率曲线水平。例如，在2008年的全球金融危机当中，美联储还采取了扭转操作，即提高短期利率水平，降低长期利率水平，从而改变收益率曲线的趋势性水平。

4.3 管理政府存款（国库现金管理）

从负债业务来看，中央银行制度发展到现在，各国中央银行通常作为政府的代理银行（Fiscal Agents），履行政府财政收付的职能。从财政收入的角度看，政府将其税收收入、非税收入以及国债收入等各项收入划入其在中央银行的存款户内；从财政支出的角度看，政府将其购买支出、转移支付等各项支出通过中央银行的存款户划出。因此，中央银行的负债方都有一个科目——政府存款。居民和企业通常在各家商业银行开户，其向政府缴纳的各种税金，以及各级政府对其实施的购买支出、转移支付，都通过商业银行代理进行，因此财政收支将直接影响超额准备金账户的余额。

越来越多的国家采取国库单一账户制度（Treasury Single Account System，TSAS）来管理财政收支，这实际上是财政部门的资金管理制度和账户管理制度。具体来说，所有的财政资金全部进入财政部在中央银行开立的账户中，所有的财政资金全部从该账户支出（避免分头开户），从而提高财政资金的使用效率，加强对财政资金的有效监管。对于滞留在中央银行账户里的国库资金，在保证安全性和流动性的基础上，财政部门为实现国库现金收益的最大化，会采取类似于企业的现金管理模式。

政府对其存款的管理有三个目标：第一，要保证国库中的存款足以应付紧急支出的需要；第二，要最大限度地减少闲置的国库资金余额；第三，要与政府债务管理政策相协调。例如，美国从20世纪70年代开始实施国库现金管理，随后澳大利亚、瑞典等国也先后开展国库现金管理。美国财政部在美联储开立"国库总账户"（Treasury General Account，TGA），在该账户下为所有预算单位开立单位分账户，并根据各预算单位的各项拨款计划建立项目子账户。除此之外，美国财政部还在符合条件的各家商业银行开立了"税收和贷款账户"，公众和企业缴纳税款时，资金首先从商业银行的个人账户或公司账户转入税收和贷款账户（资金仍然在商业银行系统），然后再存入国库总账户（资金从商业银行系统转移到中央银行）。对每项拨款计划的支出，财政部按时间或项目进度将资金从国库总账户中拨付到预算单位的分账户及其子账户（财政资金仍然在中央银行）。当支付行为发生时，再从子账户中直接支付给供应商的账户（资金已经从中央银行转移到商业银行系统）。美国财政部的国库现金管理模式和账户体系的设置使其在美联储的财政存款余额很低，大大提高了国库资金的收益率和使用效率。

综上所述，中央银行管理政府债券，不仅包括代理财政部门发行政府债券，而且包括代理财政部门兑付政府债券，还包括对政府债券的自主买卖。从更广义的角度来看，国库现金管理与政府债务管理都会影响整个银行体系的流动性，货币政策操作不仅要平抑财政收支对流动性的影响，而且需要通过有意识地执行扩张性或者紧缩性的货币政策，来实现其宏观金融调控的目标。

4.3.1 政府国库制度的发展

1. 政府财政（国库）和皇室财政（国库）的差异

众所周知，人类社会自从有了政府就有财政收支，有财政收支就有国库。在中国封建社会，国家财政可以分为皇室财政（也称"宫中财政"[⊖]）和政府财政。前者为皇室宫禁的运

⊖ 祁美琴. 清代内务府［M］. 北京：中国人民大学出版社，1998.

转，服务皇帝、后妃等生活起居，外邦朝贡和皇帝赏赐臣子和外藩等方面的财政收支，后者为政府各部门（如吏部、礼部、工部等）正常运转的财政收支。它们分别由不同的部门管理，分别有自己的收入来源和支出项。以清朝为例，负责管理政府财政的机构称为户部。

  由于封建社会商品经济欠发达，政府的财政收入主要来自对土地和人口的征税，如土地税（田赋）、人头税以及徭役，对商品和民众收入的征税占比较少。除此之外，政府的收入还来自盐、铁等产品的专营专卖收入。1851年太平天国运动爆发之后，清政府对进口商品征收的关税和对国内流转的商品征收的厘金逐渐增加，并成为政府的主要收入来源；政府的财政支出包括：各级官员的俸禄、军费支出、河工及赈济支出等。负责管理皇室财政事务的机构称为内务府，皇室的财政收入包括：臣属和外藩的朝贡、皇室拥有的资产收入（如矿产、土地、山川、银两等收取的矿税、地租、盐税、专卖收入、高利贷收入等）、捐纳收入（即卖官鬻爵的收入）。皇室的财政支出包括：皇室日常膳食和服饰用品、赏赐臣属和外藩、宫廷庆典和修缮皇宫、庆典祭祀等支出。除此之外，清朝政府规定，每年户部都要拨一定数量的银两给内务府作为皇室开支费用。伴随着社会进步和经济发展，到清朝晚期，皇室财政收支的占比日益下降，最终以一国政府财政收支为代表。从政府财政收入与支出的物质形态上看，既有以粮食等为代表的实物（如户部管理的粮仓主要存储各地运来的粮食），也有以金银和制钱为代表的货币（如户部管理的银库主要存储各地起解的白银）。

  与之相对应，户部负责管理的库房称为"部库"，内务府负责管理的库房称为"内库"。清政府的部库包括户部设置的银库、缎匹库和颜料库。银库主要收储金、银、制钱等各种金属货币。中央政府的绝大部分财政收入都纳入此库收储，各项开支亦经此库支出[1]。缎匹库收储绸、缎、绢、布、皮、丝等制作衣服的各种物品；颜料库收储铜、铁、铅、锡以及花梨木、紫檀木等物品，以供祭祀之用。清政府的内库包括内务府广储司管辖的银、皮、缎、衣、茶、瓷六库[2]。显然，不论是部库还是内库，都有货币库和实物库。其中，货币库是存储实物货币（如金锭或银锭、银币等金属货币）的库房。中国封建王朝的政府收入经历了由实物财政向货币财政的逐步过渡，即财政收入的货币化过程，货币库的重要程度日益增加，这其中有两个重要的阶段。第一个是折钱阶段，以唐朝推行两税法为标志，即合并户税与地税，实行"定税计钱，折钱纳物"，这是中国货币财政发展史的第一个重要节点。也就是说，政府的财政收入以钱作为核算单位，民众的实物税折钱纳税（体现了税收货币化的特征）。第二个是折银阶段。标志性事件是1581年明代一条鞭法的推行。明朝政府对人丁税、劳役与田赋合并征收白银，中国开始了以银两为代表的实物货币财政。实物货币形态的国库完全不同于现代国库制度。从运行效率上看，实物库的运行成本非常高。以粮食为例，除了粮食仓储损耗之外，粮食的长途运输成本高昂，运粮工的口粮、骡马的粮草等消耗常常占运输粮食的百分之二三十。同样，实物货币的运行成本（包括银锭或银元的铸造、运输、流通、保管等环节）也较高，且存在一定的安全风险。

---

[1] 周育民. 晚清财政与社会变迁［M］. 上海：上海人民出版社，2000：28.
[2] 史志宏. 清代户部银库收支和库存研究［M］. 北京：社会科学文献出版社，2014：5.

2. 实物货币国库向银行存款货币国库的转变

1851 年，太平天国运动爆发，清政府用于军费的财政支出不断扩大，财政收入却日益捉襟见肘。由于长江中下游沿线为战事阻隔，地方政府直接运送京饷（白银）的传统方式受到影响，因此各地开始利用中国传统的金融机构——票号和钱庄，来完成财政收支款项的账务划拨。这揭开了实物货币国库向银行存款货币国库转变的序幕，尽管这一进程非常缓慢。此时的清政府距离近代的银行制度还很遥远。1895 年甲午战争战败之后，清政府有识之士开始反思战争失败的原因。在这种背景下，中国人自己创办的第一家银行——中国通商银行在 1897 年成立，虽然该银行具有发钞、代理国库等功能，但并不是清政府的国家银行。截至 19 世纪末，清政府还没有建立起自己的国家银行，更不用说中央银行制度了。1905 年成立的户部银行是清政府建立的第一个国家银行，兼具中央银行和商业银行职能，准许经理国库事务及公家一切款项，代理公债和各种证券的发行和兑付。1908 年建立的交通银行亦是如此。这意味着中国传统的实物货币国库管理模式逐渐转向委托金融机构通过账户汇划资金的国库管理模式。

综上所述，伴随着经济货币化程度的不断提高，货币形式从金属货币转向银行存款货币，政府的财政收支从金属货币形式转向银行存款货币形式，政府的国库制度从实物国库逐渐转向了实物货币国库，再转向银行存款货币国库。此时，国库管理才逐渐与金融机构联系起来，并逐渐演变成由中央银行来单独承办。这既体现了中央银行作为政府的银行职能，也保证了国库资金的安全性。就国库制度而言，中央银行制度诞生之前，政府的国库以独立国库制度为代表，即财政部单独设置国库机构，掌控地丁钱粮，实现财政收支运转。中央银行制度诞生之后，独立国库逐渐转向以中央银行代理、以账户管理为基础的国库制度，简称国库代理制度。要实现这一点，一定伴随着政府的实物税收向货币税收的过渡。

3. 独立国库制度向委托（代理）国库制度的转变

环顾当今世界，各国政府的财政收入和支出以及国库现金的管理为何都采用中央银行的代理国库制度呢？为什么财政部不可以实行独立国库制度呢？也就是说，抛开本国银行体系，财政部自建收支系统，完成财政收付是否可行？

历史上的美国就曾经实施过独立国库制度。在此之前，美国联邦政府同样是委托银行完成国库收付。1791~1811 年美国第一银行运行时期，联邦政府委托该行代理国库收支。在第一银行宣布停业后，联邦政府委托各州银行代理该业务。美国第二银行成立后，联邦政府则委托其代理国库收支，时间段是 1817~1833 年。1832 年杰克逊总统否决美国第二银行展期的议案之后，从 1833 年开始，美国联邦政府再次委托州银行代理国库收支。换言之，在美国第二银行 1836 年停业之前，美国联邦政府就已经开始委托州银行代理国库收支业务了。获得联邦政府存款的州银行则大肆进行信贷扩张，超额发行银行券，银行危机已不可避免。1837 年 5 月，马丁·范布伦（Martin Van Buren）总统任职两个月之后，纽约州的部分州银行（俗称为"野猫银行"）发生挤兑，因其持有的金币耗光了，于是拒

绝将其发行的银行券兑换成金币。○

1837年金融恐慌造成的经济衰退、失业增加持续了5年，由此也引发了美国国内政治派别的意见冲突。辉格党认为恐慌意味着联邦政府委托州银行代理国库制度的失败，需要重建联邦政府的银行；民主党则坚决反对，认为正确的解决办法是实施金币制度，反对发行纸币，进而遏制通货膨胀，同时反对建立中央银行以及由中央银行代理联邦政府的国库收支。如何调解两派纷争呢？解决问题的最终办法就只有联邦政府独立管理国库收支，分离联邦政府的财政收付与金融管理职能。这就是美国实施独立国库制度的政治背景○。1837年9月，范布伦总统提出建立独立国库制度，该制度要求联邦政府以金币的形式持有财政资金，不存放在任何银行，由财政部自行征收、保管和支出金币。1840年，范布伦总统卸任之前，《独立国库法》通过。但1841年8月，该法很快被废除。一直到1846年8月，美国国会才通过第二个《独立国库法》。独立国库体系在1847年1月1日正式运作，其本质上是美国联邦政府通过财政部管理货币供给的制度。换言之，1837~1863年期间美国实行的是自由银行（Free Banking）制度○，财政部实际上扮演了美国中央银行的角色。在独立国库制度下，联邦政府的财政收支独立于当时美国的银行与金融体系。凡是联邦政府的收付款，一律使用财政部铸造的金币（保管在财政部大楼及财政部在全国各地的分支机构）。但是，这种制度导致了金融市场的剧烈波动，严重影响了金融市场的稳定。例如，当联邦政府税收大于支出时，金币就从银行系统流向财政部的国库系统，货币市场上金币短缺，同时商业银行持有的金币减少（商业银行发行的银行券相应受到限制），信贷收缩，利率上涨。反之，联邦政府税收小于支出时，金币从财政部的国库系统流向银行系统，效果相反。除此之外，当出现财政赤字之后，联邦政府通过何种方式进行弥补呢？无非是发行债券或者向商业银行透支。如果是商业银行认购联邦政府的债券，则商业银行的金币减少，进而抑制商业银行的信贷活动，影响工商业发展。如果联邦政府向商业银行透支，效果也是如此。因此，独立国库制度只是禁止以银行存款形式的国库收支模式，但是并不能隔离财政收支对银行体系流动性的影响。

1861年南北战争爆发后，美国联邦政府颁发了《法偿货币法》，即通过发行法偿货币（典型的如绿背钞票）直接弥补财政赤字。民众可以用绿背钞票向联邦政府纳税。1864年《国民银行法》颁布，这奠定了美国双轨银行制度（在联邦政府注册的国民银行和在州政府注册的州银行）的基础。最初，该法律规定财政部长可以利用各地国民银行作为联邦政府的财政代理机构，把除关税之外的联邦政府财政收入存放在各家国民银行。这两点改变了此前独立国库制度的设计初衷。但是，由于缺少中央银行制度，美国财政部主导的独立

○ 金币，即所谓的硬通货，就是指金铸币或银铸币。1792年4月，美国国会通过了《铸币法案》(Coinage Act of 1792)，确定实施金银复本位制度，金银的比价关系是1∶15。由于欧洲大陆的法国同样实施金银复本位制度（但是与美国金银比价不一致），在格雷欣法则的作用下，在1792～1834年，美国实际上是银本位制度。在1834～1861年期间，美国实际上是金本位制度。

○ 陈明，2003，《美国联邦储备体系的历史渊源》，中国社会科学出版社。

○ 1836年美国第二银行的执照到期，宣布停业。1864年6月，美国国会通过《国民银行法》。1837～1863年，美国没有在联邦政府层面建立自己的银行，只有州层面的大量商业银行，这一时期称为美国的"自由银行"时期。

国库制度则扮演了调控美国金融体系的功能。当货币市场出现流动性不足，财政部需要通过独立国库制度增加国民银行的准备金，如提前支付联邦政府债券的利息，提前赎回联邦政府债券，增加国民银行的财政存款规模以及可接受财政存款的国民银行的数量。由于国民银行接受财政存款必须以联邦政府债券做担保，而联邦政府债券又是国民银行发行银行券的基础，这表明国民银行资产方的联邦政府债券不仅需要支持负债方的财政存款，而且需要支持负债方的银行券。为支持国民银行的银行券发行，财政部可以扩大财政存款担保的债券种类，日后这成为财政部通过独立国库制度调整银行券流通量的政策工具。类似的政策工具还包括（修订相关法律）允许财政部将关税收入存放在国民银行，允许国民银行财政存款不必缴存准备金（类似法定存款准备金的雏形）。因此，独立国库制度在当时更多地朝着宏观金融调控的方向演进，扮演着事实上的中央银行制度。

但是，通过独立国库制度承担中央银行的职能，仍然存在一系列不足。第一，如果联邦政府出现的是财政赤字，则独立国库制度非但不能缓解银行流动性危机，反而会有所加剧流动性不足。此时联邦政府通过发行债券来弥补财政赤字，会减少市场流动性，加剧金融恐慌。第二，财政收支的周期性与经济金融周期未必同步，依靠财政盈余调节银行体系的流动性有可能加剧金融市场的波动。第三，财政部长虽然代表公众部门的利益，但是由于美国的两党政治，因此财政部长仍然代表了党派利益。政府的换届或者连任都将影响财政部长的政策实施，进而影响流动性管理政策的稳定性（陈明，2003，第145~146页）。

1907年美国再次爆发金融恐慌，这一系列的危机表明，美国中央银行制度缺失会严重影响银行体系的流动性，并有可能加重危机期间的流动性紧张，同时影响银行体系的利率水平。因此，美国国会设立全国货币委员会（National Monetary Commission）对此展开专门研究，如何消除财政收支对金融体系的影响就是新制度重点考虑的问题之一。该委员会提出一系列建议，最终体现在1913年的《联邦储备法》当中，这意味着独立国库制度的终结，中央银行代理国库制的出台。所谓代理国库制，就是由中央银行代理财政部来完成国库款项的收付（如果站在政府的角度来看，该制度就是委托国库制）。目前，世界各国中央政府基本上都是采用委托国库制，即财政部通过在中央银行设立账户，向中央银行下达收付指令，利用中央银行管理的清算系统完成各项收支工作。财政收付对银行体系超额准备金的影响具体见表4-2。

表4-2 财政收付对银行体系超额准备金的影响

中央银行资产负债表			
资　产	负　债	资　产	负　债
	超额准备金　−（1） 政府存款　　＋（1）		超额准备金　＋（2） 政府存款　　−（2）

注：在表中，（1）政府存款增加（财政收入）；（2）政府存款减少（财政支出）。

4.3.2 中国的国库经理制及其争论

在中国的业务实践中，中国人民银行采取的是国库经理制。什么是国库经理制？按照中国人民银行的说法，国库经理制就是"办理"+"拒绝办理"（刘贵生，2014）。所谓"办理"，就是按照财政部门的要求，中国人民银行办理财政资金的出入库；所谓"拒绝办理"，就是对违背财政部门规定的有关收支业务，中国人民银行可以拒绝办理出入库。在中国人民银行看来，财政部是财政资金出入库的决策者，中国人民银行是国库收支决策的执行者。通俗点表述就是，财政部类似于政府的会计，中国人民银行类似于政府的出纳。中国人民银行实行经理国库制度是履行政府对财政部的制衡。

上述问题表面上涉及国库经理制的具体内涵，本质上是政府存款的管理权问题，中国人民银行和财政部对此一直存在不同的见解。在2012年《中华人民共和国预算法》修订的过程中，就国库管理主体问题有两种不同的观点：一种观点认为，财政部是政府的总会计，中国人民银行是政府的总出纳，彼此可以相互制衡；另一种观点则认为，这混淆了业务主体与业务程序的关系。一个单位的会计与出纳分设，是财务部门内业务程序上相互制衡的要求，而不是说会计、出纳应该分设在不同部门。预算管理和国库管理的责任主体都只能是财政部，是财政部内部机构之间的相互制衡，而不应该由中国人民银行对财政部加以制衡。尽管这样，2015年1月1日实施的《中华人民共和国预算法》第五十九条仍然保留了国库经理制，继续维持国库资金运行中财政部和中国人民银行的分工协作、相互制衡的关系。对于不符合预算管理的各种支出，中国人民银行的各级国库有权拒绝办理。

从本质上来看，自从中央银行制度问世以来，财政部在中央银行开立账户，中央银行通过账户管理实现国库资金转移，从此刻开始的国库制度就属于国库代理制。中国的国库经理制仍然属于国库代理制的范畴，不过是国库代理制的变种。财政部与中国人民银行对国库资金掌控权的争论由来已久。长期以来，财政部国库管理制度的缺失和由中国人民银行设置国库部门的传统，混淆了财政部和中央银行在国库资金管理的职责，流弊至今。2000年以前，中国的财政部没有独立设置国库部门。2000年6月开始，财政部设立了国库司和国库支付中心，实行"两块牌子，一套人马"的制度。2001年，财政部开始实行国库集中支付制度的改革。2006年，财政部开启了现金管理（以《中央国库现金管理暂行办法》出台为标志），财政部对国库管理的重视程度不断提高，并且希望重新主导对国库资金的管理权。从理论上分析，当然应该由财政部来主导财政资金的管理，但是在现实管理中，财政部门的资金管理（尤其是地方政府的财政资金管理）存在许多违规现象，如开设有大量的财政专户，不少具有财政属性的资金并未纳入预算管理等，这些方面的确需要加强监督。站在中国人民银行的角度，自从1984年开始实施国库经理制，中国人民银行一直拥有对国库资金拨付的最终话语权，同时以加强对国库资金的制衡管理和外部监督为由，极力继续维护其在国库资金管理上的主导权。直到现在，国库资金管理仍然是财政部和中国人民银行存在意见冲突的一个重要方面。

财政收支的管理当然需要有内部制衡与外部监督。众所周知，一个单位的会计和出纳岗位分设，而不是由同一个人兼任两职（不可以既管账又管钱），这是该单位财务部门的内部制衡。这个单位的账务管理是否符合规定，可以通过设立审计部门来对其进行外部监督，而不是说这个单位为了实现对会计岗位的制衡，由出纳岗位来对会计岗位实施监督，拥有最后的否决权。由是观之，财政部和中国人民银行在财政资金管理方面仍然存在管理功能缺失和越位，乃至越俎代庖的现象，管理制度的创新仍然在路上。

4.3.3 国库现金管理

近年来，各国政府对财政收支的库底资金（即国库现金）提出了更高的管理要求：要么将国库现金投资于收益率更高的短期金融资产，在不影响政府支出的情况下提高国库现金的收益率；要么将国库现金用于归还政府到期债务，降低政府债务成本。因此，发达国家加大了国库现金管理的力度，并且与政府债务管理相互协调。例如，1998 年英国政府成立了债务管理办公室（UK Debt Management Office），专司政府债务和国库现金管理中的操作性决策和日常管理，2000 年开始完全承担国库现金管理职能。

中国政府从 2000 年开始启动国库现金管理。2001 年 3 月，财政部和中国人民银行联合实施改革，按照建立公共财政的要求，结合中国实际，提出了建立以国库单一账户体系为基础，资金缴拨以国库集中收付为主要形式的国库管理制度。从 2003 年开始，中国人民银行开始对国库存款（中央财政存款和地方财政存款）计付利息。2004 年 8 月开始，财政部以混合式招标方式提前兑付三期记账式国债。2006 年 12 月开始，中国人民银行采取了向商业银行招标定期存款的方式来提高国库现金收益率，规模为 200 亿元人民币，期限为 3 个月。此后，该模式成为中国财政部提高国库现金收益率的主流模式。商业银行通过投标方式获得存款后，增设"国库定期存款"这一负债类科目，这部分定期存款属于一般存款范围，需要缴纳准备金。

上述招标具有以下几个特征。第一，招标标的为利率，采用单一价格方式招标（又称荷兰式招标）。按照投标人所报利率（由高而低）的顺序中标，直至满足预定招标额为止，中标的商业银行以相同的价格来认购中标的存款数额。中标利率是所有投标的最高利率，也是当期中央国库现金的定期存款利率。第二，招投标利率下限为招标当日中国人民银行公布的城乡居民和单位活期存款基准利率。第三，当全场投标总额小于或等于当期招标额时全额募入；当全场投标总额大于当期招标额时，按照高利率优先的原则逐笔募入，直到募满招标额为止。第四，当边际中标标位上的投标额大于剩余招标额时，以每家参与银行在该标位投标额为权重进行分配，取整至 0.1 亿元，尾数按投标时间优先原则分配。

专栏 4-2

政府存款的货币属性

在各国，中央政府（联邦政府）都在中央银行存有财政存款，这部分资金是不是货币？各级地方政府（州政府）的财政存款，有的存放在中央银行，有的存放在本地的商业银行，这些存款是不是货币？是否计入不同层次的货币供应量呢？例如，中国人民银行从 2015 年 1 月起，开始将"财政性存款"和"机关团体存款"统计在"政府存款"（Government Deposit）科目下。中国各级政府的预算内存款存放在中国人民银行，2015年年末政府存款的余额为27 179.03亿元，占中国人民银行总负债的8.6%左右。这部分资金是不是货币？如果认为这部分资金不是货币，为什么其作用与企业拥有的公司存款类似，政府部门同样可以将之用于购买商品和转移支付？如果认为这部分资金是货币，在理论上是否能够自圆其说？从理论上来看，中央政府存款不属于货币，地方政府存款是否属于货币存在争论，其理由包括以下几个方面。

第一，根据IMF的《货币与金融统计手册》，中央政府或联邦政府的财政存款通常不计入货币供应量，但是州政府和地方政府存款通常计入货币供应量。美联储的货币统计就遵循了这一原则，1999年成立的欧洲中央银行也基本采用相同的方法，即各成员方的中央政府存款不纳入货币供应量的统计范围，但是各成员方州政府与地方政府存款纳入货币供应量。一般来说，一国宪法赋予本国中央银行拥有发钞权，同时规定本国中央银行是本国政府财政收支的代理银行。将财政部和中央银行的资产负债表合并之后，表示中央政府整个的资产负债表，其中财政部在中央银行的存款（财政部资产负债表的资产方）与中央银行负债方的财政存款科目（中央银行资产负债表的负债方）相互抵消了。中央银行发行的现钞因为无法抵消，仍然是中央政府的对外负债。如果认为财政部的存款也是货币，到底是该计算中央银行的负债方还是财政部的资产方呢？两项都计算无疑是重复计算。货币供应量的统计原则之一是货币的持有者与货币的发行者不可以是同一个机构，因此，中央政府是货币（现钞）的发行者，就不可以是货币（政府存款）的持有者。因此，从这个角度看，中央政府的政府存款不属于货币。

第二，根据宏观经济调控的需要，财政部会采取扩张性或者紧缩性的财政政策，从而改变财政赤字或盈余的规模。在这种情况下，政府存款的余额受财政政策影响很大，将其纳入货币供应量统计将影响中央银行的一系列货币政策操作。

第三，在现代社会，各国中央政府在政府存款的管理方面也广泛吸收了企业现金管理技术，努力实现政府融资成本最小化。尤其是在政府债务余额不断扩大的情况下，保持巨额的政府存款显然是很不经济也很不合理的做法。在中国，一方面各级政府在同级中央银行保有大量的存款，另一方面中央财政发行了规模巨大的政府债券，这是当下中国财政管理体制的产物。伴随着中国经济体制改革的全面深化，这种现象不可能长期存在。

第四，对于地方政府的财政存款是否属于货币，不同国家中央银行的货币供应量统计的具体规定不同。在中国的统计实践当中，是否纳入财政存款统计以纳入预算管理为判断标准，而不是预算的政府层级。因此，对于地方政府而言，其预算内的财政存款不计入各层次货币供应量。然而，地方政府还有大量的基金收入、土地出让金收入，这部分收入是以各种形式的财政专户形式存在的，并且在商业银行开户管理，因此计入货币供应量。为什么中央政府的财政存款不应该计入货币供应量，而地方政府的财政存款却应该计入货币供应量？这是因为中央政府具有发钞权，地方政府不具有发钞权。中央政府的收入包括三个来源：税收收入、债务收入和发钞收入（也称为铸币税，本书后面将会详细讨论）。但是，对于地方政府而言，其收入只有前两个。反之，如果地方政府也具有发钞权，那么一国就没有实现货币的统一发行。这恰恰从另外一个角度证明，正是地方政府不具有发钞权，其存款在理论上才可以计入货币供应量。

4.4 管理外汇储备与汇率

作为政府的银行，中央银行还代表政府参加各种国际会议，以及各国中央银行之间的政策协调。例如，世界主要经济体的中央银行行长和财政部部长通常会参加G20财长与央行行长会议（Meetings of Finance Ministers and Central Bank Governors of the Group of 20），共同商议国际经济形势，协调各国经济政策。不少国家的中央银行并不制定和执行汇率政策，其汇率政策的制定往往由财政部来完成，中央银行作为财政部的代理机构，代替财政部在外汇市场执行汇率干预操作。即便如此，几乎所有的中央银行都介入国际储备的管理。这种管理具体包括两个方面的内容：一是国际储备的规模管理，二是国际储备的结构管理。其目标是：一方面实现国际储备的保值增值，另一方面实现本国国际收支平衡和汇率的基本稳定。根据各国汇率制度的不同选择，中央银行资产负债表中的国外净资产对货币发行乃至货币政策的制定与执行都具有非常重要的意义。例如，在货币局制度下，外汇储备的规模必须超过基础货币的规模，如此才能满足基础货币全额兑付的要求。在钉住汇率制度下，若本国货币出现升值压力，中央银行在外汇市场上被迫大量购入外汇，这很可能会导致本国出现通货膨胀。凡此种种，国外净资产的增减将显著地影响本国货币政策效果。

伴随着国际资本的频繁流动和布雷顿森林体系的垮台，国际资本对汇率的影响越来越大。在某些情况下，汇率的变化及其走势与本国政府的期望相违背。政府为了实现其政策目标，会在一定程度上干预外汇市场。这些目标有可能是：避免因汇率远离其均衡水平所形成的汇率投机和汇率的过度波动；政府为了扩大出口主动将市场汇率控制在均衡汇率水平之下，以形成本国货币的竞争性优势；对意外的政治和经济冲击进行干预；对贸易差额季节性和周期性波动进行干预等。由于不少国家的外汇干预将影响本国银行体系的流动性，所以外汇市场干预成为各国中央银行宏观调控关注的焦点问题之一。外汇干预可以有多种分类：根据参与干预的政府合作与否可以分为单边干预和多边干预；根据政府进行汇率干预的市场可以分为即期外汇市场干预和远期外汇市场干预；根据汇率干预对货币供应量（或者市场流动性）的影响可以分为冲销性干预和非冲销性干预；根据本国政府汇率干预过程中执行的机构可以分为中央银行干预和财政部（外汇平准基金）干预，如美国财政部下属的外汇稳定基金（Exchange Stabilization Fund），英国财政部（HM Treasury）下属的外汇平准账户（Exchange Equalisation Accounts）。为什么会有不同的机构来干预外汇市场？设立外汇平准基金的目的何在？下面我们主要对此展开分析。

4.4.1 中央银行干预方式

在本币存在升值或者贬值压力的情况下，由中央银行出面干预，将影响本国中央银行资产方的外汇储备规模和负债方的基础货币规模。在固定汇率制度下,如果本币存在贬值压力,中央银行卖出外汇储备,必然导致本国银行体系的流动性下降,加大本国通货紧缩的压力。反之,如果本币存在升值压力,中央银行买进外汇储备,必然导致本国银行体系的流动性增加,这势必加大本国通货膨胀的压力。也就是说,中央银行干预外汇市场的操作必将带来本国银行体系流动性的变化。如果中央银行不希望银行体系的流动性发生变化,则有必要采取冲销操作(Sterilization Intervention),要么卖出本国国债(从央行的资产方),要么发行中央银行票据(从央行的负债方)来进行冲销。因此,外汇干预可以分为冲销性干预和非冲销性干预,前者不会对本国银行体系的流动性或者说货币供应量产生影响,后者则会产生影响。表4-3以中央银行卖出国债对其自身和商业银行的影响来揭示冲销性外汇干预。

表4-3 中央银行通过卖出国债进行冲销操作产生的影响

中央银行资产负债表				商业银行资产负债表		
资　产		负　债		资　产		负　债
外汇储备	+(1)	超额准备金	+(1)	超额准备金	+(1)	
政府债券	-(2)		-(2)		-(2)	
				外汇资产	-(1)	
				政府债券	+(2)	

注:在表中,(1)中央银行购买外汇储备以保证本币汇率稳定;(2)中央银行卖出国债以保证本国银行体系流动性稳定。

表4-4揭示了本国银行体系内部在货币当局冲销性操作过程中资产负债表的变化,以及公众的资产负债表的变化情况。所谓银行体系资产负债表就是中央银行和商业银行资产负债表的合并报表,又称为货币概览(Money Survey)。

在冲销性干预之前,银行体系买入公众的外币资产,导致其持有的外汇资产增加,同时货币供应量增加。为了使得货币供应量回到初始状态,中央银行实施冲销性操作,即中央银行卖出本币资产(如国债),同时导致银行体系资产负债表负债方的货币供应量下降。最终银行体系和公众的资产负债表都是资产方发生了结构性变化。前者是外币资产增加,本币资产下降;后者是本币资产增加,外币资产下降。

表4-4 冲销性操作时本国银行体系和公众资产负债表的变化

银行体系资产负债表				公众资产负债表		
资　产		负　债		资　产		负　债
外汇资产	+(1)	货币性负债	+(1)	银行存款	+(1)	
国内资产	-(2)		-(2)		-(2)	
				政府债券	+(2)	
				外币资产	-(1)	

注:在表中,(1)公众出售外币资产;(2)银行体系卖出国内资产。

中央银行发行中央银行票据也是一种冲销方式,不过发债的主体是中央银行,而不是财政部,此时发债成本则完全由中央银行负担,具体变化见表4-5。以收购外汇储备不造成商业银行体系超额准备金的增加为判断依据,上述两种方式对商业银行而言,仅仅是资产方科目的国债和央行票据有所不同。

表4-5 中央银行通过发行中央银行票据进行冲销操作产生的影响

中央银行资产负债表				商业银行资产负债表	
资产		负债		资产	负债
外汇储备 +（1）		超额准备金	+（1） -（2）	超额准备金 +（1） -（2） 外汇资产 -（1） 央行票据 +（2）	
		央行票据	+（2）		

注：（1）中央银行购买外汇储备；（2）中央银行发行央行票据。

4.4.2 财政部（外汇平准基金）干预方式

政府除了通过中央银行进行干预之外，还可以通过财政部进行干预。当然，财政部不是直接出面干预，而是通过其下属的外汇平准基金来操作。通常，政府进行外汇市场干预主要有两种情况：一种是本币存在升值压力，另一种是本币存在贬值压力。当本币存在升值压力，财政部通过发行国债筹集本币资金，然后在外汇市场上购买外汇，投放本币；当本币存在贬值压力，财政部通过抛售其所持的外汇储备资产（或者是借入外币资产），购入本币。

财政部进行外汇干预，其最明显的优势就是使得外汇干预不影响本国银行体系的流动性。同时，财政部进行干预的操作还有一个显著的特征，即政府通过借入本外币资产来进行干预，这又被称为融资干预。若本币存在升值压力，财政部发行国债筹集资金买入外汇，具体环节包括：（1）财政部向商业银行发行国债；（2）财政部向商业银行购买外汇资产。其结果是在财政部的资产负债表中外汇（资产）和国债（负债）同时增加（见表4-6），成本（包括外汇资产的收益率低于国债发行利率造成的损失，以及外汇资产面临的利率风险和汇率风险）均由财政部来承担。对于商业银行来说，资产结构发生变化，即国债资产上升，外汇资产下降；在负债方，商业银行的超额准备金不发生变化。财政部发债和购买外汇资产的操作对中央银行也不产生影响。这是在本币升值压力下财政部出面干预本币汇率的特征，在这种情况下整个银行体系的超额准备金没有任何变化，这是不少政府在财政部下设外汇平准基金进行汇率干预的主要原因。

表4-6 财政部通过向商业银行发行债券来干预本币汇率

财政部（外汇平准基金）资产负债表		中央银行资产负债表		商业银行资产负债表	
资产	负债	资产	负债	资产	负债
央行存款 +（1） -（2） 外汇资产 +（2）	国债 +（1）		超额准备金 -（1） +（2） 政府存款 +（1） -（2）	超额准备金 -（1） +（2） 政府债券 +（1） 外汇资产 -（2）	

注：（1）财政部向商业银行发行国债；（2）财政部向商业银行购买外汇资产。

如果将中央银行和商业银行资产负债表合并成银行体系资产负债表，同时再给出公众的资产负债表，财政部（外汇平准基金）向公众发行国债来干预本币升值，各方资产负债表会出现哪些变化呢？由表 4-7 的分析可知，政府通过直接向公众发行国债的方式购买公众手中的外汇资产，对银行体系的流动性或者说货币供应量同样不产生影响。

表 4-7　财政部通过向公众发行债券来干预本币汇率

财政部（外汇平准基金）资产负债表		银行体系资产负债表		公众资产负债表	
资　产	负　债	资　产	负　债	资　产	负　债
央行存款　+（1） 　　　　　-（2） 外汇资产　+（2）	国债　+（1）		货币性负债　-（1） 　　　　　　+（2） 政府存款　+（1） 　　　　　-（2）	银行存款　-（1） 　　　　　+（2） 政府债券　+（1） 外汇资产　-（2）	

注：（1）财政部（外汇平准基金）向公众发行国债；（2）财政部向公众购买外汇资产。

历史上第一个外汇稳定基金是英国 1932 年为了稳定英镑汇率而建立的外汇平准账户，其背景是 1931 年 9 月英国政府放弃了金本位。该基金拥有英国政府发行的金边债券，所以在面临资本流入和英镑升值的情况时可以干预外汇市场。然而在建立之初，该基金缺乏外汇资产，所以当英镑面临贬值压力时，缺乏可以干预的外汇资产。美国的外汇稳定基金来源于黄金价格在 1934 年从每盎司 20.67 美元上升到每盎司 35 美元。由于有 20 亿美元的黄金，因此该基金在面临资本流出时可以通过卖出黄金来干预汇率。同样，由于在成立之初缺少美元资产，在美元升值的情况下，政府干预不力。正因为如此，各国政府认识到，外汇稳定基金必须既拥有本币资产，又必须拥有外币资产，不论是本币升值还是本币贬值，政府都能够应付自如。

综上所述，在货币当局不采取冲销干预的情况下，汇率干预必定影响本国银行体系的流动性；在财政部出面干预的情况下，汇率干预不涉及本国银行体系流动性的变化（见表 4-8）。不论是哪种干预，公众手中的本外币资产结构都将发生变化。

表 4-8　中央银行不同干预方式下银行体系/公众的资产结构与总量变化情况

	银行体系/公众
冲销性干预	资产结构变化，资产总量不变
非冲销性干预	资产结构变化，资产总量变化

这里需要关注的一个问题是外汇干预的委托人和代理人问题。在现代社会，执行外汇干预操作的基本上是中央银行，而不论是中央银行干预还是财政部干预。以美国对外汇市场的干预为例，纽约联邦储备银行被授权执行外汇干预操作。其指令来自两个机构，一个是联邦公开市场委员会下面的美联储体系公开市场账户（System Open Market Account，SOMA），一个是作为美国财政部指定的代理人——外汇稳定基金。

4.5　代表政府参与国际金融事务

在一国政府的对外金融活动中，中央银行往往是本国政府参与国际经济事务的主要代表。在国际会议上，相互协调货币政策，实施货币互换，建立全球性或区域性的外汇储备库，代表本国政府加入国际金融机构和组织，签订有关的国际金融协定等，中央银行都具有不可替代的重要作用。例如，西方七国举行的财政部部长和中央银行行长会议，各成员国中央银行行长在会议上就本国采取的货币政策予以说明，并协调彼此的货币政策。为防范国际游资对本国货币的冲击，各国会签订货币互换合约，这也是由中央银行来完成的。如果一国货币是国际货币，其中央银行会在国际金融活动中发挥非常重要的作用，尤其是在国际金融危机中发挥着"最后贷款人"的功能，向其他国家的中央银行提供了本币流动性。

2009 年以来，中国人民银行开始实施人民币国际化战略。截至 2018 年年末，中国人民银行先后与 33 个境外央行或货币当局签署双边本币互换协议，协议规模累计超过 3.31 万亿元人民币；在港澳台地区、新加坡、伦敦、法兰克福、首尔、巴黎、卢森堡等 20 个国家和地区建立了人民币清算安排。根据环球同业银行金融电讯协会（SWIFT）的统计数据，2018 年 1 月人民币在国际支付货币中的份额为 1.66%，为全球第五大支付货币（Global Payments Currency）。2015 年 11 月 30 日，人民币被国际货币基金组织纳入 SDR 的篮子货币之一，这标志着人民币国际化进程到了一个新的高度。此外，中国人民银行还与瑞士、斯里兰卡、俄罗斯、卡塔尔、加拿大五国的中央银行签署了双边本币互换协议。中央银行货币互换的参与者包括协议发起方和承接方，货币互换发起方向承接方提出货币互换请求。中央银行货币互换的主要过程包括如下三个环节。

第一，期初本金的交换。交易双方央行在各自的账户体系中为对方央行开设专门账户。发起方向承接方提出货币互换申请，双方以发起日市场汇率进行货币互换，互换后双方央行将相应额度的本金划入本国央行为对方央行开立的账户中，在此过程中并无实际的资金流动，只是各自账户中金额的增加。

第二，期末本金的互换。在货币互换协议到期时，双方以互换发起日的汇率再换回本金。应该注意的是，在央行货币互换的过程中，承接方央行一般不会动用发起方向其支付的本金，发起方的本金起到了质押品的作用，发起方质押的本金是承接方的使用受限的资产；发起方央行时常会动用承接方的货币，以便为本国金融机构提供融资便利。在互换期初和期末时采用的汇率都是互换发起日的市场汇率。

第三，期末利息的支付。在中央银行货币互换的实践中，在期末支付利息时，通常只是发起方向承接方支付利息，而承接方无须向发起方支付利息，且互换的利息是按承接方本位币市场利率计算的。

由中央银行货币互换的流程和相关特征可知，货币互换只是双方央行在期初交换一笔在对方央行账户上金额，并在期末换回本金，互换的利息支付通常是固定的。

从央行货币互换的实践来看，其目的大体可以归纳为以下两点。第一，获取外币资金进行外汇市场干预，维持本国汇率稳定。当本国经济发生大规模波动，本币汇率存在贬值压力时，本国中央银行往往会主动发起货币互换，获得短期性的类似外汇储备的资金，在外汇市场上进行干预以保持货币稳定。第二，为央行间相互提供流动性支持创造便利。国际货币的中央银行通过实施货币互换，可以向其他国家中央银行提供短期资金，以应对货币危机或金融危机。例如，在2008年全球金融危机过程中，美联储就通过货币互换向欧洲提供流动性支持。此外，在东南亚金融危机过程中，东盟各国通过签订《清迈协议》相互提供流动性支持。

4.6 本章小结

从历史发展沿革来看，财政部的出现要早于中央银行。自从中央银行制度诞生以来，各国财政部选择中央银行作为开户银行，财政收支、政府债券发行和兑付均通过中央银行代理完成。在现代社会，作为政府的银行，中央银行不仅仅体现为向各级政府提供形式多样的融资便利，而且通过管理政府存款、买卖政府债券，调控整个银行体系的流动性，执行合意的货币政策。从国库制度的发展而言，从最初的实物库到后来的金库，从维持政府运行的政府财政和维持皇室开支的皇室财政分设到以政府财政为主体，从财政部的独立国库制度演变为财政部在中央银行开立账户，通过中央银行代理财政收支，代理国库制度成为各国国库制度的主流。中国人民银行的国库经理制度（"办理"+"拒绝办理"）仍然属于国库代理制。一方面，中国人民银行强调对财政支出的制衡混淆了部门内部控制与部门间制衡的关系；另一方面，财政部门仍然有大量违规的财政专户存在，的确需要予以规范。财政部和中国人民银行在国库制度方面，既存在彼此缺位，又存在相互越位的情况，中国的国库制度改革仍然在路上。

从财政部与中央银行协调配合的角度来看，中央银行需要协助财政部进行现金管理，最大限度地提高财政库底资金的收益率。财政部需要通过调整财政收支进度和规模，配合中央银行实现流动性的合意管理。在汇率干预方面，不同的制度安排会对银行体系的流动性产生不同的影响。通过财政部掌控的基金干预汇率，不会对流动性产生影响；反之，通过中央银行直接干预汇率，会影响银行体系的流动性，除非中央银行采取冲销操作。

此外，中央银行还代表政府管理本国的国际储备以及干预本币汇率，并代表本国政府参加国际金融组织，参与国际金融事务，较为典型的例子是各国中央银行之间的货币互换。不论具体到哪一项业务，作为政府的银行，现代的中央银行制度设计主要体现为两个方面：一是旨在降低政府经济活动对银行体系流动性的影响；二是通过金融监管，确保金融体系的稳定及其功能的发挥。

第 5 章 · CHAPTER5

中央银行的职能之三：金融机构的银行

中央银行的职能之三是金融机构的银行，许多学者把中央银行的这一职能简称为银行的银行。所谓"最后贷款人"（Lender of Last Resort）职能就是对出现流动性紧缺的商业银行提供流动性支持，保持银行体系的稳定。伴随着中央银行在经济生活中的重要性不断增加，中央银行不仅对商业银行履行"最后贷款人"职能，而且对其他类型的金融机构，如保险公司、投资银行等也提供流动性支持。除此之外，中央银行还通过垄断发行货币、法定准备金制度、建立清算系统等方式调控整个银行体系的流动性。本章通过介绍中央银行的负债业务、资产业务和中间业务，解释中央银行的这个职能。

5.1 中央银行的负债业务

商业银行为了完成银行间的资金同城和异地清算、缴存法定准备金、现金的缴存和提现等业务，必须在中央银行开立存款账户，该账户体现在中央银行资产负债表的负债方。

5.1.1 准备金制度

纵观世界各国，仍然有不少国家实行准备金制度。所谓准备金制度，就是商业银行吸收的各类存款，需要保留一定比例的资产存放在中央银行。法律规定的比率，称为法定准备金率。商业银行持有的超出法定准备金余额的部分，称为超额准备金，在现实中又称为可用资金。超额准备金占应缴准备金存款的比率称为超额准备金率。因此，准备金是中央银行的负债，是商业银行的资产。如果法定准备金率上升，商业银行的法定准备金增加，超额准备金减少。反之，如果法定准备金率下降，商业银行的法定准备金减少，超额准备金增加。商业银行持有一定数量的超额准备金，一般用于缴存法定准备金、客户提现、同城或异地清算或同业拆借等。本书为了讲解方便，将准备金分为法定准备金和超额准备金两个账户。在中国，商业银行在中央银行只有一个账户。因此当法定准备金率发生变化时，商业银行在中央银行存款账户里的余额并不发生变化，但是商业银行的可用资金会发生变化。商业银行的准备金（包括法定准备金和超额准备金）是中央银行负债方的主要构成项之一，该项加上中央银行的现钞发行就是基础货币（见表5-1）。在中央银行现钞发行项目下，分为两个子项：一个是经济主体持有的现钞；另一个是商业银行持有的现钞，即商业银行的库存现金（Vault Cash）。商业银行持有的现金与商业银行在中央银行以存款形式存在的超额准备金，共同构成商业银行持有的全部超额准备金。

表 5-1　中央银行资产负债表负债方与商业银行相关的科目

中央银行资产负债表	
资　产	负　债
	库存现金
	法定准备金
	超额准备金
	中央银行票据

　　法定准备金制度的内容非常多，例如何种性质的资产是中央银行认可的可缴纳法定准备金？库存现金和在中央银行的存款通常可以用来缴纳法定准备金。除此之外，其他资产可以吗？外币可以吗？哪些机构需要缴纳法定准备金？这些机构的哪些账户里的存款需要缴纳？法定准备金率是单一型的还是累进型的？法定准备金调整的期限多长？每隔10天还是每隔15天？各项存款（准备金率的分母）是按期限内的平均数还是时点数来计算？法定准备金（准备金率的分子）在期限内是每天都要达到要求，还是在期限内的平均数要达到要求？诸如此类的细节非常多。本书在第12章将详细介绍这些内容。

　　中国人民银行是从1984年开始履行中央银行职能，同年开始实施法定准备金制度。当时，中国人民银行实施的法定准备金制度，有两个特征：第一，按存款种类核定准备金比率，且比率较高，其中企业存款为20%，储蓄存款为40%，农村存款为25%；第二，中国人民银行同时出台了《信贷资金管理办法》，该办法可以概括为"统一计划、划分资金、实贷实存、相互融通"。为什么中国人民银行会设定如此高的准备金率呢？为什么以上两个制度会同时出台？这主要源于以下两个方面。第一，1979～1983年实行的差额信贷管理体制允许专业银行（目前国内商业银行的前身）多存可以多贷，这导致了20世纪80年代初的信用膨胀和通货膨胀。因此，控制物价飞涨必须在制度上有所突破，中国人民银行出台这两个制度就是顺应这一形势的。第二，中国人民银行的中央银行地位确立后，法定准备金制度的推行就意味着中国人民银行必须考虑如何在二级银行制度[一]下实现基础货币供给的问题。与西方国家中央银行主要通过购买国债的公开市场业务注入流动性的方法完全不同，当时中国的国债市场刚刚起步，中国人民银行资产负债表的资产方几乎没有国债资产；与此同时，中央银行的外汇占款规模较小，几乎可以忽略不计。在上述现实条件的约束下，再贷款成为当时中国人民银行向整个银行体系注入流动性唯一的可行途径。也正因为如此，才有"上贷下存"的做法，即中央银行贷款给专业银行，专业银行立即将资金存入中央银行。对于专业银行而言，这一操作的结果就是在其资产负债表资产方的"备付金"增加，负债方的"向央行借款"增加；对中央银行而言，其资产负债表的变化就是资产方的"再贷款"增加，负债方的"备付金"增加（见表5-2）。

表5-2 "上贷下存"信贷管理模式在专业银行和中央银行资产负债表上的反映

中央银行		专业银行	
资产	负债	资产	负债
再贷款 +	备付金 +	备付金 +	向央行借款 +

在法定准备金制度与实贷实存制度下，中国人民银行对金融机构流动性的控制机理如下：法定准备金制度的目标是中央银行从负债方扩大或者收缩金融机构的流动性，实贷实存制度的目标是中央银行从资产方注入金融机构的流动性，这两者相辅相成，缺一不可。在以上两种制度的配合下，不仅当时的专业银行出现了贷差现象，而且整个银行体系（中央银行＋专业银行）也有贷差现象。所谓"贷差"，就是金融机构的贷款余额大于存款余额；相反，"存差"就是指金融机构的存款余额大于贷款余额。这是中国金融体系在20世纪90年代中期以前最重要的特征。为什么会出现这种情况呢？其具体过程如下：在"实贷实存"体制实施的初期，中央银行资产方的"外汇占款"数额比较小（基本可以忽略），因此中央银行资产负债表大致可以简化为以下公式：

$$再贷款 = 货币发行 + 准备金$$

通常，"货币发行"科目是不断增长的，因此必然有"再贷款"大于"准备金"（包括法定和超额两部分），这意味着专业银行全部的流动性都通过中央银行再贷款途径解决，形成商业银行的"超贷"现象，即中央银行对商业银行的贷款余额要大于商业银行在中央银行的存款余额。商业银行资产负债表可以简化为以下公式：

$$库存现金 + 准备金 + 各项贷款 = 各项存款 + 再贷款$$

这里的分析忽略了中央银行和商业银行负债方的资本金科目。如果将中央银行资产负债表和商业银行资产负债表合并，形成整个银行体系的资产负债表，将会有以下公式：

$$各项贷款 = 流通中现金 + 各项存款$$

其中，"流通中现金"是"货币发行"减去"库存现金"后得到的。该公式就意味着整个

[一] 所谓二级银行制度就是中央银行职能和商业银行职能分别由不同的机构履行的制度。1984年之前，中国人民银行不仅承担中央银行的职能，而且承担商业银行的职能，所谓一身二任，世人称之为大一统的银行制度。当然，还有其他的商业银行。从1984年开始，中国人民银行将商业银行职能逐渐剥离出去。

银行体系必然出现贷差。这和中国在改革开放之前的中国人民银行"大一统"制度下的年度信贷计划和现金投放计划的公式完全一致，也就是说，即使中国实行了法定准备金制度，整个银行体系仍然会处于贷差状态，其本质是中央银行注入流动性渠道单一和商业银行资产负债结构单一的表现。1994年人民币汇率并轨改革之后，中国人民银行的外汇占款大幅上升，当中央银行向银行体系注入流动性的渠道增加之后，中国人民银行的"超贷"现象消失了，中国银行体系的"贷差"现象也消失了。

进入21世纪以来，中国的法定准备金率与外汇占款的变化高度相关。外汇占款与法定准备金率出现了基本同步的上升与下降。2001年美国"9·11"恐怖袭击之后，1998年东南亚金融危机带来的中国资本外逃的压力逐渐减轻，外国资本开始流入中国。从2002年下半年开始，人民币开始出现升值预期，2005年7月21日，中国人民银行实施人民币汇改。与此同时，外汇储备快速上升。2005～2011年，按国际收支口径，中国的外汇储备年均上涨近3 900亿美元，为对冲这一巨大的流动性，中国人民银行不得不提高法定准备金率，以控制整个银行体系的流动性。仅在2007年，法定准备金率上调10次，2008年调整9次（在全球金融危机爆发之前上调7次，危机爆发之后下调2次）。2009年法定准备金率保持不变。从2010年开始，法定准备金率又重新延续了上升势头。2010年和2011年法定准备金率分别上调6次，且2011年6月法定准备金率达到最高点，其中大型金融机构的法定准备金率为21.5%，中小型金融机构的这一比率为18%。

中国的外汇储备在2014年6月末到达顶点之后随即下降。2015年8月11日，为了达到IMF对中国人民币汇率改革的若干要求，中国政府实施了人民币汇率报价机制改革，这引发了人民币贬值预期，外汇储备快速下降。与之相对照，法定准备金率在2011年11月开始下调，2012年下调2次，2013年和2014年保持不变，2015年下调了5次，2016年下调了1次。2018年下调4次，2019年下调3次，2020年下调3次。可以说，中国人民银行法定准备金率的调整与人民币汇率升贬值变化、外汇储备变化基本上保持同步。从横向对比来看，中国的法定准备金率与其他国家相比，在全球范围内仍然处于高位。

5.1.2 中央银行票据制度

在某些情况下，中央银行为了收缩金融体系的流动性，还可以要求金融机构缴存特种存款或者对金融机构发行中央银行票据来实现这一目的。此时，中央银行的负债方就增加了新的科目——"金融机构特种存款"或者"中央银行票据"。现钞是中央银行的负债，特种存款和中央银行票据也是中央银行的负债，这两者的差异主要体现为以下几个方面：第一，前者是经济主体日常交易的流通工具，后者是中央银行宏观调控的工具；第二，前者是无利息支出，后者往往是有利息支出；第三，前者是社会公众和企业等经济主体的资产，后者往往是金融机构的资产；第四，前者是无期限的负债，后者往往存在一定的期限。中国人民银行要求金融机构缴存特种存款或者对金融机构发行中央银行票据，基本上都是在外汇储备高速增长的背景下进行的。

2014 年 6 月末，中国的外汇储备达到历史高点 3.99 万亿美元。在此之后，中国的外汇储备就处于缓慢下降的过程中，在有的时间段，外汇储备甚至出现了负增长。此时，中国人民银行已经没有继续发行中央银行票据的可能了。2019 年以来，中国人民银行在香港发行中央银行票据，则是属于为稳定离岸市场上人民币汇率的需要，收回在香港的人民币流动性，而非货币政策的主动转向。不论何种原因导致的中央银行票据发行，该科目都是出现在中央银行的负债方。

5.2 中央银行的资产业务

所谓中央银行的资产业务，就是中央银行通过再贴现（再贷款）、买入政府债券以及各种借贷（或融资）便利等方式向金融机构提供融资。从中央银行的资产性质来看，大体分为两类：一类是在经济正常运行期间，中央银行通过资产业务向经济体系中注入流动性，满足经济发展对货币的需求；另一类是在经济危机期间，中央银行通过向金融机构提供紧急融资，保持金融体系的稳定。从中央银行资产业务的对象来看，不仅仅包括传统的商业银行，还包括保险公司、投资银行等传统意义上不属于中央银行监管和服务的对象。例如，美联储在 2008 年 3 月就向美国的第五大投资银行贝尔斯登（Bear Stearns）提供金额不超过 300 亿美元的紧急融资，在 9 月向美国国际集团（AIG）提供 850 亿美元的紧急融资。此外，为了避免 AIG 由于资金短缺而贱卖所持有的房地产抵押债券，美联储曾经向 AIG 大规模购买房地产抵押债券，帮助 AIG 解决资金短缺问题。2008 年 12 月，美国在全球金融危机的影响下陷入严重的经济衰退，美联储将联邦基金利率降至零利率的水平以刺激经济。与此同时，2008 年最后一个季度至 2014 年 10 月，美联储实施了一系列"大规模资产买入计划"（Large-Scale Asset Purchases，LSAPs）。美联储不仅买入长期国债，而且买入了房利美、房地美等美国政府机构发行或担保的长期债券。当然，美联储并不是直接向美国财政部购买，而是在二级市场上通过竞争性程序购买。美联储的上述操作使得市场上这些债券的供给下降，价格上升，收益率下降。在这种情况下，私人投资者转而投资收益率较高的公司债券和其他私人部门债券。因此，在整个金融市场上，长期债券、抵押支持债券的收益率不断下降，这有效地支持了美国经济的复苏。

不论中央银行资产方如何变化，大体可以从业务对象进行分类：第一类是中央银行持有的外汇储备；第二类是对政府提供的各类融资；第三类是对金融机构提供的融资。这部分内容在第 1 章已经介绍过，本节重点探讨中央银行通过资产业务发挥的职能，如"最后贷款人""经济结构调整"等。

5.2.1 "最后贷款人"职能

所谓中央银行"最后贷款人"职能，就是在金融恐慌时期，为避免系统重要性的金融机构倒闭引发整个金融体系出现系统性崩溃，中央银行对这类金融机构施以援手，注入流动性，维持金融体系的稳定。"历史不会自我重复，但总是有着惊人的相似。"每次金融危机爆发之前，金融市场总会出现非理性繁荣（Irrational Exuberance），投资者对市场的持续上涨保持高度的乐观情绪，市场上的泡沫（Bubble）逐渐形成。尽管引发危机的导火索不尽相同，但是危机往往表现为金融资产价格暴跌，银行面临严重的兑付压力。如何应对金融危机呢？在中央银行发展的历史上，有一个叫沃尔特·白芝浩（Walter Bagehot）的关键性人物。他在1873年提出，出现金融恐慌后，中央银行应当对出现流动性不足的金融机构提供放款。为保证中央银行贷款资产的安全性，商业银行应该提供足够的优质抵押物，以确保能够收回中央银行提供的融资。同时，中央银行还应该要求金融机构提供充足的抵押品，对这些机构征收惩罚性利率，如此，其他金融机构才不会利用中央银行提供的这种便利来占便宜。这就是西方国家通常所说的"白芝浩原则"（Bagehot's Rule），也是中央银行"最后贷款人"职能的体现。

在中国，为帮助发生支付危机的金融机构缓解支付压力、恢复信誉，防止出现系统性或区域性金融风险，中国人民银行就曾经发放过紧急贷款。这种紧急贷款的特征如下：第一，只适用于各类金融机构，不适用于地方政府就兑付被撤销地方金融机构的债务向中央银行的借款；第二，中央银行发放这类贷款之前，已批准全额或部分动用法定准备金；第三，紧急贷款仅限于兑付自然人存款的本金和利息，并优先用于兑付小额储蓄存款。1997年东南亚金融危机爆发之后，为了避免中国出现类似的金融危机，中国政府加大了对信托投资公司、城市信用社、农村基金会的清理整顿。2018年包商银行出现问题后，中国人民银行也向该行提供了紧急贷款。伴随着金融机构的多样化、金融危机的严重性，中央银行履行最后贷款人职能时，其救助的范围越来越广。例如，在2008年全球金融危机爆发后，面对金融市场流动性的枯竭，美联储对非银行金融机构开放再贴现窗口，向一级交易商、货币市场基金等提供流动性支持。

专栏 5-1

沃尔特·白芝浩小传

沃尔特·白芝浩1826年2月23日出生于英格兰萨默塞特郡（Somerset）的兰波特（Langport），于1877年逝世，享年51岁。沃尔特·白芝浩出生于英国银行世家，父亲T.W.白芝浩是斯塔基银行（Stuckey's Banking Company）的高管。1848年，白芝浩毕业于伦敦大学学院（University College London），获得硕士学位。1857年，白芝浩结识了詹姆斯·威尔逊（James Wilson）。威尔逊在1843年创办了英国《经济学人》（The Economist）杂志。1858年白芝浩与威尔逊的长女喜结良缘。两年后，威尔逊去世，白芝浩接管了《经济学人》，并在1861年出任该杂志的第三任主编，直到1877年去世。白芝浩博学多才并酷爱写作，是英国著名的经济学家、法学家和作家，并且被认为是《经济学人》历史上最伟大的主编。为纪念他的卓越贡献，《经济学人》杂志将有关英国政治的专栏命名为"白芝浩专栏"。英国政治研究协会（Political Studies Association）每年给政治与公共行政领域的优秀毕业论文颁发"白芝浩奖"（Walter Bagehot Prize）。白芝浩的主要著作有：《英国宪法》（The English Constitution，1867）、《物理学和政治学》（Physics and Politics，1872）、《伦巴第街①》（Lombard Street: A Description of the Money Market，1873）、《经济研究》（Economic Studies，1880）等。

金融机构流动性不足，就是金融机构在短时期内遇到流动性障碍，没有足够的资金用以清算，支付到期存款，其主要资产质量仍然是合格的，仅在资金调度和安排方面出现了问题。金融机构的清偿力不足，是指金融机构的资产质量明显下降，出现大量不良资产，处于资不抵债，行将破产、清算的状态。金融机构出现流动性不足之后，在问题暴露之前，基本上已经采取了自救措施（Bail In），这种自救措施既有来自股东的注资，也有来自同业的临时贷款等。当危机持续发展，并影响实体经济运行之后，就需要动用央行、财政部或者是国际组织的公共资源进行救助，经济学家们将这类救助措施称为外部救助（Bail Out）。严格来说，中央银行发挥"最后贷款人"职能，仅仅是外部救助措施中的一种，对象应该是有清偿力而流动性不足的金融机构。如果金融机构清偿力不足而流动性充足，财政部则可以介入，注入的是纳税人的资金。被援助的金融机构通过改善经营，加强内部管理，仍然有重新焕发生机的可能。当然，也可以是其他金融机构对出现问题的金融机构实施兼并重组。清偿力和流动性均不足的金融机构，理论上应该退出市场。

然而，由于财政资金有限，即使金融机构出现清偿力不足（不论其是否有流动性），政府也未必有足够的资金来帮助该金融机构恢复经营。理论上，金融机构出现资不抵债就需要退出市场，但是与普通企业相比，金融机构的破产清算涉及广大中小存款人，为避免由此引发社会动荡，美国最早实行了存款保险制度。在1929～1933年经济大萧条中，先后有近万家银行倒闭，存款人损失了约14亿美元。大量银行的倒闭导致了信贷紧缩，进一步加剧了危机的程度。为了应对危机，1933年3月6日，刚宣誓就任两天的美国总统罗斯福宣布在全国范围内实行为期一周的"银行休假"（Bank Holiday）措施；3月9日，美国国会通过《紧急银行法》（Emergency Banking Act of 1933），允许经审查符合规定的银行重新开业，同时由美联储提供流动性支持等。罗斯福总统在1933年6月16日签署了《1933年银行业法》（Banking Act of 1933），也就是非常著名的《格拉斯－斯蒂格尔法》。该法律确立了美国的存款保险制度，成立了联邦存款保险公司（Federal Deposit Insurance Corporation，FDIC）。该制度为存款人提供了一张安全网，保证了金融机构破产时中小储户的存款不受损失（或者损失有限）。当金融机构出现资不抵债的情况，政府首先动用存款保险公司的资金对其提供援助，如满足该机构存款客户的提现需求，改组问题金融机构

---

① 伦巴第街（Lombard Street）是伦敦市的一条街道，与纽约的华尔街（Wall Street）齐名。从13世纪起，在伦敦从事金融业及其他商业的意大利伦巴第人聚居于此，因此得名。该街和附近街区金融机构密集，如英国四大银行、票据交换所及其他重要金融机构的总行或分行，因此也是伦敦金融市场的代名词。此外，在美国人们常用主街（Main Street）来表示实体经济（Real Economy），用华尔街来表示金融经济（Financial Economy）。

的管理层，对问题金融机构注资等。当然，除了存款保险公司提供资金之外，政府也可以提供援助资金，以避免问题银行倒闭，如美国财政部在2008年金融危机期间提供的不良资产救助计划（Troubled Asset Relief Program，TRAP）。

但是，也有中央银行没有出手相救的情况。例如2008年美联储和财政部共同决定让雷曼兄弟公司破产，这引发了震惊全球的金融危机，甚至可以说是2008年全球金融危机的导火索。然而，美联储也开展了一系列的救助行动，这引发了经济学家的批评。2008年3月14日，美联储（具体是纽约联邦储备银行）通过向摩根大通发放紧急贷款协助其收购贝尔斯登。2008年9月7日，美国财政部接管了房利美和房地美。一方面对这两家公司实施国有化政策，另一方面撤换了这两家公司的管理层。雷曼兄弟公司破产之后，也就是2008年9月16日，美联储向AIG提供紧急贷款。为了避免AIG由于资金短缺而贱卖持有的房地产抵押债券，美联储向AIG购买400亿美元的房地产抵押债券，帮助AIG解决资金短缺问题。批评美联储和财政部对这几家金融机构进行了救助，显然有失公允。不过，也有人声称，当时的美联储和财政部希望找到一位买家来接盘雷曼兄弟公司，却不打算为买家提供资金援助。之所以出现这种局面，是因为美联储和财政部向贝尔斯登、房利美和房地美提供资金援助时备受指责，担心救助雷曼兄弟公司会招致更强烈的指责。美联储主席伯南克曾称，美联储之所以没有向雷曼兄弟公司提供紧急救助，是因为该公司无法提供充足的抵押品，雷曼兄弟公司无法保证未来偿付美联储的紧急贷款。因此，从理论上看，美联储没有对雷曼兄弟公司施以援手是符合"白芝浩原则"的。雷曼兄弟公司破产之后，全球金融市场形势发生了根本性的改变，这迫使美联储和财政部的政策思路发生转变，从而不惜一切代价救助AIG。事后来看，贝尔斯登、房利美、房地美和AIG在陷入危机之时都具有偿债能力，在得到美联储和财政部的救助之后，不仅如数归还了救助资金，还向政府支付了溢价。美国政府没有救助雷曼兄弟公司，是因为其既没有充足的抵押品，也没有足够的时间来筹集抵押品。因此，在现代社会，最后贷款人职能中的"白芝浩原则"仍然是适用的，中央银行对金融机构的救助不是无条件的，不是不计成本的。

图5-1给出了"问题银行"的流动性和清偿力充足与否的四种组合。在不同组合情况下，由哪家机构介入其中，介入之后又会出现什么后果呢？

		流动性	
		充足	不足
清偿力	充足	（1） 实施审慎监管 无须机构介入	（2） 中央银行介入 （最后贷款人）
	不足	（3） 存款保险机构介入，财政部门介入 （问题银行改善经营，存款人没有损失）	（4） 问题银行退出市场 （存款人有损失）

图5-1 介入"问题银行"

（1）在流动性和清偿力均充足的情况下，无须中央银行介入。在这种情况下，监管机构实施审慎监管，避免金融机构出现问题，保障银行体系平稳运行。

（2）在流动性不足、清偿力充足的情况下，中央银行发挥"最后贷款人"职能，向问题银行提供紧急融资。根据白芝浩原则，问题银行应该受到惩罚，中央银行提供高利率的紧急融资。中央银行提供救助的原因是避免产生多米诺骨牌效应。在某些情况下，挽救一家濒临危机的银行，并不仅仅是为了降低该银行的存款人及其股东的损失，更是为了降低其他利益相关方的损失。

（3）在流动性充足、清偿力不足的情况下，为了保证问题银行能够改善经营，可以是官方机构（如财政部或存款保险机构），也可以是私人机构（如其他拟对问题银行实施兼并的机构）介入其中，补充问题银行的资本金，最终的结果是问题银行得以持续经营，存款人没有任何损失。在这种情况下，银行行将倒闭时获得政府援助是否就没有任何代价呢？从各国央行监管的实践来看，一般的结果是股东承担投资损失，银行高管失业。中国出现了一种较为特殊的情况，即从2003年开始，中国人民银行通过动用外汇储备向当时国有商业银行注资的方式，成功实现了国有商业银行的转型。

（4）在清偿力不足、流动性不足的情况下，救助无望时对该问题银行实施破产清算，有序退出市场。遭受损失的不仅有存款人，而且银行股东会遭受投资损失，银行高管会丢掉饭碗，前期财政部门或存款保险部门投入的资金有可能血本无归。此时，监管机构必须对问题银行采取适当的破产处置程序，避免该机构的清算对其他金融机构产生多米诺骨牌效应，波及金融市场的稳定。

从时间顺序上来看，存款保险制度中的存款机构保费缴纳和监管当局实施的审慎监管，属于在金融机构出现流动性或清偿力不足等问题之前的事先防范措施；最后贷款人制度与存款保险机构对存款人的赔付、金融机构的退出机制，则属于在金融机构出现问题之后采取的事后补救措施。以上各项措施构成现代社会的金融安全网（Financial Safety Net）。1986年由国际清算银行最早提出来的这一概念是指，当某个或某类金融机构发生问题时，政府采取各种措施，防止危机向其他金融机构和整个金融体系扩散和蔓延，从而被形象地称为"金融安全网"。

从中国的实践来看，中国人民银行曾经向清偿力不足但尚有一定流动性的技术上已经破产的金融机构提供融资，如对"四大行"不良资产的处理，当然也包括对清偿力不足和流动性都不足的金融机构，以及行政性关闭的金融机构提供紧急性的融资。对于这类技术上已经破产又不能简单地采用退市方法来处理的金融机构，要实现资产重组或资本注入，理论上应该主要由财政部（或存款保险机构）介入，即通过政府的注资使其恢复活力。当时国内存款保险制度尚未建立，财政部又没有足够的财力来填补这个巨大的资金缺口，中国政府只有依靠中央银行对金融机构进行资金援助，其实质就是不良资产的货币化。从其积极作用来看，它不仅仅维护了金融体系的稳定，为问题金融机构经过改制处理后的长远发展和稳健经营打下了基础，而且也是比中央银行发挥"最后贷款人"职能范畴更广的一种融资行为。这种情况的出现，是源于中国经济改革制度不配套，或者说是由中国人民银行代替财政部发挥财政职能形成的。因此，监管当局认为有必要进一步建立和健全中国的金融机构市场化退出机制，为包括民营银行、中小银行在内的整个银行体系的健康发展提供坚实的制度保障。从更广的范围来看，中国政府先后建立了存款保险基金、证券投资者保护基金、保险保障基金、信托业保障基金，形成了银行、证券、保险和信托四大行业的基本公共金融安全保障，这四大基金先后均以公司制方式进行运作。

专栏 5-2

存款保险制度及其在中国的实践

金融机构的损失包括非预期损失（Unexpected Loss）和预期损失（Expected Loss）两大类。非预期损失由金融机构的资本金来抵补，资本充足的标准就是金融机构的资本金足以覆盖各类非预期损失；预期损失主要由各类资产和表外科目的业务产生，金融机构通过计提风险损失拨备（Loss Provision）予以抵补。如果损失拨备不足以覆盖预期损失，就直接冲减金融机构的资本金。人类社会金融发展的历史表明，即使有上述监管措施，也不能排除和避免金融机构的经营失败。因此，如何避免金融机构风险的恶化、完善高风险金融机构的平稳有序退出机制，是政策当局需要考虑的重要问题之一。

对低风险的金融机构，监管当局可以实施早期纠正措施，如限制该金融机构开展某类业务，要求股东增加注资，限制股东权利，整改内控制度，更换高管人员等。对高风险金融机构，监管当局可以采取的措施包括两类：一是对其进行重组；二是吊销该机构的经营执照，实施破产清算。两者的区别在于，实施重组需要获得该金融机构股东，尤其是主要股东的配合，愿意接受新股东进入；破产清算方式则无须股东同意，监管当局如果认为该金融机构没有继续经营的希望，就可以直接撤销其牌照，进入清算程序。在美国 1929~1933 年经济大萧条之后，世界各国政府在处理高风险金融机构时都不会采用直接破产清算的模式，而是采取"购买与承接"（Purchase and Assumption）的方式，即由正常金融机构对问题金融机构进行并购，在买进其全部或部分资产的同时，承担其部分或全部负债，实现被关闭金融机构的清算退出，降低问题金融机构退出市场对金融市场和公众信心的冲击（王兆星，2015）。正常金融机构可以承接问题金融机构的不良资产，但是如果其资金实力有限，问题金融机构仍然会存在资产变现和兑付存款之间的资金缺口，那么如何寻找额外的资金来源呢？1933 年，美国通过了《格拉斯－斯蒂格尔法》（即《1933 年银行业法》），根据这项法律，美国联邦存款保险公司在 1933 年成立，这标志着存款保险制度的问世。二战以后，许多国家和地区陆续引入这项制度，如印度（1961 年）、加拿大（1967 年）、日本（1971 年）和欧洲（1994 年）先后建立存款保险制度。根据国际存款保险机构协会（IADI）的统计数据，截至 2017 年 9 月，全球共有 140 个国家和地区建立了存款保险制度。存款保险制度又称存款保障制度，是在市场经济条件下保护存款人权益的重要措施，是一国金融安全网的重要组成部分。实践表明，存款保险制度在保护存款人权益、及时防范和化解金融风险、维护金融稳定方面发挥了重要作用,已成为各国普遍实施的一项金融业基础性制度安排。

1993年,中国开始研究论证建立存款保险制度的问题。2015年2月,中国政府颁布《存款保险条例》。2015年5月,该条例正式实施。截至2020年9月末,中国受存款保险保障的金融机构共4 025家。根据该条例,中国的存款保险制度有以下几个特征。

第一,投保机构的范围以具有法人资格的银行业金融机构(不管是中资还是外资)为主,分支机构不在其列。换言之,在中国境内注册的具有法人资格的外资商业银行,也在中国的存款保险范围之内;相反,境外法人银行在中国境内的分支机构,则不参与存款保险。同理,境内中资银行业金融机构在境外设立的分支机构也不适用于该条例。同时,中国人民银行授权参加存款保险的金融机构使用存款保险标识。

第二,保护对象和限额偿付的标准。该条例覆盖了存款类金融机构的人民币和外币存款,包括个人储蓄存款和企业及其他单位存款的本金和利息,仅金融机构同业存款以及其他个别类型的存款除外,如银行的理财产品并不包括在存款保险的范围之内,不论是保本理财产品还是非保本理财产品。该条例将存款保险的最高偿付限额设为50万元,这是2015年中国人均GDP(4.93万元)的近10倍,高于国际一般水平,客户覆盖率为99%。这体现了其保护中小储户资金安全的设计宗旨。

第三,存款保险基金的缴纳、管理和使用。存款保险基金的基本职能是,收取存款类机构缴纳的存款保险费之后,为储户限额内的存款提供安全保障。存款保费由金融机构缴纳,与存款人无涉。因此,保费是存款机构的成本。存款保险基金由中国人民银行开立专门账户,分账管理,单独核算。2016年,中国人民银行初步实施了基于风险的差别费率,即对风险较高的机构适用较高费率,反之适用较低的费率。采用这种基于风险的经济手段,可以促使银行审慎经营和公平竞争。2016年存款保险基金专户共归集保费204.71亿元,利息收入2.38亿元。2019年5月24日,存款保险基金管理有限责任公司正式成立,注册资本100亿元。在2019年包商银行的风险处置过程中,监管当局就使用了存款保险基金。当然,在救助过程中监管当局还动用了中央银行的资金,最大限度地保障了存款人和客户的合法权益。

第四,存款保险制度的出台和实施,对存款人的保障进一步增强,中小银行的存款市场份额不断攀升,截至2020年9月,较制度推出时上升了2.5个百分点。2017年以来,在加强风险监测、实施风险差别费率的基础上,依据《存款保险条例》探索对风险比较高的机构采取早期纠正措施,及时向监管部门、地方政府反映和报告风险,推动风险少发生、早发现、早处置。

5.2.2 经济发展过程中的其他功能

除了履行"最后贷款人"职能时向金融机构提供流动性之外,在某些情况下,中央银行还发挥流动性支持、经济结构调整和不良资产货币化的功能。

第一,经济发展过程中的流动性支持功能。这里所说的流动性支持功能,不是在紧急情况下中央银行对金融机构的流动性支持,而是在经济发展的初级阶段(起飞阶段),中央银行因缺乏其他流动性的注入渠道,通过向金融机构提供融资,发挥为整个金融体系提供流动性的主渠道作用。例如,1984年中国人民银行正式履行中央银行的职能,再贷款是其注入流动性的重要政策工具。与之相配套的政策工具还有在当年开始实施的法定准备金制度。这两项政策工具从中央银行资产负债表的资产方和负债方分别发挥作用。前者向银行体系提供流动性,后者旨在收缩银行体系的流动性。因此,再贷款的流动性支持主要体现为中央银行向当时四大专业银行提供资金,如年度铺底性贷款、季节性贷款和临时贷款等。

第二,经济转型过程中的结构调整功能。在经济转型国家,为了实现缩小地区间发展差异、稳定就业等目标,中央银行通过发放专项贷款的模式替代财政部门发挥作用。以中国为例,在改革开放初期,为支持革命老区、少数民族地区和边远山区发展商品经济,实现脱贫致富,以及适应沿海港口城市经济开发的特殊需要,中国人民银行向各家金融机构提供过专项贷款,主要包括"老、少、边、穷地区发展经济贷款""地方经济开发贷款""购买外汇额度人民币贷款""十四个沿海港口城市及经济特区开发性贷款""贫困县县办工业贷款""黄金开发专项贷款""外汇抵押人民币贷款""扶持贫困地区专项贴息贷款"等。再贷款的发放方式有直接发放、委托发放、组织银团发放三种(中国人民银行资金管理司,1990:198)。这些专项贷款的利率相对较低,期限一般为1~3年,少数为4~5年。除此之外,在1989年中国经济陷入低迷之后,中国人民银行对特定国有企业在特定时段发放了特定数量并指定用途的贷款,这种贷款又称"戴帽贷款"(俗称"点贷")。这在当时是一项应急性的安排,也是一种信贷倾斜政策。在实际操作过程中,一般由中国人民银行带资金、带规模发放给指定的国有企业。

第三,为保障金融稳定、促进金融机构改革实施的不良资产货币化。为解决工、农、中、建四大行的不良资产问题,在1999~2000年期间,中国成立了四家资产管理公司,用以收购四家银行历年来累积的不良贷款,其总额达到14 000多亿元(见表5-3)。根据学者们的研究,在这一过程中,中国人民银行对资产管理公司曾予以部分融资,总额超过了6 000亿元人民币(阎坤和陈新平,2004;陶士贵,2006)。这部分资金体现在中国人民银行资产负债表的资产方,不论体现在哪一个科目,实质上都是不良资产的货币化。

表5-3 四家资产管理公司收购的政策性不良资产

公司名称	成立日期	资本金(亿元)	剥离资产来源	剥离额(亿元)
华融资产管理公司	1999年11月1日	100	中国工商银行	4 077
长城资产管理公司	1999年10月18日	100	中国农业银行	3 458
东方资产管理公司	1999年10月15日	100	中国银行	2 812
信达资产管理公司	1999年4月20日	100	中国建设银行、国家开发银行	3 944
合计		400		14 291

注:2005年3月25日唐双宁在中国金融学会2005学术年会上发表题为"关于国有商业银行改革的几个问题"的演讲中提到,1999~2000年四家银行已经剥离了13 939亿元不良资产。这与上面的14 291亿元小有出入。

资料来源:http://www.cinda.com.cn/news/2006-01-05_714473_2629824.

2003年以来，为保证国有商业银行的改制上市，四家金融资产管理公司还收购了部分不良资产，中国人民银行在这一过程中先后予以融资。从表面上看是资产管理公司出资收购商业银行的不良资产，但其资金来源由中央银行提供，国有商业银行将出售不良资产获得的收入用于购买3年期和5年期不可转让的专项中央银行票据（专项央票），最终相当于冻结了中央银行提供的流动性3年或5年。各家金融机构的资产负债表如表5-4所示。简言之，在上述不良贷款的收购过程中，如果没有中央银行的再贷款支持是无法完成的。

表5-4　2003年以来国有商业银行股改上市过程中各方资产负债表的变化

资产管理公司（AMC）资产负债表		中央银行资产负债表		国有商业银行资产负债表	
资产	负债	资产	负债	资产	负债
在央行存款 100（1） −100（2） 不良资产 100（2）	央行再贷款 100（1）	对AMC债权 100（1）	AMC存款　　100（1） 　　　　　−100（2） 商业银行存款 100（2） 　　　　　−100（3） 专项央票　　100（3）	不良资产 −100（2） 在央行存款 100（2） −100（3） 专项央票　100（3）	

注：以商业银行出售净值为100亿元不良资产为例。在表中，（1）中央银行向AMC提供再贷款100亿元；（2）AMC向国有商业银行买进不良贷款100亿元；（3）国有商业银行买进专项央票100亿元。

我们将中国银行、中国建设银行和中国工商银行通过专项央票这一间接渠道获得的中央银行融资汇总如表5-5所示。

表5-5　国有商业银行股份制改造过程中以专项央行票据形式获得的融资额

接受注资的银行	接受注资的具体细节
中国银行	2004年6月出售净值为734.30亿元的不良贷款，获得等额的5年期专项央票
	2004年6月出售净值为181亿元的政策性资产，获得等额的3年期专项央票
中国建设银行	2004年6月出售1 289亿元的不良贷款，获得633.54亿元5年期专项央票
	2004年6月出售净值为210亿元的政策性资产，获得等额的3年期专项央票
中国工商银行	2005年6月出售可疑类资产4 590亿元，获得4 304.65亿元5年期的专项央票

资料来源：根据各家机构的年度报告和招股说明书汇总得到。

第四，在金融动荡的背景下为稳定市场提供的流动性。如前所述，在2005年和2015年金融市场发生异常动荡的时期，中国人民银行对特定的证券公司提供了流动性支持。这类似于中央银行履行"最后贷款人"职能，只不过贷款对象不是传统的商业银行，而是证券公司。

综上所述，中国人民银行履行中央银行职能之初，其资产业务（再贷款）不仅是当时中央银行向整个银行体系提供流动性最主要的方式，而且还是其发挥"结构调整"功能的重要通道。与此同时，在金融机构改制过程中，中国人民银行通过买入不良资产发挥了"不良资产货币化"的功能。在金融市场发生紧急情况时，中国人民银行向问题银行或者问题证券公司提供流动性发挥"最后贷款人"职能。

5.3　中央银行主导清算业务

从全球范围来看，各国中央银行都主导本国的银行资金清算系统。为何资金清算都是由中央银行来主导？其中的原理何在？

在中央银行出现之前，各金融机构如何清算彼此的债权和债务？一般来说，各家商业银行通过转移双边账户中的资金来完成清算，最后的净差额进行商品货币（金或银）交割（即运输黄金、白银等商品货币）。在中央银行出现之后，各家商业银行通过划转其在中央银行的资金（超额准备金）来完成清算，由此形成了中央银行主导金融体系清算业务的局面。各家商业银行通过交易彼此在中央银行账户上的资金，形成同业拆借市场。对于商业银行而言，从过去的在若干家商业银行开立同业账户改为只需要在中央银行开立一个账户，如此节约了流动性，减少了资金占用，提高了利润空间。此外，中央银行通过政策工具调控各家商业银行在中央银行账户上的资金，实现对整个银行体系流动性的控制。下面简要介绍不同的账户开立模式。

5.3.1 相互开立往来账户模式

在中央银行出现之前，各家商业银行清算彼此间的债权债务主要通过相互开立往来账户的模式。下面以 A、B 两家银行为例来分析。例如，A 银行在 B 银行开立"存放同业"账户，又称为"往账账户"（Nostro Account，Nostro 来自意大利语，意为"我们的"），在这个账户存有一笔资金，这笔资金是 A 银行的资产，是 B 银行的负债，属于 B 银行的"同业存放"账户，该账户又称为"来账账户"（Vostro Account，Vostro 也来自意大利语，意为"你们的"）。A 银行被称为往账行，B 银行被称为来账行。往账行有权使用和支配往账账户里的资金，来账行按照往账行的支付指令进行处理，在提供这种清算服务的同时也对此进行收费，甚至可以对往账行提供透支服务。同样，如果 B 银行在 A 银行开立同业账户，并存有一笔资金，那么此时 B 银行被称为"往账行"，A 银行被称为"来账行"。下面给出 A、B 两家银行资产负债表的各类账户。

DD_A——客户在 A 银行持有的活期存款；

DD_B——客户在 B 银行持有的活期存款；

VD_A——B 银行持有的 A 银行的来账存款；

VD_B——A 银行持有的 B 银行的来账存款；

ND_A——B 银行在 A 银行的往账存款；

ND_B——A 银行在 B 银行的往账存款；

OA_B——B 银行资产负债表上的其他资产；

OA_A——A 银行资产负债表上的其他资产；

OL_B——B 银行资产负债表上的其他负债；

OL_A——A 银行资产负债表上的其他负债；

TA_A 或 TA_B——A 银行或 B 银行的全部资产；

TL_A 或 TL_B——A 银行或 B 银行的全部负债。

如表 5-6 所示，对于 A 银行来说，资产方有对 B 银行的往账 ND_B 和其他资产 OA_A，总资产是 TA_A；负债方是客户存款 DD_A、B 银行的来账 VD_B 和其他负债 OL_A，总负债为

TL_A。B 银行的资产负债表也做同样理解。这里假定不存在中央银行，也不缴存法定准备金。根据两家银行往来账户之间的关系，有以下关系存在：$ND_B = VD_A$；$ND_A = VD_B$。

表 5-6　相互设立往来账户的两家银行资产负债表

A 银行资产负债表		B 银行资产负债表	
资　产	负　债	资　产	负　债
ND_B	DD_A	ND_A	DD_B
OA_A	VD_B	OA_B	VD_A
	OL_A		OL_B
TA_A	TL_A	TA_B	TL_B

下面通过一个简单的例子来说明往账和来账的变化关系。假设 B 银行的客户向 A 银行的客户支付 500 万元。显然，此时 B 银行的客户存款下降 500 万元，A 银行的客户存款增加 500 万元。那么，A 银行与 B 银行之间如何处理这笔业务呢？最简单的办法就是商业银行的客户直接采取现金清算。如表 5-7 所示，B 银行通过变动现金（这里反映为其他资产科目的变化），向 A 银行完成 500 万元客户存款的清算。因此，B 银行的现金资产与客户负债均下降 500 万元，A 银行的现金资产与客户负债均增加 500 万元。同样，如果只是计算两家银行的客户存款，其总额保持不变。在这种模式下，两家银行的往来账户并没有发生变化。然而，这种直接交割现金的方式过于烦琐、效率低下且现金运输存在安全问题。这个问题在同城交易过程中还不是那么明显，但是在异地交易过程中就显露无余。

表 5-7　现金清算模式　　　　　　　　　　　　　　　　　单位：万元

A 银行资产负债表				B 银行资产负债表			
ND_B		DD_A	+500	ND_A		DD_B	−500
OA_A	+500	VD_B		OA_B	−500	VD_A	
		OL_A				OL_B	
TA_A	+500	TL_A	+500	TA_B	−500	TL_B	−500

为了降低风险，各家商业银行采取彼此开立账户的模式。

模式一：A 银行愿意以增加其在 B 银行来账存款的形式接受付款时，A 银行的往账存款资产和 B 银行的来账存款都增加了 500 万元，A 银行的资产总额和负债总额则各增加了 500 万元（见表 5-8）。B 银行的资产负债总额保持不变，但是其负债结构发生变化，客户存款下降 500 万元的同时同业存款增加 500 万元。如果只是计算两家银行的客户存款，其总额保持不变。如果还计算同业存款（即 B 银行来账账户的余额），则两家银行的存款总额增加 500 万元。

表 5-8　B 银行通过本行来账存款增加方式完成资金转移

单位：万元

A 银行资产负债表				B 银行资产负债表			
ND_B	+500	DD_A	+500	ND_A		DD_B	−500
OA_A		VD_B		OA_B		VD_A	+500
		OL_A				OL_B	
TA_A	+500	TL_A	+500	TA_B		TL_B	

模式二：B 银行减少在 A 银行的同业存款（往账余额）。A 银行的资产负债总额不发生变化，但是负债结构发生变化，客户存款增加 500 万元的同时，同业存款下降 500 万元（见表 5-9）。B 银行的资产与负债同时下降 500 万元。同样，如果只是计算两家银行的客户存款，其总额保持不变。如果还计算同业存款（即 A 银行来账账户的余额），则两家银行的存款总额减少 500 万元。

表 5-9　B 银行通过本行往账存款减少方式完成资金转移

单位：万元

A 银行资产负债表			B 银行资产负债表		
ND_B	DD_A	+500	ND_A	−500	DD_B	−500
OA_A	VD_B	−500	OA_B		VD_A	
	OL_A				OL_B	
TA_A	TL_A		TA_B	−500	TL_B	−500

发生多笔业务之后，一家商业银行就会占用另一家商业银行的资金。假定 B 银行的来账存款的变化额大于其往账存款的变化额，则 B 银行有净的同业存款，相当于 B 银行占用了 A 银行的资金。B 银行可以利用 A 银行成本较低的负债，去持有收益率更高的其他资产，这提高了 B 银行的利润。长此以往，A 银行必然提出反对意见。当 B 银行占用 A 银行的资金达到一定规模时，A 银行就会要求 B 银行通过现金交割的方式来降低这类同业存款的净差额。

5.3.2　在中央银行开立账户模式

伴随着交易规模和参与银行数量的不断增加，相互开立往来账户的模式存在两大缺陷。一是清算效率低下。每家银行都需要在其他银行开立同业账户，大量资金被占用，这降低了利润空间。二是存在交易对手方的违约风险。若资金占用方银行出现破产，被占用方则面临资金无法收回的金融风险。采用何种方式可以规避以上两点不足呢？在众多的商业银行中独立出一家机构专门从事清算工作，且每家商业银行都在该机构中开设往账账户，各家商业银行通过划转在这家专门机构的往账账户资金来实现最终的资金清算。发挥这一功能的机构就具备了现代中央银行的雏形。为了说明这一点，下面给出中央银行和两家商业银行的资产负债表的主要科目。

　　BL——中央银行对商业银行的贷款；

　　CC——中央银行的现钞负债（纸币与铸币）；

　　GS——中央银行的政府债券；

　　RA_A——A 银行在中央银行的准备金账户余额；

　　RA_B——银行 B 在中央银行的准备金账户余额（见表 5-10）。

表 5-10　采用中央银行清算模式下各方资产负债表　　　　　　单位：万元

中央银行资产负债表		A 银行资产负债表		B 银行资产负债表	
GS	RA_A	RA_A	DD_A	RA_B	DD_B
BL	RA_B	OA_A	OL_A	OA_B	OL_B
	CC				
TA	TL	TA_A	TL_A	TA_B	TL_B

仍然沿用前面的例子，B 银行的客户向 A 银行的客户支付 500 万元。在 A 银行和 B 银行都在中央银行开设准备金账户，并且拥有足够的余额来完成支付 500 万元的情况下，中央银行、A 银行和 B 银行的资产负债表的变化（见表 5-11）。

表 5-11　B 银行超额准备金充足情况下的资金清算　　　　　　单位：万元

中央银行资产负债表		A 银行资产负债表		B 银行资产负债表	
GS	RA_A　+500	RA_A　+500	DD_A　+500	RA_B　−500	DD_B　−500
BL	RA_B　−500	OA_A	OL_A	OA_B	OL_B
	CC				
TA	TL	TA_A　+500	TL_A　+500	TA_B　−500	TL_B　−500

对比转账之前各家机构的资产负债表，中央银行的资产不发生变化，但是负债结构发生了变化。A 银行的资产与负债均增加 500 万元。B 银行的资产负债均下降 500 万元。这种模式与现金清算模式效果相同。

现在假定 B 银行在中央银行的往账账户中的资金不足（假设为 0），为了完成交易，中央银行对 B 银行提供 500 万元的融资。对比各家金融机构的资产负债表，中央银行资产和负债均增加 500 万元，资产是对 B 银行提供的短期贷款，负债是 A 银行准备金账户中增加的 500 万元存款（见表 5-12）。所以，此时整个银行体系的准备金由于中央银行的融资而增加了 500 万元。对于 A 银行来说，其资产与负债均增加 500 万元的货币存款。对于 B 银行来说，资产方保持不变，负债方结构发生变化，客户存款下降的同时，从中央银行获得的短期贷款增加了，但是负债总额不变。

表 5-12　B 银行超额准备金不足情况下的资金清算　　　　　　单位：万元

中央银行资产负债表		A 银行资产负债表		B 银行资产负债表	
GS	RA_A　+500	RA　+500	DD_A　+500	RA_B	DD_B　−500
BL　+500	RA_B	OA_A	OL_A	OA_B	BL_B　+500
	CC				OL_B
TA　+500	TL　+500	TAA　+500	TL_A　+500	TA_B	TL_B

如果商业银行的数量进一步增加，就更加可以体现出中央银行清算模式的高效。假设整个商业银行体系由 A、B、C、D 四家银行组成，并且它们之间相互有业务往来，某日其代客户收付的具体金额如表 5-13 所示。四家商业银行的交易总额为 4 970 万元（仅以各家银行的收入额或支付额单边计算）。

表 5-13　由四家商业银行组成的银行体系的交易明细　　　　单位：万元

支出	收入				
	A	B	C	D	合计
A	—	600	750 ①	180	1 530
B	500	—	260	270	1 030
C	400 ③	560	—	350	1 310
D	260 ②	280	560	—	1 100
合计	1 160	1 440	1 570	800	4 970

账户数量的对比。在相互开立账户模式下，每一家银行需要在其他行开立 3 个往账账户，同时为其他行开立 3 个来账账户。因此，四家商业银行的往来账户达到 24 个。在中央银行模式下，每家银行只需要在央行开立 1 个往账账户（即超额准备金账户），无须在其他商业银行开户。各家商业银行需要开立的账户数量明显下降。

清算笔数的对比。假设每家银行对其他银行均有 1 笔支付（最简单的情况）。这意味着每家商业银行也会从其他三家银行收到 1 笔款项。对于 A 银行来说，该银行从其他三家银行得到的总收入为 1 160 万元（500+400+260），同时向其他三家银行的总支出为 1 530 万元（600+750+180）。以 B 银行为例，该银行从其他三家银行得到的总收入为 1 440 万元（600+560+280），同时向其他三家银行的总支出为 1 030 万元（500+260+270）。其余类推。如果四家银行采取两边清算的模式，A 银行从 B 银行的收入与对 B 银行的支付轧差之后，A 银行净收入 100 万元（600-500）；A 银行对 C 银行净收入 350 万元（750-400），A 银行对 D 银行净支出 80 万元（180-260）。在这种双边净额（Bilateral Netting）结算模式下，每家银行的业务量下降为 3 笔。由于是双边记录（收付款银行同时记录），业务总量为 12 笔。如果是计算变化的净额，则是 6 笔。

如果采用中央银行模式，各家商业银行在中央银行开户，中央银行就相当于这四家银行的共同对手方，余额在轧差计算后变化如下：A 银行超额准备金将减少 370 万元（1 160-1 530），B 银行将增加 410 万元（1 440-1 030），C 银行将增加 260 万元（1 570-1 310），D 银行将减少 300 万元（800-1 100）。四家商业银行的超额准备金变化额加总后为零。在这种多边净额（Multilateral Netting）结算模式下，每家银行的业务量均为 1 笔，即在央行的准备金账户上进行增减，整个系统的业务量则为 4 笔。

除了清算效率之外，考虑各家商业银行的流动性风险，何种模式最为高效呢？仍然以 A 银行为例，在该交易日，A 银行的单笔支付的最大额度是对 C 银行的 750 万元，如果其准备金账户中的余额在营业开始时只有 100 万元，且该笔业务为当日的第一笔业务，A 银行就面临流动性不足的局面。在没有中央银行的制度下，上述清算业务将出现阻断。在中央银行模式下，可以通过中央银行对 A 银行提供临时性融资（日间融资）来完成清算工作。

目前，世界上主要的清算系统，中央银行都是其主要的设计者、管理者和规则的制定者。发展到今天，中央银行主导的清算系统朝着两个方向发展：一是为了确保交易双方的资金安全，采取了全额实时结算（Real Time Gross Settlement，RTGS）系统；二是为了提高清算效率，减少资金占用，可以采用延迟净额结算（Delayed Netting Settlement，DNS）系统。

何谓 RTGS 系统？仍然以上面的例子为基础。表 5-13 中共有 12 笔业务，以 A、B 两家银行为例，既有 A 银行支付给 B 银行的 600 万元，又有 B 银行支付给 A 银行的 500 万元。这两笔业务分别操作，不可以相互轧差。假定 A 银行在营业日开始前，其在中央银行的超额准备金只有 100 万元。如果当天 A 银行的第一笔是支付 750 万元给 C 银行，那么由于其流动性不足，无法支付。如果客户急于完成这笔交易，A 银行必须以持有的国债等资产作为抵押，向中央银行申请日间贷款 650 万元。不然，该笔业务就必须继续在系统中等待。A 银行的第二笔是从 D 银行收入 260 万元，其超额准备金的余额上升至 360 万元，仍然无法支付 750 万元，必须继续等待。A 银行的第三笔是从 C 银行收入 400 万元，此时其超额准备金的余额为 760 万元，可以支付第一笔 750 万元。在这种模式下，由于各参与行不能够进行相互轧差交易，因此系统的计算量大。同时，各家银行都必须持有足够的流动性，才能完成同业清算的工作。

何谓 DNS 系统？以 A 银行为例，该行当日总收入为 1 160 万元，总支出为 1 530 万元，净支出 370 万元；以 B 银行为例，该行当日总收入 1 440 万元，总付出 1 030 万元，净收入 310 万元。其余类推。采用 DNS 系统，就是在营业终了之前，经过系统轧差之后，整个系统的净支付额就是 4 笔，相较于 RTGS 系统，计算量大大降低了。由于可以轧差计算，各家银行也可以减少持有的流动性。仍然以 A 银行为例，在营业开始前，有超额准备金 100 万元，当日需要净支出 370 万元，只需要向中央银行借入 270 万元即可。相较于 RTGS 系统下 650 万元的融资，其规模已经显著下降。

综上所述，采用中央银行模式完成各家商业银行的清算：一是减少清算业务的数量（账户数量和清算笔数），不仅可以减少商业银行的资金占用，而且提高了清算效率；二是可以降低各家参与行的违约风险。用现代经济学的语言来说，中央银行扮演了各家商业银行交易对手方的角色。中央银行的这一地位是由它对账户持有者不构成任何信用风险的独特地位决定的。因此，中央银行承担金融机构的清算功能是历史的必然。正因为中央银行在清算过程中的地位如此重要，格林斯潘才如此评价："如果你试图瘫痪美国的经济，只需要废掉它的支付系统就可以。"对于任何一家中央银行而言，均是如此。

5.3.3　超额准备金与同业拆借

从单个商业银行来看，其现金头寸包括以下三项：（1）在中央银行的超额准备金存款余额，也称往账余额；（2）在其他商业银行的往账余额（如在国外商业银行的外币现金头寸）；（3）持有的现钞和硬币。银行现金管理（Cash Management）的目标是持有合理数量的现金或非生息资产。一般而言，商业银行会尽量只持有最低限额的现金头寸，多余部分尽量拆借给其他金融机构。所谓银行同业拆借，是指各家商业银行相互拆借其在中央银行的超额准备金。由于准备金是中央银行的负债，所以它们又被称为"中央银行货币"。

假定有 A、B 两家商业银行，都在中央银行开立准备金账户。在营业终了之前，A 银行在中央银行的超额准备金余额无法满足清算的需要；相反，B 银行在中央银行的超额准备金足以满足清算的需要。此时，B 银行向 A 银行借出部分超额准备金，既可以满足 A 银行的需要，又可以提高 B 银行的资产收益水平。假设两家商业银行拆借的是隔夜资金，隔夜同业拆借利率的范围是多少呢？如果隔夜拆借利率低于中央银行支付超额准备金的利率，B 银行将不会将资金借给 A 银行；如果隔夜拆借利率高于中央银行提供的短期再贷款利率，那么 A 银行将直接向中央银行申请贷款，而不会向 B 银行求助。该约束条件就形成了同业拆借利率的上下限，即所谓的利率走廊模式，即银行隔夜同业拆借利率的上下限分别为中央银行隔夜再贷款利率和超额准备金在中央银行的存款利率。

5.3.4 支付、支付工具与支付机构

在互联网时代，伴随着各类银行卡的发行、新型支付工具的出现和各类金融业务的创新，由商业银行包揽客户支付结算的大一统格局被打破，新型的网络支付规模和速度骤增，并且正在蚕食传统的银行支付结算领域。然而，鲜有资料详细阐述支付、结算和清算之间的差异。下面首先介绍支付（Payment）、支付工具与支付机构。

在中国传统的计划经济时代，买卖双方的资金收付基本上通过商业银行来完成。因此，在传统的银行业实务中，支付结算是作为一个概念来理解的，即支付结算是指单位、个人在社会经济活动中使用票据、信用卡和汇兑、托收承付、委托收款等结算方式进行货币给付及其资金清算的行为（见银发［1997］393 号文《支付结算办法》）。随着经济的快速发展，支付与结算的概念也发生了变化。支付是一种行为，即当事人委托商业银行或第三方支付平台完成收付款的行为。同时，支付工具也越来越多，办理支付业务的机构也越来越多。

支付工具大体上可以分为现金支付和非现金支付两大类。按照支付的方向来分，可以分为借记业务、贷记业务和第三方业务⊖；按照支付的介质来看，不仅有传统的纸基支付工具（以纸张为介质，以各种票据为代表，如现金支票、转账支票、商业汇票、银行汇票、银行本票等），而且有以银行卡为主要形式的卡基支付工具（如借记卡、贷记卡），还出现了无卡化的新型支付工具（指纹支付、扫码支付、人脸识别支付等）。

在传统上，办理支付的机构主要是商业银行。随着 20 世纪 90 年代以来国内信用卡业务、外汇业务和其他各种金融创新的出现，尤其是股票市场的建立与发展、金融衍生品市场的出现，经济主体之间的交易（Transaction）不再局限于传统的商品交易，证券买卖业务、外汇买卖业务，甚至是金融衍生品的交易日益频繁。办理支付业务的机构类型已经不限于传统的商业银行，新型的机构已经介入支付业务。1996 年，美国诞生了全球首家第

⊖ 借记业务是收款人发起的支付业务，如支票委托收款，最终借记付款人账户的业务。贷记业务是付款人发起的支付业务，如汇兑业务，最终贷记收款人账户的业务。第三方业务就是由第三方发起的支付业务，即收款人、付款人和第三方事先签订协议，约定由第三方代表收款人或者付款人发起支付指令。

三方支付公司，以 PayPal 为代表的第三方支付平台发展最为典型。在中国，第三方支付以依托阿里巴巴的支付宝、以腾讯为后盾的微信支付为代表。所谓第三方支付平台，买方选购商品后，使用第三方平台提供的账户进行货款支付，由第三方通知卖家货款到达、进行发货；买方检验物品后，就可以通知第三方平台付款给卖家，第三方根据这一指令再将款项转至卖家账户。从资金收付和运行的角度来看，第三方支付并没有取代商业银行来完成客户最终的资金转移，而是在客户和商业银行之间增加了一个连接四方（买方、卖方、收款方银行和付款方银行）的平台。该平台一方面为买方和卖方提供了虚拟账户，记录买卖双方的商品交易，另一方面同时在收款方银行和付款方银行开立账户，完成买卖双方的资金收付。最终的结果是第三方支付机构在收款方银行和付款方银行的账户中的资金余额发生了变化，买家在付款方银行账户的资金下降，卖家在收款方银行账户的资金增加（见表 5-14）。

表 5-14 通过第三方支付平台完成的交易

买家		卖家		收款方银行		付款方银行	
资 产	负 债	资 产	负 债	资 产	负 债	资 产	负 债
商品　　＋		商品　　－			卖家　　＋		买家　　－
银行存款－		银行存款＋			第三方支付机构		第三方支付机构＋

综上所述，传统意义上的"支付结算"是基于银行的角度，目的是为客户完成资金的收付，包括现金结算和非现金结算两大类方式。伴随着经济增长和业务类型的多样化，目前"支付"的概念已经发生变化。传统的支付方式是当事人委托商业银行来完成，现在的支付方式则更加多元化。第三方支付表面上是由当事人委托第三方支付平台来完成，实际上仍然离不开商业银行系统，且资金并没有离开银行体系。

5.3.5 结算与清算

随着国债市场、股票市场、外汇市场、银行间市场、期货交易所（上海期货交易所、郑州商品交易所、大连商品交易所、中国金融期货交易所）的迅速发展，为完成上述市场各种商品和国债、股票、外汇等金融证券的交易，不仅要完成各种商品和国债、股票等的交割（Delivery），同时要完成交易双方资金的划转，整个交易过程涉及的机构就更多了。

在传统认识上，"结算"是指经济主体采用各种支付方式通过商业银行完成资金的收付。因为商业银行代理客户完成资金收付，所以商业银行之间会产生相应的债权债务关系。商业银行之间想要了结债权债务关系，就必须通过中央银行来实现。因此，传统意义上的"清算"是指商业银行通过中央银行的支付系统（即前文提到的"在中央银行开立账户模式"）完成彼此的资金收付。简言之，全社会的债权债务了结分为两个层次：第一个层次是经济主体以其在商业银行的存款为基础进行债权债务的了结，第二个层次是金融机构以其在中央银行的存款为基础进行债权债务的了结，后者是前者的基础。第一层次的交易称为"结算",第二个层次的交易称为"清算"。然而,随着证券买卖、外汇买卖等业务的出现,"结算"和"清算"的概念出现了新的变化。

在英文文献中,"Clearing"有时译作"清算,出清",如"Market Clearing"就译作"市场出清";Settlement 常常译作"结算"。当然,也存在相反的情况,如国际清算银行的英文就是"Bank of Settlement"。在交易的整个过程中,是结算在前、清算在后,还是清算在前、结算在后呢?这两个英文术语到底该如何翻译呢?

美联储 2016 年出版的《美联储:目标与职能》(*The Federal Reserve System*: *Purposes & Functions*)一书对这两个术语的解释是,"Clearing 是收款人银行和付款人银行之间信息的转移和证实,Settlement 是收款人银行和付款人银行之间资金的实际转移"。按照国际清算银行的解释,支付(Payment)过程分为三个阶段——"Transaction""Clearing""Settlement"。"Transaction"过程包括支付的产生、确认和发送,也就是交易各方对各自收付款身份的确认、对支付工具的确认、对支付能力的确认。"Clearing"过程包含交易双方的金融机构计算彼此待结算的金额,进行交易撮合、交易清分和数据收集等。"Settlement"过程就是交易双方金融机构完成债权债务最终转移,包括确保资金的可用性,在法律意义上了结金融机构之间的债权债务关系,并通知交易各方成交的结果。从上述定义来看,"Clearing"在前,"Settlement"在后。"Clearing"应该译为"清算","Settlement"应该译为"结算"。如前所述,"Settlement"又分为 RTGS 和 DNS 两种模式。前者要求每一笔交易即时完成资金的收付,因此支付双方面临的风险小,但是付款方金融机构就必须持有一定规模的流动性,以满足资金支付的需求。后者是每隔一段时间(或者在营业终了之前),将这段时间内(或者营业日内)发生的所有交易轧差计算,得到参与各方的收款(或付款)净额,该模式可以节约付款方金融机构的流动性,降低支付频率。除此之外,还有术语"Liquidation"也译为"清算",是指公司出现资不抵债后,根据《公司法》对该公司进行清盘的法律过程,在这个过程中,公司变现其资产,用于对公司员工、各类供应商和债权人的各类偿付,最后偿还股权投资者。本章所指的清算与这个含义完全不同。

站在交易方个体的角度来看,根据交易对象的不同,目前主要有 PVP、DVP 两种模式,其目的都是使交易双方权益不受损失,同时风险可控。

第一种模式:同时支付(Payment versus Payment,PVP),国内业界通常也译作"同步交收"。这是国际金融市场上外汇交易过程中普遍接受的原则,它是指交易双方在支付某种货币的同时,收到对方支付的另一种货币。换言之,同时支付模式是指交易一方的支付当且仅当对方支付时才发生。这种模式的诞生与历史上曾经出现的赫斯塔特风险相关。也就是说,在外汇交易中,由于交易日和结算日之间存在着时差(或者是时滞),甲银行向乙银行支付了 A 货币,乙银行本该向甲银行支付 B 货币,但是乙银行在支付 B 货币之前,出现了破产或者被监管当局吊销了执照,这样甲银行就无法收到 B 货币,但是又已经支付了 A 货币。所以对甲银行来说,就面临着损失,这就是赫斯塔特风险。正因为外汇交易过程中出现了赫斯塔特风险,所以 PVP 模式才日渐流行起来,这可以降低交易双方的风险。

在外汇交易过程中，有即期外汇交易（Spot Exchange Transaction）和远期外汇交易（Forward Exchange Transaction）之分。即期外汇交易是指外汇买卖双方成交后在两个营业日内进行外汇交割。外汇的交割模式有当日交割（T+0）、隔日交割（T+1）和即期交割（T+2）三种情况。国际外汇市场通常采用T+2模式。远期外汇交易也称为"期汇交易"，是指按照合约规定的汇率在未来某个日期进行实际交割。除此之外，还会出现"Tod Value Transaction"和"Tom Value Transaction"（Tod是Today的简写，Tom是Tomorrow的简写）两个术语，分别译为"当日结算交易"和"隔日结算交易"，前者是指当天交易，资金当天进行划转，并且资金当天可以使用；后者指当天交易，资金要第二天划转，并且资金在第二天才可以使用。

第二种模式：钱券对付（Delivery versus Payment，DVP），国内业界通常也译作"货银两讫"。这是证券交易过程中普遍采用的模式，其含义是当且仅当证券的最终交割发生时，货币的最终支付才发生。换言之，在支付证券的同时就收到资金，在收到证券的同时支付资金。证券在交易双方的换手可以称为"交割"（Delivery），因此这是在证券交易中经常采用的模式。如交易方未能足额履行应付证券或资金交收义务的，不能取得相应的资金或证券。在证券交易中，也有所谓"T+0"或"T+1"模式，这具体细分为交易模式和结算模式。"T+0"交易模式是指投资者当天卖出股票获得的资金在当天就可以买入股票、当天买入的股票在当天就可以卖出，其正式名称为"当日回转交易"。"T+0"结算模式是指证券买卖成交实际发生当天证券完成交割、资金完成清算。中国证券市场采用"T+1"模式，即在证券成交后的第二个工作日完成资金清算和证券交割。目前，中国A股市场通常采用"T+1"交易、"T+1"结算模式，而美国等海外市场大部分是"T+0"交易、"T+2"结算模式。

综上所述，金融业务发展到今天，清算和结算已经发生了很大的变化。支付（Payment）依次包括了交易（Transaction）环节、清算（Clearing）环节和结算（Settlement）环节。可以明确的是，清算环节涉及交易过程中的信息流，结算环节涉及交易过程中的资金流。在整个支付过程中，清算环节在前，结算环节在后。

专栏5-3

支付系统与金融基础设施

《中国支付体系发展报告》（2006）指出，"支付体系是实现资金转移的制度和技术安排的有机结合，主要由支付系统、支付工具和支付服务组织及支付体系监管等要素组成。其中，支付系统是支撑各种支付工具应用、实现资金清算并完成资金转移的通道"。励跃（2017）认为，支付体系是经济金融正常运行的基础，主要涵盖货币制度、结算账户、支付方式、支付清算系统、支付服务市场以及各类金融交易的清算结算安排等方面。狭义的支付体系主要包括支付服务组织、账户、支付方式、支付清算系统和监管等。广义的支付体系还包括证券登记结算机构、中央对手方和交易登记机构等金融交易后续服务组织，证券登记结算系统、中央对手和交易数据库等市场基础设施，以及相关的监管机制。

伴随着经济交易规模的不断扩大以及经济主体对支付效率要求的日益提高，现代支付手段日益复杂。从支付金额的大小来看，有大额实时支付系统和小额批量支付系统之分。从涉及的支付地域来看，不仅有同城支付系统，还有异地支付系统。从涉及的币种来看，不仅有本币交易系统，还有外币交易系统，如境内外币支付系统。从支付的手段来看，不仅有传统的现金支付，而且出现了越来越多的支付手段，如网络支付、预付卡以及银行卡收单等。以金融机构为中心的支付系统来看，既有跨行性质的支付系统，如国内的网上支付跨行清算系统、银行卡跨行支付系统，又有某类金融机构的支付系统，如涉及全国各家城市商业银行的城市商业银行资金清算中心、涉及全国各地农村信用社的农信银资金清算中心。

支付系统又被视为金融基础设施的主要构成项目之一。一般来说，金融基础设施不仅包括金融运行的硬件设施，如支付系统，而且包括相应的制度安排，如法律环境、会计准则、信用体系、反洗钱要求以及相应的金融安全网等。金融基础设施在整个金融体系和经济系统中发挥着关键的作用，是提高金融效率和实现金融稳定的基础。

5.4 实施金融监管⊖

对金融机构的监管是中央银行的一项重要职能。什么是金融监管？在回答这一问题之前，我们需要区分金融规制（Regulation）和金融监管（Supervision）这两种既有区别又互为补充的活动。金融规制是指监管当局建立一套严密的监管规则，金融机构在此规则之下运作。换句话说，金融规制就是指制定监管细则和具体的监管指引（规则的具体形式），内容涵盖金融机构的开办、运作、业务范围和并购以及退出等方方面面的管理要求。金融监管就是一旦金融规制建立之后，监管当局实施的监督审查、现场检查和非现场检查、压力测试等一系列活动，其作用就是确保各家金融机构遵守规则，安全可靠地运行。

纵观世界各国的经验，在不同国家和不同时期，金融监管的模式各有不同。在2008年全球金融危机爆发之前，有的国家金融监管的主要职能仍然保留在中央银行；有的国家成立了专门的监管机构；有的国家金融监管有几个部门同时履职，有"叠床架屋"之嫌。例如在美国，对金融机构进行监管的不仅有美联储，而且包括美国财政部下属的货币监理署、各州政府的银行监管机构、银行存款保险机构以及美国证券交易所等。

2008年全球金融危机爆发之后，各国政府普遍认识到，经济的顺周期运行效应和资

⊖ 金融监管分为金融机构监管、功能监管和行为监管等。金融机构监管就是金融监管部门对金融机构的市场准入、持续的稳健经营、风险管控和风险处置、市场退出进行监管。功能监管就是对相同功能、相同法律关系的金融产品，按照同一规则，由同一监管部门监管。比如，银行销售基金产品要到证监会获得基金销售牌照。行为监管是针对从事金融活动的机构和个人，从事金融业务就必须有金融牌照，从事何种金融业务就要领取何种牌照。对有牌照的金融机构要监管，对没有牌照但实际上从事金融业务的机构更要监管，不允许任何机构无照经营。

产价格波动是危机爆发的重要原因，传统的微观审慎监管（Microprudent Supervision）难以确保金融系统的稳定。中央银行需要从宏观的、逆周期的视角运用宏观审慎政策工具来防范和化解系统性金融风险，以实现金融体系的稳定运行。因此，宏观审慎监管政策已经成为全球范围内金融监管和宏观调控框架改革的重心，其目标旨在确保金融体系整体的健康发展，防范系统性的风险，避免金融体系受到损害导致金融功能丧失，从而保障经济整体的稳定运行。

5.4.1　微观审慎监管及其不足

长期以来，中央银行主要关注微观审慎监管（Microprudential Supervision），即对每家金融机构进行审慎监管，防止其出现问题。在中国银监会、保监会和证监会成立之后到银保监会成立之前，传统的微观审慎监管由银监会、证监会和保监会三家负责，是典型的机构监管模式。所谓机构监管，是指金融监管部门直接把相关金融机构列为监管对象所形成的监管框架，是与分业监管相一致的监管模式。机构监管的优势在于，监管部门的市场准入、业务审批（事前）和监管可以实现监管当局的政策意图和要求，行政处置比较便捷。在金融市场日渐活跃的情况下，传统的机构监管很容易出现画地为牢的情况，引发一系列问题。

第一，在互联网金融条件下，许多传统企业不属于金融监管部门的监督对象，却在从事准金融业务，传统的机构监管模式会出现监管盲区。例如，支付宝在2013年推出"余额宝"这一金融创新产品时，以及百度、阿里巴巴、腾讯等公司介入网络信贷等活动时，传统的机构监管就无法做到及时跟进。

第二，同一市场出现多头监管。例如，中国的公司债券市场就形成了多头管理的格局。发改委负责企业债发行的审批，人行负责企业的短期融资券、中期票据的审批，银监会负责商业银行等金融机构的各类债券审批，证监会负责证券公司、上市公司等的债券审批，保监会负责保险公司债券的审批。债券交易市场也分割为央行管理的银行间债券市场和证监会管理的交易所债券市场。"群龙不治水"的格局严重影响了这一市场的发展。

第三，当出现新的业务和业态时，很容易出现政出多门，监管标准不统一。例如，近年来财富管理（或者称为"资产管理"）成为各监管部门创新监管的重要领域。银监会对银行理财、资产管理公司的资产管理、信托公司的资产管理、财务公司的资产管理以及相关投资基金的财富管理等业务有权进行监管；证监会对证券公司的集合理财、直投资产管理、基金管理公司的专项资产管理、私募基金的资产管理等业务进行监管；保监会对保险公司的资产管理、财富管理等业务进行监管；此外，发改委对产业投资基金和尚无明确监管部门的各类私募基金等进行监管（王国刚，2016）。

正因为机构监管模式存在上述不足，监管当局认为，今后的金融监管将从机构监管转向功能监管（Functional Regulation）。功能监管的概念最早源自1993年美国经济学家罗伯特·默顿（Robert C. Merton，1995）的一篇学术论文《功能视角下的金融中介过程》

（A Functional Perspective of Financial Intermediation），他提出金融体系尽管随时间的演进和空间的不同而形态各异并不断变化，但其执行的六项经济功能却是大体稳定的。这些功能包括：支付清算功能；融资功能；跨时间、跨区域、跨行业配置资源功能；风险管理功能；价格发现功能；激励功能。现实中，尤其是 2008 年全球国际金融危机爆发后，主要发达经济体都对其金融监管体制进行了重大改革，突出体现为建立以防范和化解系统性风险为目标的宏观审慎监管（Macroprudential Supervision，MPA；Macroprudential Assessment）制度。

5.4.2 宏观审慎监管

2008 年国际金融危机爆发之后，各国中央银行除了动用常规的货币政策工具之外，还创设了一系列的非常规货币政策工具（后面章节将会介绍），不仅货币政策框架发生变化，而且在金融监管制度方面也发生了根本性的变化。

第一，各国政策当局意识到以实体经济运行中物价稳定为目标的货币政策，无法应对资产价格波动带来的金融危机，因此关注资产价格波动的宏观审慎政策成为货币政策未来应该涵盖的内容之一。传统观点认为，货币稳定与金融稳定是一致的，只要物价稳定就可以实现经济和金融稳定，中央银行通过调整利率，以物价稳定为目标，实现了物价稳定就可以自动实现金融稳定，因为较低的通胀率可以帮助经济主体实现稳定的预期，从而为持续的经济增长创造良好的外部环境，这种观点以美联储前主席格林斯潘为代表，其货币政策框架的特征表现为"单一利率工具、单一物价稳定目标"的模式。20 世纪 90 年代日本泡沫经济的破灭和 2008 年的国际金融危机说明，货币政策仅仅关注物价稳定是不够的。

第二，各国政策当局还意识到单个金融机构稳健并不意味着金融体系的稳健，保持金融体系的稳健是货币政策面临的新挑战。**首先，是宏观审慎政策与微观审慎政策的协调问题。**传统观点一般认为，只要微观的单个金融机构是稳健的，加总起来整个金融体系也就必然是健康的。但是，2008 年的国际金融危机表明，金融风险的外部性使得个体理性可能导致集体非理性。监管者必须从总体上关注银行业、证券业和保险业以及金融市场与宏观经济运行的密切联系，从跨机构和跨时间两个维度防范系统性风险，建立逆周期的宏观审慎管理制度。监管的范畴不限于单一机构或部门，而是将目标着眼于实现整个金融体系的稳定，防止系统性金融风险的爆发。如果说传统的以单一金融机构为目标的微观审慎监管是宏观审慎监管不可或缺的基础，那么当前宏观审慎政策的主要功能就是缓解金融中介活动产生的金融顺周期性，这种顺周期性会影响金融中介机构的资产、负债以及由此形成的资产负债率（也就是杠杆率）。宏观审慎监管通过保持整个金融体系的稳健和弹性，防止某个（些）金融机构的经营失误对整个金融体系乃至宏观经济环境造成冲击。因此，新的货币政策内涵要向货币政策和宏观审慎政策双支柱转变。**其次，是宏观审慎政策与货币政策的关系如何协调。**如果说各国中央银行对货币政策的运用、时滞效应、传导机制有一定的认识，那么对于宏观审慎政策工具的使用时机、传导机制、政策效果和负面影响等问题的认识还处在摸索的过程中。宏观审慎政策与货币政策的相似之处在于，两者都可以通过影响经济主体支出的跨期性来影响信贷需求，通过影响金融中介机构的杠杆率以及资金成本来影响信贷供给。这两者的差异在于：宏观审慎政策通常作用于某些金融机构，如系统重要性金融机构，属于结构性政策；货币政策属于总量性政策，侧重于整个经济运行。

5.5 中央银行的其他特征

除了从职能的角度分析中央银行的特征之外，不少经济学家还给出了中央银行的以下特征。

5.5.1 中央银行的独立性

中央银行的独立性（Independence）包括许多方面，从制度设计方面来看，主要包括人事独立性（Personnel Independence）和财务独立性（Financial Independence）。从货币政策的制定与执行来看，中央银行的独立性包括目标独立性（Goal Independence）和工具独立性（Instrument Independence）。

1. 人事独立性

中央银行的人事独立性针对的是政府对中央银行高层官员的人事任命，因此也称为政治独立性（Political Independence）。为了避免政府对中央银行货币政策的干扰，中央银行主要官员（如行长、副行长以及货币政策委员会的成员等）的提名、任期和罢免等制度安排有着特殊的规定。中央银行主要官员通常由政府领导人提名，由国会投票通过。其任期往往与政府官员任期错开，罢免程序则更为严格，旨在保证当中央银行的决策与中央政府意图不一致时，中央银行货币政策的决策者不会因此而遭到罢免。如果中央银行缺乏人事独立性，中央银行主要官员的"乌纱帽"受制于中央政府，其必然听命于中央政府，如此将影响货币政策的独立性。这恰恰是过去不少国家出现通货膨胀的主要原因。

欧盟的《马斯特里赫特条约》（以下简称《马约》）非常明确地规定了欧洲中央银行的人事（政治）独立性。该条约第107条非常明确地规定了这一原则：欧洲中央银行、各成员国中央银行及任何决策执行机构的人员，在执行或实施《马约》赋予的权利与义务时，均不得寻求或接受来自欧共体或欧共体各机构、任何成员国政府或任何其他机构的指示。

▨ 专栏5-4

美联储政治独立性的演变

1913年12月23日，威尔逊总统签署了《联邦储备法》，宣布成立联邦储备局

（Federal Reserve Board），该机构设立了理事会（Board of Directors）。各位理事的薪酬很低，任期也很短，其权力也远小于各家联邦储备银行行长的权力。同时，货币监理署署长和财政部部长是联邦储备局的当然理事。一战爆发之后的1914年11月16日，12家联邦储备银行正式开业。一战的爆发对美国经济和金融体系，乃至美联储的运行都产生了重大影响。战争的爆发在美国引发了短暂的金融恐慌和黄金外流。随后几个月美国的出口增加，黄金开始大量流回美国。然而，美联储缺乏应对黄金流入的手段，结果美国的货币供给增加了，随后引发了通货膨胀。简言之，美国中央银行成立后不久，很快就会面临资本大规模流出入的挑战。

1929年10月美国经济大危机爆发后，美联储为了维护金本位制度，一直没有出台有效的危机治理政策。1933年3月4日，罗斯福总统宣誓就职。6月，美国国会通过了《1933年银行业法》，该法又被称为《格拉斯－斯蒂格尔法案》。该法案设立了金融史上最为著名的防火墙制度，将投资银行业务和商业银行业务严格地划分开，保证商业银行避免源自证券市场的风险。《1933年银行业法》还设立了此后非常知名的Q条例（Regulation Q），该条例禁止向支票账户支付利息，授权美联储规定可以支付利息的其他账户的利率上限。1935年8月，罗斯福总统签署了《1935年银行业法》（Banking Act of 1935）。该法律对联邦储备局实施改组，更名为联邦储备委员会（the Board of Governors of the Federal Reserve System）。各联邦储备银行的行长此前被称为"Governor"，如非常知名的纽约联邦储备银行行长的本杰明·斯特朗（Benjamin Strong Jr.）㊀和乔治·哈里森（George L.Harrison），从1935年开始被称为"President"，美国联邦储备局局长（Governor）开始被称为美国联邦储备委员会主席（Chairman）。美国财政部部长，曾经作为联邦储备局局长；美国货币监理署署长作为美国联邦储备局的成员之一，在1936年之后不再任职。改组后的美联储提高了各位理事的薪金，将任期延长至14年；重组了联邦公开市场委员会，使其由7名美联储委员会成员和5名联邦储备银行行长组成，取代了《1933年银行业法》关于联邦公开市场委员会由12名联邦储备银行行长组成的规定。这相当于扩大了联邦储备委员会的权力，削弱了各地联邦储备银行的权力。12家联邦储备银行行长每次只有5位可以在公开市场会议上投票，其中纽约联邦储备银行行长享有终身投票权，剩下的4票由另外11位联邦储备银行行长轮流行使投票权。这11位联邦储备银行行长分为四组，每组一票。一票由波士顿、费城、里士满联邦储备银行行长轮流投；一票由克利夫兰和芝加哥联邦储备银行行长轮流投；一票由亚特兰大、圣路易斯、达拉斯联邦储备银行行长轮流投；最后一票由明尼阿波利斯、堪萨斯城、旧金山联邦储备银行行长轮流投。目前，美联储的政治独立性有如下表现。第一，联邦储备委员会的7名成员由总统任命，由参议院批准。每位成员的任期14年，这比其他任何政府官员的任职期限都长，且这7名

㊀ 本杰明·斯特朗是纽约联邦储备银行的第一任行长。曾经有人认为，如果身患肺结核的他能够再多活几个月，1929年10月爆发的美国华尔街股灾也许得以幸免，可惜他在1928年10月的手术中去世了。美国著名经济学家米尔顿·弗里德曼甚至认为，由于他的去世，美联储在1929年大危机爆发之前没有能够延续反周期利率政策，结果导致了大危机的爆发。

成员的任期相互错开，任何一位总统在任内都不可能全部任命这7位成员。第二，每家联邦储备银行的董事会任命其行长，不过要经过联邦储备委员会的同意。联邦储备银行的董事会不由政治家选定，而是由跨区域的存款机构、非金融企业、劳工组织和公众代表组成。这进一步增加了联邦储备银行董事会的独立性。因此，更为准确地说，美联储不是独立于政府（Independent of Government），而是在政府内部的独立（Independent within the Government）。

2. 财务独立性

财务独立性是指中央银行日常业务的开支和职员的薪酬不依赖于政府的预算支出。在一般情况下，中央银行是面临风险最小、收益相对稳定的金融机构，每年有相对稳定的财务结余。例如，美联储无须国会的拨款，因为美联储每年都有利润。美联储的收入主要来源于其通过公开市场业务持有国债的利息收入，其他收入来源于外币投资收益，为存款机构提供的各类服务性收费，如支票清算、大额资金转移等。在支付其各项开支之后，如联邦储备银行的雇员工资和福利待遇（Benefits）等，剩余的部分要上交给美国财政部。2012年这笔利润为884亿美元，2013年这笔利润为777亿美元。需要指出的是，各家联邦储备银行的雇员并不是联邦政府雇员，但是位于华盛顿的美国联邦储备委员会的雇员则是联邦政府雇员。

但是，在不少情况下，中央银行并不能保持财务上的稳定与独立。例如，有的国家在设计中央银行制度时，就将其以特殊机构对待，不设资本金。有的国家为保持金融稳定，要求中央银行向濒临破产的金融机构或收不抵支的政府提供融资，结果导致中央银行会因为信用风险而陷入破产的边缘。除此之外，中央银行有没有可能出现亏损呢？这里介绍其中的一种可能性。如果上一期本国经济低迷、利率较低，为刺激经济增长，本国中央银行买进了政府长期债券。本期经济出现了复苏，并且存在通货膨胀压力，中央银行准备实施紧缩性的货币政策，并且通过公开市场操作卖出政府长期债券。因为中央银行是在高价位买进政府债券，而在低价位卖出政府债券，如果这种操作的规模足够大，中央银行可能会出现亏损。这些情况都会危及中央银行的信誉和货币政策职能的发挥。为了规避这种现象的出现，有的中央银行在法律上就予以明确规定。例如，《马约》规定了以下内容：欧洲中央银行或成员国中央银行不得对共同体及其各机构、各国中央政府、地方当局和公共部门提供透支便利或任何其他形式的信贷便利，欧洲中央银行或各国中央银行亦不得直接购买上述机构发行的债务工具［第104（1）条］。

3. 目标独立性和工具独立性

从货币政策的制定与执行来看，中央银行的独立性区可以分为目标独立性和工具独立性。如果中央银行货币政策的目标没有被政府或者法律严格地界定，就被认为是赋予了独立确定货币政策目标的权力，即中央银行拥有目标独立性。如果中央银行在政府或法律给定的目标下，拥有自主判断和采用何种货币政策工具以实现目标的权力，那么中央银行就具有工具独立性。从 20 世纪 80 年代以来各国货币政策的实践来看，各国通过制定中央银行法，规定了中央银行的职责，如保持物价稳定等，这相当于给出了中央银行的政策目标（即中央银行不具有目标独立性）。然而，物价稳定的标准是什么？中央银行法并没有做出明确规定。一般来说，中央银行都拥有实现上述目标的工具独立性，即中央银行自主选择采用何种政策工具来实现其政策目标。例如，英国在 1998 年修订并实施了《英格兰银行法》（Bank of England Act 1998），英国货币政策的决策机构为货币政策委员会（Monetary Policy Committee，MPC），执行通货膨胀目标制度（Inflation Targeting）。同时，《英格兰银行法》第 112（1）部分规定，财政部有责任规定和公布其认定的稳定的价格水平。换言之，物价涨幅的目标区间范围由财政大臣决定，英格兰银行负责具体执行。在加拿大，中央银行和财政部联合公布"物价涨幅目标"。

5.5.2　中央银行的解释义务和透明度

在长期内，通货膨胀是一种货币现象，它受货币政策的影响，但并非每时每刻都是如此。在短期内，通货膨胀还受其他因素的影响，诸如劳动力成本、国际市场原油、天然气的价格以及税收状况，这些因素均超出了中央银行的控制能力，并且很难预测。因此，对于不是由于央行货币政策因素造成的物价变动，中央银行就不负有责任。除此之外，市场人士如何知道这种物价波动是短期的，抑或是长期的？是由于货币因素造成的，还是由于非货币因素造成的呢？因此，中央银行必须对此做出解释。换言之，一国在实现并保持中央银行独立性的同时，必须保证中央银行履行与之对应的解释义务（Accountability）。

1. 中央银行解释义务的内容

中央银行解释义务的英文表述是"Democratic Accountability"。从英文的本意来看，"Accountability"的词根是"Accountable"，是解释说明的意思。国内学者将"Accountability"主要译为"问责、负责、责任性、责任追究"等，但仍然有不够确切的地方。在英文中，外国学者在表述"中央银行责任"的含义时没有使用"Responsibility"一词，说明这两者不完全是一回事。某一机构有"Accountability"，一般包括以下两层意思：第一，如果该机构没有完成某项工作，要对此承担后果，要向公众做出解释，因为这是其职责所在；第二，如果出现某种负面的情况，但并非该机构没有履职造成的，该机构也必须向公众做出解释和说明。国内对"Accountability"的翻译更多地体现在其前一个意思，应该是和英文中的"Responsibility"相近，但是该英文术语的本意还有第二个意思，这不是"Responsibility"所能够包含的，中文文献中流行的翻译也没有体现出来。在研究中央银行目标独立性的过程中，就有西方学者认为，在民主社会中，中央银行的政策目标最终必须反映民意，不存在不受任何约束的机构。简言之，任何一个机构不可能只有权利，而没有义务。即使是中央银行也应该如此。他们认为，对中央银行也必须采取西方社会普遍的民主原则。具体来说，就是授权与监督的统一。在民主社会中，选民向政治家授权，同时政治家也必须接受选民的监督。政治家获得的授权越多,那么对其权力的监督机制就必须更完善。同样,这一原则也适用于中央银行。中央银行不可能在获得授权的同时逃避监督。因而,一方面赋予中央银行以独立性,另一方面中央银行有解释义务,这是同一授权过程中的两个方面。

从理论上讲,中央银行承担的解释义务,主要体现在三个方面:对何事有解释义务?对何人有解释义务?何时负有解释义务?在实践中,中央银行的解释义务体现为以下三个层面。第一,根据实际通胀率与目标通胀率的差异,中央银行需要对产生差异的原因做出解释,这种解释是制度上的设计安排。这分为事前解释义务(ex ante Accountability)和事后解释义务(ex post Accountability)两类。前者是指中央银行有义务解释政策目标的预测值与目标值发生偏差的原因。货币政策的时滞效应是产生前瞻性的事前解释义务的主要原因。后者是指如果中央银行没有实现其预定的政策目标,就必须在事后解释其原因。不少国家的中央银行主要采用这种制度。第二,向公众及政府部门解释货币政策措施的方式包括:公布货币政策委员会的会议纪要和委员们的投票记录;定期出版《货币政策执行报告》或《通货膨胀报告》;公布各种统计数据;举行记者招待会或听证会向公众解释货币政策措施变化或不变化的原因等。第三,中央银行在举行记者招待会、听证会、中央银行官员发表演讲的过程中,需要接受来自公众的询问和质疑。中央银行遵循解释义务的原则应当对公众的问题进行相应的解答。

如果说保持中央银行的独立性是为了避免政治家对货币政策的滥用,那么,中央银行必须履行解释义务则是为了避免中央银行行长对货币政策的滥用。从这个意义上讲,中央银行的解释义务有助于从以下两方面提高货币政策的可信度(Credibility)。一是创造激励性机制,使中央银行行长实现合意的政策目标(比如物价稳定、逆经济周期政策)从而可以获得报酬,而对其滥用相机抉择实施惩罚。在赋予中央银行工具独立性的条件下,这一制度安排可以降低通胀倾向(Inflation Bias)。二是从民主的观点来看,在赋予中央银行货币政策操作自主性的同时,要求其对政策绩效负有解释义务是对权利与义务的匹配。从这个意义上分析,中央银行负有的解释义务虽然是其独立性催生出的对应产物,但实际上其增强了央行独立性,是对中央银行独立性的补充。

当然,各国中央银行在履行解释义务的过程当中,采取的形式和程序各有不同,这取决于各国的历史传统和制度环境,不存在对所有国家中央银行都适用的关于解释义务的某种制度。其中的共性表现在对中央银行最终目标的清晰界定;在货币政策实施过程中,中央银行披露相关决策信息,接受来自公众的质疑与询问,改善信息的不对称性程度,增强货币政策的透明度,实现公众与货币当局之间的良性互动。

2. 美欧中央银行解释义务的具体做法

以美联储为例,美联储独立于联邦政府,但是接受公众和国会的问责。美联储每年向国会报告两次货币政策的执行情况。此外,美联储主席和其他官员在国会作证,联邦公开市场委员会的成员每年会多次发表演讲,回答听众的问题。为了提高货币政策的透明度,履行中央银行的解释义务，联邦公开市场委员会每次会议之后会立即公布会议声明、委员会成员的投票情况、货币政策调整的理由、对未来经济走势的展望、对未来可能采取的政策的前瞻性说明等。委员会也会每年出版四次其对未来货币政策的预测。美联储主席会在联邦公开市场委员会会议之后举行记者招待会，介绍对未来经济金融运行走势的预测情况，每次会议的详细会议纪要在会议结束的三周之后出版。完整的会议记录会在五年之后出版。联邦储备委员会有责任对每家联邦储备银行进行全面监管，并对其进行年度绩效评估。此外，美国监察长办公室（the Office of Inspector General）会对联邦储备委员会进行评估，并向国会和公众报告。外部审计师会每年审计各家联邦储备银行和联邦储备委员会的财务报告，美联储每周、每季都公布其资产负债表、财务信息和货币政策工具的使用。

欧洲中央银行也较好地履行了其解释义务。欧洲中央银行根据相关的法律条款建立了较为完善的"解释义务框架"（Accountability Framework），实现了欧洲委员会、欧洲中央银行和欧洲议会之间畅通的信息沟通与决策机制。欧洲中央银行的"解释义务框架"具有三大支柱：听取与交换意见；接受书面质询；发布年度报告（见表 5-15）。

表 5-15 欧洲中央银行"解释义务框架"的三大支柱

三大支柱	具体内容
听取与交换意见	欧洲央行行长参加欧洲议会（European Parliament）有关经济议题的报告会以及金融事务委员会的季度听证会。其他执行董事会成员也需参加该听证会，解释欧洲央行对具体议题的意见
接受书面质询	欧洲议会成员可以向欧洲央行提交质询的书面材料
发布年度报告	欧洲央行每年向欧洲议会和欧盟理事会（Council of the EU）等机构提交其《货币政策执行报告》。该报告每年分别由欧洲央行副行长在欧洲经济和货币事务委员会（Committee on Economic and Monetary Affairs）的专门会议上以及央行行长在全体会议辩论时向欧洲议会提交

资料来源：欧洲中央银行官网。

3. 中央银行的透明度

中央银行的解释义务，其中一个重要方面就是中央银行是否公布其投票结果和详细的会议记录，这通常又被视为货币政策透明度（Transparency）的高低，因此这两者往往混淆。有的经济学家认为，中央银行履行解释义务本质上是一个事后概念，因为这与中央银行对其行为及其结果的解释有关，而透明性则与中央银行的政策意图有关，即中央银行对其行为意图的解释。中央银行履行解释义务意味着是央行是对其政策结果，而非对其政策意图负责。因此，事前的解释义务制度基本上是透明度的同义词。还有经济学家指出，中央银行的解释义务是指中央银行有义务对其行为和绩效予以说明，这源于权力的委托。中央银行的透明性则超出了履行事先约定进行定期报告要求的范围，涉及"解释义务的更微妙形式"。应该说中央银行的解释义务是中央银行可信度与制度激励之间的一种关系，是权利与义务的一种平衡；中央银行的透明度则是涉及中央银行可信度与其向公众进行沟通之间的关系，透明度的提高可以使得中央银行在应付突发事件时增强其政策的弹性。

各国中央银行为了强化其透明度，分别采取了不同的措施。例如，美国国会 2015 年通过了《美联储透明度法案》（Federal Reserve Transparency Act，FRTA），旨在通过全方位的审计以增强美联储的透明度，用以约束美联储的独立性。该法案要求联邦审计总署强化对货币政策的审计，让美国民众更清楚地了解该机构的运作机制。2008年全球金融危机爆发后，许多批评者认为，美联储是一个危险、阴暗和不负责任的机构，严重缺乏透明度。批评者还认为，当时伯南克迫使美国银行收购美林证券；还有人反对美联储的非常规货币政策（Unconventional Monetary Policy），因为这使得美联储资产负债表的规模翻番；甚至有人认为，美联储主席不经选举直接由总统任命的做法还威胁到了美国的民主体制。在这种背景下，该法案允许审计美联储资产负债表上的所有科目，包括各类信贷科目、证券科目以及库存黄金。欧洲中央银行的透明度体现在以下三个维度：可信性（Credible）、自律性（Self-disciplined）、可预测性（Predictable）。所谓可信性，就是相关法律明确如何对欧洲中央银行进行授权，要求其实现货币政策的目标，提高其货币政策的可信度。当金融市场相信欧洲中央银行能够并愿意实现该政策目标时，市场定价就有了良好的预期。同时，政策可信性的提高可以使得市场更好地了解货币政策的局限性。所谓自律性，就是政策制定者应当保持自律，主动解释其政策效果是否与货币政策目标一致，不一致的原因是什么。这将强化公众对欧洲中央银行的监督，提高了欧洲中央银行履职的积极性。所谓可预测性，就是欧洲中央银行定期公布其货币政策制度安排和经济发展情况的评估报告。在长期内，这有助于提高市场对未来经济与金融各项指标预测的准确程度。换句话说，如果市场参与者能够及时对货币政策变动做出反应，就能够缩短投资和消费决策的时间间隔，缩短货币政策的时滞，提高货币政策的有效性。

5.6　货币当局和中央银行的差异

"货币当局"的英文表述是"Monetary Authorities"，"中央银行"的英文表述是"Central Bank"，"储备银行"的英文表述是"Reserve Bank"，这几个术语是否指的是同一类机构呢？IMF的《货币与金融统计手册》对"货币当局"的解释是："在有些国家中央银行的部分职能由中央政府（财政部）代为履行，如货币发行、持有国际储备以及与IMF进行的交易，这些交易包括份额认缴、持有特别提款权和特别提款权的分配。在这种情况下，应当编制货币当局账户，将涉及中央政府履行的中央银行职能数据和中央银行概览的数据一同纳入货币当局账户。"IMF的《国际收支和国际投资头寸表》（第六版）对"货币当局"进行了定义："货币当局包括中央银行（其中包括被列入中央银行这一分部门中的其他机构单位，如货币局）和某些部门，这些部门的业务通常属于中央银行，但有时由其他政府机构或商业银行（如政府拥有的商业银行）执行。这类业务包括：发行货币；维护和管理储备资产，包括与IMF进行交易所产生的储备资产，经营外汇平准基金。"

货币当局和中央银行是两个相互联系但又不完全相同的概念。由于各国中央银行成立的历史背景不同，所承担的职能也不同，如现金发行、货币政策的制定与执行、银行监管、干预本币汇率、管理国际储备等职能不完全单独由中央银行负责，仅仅用"中央银行"一词已不足以概括其功能。货币当局是指具有某些功能或职能的机构。以发行通货（Currency）这项职能为例，在美国，联邦储备体系发行现钞，财政部发行硬币，因此美国的货币当局包括美联储和财政部。在中国，只有中国人民银行才能发行现钞和硬币，所以中国的货币当局就是指中国人民银行。综上所述，货币当局是指具备某些功能的机构，而不是指某个具体的机构。两者的具体区别如下。

第一，现金发行方面。不少国家和地区的财政部介入辅币的发行，如美国。联邦储备券由12家联邦储备银行发行，按成本价向美国财政部下属的造币与印钞局（Bureau of Engraving and Printing）购买美钞；至于硬币，由12家联邦储备银行向美国财政部下属的铸币局按照面额购买。其差异表现为，联邦储备券的铸币税收入归12家联邦储备银行所有，硬币的铸币税归财政部下属的铸币局所有。此外，在日本，由大藏省（即财政部）负责发行硬币。在英国，英格兰银行发行钞票（Bank Notes），皇家铸币局（Royal Mint）发行硬币。在中国的香港特别行政区，面额为20港元、50港元、100港元、500港元和1 000港元的纸质现钞由香港上海汇丰银行、渣打银行和中国银行香港分行三家商业银行发行。汇丰银行、渣打银行曾经在20世纪90年代发行过面额为10港元的纸质现钞，但是现在已经停止印制，不过仍然属于香港的法偿货币。2002年，香港金融管理局开始发行面额为10港元的纸质现钞。2007年，面额为10港元的塑料材质的现钞开始流通。香港硬币也是由香港金融管理局代表香港特区政府发行，面额分别为10港元、5港元、2港元、1港元、0.5港元、0.2港元和0.1港元。1993年，香港金融管理局推出了洋紫荆设计系列硬币，取代原来的英女皇头像设计系列，但后者仍然属于香港的法偿货币。所以在现金发行方面，不完全是由中央银行来完成这一工作的。

第二，货币政策的制定与执行方面。在有的国家，货币政策的最终目标并不是由中央银行来制定，如新西兰、英国等。最早实行通胀目标制的国家——新西兰，就是由其财政部和新西兰储备银行共同确定货币政策的最终目标，然后赋予新西兰储备银行相应的独立性来实现这一目标。1946～1997年，英国政府（具体是财政部）不仅可以规定英格兰银行货币政策的最终目标，而且对其使用的货币政策工具也予以了规定。这就是说英国财政部对英格兰银行提出的货币政策建议有最终的否决权，尽管其很少使用这一权力。1998年新的《英格兰银行法》明确了英国财政部与英格兰银行之间的关系。货币政策的最终目标由英国财政部制定，而货币政策的执行由英格兰银行承担。换言之，不少国家的中央银行具有货币政策的操作独立性，而不具有货币政策的目标独立性。货币政策不仅与中央银行有关，还与该国的财政部有关。在实行通胀目标制的国家当中以上特征表现得非常明显。

第三，汇率政策的制定与执行方面。不少国家的汇率政策、国际储备政策不是由本国的中央银行制定的。比如在美国、欧盟和日本，有关本币汇率政策的制定与决策、对本币均衡汇率的表态通常不是由中央银行，而是由财政部发表意见（欧元汇率是由欧盟财政部部长理事会决定的）。在美国，财政部制定美国国际经济政策，然而，美元汇率主要由市场决定。美国财政部负责制定美元汇率的干预政策，美联储受托代为执行。例如，从克林顿政府到小布什政府，连续有四任财长都推行"强势美元"政策。在欧盟，自1999年1月1日欧元问世之后，欧洲中央银行对欧元汇率基本上采取的是"善意的忽视"政策，也就说当欧元汇率的变化影响到货币政策的最终目标时，欧洲中央银行才会出面干预欧元汇率，但欧元汇率稳定与否并不是其目标。在日本，对日元汇率的大规模干预政策是由日本财政部制定，由日本银行具体负责执行的。在英国，关于是否放弃英镑加入欧元区的问题也是由英国财政部对此发表意见，而且还出现了首相与财长的欧元之争。尽管英国时任首相的布莱尔一向积极支持英国加入欧元区，英国时任财政大臣的布朗却强硬反对盲目加入。他坚持认为，应该根据英国经济的实际情况决定是否加入欧元区，具体的标准就是1997年10月制定的5项经济指标，即经济周期的对称性、为英国长期投资创造条件、维护伦敦金融市场的竞争力、促进灵活性和有利于就业。

第四，银行监管的职责分工方面。世界上许多国家对本国商业银行的监管都不只涉及本国中央银行。在美国，涉及银行监管职责的除了美联储之外，还有财政部的货币监理署、联邦存款保险公司、州政府。20世纪90年代以来，越来越多的中央银行去监管职能趋势明显。英格兰银行尤为典型，其特征就是中央银行与银行监管职能的脱钩，中央银行的监管职能越来越弱，监管由某一独立的机构统一负责。1997年，英国成立了金融服务局（Financial Services Authority，FSA），将银行监管的职能从英格兰银行中分离出来，与其他金融监管机构合并，负责对各领域内的金融活动进行统一监管。金融服务局直接对财政部负责。在日本，日本银行对商业银行经营活动的监督管理权，仅限于对商业银行的资产负债表进行评估和评级方面，实质性的金融监管权一直都掌握在日本政府手中（1998年之前由大藏省负责，现在由1998年成立的金融监督厅负责）。2008年金融危机爆发，这对全球的金融监管制度产生了巨大的冲击，中央银行监管职能出现了回归和重塑。回归体现为中央银行重新承担微观审慎监管职能，重塑体现为越来越多的中央银行介入宏观审慎监管领域，并且在其中居于核心地位。在美国，根据2010年7月由奥巴马签署生效的《多德－弗兰克华尔街改革和消费者保护法》的规定，财政部下设金融稳定监督委员会（Financial Stability Oversight Council，FROC），负责对美国金融体系进行全面监管。危机之后，美联储增设了一名专门负责金融监管的副主席，并将监管范围扩展至所有系统重要性银行和非银行金融机构。这实际上进一步提升了美联储的审慎监管职能。2010年12月，欧盟成立了欧洲系统风险管理委员会（European Systemic Risk Board，ESRB），由欧洲中央银行行长任主席，负责对整个欧盟的金融体系进行宏观审慎监管，涉及的范围包括商业银行、保险公司、资产管理公司、影子银行、金融市场基础设施以及其他金融机构。英国政府重构了金融监管体系，2013年4月撤销了金融服务局。根据英国《2012年金融服务法》，在英格兰银行内部建立了金融政策委员会（Financial Policy Commission，FPC）和审慎监管局（Prudential Regulation Authority，PRA），前者负责宏观审慎政策制定、识别并防范化解系统性金融风险，后者负责对金融机构进行微观审慎监管，其负责人由英格兰银行一名副行长兼任，这表明英格兰银行实际上在加强微观审慎监管。

第五，特殊情况下对执行某些中央银行职能机构名称的表述。中国香港特别行政区就没有中央银行，但由相应的机构——香港金融管理局执行中央银行的某些职能。1993年4月1日，香港金融管理局由外汇基金管理局和银行业监理处合并而成，此前由外汇基金管理局承担稳定港元汇率，维系香港货币与金融体系的稳定和健全发展的职能。香港金融管理局的主要职能有三项：一是在联系汇率制的架构内，通过外汇基金的稳健管理、货币政策操作和其他适当措施，维持货币稳定；二是通过监管银行业务和接受存款业务，以及监管认可机构，促进银行体系的稳定与安全；三是促进金融体系，尤其是支付和结算安排的效率、健全性和发展。如前所述，香港金融管理局不发行钞票，而是由三家商业银行负责发行港元现钞；同时，香港金融管理局也不承担政府银行的职责，虽然香港政府大部分财政储备保存在香港金融管理局负责管理的外汇基金内，但是金融管理局并不为政府提供银行服务，这项职能一直以来由商业银行执行。

综上所述，"货币当局"一词一般指具有诸如现金发行、银行监管、最后贷款人、干预本币汇率、管理国际储备和汇率政策等职能的机构的总和。因此，在编制货币当局资产负债表时，就需要将该国或地区具有货币当局功能的各机构资产负债表的相关科目合并为一张统一的资产负债表。在中国，财政部基本不具备其中的一项或几项功能，因此中国人民银行资产负债表就是货币当局资产负债表。

5.7 本章小结

本章详细阐述了中央银行作为金融机构的银行的职能。从资产方看，中央银行通过各种形式的融资向金融体系注入流动性，这种流动性的注入或者是因为经济发展的需要，或者是因为金融机构出现流动性不足，或者是因为单个金融机构出现了清偿力不足，或者是因为在发生金融危机的紧急情况下，为避免出现系统性风险，中央银行向某个金融机构提供流动性。鉴于中央银行"保持物价稳定"的首要职能，中央银行在救助过程中，需要区分金融机构是出现了流动性不足还是清偿力不足。发展到现在，中央银行提供紧急救助的机构不再局限于商业银行，券商、货币市场基金等金融机构也被纳入了中央银行的救助范围。从2008年国际金融危机的处置来看，外部救助的官方机构包括了本国财政部、中央银行、存款保险机构、国际金融组织等，此外还有愿意对问题金融机构实施兼并重组的其他金融机构。从负债方来看，中央银行起着管理商业银行准备金的作用，这些准备金不仅包括法定准备金，而且包括超额准备金。此外，中央银行还可以通过发行中央银行票据实现对银行体系流动性的调控。中央银行是全社会金融体系流动性的最后提供者，是整个金融体系保持稳定的"最后贷款人"。中央银行既可以从资产方进行操作，也可以从负债方进行操作。

本章从金融机构间的清算业务出发，介绍了中央银行的独特作用——提高清算效率，降低清算风险。本章重点分析了为什么会由中央银行来履行整个银行体系的清算功能。随着时代的进步，支付方式越来越多，从纸基支付到卡基支付，再到二维码支付、指纹支付、人脸识别支付等。支付机构也不再局限于商业银行，第三方支付机构的力量不断壮大。近年来，中国的移动支付发展非常迅速，2016年的交易规模是美国的50倍。如果说支付（Payment）是基于付款人的角度出发，那么清算（Clearing）和结算（Settlement）则是交易完成必经的前后过程。清算是计算交易双方的应收（应付）资金和应付（应收）证券（或商品、衍生品等），结算则是交易双方履行对彼此的义务。一方付出资金（A货币），收到了证券（或B货币）；另一方收到资金（A货币），付出了证券（或B货币）。

经历了2008年全球金融危机的冲击之后，各国货币政策框架增加了宏观审慎监管的内容，有的中央银行还负有微观审慎监管的职能。因此，各国中央银行面临的新挑战包括两方面，一是微观审慎监管与宏观审慎监管的协调，二是宏观审慎监管与货币政策的协调。

除此之外，现代社会的中央银行相对于政府（以及财政部）具有较高的独立性，是对过去人类社会通货膨胀历史的总结和规避。在一些国家或地区，中央银行还需要履行解释义务，向社会公众澄清和解释与货币政策相关的诸多问题。提高中央银行在业务操作、制度设计以及信息披露方面的透明度，也有助于提高中央银行货币政策的效果。本章还给出了货币当局与中央银行这两个术语的差异。

CHAPTER6 · **第 6 章**

从资产负债的性质认识货币

从全球范围来看,海贝、牲畜、盐、兽皮、丝织品、金、银等许多物品都扮演过货币的角色。经过长期演化,以金、银为代表的金属货币在各个国家形成了较为稳定的货币制度。在明清两朝,中国社会广泛使用的货币是白银和制钱。官方铸造的是银锭,主要用于大额交易。因为白银在国内各地存在成色和重量标准的差异,在交易过程中需要切割后使用,所以白银是一种典型的称量货币。中国并不富产白银,从明朝中晚期开始,国外大量的机制银元因为对华贸易逆差开始流入中国,直到清朝晚期才陆续出现国内铸造的银元。制钱是由明清两朝官方垄断铸造的用于小额交易的货币。制钱的原材料——铜受限于当时的开采量,无法满足国内制钱铸造的需求,以至于在不同时期、不同地区,制钱的含铜量不完全相同,有时差异还较大。与银锭的自由铸造不同,明清两朝的制钱一直由官方垄断铸造。太平天国运动之后,中央政府的权威和财力不断下降,地方督抚的权力不断扩大,地方政府陆续介入中央政府的事权——制钱的铸造。为了获得铸币利差,各地督抚竞相引进外国机器,开始铸造机制铜元,其后果是物价水平的恶化动摇了清政府的统治基础。在晚清时期,国内流通的各种铸币,既有自由铸造的银锭,又有西班牙、墨西哥、英国等国铸造的机制银元,还有中国人自己铸造的银元。既有清中央政府授权铸造的制钱,又有地方政府擅权而中央政府最后不得已默认的机制铜元。简言之,在清政府覆灭之前,中国一直都没有实现货币的统一。从全球范围来看,国际货币体系始于金本位,这又以1717年英国开始实施的金本位为标志。黄金不再作为货币,则是以布雷顿森林体系垮台之后的

1976 年 IMF《牙买加协议》确定的黄金非货币化为标志。此后，全球进入了典型的无金属货币作为发行准备的信用货币时代。

当然，在世界各地，还有不少没有采用金、银作为货币的特例。例如，在太平洋上的雅浦岛上，当地人采用巨石作为货币，为了避免巨石运输带来的麻烦，交易的双方完成资金支付只需要在石头上标上记号即可。二战结束之后，在英美占领下的西德，美国的香烟一度成为当地民众的交易媒介。上述物品在某地或某一时段都发挥着货币的职能，但是从更长的时间跨度和更广的范围来看，上述物品为什么不适合作为货币？互联网出现之后，各种社交软件先后问世。不少虚拟货币在社群当中流通，如国内的 Q 币。2009 年，比特币正式问世，这种交易媒介在暗网中被广泛使用，其价格也出现了过山车似的涨跌。2014 年以来，各国中央银行先后开展数字货币的研究工作。中国人民银行在 2019 年提出了发行数字人民币的设想。2020 年下半年以来，数字人民币在深圳、苏州、北京等地进行过测试。Q 币、比特币这些新型交易媒介，是不是货币呢？我们该如何认识这些新型交易媒介的货币属性呢？曾 4 次出任英国首相的威廉·尤尔特·格莱斯顿说过，受恋爱愚弄的人，甚至还没有因钻研货币本质而受愚弄的人多。

对货币的传统认识主要从货币的职能展开，在国内教科书中通常以马克思主义的货币理论来阐述，即货币的价值尺度、流通手段、支付手段、储藏手段和世界货币职能。如果说前四大职能还好理解的话，对于世界货币职能，我们该如何解释呢？马克思在《资本论》中写道："货币是固定地充当一般等价物的特殊商品。"马克思生活的年代（1818—1883）是英国金本位鼎盛的时期，他的《资本论》在分析货币的职能之前，明确定义其分析对象是黄金。英文版《资本论》第 3 章开头有：Throughout this work, I assume, for the sake of simplicity, gold as the money-commodity."人民出版社 1975 年出版的中文版，对应翻译为："为了简单起见，我在本书各处都假定金是货币商品。"现在经济学家通常将黄金视为商品货币。商品货币的显著特征是其名义价值与实际价值相一致。也因为如此，黄金就有价值储藏的职能；也同样是因为这一特征，黄金才能跨越国界，在世界范围内发挥货币的职能。显然，黄金的这一特征完全不适用于当前各国中央银行发行的纸质货币。你可以想象缅甸的纸币具有世界货币的职能吗？如果货币具有世界货币的职能，那为什么中国政府还要实施人民币国际化战略？所以，西方国家目前流行的教科书在介绍货币职能时，不再介绍世界货币的职能。

如何更为全面地认识货币的性质？如何认识当前出现的新型交易媒介？本章分以下几个部分。第一，对国内外文献中经常出现，并且容易引起混淆的几个术语予以辨析，为后面的进一步解释提供基础。第二，以美国金本位制度的演变为基础，全面介绍美国从金银复本位到金本位的演变过程。之所以介绍美国货币制度的演变，是因为各种类型的货币在美国这段货币史上都有所表现，这为后面货币性质的分析提供了条件。第三，以不同划分标准对货币的性质进行分析，揭示从资产负债属性对货币进行分类的正确性。第四，对购物卡、国债、比特币、央行数字货币和特别提款权等支付凭证的货币属性进行讨论。

专栏 6-1

世界三大金库

众所周知,全球排名前三的金库分别是纽约联邦储备银行金库、英格兰银行金库和美国诺克斯堡国家金库。

纽约联邦储备银行金库是目前全球最大的金库。该行的金库建在曼哈顿区地下 24 米坚固的花岗岩层之上。金库安保措施严密,不仅有全天候的自动化监控和报警装置,还有荷枪实弹的警卫把守。自从 1924 年启用以来,该金库从未发生过意外。根据 2019 年纽约联邦储备银行的介绍,该金库存有大约 6 190 吨黄金,占全球官方黄金储备总量的 1/4 左右。其中 95% 的黄金是 60 多个外国政府和 IMF 存放的。通常每个国家使用一间储藏间,也有几个国家合用一间。行里只有极少几个工作人员知道金块的真正主人。各国政府买卖黄金后的交割,只需要将一间储藏间中的黄金搬到另一间。

英格兰银行金库是全球第二大金库。1734 年,英格兰银行搬到现在的金融城针线街,在该行的地下建有金库。截至 2019 年 9 月,该金库保管有约 40 万根金条,大致值 2 000 亿英镑,占全球官方黄金储备的 15% 左右,约占伦敦市场上黄金存量的 65%。金条的主人有英国政府、各家商业银行以及世界其他国家的政府和中央银行等 70 余家机构。英格兰银行本身只拥有两根金条,在其博物馆中展示。英格兰银行现在每隔一个月就公布其保管的黄金数量。伦敦是全球的黄金交易中心,英格兰银行为外国中央银行以及某些商业机构提供进入伦敦黄金市场的黄金账户。不是随便什么人都被允许来英格兰银行的金库,2012 年 12 月英国女王夫妇就曾经参观过。英格兰银行的金库非常安全,从未失窃。不过有件事值得一提。1836 年,一名男子向英格兰银行写了一封匿名信,声称可以进入该行的金库,并约定在某个晚上见面。该男子是一名下水道工人,发现有一条下水道可以进入金库。该男子并没有偷窃金库里的任何金条。在震惊之余,英格兰银行也算幸运地逃过了一劫。英格兰银行因此奖励了该男子 800 英镑,到今天这笔钱大约值 8 万英镑。1940 年,德国执行空袭伦敦的"海狮计划"之后,英格兰银行保管的黄金被秘密转移至加拿大,以免落入纳粹之手。

纽约联邦储备银行金库和英格兰银行金库里的黄金绝大部分是代客户保管的,因此这些黄金并不出现在纽约联邦储备银行和英格兰银行的资产负债表上。

美国诺克斯堡国家金库是世界第三大金库。美国政府超过一半的黄金存于此处。诺克斯堡金库不对外开放。诺克斯堡金库始建于 1936 年,归美国财政部下属的国家铸币局管理。该金库位于肯塔基州中北部,紧邻美军诺克斯堡陆军基地。目前,该金库存有约 4 582 吨黄金,约占美国黄金储备的 57%。由于诺克斯堡金库非常安全,因此美国人习惯把很安全、很妥当的东西或事情说成"像诺克斯堡一样安全"(save as Fort Knox)。诺克斯堡金库严禁非工作人员进出,历史上仅有两次破例。第一次是在 1974 年 9 月 23 日,当时外界有传言称,美国把金库里的金砖偷偷运出去卖掉了。于是,金库允许由记者和国会议员组成的代表团进入金库"眼见为实"。第二次是在 2017 年 8 月 24 日,时任美国财政部部长姆努钦和肯塔基州州长的贝文及部分议员参观了金库。二战期间,诺克斯堡金库除了存放美国的黄金储备外，还存放着美国珍贵的文献资料，比如美国《独立宣言》的早期版本、1787年《美国宪法》原件、林肯在1863年发表的葛底斯堡演说草稿等。此外，诺克斯堡金库还保存着美国历史上铸造过的存量很少的钱币，比如从未流通过的面值20美元的1933年双鹰金币，和同样没有流通过的1974年铝制1美分硬币等。

6.1 几个术语的辨析

在国外文献当中，有几个经常出现的术语，如"Legal Tender""Fiat Currency""Fiduciary Currency""Banknote"国内没有统一的翻译，也缺乏相对一致的定义。通常，"Legal Tender"译作"法偿货币"，"Fiat Currency"或"Fiat Money"译作"法令货币""命令货币""不兑现纸币"或"法定货币"，"Fiduciary Currency"译为"信用货币"，"Banknote"译为"银行券""兑换券""钞票""纸币""现钞""现金"等。然而，我们很少见到对几个术语的含义进行区分。下面给出几个相对权威的解释。

6.1.1 "Legal Tender"

《美国法典》（US Code）中的《1965年硬币法案》（Coinage Act of 1965）对"Legal Tender"的定义是，"United States coins and currency [including Federal reserve notes and circulating notes of Federal reserve banks and national banks] are legal tender for all debts, public charges, taxes, and dues"。这句话译成汉语就是，"美国硬币和纸币（包括联邦储备券和流通的联邦储备银行和国民银行发行的纸币）是所有债务、公共收费和税收的法偿货币"。该定义表明以下几点。第一，该条款意味着当债务人向债权人交付具有法偿货币资格的货币时，是被法律认可的，不会被起诉。美国公民不论是偿还债务，还是向政府纳税，美元现钞、硬币是被法律认可的支付手段。第二，上述条款并没有规定任何私人企业、个人和社团组织必须用法偿货币作为支付手段。这意味着法律允许用其他支付手段完成公私债务的清偿。"Legal Tender"这个词与日常小额零星的交易关联不大。中央银行发行的现钞作为支付手段，并不是必然要被交易对手方接受的。某种支付手段是否被接受，本质上是交易双方自己的事。在实践中，很多交易不是用现钞完成支付的，而是采用包括借记卡、信用卡、支票等方式进行，在中国采用微信支付等方式，这些支付手段都不是"Legal Tender"。某种支付手段不是"Legal Tender"，并非一定会影响其"接受性"（Acceptability）。只要债权债务双方都认可某种支付工具，彼此间的债权债务关系就可以了结。在某些情况下，即便债务人支付具有"Legal Tender"资格的工具，债权人也未必接受。例如，由于担心收到假币，零售店、电影院、便利店和加油站都拒收大面额的现钞。公交公司的自动投币机可以拒收大面额的现钞。因此，采用何种支付工具取决于债权债务双方。全球假币制造者对20欧元、50元人民币和500印度卢比面额的纸币情有独钟，这些面额的假币非常多。出于反洗钱和反腐败的目的，各国中央银行加快了大面额现钞退出流通领域的进程。例如，2016 年印度储备银行取消了 500 卢比和 1 000 卢比面额的法偿货币地位，这两种面额的现钞退出了流通领域。从 2019 年开始，欧洲中央银行不再印制和发行 500 欧元面额的纸币。第三，法偿货币的地位在本位币和辅币当中的区分曾经非常明显。本位币既可以是足值的金属货币，也可以是可兑换足值金属货币的纸币。辅币则主要是贱金属铸造的硬币，同时也是不足值的货币。本位币通常具有"无限法偿"（Unlimited Legal Tender）地位，即国家以法律赋予它支付能力，不论支付金额大小，收款人都不能拒绝。作为辅币的硬币通常只具有"有限法偿"（Limited Legal Tender）地位，即国家以法律赋予它支付能力，但支付金额有上限，超过上限，债权人可以拒绝接受。不过，纳税人用辅币纳税则不受数量限制。例如，中国香港的《硬币条例》（Coin Ordinance）就规定港元硬币在香港具有法偿货币地位。其第 2 条规定：（1）对面额不小于 1 港元的硬币而言，所支付的款额不超过 100 港元；（2）对面额小于 1 港元的硬币而言，所支付的款额不超过 2 港元。在英国的英格兰和威尔士地区，只有皇家铸币局铸造的硬币（Royal Mint Coins）和英格兰银行发行的现钞（Bank of England Notes）才是法偿货币。在苏格兰和北爱尔兰地区，只有皇家铸币局的硬币是法偿货币。伴随着更多的新型支付工具问世，上述法律规定早已成为历史。第四，在出现恶性通货膨胀的国家，美元化现象往往非常严重。当地百姓为了规避通胀风险，往往在日常交易中采用美元、欧元等币值较为稳定的货币。本国中央银行发行的现钞，即便受国内法律保护，事实上并不会作为普遍的支付工具而被接受。因此，某种货币即使是受法律保护的法偿货币，但是并不能保证其就会被对方接受。综上所述，本书统一译为"法偿货币"。

6.1.2 "Fiat Currency"或"Fiat Money"

米什金在他的教材中对"Fiat Currency"的解释是，"Paper currency decreed by a government as legal tender but not convertible into coins or precious metal"，译作汉语是"由政府法律授权认可的作为法偿货币的纸币，但是无法兑换为硬币或者贵金属货币"。作者的定义表明以下几点。第一，"Fiat Currency"的材质是纸质的，这说明这种货币是无内在价值的，或者说该货币的实际价值要远远小于其面额。第二，"Fiat Currency"由政府法律保障，从而发挥交易媒介等货币职能。第三，"Fiat Currency"无法兑换为硬币或贵金属货币。在历史上，纸币分为可兑换的（Convertible）纸币和不可兑换的（Nonconvertible）纸币。可兑换是指纸币可兑换为金属货币。不可兑换纸币是由可兑换纸币演变而来，当政府无力履行兑换纸币的承诺时，只能取消或者暂停纸币的可兑换承诺，可兑换纸币便成为不可兑换纸币。进入不可兑现的信用货币时代之后，"Fiat Money"与"Legal Tender"的差异不大了。从债权债务的清偿来看，尤其是大额的债权债务清偿，当事人双方很少用到政府发行（认可）的"Fiat Money"或者"Legal Tender"。第四，正因为"Fiat Currency"没有内在价值，所以其币值高低取决于这种货币的发行数量（供给量）与全社会对这种货币的数量（需求量）的对比。第五，政府可以终止某种"Fiat Money"的"Legal Tender"

地位（或资格）。例如，英格兰银行 2016 年 9 月 13 日发行了新版 5 英镑塑料货币，旧版的 5 英镑纸币自 2017 年 5 月 5 日始就不再具有法偿货币的地位。不过，2017 年 5 月之后，旧版 5 英镑钞票的持有者仍能在英格兰银行将其兑换为新版的 5 英镑塑料货币。在中国，从 2018 年 5 月 1 日起第四套人民币 100 元、50 元、10 元、5 元、2 元、1 元、2 角纸币和 1 角硬币停止在市场上流通，在 2018 年 5 月 1 日至 2019 年 4 月 30 日，持有者可到各银行业金融机构营业网点办理兑换。之后，可到中国人民银行分支机构选定的银行业金融机构办理兑换。综上所述，本书统一译为"法令货币"。

6.1.3 "Fiduciary Currency"

欧洲中央银行认为，"Fiduciary currency is a currency without intrinsic value; it derives its worth from the trust users have in the issuer of the currency"，这句话译作汉语就是"信用货币没有内在价值，因为使用者对货币发行者的充分信任才具有价值"。该定义表明以下几点：第一，与"Fiat Currency"的定义一样，Fiduciary Currency 是没有内在价值的货币。第二，欧洲中央银行没有强调货币的发行者一定是官方机构，这表明其他机构发行的没有内在价值的货币也可以称为"Fiduciary Currency"。第三，按照上述定义，可以将"Fiat Currency"视为"Fiduciary Currency"的子集。本书统一将"Fiduciary Currency"译为"信用货币"。

6.1.4 "Banknote"

在过去，"Banknote"在国内曾经译作"银行券"。马克思对银行券的解释是，"银行券无非是向银行家开出的，持票人随时可以兑现的，由银行家用来代替私人汇票的一种汇票"。用现代经济学的语言来解释这句话，银行券就是其发行机构的负债，这里的发行机构既包括商业银行，也包括后来出现的中央银行。当"Banknote"处于分散发行的状态下，发行机构就是指发行"Banknote"的各家商业银行；当"Banknote"处于垄断发行的状态下，发行机构就是中央银行。该如何理解这个术语呢？"Banknote"与前面几个术语又存在何种关系呢？

第一，"Banknote"这个术语是从发行者——银行的角度来构造的。由于大部分的"Banknote"的材质是纸质的，因此也有人将该术语译为"纸币"。现在来看，这个译法值得推敲。从汉语的角度看，"纸币"强调的是币材，"银行券"强调的是发行者。英文构词的本义则包含两层意思，一个是发行者银行"Bank"，另一个是材质"Note"。如果仅仅译作"纸币"，没有体现出英文的本意，另外也会造成理解上的歧义。在中国历史上，清政府的户部（类似现在的财政部）就先于商业银行或者中央银行发行纸币，如前文提到的咸丰朝发行"银票"和"宝钞"。这些财政部发行的纸币，英文中对应的词汇是"Government Note"，意思是政府发行的纸币。因此，"Banknote"译为"纸币"是不恰当的。

第二，到现在，大部分国家都是由中央银行垄断发行"Banknote"，本国财政部发行的是国债（Government Bond），前者不需要向持有者支付利息，后者则需要向持有者支付利息。财政部已经不再介入不支付利息的票券发行，而是由本国中央银行来承担这一职能。中央银行发行的"Banknote"，既是纸质的，又有本国法律的认可，因此现在的"Banknote"既是本国的"Fiat Currency"，也是本国的"Legal Tender"。

第三，例外情况。在英国，除了英格兰银行，还有其他商业银行可以发行钞票。在苏格兰地区有三家商业银行发行钞票，它们分别是苏格兰银行（Bank of Scotland PIC）、克莱德斯戴尔银行（Clydesdale Bank PIC）、苏格兰皇家银行（The Royal Bank of Scotland PIC）。北爱尔兰地区有四家商业银行发行钞票，它们分别是爱尔兰银行［Bank of Ireland（UK）］、丹斯克银行（Danske Bank）［以前被称为北方银行（Northern Bank Limited）］、第一信托银行（First Trust Bank in Northern Ireland）和阿尔斯特银行（Ulster Bank Limited）。上述7家商业银行有资格发行钞票，这些钞票是合法货币（Legal Currency）。英国议会在1845年授予这些银行钞票发行权，2009年的《银行业法案》（Banking Act 2009）第六章对此进一步予以了明确。根据现行的法律规定，苏格兰和北爱尔兰地区发行的钞票必须保持100%的发行准备。发行准备由上述银行持有的英格兰银行发行的钞票、英国皇家铸币局铸造的硬币和上述银行在英格兰银行的存款等资产组成。这些资产被视为隔离资产（Ring-Fenced Assets），这7家银行需要一直持有这些资产。这种制度安排使得这些银行的钞票持有者与英格兰银行钞票持有者得到同样的保护。如果这7家银行出现破产，根据英国财政部的规定，这些资产将被隔离一年或者更长时间，并通过"钞票兑现计划"（Note Exchange Programme）向钞票持有者予以兑现。因此，这些银行发行的钞票与英格兰银行发行的钞票有同等的保障。不过，这些钞票在英国的任何地方都不是法偿货币，即使在苏格兰和北爱尔兰的范围内它们也都不是法偿货币。在苏格兰和北爱尔兰，没有所谓的"法偿货币"，包括英格兰银行发行的钞票在当地也都不能称为法偿货币。英格兰银行发行的钞票仅仅在英格兰地区和威尔士地区是"法偿货币"。

因此，根据目前民众日常的用词习惯，本书统一译为"现金"。

6.2 美国金本位制度演变的曲折经历

在历史上，英国是全球第一个采用金本位的国家。相比较而言，美国到1900年才正式确立金本位，其中更是历经不少挫折，在这个过程中，各种类型的货币都出现过。二战结束之后，以美国为主导，全球建立了布雷顿森林体系。1971年布雷顿森林体系的崩溃，则标志着金本位在全球范围内的终结。具体来看，美国金本位制度的演变包括以下几个阶段。

6.2.1 金银复本位时期（1792～1861年）

1776年5月，第二次大陆会议召开，7月4日《独立宣言》的签署标志着美国正式独立。到1783年，在华盛顿的领导下美国取得了独立战争的胜利。1789年3月，美国《联邦宪法》正式生效，它明确了美国国会对货币的铸造、定价以及货币成色和重量进行管理的权力。1792年4月2日，美国国会通过的《铸币法案》（Coinage Act of 1792）规定：美元是基本货币单位，1美元的银币含纯银371.25格令，允许自由铸造；10美元的金币含纯金247.5格令，允许自由铸造。这意味着美国当时实施的是金银复本位制度，金银的比价关系是1∶15（371.25/24.75=15）。该制度源自1791年美国首任财政部部长亚历山大·汉密尔顿（Alexander Hamilton）的建议。汉密尔顿还建议美元采取十进位制，相对于当时1英镑折合20先令，1先令折合12便士的进位制来说，这显然是一种进步。汉密尔顿认为，如果采用单一金本位或者单一银本位都将导致流通中的货币数量不足，因此建议采用金银复本位制度。虽然美国法律规定实施复本位制度，但是在格雷欣法则的作用下，美国事实上先后有银本位和金本位两个阶段。

1. 事实上的银本位制度（1792～1834年）

在1792～1834年期间，美国实际上实行的是银本位制度。之所以出现这一现象有以下原因。第一，当时法国也实行金银复本位制度。1803年拿破仑将金银比价从1∶14.625提高到1∶15.5，此时美国的金银比价为1∶15，黄金则开始流入法国，白银流出法国；在美国正好相反，黄金流出美国，白银流入美国。美国变成了事实上的银本位，法国变成了事实上的金本位。第二，在这段时间，来自南美洲巴西的黄金供给减少，同时英格兰银行在1821年恢复英镑银行券兑现黄金，增加了对黄金的需求，这一系列因素导致美国的黄金供给减少，黄金的价格上涨，相对于1792年的《铸币法案》规定的金银比价，在美国黄金被低估了，白银被高估了，白银成为"劣币"，于是人们停止了金币的铸造，银本位制在美国盛行。

2. 事实上的金本位制度（1834～1861年）

在1834～1861年期间，美国实际上实行的是金本位制度。1834年美国国会出台了1834年的《铸币法》（Coinage Act of 1834），明确美元银币的含银量不变，但是降低了美元金币的纯金含量，10美元的金币含纯金降为232格令，金银的兑换比价因此变为1∶16（371.25/23.2=16）。相对于法国的金银比价，黄金流入美国，白银流出美国。之后由于美国阿拉巴契亚地区金矿的发现，黄金供给大幅增加，金价相对下跌，市场上金银比价变成为1∶15.625，相对于法国1∶15.5的金银比价，此时美国仍然是黄金流入，白银流出。所以，1834年后人们逐渐停止了银币的铸造，不但1美元的银币，而且0.5美元、0.25美元和0.1美元的银币也退出了流通。伴随着美国经济规模的扩大，经济运行中对黄金的需求随之增加。这一阶段美国的黄金供给也增加了，如1848年发现了加利福尼亚金矿，1851年发现了澳大利亚金矿。所以，从1834年至1861年南北战争爆发前夕，美国市场上流通的主要是金币。

专栏6-2

童话故事《绿野仙踪》的主要内容及其隐喻

意大利作家伊塔洛·卡尔维诺曾说：童话即现实。很多时候，童话和现实相距其实并不遥远。《绿野仙踪》(The Wonderful Wizard of Oz)是一个家喻户晓的美国童话故事，它在美国的知名度类似于《西游记》在中国。这个童话描写了一个名叫多萝西的小姑娘如何与三位好朋友历经千辛万苦回到家乡的故事。然而，据经济学家考证，这个童话实际上是隐喻19世纪末期美国国内民众对金本位制度和金银复本位制度不同的态度。《绿野仙踪》的作者弗兰克·鲍姆是金银复本位制度的支持者，他借这个童话故事表达了反对金本位、支持银本位制度的立场。

在故事里，生活在堪萨斯州的小姑娘多萝西（Dorothy）一直梦想寻找仙境。谁知后来美梦成真，多萝西和她的小狗托托（Toto）被一阵飓风带入了名为奥兹（OZ）的奇幻王国。多萝西从天而降的时候压死了统治奥兹王国小矮人的东方女巫，在无意间解救了受苦受难的小矮人。为了感谢多萝西，大家把东方女巫的一双银鞋（Silver Shoe）送给了她。在奥兹王国中，她结识了三个新伙伴——没有脑子的稻草人（Scarecrow）、没有心脏的铁皮人（Tin Woodman）和懦弱的狮子（Cowardly Lion）。他们相约同行，沿着黄砖路（Yellow Brick Road）去翡翠城（Emerald City）寻找传说中的奥兹国国王，希望国王能够帮助他们实现各自的梦想。他们到达了翡翠城后，多萝西被仆人领着，过了七道走廊，三段楼梯，第二天才和几个朋友见到奥兹国王。他们都得到了相同的信息，奥兹国王会帮助他们。但是，他们需要先替国王干活。后来他们却发现国王是盛名之下，名实难副。最后他们用秘密武器——水，打败了邪恶的西方女巫。后来，他们一行人都实现了各自的梦想——稻草人变得有智慧了，铁皮人找到了自己的心，懦弱的狮子再振雄风，多萝西也回到了自己的家乡。

事实上，这个故事里的人物在现实中都能找到原型。在现实中的多萝西的本名是Mary Elizabeth Lease，她是美国平民党（Populist Party）的著名演说家，绰号是"堪萨斯龙卷风"(Kansas Tornado)，她是金银复本位的支持者，代表反抗金融权贵的小人物。也有学者认为她代表了美国传统的价值观。小狗托托代表禁酒党，也称为戒酒主义者。没有脑子的稻草人象征着美国西部的农民。没有心脏的铁皮人象征着美国东部的产业工人。奥兹王国与"盎司"（Ounce）谐音，是货币王国的代称。"翡翠城"代表首都华盛顿，也代表美国政府发行的"绿背美元钞票"。"飓风"（Cyclone）则代表自由白银运动（Free Silver Movement）。所谓自由白银运动，就是美国西部各州农民要求的自由铸造银币运动。这与当时美国经济出现的通货紧缩密切相关。1880年至1896年，美国物价指数下跌了23%。这对以农民为代表的债务人来说非常不利。他们要求政府实行通货膨胀政策以减轻债务负担，具体方法就是允许自由铸造银币。"银鞋"代指银本位制度。"黄砖路"象征着金本位制度。故弄玄虚的奥兹国"国王"代表美国俄亥俄州共和党联邦参议员、共和党主席马库斯·阿朗佐·汉纳（Marcus Alonzo Hanna）。他靠经商成为百万富翁，也是1896年共和党总统候选人麦金莱的好友，他利用自己的商业技巧帮助麦金莱在1896年和1900年两次赢得大选。故事中的东西方女巫都是金本位制度的拥护者。在平民看来，"东方女巫"代表了美国东部企业家和金融家的利益，指的是律师出身的美国内战之后第一位民主党总统斯蒂芬·格罗弗·克利夫兰，1885年和1893年他两度当选美国总统。他是金本位制度的坚定支持者。在1893年他撤销了国会1890年通过的《谢尔曼白银购买法案》。在故事中的"西方女巫"代表支持金本位的共和党总统候选人威廉·麦金莱,也代表美国西部的金本位的支持者。因为美国西部缺水,所以打败西方女巫的秘密武器就是"水"。在故事中,多萝西在翡翠城没有找到如何回到家乡的答案,这意味着作者认为金本位不是解决美国当时经济问题的办法。多萝西和她的朋友经历千难万险,用水消灭了邪恶的西方女巫。最后多萝西将银鞋子靠在一起敲三下,银鞋子就把她带回了堪萨斯的家乡,其寓意在于作者认为只有实行银本位才是解决美国当时经济困难的不二法门。

"没有脑子的稻草人"代表了支持银本位的西部农民,实际上这些农民非常聪明。这些农民大都有银行借款,他们希望银本位的实施能够提高通胀率,降低其债务负担。"没有心脏的铁皮人"代表美国北方的工厂工人,他们有血有肉,但是终日辛劳,仅仅获得微薄的收入,他们被可恶的东方女巫诅咒,以至于失去了自己的灵魂。在故事中,铁皮人在砍树的时候,斧头会把自己的身体砍掉一块,他会用铁皮补上,结果变得没有感情、没有血肉。这暗指北方的工厂工人被异化了,从有血有肉的普通人变成了产品生产线上的一个个螺丝钉。其现实背景是,这一时期的美国工人运动蓬勃发展,先后进行过多次罢工,但是都遭遇到政府的镇压。例如,1894年芝加哥就爆发了著名的普尔曼罢工(Pullman Strike)。普尔曼是芝加哥一家生产火车车厢的公司,其员工租住公司统一修建的房屋。当时该公司以经济萧条生意清淡为由,削减工人工资,却没有调降房租。工人们愤而罢工,并且先后得到了美国铁路工会和其他20多个州铁路工人的支持,导致全国部分铁路瘫痪。克利夫兰总统派出了2 000人的军队前去镇压,普尔曼罢工最后失败了。

"懦弱的狮子"代表的是民主党总统候选人布莱恩,他著名的竞选口号是"不应当把人类钉死在黄金的十字架上",但最终在竞选中落败。之所以作者认为这个"狮子"很懦弱,原因是这寄托了作者对布莱恩的失望之情。布莱恩是美国政治家,民主党和平民党领袖,还是天才的演说家。他1860年出生于美国中西部的伊利诺伊州,律师出身。1890年作为内布拉斯加州的代表当选国会众议员。因为他来自美国的中西部,所以他更加关注当地广大农民的利益,以反对高关税和倡导自由铸造银币而闻名。他以平民百姓的利益代言人的身份参加竞选,与选民面对面地进行对话,行程3万公里,到了27个州,做了500多场演讲。他精力旺盛,有时候一天发表演讲十几次,他的这种竞选方式令竞争对手感到心惊胆战。不过,这种方式在当时还不为选民们所接受,在许多选民心目中,他们认为总统应该是雍容大雅、风度翩翩,布莱恩的这种做法则有失身份(见图6-1)。布莱恩思想激进,他赞成政府征收所得税,妇女享有选举权,选民可

图6-1 美国共和党对布莱恩"金十字架演讲"的讽刺画

以直接选举国会参议员，他崇尚"平民的智慧"（Wisdom of the Common People），反对行业垄断和寡头精英统治，他的理念不为托拉斯们所赞同，但也因此被称为"伟大的平民"（the Great Commoner）。1896 年 7 月 9 日，美国民主党全国代表大会在芝加哥召开，布莱恩在民主党大会上发表"黄金十字架"演说。布莱恩的演说言辞雄辩、煽动性极强，其核心观点就是废除金本位制，极力捍卫金银复本位制。但是，1896 年布莱恩还是竞选失败，这是他政治生涯的顶峰，从那之后便开始走下坡路了。1896 年、1900 年、1908 年他先后 3 次竞选总统均未成功。

1896 年年底，美国农业取得大丰收，支持布莱恩的农民大幅减少。这是因为伴随着中西部各州人口的增加，当地农民不必远距离运输即可出售其农产品，受到外部势力的影响越来越少。与此同时，布莱恩的政策也未获得城市工人的支持，因为他们担心银币的自由铸造会引起通货膨胀，影响其实际工资收入。布莱恩最终只获得了 176 张选举人团①选票，麦金莱获得了 271 张选举人团选票，高出 95 张。在民众的普选中，麦金莱也领先了 60.2 万张选票。麦金莱最终以较大的优势当选第 29 届美国总统，比上一届总统克利夫兰的获胜优势更为明显。麦金莱生于俄亥俄州，18 岁参加南北战争。在国会时以支持保护性关税而闻名，起草了《麦金莱关税法》。在政治上顺风顺水，1896 年和 1900 年两次击败布莱恩当选美国总统。麦金莱在任期间，美国经济转向繁荣。他领导了美西战争（Spanish-American War），结束了西班牙在西半球的殖民统治，奠定了美国在加勒比海地区的优势地位，扩大了美国在亚洲的战略和经济利益，确保了美国太平洋大国的地位。1901 年 9 月 5 日，麦金莱遭到一名无政府主义者的暗杀，被刺身亡。

多萝西走过的七道走廊和三段楼梯，象征着平民党提出来的"1873 的罪行"。1873 年《铸币法案》废除了美元的白银铸币，因为当时银块的价格高于传统的美元铸币价格，所以法案的通过没有引起国会议员们强烈的反应和民众激烈的反对。但是后来白银的市场价格下跌了，并且低于美元白银铸币的价格，因此 1873 年《铸币法案》就被视为一切罪恶的根源。以布莱恩为代表的白银派之所以兴起，是因为从 1880 年至 1896 年，美国的物价水平下跌了 23%，通货紧缩使得白银矿主、西部农民利益受损，他们希望通过白银的货币化实现物价水平的回升。恰恰是 1896 年之后，加拿大、南非等国陆续发现金矿，黄金陆续流入美国，这使得美国的物价水平逐渐回升，美国政府不需要实行白银货币化也解决了西部农民的经济遭遇。在《绿野仙踪》这部童话故事中，还有几个人物形象值得一提。比如，多萝西一行在路上还遇到了一群"飞猴"，有学者认为飞猴代表了美国西部大草原的印第安人，富有自由精神的他们最终敌不过美国白人无情的西进运动和强大的金本位制度，丧失了家园。多萝西一行在瓷器城还遇到了一位瓷器公主，有学者认为这位瓷器公主代表了清政府的慈禧太后。1900 年义和团运动兴起，恰好是作者写作的时间段，慈禧太后支持义和团围攻外国使馆，在当时

---

① 按照美国宪法规定，美国总统选举实行选举人团制度，总统由各州议会选出的选举人团选举产生，而不是由选民直接选举产生。这一制度于 1788 年第一次实行，现已经历了 200 多年的发展与演变。选举人团制度是美国共和制、联邦制和分权与制衡原则结合的产物。

被西方国家视为一种违背国际法而无法理解的行为，多萝西和朋友们对瓷器公主的迷惑和不解体现了作者对义和团事件的心态。

6.2.2 绿背钞票时期（1861～1879年）

从1861年南北战争爆发到1879年美国重新确定以金币进行日常交易的这段时间里，美国出现了各种形式的纸币，既有美国政府发行的纸币（绿背钞票），也有国民银行发行的国民银行券。纸币的发行，使得通货膨胀成为当时的普遍现象。美国南北战争（1861～1865年）爆发后，林肯政府是如何解决战争经费问题的呢？一般来说，政府解决财政赤字的途径有三条：征税、发行钞票和借债。当时，国际社会认为林肯政府财政收支捉襟见肘，国库空虚。在1862年，美国联邦政府财政部还宣布，各类纸币不再能兑换为黄金。美国政府要打赢这场战争必须对外借款。国际银行家们给出了一揽子融资计划，利率高达24%～36%，林肯总统惊得目瞪口呆，他很快拒绝对外借款。美国国会先后采取了发行钞票和发行债券的方法。为了扩大债券的发行，时任美国财政部部长蔡斯建议实施国民银行制度。该制度要求国民银行在发行国民银行券的时候，必须以联邦政府债券作为保证。为了配合这一制度的实施，1866年财政部货币监理署对州银行发行的银行券征收10%的禁税，这使得州银行发行银行券无利可图，变相加大了国民银行银行券的发行规模。美国政府除了通过发行债券筹集资金外，1862年林肯政府授权发行钞票，这就是历史上非常有名的没有黄金准备的绿背钞票。绿背钞票与金币在法律上保持平价关系且同时流通，格雷欣法则开始发挥作用，人们在消费过程中总是用绿背钞票进行支付，将金币窖藏起来，绿背钞票于是逐渐取代金币成为当时主要的交易媒介。直至美国内战结束，林肯政府共发行了4.31亿美元的绿背钞票，以及5 000万美元的小面额辅币——Shinplaster。由于绿背纸币发行量过大，美国出现了严重的通货膨胀。南北战争结束后，美国的物价比四年前的水平高出一倍多，黄金的美元价格也急剧上涨。

在南北战争接近尾声之时，不论是美国政府、议会，还是银行家、商人，抑或是工人、农民，都倾向于恢复用金币进行日常支付，并且认为实施货币紧缩是恢复金币支付的必要条件，当然，支持绿背钞票继续流通的人士反对这一做法。但是，美国内战结束之后，美国民众陷入了狂热的铁路投资当中。横贯美国东西的铁路大动脉建成了，由于大量资本投入到铁路的建设中，1868年至1873年新铺设的铁路长度达到53 000公里。1873年，杰伊·库克（Jay Cooke）因为投资铁路公司的债权而破产，引发了银行破产的一系列连锁反应。此时美国国内货币需求增加，若干家金融机构的信用膨胀造成了准备金的不足，准备金规模从1873年9月的3 400万美元下降至10月的500万美元，由此引发了一场史称"1873年金融恐慌"（Panic of 1873）的危机，这场危机一直延续到了1879年，导致美国、欧洲多家金融机构破产。这场危机同时引发了一场论战，论战双方分别是支持回收绿背钞票的强势货币派（Hard Money Class）和反对回收绿背钞票的弱势货币派（Soft Money Class）。因为政府回收绿背钞票可以使其升值，并降低通胀率，这有利于以绿背美元标价的债权方，但会增加债务方的负担，所以债权方赞成回收绿背钞票，他们认为回收绿背钞票可以消除1873年金融恐慌的影响，并指出战时由美国联邦政府发行没有黄金作为准备的绿背钞票，只是应对内战的权宜之计。美国财政部需要从发钞行的角色中逐渐淡出，并逐步收回发行的绿背钞票，美国应该通过国民银行体系发行国民银行券（National Bank Notes）来取代绿背钞票。相反，债务方认为1873年金融恐慌是因为货币不足以满足美国南部和西部的经济增长造成的，而美国西部和南部的经济增长依赖于较低的实际利率，回笼绿背钞票会进一步增加其债务负担。此外，弱势货币派还认为当时欧洲不少国家实行金本位制度，不回收绿背钞票会使得美国的出口商品更加便宜，有可能扭转美国当时的贸易逆差。

更为重要的是，1873年美国国会通过的《铸币法案》（Coinage Act of 1873）对于金本位的确立起到了关键作用。此前，美国1792年《铸币法案》和1834年《铸币法案》规定美国的货币制度为金银复本位制度，并且规定了金银的兑换比率。1873年《铸币法案》删除了汉密尔顿制定的1美元银币（标准银圆，含纯银371.25格令）含银量的相关条款。这相当于在法律上剥夺了银币作为法定货币的地位以及标志着美国复本位制度的终结。之所以出现这一情况是因为法案通过之时，在格雷欣法则的作用下，白银属于良币，其价值被低估了，1美元银币（见图6-2）当时没有在市面上流通，白银流出了美国。议员们将其从1873年《铸币法案》中删除也就在情理之中了。

然而，1874年美国西部发现了储量丰富的银矿，在世界范围内白银采掘能力也大幅提高，这使得白银供给大幅增加。从白银的需求来看，由于欧洲许多国家转向金本位，这大大减少了白银的货币性需求。上述供求两方面的因素使得白银的市价急剧下跌。西部银矿主们发现，假定1873年《铸币法案》

图6-2　1873年《铸币法案》取消的美国1美元银元

保留了标准银圆的话，他们就可以用白银向造币厂按每盎司1.29美元的价格铸成标准银圆。西部银矿主们后来把1873年《铸币法案》称为"1873年的罪行"（the Crime of 1873），因为他们认为该法案是在大多数人都不知情的情况下出台的，人们并未察觉条款的细微变动，以至于直至法案出台的几年后人们才得知白银被废弃的现实，所以该法案完全是有预谋的结果。换言之，如果1873年《铸币法案》中没有删除1美元银币含纯银371.25格令的条款，1879年恢复采用铸币支付后美国很可能流通的是银币，而不是金币。从事实来看，1873年《铸币法案》并不是什么罪恶，或许连阴谋都谈不上。因为在国会辩论中，该法案在众议院以110票对13票，在参议院以36票对14票的压倒性胜利获得通过，并且在此之前，参议院对该法案的讨论已经有3年之久。

从国际背景来看，美国有无可能采用银本位呢？当时德国在普法战争中获胜，根据两国1871年签订的《法兰克福条约》，法国向德国赔付50亿法郎。德国利用这笔战争赔款，在国际市场抛售白银、买入黄金，在 1871 年实行金本位制度。由法国、意大利、瑞士、比利时和希腊组成的拉丁货币联盟（Latin Monetary Union）也先后停止了银币自由铸造，如 1873 年 9 月，法国将银币铸造的最高限额降至每天 25 万法国法郎，到 11 月进一步降低至 15 万法国法郎，其他欧洲国家纷纷效仿。荷兰在 1872 年停止以固定价格购买白银，次年停止了所有的银币流通。瑞典和丹麦也于 1873 年采用了金本位。19 世纪末期，沙皇俄国和日本也实行了金本位。1898 年，长期实行银本位的印度将卢比与英镑挂钩，也就间接地与黄金挂钩。斯里兰卡和暹罗（也就是现在的泰国）也效法印度。白银矿业利益集团实力很强的拉丁美洲（阿根廷、墨西哥、秘鲁和乌拉圭）也实行了黄金可兑换制度。当时，只有中国仍然坚持银本位。

围绕是否回收绿背钞票的博弈结果是，美国国会采取了强势货币派的建议。1875 年 1 月 14 日，美国国会通过了《恢复金铸币支付法案》（Specie Payment Resumption Act），要求财政部从 1879 年 1 月 1 日开始，通过财政盈余或发债的方式获取黄金，收兑绿背钞票，这正式宣告了绿背钞票时代的终结。此外，《恢复金铸币支付法案》对于国民银行发行国民银行券的数量没有设限，但是规定新发行 100 美元国民银行券就必须回收 80 美元的绿背钞票，从某种程度上来说，该条款有通货膨胀的效果，所以弱势货币派一方也容易接受。虽然说该法案是一个折中的解决方案，但是从整体上来看，仍然是以恢复金本位为目标。此后，财政部成立了规模为 1.33 亿美元的"回收基金"用以收兑绿背钞票。尽管如此，收兑绿背钞票恢复使用美元金币支付的政策遭到了以农民为代表的债务方的强烈反对，他们反对回收绿背钞票，因为上述政策会导致美国经济出现通货紧缩和经济衰退。1879 年的法案正式实施后，"自由白银运动"（Free Silver Movement）兴起，白银矿主和农民认为自由铸造银币与发行绿背钞票会扩张货币供给，并降低其债务负担，所以支持自由铸造银币。所以，《恢复铸币支付法案》拉开了"自由白银运动"的序幕，这也是童话故事《绿野仙踪》的写作背景。

6.2.3　金本位的最终确立与运行（1879～1933 年）

在 1879 年之后的很长一段时间内，"白银问题"一直困扰着美国，成为各政治派别在金融领域争论的热门话题。在银币是否能够自由铸造的问题上，"白银阵营"和"黄金阵营"不断交锋。白银阵营认为：西部地区的白银矿主需要销售更多的白银，中西部和大平原的小麦产区和南部棉花产区的农民认为铸造银币能够减轻其债务负担。为什么农民们赞成使用白银呢？一方面，中西部的开发、农业技术水平与机械化程度的提高、城市人口扩张所带来的对农产品的旺盛需求，这使得美国的农业生产规模快速增加。另一方面，过高的运费、昂贵的化肥和农机开支、中间商的盘剥等因素使得农产品的利润减少。最让广大农民不满的是运输费用，运费有时候占到货物价值的一半。许多拥有大片良田的农民，终年辛勤劳作，农产品丰收，生活却愈发贫困，谷贱伤农的现象频频出现。此时，代表农民与普通劳动者利益的平民党（Populist Party）在 1892 年成立，其政治主张是反对高昂的铁路运费、银行的高额利润，主张实行累进个人所得税、限制移民等。在货币制度领域，平民党的纲领是要求无限制地铸造银币，流通中人均拥有银币存量增加到 50 美元等。平民党运动虽然昙花一现，但是对美国政治与社会产生了深刻的影响。黄金阵营的支持者是黄金生产者、银行家和工商业者。在政治上，民主党代表"白银阵营"，共和党代表"黄金阵营"。当然，民主党在货币制度问题上的意见并不统一。民主党内部既有以威廉·詹宁斯·布莱恩（William Jennings Bryan）为代表的赞成银本位的人士，也有赞成金本位的其他人士，如摩根集团、总统斯蒂芬·格罗弗·克利夫兰（Stephen Grover Cleveland），还有支持硬通货的民主党人士（Hard-Money Democrats），他们后来加入了共和党。金本位的支持者认为，随着 1870 年后欧洲各国逐渐由银本位或复本位转为单一金本位，金本位已经成为世界潮流，且白银是市场上价格剧烈波动的罪魁祸首。然而，银本位的支持者认为，金本位会导致通货紧缩，且剥夺了他们使用白银进行支付的权利。因为在 19 世纪后半期，黄金的生产效率没有发生很大的变化，而一般商品的生产效率提高非常快，所以一般商品的价格会相对于黄金下跌，进而形成通货紧缩。当时美国中部农民在申请贷款时以黄金计价，若出现通缩就会加重其还款负担。所以说，中西部的农民一方面因为农产品价格下跌而收入下降，另一方面其处于债务人的地位，以黄金计价的实际负债也有所增加，这双重作用使得他们苦不堪言。从 1880 年至 1896 年，美国的物价水平下降了 23%。其中，农产品的价格下跌更为严重。通货紧缩使得美国西部和南部的农民以及其他债务者的经济压力日益增加。

迫于不同阵营的压力，美国政府先后颁布了有益于不同阵营的政策。起初，白银集团先后取得两次胜利。美国国会在 1878 年通过的《布兰德－阿利森法案》（Bland-Allison Act），是白银集团的首次胜利。该法案规定，财政部每月购买价值 200 万至 400 万美元的白银，用以按 1∶16 的金银比价铸造银币。由于美国财政部总是按最低额度购买白银，这不能满足白银矿主的胃口，因为在这个时间段白银生产进入了鼎盛期，财政部最低额度的购买量不足以提高人均银币的数量，也不足以遏止世界市场上银价的下跌。在白银集团看来，若能实行金银复本位制度，就会增加对白银的需求，进而有利于推高物价水平，减轻债务人的负担，赢得债务人的支持。1890 年，美国国会通过了《谢尔曼白银购买法案》（Sherman Silver Purchase Act）。根据这个法案，财政部应当每月购进 450 万英两白银。这是白银集团的第二次胜利。一方面，美国生产能力的大幅提高使得总供给大于总需求，进而导致通货紧缩，有大量贷款的农民陷入债务困境，他们希望通过这个法律，使得货币供应量增加后形成通货膨胀，这样能够减轻其债务负担。另一方面，由于银矿的发现和大量采掘，白银出现超额供给，白银价格下跌，这使得白银矿主们无利可图。如果政府购买白银，必然增加白银的需求，白银矿主们可以借机大发横财。根据《谢尔曼白银购买法案》，从 1890 年至 1893 年财政部发行了一种法定货币——财政部钞票（Treasury Notes），它又被称为"硬币券"（Coin Note），白银矿主们向美国政府出售银块，财政部就向矿主们支付这种货币。然而，由于黄金和白银的市场比价与美国政府 1∶16 的官方比价不一致，格雷欣法则自动发挥作用。伴随着财政部钞票流通规模的增加，特别是当银币的市价更低时，民众就会窖藏黄金，用银币和财政部钞票来作为支付手段，如向政府缴纳税款。黄金很快退出了流通领域，并且公众用硬币券兑付黄金的行为也会耗光财政部持有的黄金。

后来，白银集团先后遭到重大打击。1893年美国财政部的黄金储备降到了安全限额以下，一场大规模的金融危机爆发了。在强大的压力下，1893年11月1日，美国民主党总统斯蒂芬·格罗弗·克利夫兰（Stephen Grover Cleveland）废除了《谢尔曼白银购买法案》。他认为政府大量铸造银币耗尽了政府的黄金储备，采用金本位才有利于恢复美国民众对经济的信心。民主党内部因为本位币选择的问题出现了分裂，一派人士赞成金本位，如当时的总统克利夫兰，另一派人士赞成金银复本位，如1896年总统选举中的候选人布莱恩。赞成银本位的还有平民党人。1893~1894年，在美国西部各州，人们已经无法区分白银派民主党人与平民党人。中西部的广大农民和白银矿主们则认为克利夫兰总统是黄金阵营和华尔街的傀儡。

民主党的分裂也使得共和党人认为，不管谁当选共和党候选人，都可以赢得1896年的大选。白银阵营和黄金阵营的终极较量是1896年的美国总统大选。在美国总统的竞选史上，这是唯一以货币制度为焦点问题的一次选战。货币制度这样复杂艰深的问题通常会让选民们昏昏欲睡。起初，谁将赢得竞选并不明朗。1896年7月9日，美国民主党全国代表大会在芝加哥召开，布莱恩在民主党大会上发表了"黄金十字架"（Cross of Gold Speech）的演说，这是美国政党政治历史上给人印象最深的一次演说。布莱恩的演说言辞雄辩、极具煽动性，其观点就是废除金本位制度，捍卫金银复本位制度。以下是他演讲的高潮部分。"这是我们战斗的底线。如果他们说复本位制度甚好，但是我们不能在没有其他国家的帮助下就贸然实行该制度。我们的回答是，我们要颠覆因为英国采用的是金本位，所以美国必须如此效法的逻辑。我们要恢复复本位，并且让英国也来效法美国的复本位制度。如果他们胆敢来这里为金本位张目，我们将迎头痛击，让他们从哪里来回哪里去。站在我们身后的，是这个国家和这个世界的劳动者，无论在哪里都会受到商业利益者、劳工利益者和辛苦劳作者的支持。"最后他以《圣经》故事中耶稣头戴荆棘做的王冠、被钉在十字架上殉难的情节作为类比说道："我们对主张金本位的人的答复是，'你们不应当把荆棘做的王冠按低压在劳动者的眼眉上，你们不应当把人类钉死在黄金的十字架上'。"成功的演讲使得36岁的布莱恩（美国宪法规定总统候选人必须年满35岁）获得了民主党总统候选人的提名。后来他还获得了平民党的提名。

支持金本位的共和党推举威廉·麦金莱（William McKinley）参加总统竞选。53岁的麦金莱是政治经验丰富的俄亥俄州州长，南北战争时期在联邦军队中服役。彼时的布莱恩手里拿的还是拨浪鼓而不是步枪。《哈珀周刊》一幅名为"致命的平行线"的漫画揭示了两位竞选对手的反差。在画中，一名身穿军服的士兵，面对着一个全身光溜溜、蹒跚学步的孩子。麦金莱本来是银本位的鼓吹者，1890年甚至还投票赞成《谢尔曼白银购买法案》。竞选之初，麦金莱认为应将选战的议题集中在提高关税的优越性上，但是不久之后他发现如此将无法赢得选举。因为民主党此时内部出现了分化，部分民主党人虽然赞成布莱恩提出的复本位制度，但是东部地区的民主党人则多赞成金本位。麦金莱决定在金本位优于复本位制度这个话题上大造声势。7月30日，麦金莱向选民承诺竞选成功后将实施单一的金本位。从那时起，货币本位的选择就成为两位总统候选人争论的焦点，其他的议题则变得无关紧要。这次选举实际上是白银集团和黄金集团斗争的公开化。两位总统候选人都派发了大量关于货币本位选择的传单。白银矿主们为布莱恩提供了大量的竞选经费，银行、保险公司和铁路公司则鼎力支持麦金莱，有报道说共和党的竞选花销是民主党的14倍。因此，1896年的总统竞选的确是美国历史上一次与众不同的选举。当代经济学家米尔顿·弗里德曼认为布莱恩的那番演讲虽然充满了民粹主义色彩，却也不无道理。在弗里德曼看来，在黄金短缺的世界里推行金本位，实在算不得是高明的做法。

正如当时许多共和党人士那样，麦金莱以对金融政策负责和健全货币政策的辩护者的身份参加竞选。麦金莱没有布莱恩的演讲天赋，但是他政治经验老到，性格稳重谨慎，"我们不能拿货币这种神圣的东西来赌博"。选举的最终结果是麦金莱㊀以较大的优势当选第28届美国总统，比上一届克利夫兰的选举获胜优势更为明显。麦金莱的当选和1900年美国《金本位法》（Gold Standard Act）的颁布标志着复本位在美国的最终没落。自此，金本位制度在美国被完全确立了下来，并运行至1934年。

如果继续向前追溯，1873年通过的《铸币法案》和世界各国相继采取金本位的现实就基本上决定了美国复本位制度的没落。"自由白银运动"已然无力回天，布莱恩纵然能口吐莲花，也无法阻挡时代前进的脚步，《绿野仙踪》童话中梦幻般的结局在现实中并未发生。1896年的总统竞选，布莱恩可谓生不逢时，如同在大晴天向客户兜售雨伞。就农村地区的选民来看，一方面，增加的中西部各州人口扩大了对农产品的需求；另一方面，当地农民可以就近销售农产品，而不必经过长途运输，这降低了中间成本，使得农民的收入增加。就城市地区的选民来看，布莱恩无限制铸造白银的政策同样未获得城市工人的支持，因为他们担心这可能会引起通货膨胀，影响其实际工资收入。在这一阶段，布莱恩的支持者希望的通货膨胀出现了。19世纪90年代晚期，在美国阿拉斯加、澳大利亚和南非威特沃特斯兰地区先后都发现了储量巨大的金矿。同时，1887年由三位苏格兰化学家发明的氰化法问世了，它尤其适合南非的金矿，这使得从低品位的矿石中提炼黄金的生产效率大大提高。黄金的大量发现使得美国货币供给快速增加，美国国内的价格也大大提高了。从1896年至1910年，美国的价格水平提高了35%。相反，在1873～1896年，世界上没有发现大的金矿，这一期间美国物价下跌了53%，英国物价下跌了45%。

从1879年至1933年，美国的金本位持续了54年。其间，美国建立了中央银行制度。美联储的建立使得货币的审慎管理成为一种常态。货币黄金的增减无法像过去那样显著地影响美国的货币供给和信用状况。1933年3月，罗斯福总统上台之后，美国政府采取了一系列措施应对经济大萧条，俗称"美国新政"（New Deal）。1934年1月15日，罗斯福

㊀ 麦金莱在1901年又成功连任第29届美国总统。1901年9月6日，他携夫人出席在纽约州布法罗市泛美博览会音乐厅举行的招待会。在招待会上，宾客云集。出生于波兰移民家庭的无政府主义的刺客——里昂·乔戈什趁与麦金莱总统握手之际，朝麦金莱腹部连开两枪。9天之后的9月15日，麦金莱总统因为伤口感染去世，副总统西奥多·罗斯福接替他担任了总统。9月25日，刺客利昂·乔尔戈斯被判犯有一级谋杀罪，他向法庭承认，他并不后悔刺杀了总统，因为总统对劳动人民漠不关心，是善良的劳动人民的敌人。7个月后，这位刺客被送上了电椅。

总统签署了《黄金储备法》，宣布将黄金由每盎司 20.67 美元提升到每盎司 35 美元（涨幅近 70%），同时，美国政府宣布民间禁止储藏黄金，停止美元现钞兑现金币，停止铸造金币，并发行金证券，实施黄金国有化政策。美国政府宣布提高黄金的美元价格的做法，对于其他国家来说，就相当于美元贬值。1934 年《黄金储备法》的出台意味着美国金本位制度发生了重大变化。

6.2.4 受限制的金块本位制度（1934～1971 年）

从 1934 年 1 月开始，美国开始实施受限制的金块本位制度。一方面，黄金的美元价格大幅上涨。美国财政部随时按照 35 美元/盎司的价格买入黄金，但是对于财政部卖出黄金，美国政府有了更多的限制，即只限于向外国中央银行或官方机构出售黄金，以及供给美国国内工业、艺术等方面合法使用黄金的需要。美国政府不再铸造金币，除了对美联储之外，美国财政部不再发行金证券。金证券变成了美元现钞的发行保证。

20 世纪 60 年代初期，美国出现了持续性的国际收支逆差，国内通货膨胀严重，美国已无力维持黄金 35 美元/盎司的官价。1961 年 12 月，国际金融市场爆发抛售美元、抢购黄金的风潮，黄金的美元价格大幅度上涨，美元地位受到猛烈冲击。为此，美国与其他 7 个西方国家（英国、法国、荷兰、比利时、联邦德国、意大利、瑞士）建立了"黄金总库"，以期在伦敦金融市场上维持黄金的美元官定价格。1968 年 3 月，国际金融市场再次爆发抛售美元、抢购黄金的风潮，战后的布雷顿森林体系摇摇欲坠。3 月 17 日，美国政府开始实施黄金双价制度。所谓黄金双价制度，就是在官方黄金市场上，仍然维持 1 盎司黄金 35 美元的官价，但在私人黄金市场上，听凭市场供求，美国不再维持其官方价格。黄金双价制度只是暂时地维持了布雷顿森林体系，到 1971 年 8 月 15 日，美国尼克松政府单方面终止了 1 盎司黄金 35 美元的官方价格，即使是外国中央银行持有的美元储备，美国政府也不予以兑换黄金了。美国受限制的金块本位终结了。这不仅意味着金本位在美国的终结，也意味着金本位在全球范围内的终结。

▨ 专栏 6-3

美国政府发行的各种纸币

在美国，官方发行的纸币的种类很多，发行机构众多。目前主要流通的绝大部分纸币是联邦储备券（Federal Reserve Notes），其他类型的纸币包括联邦储备银行券（Federal Reserve Bank Notes）、银证券（Silver Certificates）、金证券（Gold Certificates）、美国钞票（United States Notes）以及国民银行时期由各家国民银行发行的国民银行券（National Bank Notes）。目前，其他类型的纸币不再发行和流通（大部分被收藏），其规模也很小。截至 2020 年年末，流通中的美元现钞（纸币和硬币）超过了 2 万亿美元。下面我们对历史上美国政府发行过的各类纸币进行介绍。这些纸币除了票面设计、防伪措施不同之外，主要是发行机构的差异。不论这些纸币是由美国财政部（Department of Treasury，1789年成立）发行还是国民银行发行抑或是美联储（Federal Reserve System，1914年成立）发行，都是美国联邦政府的负债。

（1）**联邦储备券**：根据1913年《联邦储备法》由12家联邦储备银行发行。联邦储备券是美国纸质的法偿货币。最初，联邦储备券的发行必须有40%的黄金准备。各家联邦储备银行从美国财政部下属的美国印钞局购买联邦储备券，向其支付印制美元现钞的生产成本。这些美元就构成各家联邦储备银行的负债，也属于美国联邦政府的偿债义务（Obligations）。美国国会规定，联邦储备券必须有等额的抵押物。抵押品主要是金证券和联邦政府债券。之所以要求美联储发行联邦储备券需要提供抵押品，是因为如果美国国会解散美联储体系，美国联邦政府必须承担以联邦储备券形式体现的债务，同时接收等值的抵押品。尽管不是由美国财政部发行的，但是联邦储备券上仍然印有财政部部长和库务署（Treasurers of the United States）署长的签名。联邦储备券在1933年之后不可以兑现黄金、白银，也不可以兑现其抵押物。1969年7月以来，联邦储备券没有发行大面额的券别，主要是1美元、2美元、5美元、10美元、20美元、50美元和100美元。不过，1945年，美联储曾经发行过500美元、1 000美元、5 000美元和10 000美元的钞票，由于这些大面额钞票在现实生活中使用较少，已经不再印制。不论何种面额的联邦储备券，每张钞票大致重约1克，含25%的亚麻和75%的棉花，还有不同长度的红色和蓝色纤维。

（2）**联邦储备银行券**：1915～1934年期间发行。联邦储备银行券与联邦储备券不同，因为联邦储备银行券是由12家联邦储备银行中的某一家来发行的，而不是由12家联邦储备银行作为一个整体来支撑的。联邦储备银行券没有采用金证券作为发行准备。与国民银行券一样，它们都是由美国政府债券（不包括金证券）作为发行准备。联邦储备银行券过去是在各个紧急时期发行的，现在由美国财政部负责，该钞票已经不再发行，并且处于回收状态。联邦储备银行券分为两个系列，一个是钞票尺寸较大，被称为1915/1918年系列，另一个则尺寸较小，被称为1929年系列。联邦储备银行券的这两个系列，钞票的正面和反面的主色调不同，一个是绿色，另一个是黑色。

（3）**银证券**：1878～1964年期间由美国政府发行的流通纸币。银证券最初可以按面额兑付美元银质硬币，后来则可以兑换生银块（Raw Silver Bullion）。1968年之后，银证券只能够兑换为联邦储备券。银证券尽管过时了，但仍然是有效的法偿货币。

（4）**金证券**：美国财政部发行的、由联邦储备银行持有的证券。1934年《黄金储备法》规定，将美联储的黄金转给财政部，作为交换，财政部向美联储发行以美元计价的金证券。20世纪60年代以来，金证券以电子记账方式在美国财政部和美联储之间反映。财政部发行的金证券有相应的实物黄金作为准备，实物黄金为按官价每盎司黄金42.22美元的价格计算，由于市场价格远高于上述价格，因此美国财政部可以得到一大笔账面收益。1934年，10万美元面额的金证券是美国政府发行的最高面额的货币，上面印有威尔逊总统的头像。这些钞票在1934年12月18日到1935年1月9日印制，由美国财政部库务署向各家联邦储备银行发行，并由财政部持有的等值金块作为支持。金证券只是用于各家联邦储备银行之间官方交易，不在普通民众间流通。

（5）**美国钞票**：是美国财政部根据1862年《法偿货币法案》（Legal Tender Act of 1862）在1862~1971年期间发行的，直接注入流通领域且不支付利息，属于美国政府的债务。美国钞票（以红色印章和序列号）最为典型的代表就是美国南北战争时期发行的不兑现的绿背钞票。在南北战争时期，美国国会规定美国钞票的发行上限为3亿美元，这在当时是很大的额度，但是相比于现在美元现钞的流通规模则是小巫见大巫了。作为1875年《恢复金铸币支付法案》（Specie Payment Resumption Act）内容的一部分，绿背钞票退出流通领域与国民银行券发行规模的扩大是有密切联系的，即国民银行券流通规模每增加100美元，财政部就要求80美元的绿背钞票退出流通领域，直到绿背钞票发行余额降为3亿美元。到1878年5月31日，绿背钞票的发行余额为3.47亿美元，美国财政部保有1.56亿美元的黄金作为其发行准备。由于美国政府对绿背钞票不予以兑现，因此黄金准备没有发挥实质性作用。1913年《联邦储备法》问世后，联邦储备券（以绿色印章和序列号）开始发行，其发行机构属于各家联邦储备银行。联邦储备券和美国钞票都具有法偿货币的资格，这两者以相同的方式流通，其差异体现为发行机构的不同。1933年美国取消金本位制度后，联邦储备券和美国钞票实际上履行相同的职能。现在由于联邦储备券已经完全取代了美国钞票，因此从1971年1月21日开始，美国钞票已经不再发行。

（6）**国民银行券**：是在美国联邦政府注册、由联邦政府颁发经营牌照的国民银行于1863~1935年发行的银行券。在这些钞票上，印有"National Currency"的字样。南北战争时期，美国政府发行了不兑现的绿背纸币（美国钞票的一种）来筹集战争经费。此外，时任财政部部长沙尔蒙·P.蔡斯（Salmon P. Chase，1808—1873）提出了建立国民银行的方案。在这个方案中，向联邦政府申请经营牌照的国民银行，发行银行券时必须以联邦政府债券作为保证，其目的是销售更多的联邦政府债券以应付美国内战的支出。具体来说，就是国民银行在发行国民银行券的同时必须存入相当于所发行银行券面额111%的特定政府债券，后来这一比率降为100%。1863年《国民银行法》颁布后，美国建立了国民银行体系。1864年，国民银行首次发行银行券，并受联邦政府监管。国民银行经营牌照的发放和对各家国民银行发行钞票的监管是美国财政部货币监理署（Office of Comptroller of Currency）的职责。1865年，货币监理署受权对在州政府注册的州银行发行的钞票征收10%的税，这使得州银行发行钞票无利可图，许多州银行很快申请改为国民银行，这一措施也加速了钞票发行向国民银行集中。

针对此前出现的野猫银行发行的钞票信用不高、容易出现违约的情况，1863年《国民银行法》对国民银行发行钞票进行了各种规定，强调了其安全性。

第一，各家国民银行的钞票均由财政部印制，由各家国民银行发行。

第二，国民银行需要将持有的政府债券存放在货币监理署。如果某一家国民银行发行的钞票不能兑现，货币监理署就将该银行寄存的政府债券出售，将所得用于向钞票持有者支付。虽然国民银行券名义上是发行银行的负债，但是由于其存在政府债券担保和相应的赎回条件，因此又被视为政府的间接负债。

第三，每家国民银行发行国民银行券的规模不超过其持有的债券票面价值或市场价格的 90%，二者以较小的为准。发行银行必须在货币监理署存放一笔清偿基金，其数额相当于未清偿钞票余额的 5%，这笔基金可以视为该发行银行法定准备金的一部分。

第四，任何国民银行发行的钞票总额不可以超过 3 亿美元（这项限制随后修改，1875 年后取消）。在 1900 年以前，国民银行发行的银行券规模最高不可以超过其银行资本金的 90%，在 1900 年之后改为任何国民银行发行的钞票数量不得超过其资本金的规模。

第五，任何国民银行必须按照十足面额接受其他国民银行的钞票。持有这些钞票的银行可以向发行银行和财政部兑取美国政府发行的法偿货币，如美国钞票。

国民银行券的不足主要表现为其发行缺乏弹性，这种弹性不仅表现为长期弹性，而且表现为季节弹性以及危机期间的弹性。例如，国民银行券的发行规模取决于政府债务的规模，但是这一变化不一定符合经济发展的长期需要。如果政府债券的市场价高于其面额，发行钞票就无利可图。这会使得经济交易中缺少足够的支付手段。此外，国民银行券的发行也缺乏季节弹性。日常货币需求会出现较为明显的季节性波动。例如，在圣诞节期间，对现钞的需求往往达到高峰。节后的现钞需求会出现回落。然而，流通中的国民银行券数量全年保持相对稳定。在现钞需求的旺季，各家银行只有通过准备金的下降来实现；在现钞需求的淡季，各家银行只有通过准备金的上升来实现。在银行出现挤兑时，国民银行有限的库存现钞无法满足在银行危机下民众对现钞的需求。因此，民众希望美国政府弹性发行现钞（Elastic Currency），1913 年的《联邦储备法》就是为了解决上述问题的。

（7）1890 年财政部钞票（Treasury Notes of 1890）：财政部钞票（也被称为"Coin Note"，译作"硬币券"）是美国政府根据《谢尔曼白银购买法》于 1890～1893 年由财政部发行的一种代币（Representative Money）。其票面额包括 1 美元、2 美元、5 美元、10 美元、20 美元、50 美元、100 美元和 1 000 美元，其中 500 美元面额的这种钞票实际上从来没有发行过。这种钞票分为 1890 年和 1891 年两个系列。1890 年系列的财政部钞票的背面设计非常绚丽，旨在使得其更难以伪造。然而，反对观点则认为钞票图案如此复杂使得民众难以区分真币与假币。1891 年系列的财政部钞票在设计上进行了简化。白银矿主们向美国政府出售银块，财政部则向他们支付这种财政部钞票。美国财政部可以用银币或金币满足这种钞票的兑现要求。请注意，"Treasury Notes"在现代金融学的含义当中，还有中期美国政府债券之义，该债券的期限为 1 年至 10 年，与这里提到的财政部钞票是两个概念。

对于美国政府发行的纸币来说，还可以从是否可兑现的角度来进行区分。所谓可兑现纸币，就是指现钞与黄金、白银的兑现。这就涉及另外一个问题——货币发行准备制度。1933 年美国政府在经济大危机之后宣布退出金本位，美元现钞不再可以兑现黄金。尤其是 1973 年布雷顿森林体系崩溃之后，美元与黄金之间只存在买卖关系，不存在兑现关系。在全球范围内，可兑现的纸币制度已经一去不复返了。不过，作为可兑现纸币的遗迹，在有的纸币上仍然印有"见票即付"的字样。例如在三家发钞行（汇丰银行、中国银行和渣打银行）发行的各种面额的港元上，均印有中文"凭票即付"和英文"Promises to pay the bearer on demand at its office here"的字样。

6.3 货币是资产还是负债

古今中外，货币的物理形态不断发生着变化，发行机构不仅包括传统的银行，某些非金融机构也开始介入了货币的发行。那么，如何准确认识货币的性质？如何对货币进行准确分类呢？

6.3.1 从货币币材的角度认识货币

从币材的角度对货币进行分类，是我们认识货币的开始。从币材的角度来认识货币是最为直观的。在全球范围内，货币币材先后经历了以下四个阶段：以盐、牲畜、海贝等各种实物作为交易媒介的初级阶段；以黄金、白银等为代表的商品货币阶段；以各种纸质货币为代表的信用货币阶段；目前出现的各种无实体形态的虚拟货币（Virtual Currency）阶段。

互联网技术兴起以来，货币的形态发生了变化。货币从人类视觉和触觉可感知的实物形态（纸质货币、塑料货币等）转向了人类视觉和触觉都无法感知的形态，这仅仅是从币材的物理特性来认识。按照这一特征，虚拟货币目前大致分为三类。第一类是与银行账户相关联的记账式货币，如基于银行卡（借记卡）支付的货币和移动支付（如微信支付）的货币，它们是现行法偿货币的电子化，与经济主体的各类银行账户挂钩。第二类是与银行账户不相关的虚拟货币，包括加密货币（如比特币）和商业货币（如Q币、积分）两种类型，其价值完全由市场决定。这类货币的特点是其价值需要用现有的法偿货币来标价，与货币当局的现金发行无任何关系，更不属于法偿货币。第三类货币是由货币当局发行的电子货币，可以暂时称为"法定电子现金"（或者称为"法定数字货币"），这类货币存储于电子设备中，是具有现金特性的价值载体。有观点认为，货币当局发行电子货币的重要使命之一就是替代部分现金，降低现金印制、发行、清分、销毁的巨大成本。由货币当局发行的法定电子现金仍然处于研究试验阶段，现实生活中还没有正式发行流通。相对而言，前三个阶段的币材相对容易达成共识，而经济学家们对第四个阶段的虚拟货币存在认识上的分歧。当然，也有从价值角度和发行者角度来定义货币的。例如，欧洲中央银行在2015年出版的报告里就如此定义：虚拟货币是价值的数字化代表，它不是由中央银行发行，也不是由信贷机构或者是电子货币（E-money）机构发行，可以作为另类货币（Alternative Money）使用。

如果仅仅从价值量的角度来认识虚拟货币，比特币算不算虚拟货币？当前也有学者将比特币称为数字货币，而不是采用虚拟货币的提法。那么，数字货币与虚拟货币的差异体现在什么地方？

6.3.2 从发行者的角度认识货币

本书前面的章节曾经介绍过从货币发行者的角度来区分不同的货币。从发行者的角度看，既有私人部门发行的货币，又有政府部门发行的货币。前者如山西票号发行的银票，后者可以分为两类：一类是财政部发行的，如美国政府在南北战争时期发行的绿背钞票、中国清政府在咸丰朝时期户部发行的官票宝钞；另一类是银行发行的货币，既有中央银行发行的，如流通中的现金，也有商业银行发行的货币，如活期存款。在人类社会曾经长期扮演货币角色的黄金、白银，它们是哪个机构发行的呢？英国从 1717 年开始实行金币本位制度，金币是皇家铸币厂铸造的，那么是否就可以说是铸币厂（或者政府）发行的呢？进一步分析，由于人民币现钞是中国人民银行的负债，我们可否进行类比，认为金币是政府的负债呢？毫无疑问，金币由铸币厂统一铸造，仅仅是为了保证金币的重量、成色和形制整齐划一，便于流通和民众辨识，更何况政府还会收取一定的加工费（手续费）。所以，金币是按照政府统一的标准铸造的，但不是铸币厂（或者政府）的负债。人民币的硬币由中国人民银行垄断铸造，那么该如何认识人民币硬币的属性呢？第一，人民币硬币是辅币；第二，人民币硬币是垄断铸造；第三，人民币硬币的币材是贱金属，硬币的名义价值高于其实际价值。人民币硬币与金币、银币有何差异呢？我们可以从资产和负债的性质对货币进行区分。

6.3.3 从资产和负债的性质认识货币

从资产和负债的性质来认识货币，就是分别从货币发行者和货币持有者资产负债表的角度来解释货币的属性。

货币是资产还是负债？货币当然是各经济主体的资产，比如社会公众持有的货币，就是当事人的资产之一；也可以认为货币是负债，比如中国人民银行发行的人民币现钞，就是发钞行的负债。那么，货币到底是资产还是负债？显然，我们无法简单地回答"是"或者"否"。在现代社会，货币是货币发行者的负债，同时还是货币持有者的资产。这样的回答正确吗？在金属本位下，白银、黄金长期扮演货币的角色，这些货币又称为商品货币。那么，白银或者黄金是资产还是负债呢？显然，黄金只是持有者的资产，却不是任何政府、铸币厂或者经济主体的负债。

在金属货币时代，铸币（以金铸币为例，简称"金币"）的出现是一个重要的时间节点，也是当时的一个金融创新。**首先**，金币有确定的重量和纯度。如果政府决定铸行金币，对黄金的需求就会大幅度上升，这源于对黄金的货币需求大幅增加（假定黄金的非货币需求保持不变）。同理，如果政府宣布放弃金本位制度，那么该国对黄金的货币需求下降为零，只剩下社会上对黄金的非货币需求。**其次**，从世界各国的历史来看，不论何种金属本位，既有政府收取铸币税的，也有不收铸币税的。即使政府收取铸币税，铸币税的"税率"也很小。因为政府需要维持黄金实物与金币之间的价格平衡，如果黄金在非货币用途上的价格更高，那么该国的经济主体会熔化铸币，使得黄金转入非货币的使用。反之，如果黄金在非货币用途上的价格更低，那么经济主体会将黄金送到政府指定的铸币厂铸成金币。换言之，黄金在货币用途和非货币用途的转移，使得政府对黄金的定价保持稳定。此时，政府给定了黄金的货币价格，因此无法控制全社会金币的流通数量。**再次**，金币在政府手中是政府的资产，当政府将铸币用于支出后，铸币就不再是政府的资产，而是持有者的资产。用现代经济学的语言来解释，政府在支出金币的同时，购买了某种货物与服务。因此，可以认为对于足值的铸币来说，它是持有者的资产，而不是任何人的负债。**最后**，除了金币（本位币）之外，还有不足值的辅币。即使到了信用货币时代，仍然流通着不足值的硬币。那么，辅币是资产还是负债呢？不论是金属货币时代，还是信用货币时代，这都取决于辅币的发行机构。如果辅币是财政部发行的，那就是政府的资产。例如，在美国财政部铸造的硬币，是发行机构——财政部的资产；如果辅币是中央银行发行的，如中国人民银行发行的硬币，则是中央银行的负债。

进入信用本位时代之后，流通的纸质货币的资产负债属性有何变化呢？在中央银行诞生之前，传统社会金融机构发行的货币，如中国的票号与钱庄发行的银票和钱票，都是有兑现承诺的，因此在当时这些货币都是信用货币。中央银行诞生之后，中央银行的负债逐渐构成日常生活中经济主体交易过程中的主要交易媒介和支付手段，也就是流通中的现金。不论中央银行是否有兑现金属（黄金或者白银）的承诺，也不论其材质是纸质还是塑料，抑或是其他材质的，都是信用货币。银行（包括中央银行和商业银行）发行的信用货币与商品货币相比，其显著特征就是信用货币具有资产负债的双重特性。从资产方看，信用货币是持有者的资产；从负债方来看，信用货币是发行者的负债。

对于虚拟货币而言，从资产负债性质去认识，也不会出现歧义。以银行卡（信用卡）为例，这是信用货币，是发卡行的负债、持有者的资产。经济主体在微信钱包里的资金，同样是信用货币，仍然是腾讯财付通公司的负债、持有者的资产。同样，对于比特币而言（如果我们将其视为货币的话），其性质就如同商品货币黄金，是持有者的资产，而非任何人的负债。如果未来中央银行发行看不见、摸不着的法定数字货币，其性质仍然是信用货币。简言之，我们跳出货币的物理特性，从经济属性去认识货币的性质，可以规避对货币分类的模糊认识。

专栏6-4

从现钞看政府发行纸币的历史遗迹

在流通的美钞（即美国联邦储备券上，印有"This note is legal tender for all debts, public and private"这句话，译成中文就是"本钞票可以用于清偿一切公私债务"。此外，美钞上有两个人的签名，一个是美国财政部部长，另一个是美国财政部下属的库务署署长。联邦储备券虽然由美联储发行，却没有美联储主席的签名。

例如，为迎合美国华裔，美国印钞局自2000年开始发行序列号以"8888"开头的"一路发吉利钱"。后来受美国邮政局发行中国十二生肖邮票的启发，从2002年起，美国印钞局开始发售十二生肖"吉利钱"。不过，这种性质的纪念钞都是限量发行，且价格远远高于其面额。这种美元钞票的上面仍然是财政部部长和库务署署长的签名。

在英镑钞票上，印有"I promise to pay the bearer on demand the sum of five [ten/twenty/fifty] pounds"这句话。这要追溯到英国金本位时代。当时，公众持有英格兰银行的钞票可以按照面额兑现相应价值的金币。例如，价值 5 英镑的钞票可以兑换重量为 5 镑重的金币。自从金本位废除之后，这句话的含义发生了变化。英格兰银行的钞票不再兑换黄金，只能兑换其他面额的钞票。此外，在钞票上有英格兰银行总出纳（Chief Cashier）的签名。

在中国香港，三家发钞行参与了港元现钞的发行。这些钞票上都印有中文"凭票即付"和英文"Promises to pay the bearer on demand at its office here"的字样。三家发钞行发行的钞票上的签章各不相同：汇丰银行发行的港元现钞上由执行董事（Executive Director）签名；渣打银行（香港）发行的港元现钞上由财务总监（Chief Financial Officer）和行政总裁（Chief Executive）签名；中国银行（香港）有限公司发行的港元现钞上由总裁（Chief Executive）签名。从 2002 年开始，香港金融管理局开始发行新款紫色 10 港元纸币。该货币的正面印有"香港特别行政区政府香港法定货币"字样，有香港财政司司长（Financial Secretary）和香港金融管理局局长（Monetary Authority，在香港译作"金融管理专员"）的签名。2007 年开始，10 港元已经改为塑料货币。

在中国人民银行发行的人民币现钞上，有中国人民银行行长的印章，过去还曾经有副行长的印章，但是从来没有财政部部长的印章。

6.4 不同金融工具货币属性的探讨

在现实生活中，仍然有许多金融工具或者说支付凭证，如购物卡、短期国债、比特币、特别提款权等，也在一定范围内发挥准货币的职能，因此很容易让普通民众视之为货币。对这些金融工具的货币属性该如何认识呢？

6.4.1 购物卡和国债是不是货币

购物卡是否属于货币？改革开放以来，国内不少商家发行各种名目的"购物卡""购物券"，国务院从 1990 年开始就发文制止这一现象，如 1993 年 4 月就曾经发布过《国务院关于禁止印制、发售、购买和使用各种代币购物券的通知》，然而，这种现象一直屡禁不绝。人们将这类"购物卡"统称为"代币票券"。中国人民银行对此的看法是，应该制止这类"代币票券"，并且认为"代币票券"具有以下特征：一是有金额的规定；二是无限期使用或在一段时间内有效；三是在一定范围内使用和流通，可购买不特定商品；四是不记名、不挂失。显然，这些"代币票券"与我们通常说的现钞最大的差异是发行者不同。现金由各国央行发行，"代币票券"的发行者往往是各种非金融企业，如百货公司、超市等。为什么"代币票券"屡禁不绝呢？其实，这些发卡公司利用了中央银行现金发行的原理。不论是中央银行，还是"代币票券"的发行者，现金和"代币票券"都是无利息负债。发行者通过发行这种无利息支出的负债，就可以获得利差收入。这也是为什么即使到今天，类似"代币票券"的购物卡、储值卡仍然屡禁不绝。既然购物卡的发行利用了货币发行的原理，那么未偿付的购物卡是否属于货币供应量的统计范畴呢？不属于，因为购物卡的发行机构不是金融机构。但是，在货币当局看来，大量购物卡的发行将会影响和冲击货币的流通秩序。

在中国，财政部发行的国债多为大面额，期限短的有3个月，期限长的达30年。世界其他国家的财政部概莫能外。未偿付的国债能不能纳入货币供应量的统计呢？在20世纪80年代，美国在货币供应量层次划分当中，设置过L层次，其中就包括短期政府债券。当时，这是比广义货币供应量M3范围更广的一个层次，反映的是全社会的流动性。短期国债可否视为货币呢？在现代社会，国债与货币的差异可以从以下几方面来分析。

第一，从持有者的角度来看，普通公众既是国债的持有者，也是货币的持有者。从发行者的角度来看，国债的发行者是中央政府或联邦政府；现代社会信用货币的发行者是以银行为主导的金融机构。财政部在中央银行诞生之前，也曾经履行过发行银行的职能，典型的如美国财政部发行绿背钞票。因此，国债和信用货币都体现了持有者和发行者之间的债权债务关系。

第二，从利息支付的角度来看，国债与货币的差异不是很显著。现代社会中的国债通常是支付利息的（永续国债只付利息，不偿还本金；折现发行的国债实际上也支付了利息）。货币是否支付利息呢？根据流动性的高低，货币的收益性也是不同的。中央银行发行的货币是不付利息的，商业银行发行的货币基本上是付利息的。

第三，从发行面额来看，历史上财政部曾经发行过小面额的国债，但是现在国债的面额通常较大；中央银行历史上也曾经发行过大面额的货币，但是当前发行的主要是用于零星交易的小面额货币。

第四，从流动性的角度来看，不同期限的国债流动性不同，短期国债的流动性较高，长期国债的流动性较低。对于货币而言，不同发行机构发行的货币的流动性不同，中央银行发行的货币的流动性较高，商业银行发行的货币（如储蓄存款）的流动性较低。另外，从商业银行和中央政府的信用对比来看，国债的信用评级较商业银行的信用评级更高。

综上所述，各种期限的国债与各层次货币的差异不是非常显著。但是，国债的发行额不属于货币供应量的统计范畴，因为国债的发行主体是财政部，不是金融机构。

从技术上来看，财政部完全可以通过发行小面额的负债工具来代替中央银行发行的现金。从历史上看，财政部发行小面额的债务工具并在社会上广泛流通的事例并非罕见。例如，林肯就任美国总统后，任命蔡斯为财政部部长。当时正值美国南北战争，军费开支远远超过了美国北方政府的各种税收收入，即使向纽约地区的银行借款之后，仍然是入不敷出。美国政府拒绝了当时欧洲国家高利率的贷款，转而寻求在国内发行货币的方法。美国财政部在1862年发行了1美元的绿背钞票（见图6-3）。美国政府规定：这种绿背钞票具有法偿货币的资格，可以用于清偿一切公私债务。这种钞票既不可以兑付金币，也不可以兑付银币，发行总额是 4.5 亿美元。现在，这种绿背钞票已经退出流通领域，成为货币收藏者热衷的藏品。

图 6-3　1862 年美国政府发行的绿背钞票
资料来源：http://en.wikipedia.org/wiki/Greenback（money）.

在现代社会，各国财政部有无可能再次发行类似绿背钞票这样的小面额货币呢？从技术上来说，财政部完全可以实现这一点。在现代社会，一国政府赋予中央银行发行无利息支出的负债（中央银行钞票），赋予财政部发行有利息支出的负债（短期国债、中期国债和长期国债）。这种制度安排是人类社会在历经财政部发行货币引发恶性通货膨胀这一教训之后的理性选择。技术上的可行并不意味着现实中就必须如此操作。人类社会不可能开历史的倒车。

综上所述，不论是短期国债，还是长期国债，它们都不属于货币，即便其流动性再高，即便国债没有利息支付，也不能将之视为货币，这是因为在货币供应量的统计规则中，货币的发行主体必须是金融机构。以中央银行为代表的金融机构负债成为货币供应量的统计对象，中央政府、各级地方政府发行的各类债券是社会公众和公司的投资对象，但不属于货币供应量统计的范畴。作为历史遗迹，不少国家的财政部仍然铸造和发行硬币，这部分硬币仍然属于现钞货币的范畴，但是其占广义货币供应量的比重已经很低了。比如 2016 年年底，中国广义货币供应量达到了 155 万亿人民币，其中，流通中现金 6.83 万亿人民币，占比 4.4%。

专栏 6-5

什么是"直升机撒钱"

"直升机撒钱"（Helicopter Money）作为一个专业术语最早是著名的经济学家米尔顿·弗里德曼在其 1969 年发表的论文《最优货币量》中提出的。他在文章中打了一个比方："现在假设某一天直升机飞过一个社区，从空中撒下 1 000 美元的钞票，小区的人们会匆匆将其揣入口袋。我们可以进一步推论，捡到钞票的每个人都会认为这是百年不遇的偶然事件……"[一]

[一] Milton Friedman.The Optimum Quantity of Money [M]. 1969.

弗里德曼实际上希望借此说明扩张性货币政策将导致的通货膨胀效果。然而，这并不是一个具有可操作性的货币政策。例如，直升机撒下的钞票规模应该是多少、哪些人会捡到这些钞票等诸多问题都无法回答。不过，这仍然能启发我们思考，在经济运行面临通货紧缩的风险，或者是出现"零利率下限"，或者是出现"流动性陷阱"时，货币当局可以选择什么货币政策工具去增加总需求。

20世纪90年代初，美国互联网经济泡沫破灭。到2000年，纳斯达克指数下跌了超过50%。许多与互联网相关的公司股票下跌非常严重。随着互联网泡沫的破灭，美国经济陷入衰退。2001年的"9·11"恐怖袭击更是让美国经济雪上加霜，通货紧缩的风险加剧。当时，本·伯南克还是美联储的七位执行委员之一。2002年，他在一次主题为预防通货紧缩的演讲中，提到了"直升机撒钱"这个术语。伯南克说："通过货币融资方式的减税基本上就等于米尔顿·弗里德曼提出的著名的直升机撒钱。"伯南克在阐述这一观点时是将直升机撒钱作为政府的财政政策来说明的。虽然这一概念最早是弗里德曼提出的，但是伯南克对此的阐述却使他获得了"直升机本"（Helicopter Ben）的绰号。其本意是美联储有足够的工具和手段来应对通货紧缩，反对者却断章取义，只强调伯南克通过直升机撒钱的方式来大规模发行货币。

2016年4月，伯南克在布鲁金斯学会上的博客文章（"What Tools does the Fed have Left? Part 3: Helicopter Money"）中再次阐述这个概念。简单地说，"直升机撒钱"并不是真的去街上撒现金，而是一种扩张性的财政政策。作为一个备选的宏观调控政策工具，它可以用于当前的欧洲和日本。

2017年3月26日，在博鳌亚洲论坛上周小川回答了主持人关于"直升机撒钱"的问题。周小川回答说："我们最好不要陷入依赖'直升机撒钱'的困境。全球金融危机之后，许多国家还处于复苏阶段，要运用财政政策和尽力推行结构性改革，以修复资产负债表，改善财政状况。如果这些政策能奏效，我们就不会陷入财政政策和结构性改革空间不足的困境，最后不得不过度依赖货币政策，甚至采用'直升机撒钱'。'直升机撒钱'的政策往往是在严重通缩的情况下实施的，对于这种情况，也可以采用负利率的方法来应对。历史上，负利率的效果可能并不好，因为人们可以选择持有现金，这也是所谓的'利率零下限'问题，会导致负利率政策失效。现在随着货币支付的数字化，现钞使用大幅下降。货币储存在电子账户中，或者以数字货币形式流通，我们就可以真正实现负利率。只有这样，在严重通缩和经济衰退的极端情形下，负利率才是可行的，也优于'直升机撒钱'的政策选择。"

6.4.2 比特币是不是货币

2009年，比特币正式诞生。近十年来，比特币成为社会关注的焦点问题之一。2013年12月，中国人民银行在官网刊文《比特币相关事宜答记者问》阐述了对比特币的看法："比特币具有没有集中发行方、总量有限、使用不受地域限制和匿名性四个主要特点。虽然有人把比特币称为'货币'，但由于其不是由货币当局发行，不具有法偿性与强制性等货币属性，并不是真正意义的货币。从性质上看，比特币是一种特定的虚拟商品，不具有与货币等同的法律地位，不能且不应作为货币在市场上流通使用。"半个月后，中国人民银行约谈了国内第三方支付公司，明确要求关闭比特币、莱特币等虚拟货币的交易通道。受此影响，比特币交易价格下跌两成，市场人士认为比特币有可能退出中国市场。中国的货币当局是否过于担心比特币可能带来的冲击？从理论上看，我们需要对比特币是不是货币这样的问题进行讨论，才能够对相关政策的制定与实施有所裨益。

2017年9月4日，中国人民银行等七部委发布了《关于防范代币发行融资风险的公告》。公告称："近期，国内通过发行代币形式包括首次代币发行（ICO）进行融资的活动大量涌现，投机炒作盛行，涉嫌从事非法金融活动，严重扰乱了经济金融秩序……该公告明确任何组织和个人不得非法从事代币发行融资活动。本公告发布之日起，各类代币发行融资活动应当立即停止。"2017年9月13日晚，中国互联网金融协会发布了《关于防范比特币等所谓"虚拟货币"风险的提示》。该提示函称，比特币等所谓"虚拟货币"缺乏明确的价值基础，市场投机气氛浓厚，价格波动剧烈，投资者盲目跟风炒作，易造成资金损失，投资者需强化风险防范意识。值得注意的是，比特币等所谓"虚拟货币"日益成为洗钱、贩毒、走私、非法集资等违法犯罪活动的工具，投资者应保持警惕，发现违法犯罪活动线索应立即报案……各类所谓"币"的交易平台在中国并无合法设立的依据。

众所周知，比特币是2009年才出现的。比特币也不是唯一的数字货币（Digital Currency），目前，世界上有超过700种的加密货币（Crypto-Currency）。比特币是其中最广为人知的一种，其市场价值最高，流动性最强，使用范围最广。以太坊（Ethereum）则远落后于比特币，位居第二。以比特币为代表的加密货币被黑客盗抢，交易所和钱包供应商倒闭这类事件都曾经发生过，但是概率非常小。目前，比特币的价格波动非常大，2013年高于1 200美元，2015年5月价格低于300美元，到2017年9月一度超过了4 200美元。有许多交易平台可以买卖比特币，比如Coinbase、Localbitcoins和CoinDesk。比特币中国、火币网都是在中国的比特币交易平台，不过截至2020年年末已经关闭。

1. 比特币的底层技术

比特币是一个字符串，是某一个特殊方程的解。这个特殊方程的解的数量有上限，大约为2 100万个，每一个解就是一个比特币，并通过特殊的算法来控制方程解的产生速度。计算机想要算出一个特解（即获得一个比特币），是非常耗费时间和计算资源的，但是如果由其他人提供一个特解，计算机却可以很快验证这个解是不是方程的特解。比特币的这种特殊的产生机制，催生了名为"挖矿"的热潮，人们把比特币比作宝藏，使用计算机计算方程特解的过程被形象地称为"挖矿"，找到了方程特解就是挖到了宝贝。从比特币技术的产生来看，是为了完成一个巨大计算任务而设计的算法，可以使用分布式的计算资源来获得需要的解。为了充分利用计算资源，已产生的有效解被全网"排除"，不再产生。为了避免两台计算机产生相同的解，浪费计算资源，方程的特解在产生时就被附加了一个"地址"，在比特币网络中"广而告之"，让其他的计算机不能产生相同的解，所以该解具有唯一性，被某个计算机算出来后，就不能被其他计算机再算出来。阴差阳错，这种技术具备了"货币"特性——每个比特币用户获得了一个唯一的"地址"，计算出的比特币被附加这个地址，成为该用户的"数字资产"。只要改变地址，就实现了比特币的"交易"，即数字资产所有权的转移。为了避免计算资源的浪费而发展出的"全网告知"技术，就被称为"区块链"（Blockchain）技术。区块链技术，通俗地说，就是任何一个计算节点都拥有已知的全部的解及其地址信息，不会再重复计算，成为分布式记账（Distributed Ledger）的基础。当某一个计算机挖到了一个比特币（即找到了一个符合条件的，从未被其他人找到过的方程特解），就开始向全网告知，宣示该比特币的所有权，当超过 51% 的比特币节点给予反馈，承认这个计算节点对该比特币的所有权（记录新的特解及其地址），这个比特币的所有权就被确定下来。同样地，比特币发生交易后，所有权发生转移，也需要 51% 以上的比特币节点予以承认（记录地址的改变）。为了使比特币更像"货币"，又产生了比特币的交易平台、比特币钱包、更小的比特币单位（1 聪^㊀）等技术。这里需要强调的是，区块链技术、分布式记账都属于计算机术语，不是金融术语。经济学家不了解纸币是如何印刷出来的，经济学家不知道铸币是如何铸造出来的，但是并不妨碍经济学家分析信用货币的流通规律；同理，经济学家不明白区块链这类计算机术语，同样不妨碍经济学家去分析数字货币的流通规律。

2. 比特币的金融特征

尽管比特币具备支付媒介和价值储藏的功能，但是比特币能不能被视为一种货币呢？如果比特币不能被视为货币，关键的原因又是什么呢？

第一，去中心化。比特币没有统一的发行者，或者可以说，每一个比特币的挖矿人，就是这个比特币的发行者。在比特币网络中，每一个计算节点的地位是相同的，没有上下级之分，所以也不存在中心节点。传统的信用货币体系是中心化、分层次的。传统信用货币由中央银行发行，中央银行是货币的源头，控制着基础货币的产生和回收，同时中央银行往往承担了清算所的职能，大量的交易信息在中央银行汇总清算，中央银行很自然地成为信用货币体系的中心节点。商业银行主要面对普通的客户，成为信用货币体系的次级中心节点。中国人民银行认为，比特币缺乏明确的发行机构。但是，没有明确的发行机构就不是货币吗？历史上长期被作为货币的黄金，就没有发行机构。然而，这并不能否认黄金在人类历史上长期作为货币所发挥的贡献。

第二，匿名性和交易难以追溯。比特币交易是完全的点对点交易，只有交易双方知道对方的身份，有时甚至连身份也不知道，只知道一个"地址"。对比特币网络上的其他人来说，交易者的信息只有一个地址，完全是匿名的，交易内容也无从得知。传统的银行系统中，账户是实名制的，作为次级中心节点的商业银行，可以知道发生交易的账户信息。尽管商业银行原则上会保护储户的信息，但是在必要的时候，监管机构和执法机构还是可以获取储户的交易信息。尽管比特币交易记录是以分布式记账的方式存在于每一个计算节点上，信息是完

㊀ 1 比特币 =1×10^8 聪，聪是细分比特币的单位，全称为中本聪，这是为了纪念比特币的发明者。

全公开的，但是由于其匿名性和转移的便利性，交易者可以很方便地操作数百个账户进行比特币资产的转移。由于会接收全网的交易记录，数据量非常庞大，大多数计算节点只会保留当前比特币的所有权地址，以及一定时期内的交易记录，不可能将所有的交易记录完全保存下来，这造成事实上无法追溯比特币交易的现象。在当前的纸质货币条件下，用户之间的交易，不论是采用现金还是银行转账，某些条件下是可以追踪的，某些条件下也可能无法追踪。

第三，非负债性。尽管没有实体，比特币却是一种客观存在的"解"，当比特币作为货币替代物来使用时，没有任何人需要为比特币的价值负责。比特币是持有者的资产，却不是任何人的负债，这种性质类似于黄金。黄金是客观存在的"物"，只要被开采出来，就是其所有者的资产，但不是任何人的负债。信用货币则不然，它是持有者的资产，同时也是发行者的负债。信用货币发行者需要对发行的货币币值负责。虽然历史上不乏"不负责任的货币发行者"，但均以恶性通货膨胀、经济受到严重损伤为结局。

第四，总量有限。比特币的总量有 2 100 万的上限，而且其发掘过程也通过算法进行了制约，所以比特币的总量呈现为一个有规律、缓慢上升的过程，将于2140年达到其上限。从这一点来说，比特币也很像黄金，黄金有储量的上限，终有一天会被采光。在金本位制度下，黄金本身的供给受到各种因素的制约，如黄金储量、黄金冶炼技术等。在 19 世纪末期，随着金矿的发现（如加利福尼亚的淘金热）和黄金冶炼技术的提高（氰化法的出现），黄金的供给增加。从长期来看，如果一种货币无法随着经济的发展而不断增加发行量，必然导致货币流通领域出现问题。在历史上，中国的白银货币在鸦片战争前夕及民国时期出现过两次大规模的外流。一次是鸦片战争前夕，鸦片贸易导致中国出现对外贸易逆差，这需要用白银支付；另一次是罗斯福总统上台后于1934年颁布的《白银购买法案》导致中国白银外流。每一次白银外流均使得中国出现了通货紧缩。如果比特币的规模不能随着经济增长而增加，必然会出现类似的通货紧缩。从短期来看，比特币要成为货币，必然要求自身价值相对稳定。如果比特币的价值本身出现大幅度波动，显然也不符合其作为货币的内生要求。这是比特币无法取代各国主权货币最为重要的原因。在信用货币时代，信用货币的数量由中央银行调控。中央银行可以完全控制基础货币的数量，理论上可以创造任意数量的基础货币。不过，各国中央银行的法律都对中央银行的目标和职责进行了规定，要求各国中央银行以维持物价稳定为首要目标。

第五，超主权性。比特币的使用依赖于网络，只要有互联网的地方，就可以使用比特币，所以比特币是一个跨越国界的超主权"货币"。信用货币一般由各国中央银行发行，在一国范围内具有主权性。然而伴随着世界经济与金融的一体化进程，美元、欧元等货币日益成为国际货币，尤其是在部分出现恶性通货膨胀的国家，美元成为当地民众日常交易的主要货币。因此，信用货币存在主权性和超主权性并存的特征。比特币的使用不受地域限制和匿名性，可以认为这是比特币的特征之一，但不是比特币的唯一特征。现实中的美元现钞以及国际化浪潮下的人民币境外使用都不受地域限制，也同样具有匿名性。

第六，从交易对象到标价货币。现阶段的比特币是交易的对象还是交易的支付工具？对于这一点，不少人存在认识上的偏差。以人民币为例，人民币是国内的法偿货币，在发挥价值尺度的时候，会以如下形式表现出来：

$$1 台电视机 = 3\ 000 元人民币$$
$$1 部手机 = 2\ 500 元人民币$$

也就是说，人民币充当计价货币是处于上述等式的右侧。相反，目前比特币在市场上广泛交易，其表现形式也类似于 1 比特币 = 5 000 元人民币。此时的比特币是作为被标价的商品，是人民币或其他货币买卖的对象。换言之，比特币要成为能够替代人民币或者美元的货币，就必须在商品的标价过程中，从等号的左边变化到等号的右边，以下列形式表现：

$$1 台电视机 = 8 个比特币$$
$$\cdots\cdots$$

只有商品交易以这种形式出现，比特币才可以替代现有的货币发挥价值尺度的功能，否则，比特币仅仅就类似于社会上出现的某种奢侈品，被人们所追捧与投机。从现实的交易来看，比特币目前还是被交易和投资的对象。比特币取代现实生活中的任何一种货币，包括美元、人民币等货币在内，几乎是不可能的事情。2013 年 12 月 18 日，中国人民银行约谈了第三方支付机构，关闭了比特币的交易通道。在此之前，中国人民银行对比特币的相关风险进行了分析，认为比特币存在较高的投机风险、交易过程中的交易对手方风险、资金安全风险和清算结算环节的风险等，还有利用比特币进行洗钱的风险、被违法犯罪分子或组织利用的风险等。对国内金融管理和政策的制定者来说，为控制上述风险，中国人民银行是否需要关闭比特币的交易通道呢？比特币的确存在较高的投机风险，但现实中的股票、债券也存在投机风险，难道也需要关闭股票和债券的交易市场吗？至于被犯罪分子利用的风险、利用比特币进行洗钱的风险，就更加值得讨论。茅台酒会被作为行贿和受贿的工具，我们就将茅台酒厂关闭？问题的关键不在茅台酒，而是行贿受贿本身，不利用茅台酒，还可以利用五粮液。也许中国人民银行关闭比特币的交易通道更多地是担心由此导致的资本流出入。

专栏 6-6

克鲁格曼对比特币的评论

先来看看三则关于"钱矿"的故事。

第一个是真实"钱矿"，位于巴布亚新几内亚的露天金矿波格拉（Porgera），是全球最大的黄金生产商之一。这片矿区的人权状况极端恶劣，环境污染也很严重。金价即便在今年遭遇暴跌，也仍然是十年前的三倍，所以人们仍然热衷于淘金。

第二个"钱矿"听起来有点奇怪，位于冰岛凯夫拉维克（Reykjanesbaer）的比特币矿。比特币是一种有价值的电子货币，很难说清楚为什么，总之至少现在有人愿意买它，是因为他们相信其他人也愿意买它。它是仿照黄金制造出来的虚拟货币。所以和黄金一样，比特币也可以挖矿——通过非常复杂的数学算法和计算能力强大的计算机来进行。至于为什么位于冰岛，主要是因为那里有来自水电的廉价电力，低温也有助于冷却计算机。即便如此，许多真实的资源也被用来创造这种没有明确用途的虚拟货币。

第三个"钱矿"是假设出来的。1936年，凯恩斯提出增加政府支出能够促进就业，但和现在一样，这一建议遭到了激烈的反对。所以凯恩斯提出了一个异想天开的替代性方案：政府将大量的钱埋进废弃的煤矿，让私人部门投资将这些钱挖出来。

凯恩斯进一步指出，真实的金矿和他理论中的试验其实是一样的。虽然可以通过印钞机创造出大量廉价的货币，但矿商们仍然不辞辛苦地将金子从地底挖出来。这些金子被挖出来之后，又立刻被埋了起来，进入诸如纽约联邦储备银行的金库里。

若凯恩斯看到三代人过去之后事情依然没有任何改变，他一定会感到好笑。通过政府支出刺激就业依然被很多人反对；矿商依然乐此不疲地挖金子然后将它们囤积起来（凯恩斯将黄金视为野蛮人的遗迹）。比特币也加入了这场闹剧。黄金毕竟还有些实际用途，但耗费大量资源得到的"虚拟黄金"除了一串代码什么都不是。

我猜测，亚当·斯密要是看到这些一定会很失望。

斯密常常被尊为保守派的大神，他也确实最早提出了自由市场。但经常被忽略的是，他也同样强调对银行进行监管，并对纸币推崇备至。在他看来，货币只是促进商业流通的手段，不是国家繁荣的根源。而纸币将国家的财富从黄金和白银的"毫无活力的库存"中解放出来。

所以，我们为什么要为了这些毫无活力的黄金库存破坏巴布亚新几内亚的高原，又为什么要为了一串代码不断地消耗资源呢？

如果你去问矿商，他们会告诉你，纸币是由政府发行的，可能会贬值所以不值得信任。但奇怪的是，虽然大家都谈论货币贬值，贬值却越来越罕见。发达国家的通胀水平非常低。即使从全球来看，高通胀也极少发生。当然，恶性通胀永远都会存在。

比特币的流行或多或少也是由于同样的原因。再加上它的高科技和算法，比特币俨然成为未来的趋势。

但是，不要被这些花哨的外表蒙骗了：正在发生的真实情况是，我们正在倒退回那些钱币仍在你钱包里叮当作响的年代。我们正在一路挖矿，挖回17世纪。

资料来源：原文载于2013年12月25日《纽约时报》。

6.4.3 特别提款权是不是货币

特别提款权由国际货币基金组织（IMF）在1969年创设，目的是通过补充成员方官方储备以支持布雷顿森林体系下的固定汇率制度。特别提款权的价值最初确定为0.888 671克纯金（即1盎司黄金价值35美元），相当于当时的1美元。1973年布雷顿森林体系崩溃后，特别提款权的价值由一篮子货币加权构成。从2016年10月开始，特别提款权根据五种主要国际货币（欧元、日元、英镑、美元和人民币）的价值加权确定。IMF网站每天发布特别提款权的美元等值数额，它是根据伦敦市场每天中午汇率报价，按五种篮子货币以美元计值的具体数额之和来计算的。特别提款权都具有哪些主要特征呢？

第一，根据《国际货币基金组织协定》（第十五条第1款和第十八条），IMF可以按成员方在IMF份额的比例向其分配特别提款权。这相当于IMF向每个成员方提供了一项无成本无条件的国际储备资产，该资产既不获取利息，也不支付利息。然而，如果某成员方的特别提款权持有额超过其分配额，该方就从超出部分获取利息；相反，如果某成员方持有的特别提款权少于其分配额，该方就对不足部分支付利息。

第二，自特别提款权设立以来，IMF 进行了三次普遍性质的分配。第一次分配总额为 93 亿特别提款权，在 1970～1972 年期间按年拨付。第二次分配为 121 亿特别提款权，在 1979～1981 年期间按年拨付。这两次分配使特别提款权分配额累计达到 214 亿特别提款权。为了减轻 2008 年国际金融危机影响，2009 年 8 月 IMF 进行了第三次分配，额度为 1 612 亿特别提款权。此外，IMF 在 2009 年还进行过额外的一次性特别分配，额度为 215 亿特别提款权。这次特别分配是根据《国际货币基金组织协定》第四次修订进行的特别操作，旨在改变各成员方持有的特别提款权份额与其在国际经济体系中的地位不相称的现状，1981 年后加入 IMF 的成员方（占现有 IMF 成员方数量的 1/5 以上）在 2009 年以前从未分配过特别提款权，此次分配就照顾了欠发达国家和发展中国家的利益。经过特别提款权的三次普遍分配和一次特别分配，特别提款权分配累计总额达到约 2 040 亿特别提款权（见表 6-1）。

表 6-1 特别提款权的历次分配

时间	分配数量（亿 SDR）	备注
1970～1972 年	93	普遍性质的分配
1979～1981 年	121	普遍性质的分配
2009 年 8 月 10 日	215	特殊的一次性分配
2009 年 8 月 28 日	1 612	普遍性质的分配

第三，对于各成员方而言，IMF 新分配一笔特别提款权，该国或地区国际收支平衡表的"储备资产"账户的资产方应加上这笔新的特别提款权，同时"非储备性质的金融账户"下的"其他投资"的负债方"特别提款权分配"（SDR allocations）也同时增加了，该国或地区的净资产保持不变。

显然，特别提款权具有超主权的特征，它是否有可能成为世界货币呢？目前，人民币已经是特别提款权的篮子货币之一。从本质上看，特别提款权仅仅是若干种货币的组合，也就是所谓的一篮子货币（Basket Currency）。至于篮子中应该包括几种货币，则是典型的技术性问题。这种篮子货币成为国际货币与主权国家或地区货币成为世界货币存在一定的差异。最大的差异体现在发行机制上，主权国家或地区货币发行是信贷机制，而特别提款权的发行是分配机制。所谓信贷机制，就是主权国家或地区货币发行量的扩大是通过发行银行资产与负债的同时扩大实现的。主权国家或地区货币体现了发行银行与持有者之间的债权债务关系，是持有者的资产，发行银行的负债。特别提款权的分配机制则完全不同。一方面，特别提款权不是分配机构（IMF）的负债，却是持有者的资产。此外，这项资产之所以被称为"提款权"，就是持有国或地区持有多少特别提款权就可以向其他成员方换取等值的外汇（其他硬通货）。另一方面，特别提款权流通量的扩大，主要依赖于两个层面：第一个层面是分配机构（IMF）的分配额，按照一定规则分配给 IMF 各成员方；第二个层面是分配机构（IMF）对有关国家或地区的融资，尤其是发生国际收支危机或货币危机的国家或地区。因此，特别提款权要成为国际货币，IMF 必须改革特别提款权的运行机制，从整体上来看，世界各国或地区不是通过分配机制而是采用信用机制获得特别提款权，特别提款权才有可能成为国际货币。

6.4.4 如何理解中央银行发行数字货币

2013 年以来，不少中央银行开始讨论发行数字货币。[一]在这些讨论中，都会涉及区块链、分布式记账等专业术语。对于非计算机专业的人士来说，要完整地理解这些术语具有一定的难度。比特币的出现离不开互联网和数字加密技术的出现。比特币的重要特征之一就是不可伪造性。同样，中央银行发行的纸币也有各种防伪特征。然而，有多少普通民众了解央行纸币采用了哪些防伪技术？又有多少经济学家会对央行纸币采用的印刷技术了如指掌呢？不了解这些技术，是否妨碍经济学家分析货币的演进规律？是否妨碍经济学家对货币流通规律的掌握？如果这些都不构成障碍的话，我们就应该跳出数字货币加密技术问题的限制，从经济学的角度对央行数字货币的出现、流通规律等问题进行前瞻性的分析。电子货币是基于现有客户的银行账户，实现了账户内资金的电子化，包括常见的银行卡、网银等。如果说法定数字货币和比特币都是基于区块链技术和分布式记账方法产生的新型货币，这两者又存在什么差异呢？我们可以从以下两个角度来分析：第一，货币的资产和负债特征；第二，是否存在去中心化（Decentralization）的特征。

从资产和负债的角度来看，电子货币是发行机构（如商业银行）的负债，是持有者的资产。比特币的性质是怎么样的呢？显然，比特币具有和过去商品货币（金或银）相同的性质，即它不是任何机构的负债，却是持有者的资产。对于中央银行发行的法定数字货币而言，它依然是持有者的资产，同时是中央银行的负债。从持有者的角度来看，法定数字货币是纸质中央银行钞票的数字化，不过是采用了更先进的技术手段（区块链和分布式记账）的货币，更加安全，防伪性能更高而已（如同塑料货币在防伪性能上对纸质货币的超越）。从是否存在去中心化的特征来看，比特币具有去中心化的特征，不存在垄断的发行机构，并且总量有限，所以没有任何人可以操控比特币的数量，这一点非常类似金（银）等商品货币。电子货币和法定数字货币则都具有中心化的特征，即这两类货币都存在相应的发行机构，电子货币主要由商业银行发行，法定数字货币由央行发行，但是这两类货币的发行和流通都离不开发行机构最后的清算。

目前，各国流通的现钞主要是纸币。相对于以金银为代表的商品货币而言，纸币的出现是一种超越，这体现为金属货币从单一的资产特征过渡到了纸质货币资产负债的双重特征。如前所述，所谓金属货币的单一资产特征，就是金属货币不论在谁的手上，都是其资产。所谓纸币的资产负债特征，就是纸币是发行者的负债、持有者的资产。金币在政府手

[一] 有的中央银行发行的现钞在增加。例如，瑞士民众仍然偏好使用现钞进行支付。2007 年，其规模为 400 亿瑞士法郎，2015 年增加到 650 亿瑞士法郎。瑞士的信用卡支付规模也低于其他国家。在瑞士，信用卡支付规模占 GDP 的比率仅为 10%，而瑞典为 25%，英国为 34%。（资料来源：《金融与发展》2016 年 12 月号。）

中，是政府的资产；当政府向经济主体购买商品或服务之后，金币到了经济主体的手中，金币仍然是经济主体的资产，此时金币既不算政府的资产，也不是政府的负债，可以说经济主体手中的金币与政府没有任何关系。对于政府（央行）发行的纸币来说，纸币是发行机构（央行）的负债，是持有者的资产。因此有学者认为纸币的出现是人类社会的伟大创举，也的确是创举，因为其资产负债的属性发生了本质的变化。从纸币时代发展到互联网时代的今天，数字货币出现了。数字货币可以分为两类，一类是比特币这样的去中心化的数字货币，另一类是央行发行的具有中心化特征的数字货币。比特币类似于过去金或银，法定数字货币类似于政府（央行）发行的纸币。政府发行的货币从有形的纸质货币过渡到无形的数字货币，这种超越体现了社会成本的节约和货币安全性的提升。然而，这种进步不是跨越时代的，因为其资产负债属性没有发生变化。与之相关的另一个问题是：在未来，比特币有无可能代替法定数字货币呢？从货币的演进历史来看，金、银已经不适应各国经济发展的需要，早已被人类扔进了历史的垃圾堆。这可以从金、银的数量和价格角度来解释。在黄金数量有限的背景下，或者说在黄金的数量赶不上商品与服务的数量增长的背景下，黄金的价格必然出现波动。作为货币而言，其自身价值保持稳定是其发挥货币职能的基础。如果其自身的价格波动剧烈，且数量有限，那么这种缺乏供给弹性的商品就不可能成为货币。因此，沿着这一思路，比特币就不可能取代各国政府（央行）发行的纸质货币以及法定数字货币。

专栏 6-7

内部货币与外部货币

所谓外部货币（Outside Money），就是作为私人部门资产的货币。在金本位制度下，金币（金块）就是外部货币。在不可兑现的信用货币体制下，中央银行货币（包括流通中现金、准备金），即基础货币（或者说是高能货币），就是外部货币。所谓内部货币（Inside Money），其属性就是持有者的资产、发行者的负债。在现代社会，大多数货币是内部货币。其主要形式是商业银行存款。原因在于：商业银行存款是私人部门的资产，同时是商业银行的负债。

6.5 本章小结

什么是货币？比特币能否取代美元、人民币等主权货币？我们该如何认识货币？诸如此类的问题是不少财经杂志的首发文章。难怪西方人常说：受恋爱愚弄的人，甚至还没有因钻研货币本质而受愚弄的人多。

本章对若干专业术语的内涵进行了梳理。"Legal Tender"可以翻译为"法偿货币"，某种货币是法偿货币，意味着当债务人向债权人交付具有法偿货币资格的货币时，是被法律认可的，不会被起诉。但是，这不意味着任何私人企业、个人和社团组织必须用法偿货币作为支付手段。法偿货币分为无限法偿和有限法偿货币两类。在发生恶性通货膨胀的条件下，即使有法偿货币的规定，普通民众在交易中也不一定会遵循政府的法律规定。"Fiat Currency"或"Fiat Money"译为"法令货币"。法令货币是无内在价值的，或者说该货币的实际价值要远远小于其面额，并由政府提供法律保障，且无法兑换为金属货币。政府可以终止某种"Fiat Money"的"Legal Tender"地位（或资格）。"Fiduciary Currency"可以译为"信用货币"。这种货币没有内在价值，是因为使用者对货币发行者的充分信任才具有价值。其发行者不一定是官方机构，其他机构发行的没有内在价值的货币也可以称为"Fiduciary Currency"。"Banknote"译为"纸币"是不合适的，并且容易在汉语语境中引起歧义。较为恰当的译法是"银行券"，现在多译为"现钞""钞票""现金"等。

本章详细介绍了美国建国之后货币制度的演变——如何从金银复本位向金本位过渡，最后终止金本位制度。在这个过程中，美国国内不同政治派别针锋相对。然而，谁也无法阻挡经济规律发挥作用。《绿野仙踪》隐喻了19世纪末期美国国内民众对金本位制度和金银复本位制度的不同态度。

分析货币，首先离不开对币材的认识。货币币材先后经历了以下四个阶段：以盐、牲畜、海贝等各种实物作为交易媒介的初级阶段；以黄金、白银等为代表的商品货币阶段；以各种纸质货币为代表的信用货币阶段；目前出现的各种无实体形态的虚拟货币阶段。如果仅仅从货币材质来认识货币，我们不仅无法区分绿背钞票和联邦储备券的差异，而且无法区分户部官票、宝钞与人民币的差异。简言之，在历史上，由于财政部的成立要早于中央银行的诞生，财政部利用纸张作为财政支出的支付凭证，古今中外比比皆是。然而，世界各国为什么都将发行货币的职能从财政部手中剥夺，转而赋予了中央银行呢？貌似相同的纸币，由于不同的机构发行，实质上是不同的发行机制。前者是财政收支机制，后者是信贷机制。当币材发展到虚拟阶段，同样出现了形式相同而实质不同的货币，如比特币与央行数字货币。本章从货币的资产负债特征（也可以认为是货币体现的经济关系）入手，对此展开了分析。对于金属货币而言，它是持有者的资产，而不是任何人的负债。对于以纸质货币为代表的信用货币而言，它是发行者的负债，是持有者的资产。在虚拟货币时代，比特币类似于金属货币时代的黄金、白银，是持有者的资产，不是任何人的负债。中央银行数字货币、微信钱包里的货币，不仅是持有者的资产，而且是发行者的负债。购物卡是不是货币？购物卡的发行者是众多的非金融企业，所以购物卡不属于货币。国债是不是货币？因为国债的发行者是政府财政部门，所以在现代社会国债不属于货币。

比特币的底层技术——区块链、分布式记账等术语成为不少投资者关注的热门词汇，但是它们都是计算机术语，不是金融术语。比特币的真实性（无法伪造）恰如各类纸币的防伪标记，但是这不应该成为分析比特币货币属性的障碍。恰如纸币的印刷技术不为普通人所知一样，决定货币政策、了解货币流通规律的是经济学家，而不是印刷专家。简言之，比特币是不是货币是经济问题，而不是技术问题。比特币的资产性质非常类似于金属本位货币下的本位币，由于其数量有限等原因，比特币无法替代美元、人民币等信用货币发挥货币的职能，而只能成为社会公众投资的对象。特别提款权不属于货币，它不属于IMF的负债，虽然它是持有国的资产，其性质与商品货币（金、银）类似。

第 7 章 · CHAPTER7

银根与流动性

　　什么是银根？顾名思义，银根与白银有关，但是现在货币流通领域已经没有白银了，那么这个术语该如何理解呢？新闻常常报道说中央银行采取了放松银根和紧缩银根的措施，我们大体可以理解为中央银行采取了扩张性和紧缩性的货币政策。在英语中，扩张性的货币政策有许多表述，如"Accommodative Monetary Policy""Easy Monetary Policy"或"Monetary Easing"等，但是没有任何表述与白银相关。汉语中的银根具体指什么呢？

　　2008年全球金融危机爆发之前，流动性泛滥曾经是中国商业银行体系非常典型的现象之一。危机爆发后，各国中央银行先后采取了量化宽松的货币政策，包括中国在内的许多国家出现了流动性过剩（Liquidity Overhang，Excess Liquidity，Liquidity Glut）。为了抑制流动性泛滥，中国人民银行在两个阶段连续多次上调法定准备金率。第一个阶段是从2006年7月至2008年6月，中国人民银行连续18次上调法定准备金率，从7.5%上调至17.5%。第二个阶段是从2010年1月至2012年6月，中国人民银行连续11次上调法定准备金率，从16%上调至21.5%。流动性泛滥已经成为当时中国金融体系运行的某种常态了，而流动性的定义问题却引起经济学家们激烈的争论。2013年6月以来，中国银行同业拆借市场利率SHIBOR大幅飙升，6月20日SHIBOR升至13.44%，质押式回购隔夜利率盘中峰值甚至达到了30%，7天回购利率最高则达28%。曾经的流动性过剩瞬间消失，转而出现的是流动性不足，银行间同业拆借变得十分困难，市场上甚至出现了无钱可借的状态，市场人士认为出现了"钱荒"。这种现象一直持续到2014年年初。什么是钱荒？2013

年年末中国广义货币供应量 M2 已经位居世界第一，超过 100 万亿元。货币供应量规模如此之大为何还会出现钱荒？2020 年 1 月末，中国广义货币供应量 M2 超过了 200 万亿元，小微企业的融资难、融资贵问题仍然没有得到有效解决。这些问题让民众百思不得其解。

什么是流动性泛滥？什么是钱荒？这两者存在什么联系，又存在什么差异呢？银根与这两者又是什么关系？这些问题常常引起不少人的困惑。本章将对此展开分析。

7.1 银根和流动性

银根是旧中国金融业的术语之一。它不仅涉及中国近代金融史，而且体现了中国货币发行制度划时代的变化。在不同的货币时代，银根的含义有所差异。在现代社会，流动性又是什么含义呢？银根与流动性之间有何联系呢？

7.1.1 银根的含义与演变

1. 分散发行可兑现的信用货币时代

在 1935 年南京国民政府实施法币改革之前，中国的货币制度可以称为银铜本位制，即流通的本位货币是白银（不仅有银两、银圆，还有银锭），小面额货币是制钱（俗称"铜板"）。与此同时，还有各式各样的纸币，有的可以兑现为白银，有的可以兑现为铜板。这些纸币有的是国内银行发行的，有的是国内传统金融机构（票号、钱庄）发行的，有的是外国银行发行的。在这个阶段，由于各家银行发行的纸币（又称为"银行券"）是可兑现的，这就相当于持券人拿着银行券到发行机构兑付时，发行机构负债方的银行券与资产方的商品货币白银同时下降。试想，如果某家银行资产负债表中的资产方的白银库存（也可以称为"白银储备"）与负债方的银行券比例不断下降，该银行面临的挤兑风险就增加了。从整个银行体系来看，由于某种因素整个社会的白银存量下降（如中国对外贸易逆差导致白银外流），而流通中的银行券却没有下降（相当于整个银行体系的资产负债表中资产方的白银库存下降，负债方的银行券保持不变），为了保证银行券的兑付，各家银行有必要收缩其资产业务，如收回贷款，使得资产负债表的规模下降。因此，在金属本位货币时代，包括可兑现的信用货币时代，银根紧张就是指金融机构资产负债表中资产方的商品货币的存量减少。

2. 集中发行可兑现的信用货币时代

下面以中国 20 世纪 30 年代实现货币集中发行为例。受美国罗斯福政府 1934 年《白银购买法案》的影响，1935 年 11 月 3 日南京国民政府发布《财政部改革币制令》，实施法币改革，其核心规定包括以下几项内容。

第一，放弃银本位，实现管理通货制。简单地说，就是规定不允许商品货币——白银流通，完粮纳税及一切公私款项的收付均采用中、中、交、农四行⊖发行的钞票。这是此次法币改革的关键。所谓法币，即法偿货币的简称，是指政府规定可以用于偿还一切公私债务的货币。一切交易只能使用法币，不能使用银币。其他银行发行的当时正在市面上流通的纸币，逐渐以中央银行钞票换回，停止使用。可以说，法币的发行结束了中国延续近两千年的商品货币制度，从可兑现的信用货币走向了不可兑现的信用货币。

第二，实施钉住英镑的汇率制度。《财政部改革币制令》规定所有国内机构和个人的银币和银块限期兑换为法币，并将法币与英镑挂钩，确定法币 1 元等于 14.5 便士，用现代经济学的术语来说就是南京国民政府采取了法币钉住英镑的汇率制度。从国际货币体系来看，法币实施的是金汇兑本位制度。

上述规定用现代经济学的观点可以解释如下：收兑白银、投放法币的过程体现在中中交农四大行的资产负债表上，即负债方是法币的增加，资产方是白银的增加。当时南京国民政府将白银兑换为英镑存在英国（在美国政府干预之后，将白银兑换为美元后存在美国），形成南京国民政府的外汇储备。中中交农四大行在市场上进行外汇买卖，稳定法币与英镑之间的汇价。如果某种因素导致这四家银行资产方的外汇储备下降，就类似于 1935 年之前白银存量的下降。四家银行外汇储备的下降，直接导致其他商业银行的超额准备金（商业银行的资产）下降。银根紧张这个术语被业界继续沿用，表示市场上资金供给趋紧。⊜

3. 不可兑现的信用货币时代

在现代的中央银行制度下，没有中央银行在发行现钞时以持有的商品货币（黄金或白银）为依据。那么，在现代社会，银根指代的是什么呢？简单来说，银根是各家金融机构在中央银行的超额准备金。它是商业银行的资产，中央银行的负债。如果超额准备金下降，表示银根趋紧；反之，则表示银根趋松。

7.1.2 流动性的多重含义

流动性（Liquidity）在现代金融学中是一个经常出现的专业术语。什么是流动性？我们可以从两个方面来理解：一方面是从数量的角度来理解；另一方面是从性质的角度来理解。

从数量的角度来理解，流动性可以分为整个银行体系的流动性和单个银行的流动性。整个银行体系的流动性就是整个商业银行体系在中央银行的超额准备金与商业银行的全部库存现金；单个银行的流动性就是其在中央银行的超额准备金、库存现金、存放在其他商业银行的同业存款以及短期国债等资产。根据巴塞尔委员会《流动性风险管理最优实践》

⊖ 中、中、交、农是指南京国民政府时期的四家银行——中央银行、中国银行、交通银行和中国农民银行。其中，中央银行于 1928 年 11 月在上海成立。

⊜ 当然，如果整个银行体系的白银库存没有增加，但是银行体系向经济系统提供了大量的信贷，其结果是整个银行体系的信贷资产增加，负债方的银行券增加，这会导致银行券与白银存款的比率高于经济稳定时期，那么也可能形成银根紧张的局面。

的定义，流动性是指"银行具备充足的易变现资产或融资储备以应对资金需求的能力，是银行得以持续经营的关键"。根据原中国银监会《商业银行流动性风险管理办法（试行）》的定义，流动性风险是指"商业银行无法以合理成本及时获得充足资金，用于偿付到期债务、履行其他支付义务和满足正常业务开展的其他资金需求的风险"。商业银行管理流动性就是把握安全性、流动性和盈利性三者之间的平衡。管控流动性风险的三个要素则是时间及时、价格合理和数量充足。从时间上看，若未及时满足客户需求，银行可能会面临声誉风险；从价格上看，可能会因弥补缺口而吸收高成本资金，使盈利受损；从数量上看，若流动性不足，银行可能会出现违约，严重时可能会发生挤兑。

从性质的角度来理解，流动性就是某一项金融资产转化为现金的时间和成本。时间越短，成本越低，该项金融资产的流动性就越高；反之，流动性就越低。

此外，还有两个相关的概念——市场流动性（Market Liquidity）和融资流动性（Funding Liquidity）。市场流动性是指在不改变价格的情况下，资产变现的容易程度。如果市场上交易正常，但是经济主体需要较高的市场溢价才能够变现，这时市场流动性的风险开始显现。可以说，这一概念是从经济主体的资产方来描述的，也可以表示为资产流动性。融资流动性是指具有偿付能力的金融机构，其偿付到期债务的容易程度。如果具有偿付能力的融资主体在借入资金、偿还到期债务的过程中遇到困难，就表明融资主体出现了流动性不足（Illiquidity）。融资流动性是从经济主体的负债方来描述的，也可以表示为负债流动性。

对于中央银行的宏观调控而言，我们应该从哪个角度来理解流动性呢？纵观各国中央银行的操作方法，主要以中央银行的超额准备金为调控对象（商业银行库存现金占比很低，这里存而不论）。中央银行对超额准备金的影响有两种方式：一是价格（利率）策略，即控制金融机构相互拆借超额准备金的利率水平；二是数量策略，即控制金融机构超额准备金的数量规模。那么，银行体系流动性与基础货币存在何种差异呢？基础货币包括流通中现金、法定准备金和超额准备金。其中，超额准备金对应的就是银行体系流动性。在有些情况下，基础货币与超额准备金会出现一致性的变化，如中央银行负债方的政府存款增加会导致其负债方的超额准备金下降，此时基础货币和银行体系的流动性同步下降。在有些情况下，流动性增加并不意味着基础货币就会增加，如中央银行调整法定准备金率，这会直接导致银行体系的流动性发生变化，但是基础货币的总额不会发生变化（会发生结构性的变化，法定准备金和超额准备金一增一减，或者相反）。从中央银行宏观金融数量调控的角度来看，银行体系流动性是比基础货币更为准确的一个指标。除此之外，还可以从超额准备金"价格"的角度来判断，银行同业拆借利率是银行间超额准备金相互拆借的资金价格。随着金融创新和金融市场的深化，价格型指标更为重要。

一般而言，流动性就是过去中国传统银行业所说的银根。从宏观意义上来说，银根、超额准备金和流动性代表同一个内容。如果从延续性来看，从商业银行资产的角度来表述更为恰当，因为银根是金属货币制度下金融机构的资产，而在中央银行制度下，超额准备金扮演的就是银根的角色。由于超额准备金又是中央银行的负债，基于宏观金融调控的角度，有哪些因素可以影响超额准备金呢？接下来，我们从中央银行负债的角度来表述和分析。

7.2 流动性的供求影响因素与失衡

在进一步分析中央银行调控模式之前，我们需要了解金融机构超额准备金（即流动性）的供给与需求。

7.2.1 流动性的供给与需求

所谓超额准备金的供给，是指导致超额准备金余额增加的情况；所谓超额准备金的需求，是指导致超额准备金下降的情况。前者被视为货币政策的扩张，后者被视为货币政策的紧缩。超额准备金都有哪些作用呢？有哪些因素会导致超额准备金发生变化呢？这不仅涉及中央银行的负债，而且涉及中央银行的资产。

第一，法定准备金。自从法定准备金制度实施以来，金融机构被要求在中央银行存入一笔被称为法定准备金的资金，以保证遇到客户挤提时有资金应付这一局面。若法定准备金率上升，中央银行的超额准备金下降，法定准备金上升；反之，超额准备金上升，法定准备金下降。

第二，流通中现金。当商业银行涉及现金业务时，就会影响中央银行的超额准备金账户与货币发行账户。前面的章节介绍过，货币发行账户分为流通中现金账户和库存现金账户。以商业银行吸收现金存款为例，商业银行吸收的现金存款增加时，流通中现金余额下降，库存现金余额上升。由于商业银行不会保留太多的库存现金，转而将超额的库存现金上交中央银行，由此使得商业银行的超额准备金增加，库存现金下降。忽略库存现金账户的变化，我们可以发现，货币发行账户会影响准备金账户。同样，商业银行出现客户提现业务，也会从反方向影响准备金账户。

第三，政府存款。政府存款的变化同样会影响商业银行的超额准备金账户。当商业银行的客户缴纳税款时，政府存款的余额会增加，超额准备金余额会下降。当政府支出增加时，则会出现反向变化。具体来看，假定法定准备金率为10%，商业银行某客户需要纳税100万元。从商业银行资产负债表来看，负债方客户存款下降100万元，资产方法定准备金下降10万元，超额准备金下降90万元。这是最终的结果，没有给出中间的步骤。原本商业银行负债方的客户存款下降100万元，资产方的超额准备金下降100万元。但是，负债方客户存款下降100万元之后，法定准备金随之下降10万元，超额准备金上升10万元，最终超额准备金下降90万元。

第四，中央银行票据。中央银行票据的发行在中国近年来宏观金融调控的过程中表现非常抢眼。曾经也有不少面临本币升值压力的国家采用发行中央银行票据的方式。为了对冲外汇储备快速增加导致的商业银行超额准备金上升，中国人民银行采取这一方法来回收过剩的超额准备金。当中央银行票据发行时，商业银行的超额准备金余额下降，中央银行票据余额上升；当中央银行票据到期时，商业银行的超额准备金余额上升，中央银行票据余额下降。

第五，外汇储备。中央银行的外汇储备增加会直接影响超额准备金。具体变化如下：资产方外汇储备增加，负债方超额准备金增加；反之，资产方外汇储备下降，负债方超额准备金下降。一般来说，主要发达国家中央银行持有的外汇储备占其资产的比重不会太高，这一点在中国却表现得完全不同。2014年年末，国外资产（Foreign Assets）余额达到278 622.85亿元，占中国人民银行资产总额的82.3%。由于持有大量的外汇储备，中国人民银行面临币种错配带来的巨大风险。

第六，国债资产。在主要发达国家，中央银行的主要资产是对政府的债权，即国债。国债的增加会使商业银行的超额准备金增加。其变化原理类似外汇储备的增加。国债还是中央银行进行本币公开市场操作的主要对象。中央银行买入国债，超额准备金增加；中央银行卖出国债，超额准备金减少。中央银行在买卖国债的时候，往往采用两种方式：一种是直接买卖，另一种是回购操作。这两者本质上对超额准备金的影响并无不同，差异只是：前者的操作要么是买，要么是卖，是一次性的操作，往往代表货币政策的方向性变化；后者是复合型的操作，要么先买后卖，要么先卖后买，主要用于平抑商业银行超额准备金的临时性变化。美联储将买卖国债渠道形成的超额准备金定义为非借入准备（Non-borrowed Reserves）。

第七，再贴现。中央银行对商业银行持有的商业票据予以再贴现，即商业银行以其持有的商业票据为抵押，向中央银行融资。美联储将此渠道形成的超额准备金定义为借入准备（Borrowed Reserves）。

为了实现高效清算，有的国家还规定商业银行需要在中央银行保留一定的资金，用于满足同业清算和提现的需要。例如，美联储就开设有这种性质的账户，将这类账户中的存款余额称为契约型清算准备金余额（Contractual Clearing Balances）。

在中央银行资产负债表上，对于以上七个科目：如果负债方的科目余额上升，则超额准备金下降；如果资产方的科目余额上升，则超额准备金上升。因此，影响超额准备金的因素不仅来自中央银行的负债方，也来自中央银行的资产方。

专栏 7-1

中国区分借入准备金和非借入准备金是否有意义

1984年中国人民银行正式成为中央银行，开始实施法定准备金制度。在该制度实施之初，中国采取了差别准备金率制度，按存款种类核定准备金率，即企业存款为20%，储蓄存款为40%，农村存款为25%。与该制度同时出台的还有中国人民银行实施的新的信贷资金管理办法，即"统一计划、划分资金、实贷实存、相互融通"。为什么这两个制度会同时出台？这主要源于以下两方面。

一是在 1979～1983 年实行的差额信贷管理体制下，专业银行多存可以多贷，这导致了 20 世纪 80 年代初的信用膨胀和通货膨胀。如何控制物价飞涨必须在制度上有所突破，这两个制度就是顺应这一形势出台的。

二是由于确立了中国人民银行的中央银行地位，推行法定准备金制度就意味着中国人民银行必须考虑如何在二级银行制度下实现基础货币供给的问题。与西方国家中央银行主要通过购买国债的公开市场操作来注入流动性的方法完全不同，再贷款是当时中国人民银行向整个银行体系注入流动性唯一的可行途径。再贷款是再贴现的变形，也就是对商业银行的融资，只不过再贷款不需要商业银行提供抵押品而已。也正因为如此，才有中国人民银行信贷资金管理"上贷下存"的做法，即中央银行贷款给商业银行（当时称为专业银行），商业银行立即将资金存入中央银行。对于商业银行而言，这一操作的结果就是其资产负债表资产方的"备付金"增加，负债方的"向央行借款"增加；对中央银行而言，其资产负债表的变化就是资产方的"再贷款"增加，负债方的"备付金"（即超额准备金）增加。此时的中国人民银行区分借入准备金和非借入准备金的意义不大，这是因为：当时中央银行资产方的外汇储备不仅余额很小，新增变化额也很小；财政部的国债发行还刚刚起步；无法通过这两条渠道向商业银行提供足够多的流动性，商业银行的超额准备金全部是通过借入渠道获得的（日本银行也曾经出现过这种现象，并且用"超贷"一词来表述——商业银行在中央银行的存款小于向中央银行获得的贷款）。

1994 年人民币汇率并轨改革以来，中国人民银行提供流动性的渠道发生了本质性的改变。由于流动性过多，当时的几家国有商业银行大量归还中央银行的再贷款。2003 年以来，中国外汇储备迅速增加，外汇占款成为银行体系流动性扩张的主渠道。然而，这一渠道提供的流动性存在波动性大的特点，且受国际金融形势与人民币汇率及其预期影响显著。一旦外汇占款增加缓慢或者出现负增长，整个银行体系流动性的增加就会出问题。这在 2014 年中国人民银行宏观金融调控的过程中显得非常突出。2014 年 5 月以来，外汇占款增长缓慢甚至出现负增长时，中国人民银行创立了常备借贷便利和中期借贷便利等新型政策工具。因此，中国人民银行向银行体系提供融资的主渠道一直在外国部门和国内金融机构之间跳跃。值得注意的是，中国人民银行向中央政府提供的融资（即购买国债）一直没有成为中央银行提供流动性的主渠道，这与美联储形成了鲜明的对照。在未来，如果中国人民银行重新以对金融机构的融资作为注入流动性的主渠道，那么区分借入准备和非借入准备仍然没有意义。

7.2.2 流动性过剩

1998 年东南亚金融危机爆发之后，一直到世纪之交，中国经济都处于通货紧缩的状态之中，学界讨论的焦点是中国是否陷入了"流动性陷阱"（Liquidity Trap）。流动性陷阱是凯恩斯提出来的，是指在中央银行无法进一步下调利率的情况下，民众将持有现金，而不是增加消费或者投资股票、债券。从 2002 年开始，人民币贬值压力逐渐消失，升值压力不断增加，国内经济缓慢复苏乃至有过热的迹象。从 2006 年下半年开始，中国银行体系流动性过剩（也称为"流动性泛滥"）的问题开始显现。为了对冲流动性过剩，中国人民银行在 2006 年上调法定准备金率 3 次，2007 年上调法定准备金率 10 次，并且这一问题在当年写进了《政府工作报告》，报告称："继续实行稳健的货币政策。综合运用多种货币政策工具，合理调控货币信贷总量，有效缓解银行资金流动性过剩问题。"然而，什么是流动性过剩？又是什么导致了流动性过剩？这些问题在学者中间仍然没有达成一致。

从中央银行宏观调控的角度来分析，流动性过剩（泛滥）是一种量的过剩。从指标上来看，就是商业银行体系的超额准备金数量。导致银行体系流动性过剩的原因主要是，在这段时间内中国的外汇储备急剧增加。从 2006 年开始，月均外汇储备增加超过 200 亿美元，2007 年月均达到近 390 亿美元，2008 年全球金融危机爆发前的 8 个月月均超过 440 亿美元。如此大规模的外汇储备增长，使得中央银行资产急剧膨胀，同时导致负债方的超额准备金迅速增加，从而形成流动性过剩。

2007 年 9 月，中国的外汇储备近 14 336 亿美元，中国政府成立了资本金规模为 2 000 亿美元的主权财富基金——中国投资有限责任公司，对外汇储备进行分流。在操作层面上，中央政府不能直接从中国人民银行划拨 2 000 亿美元给中投公司，因此财政部在 2007 年发行了 15 500 亿元人民币的特别国债，用于向中国人民银行购买 2 000 亿美元的外汇储备。对中国人民银行来说，这仅仅是资产方的资产置换（即中央银行外汇储备减少，特别国债增加），既不影响负债方的超额准备金科目，也不影响负债方的余额，所以这不足以解决流动性过剩问题。⊖中国人民银行通过卖出特别国债、发行中央银行票据、多次提高法定准备金率等多种方式，逐步解决中国银行体系流动性过剩的问题。

7.2.3 钱荒

什么是钱荒呢？在中国的金属本位货币时代，如明清两朝的银钱本位制时代，钱具体指制钱，是根据当朝法律规定由官炉铸行的钱币，是普通民众日常交易的小额货币。制钱的成分包括铜、铅、锡、锌，其中铜的占比往往在六成以上。不过，在不同时期，制钱中各种金属成分的比例并不完全相同。制钱基本形制为圆形方孔。制钱以文为单位，1 000 文为 1 串，折合白银 1 两。制钱名义上具有无限法偿能力，但实际上其职能受到各种限制，例如百姓纳税就需要使用白银。一般大额、远途交易用银，小额、近程交易多用制钱。由于白银和铜的实际比价与白银与制钱的官方比价存在差异，不同的时代就先后出现过银贵钱贱和钱贵银贱的现象。比如当中国对外贸易出现顺差，国外白银大量流入的时候，就会出现钱贵银贱的现象，也就是所谓的钱荒现象；当中国由于鸦片贸易出现贸易逆差时，国内白银大量外流，就会出现银贵钱贱的现象，此时就会出现银荒现象。

⊖ 引自时任财政部副部长李勇 2008 年 2 月在湖南常德工作会议上的讲话。李勇在讲话中指出："截至 2007 年 12 月末，15 500 亿元特别国债全部发行完毕，购买了 2 000 亿美元外汇，为中央银行提供了新的公开市场操作工具，协助回收了部分流动性，缓解了货币政策调控的压力，创新了财政政策和货币政策协调配合的途径。"资料来源：http://jrs.mof.gov.cn/zhengwuxinxi/lingdaojianghua/200807/t20080701_55406.html.

在信用本位货币时代，钱荒是流动性过剩的反义词，也就是流动性不足，具体表现为金融机构在中央银行的超额准备金余额出现了问题。这分为两种情况：第一种是总量不足；第二种是总量充足，但金融机构之间出现了结构性的不平衡。2013年6月25日中国人民银行在其网站上发布的《合理调节流动性 维护货币市场稳定》一文是这样表述的："当前，我国经济金融运行总体平稳，物价形势基本稳定。前5个月货币信贷和社会融资总量增长较快。5月末，金融机构备付率为1.7%，截至6月21日，全部金融机构备付金约为1.5万亿元。通常情况下，全部金融机构备付金保持在六七千亿元即可满足正常的支付清算需求，若保持在1万亿元左右则比较充足，所以总体看，当前流动性总量并不短缺。"流动性总量并不短缺是否就意味着不会出现钱荒呢？并不尽然。

从超额准备金的数量来看，当各家商业银行对彼此到期偿还同业拆借款的能力有所怀疑时，即使本行在中央银行的头寸充足，出于谨慎性的考虑，也可能不会将资金拆放给其他同业机构。因此，在分析钱荒这一现象时，不仅要看商业银行体系在中央银行的超额准备金总量，还要分析各家商业银行愿意拆出的超额准备金规模，更要分析准备拆入超额准备金的商业银行是否有能力还款。

从超额准备金的价格——银行同业拆借利率来看，当市场出现恐慌时，即使商业银行体系拥有足够多的超额准备金，只是个别商业银行的流动性不足，各家金融机构以自保为目标的前提下，也会出现银行同业拆借利率飙升的现象。当然，在正常情况下，流动性过剩必然导致银行同业拆借利率走低。

2013年6月25日中国人民银行还在《合理调节流动性 维护货币市场稳定》一文中写道："受贷款增长较快、企业所得税集中清缴、端午节假期现金需求、外汇市场变化、补缴法定准备金等多种因素叠加影响，近期货币市场利率仍出现上升和波动。"这些因素如何影响商业银行的流动性并导致钱荒呢？

商业银行贷款增加的结果是资产方贷款增加的同时，负债方企业存款同时增加，由于需要为这部分企业存款缴纳法定准备金，所以需要消耗超额准备金。企业所得税集中清缴消耗超额准备金在前面的"政府存款"科目中已经提到，端午节假期现金需求在前面的"货币发行"科目中已经提到，外汇市场变化在"外汇储备"科目中已经提到（不过此时外汇储备出现了下降，2013年6月末货币当局资产负债表"外汇"的余额比5月末减少91亿元人民币，外汇储备的负增长使得中国货币运行出现了与过往不同的模式，此前是外汇储备持续增加），补缴法定准备金在"法定准备金"科目中已经提到。也就是说，6月发生了许多使得超额准备金下降的事情，由此导致了某些商业银行在及时偿还拆借款项时发生了信用风险。

综上所述，2013年6月中国银行体系出现的钱荒，其含义已经不再区分"钱"和"银"的差异，而是笼统地表示银行体系的流动性不足。社会各界对这一概念存在不同的认识。有关人士还认为，"中国M2/GDP比率全球最高，已经接近200%，为什么如此大规模的货币供应量还会出现钱荒？这说明中国金融体系存在很大的问题"。其实，流动性不足或者钱荒，主要是指金融机构在中央银行的超额准备金不足，体现为商业银行的资产；货币供应量M2则体现为银行体系（主要包括中央银行和商业银行等存款类金融机构）

的负债，因此，中国的银行体系出现钱荒与 M2/GDP 比率涉及的是不同的问题。2013 年出现的流动性不足，中国人民银行对此进行了很好的分析。

> 专栏 7-2

海曼·明斯基提出的三种融资模式

海曼·明斯基（Hyman Minsky）认为私人部门的债务不断累积是引发金融危机的重要原因。他区分了三种私人部门的融资方式：对冲性融资（Hedge Finance，也可以译作"套期保值融资"）、投机性融资（Speculative Finance）、庞氏融资（Ponzi Finance）。当经济下行时，这三种类型的融资方式对经济下行的敏感程度是不同的。

在对冲性融资中，融资主体投资资产的现金流在未来各个时点均能够覆盖所需要偿付的本息和之外，还能有所剩余。在投机性融资中，融资主体投资资产的现金流在未来某个时点可以覆盖所需要偿付的本息和，在某个时点却不能覆盖所需要偿付的本息和，但是在总体上，投资的现金流折现之和大于融资的成本。在庞氏融资中，融资主体投资资产的现金流在未来各个时点均无法覆盖所需要偿付的本息和。在投机性融资和庞氏融资中，当发生现金流不足以满足支付承诺时，融资主体可以通过再融资、变现其他资产来暂时满足支付承诺。

相比之下，投机性融资和庞氏融资对金融市场的变化更为敏感，需要想办法适应不断变化的金融条件，对冲性融资则受金融市场的影响较小。庞氏融资通常与欺诈性的融资活动联系在一起。虽然投机性融资最初的意图不一定是欺诈，但是融资成本的上升，可能使投机性融资转变成庞氏融资（也可能逆转）。借款利息或其他成本增加，或者预期收入减少，融资项目的真实价值就会低于其债务面额，投机性融资就会转变成庞氏融资。庞氏融资主体的资产负债表，会随着不断增长的债务利息（或红利）而恶化。当再融资无法继续维持时，融资主体就会破产。当金融市场状况恶化时，借款成本提高，投机性融资转变为庞氏融资，庞氏融资主体的资产负债表恶化，继而破产，引发金融危机。

资料来源：MINSKY. Stabilizing an unstable economy [M]. Connecticut：Yale University Press, 1986：230-231.

7.3 原始存款和派生存款

在不少货币银行学教材中，原始存款和派生存款是非常重要的概念。什么是原始存款（Primary Deposits）？什么是派生存款（Derivative Deposits）？两者的差异是什么？原始存款、派生存款与流动性的关系如何？国内学者对这一问题进行过不少探讨。

7.3.1 国内教科书的传统观点

国内的教科书一般这样来解释：甲客户将 1 000 元现金存入 A 银行，该银行在缴纳

10% 的法定准备金之后，向乙客户发放贷款 900 元，乙客户将 900 元存入 B 银行，B 银行在缴纳 10% 的法定准备金之后，向丙客户发放贷款 810 元，丙客户将 810 元存入 C 银行，如此延续下去……最初的 1 000 元现金存款加上所有的新增存款 9 000 元，存款总额为 10 000 元。其中，1 000 元的现金存款就是原始存款，也被称为初始存款；新增的 9 000 元存款，则被视为派生存款。这当然是没有考虑现金漏损和各家银行保留超额准备金的情况。

原始存款可以形成派生存款，派生存款也可以形成派生存款，如 B 银行的存款可以派生出 C 银行的存款。那么，原始存款与派生存款的差异是什么呢？不少教材认为，现金存款才是原始存款。当然也有不同意见，如黄达教授（1997）认为 1 000 元的初始存款也可以是支票存款，他提到的支票存款实际上也就是转账存款。如果是这样，我们就无法确定原始存款和派生存款的差异了，因为 B 银行、C 银行也可以认为其获得的转账存款是原始存款。这里有三个问题值得探讨。

（1）是不是只有现金存款才是原始存款？转账存款就是派生存款？如果是这样，原始存款的定义就可以简化为现金存款，派生存款的定义就可以简化为转账存款。用于描述货币创造的这两个术语被简化成了两种形式的存款，远离了这两个术语的内涵规定。如果不能如此简化，如何认识原始存款和派生存款的含义呢？

（2）社会上流通的现金是从哪里来的？即甲客户的 1 000 元现金来自哪里？如果商业银行有一种资金来源也可以形成派生存款，那这种资金来源是否可以被认为是原始存款呢？

（3）如果没有 B 银行、C 银行等金融机构，A 银行是否可以实现存款的派生呢？

7.3.2 三个视角的统一解释

要回答上述问题，仅仅从单个商业银行本身来进行分析是不够的。为了更清晰地解释原始存款和派生存款的差异，必须同时从单个商业银行资产负债表、整个商业银行体系资产负债表和中央银行资产负债表三个角度来进行分析。下面以甲客户将 1 000 元现金存入 A 银行、法定准备金率 10% 为例来分析（见表 7-1）。

甲客户将 1 000 元现金存入 A 银行后，A 银行的库存现金和客户存款同时增加；对于整个银行体系来说，其资产负债表也发生相同的变化。对于中央银行来说，只是负债方发生一增一减的变化，即流通中现金下降，金融机构的库存现金增加。

表 7-1 甲客户的现金存款在三方资产负债表中的反映　　　　　　单位：元

| A 银行资产负债表 || 整个商业银行体系资产负债表 || 中央银行资产负债表 ||
资产	负债	资产	负债	资产	负债
库存现金 1 000	甲客户存款 1 000	库存现金 A 1 000	客户存款 1 000		流通中现金 －1 000
					库存现金 A 1 000

假定 A 银行不保留库存现金，且缴纳 10% 的法定准备金。以上资产负债表的变化见表 7-2。截至此刻，A 银行负债方的存款 1 000 元，资产方的法定准备金 100 元，超额准

备金 900 元。此刻还没有涉及其他银行，整个商业银行体系资产负债表的变化就是 A 银行资产负债表的变化情况。A 银行和整个商业银行体系的超额准备金都增加了 900 元。中央银行的负债方流通中现金下降 1 000 元，A 银行法定准备金增加 100 元，超额准备金增加 900 元。

表 7-2　A 银行缴存法定准备金在三方资产负债表中的反映　　　　单位：元

A 银行资产负债表		整个商业银行体系资产负债表		中央银行资产负债表	
资产	负债	资产	负债	资产	负债
库存现金　　1 000	甲客户存款 1 000	库存现金　　1 000	甲客户存款　1 000		流通中现金 −1 000
库存现金　−1 000		库存现金　−1 000			库存现金 A　1 000
法定准备金　 100		法定准备金 A 100			库存现金 A −1 000
超额准备金　 900		超额准备金 A 900			法定准备金 A 100
					超额准备金 A 900

A 银行现在开始发放贷款，假设发放给乙客户的贷款数额仅为 900 元，与其持有的超额准备金数额相同。乙客户将这笔资金转到 B 银行，B 银行为乙客户的存款缴纳法定准备金。如表 7-3 所示，上述过程结束之后，A 银行负债方的存款仍然为 1 000 元，资产方的法定准备金 100 元，贷款 900 元。此时，A 银行的超额准备金已经降为零了。此时此刻，如果 A 银行再发放贷款，不论新的客户是提现还是转账，A 银行都没有超额准备金来应付客户的需要了。换言之，A 银行已经到了存款派生的极限。

表 7-3　A 银行发放贷款在四方资产负债表中的反映　　　　单位：元

A 银行资产负债表		B 银行资产负债表			
资产	负债	资产		负债	
法定准备金　　 100	甲客户存款　　1 000	超额准备金　　　900		乙客户存款　　　　900	
超额准备金　　 900	乙客户存款　　　900	法定准备金　　　 90			
贷款　　　　　 900	乙客户存款　　 −900	超额准备金　　　−90			
超额准备金　 −900					
整个商业银行体系资产负债表		中央银行资产负债表			
资产	负债	资产		负债	
法定准备金 A　　 100	甲客户存款　　1 000			流通中现金　　　−1 000	
超额准备金 A　　 900	乙客户存款　　　900			法定准备金 A　　　 100	
贷款（乙客户）　 900				超额准备金 A　　　 900	
超额准备金 A　 −900				超额准备金 A　　 −900	
超额准备金 B　　 900				超额准备金 B　　　 900	
法定准备金 B　　 90				法定准备金 B　　　 90	
超额准备金 B　 −90				超额准备金 B　　 −90	

此时，B 银行负债方的存款为 900 元，资产方的法定准备金为 90 元，超额准备金为 810 元。问题是 B 银行的 900 元存款是原始存款还是派生存款呢？从业务流程来看，这 900 元是由 A 银行贷款业务派生而来的存款，属于教科书中所说的派生存款，但是从 B 银

行的角度出发，这笔存款为其带来了810元的超额准备金，与A银行获得甲客户的1 000元存款后增加900元的超额准备金相比，两者在比例上是相同的，其性质也是一样的。显然，仅仅从B银行的角度出发，区分这900元是原始存款和派生存款的意义不大。

对于整个商业银行体系来说，负债方的存款为1 900元（甲客户1 000元 + 乙客户900元），资产方的法定准备金为190元（A银行100元 + B银行90元），B银行贷款为900元，B银行超额准备金为810元。从结构来看，A银行的超额准备金为零，B银行的超额准备金就是整个银行体系的超额准备金。从数量上看，超额准备金下降了90元，这表明存款派生的过程（也是A银行发放贷款的过程）消耗了整个银行体系的超额准备金。对比A银行获得的原始存款1 000元，整个银行体系增加了900元的超额准备金。存款派生之后，整个银行体系的超额准备金从900元降至810元。

我们也可以从中央银行资产负债表来印证这一点：央行负债方的流通中现金减少1 000元，法定准备金增加190元（A银行100元 + B银行90元），B银行超额准备金增加810元。与存款派生之前相比，超额准备金下降了。

接下来，我们按照上述模式进一步分析C银行资产负债表和整个银行体系资产负债表的变化情况。读者可以发现，B银行的信贷扩张与A银行已经没有任何联系了。如前所述，B银行在信贷扩张之前，超额准备金810元，因此B银行对丙客户发放贷款810元，随后丙客户将810元转入C银行。如表7-4所示，C银行丙客户存款增加810元的同时，在缴纳准备金81元之后，超额准备金净增加729元。最终C银行资产负债表负债方丙客户存款增加810元，资产方超额准备金净增加729元，法定准备金81元。

表7-4　B银行发放贷款在四方资产负债表中的反映　　　　单位：元

B银行资产负债表				C银行资产负债表			
资　产		负　债		资　产		负　债	
超额准备金	810	乙客户存款	900	超额准备金	810	丙客户存款	810
法定准备金	90	丙客户存款	810	法定准备金	81		
贷款	810	丙客户存款	−810	超额准备金	−81		
超额准备金	−810						
整个商业银行体系资产负债表				中央银行资产负债表			
资　产		负　债		资　产		负　债	
贷款（乙客户）	900	甲客户存款	1 000			流通中现金	−1 000
法定准备金A	100	乙客户存款	900			法定准备金A	100
法定准备金B	90	丙客户存款	810			法定准备金B	90
超额准备金B	810					超额准备金B	810
贷款（丙客户）	810					超额准备金B	−810
超额准备金B	−810					超额准备金C	810
超额准备金C	810					法定准备金C	81
法定准备金C	81					超额准备金C	−81
超额准备金C	−81						

截至此刻，我们来分析A银行、B银行和C银行、整个商业银行体系和中央银行资

产负债表的情况。

截至这一阶段，如表 7-5 所示，商业银行体系负债方的客户存款 2 710 元（甲客户 1 000 元 + 乙客户 900 元 + 丙客户 810 元），资产方的贷款 1 710 元（A 银行 900 元 +B 银行 810 元），法定准备金为 271 元（A 银行 100 元 +B 银行 90 元 +C 银行 81 元），超额准备金 729 元（A 银行和 B 银行的超额准备金为零，729 元全部为 C 银行持有）。对于中央银行来说，变化主要集中在负债方，流通中现金下降 1 000 元，超额准备金 729 元（C 银行），法定准备金 271 元（A 银行 100 元 +B 银行 90 元 +C 银行 81 元）。对于 A 银行和 B 银行来说，两家银行无法进一步实现信贷扩张，因为超额准备金均已降为零。对于 C 银行而言，它还可以实现信贷扩张。读者可以进一步分析 C 银行乃至 D 银行等金融机构的信贷扩张。

表 7-5　丙客户转账至 C 银行在五方资产负债表中的反映　　　　单位：元

A 银行资产负债表		B 银行资产负债表		C 银行资产负债表	
资　产	负　债	资　产	负　债	资　产	负　债
贷款　　　　　900	甲客户存款　1 000	贷款　　　　　810	乙客户存款　900	超额准备金　729	丙客户存款　810
法定准备金　100		法定准备金　90		法定准备金　81	

整个商业银行体系资产负债表		中央银行资产负债表	
资　产	负　债	资　产	负　债
银行贷款 A+B　　　　900+810	甲客户存款　　1 000		流通中现金　　　　-1 000
法定准备金 A+B+C 100+90+81	乙客户存款　　　900		超额准备金 C　　　　729
超额准备金 C　　　　　　729	丙客户存款　　　810		法定准备金 A+B+C 100+90+81

上述过程可以显示出以下规律。

（1）对于某一家商业银行而言，如果获得的是原始存款，不仅可以使得其自身的超额准备金增加，而且增加了整个商业银行体系的超额准备金。正如 A 银行获得的 1 000 元现金存款，不仅使得自身超额准备金增加 900 元，而且使得整个银行体系超额准备金增加了 900 元。

（2）对于某一家商业银行而言，如果获得的是派生存款，其自身的超额准备金增加，整个商业银行体系的超额准备金却减少了。例如，B 银行吸收的 900 元存款，虽然自身的超额准备金增加了 810 元，整个银行体系的超额准备金却从 900 元降至了 810 元。所以 B 银行获得的乙客户存款 900 元转账存款就是派生存款。C 银行获得的丙客户存款 810 元转账存款也是派生存款，其他银行的新增客户存款做类似理解。

（3）对于某一家商业银行来说，不论是增加原始存款还是派生存款，都会增加超额准备金，因此基于单家商业银行的角度，无法判断增加的存款是属于原始存款还是派生存款。存款的属性（原始存款还是派生存款）必须从整个商业银行体系的角度来判断。

（4）单家商业银行在计提准备金之后发放贷款的过程，就是存款派生的过程。这不仅使得单家商业银行超额准备金下降，也会使得商业银行体系超额准备金下降。存款派生的极限就是超额准备金下降到零。如果不存在 B 银行、C 银行等金融机构，A 银行完全可以一次性实现存款的派生，并且使得派生存款增加到极限，即 A 银行一次性发放贷款 9 000 元，而不是此前的 900 元（见表 7-6）。可以发现，A 银行存款派生到极限时，就是整个银行体系派生到极限的时候，同时也是这笔原始存款带来的超额准备金下降到零的时候。

表 7-6 A 银行一次性实现存款派生至极限在三方资产负债表的反映　　单位：元

A 银行资产负债表		整个银行体系资产负债表		中央银行资产负债表	
资产	负债	资产	负债	资产	负债
法定准备金　　100	甲客户存款　1 000	法定准备金 A　100	甲客户存款　1 000		流通中现金　-1 000
超额准备金　　900	乙客户存款　9 000	超额准备金 A　900	乙客户存款　9 000		法定准备金 A　100
贷款　　　　9 000		贷款　　　　9 000			法定准备金 A　900
法定准备金　　900		法定准备金 A　900			
超额准备金　-900		超额准备金 A -900			

（5）如果有一种资金来源，其效果不仅能够使得商业银行自身超额准备金增加，而且可以使得整个商业银行体系超额准备金增加，这种资金来源便具有原始存款的性质。从这个角度来看，任何一家商业银行获得的中央银行负债，都具有这个效果。例子中提到的现金是中央银行的负债，类似的还有中央银行的政府存款。当政府实现财政支出，资金从中央银行转移到在商业银行开户的某供应商手中时，这就是商业银行的原始存款。假定该供应商在 B 银行开户，某财政部门通过转账支付将资金从中央银行划拨到 B 银行，对于 B 银行来说，这笔资金虽然是通过转账方式获得的，但其仍然具有原始存款的性质。因此，原始存款与是现金结算还是转账结算没有关系，而是与商业银行获得的这笔资金是否来自中央银行有关。

（6）如果说原始存款和派生存款都是商业银行基于负债业务来增加超额准备金的话，那么商业银行基于资产业务也可以增加超额准备金，如中央银行从商业银行手中买进国债或外汇。从最终效果来看，商业银行都因此增加了超额准备金。此外，降低法定准备金率也有同样的效果。

（7）为什么各家商业银行会打存款大战？表面上各家商业银行争的是存款，实际上争的是超额准备金。从中央银行的角度来看，在中央银行不采取政策影响超额准备金的情况下，各家商业银行的存款大战是一种零和博弈，这种活动并不能增加整个银行体系的超额准备金。然而，从某一家商业银行的角度来看，不论是原始存款还是派生存款，都会使得自身的超额准备金增加。存款大战的出发点就是各家商业银行希望增加本行的超额准备金。

（8）一般的货币银行学教材之所以以现金存款为例来解释存款派生的过程，就是因为现金是中央银行的负债。但是现金不是从天上掉下来的，而是中央银行资产业务所产生的结果，并最终通过商业银行在中央银行提现而进入流通领域。如前所述，如果将商业银行获得的现金存款换成政府存款（在央行开户），其效果是一样的。

（9）其他业务也可以使得商业银行的超额准备金增加，如中央银行的再贷款或再贴现业务。其结果是商业银行负债方的"向中央银行融资"账户增加，资产方的"超额准备金"账户增加。

（10）从货币供应量的角度来看，原始存款不会增加货币供应量总额，但是会改变货币供应量的结构，流通中现金减少，储蓄存款（或者是活期存款）增加；对于派生存款而言，它增加了货币供应量（活期存款增加）。

原始存款与派生存款是货币银行学教材中非常重要的知识点。但是，如何区分这两者的差异，一直以来经济学家们众说纷纭。本节以金融机构资产负债表作为分析工具，从单个商业银行、整个商业银行体系和中央银行三个角度，分析存款派生过程各家金融机构资产负债的变化。归纳来说，原始存款的性质是，它不仅使得单个商业银行的超额准备金增加，而且使得整个商业银行体系的超额准备金增加；派生存款的性质是，它只能够使得单个商业银行的超额准备金增加，但是会使整个商业银行体系的超额准备金下降；不论是对于单个商业银行还是对整个商业银行体系而言，存款派生到极限的过程就是该商业银行（或者商业银行体系）超额准备金下降到零的过程。

7.4 本章小结

综上所述，银根是旧中国金融业的专业术语，紧缩银根描述的是在中国银铜本位时期金融机构持有的白银减少的现象。在现代的不可兑现的信用货币制度下，银根是商业银行持有的超额准备金。超额准备金又被视为中央银行宏观调控视角下的流动性。

更宽泛地说，流动性这一概念可以从性质和数量两个角度来理解。从性质的角度来看，流动性是指一种资产转换成现金在时间上的快慢和不受损失的程度。比如，货币供应量层次的划分就是按照流动性高低程度来决定的。商业银行经营的三原则之一就是流动性，即商业银行随时应付客户提现和满足客户贷款需求的能力。流动性在这里有两层含义，即资产的流动性和负债的流动性。从数量的角度来看，流动性是一种量多少的规定，如商业银行在中央银行的超额准备金。流动性过剩（泛滥）是一种量的过剩，在英文中的表述是"Excess Reserves"，是指商业银行体系超额准备金的过剩。钱荒就是流动性过剩的对立面，也可以称为流动性不足，具体分为两种情况：一种情况是绝对超额准备金总量不足；另一种情况是绝对超额准备金总量充足，但是出现了结构性的不平衡。各家商业银行愿意拆出的超额准备金数量有限，造成银行同业拆借市场资金供给不足，在需求不变或者高涨的情况下，导致银行同业拆借利率趋高。因此，在分析流动性过剩或不足的问题时，除了主要从量的角度来考虑外，资金价格（利率）也反映出流动性状况的变化。

对于商业银行来说，不论是过去的流动性过剩还是 2013 年 6 月的钱荒，都是从商业银行资产的角度来分析的。如果认为中国的广义货币供应量 M2 超过了 100 万亿元人民币，以至于不应该出现钱荒，分析的对象是整个银行体系（包括中央银行和商业银行在内）的负债，与流动性过剩与否完全是两回事。

原始存款和派生存款是货币银行学的难点之一，本章详细阐述了这两者的差异。简单地说，原始存款不仅可以使得单个商业银行超额准备金增加，也会使得整个商业银行体系的超额准备金增加。派生存款则仅仅使得单个商业银行的超额准备金增加，却会使得整个商业银行体系的超额准备金下降。从单个商业银行来说，无法区分原始存款和派生存款。从单个商业银行资产负债表、整个商业银行体系资产负债表和中央银行资产负债表三个视角来分析原始存款和派生存款的差异，就不容易出现错误。值得一提的是，《2013年第三季度中国货币政策执行报告》介绍了中国的商业银行还可以通过同业业务来创造货币（中央银行将该渠道称为"同业渠道"），该报告认为同业业务创造货币与外汇占款有同向波动性。限于篇幅，对同业渠道创造货币的问题将留待以后分析。

CHAPTER8 · 第 8 章

货币供应量的统计

如果我们穿越回清朝，想了解当时的货币供应量是多少，我们该如何统计呢？老百姓持有的银两和银元肯定要计算在内，但是要不要计算咸丰朝发行的官票和宝钞的规模？那么，官府持有的银两和银元要不要包括在内？山西票号、上海钱庄发行的银票、庄票要不要计算？花旗银行发行的银行券要不要统计其中？我们在试图回答这些问题之前，首先需要理解和掌握在现代社会货币供应量是如何统计的。

从货币供应量指标的数量性质来看，货币供应量是一个存量指标，是在某一时点上经济主体（不含金融机构）所持有的货币性资产。根据货币供应量指标的流动性不同，货币供应量可以分为不同的层次，如 M0、M1、M2 等。从货币供应量指标的资产和负债性质来看，不同层次的货币是经济主体（不含金融机构）的金融资产、金融机构的负债。在各国宏观经济数据中，中央银行公布的货币供应量仍然是最为重要的金融数据之一。百姓手持的现钞属于货币，那么我们持有的国债和公司债券是不是属于货币？黄金是否属于货币？货币供应量又是如何统计出来的呢？货币供应量是从持有者来统计，还是从发行者来统计？如果是从持有者来统计，如何获得数据呢？哪些货币性资产可以纳入统计？股票可以纳入统计吗？公司债券可以纳入统计吗？货币供应量的统计惯例有哪些？本章将重点阐述这些问题。

8.1 货币统计的三大要素

IMF 制定的《货币与金融统计手册》（以下简称《手册》）规定，狭义（广义）货币供应量的统计有三个关键要素：属于货币总量的金融工具（Financial Instruments）、货币持有部门（Money Holding Sectors）、货币发行部门（Money Issuing Sectors）。符合这三项要素，才被纳入货币供应量的统计。简言之，由货币发行部门发行的、由货币持有部门持有的货币性金融工具才被视为货币供应量。反之，不满足这三个条件的金融工具则不属于货币供应量。以下我们就这三个要素展开分析。

8.1.1 金融工具及其特征

通俗来说，金融工具是经济主体之间签订的各种金融合约，它分为两类：一类是金融资产（Financial Assets），另一类是其他金融工具（Other Financial Instruments）。金融资产是具有明确价值的金融债权（Financial Claims），如通货、存款和证券。其他金融工具是指有赖于未来不确定事件发生的其他金融工具，如信贷额度、贷款承诺和信用证等金融担保和承诺，这些金融工具不同于金融资产。金融资产会体现在资产负债表上，其他金融工具则在资产负债表表外反映。从严格意义来看，金融工具具有以下七个方面的特征。

（1）金融工具的法律特征。该特征在法律上规定了合约双方的权利与义务，包括三个方面：资产与负债的对称性、本金的确定性、收益分配权与管理控制权。除了货币黄金和特别提款权之外，金融工具会使得合约的一方形成金融资产，另一方形成金融负债。不同的金融工具，其本金确定性差异较大，例如存款可以在任意时点确定其本金金额，即使要提前支取，存款的本金也可以全额返还。收益分配权与管理控制权则分别指所有权中的收益权和占有权。根据不同的权利，金融工具可以分为权益性工具与债务工具；根据是否拥有管理控制权，权益性工具又分为优先股和普通股。

（2）金融工具的或有性和非或有性。据此金融工具分为既有金融工具和或有金融工具两类。既有金融工具具有明确的价值和计值方法，会引起金融资产和负债的实际变动。既有金融工具包括存款、贷款、债券和衍生品等，纳入资产负债表核算。那些有赖于未来不确定事件发生的其他金融工具，则是或有金融工具，如信贷额度（Lines of Credit）、贷款承诺（Loan Commitments）和信用证（Letters of Credit）等。或有金融工具难以准确计量其价值与风险，一般不纳入资产负债表统计，可分为担保和承诺两大类。担保或者承诺一旦承担实际义务，则成为既有金融工具，需要纳入资产负债表反映。

（3）金融工具的流动性特征。该特征是指金融工具迅速变现而不遭受损失的能力，流动性又可以分为以下五个特征：可流通性（Negotiability）、适销性（Marketability）、可转换性（Convertibility）、可转让性（Transferability）以及可分性（Divisibility）。当然，不是所有的金融工具都具有上述五个特征。可流通性是指该金融工具通过交割（Delivery）和背书（Endorsement）等方式从一个经济主体转移给另一个经济主体。例如，商业票据通过背书环节就可以转让给其他经济主体，因此商业票据就具有可流通性。适销性是指金融工具通过在市场上交易转让给非特定的投资者，这个市场既可以是柜台市场（Over the Counter，OTC），也可以是交易所（Organized Exchange）市场。在具有流动性的市场，证券可以自由买卖。可转换性是指某些金融工具（如可转换债券）可以按约定条件转换为公司股权，其金融资产的债权和股权性质发生了改变。可转让性是指金融工具从某一经济主体可以不受限制地按面额转让给另一经济主体，或者该种金融工具可以按面额兑换为现钞。可转让性主要涉及存款。存款可以分为可转让存款（Transferable Deposits）和其他存款（Other Deposits）两类。可转让存款包括：在不受任何限制的情况下按面额兑付现钞的存款；能够以支票、汇票、转账指令或其他直接支付工具向第三方进行支付的存款。储蓄存款（Savings Deposits）和定期存款（Term Deposits）就属于其他存款。即期存款（Slight Deposit）允许立即提取现金，但是不能直接转让给第三方，这种存款也属于其他存款。可分性是指某种金融工具可以分为不同的面额来进行价值很小的交易。这与"货币性"高度相关，在货币供应量的层次划分上起着决定性的作用。

（4）金融工具的货币单位特征。该特征是指金融工具都有相应的标价货币，既可以用本币标价，也可以用外币标价。

（5）金融工具的期限特征。金融工具的期限可以分为原始期限（Original Maturity）和剩余期限（Remaining Maturity，Residual Maturity）。

（6）金融工具的主体特征。该特征是指金融市场的参与主体具有不同的行为动机和风险偏好，因此市场参与者对金融工具的偏好就不同。

（7）金融工具的风险特征。该特征是指金融工具的本金遭受损失的可能性，它寓于流动性特征、期限特征、主体特征之中。流动性较强的金融工具具有较小的金融风险，期限较短的金融工具具有较小的金融风险，不同发行主体的金融工具具有不同的金融风险等。表 8-1 给出了典型金融工具的主要特征。

表 8-1　金融工具主要特征的简要示意图

	资产与负债的对称性	本金的确定性	收益分配权	管理控制权	或有性	可流通性
存款	√	√				
货币黄金						√
金融债券	√					√
普通股	√		√	√		√
优先股	√		√			
保函					√	

资料来源：①杜金富. 金融统计标准及诠释［M］. 北京：中国金融出版社，2012：56.
② IMF《货币与金融统计手册》。

8.1.2　狭义（广义）货币及其特征

不论是狭义货币还是广义货币，都属于金融工具的范畴。IMF《手册》规定，货币具有以下四种基本功能。

（1）交易媒介（Medium of Exchange）——经济主体之间不通过易货贸易的形式，可以获得货物与服务以及金融资产的工具。

（2）价值储藏（Store of Value）——作为经济主体持有财富的方式之一。

（3）记账单位（Unit of Account）——给货物与服务、金融资产等标价的单位，为经济主体进行价格对比和编制财务报表提供了工具。

（4）延迟支付的标准（Standard of Deferred Payment）——能够将各类金融合约中的当前价值与未来价值联系起来。

那么符合什么标准的金融工具才纳入货币供应量的统计呢？一般来说，IMF和各国货币当局主要根据流动性的高低给出了狭义（广义）货币供应量的统计口径。现钞（Currency）和可转让存款（Transferable Deposits）是最具流动性的金融工具，它们构成"狭义货币"。现钞是中央银行的负债，可转让存款是商业银行的负债，并且可以非常便捷地转换为现钞。狭义货币的特征如下所示。

（1）法偿货币或者普遍接受性。在国内交易中，收款人接受现钞是因为现钞是法偿货币，收款方接受可转让存款是因为收款方对可转让存款作为交易工具充满信心。

（2）固定面额。现钞和可转让存款的面额固定不变，但是其实际价值受通货膨胀率的影响而变化。

（3）可转让性。现钞和可转让存款不受发行银行的约束，能够直接支付给第三方。

（4）交易成本。用现钞支付没有任何费用或其他交易成本，使用可转让存款通常也没有费用或只有相对很少的费用。

（5）可分性。现钞和可转让存款是最易分割的金融资产，可以用于支付各种金额的交易。

（6）期限。由于能够直接用于支付给第三方，现钞和可转让存款的期限为零。

（7）收益。现钞和可转让存款不生息或只能获得很低的利息，这是因为它们在支付过程中的便利性弥补了持有者的利息损失。

在确定哪种金融工具属于广义货币时，按照是否符合第（4）条至第（7）条的特征来判断。

在中国的货币统计中，属于M0层次的货币供应量仅仅是流通中现金；M1层次的货币供应量包括流通中现金加上单位活期存款；M2层次的货币供应量是在M1层次的基础上加上其他类别的存款，这些存款包括定期存款、储蓄存款和其他存款。这里需要注意以下两点：一是包括中国人民银行在内的各国中央银行都会根据本国金融运行的实际情况，每隔若干年对货币供应量统计口径进行微调，将新的存款类别纳入货币供应量的统计。二是在中国的货币供应量统计中，需要区分"一般存款"和"各项存款"两个科目的具体含义。与"一般存款"相对的是全额缴存的财政存款，"一般存款"通常是指商业银行吸收的需要缴纳法定准备金的各项存款，如企业存款、机关团体存款、储蓄存款、住房公积金存款、邮政储蓄存款、保险公司存款等。"各项存款"是指中国人民银行编制的"金融机构信贷收支表"中"各项存款"的统计科目，除了包括"一般存款"之外，还包括财政存款、保证金存款等（杜金富，2012）。

8.1.3 货币发行部门

在有些国家，存款性公司是唯一的货币发行者。然而，在有些国家，财政部也发行硬币，邮政储蓄部门、房屋互助协会也发行存款货币（即作为其负债的各类存款）。外国商业银行在本国的分支机构也有存款负债。因此，这些部门都属于货币发行部门。表 8-2 给出了中国金融机构的部门分类。

表 8-2 中国金融机构的部门分类

存款性公司	中央银行		中国人民银行
	其他存款性公司	存款性货币公司	国有商业银行：中国工商银行、中国农业银行、中国银行、中国建设银行
			股份制商业银行：交通银行、中信实业银行、光大银行、华夏银行、广东发展银行、平安银行、招商银行、浦东发展银行、兴业银行、民生银行、恒丰银行
			城市商业银行和农村商业银行
			城市信用社和农村信用社
			外资银行
			中国农业发展银行
		其他存款性货币公司	中资和在中国的外资企业集团财务公司，以及国家开发银行、中国进出口银行
其他金融性公司			不包括中央银行和其他存款性公司在内的其他金融公司。在中国，主要包括信托投资公司、金融租赁公司、保险公司、证券公司、证券投资基金管理有限公司、养老基金公司、资产管理公司、担保公司、期货公司、证券交易所、期货交易所等

为了减少工作量，货币供应量的统计主要从金融机构的角度来进行。更确切地讲，不同层次的货币供应量是从不同范围的金融机构资产负债表的合并报表的负债方提取的。在金融统计当中，合并报表有一个专门的术语——概览（Survey）。所谓概览，就是某一类或几类金融机构资产负债表的合并报表。根据 IMF《手册》，存款性公司概览（Depository Corporations Survey）由中央银行资产负债表和其他存款性公司资产负债表合并而成，金融性公司概览（Financial Corporations Survey）由存款性公司概览和其他金融性公司资产负债表合并而成。

将同类的或不同类的金融机构资产负债表进行合并，并对相关的数据进行分析，是中央银行宏观经济分析的主要内容之一。例如经济学家可以利用中央银行资产负债表来分析基础货币，包括基础货币的供给与需求、总量与结构等。存款性公司概览是广义货币统计的基础，也就是说，广义货币供应量的统计数据就是从存款性公司概览的负债方获得的，它既是存款性公司的负债，又是居民部门的货币性资产。金融性公司概览反映了金融性公司部门对本国经济中其他各个部门和国外部门的债权债务关系，金融性公司对其他各个部门和国外部门的债权就体现为金融性公司提供的信贷规模。

8.1.4 货币持有部门

根据 IMF《手册》，货币持有者通常包括除存款性公司和中央政府之外的所有居民部门。通俗地说，货币持有者包括：除中央政府之外的各级地方政府、其他金融性公司部门、住户部门。这里不包括国外部门，因为货币供应量只是统计居民部门持有的货币总量，非居民部门持有的部分不考虑在内。按照上述规定，可以明确以下几点。

（1）非居民不是本国货币的持有部门。请注意，货币总量通常只统计货币发行部门对居民（Residents）的负债。因此，非居民就不是本国货币的持有部门。例如，非居民持有的本国现钞就不属于本国货币供应量的统计范围。如果本国发行的现钞大量在国外流通，并且在其他国家作为法偿货币来流通，那么这部分现钞是否应该纳入统计呢？理论上来说，中央银行需要对这部分流通货币的规模进行测算，并从广义货币供应量中扣减。因此，非居民持有的本币现钞不纳入本国货币供应量统计。同理，非居民持有的本国可转让存款也不纳入本国货币供应量的统计，因为非居民持有的这些存款主要用于国际交易，而不是国内交易。如果跨国工人在本国工作时间超过 1 年，并持有用于日常交易的本币存款，这部分存款纳入本国货币供应量的统计，因为这部分跨国工人属于本国的居民。

（2）地方政府是否可以作为货币的持有部门呢？根据 IMF《手册》，地方政府是货币的持有部门。为何地方政府是货币的持有部门呢？一般来说，各国通行的做法是将货币发行权赋予本国的中央政府，本国中央政府授权中央银行来具体操作。对于中央政府来说，应付财政支出的来源有三项：税收收入、国债收入和货币发行（年增加额）。对于地方政府来说，应付财政支出的来源只有两项：税收收入和地方政府债务收入。因此，中央政府是货币的发行部门，而地方政府则不是货币的发行部门。既然地方政府不是货币的发行部门，理论上地方政府就可以是货币的持有部门。然而，在中国的货币供应量统计中，地方政府持有的预算存款是存在中央银行的，这部分存款不纳入各层次货币供应量统计。但是，地方政府会以各种名义将预算资金（在央行开户的资金）用专户以可转让存款的形式存放在商业银行，这部分存款就会被纳入货币供应量统计。

（3）一般来说，如果某个部门属于货币的持有部门，就不可以是货币的发行部门。反之，亦是如此。之所以如此规定，是避免重复计算。以商业银行的同业存款为例，A 银行在 B 银行有一笔同业存款。这笔同业存款是 A 银行的资产，B 银行的负债。如果将商业银行视为货币发行者，那么 B 银行的这笔同业负债就应该纳入货币供应量统计。如果商业银行还是货币的持有者，那么 A 银行的这笔同业存款也应该纳入货币供应量统计，如此将造成同一笔存款计算两次。因此，货币供应量统计的惯例是同业存款不纳入货币供应量统计。

（4）根据 IMF《手册》，证券公司、保险公司、期货公司等金融机构属于其他金融性公司，是货币的持有部门。但是，在中国的货币供应量统计实践中，证券公司的客户保证金（证券公司的负债）纳入货币供应量统计，这是一个例外情况。

（5）在有的国家，财政部负责发行硬币。因此，财政部和中央银行都属于现钞的发行部门，财政部的硬币发行额需要和中央银行的纸币发行额合并计算。但是，由于中央银行会持有财政部发行的部分硬币，这部分硬币需要从中扣除。

（6）外币存款。本国住户部门持有的外币存款是否纳入本国货币供应量统计？就各国货币供应量统计的实践来看，做法各有不同。首先，需要将外币存款区分为境内外币存款和境外外币存款。住户部门持有的境外外币存款，由于其发行者是外国金融机构，不属于本国居民，因此不纳入本国货币供应量的统计。住户部门持有的境内外币存款，其发行者要么是本国商业银行，要么是外国商业银行的分支机构，都属于本国居民，故虽不属于M1的范畴，但是可以纳入M2的统计口径。在现实中，是否将境内的外币存款纳入M2统计，各国做法不完全一致。

（7）外币现钞是否属于本国货币供应量的统计范畴呢？如果外币现钞在本国作为广泛流通的交易工具（也就是货币替代现象），那么本国经济主体（不包括存款性公司在内）持有的这部分外币现钞在原则上就需要纳入广义货币供应量统计。

还有一个值得关注的部门是货币中性部门（MoneyNeutral Sectors）（既非货币持有部门，又非货币发行部门），该部门包括中央政府和非居民部门。中央政府持有的存款通常不包括在广义货币当中。对于住户部门而言，其存款（如储蓄存款）既受到收入的约束，也会对宏观经济产生影响。对于中央政府而言，其存款不仅面临较少的融资约束（可以通过发行国债解决），而且受财政支出政策（为了刺激经济采取扩张性的财政政策）的影响显著，同时，国库现金管理技术的不断提高也会影响政府存款余额。因此，各国货币供应量统计是不考虑中央政府存款的。

8.1.5 主要发达国家和地区货币供应量统计口径

不论中央银行是否将货币供应量作为货币政策的中介目标，货币供应量都是各国中央银行高度关注的金融指标之一。下面简要介绍主要发达国家和地区的货币供应量统计口径。

1. 美联储的货币供应量统计

M1＝流通中的现金（不包括财政部、联邦储备银行持有的现金和存款机构的库存现金）＋非银行签发的旅行支票＋扣减托收未达款和联邦储备银行的在途资金之后的商业银行活期存款（不包括美国政府、外国银行和政府机构在存款机构的存款）＋其他支票类存款，包括在存款机构的可转让支付命令（NOW）和自动转账体系（ATS）账户、信用合作社股金提款账户（Credit Union Share Draft Accounts），以及储蓄机构的活期存款

M2＝M1＋储蓄存款（货币市场存款账户）＋10万美元以下的小额定期存款（不包括个人退休账户和Keogh账户）＋零售货币市场共同基金余额（不包括个人退休账户和Keogh账户）

其中，Keogh账户（Keogh Balances）是指允许递延税款（Tax Deferred）的储蓄账户，是自由职业者为退休而进行的存款。

2. 英格兰银行的货币供应量统计口径

M0 = 流通在英格兰银行之外的现钞（包括银行和房屋互助协会持有的现钞）+ 银行在英格兰银行的存款

M1 = 流通中的货币 + 隔夜存款

M2 = M1 + 期限为 2 年内的存款 + 3 个月内通知存款

M3 = M2 + 回购协议 + 货币市场基金份额 + 2 年内到期的债务证券

M4 的零售存款 = 现钞 + 零售银行存款 + 房屋互助协会存款 + 货币金融机构零售存款

M4 的批发存款 = 银行存款（包括大额存单、英镑商业票据和其他短期票据）+ 房屋互助协会存款 + 货币金融机构批发存款

M4 是英国的广义货币总量，既作为交易媒介，又作为财富储藏的工具。

3. 日本银行的货币供应量统计

M1 = 流通中现金 + 存款货币（活期存款 − 金融机构持有的支票和现钞）

M2 = 流通中现金 + 各项存款

M3 = M1 + 准货币（包括定期存款、固定储蓄、分期储蓄、外币存款）+ CDs

L = M3 + 财产信托（Pecuniary Trusts）+ 投资信托 + 银行债券 + 金融机构商业票据 + 政府债券 + 外国债券

4. 欧洲中央银行的货币供应量统计

M1 = 流通中现金 + 隔夜存款

M2 = M1 + 期限为 2 年内的存款 + 3 个月内通知存款

M3 = M2 + 回购协议 + 货币市场基金份额 + 期限 2 年内的债务证券

5. 香港金融管理局的货币供应量统计

M1 = 市民持有的法定货币（包括纸币及硬币）与银行客户的活期存款

M2 = M1 + 银行客户的储蓄及定期存款，以及由银行发行并由非银行持有的可转让存款证

M3 = M2 + 有限制牌照银行及接受存款公司的客户存款，以及由这两类机构发行并由非银行持有的可转让存款证

8.2 如何统计货币供应量

一般来说，将中央银行资产负债表与其他存款性公司资产负债表进行合并，得到存款性公司资产负债表，这张资产负债表负债方的主体就是广义的货币供应量。需要说明的是，以下介绍以中国人民银行给出的报表为例，并适当进行了简化，主要目的是帮助读者了解广义货币供应量的统计思路与步骤。此外，读者会发现同一家金融机构的资产负债表

有时候会出现差异。这是因为根据统计的目标不同，金融机构的资产负债表统计分为金融机构监管统计和货币统计两大类。金融机构监管统计以金融机构法人为统计原则，目的是计算资本充足率、不良贷款率、资产流动比率、存贷比、资产收益率和权益收益率等指标。本节所指的资产负债表统计是围绕广义货币供应量的构成来设计，以居民为划分原则，重点反映各层次货币供应量的规模和结构。例如，不纳入货币供应量统计的存款会合并到其他项目中，在报表中不予反映，如财政存款。中国人民银行发布的信贷收支统计报表重点反映信贷资金的来源与运用，并不区分某项金融资产是否纳入货币供应量的统计，如财政存款在信贷收支报表中会单独列示。

通常，经济学家将全社会各个部门分为金融部门和非金融部门。金融部门分为中央银行、其他存款性公司、其他金融性公司三个子部门。非金融部门分为住户部门、政府部门和国外部门三个子部门。任何一张资产负债表的资产和负债项目大抵与这些部门相关，只有在合并报表中才会出现例外。

如表8-3所示，中央银行资产负债表的资产方对应了四个部门，这里省略了中央银行对住户部门的要求权，主要是现代中央银行几乎不向住户部门直接提供融资。除了"资本金"科目外，负债方对应了其余五个部门。以储备货币（L1）为例，实际上该科目对应了两个部门，分别是住户部门和其他存款性公司部门。具体来说，流通中现金（L3）是央行对住户部门的负债，库存现金（L4）、法定准备金（L6）和超额准备金（L7）是央行对其他存款性公司部门的负债。在负债方，没有设置"对住户部门的负债"科目，这主要是因为住户部门一般不在中央银行直接开设存款账户。

表8-3 中央银行资产负债表

资产（A）	负债及资本（L）
国外资产（A1）	储备货币（L1）
国内资产（A2）	货币发行（L2）
对政府的要求权（A3）	流通中现金（L3）
对其他存款性公司的要求权（A4）	库存现金（L4）
对其他金融性公司的要求权（A5）	对其他存款性公司的负债（L5）
	法定准备金（L6）
	超额准备金（L7）
	政府存款（L8）
	国外负债（L9）
	对其他金融性公司的负债（L10）
	资本金（L11）

注：A=A1+A2
    A2=A3+A4+A5
    L=L1+L8+L9+L10+L11
    L1=L2+L5
    L2=L3+L4
    L5=L6+L7

如表8-4所示，其他存款性公司资产负债表的资产方对应有五个部门。除"资本金"

科目外，其他存款性公司的负债方对应有四个部门，缺了政府部门。这里假定（各级）政府部门只在中央银行开立账户。对住户部门而言，单位活期存款就是前文提到的可转让存款，个人存款就是日常生活中所说的储蓄存款。

表 8-4 其他存款性公司资产负债表

资产（AA）	负债及资本（LL）
国外资产（AA1）	对住户部门的负债（LL1）
国内资产（AA2）	单位活期存款（LL2）
对中央银行的要求权（AA3）	单位定期存款（LL3）
准备金存款（AA4）	个人存款（LL4）
库存现金（AA5）	其他存款（LL5）
对政府的要求权（AA6）	对中央银行的负债（LL6）
对其他金融性公司的要求权（AA7）	国外负债（LL7）
对住户部门的要求权（AA8）	对其他金融性公司的负债（LL8）
	资本金（LL9）

注：AA=AA1+AA2
　　AA2=AA3+AA6+AA7+AA8
　　AA3=AA4+AA5
　　LL=LL1+LL6+LL7+LL8+LL9
　　LL1=LL2+LL3+LL4+LL5

其他存款性公司资产负债表是合并报表，即以各家商业银行为代表的其他存款性公司的合并报表。在合并报表过程中，对同类型机构同种性质的资产或负债余额进行加总（Aggregation）。例如，在统计商业银行部门对住户部门提供的信贷总量时，就是将所有商业银行对住户部门的信贷余额进行加总。商业银行之间的同业拆借，并不反映在合并报表当中。例如，在同一笔拆借业务中，A 银行的同业拆出额与 B 银行的同业拆入额本该是一致的，由于记账时间不一致，在合并报表过程中，A、B 两家银行上述项目进行轧差（Netting）后无法完全抵消，产生的差额数就以"其他（净）"科目余额在负债方予以反映。不过，这里为了简化分析，该项目没有在本表中列示出来。

8.2.1　存款性公司概览的钩稽关系

存款性公司包括了中央银行与其他存款性公司。如表 8-5 所示，存款性公司概览就是中央银行与其他存款性公司的合并资产负债表。在合并报表过程中，中央银行和其他存款性公司之间的往来科目会相互抵消（某一机构的资产项目与另一机构的负债项目会相互抵消），不在合并报表中反映。例如，中央银行负债方的准备金余额与其他存款性公司资产方的准备金余额相互抵消，不再出现在存款性公司概览中。中央银行资产方的"对其他存款性公司的要求权"（A4）与其他存款性公司负债方的"对中央银行的负债"（LL6）抵消，不再出现在存款性公司概览中。同样，由于未达账项的缘故，以上项目相互抵消的差额也会以"其他（净）"科目在负债方予以反映。存款性公司的资产方对应了四个部门。除"资本金"科目外，存款性公司的负债方只涉及两个部门——住户部门和其他金融性公司部门。政府部门和国外部门以"净要求权"的形式单独反映在资产方。

表 8-5 存款性公司概览

资产（AAA）	负债及资本（LLL）
国外净资产（AAA1）	货币和准货币（LLL1）
国内资产（AAA2）	货币（LLL2）
对政府的净要求权（AAA3）	流通中现金（LLL3）
对其他金融性公司的要求权（AAA4）	单位活期存款（LLL4）
对住户部门的要求权（AAA5）	准货币（LLL5）
	单位定期存款（LLL6）
	个人存款（LLL7）
	其他存款（LLL8）
	对其他金融性公司的负债（LLL9）
	资本金（LLL10）
	其他（净）（LLL11）

注：AAA=AAA1+AAA2
AAA1=A1−L9+AA1−LL7
AAA2=AAA3+AAA4+AAA5
AAA3=A3−L8+AA6
AAA4=A5+AA7
AAA5=AA8
LLL=LLL1+LLL8+LLL9+LLL10+LLL11
LLL1=LLL2+LLL5
LLL2=LLL3+LLL4
LLL5=LLL6+LLL7
LLL8=LL5
LLL9=L10+LL8

下面详细解释存款性公司概览中的钩稽关系。

（1）AAA1=A1−L9+AA1−LL7。存款性公司"国外净资产"由央行的"国外净资产"（A1−L9）和其他存款性公司的"国外净资产"（AA1−LL7）合并而成。

（2）AAA3=A3−L8+AA6。存款性公司"对政府的净要求权"由央行的"对政府的净要求权"（A3−L8）和其他存款性公司"对政府的要求权"（AA6）构成。这种要求权不仅包括对政府的贷款、透支，而且包括对政府债券的持有。存款性公司"对政府的净要求权"表示中央银行和其他存款性公司（以商业银行为代表）对政府提供的融资额扣除中央银行的"政府存款"的差额，假定各级政府只在中央银行开立存款账户。

（3）AAA4=A5+AA7。存款性公司"对其他金融性公司的要求权"由央行的"对其他金融性公司的要求权"（A5）和其他存款性公司"对其他金融性公司的要求权"（AA7）构成。例如，中央银行对证券公司的贷款余额加上商业银行对证券公司的贷款余额构成了存款性公司对证券公司的贷款余额。

（4）AAA5=AA8。存款性公司"对住户部门的要求权"（AAA5）就是其他存款性公司"对住户部门的要求权"（AA8）。这里假定中央银行不对住户部门提供融资。

（5）LLL3=L3=L2−AA5=L2−L4。"流通中现金"（LLL3，L3）由央行的"货币发行"（L2）扣减其他存款性公司持有的"库存现金"（AA5）。在理论上，其他存款性公司持有的"库存现金"（AA5）等于央行负债方的"库存现金"（L4）。

（6）L5=AA4。央行负债方的"对其他存款性公司的负债"（L5）等于其他存款性公司资产方的"准备金存款"（AA4）。在合并报表过程中，央行的负债科目与商业银行的资产科目相互抵消，不再在存款性公司概览中反映。在现实统计当中，中国人民银行的负债方还曾经设有"中央银行发行的证券"科目，"中央银行发行的证券"（即中央银行票据）基本上是由其他存款性公司持有，因此在合并报表的时候，该科目也不会出现在存款性公司概览当中。

（7）LLL4=LL2。存款性公司负债方的"单位活期存款"（LLL4）就是其他存款性公司负债方的"单位活期存款"（LL2）。

（8）LLL6=LL3，LLL7=LL4。存款性公司负债方的"单位定期存款"（LLL6）和"个人存款"（LLL7）就分别是其他存款性公司负债方的"单位定期存款"（LL3）和"个人存款"（LL4）。

（9）LL6=A4。其他存款性公司负债方的"对中央银行的负债"（LL6）与央行资产方的"对其他存款性公司的要求权"（A4）相互抵消，在合并报表过程中，负债科目与资产科目相互抵消，不再在存款性公司概览中反映。

（10）LLL8=LL5。存款性公司负债方的"其他存款"（LLL8）等于其他存款性公司负债方的"其他存款"（LL5）。这表明"其他存款"是商业银行的负债，但是这部分存款不属于货币供应量的统计范围。

（11）LLL9=L10+LL8。存款性公司负债方的"对其他金融性公司的负债"（LLL9）由央行负债方的"对其他金融性公司的负债"（L10）和其他存款性公司负债方的"对其他金融性公司的负债"（LL8）构成。

（12）LLL10=L11+LL9。存款性公司的"资本金"（LLL10）由央行的"资本金"（L11）和其他存款性公司的"资本金"（LL9）构成。

（13）其他（净）（LLL11）产生的原因在于合并报表过程中，由于未达账项或者相关科目抵消并不完全，存在一定的差额，将这些差额统一记录在该科目中。

综上所述，广义货币供应量的统计规则显示：第一，统计的项目必须是不重复不遗漏。第二，统计过程必须是负债方的相关项目的相加，不可以是资产方和负债方相关项目的相加。否则，就必然有违统计原理，造成误差。

上述讲解是便于读者初步了解货币供应量的编制过程。在实际运用过程中，统计科目更多，过程更为复杂。例如，在中国"存款性公司概览"中还有一个科目——"不纳入广义货币的存款"。该科目对应的是其他存款性公司资产负债表中的"不纳入广义货币的存款"。在其他存款性公司资产负债表中，"对非金融机构及住户负债"分为两个部分：一个部分是"纳入广义货币的存款"，具体包括"单位活期存款""单位定期存款""活期存款"；另一个部分是"不纳入广义货币的存款"，具体包括"可转让存款"和"其他存款"。

2001年以来，中国货币供应量统计有过一次修订和四次完善。一次修订是在2001年

6月，为消除股票申购过程中资金冻结对货币供应量的影响，将证券公司的客户保证金存款计入 M2。四次完善分别是在 2002 年、2006 年、2011 年和 2018 年对货币供应量进行的四次技术性完善。第一次是从 2002 年开始将外资金融机构吸收的人民币存款纳入 M2；第二次是从 2006 年起货币发行部门不再包括信托投资公司和租赁公司；第三次是 2011 年将非存款类金融机构在存款类金融机构的存款以及住房公积金存款纳入 M2；第四次是 2018 年用非存款机构部门持有的货币市场基金代替货币市场基金存款（含存单）。

专栏 8-1

邮政储蓄存款的法定准备金率变迁史

住户部门的储蓄存款一般是存入其他存款性公司，如商业银行。但是，在某些时间段，部分储蓄存款也可能会存入中央银行。中国的邮政储蓄存款就一度全部存入中央银行。

1951～1953 年，中国人民银行委托邮政部门代理储蓄业务，此后停办。1986 年，国务院批准邮政部门恢复办理储蓄业务，设置各级邮政储汇局，对邮政储蓄、汇兑等各项金融业务进行管理。1986～1989 年，邮政部代理中国人民银行办理邮政储蓄业务，吸收的邮政储蓄存款需要全部缴存中国人民银行。中国人民银行根据缴存存款的平均余额支付手续费。从 1990 年开始，邮政部门自办邮政储蓄业务。邮政部门与中国人民银行之间由缴存资金的关系改为转存资金的关系，中国人民银行分两档（活期存款和定期存款）支付转存款利息。不论是邮政部门代办还是自办邮政储蓄业务，邮政储蓄存款最终都体现在中国人民银行的负债方。代办与自办的差异主要体现为邮政部门与中国人民银行的利益分配。邮政部门代办邮储业务，邮政部门的利润来自中国人民银行给付的代办费，邮政储蓄业务的利息支付仍然是中国人民银行的利息支出。邮政部门自办邮储业务，相当于中国人民银行按高于储蓄存款利率的价格买进邮政储蓄存款，高出的利差就是邮政部门办理邮政储蓄业务的收入。邮政部门代办和自办邮政储蓄业务在资产负债表的体现见表 8-6。

表 8-6 邮政部门代办和自办邮政储蓄业务在资产负债表的体现（单位：元）

中央银行资产负债表		邮政部门资产负债表	
资 产	负 债	资 产	负 债
	流通中现金　－1 000（1）	现金　　　　＋1 000（1）	客户存款　　＋1 000（1）
	库存现金　　＋1 000（1）	－1 000（2）	
	库存现金　　－1 000（2）	在央行存款　＋1 000（2）	
	邮政储蓄存款　＋1 000（2）		

注：在表中，(1) 邮政部门吸收 1 000 元现金形式的邮政储蓄存款；(2) 邮政部门将 1 000 元邮政储蓄存款转存中国人民银行。

在中国人民银行的负债方，邮政储蓄转存款是其负债。差异体现为中国人民银行付出的利息有所差异。从流动性的角度分析，我们可以认为中国人民银行对邮政储蓄存款征收了 100% 的法定准备金率。换言之，如果邮政部门吸收的邮政储蓄存款占全社会的储蓄存款的比例越高，相当于储蓄存款法定准备金率的平均水平就越高。2007 年，中国邮政储蓄银行成立，该行吸收的公众存款不再转存中国人民银行，而是与其他商业银行的储蓄存款一样，缴纳法定准备金（邮政储蓄业务在资产负债表的体现见表8-7）。是选择邮政部门还是商业银行办理储蓄存款业务，对住户部门来说，这部分存款的性质不存在差异，在货币供应量的统计中，都属于准货币的范畴。

表 8-7　中国邮政储蓄银行成立后邮政储蓄业务在资产负债表中的体现

中央银行资产负债表				邮政储蓄银行资产负债表			
资　产		负　债		资　产		负　债	
		流通中现金	-1 000（1）	现金	+1 000（1）	客户存款	+1 000（1）
		库存现金	+1 000（1）		-1 000（2）		
		库存现金	-1 000（2）	超额准备金	+1 000（2）		
		超额准备金	+1 000（2）	超额准备金	-100（3）		
		超额准备金	-100（3）	法定准备金	+100（3）		
		法定准备金	+100（3）				

注：假定法定准备金率为10%。在表中，（1）中国邮政储蓄银行吸收客户的现金存款1 000元；（2）中国邮政储蓄银行将1 000元现金缴存中国人民银行；（3）中国邮政储蓄银行缴纳法定准备金100元。

8.2.2　如何避免货币供应量的重复统计

货币供应量指标在统计过程中有明确的统计对象。从货币发行者的角度来看，有两点必须明确：哪些金融机构纳入货币供应量的统计口径？纳入统计的金融机构有哪些负债科目纳入货币供应量的统计口径？IMF《手册》对这些问题进行了明确的规定。中国人民银行从1994年开始按照IMF的要求统计货币供应量（见表8-8）。从理论基础来看，货币供应量指标设计是恰当的。

表 8-8　中国货币供应量指标的机构属性和负债属性

		金融机构	
		纳入统计	不纳入统计
负债科目	纳入统计	货币供应量的主要内容（如商业银行的储蓄存款等）	货币供应量的次要科目（如证券公司的客户保证金）
	不纳入统计	不纳入货币供应量统计范畴（商业银行的同业存款）	不纳入货币供应量统计范畴（保险公司的保单）

任何数据统计都需要注意不重不漏。从原理来看，以中国货币供应量为例，是否存在上述问题呢？

第一，确保统计过程中的金融资产对象明确。从企业和个人来看，货币供应量就是其持有的货币类资产；从金融机构来看，就是金融机构的负债。也就是说，某项指标如果不是金融机构的负债，就不可以纳入货币供应量的计算。例如，企业和个人持有的国债，即使其流动性高于其活期存款或储蓄存款，也不可能计入货币供应量，因为国债的发行主体是财政部。就中国广义货币供应量统计而言，对金融机构的确定方面，证券公司和保险公司是不纳入统计范畴的，对纳入统计的以银行为主体的各类金融机构来说，对企业和个人的负债基本纳入统计，对政府的负债和银行同业的负债是不纳入统计的。

第二，关于客户保证金计入广义货币供应量 M2。在 2001 年 7 月，中国人民银行决定将证券公司客户保证金计入广义货币供应量 M2。这对货币供应量的统计规则是一个重大调整。在中国，证券公司虽然是不纳入货币供应量指标统计的机构，但是会在商业银行开立同业存款账户，将客户保证金存入该账户中。从来源上看，客户保证金账户的资金主要来自居民储蓄存款。统计当局认为：对于个人投资者来说，储蓄存款变为股票投资的保证金存款，不存在实质性差异。股市高涨时，大量的居民储蓄存款转为客户保证金，这会造成一部分货币供应量（储蓄存款）出现"迷失"，因为原有的货币供应量统计规则没有将客户保证金考虑在内。为了避免出现货币供应量的"迷失"问题，有必要将这部分客户保证金计入 M2。

将客户保证金科目纳入货币供应量统计（见表 8-9），如果这部分资金视为证券公司的负债，就属于金融机构不纳入统计（证券公司不属于货币供应量的机构统计范围），但是该机构的个别科目纳入货币供应量统计的现象。如果将客户保证金科目视为商业银行的负债，就是金融机构纳入货币供应量统计，但是该（同业类）科目经过统计规则修订之后转变为纳入货币供应量统计的现象。

表 8-9　客户保证金纳入中国广义货币供应量统计的过程

商业银行资产负债表		证券公司资产负债表		住户资产负债表	
资　产	负　债	资　产	负　债	资　产	负　债
	证券公司存款　+ 储蓄存款　　　-	银行存款　+	客户存款　+	储蓄存款　- 保证金存款　+	

总而言之，货币供应量的统计必须保证统计过程中的不重不漏。一是必须明确金融机构的不重不漏，二是明确负债科目的不重不漏。对于金融机构而言，某一金融机构不可以既是货币的发行者，又是货币的持有者。具体的统计科目必须服从金融机构负债方统计的原则，不允许出现负债方科目与资产方科目相加的情况，否则容易重复计算。

8.2.3　对货币供应量的分析思路

经过报表的合并，得到了存款性公司概览，由此得到了广义货币量的数据。换言之，存款性公司概览负债方的主要科目是广义货币供应量，尽管各国在具体口径上有所差异。

如果暂时忽略存款性公司的"资本金"科目和"其他（净）"科目，通过存款性公司概览可以进行货币供应量的构成、比例关系以及形成途径等方面的分析。

（1）各层次货币供应量余额、结构的分析。现金、狭义货币分别占广义货币的比例，现金、狭义货币、广义货币的余额以及历史同比与环比等数据都可以得到，这对于分析通货膨胀的压力、货币流通状况均具有非常重要的意义。

（2）货币供应量的形成途径分析。这主要从存款性公司概览的资产方来分析。根据会计恒等式"资产 = 负债 + 权益"来看，假定权益不变，负债的增加必定伴随着资产的增加。欲探究货币供应量的增长具体是由哪个途径导致的，需要分析存款性公司概览的资产方。从大类来看，货币供应量的增长不外乎国外和国内两个途径。

国外途径主要指国外净资产，现阶段主要是外汇储备的增减导致其变化（在钉住汇率制度下，若本币面临升值压力，本国政府又不希望本币升值，外汇储备将会增加；反之，若本币面临贬值压力，外汇储备将可能耗空）。读者还可以考虑导致国外净资产增加的其他可能性。

国内途径主要指国内信贷，具体来看包括三个渠道：对政府的净要求权、对其他金融性公司的要求权和对住户部门的要求权。

对政府的净要求权是在存款性公司对各级政府的融资额扣减中央政府存款后的净差额，这不仅包括中央银行给予各级政府的融资，而且包括其他存款性公司给予的融资。因此，即使中央银行没有对政府的大规模赤字予以融资，若以商业银行为首的其他存款性公司为其提供了融资，仍然会导致货币供应量的快速增长。

对其他金融性公司的要求权，这需要与负债方的对其他金融性公司的负债进行对比分析，这两个科目的差额从整体上反映了包括中央银行和商业银行在内的存款性公司对证券公司、保险公司等机构的融资额。这又可以从中央银行和其他存款性公司（主要是商业银行）两个渠道来进一步分析。

对住户部门的要求权是包括中央银行和商业银行在内的存款性公司对国内经济体（企业和居民）提供的融资额，这大体反映了该国企业和居民的间接融资规模。

如前所述，上述分析思路是假定资本金等科目不变，如果广义货币供应量的增速远低于资产方（国外净资产和国内信贷合计额）的增速，我们就需要考虑资本金等科目的因素了。请读者思考，如果国内商业银行通过大规模的 IPO 来充实其资本金（国内居民通过转移储蓄存款来购买），这对货币供应量将会产生何种影响？

（3）基础货币和货币乘数的分析。在货币供应量统计中，基础货币又称为储备货币，包括流通中现金和准备金。用公式表示为：$B=C+R$。货币供应量（Monetary Aggregates）又可以称为货币存量（Money Stock），由此可以计算各层次货币供应量的乘数。

8.3 迪维西亚货币指数

在广义货币供应量的统计过程中，不论是中央银行发行的现钞，还是商业银行的活期存款，抑或是商业银行的储蓄存款，在加总过程中，其权重是相同的。有经济学家认为，广义货币供应量各个组成部分的流动性不同，不可以简单加总，应该根据其流动性赋予一定的权重后进行加总。这种性质的货币供应量被称为加权货币供应量。

假设现有的货币供应量包括三部分，现金、活期存款和储蓄存款，分别为 300 亿元、5 000 亿元和 9 000 亿元。因此，简单加总的货币供应量为 14 300 亿元。如果考虑到各个构成部分的流动性不同，假定现金的流动性仍然为 1，活期存款的流动性为 0.9，储蓄存款的流动性为 0.3，则加总的货币供应量 $=300\times1+5\,000\times0.9+9\,000\times0.3=7\,500$（亿元）。

该结果与 14 300 亿元存在很大的差异。加权汇总方法的基本思想是根据货币供应量不同组成部分的流动性高低来确定权重。根据这一思路，经济学家设计了迪维西亚指数。

货币供应量组成项流动性的高低差异在于各组成项的使用成本（User Costs）不同。何谓使用成本呢？经济主体使用收益率低但流动性高的资产，而不使用收益率高但流动性低的资产进行交易或者支付所产生的成本就是使用成本。如何计算使用成本呢？首先选定流动性低的长期资产（如长期国债）的收益率 R，将其作为基准资产的收益率。流动性高的某项资产的收益率为 i_i，该项资产的使用成本（π_i）就是通过计算基准资产收益率与其收益率之差后的折现得到：

$$\pi_i = \frac{R - i_i}{1 + R}$$

以现金为例，假定其收益率 i 为零，那么其使用成本 $\pi = \dfrac{R}{1+R}$。这里使用成本也可以视为流动性，现金的流动性就比其他资产流动性高。

迪维西亚货币指数（Divisia Monetary Aggregates Index），就是将迪维西亚统计指标运用到货币供应量的统计当中，按照这种方法得到的指数称为迪维西亚货币指数。弗朗索瓦·迪维西亚（François Divisia）是法国统计学家，1924 年他提出了一种指数，后世以他的名字来命名。该指数与拉氏指数、帕氏指数、欧文·费雪的理想指数类似。经济学家 Barnett 在 1992 年将该指数理论运用于货币供应量的统计当中。该指数的统计特性在于迪维西亚货币总量（D）的增长率由不同组成项的增长率加权得到，用公式可以表述如下：

$$\ln D_t - \ln D_{t-1} = \sum_{i=1}^{n} s_{i,t}^* \left(\ln m_{i,t} - \ln m_{i,t-1} \right)$$

其中，$s_{i,t}^* = \dfrac{s_{i,t} + s_{i,t-1}}{2}$ 且 $s_{i,\tau} = \dfrac{\pi_{i,\tau} m_{i,\tau}}{\sum_{j=1}^{n} \pi_{j,\tau} m_{j,\tau}}$，$\tau = [t-1, t]$；$m_i$ 为货币供应量各组成项余额；$s_{i,t}$ 为货币供应量第 i 组成项在 t 期的权重，其含义为第 i 项的增长率乘以其使用成本占所有构成项的增长率乘以各自使用成本的比重。

下面通过简单的例子来阐述该指数的编制（见表 8-10）。假设狭义货币供应量由现金（C）和储蓄存款（D）构成。现金的期初和期末余额分别为 200 亿元和 220 亿元；储蓄存款的期初和期末余额分别为 1 000 亿元和 1 250 亿元。现金增长率为 10%，储蓄存款增长率 25%。假定期初的基准利率为 10%，期末的基准利率为 15%。现金收益率在期初和期末均为零，储蓄存款收益率在期初和期末分别为 5% 和 8%。由此可以计算现金使用成本在期初和期末分别为 9.09% 和 13.04%。储蓄存款使用成本在期初和期末分别为 4.55% 和 6.09%。由此可以得到现金的期初和期末迪维西亚指数权重分别为 29% 和 27%，均值为 28%。储蓄存款的期初和期末迪维西亚指数权重分别为 71% 和 73%，均值为 72%。根据上述公式计算的迪维西亚指数为 20.95%，简单加总的货币供应量增长率为 23%，前者比后者低 2.2 个百分点。

表 8-10 迪维西亚货币指数计算示例

项 目	期 初	期 末	变化率
现金	200 亿元	220 亿元	10%
储蓄存款	1 000 亿元	1 250 亿元	25%
货币供应量	1 200 亿元	1 470 亿元	23%
基准利率	10%	15%	
现金收益率	0	0	
储蓄存款收益率	5%	8%	
	期 初	期 末	计算过程（以期末值为例）
现金使用成本	9.09%	13.04%	(15%−0)/(1+15%)
储蓄存款使用成本	4.55%	6.09%	(15%−8%)/(1+15%)
现金	18.2	28.7	220×13.04%
储蓄存款	45.5	76.1	1 250×6.09%
现金权重	29%	27%	28.7/(28.7+76.1)；期初和期末的平均值 28%
储蓄存款权重	71%	73%	76.1/(28.7+76.1)；期初和期末的平均值 72%
迪维西亚货币指数			10%×27%+25%×73%=20.95%

在实践运用方面，英格兰银行、圣路易斯联邦储备银行会定期公布本国的迪维西亚货币指数，欧洲中央银行、日本银行仅限于在内部使用迪维西亚货币指数。虽然迪维西亚指数为广义货币供应量的加总问题提供了一种有说服力的解决方案，但是也存在几方面的问题。第一，在货币资产的选择上仍然存在很大的主观性。以何种资产作为基准资产？是 30 年期的国债还是 10 年期的国债，抑或是信用评级为 3A 级公司的 10 年期公司债券？货币与其他金融资产之间的分界线是什么？这个问题与广义货币供应量的简单加总问题是一样的。第二，同一金融资产的使用成本在不同时段存在差异。以可转让存款为例，该存款的利率较低，在有的国家甚至为零。当基准资产利率 R 较高时，可转让存款的使用成本较高；反之，当基准资产利率 R 较低时，可转让存款的使用成本就较低。换言之，在某个统计的时间跨度内，同一项金融资产的使用成本（流动性）是变化的。此外，在出现利率倒挂（长期利率低，短期利率高）的情况下，某项金融资产的使用成本就会出现负数，这在经济意义上很难解释。为了避免这种现象的出现，经济学家只好将基准资产利率 R 再额外加上一个利率，以避免出现负的使用成本的情况。对于简单加总的货币供应量来说，某项金融资产的流动性在统计的时间跨度内是不变的。第三，迪维西亚货币指数是个增长率概念，不是数量概念。尽管货币供应量的增长率指标是货币当局关注的重要问题，但是该指标没有办法得到货币供应量指标的数量结果，因此在讨论 M2/GDP 等类似问题时，就无能为力了。另外，迪维西亚货币指数既然是增长率指数，就涉及指数基准时刻的选择问题，在这个问题上仍然存在较大的主观性。第四，迪维西亚货币指数由于其相对复杂的统计过程，不如简单加总的货币供应量指数那样容易为普通民众所理解，因此并没有在绝大多数国家广泛推广。

8.4 储蓄率、储蓄存款与货币供应量

在宏观经济分析当中，储蓄率是一个经常被提及的话题。从宏观经济的角度来看，

国民可支配收入扣减消费之后的剩余部分就是储蓄。其中，对于居民部门而言，居民的可支配收入在扣减消费之后，就是居民储蓄。根据世界银行 WDI 数据库的统计资料，2000 年中国居民消费率为 46.7%，2010 年降至 34.6%，2011 年进一步降至 34.4%。该比率不仅低于小型开放经济体之一的新加坡（2010 年 38.9%），而且显著低于美国的水平（2010 年 70.9%）。从 2010 年的数据来看，中国的居民消费率比世界平均水平低了 25 个百分点。

居民的消费率低就意味着居民的储蓄率高，不少经济学家采用中国巨额的储蓄存款来予以证明。例如，2013 年 6 月中国的人民币存款超过了 100 万亿元，其中居民人民币储蓄存款达到了 43.7 万亿元，如果加上外币存款，居民的储蓄存款超过了 44 万亿元。我们是否可以用储蓄存款余额高来证明储蓄率高呢？储蓄率与储蓄存款的关系如何？其与货币供应量的关系又如何？再如，2013 年第一季度中国 GDP 增长 7.7%，其中有 4.3 个百分点是由最终消费贡献的，对 GDP 增长的贡献率是 55.5%；资本形成总额拉动 GDP 增长 2.3 个百分点，对 GDP 的贡献率是 30.3%；货物和服务净出口拉动 GDP 增长 1.1 个百分点，对 GDP 的贡献率是 14.2%。最终消费的贡献度是什么意思？最终消费率与居民消费率的差异是什么？针对上述问题，我们将详细探讨。

8.4.1 消费率与消费贡献率

什么是消费率？什么是储蓄率？消费率和储蓄率都是宏观经济分析的概念。1 减去消费率就是储蓄率。消费率又可以分为住户消费率、政府消费率以及最终消费率，其中最终消费率是住户消费率和政府消费率之和。计算上述指标的分母是 GDP（GDP 是一个流量指标），分子分别为住户消费额、政府消费额和最终消费额（这三个指标也是流量指标）。

关于消费率，可以从住户、企业和政府三个部门来理解。**对于住户部门而言**，其可支配收入包括住户获得的劳动报酬、经营性收入（如个体工商户）、财产性收入（如租金、利息和股利等）以及来自政府的经常性转移收入；其可支配收入在住户消费与住户储蓄之间分配，储蓄转化为住户投资。中国国家统计局公布的社会消费品零售总额可以作为国民收入核算中私人消费（C）的指标吗？不可以，其差异体现在以下几方面：一是社会消费品零售总额不包括服务项目的支出，如教育、医疗、娱乐等支出，而私人消费包括对服务的消费；二是社会消费品零售总额不仅包括对城乡住户的零售额，而且包括对企事业和行政单位的销售，而这部分不属于私人消费；三是社会消费品零售总额还包括销售给城乡住户的建筑材料，这属于私人投资部分；四是社会消费品零售总额不包括住户自产自用的产品，例如农民自产自用的农牧产品，而私人消费则包括对这些产品的消费。**对于企业部门而言**，企业创造的增加值和财产收入（包括利息和红利净值），在扣除劳动者报酬、生产税和转移支付后，就是企业的可支配收入。由于企业不存在直接消费的问题，企业的可支配收入全部转化为企业储蓄和投资。**对于政府部门而言**，政府可支配收入的主要进项是生产税、所得税、社保缴款等，主要支出项是社保支出、生产性补贴、国债利息等。政府的可支配收入主要用于政府消费（即科教文卫等公共开支）和政府储蓄。其中，政府消费是指各级政府购买商品与劳务的支出，主要是政府用于行政管理、科教文卫、国防、公共安全、外交等方面支出中的工资福利支出以及商品和服务等经常性支出。政府预算支出中的经济建设费属于政府的投资性支出，社会保障支出属于转移性支出，这两类支出不属于政府消费支出。政府储蓄转化为投资性拨款与政府自身的固定资产投资。所以，一国的最终消费包括私人消费和政府消费，一国的储蓄包括私人储蓄（住户储蓄和企业储蓄）和政府储蓄。国民总收入等于消费与储蓄之和。在封闭经济条件下，储蓄全部转化为投资。在开放经济条件下，储蓄转化为国内投资和国外投资（如果是贸易顺差，国外投资为正；反之，国外投资为负）。

中国国家统计局公布的全社会固定资产投资指标是否可以构成国民收入核算中的资本形成总额（I）的指标呢？全社会固定资产投资是所有企事业、行政单位和城乡住户购置和建造固定资产（包括设备、房屋、建筑物等）的活动。它与资本形成总额的差异表现为以下几个方面：一是前者包括土地购置费、旧设备和旧建筑物购置费，后者不包括这些费用；二是前者的统计不包括城镇和农村非农户 50 万元以下科目的固定资产投资，后者包括这部分投资；三是前者不包括矿藏勘探、计算机软件等无形生产资产方面的支出，后者包括这方面的支出；四是前者不包括房地产开发商的房屋销售收入和房屋建造投资成本之间的差额，后者包括这部分差额。

通常，我们将 GDP 分为最终消费支出、资本形成总额及净出口三个部分，简称 GDP 的"三驾马车"。什么是最终消费支出对 GDP 增长的贡献度？我们可以进行公式推导。

$$Y = C + I + NX$$

最终消费率、投资率和净出口率分别为 $\dfrac{C}{Y}, \dfrac{I}{Y}, \dfrac{NX}{Y}$。从增量的角度来看，可以有：

$$\Delta Y = \Delta C + \Delta I + \Delta NX$$

经济增长率可以分解为：

$$\frac{\Delta Y}{Y} = \frac{\Delta C}{C}\frac{C}{Y} + \frac{\Delta I}{I}\frac{I}{Y} + \frac{\Delta NX}{NX}\frac{NX}{Y}$$

则三驾马车的贡献度分别是 $\dfrac{C}{Y}\dfrac{\Delta C}{C}\bigg/\dfrac{\Delta Y}{Y}$，$\dfrac{I}{Y}\dfrac{\Delta I}{I}\bigg/\dfrac{\Delta Y}{Y}$，$\dfrac{NX}{Y}\dfrac{\Delta NX}{NX}\bigg/\dfrac{\Delta Y}{Y}$。以消费贡献度为例，消费贡献度的经济含义就是最终消费率 $\left(\dfrac{C}{Y}\right)$ 与消费对收入的弹性 $\left(\dfrac{\Delta C}{C}\bigg/\dfrac{\Delta Y}{Y}\right)$ 的乘积。其他各项做同样的理解。

8.4.2 储蓄率、储蓄存款与"笼中虎"

如前所述，对于住户部门而言，其储蓄等于可支配收入减去消费后的剩余部分。这部分可支配收入可以以不同的形式存在，既可以以储蓄存款的形式存在，也可以以手持现金、股票、债券等形式存在。储蓄（Saving）是可支配收入的一部分，既是流量，也是增量。储蓄存款（Savings Deposit）只是住户部门储蓄的形式之一，从性质来看属于存量，当然新增储蓄存款属于流量。储蓄率高，当然有可能导致储蓄存款的余额高，但这仅仅是诸多情况中的一种。反过来，储蓄存款余额高，却不一定就说明储蓄率高。因此，国内不少学者用中国储蓄存款余额巨大来说明高储蓄率、低消费率，这种解释还存在疏漏之处。简言之，储蓄率实际上是衡量实体经济层面的一个相对率指标，储蓄存款则是金融经济层面的绝对值指标。根据 2016 年金融机构本外币信贷收支表的统计，2016 年年末储蓄存款余额 606 522.23 亿元，这包括了居民持有的本外币储蓄存款。以 13.7 亿中国人口计算，人均储蓄存款接近 4.4 万元。

在 20 世纪八九十年代，巨额的储蓄存款常常被不少经济学家视为"笼中虎"，他们担心一旦这只老虎从笼子中跑出来，将带来较严重的通货膨胀。假定由于某种原因，居民通货膨胀预期加剧，居民在商业银行提取储蓄存款后要么抢购商品，要么持币待购。如果商业银行体系没有发放新的贷款，这些储蓄存款要么变成销售企业的企业存款，要么以现金的形式保留在居民手中。从货币供应量的角度分析，上述变化仅仅是货币供应量 M2 内部结构的变化，流动性高的货币（M0 和 M1）占比上升。货币供应量总额并没有增加（假设此时商业银行没有发放新的信贷），但是抢购阶段的物价由于需求增加（恐慌性因素）快速上升，形成通货膨胀。简言之，"笼中虎"是中国处于短缺经济状态下，巨额储蓄存款对应着有限的商品供给所形成的一种现象。21 世纪以来，在中国经济运行中，"笼中虎"现象已经不复存在了。

专栏 8-2

直接融资与间接融资的差异

所谓直接融资，就是投资方（资金富余的一方）直接购买融资方（资金短缺的一方）发行的股票或债券，协助完成这一过程的金融机构则向双方收取手续费。同时，在未来融资方向投资方支付股息或利息。所谓间接融资，就是拥有暂时闲置货币资金的一方将资金存放在银行等金融机构，然后由这些金融机构贷款、贴现或购买资金短缺一方的有价证券，从而实现资金融通的过程。有学者认为，间接融资实现了以下功能：资产转换（Asset Transformation）、期限转换（Maturity Transformation）、信用风险分散与转换（Credit Risk Transformation）、流动性转换（Liquidity Transformation）和规模经济（Economies of Scale）。

除了以上差异，直接融资与间接融资的差异还体现在以下几个方面。

（1）这两者对于货币供应量的影响是不同的。对于直接融资来说，投资方和融资方都在商业银行开户，其相互间的资金转移并不影响货币供应量总额。对于间接融资而言，资金富余方持有的资金是金融机构此前负债业务的结果，资金短缺方获得的新资金是当时金融机构资产业务的结果。从对货币供应量的影响来看，直接融资不影响货币供应量的总量，但是改变了其结构。间接融资则增加了货币供应量的总量，同时改变了其结构。具体来看,在第一轮的资金富余方将现金存入商业银行这个过程中,货币供应量总额不发生变化,但是结构发生了变化,M0 下降,准货币 M2-M0 上升。在第二轮中的商业银行发放贷款的过程中,M1 增加了,同时货币供应量的结构也发生了变化。也可以认为直接融资仅仅起信用媒介的作用,而间接融资不仅起信用媒介的作用,还起信用创造的作用。具体过程见表 8-11 和表 8-12。

表 8-11　直接融资过程在资金供求双方以及商业银行资产负债表中的反映

资金短缺方资产负债表		资金富余方资产负债表		商业银行资产负债表	
资　产	负　债	资　产	负　债	资　产	负　债
银行存款　＋	企业债券(股票)　＋	银行存款　－ 企业债券(股票)　＋			资金短缺方　＋ 资金富余方　－

注:资金富余方购买资金短缺方的债券(股票)。

表 8-12　间接融资过程在资金供求双方以及商业银行资产负债表中的反映

资金短缺方资产负债表		资金富余方资产负债表		商业银行资产负债表	
资　产	负　债	资　产	负　债	资　产	负　债
银行存款　＋(2)	银行贷款　＋(2)	现金　　　－(1) 银行存款　＋(1)		库存现金　＋(1) 企业贷款　＋(2)	资金富余方　＋(1) 资金短缺方　＋(2)

注:(1)资金富余方将现金存入商业银行;(2)资金短缺方向商业银行申请贷款。

(2)直接融资和间接融资对金融工具的影响是不同的。间接融资将创造两轮金融工具,金融机构在完成筹资的过程中,创造(发行)了活期存款、定期存单等金融工具,在完成投资的过程中,创造(发行)了贷款、债券等金融工具。直接融资只创造了一轮金融工具,如股票或者债券。

(3)直接融资和间接融资对金融风险的作用是不一样的。对于直接融资而言,投资者直接承担了融资者未来的信用风险;对于间接融资而言,金融机构通过自身的信用为筹资者提供了信用增级。

(4)间接融资可以缩小借贷双方的利差,便利资金从最终贷款人向最终借款人转移。为什么说间接融资可以实现这一目标呢?换言之,金融机构存在的理由又是什么呢?

假设在不存在金融机构的情况下,某借款人的融资成本为 10%,金额 1 000 万元。该借款者为筹得上述款项,必然产生一系列成本,如寻求贷款人(资金富余方)和安排贷款的间接成本,假定这些成本为每年 1%,因此通过该借款人获得这笔融资的真实成本为 11%。贷款人提供资金获得的利率为 10%,但是,贷款人将有可能发生一系列成本。第一,各贷款人将产生搜索成本。不同的贷款人为获得该借款人的借款信息需要花费成本。第二,各贷款人可以借出的资金规模可能与借款者希望得到的资金规模不一致,因此必须汇集若干个贷款人的资金,这涉及时间和精力。第三,管理这笔融资还将产生相关的费用,如项目风险评估、还款利息和本金的安排等。第四,各贷款人的借出资金与该借款人的资金需求不匹配会产生闲置资金。例如,甲可借出的资金 30 万元,但是该借款人向某甲融资量仅为 20 万元,甲就闲置了 10 万元。假设所有这些费用相当于年利率 4%,从 10% 的利率中扣除之后,贷款者的净利率为 6%。

借款人：

借款人的总成本	11%
减去寻求成本	1%
支付利率	10%

贷款人：

收取的总利率	10%
减去搜索、管理、汇集和分散化限制成本	4%
净利息收益	6%

综上所述，借款人总成本与贷款者净收益的差为 11%−6%=5%。现在，假设存在金融机构，该机构准备以 7% 的利率接受存款，同时以 9% 的利率发放贷款，借贷利差为 2 个百分点，用于弥补其费用支出并产生利润。最终，借款人能够以更低的利率融资——10%（加上搜索成本）而不是 11%，贷款人的净收益得以提高——7% 而不是 6%。因此，金融机构可以使融资效率更高，它们以更低的成本促进储蓄向投资转化，促进资金更便利地从最终贷款人向最终借款人转移。

纵观世界各国，通过金融机构实现的间接融资规模都要大于通过证券市场实现的直接融资规模，但是债券市场与股票市场的相对重要性在不同国家有所差异。在美国，债券市场的重要性远远超过股票市场，前者的规模是后者的 10 倍。但是，在法国和意大利，通过股票市场融资的规模要大于通过债券市场融资的规模。

8.5 社会融资规模

2010 年年底，中央经济工作会议提出要保持合理的社会融资规模。2011 年 1 月，温家宝指出，要综合运用多种货币政策工具，保持合理的社会融资规模和节奏。周小川也表示，人民银行要适应形势发展，从社会融资规模的角度考虑整个金融体系对实体经济的支持。2011 年 3 月，《政府工作报告》提出"保持合理的社会融资规模"，同时要求"提高直接融资比重，发挥好股票、债券、产业基金等融资工具的作用，更好地满足多样化投融资需求"。此后，社会融资规模指标开始成为学界关注的焦点问题之一。

伴随着中国金融市场的发展，直接融资规模的不断扩大，尤其是 2009 年以来中国影子银行系统的不断膨胀，实体经济的融资渠道不再仅仅局限于商业银行提供的信贷，不少企业还可以从信托、保险、证券等机构变相获得融资。在商业银行通过表外业务渠道绕开贷款规模限制对企业进行融资的情况下，如果还是以信贷规模作为货币运行的监测指标，或者将货币供应量作为货币政策的中介指标，宏观金融调控将出现较大的偏误。因此，在中国人民银行看来，需要选择一个新的指标更好地体现金融为实体经济服务的现实要求，社会融资规模指标便应运而生了。

按照中国人民银行的定义，社会融资规模是指一定时期内（每月、每季或每年）实体经济从金融体系获得的全部资金总额。这里的金融体系既包括金融机构，也包括金融市场。具体来看，社会融资规模由四个部分共十个子项构成：一是金融机构表内业务，包括人民币和外币各项贷款；二是金融机构表外业务，包括委托贷款、信托贷款和未贴现的银行承兑汇票；三是直接融资，包括非金融企业境内股票筹资和企业债券融资；四是其他项目，包括保险公司赔偿、投资性房地产、小额贷款公司和贷款公司贷款。在中国人民银行看来，随着中国金融市场发展和金融创新的不断深化，实体经济还会增加新的融资渠道，如私募股权基金、对冲基金等。在未来条件成熟的情况下，可将其计入社会融资规模。

盛松成（2011）认为，社会融资规模将有可能替代货币供应量 M2 成为新的货币政策调控中间目标。中国人民银行公布了 2002 年以来该指标的各构成项数据。与货币供应量 M2、信贷规模这些指标相比，社会融资规模指标具有哪些特征呢？

首先，社会融资规模是一个增量指标，也就是年度（月度或季度）新增额度指标。这个指标的性质与信贷规模指标是一样的。广义货币供应量则是一个存量指标。从本质来看，这几个指标均属于数量型指标。尽管中国的利率市场化进程在不断推进，价格型中间目标日益重要，但是在真正完成利率市场化之前，数量型中间目标仍然是中国人民银行执行货币政策的抓手。

其次，广义货币供应量指标是从金融机构的负债方来统计的，信贷规模（或新增人民币贷款）则是从银行类金融机构的资产方来统计的，社会融资规模指标的统计思路可以认为是从实体经济的负债方来设计指标，但是从金融机构的资产方来统计，还包括从金融市场融资的统计指标。从企业的角度来看，广义货币供应量是统计居民和企业的货币类资产，社会融资规模是统计企业的资金来源。换言之，前者统计的是资产，后者统计的是负债。

再次，社会融资规模指标的数据来源不再仅仅局限于中国人民银行，发改委、证监会、保监会、中央国债登记结算有限责任公司和银行间市场交易商协会都成为该指标的数据提供机构。从货币政策中间目标的性质来看，中国人民银行对该指标的控制程度有限，如企业通过股票市场筹集资金，这就超出了其控制范围，因此从货币政策中间目标的可控性原则出发，该指标更多地被视为监测指标。

最后，社会融资规模统计指标的数据来源既包括金融机构，也包括金融市场。在这种情况下，很容易出现指标重复计算的问题。如前所述，货币供应量统计指标有金融资产、货币持有者、货币发行者三个要素，社会融资规模还缺少这样严格的定义，统计过程中也将出现重复、遗漏等问题。

表 8-13 以 2019 年为例对社会融资规模进行了说明。

表 8-13　2019 年社会融资规模

	2019 年年末		2019 年	
	存量（万亿元）	同比增速（%）	增量（亿元）	同比增减（亿元）
社会融资规模	251.31	10.7	255 753	30 833
其中：人民币贷款	151.57	12.5	168 835	12 123
外币贷款（折合人民币）	2.11	-4.6	-1 275	2 926
委托贷款	11.44	-7.6	-9 396	6 666
信托贷款	7.45	-4.4	-3 467	3 508

（续）

	2019 年年末		2019 年	
	存量（万亿元）	同比增速（%）	增量（亿元）	同比增减（亿元）
未贴现的银行承兑汇票	3.33	-12.5	-4 757	1 586
企业债券	23.47	13.4	32 416	6 098
政府债券	37.73	14.3	47 204	-1 327
非金融企业境内股票融资	7.36	5.0	3 479	-127
其他融资	6.66	27.0	14 148	-1 756
其中：存款类金融机构资产支持证券	1.68	31.5	4 034	-1 906
贷款核销	4.07	35.1	10 551	396

注：1. 社会融资规模存量是指一定时期末实体经济从金融体系获得的资金余额。社会融资规模增量是指一定时期内实体经济从金融体系获得的资金额。
2. 自 2019 年 12 月起，中国人民银行进一步完善社会融资规模统计，将"国债"和"地方政府一般债券"纳入社会融资规模统计，与原有"地方政府专项债券"合并为"政府债券"指标。指标数值为托管机构的托管面额。
3. 自 2019 年 9 月起，中国人民银行完善"社会融资规模"中的"企业债券"统计，将"交易所企业资产支持证券"纳入"企业债券"指标。自 2018 年 9 月起，将"地方政府专项债券"纳入社会融资规模统计。自 2018 年 7 月起，中国人民银行完善社会融资规模统计方法，将"存款类金融机构资产支持证券"和"贷款核销"纳入社会融资规模统计，在"其他融资"项下反映。
4. 表中同比数据按可比口径计算。

资料来源：中国人民银行、中国银行保险监督管理委员会、中国证券监督管理委员会、中央国债登记结算有限责任公司和中国银行间市场交易商协会等部门。

8.6 本章小结

本章介绍了货币供应量的统计问题。理解货币供应量的统计要素包括三个方面：金融资产、货币发行者和货币持有者。这三者缺少任何一项都不构成货币统计的范畴。从全球范围来看，M0 层次的货币供应量是中央银行资产负债表负债方主要科目的汇总。狭义层次的货币供应量 M1 是存款性公司概览（资产负债表的合并报表）流动性较高科目的汇总；广义货币供应量是存款性公司概览（资产负债表的合并报表）负债方更多科目的汇总，其性质是发行机构的负债，社会公众的资产。

金融工具可以分为两类：一类是在资产负债表中体现的金融资产；另一类是不在资产负债表中体现的其他金融工具。简单来看，金融工具的流动性是指金融工具迅速变现而不遭受损失的能力，具体分为五个特征：可流通性、可转让性、适销性、可转换性以及可分性。证券资产具有可流通性，活期存款具有可转让性，可转换性是指金融资产的债权股权性质的转换，可分性是指某种金融工具可以分为不同的面额来进行价值很小的交易。纳入货币供应量统计的只是其中部分金融资产。

明白了上述原理，现在在我们可以试图来回答本章开始的问题。如果我们要统计清朝倒台之前的货币供应量，老百姓持有的银两和银元肯定要计算在内，咸丰朝发行的官票和宝钞也必须统计在内，官府持有的银两和银元也要统计在内。山西票号、上海钱庄发行的银票、庄票，花旗银行发行的银行券都需要统计在内。然而，作为发行准备的银两和银元则不可以统计在内。例如，山西票号、上海钱庄和花旗银行资产负债表资产方的各类银两和银元则不可以计算在内。同理，政府主办的金融机构（当时的中国银行和交通银行）资产方的各类银两和银元也不可以计算在内。这背后的一条基本原理仍然是不允许重复计算。

  各层次货币供应量是许多国家中央银行实施货币政策的重要中介指标，对于实施货币目标制的中央银行尤其如此。货币供应量指标是各层次货币构成项的简单加总。然而，货币供应量各组成项的流动性高低不同，因此经济学家们设计了迪维西亚货币指数。本章介绍了该指数的编制原理，然而在实践中，该指数的运用有限。该指数在理解上不如简单加总的货币供应量指标更易于理解。由于金融创新的不断出现，货币供应量反映一国金融状况的指标意义大大下降。截至目前，美联储仍然定期公布 M1 和 M2 等货币存量指标，但是美联储的货币政策操作很少以这类指标作为政策调整的抓手。储蓄存款仅仅是广义货币供应量的一个子项，属于存量指标。宏观经济学意义上的储蓄是 GDP 中未被消费的部分，是个流量指标，是 GDP 的组成部分。储蓄率则是反映流量性质的指标，是储蓄与 GDP 的比率。社会融资规模是近年来中国人民银行推出的另一个金融统计指标，用以反映实体经济部门从金融体系获得的融资规模。该指标的合理性仍存在不少争议。

CHAPTER9 · 第 9 章

货币的价格

什么是货币的价格？货币的价格主要包括通胀率、利率和汇率。通胀率反映的是货币与商品之间的关系，利率反映的是资金所有者让渡资金使用权的价格，（双边）汇率反映的是两种货币兑换的价格。从时点和时段的角度来看，通胀率和利率是时段指标，汇率是时点指标。货币的这三个价格之间的关系如何？

9.1 通胀率

在中央银行的政策目标当中，保持物价稳定是其中之一。什么是物价稳定？这里有必要对物价的相关指标和影响因素进行分析。物价是反映货币与商品关系的指标。从时间的角度来看有两个指标，一个是从时点上考虑的绝对的物价水平 P，另一个是从时间段上考虑的相对的物价水平 π（物价水平的变化率），这两者之间的关系是 $\pi=(P-P_{-1})/P_{-1}$。从预期的角度来看也有两个指标，一个是对下一期物价的绝对水平的预期 P^E，另一个是对下一期物价的相对水平的预期 π^E。

在现实生活中，反映通胀率的指标有很多，其中主要是消费者物价指数（Consumer Price Index，CPI）、生产者物价指数（Producer Price Index，PPI）以及 GDP 平减指数（GDP Deflator）。从消费者物价指数中剔除能源和农产品价格的波动后，可以得到核心消费者物价指数（Core CPI）。之所以如此，是因为此类商品的价格波动性大，容易受国际市场和天气因素的影响。一旦气候变化引起农产品价格上涨，导致 CPI 上涨，中央银行是否应该采取紧缩性的货币政策呢？面对供给下降导致的物价上涨，中央银行采取紧缩性的货币政策无法实现稳定物价的政策目标。中央银行在运用物价指数时，需要关注以下问题。

（1）恰当使用核心 CPI。为了得到核心 CPI，有的中央银行会剔除利率的变化，得到扣除抵押贷款利息的零售物价指数，例如英格兰银行就采用 RPIX（Retail Price Index Excluding Mortgage Interest Payments），该指数从零售物价指数（Retail Price Index）中剔除了间接税（Indirect Taxes）和地方政府税（Local Authority Taxes）的影响。有的中央银行公布的物价指数会剔除供给冲击首轮效应变化因素，如新西兰储备银行就采用这种物价指数。不过请注意，部分国家的中央银行在运用核心 CPI 时的效果并不好，尤其是部分发展中国家。这些国家大量进口粮食，或者大量进口石油，由于本币贬值会使这些商品的国内价格上涨，因此剔除了粮食和石油等商品之后的核心 CPI 较低，这与普通民众对通货膨胀的感受存在差距，进而有可能使得民众对政府的货币政策有效性心存疑虑。

（2）关注物价指数变化中的"翘尾因素"和"新涨价因素"。"翘尾因素"是指基期商品和服务项目价格变化对目标期同比价格指数的滞后（延伸）影响，即在计算同比价格指数的过程中，基期商品价格上涨（下降）对目标期价格指数的影响。一般来说，基期价格上涨（下降）的时间早（也就是一年之中发生的月份靠前），则对下年指数的翘尾影响小；而基期价格上涨（下降）的时间晚，则对目标期指数的翘尾影响大。基期调价幅度越大，时间越晚，翘尾影响就会越明显。假设某一商品 2011 年前 9 个月价格均为每千克 100 元，10 月上涨到 200 元，然后一直到 2012 年 12 月都保持在 200 元。虽然 2012 年该商品的全年价格保持稳定，但如计算 2012 年前 9 个月的同比价格指数则为 200%，显示价格上涨一倍，这就是 2011 年 10 月价格上涨对下一年前 9 个月价格指数的滞后影响，简称"翘尾因素"。"新涨价因素"是指本期商品和服务项目价格上涨对本期物价指数产生的影响。以 CPI 为例，经济学家用 CPI 的同比指数反映年度价格总水平的变动程度，它就是"翘尾因素"和"新涨价因素"两个因素作用的结果。如某地 2012 年与 2011 年相比，CPI 为 103.0%，其中 2011 年价格上涨的"翘尾因素"导致的总水平上涨仅 0.5 个百分点，那么 2012 年"新涨价因素"导致的总水平上涨就是 2.5 个百分点。显而易见，"新涨价因素"的影响程度高达 83%。

（3）中央银行应该更多地关注环比指标。一般来说，国际社会通行的惯例是分析季节性调整之后的环比数据来判断经济活动的短期走势。中国的经济数据重视同比指标，而同比指标最大的问题是无法得知最新的经济走势，因为基数可能会发生变化。如果物价出现表 9-1 中的两种情况，货币政策该如何选择呢？情形一的含义是，2014 年 1 月物价同比涨幅为 5%，环比涨幅也为 5%，这表明近期物价有上涨趋势，可考虑采取紧缩性的货币政策导向。情形二的含义是，2014 年 1 月物价同比涨幅为 5%，但是环比涨幅没有变化，这表明可以考虑采取扩张性的货币政策导向。换言之，在情形一中不存在翘尾因素，而在情形二中存在翘尾因素。与之相关的另外一个问题是，中国人民银行应该关注春节效应。中国传统农历春节有时候在 1 月份，有时候在 2 月份，因此同比指数就会变得相当不稳定，而采用季节性调整之后的环比指数就可以消除这一问题。

表 9-1 物价水平的不同变化

情形一							
时间	2013 年 1 月	2013 年 2 月	2013 年 3 月	2013 年 4 月	2013 年 5 月	2013 年 6 月	2013 年 7 月
CPI	100	100	100	100	100	100	100
时间	2013 年 8 月	2013 年 9 月	2013 年 10 月	2013 年 11 月	2013 年 12 月	2014 年 1 月	
CPI	100	100	100	100	100	105	
情形二							
时间	2013 年 1 月	2013 年 2 月	2013 年 3 月	2013 年 4 月	2013 年 5 月	2013 年 6 月	2013 年 7 月
CPI	100	105	105	105	105	105	105
时间	2013 年 8 月	2013 年 9 月	2013 年 10 月	2013 年 11 月	2013 年 12 月	2014 年 1 月	
CPI	105	105	105	105	105	105	

（4）避免通货紧缩的出现。在人类发展的历史上，不仅出现过严重的通货膨胀，还出现过严重的通货紧缩。前者如第二次世界大战后期德国出现的恶性通货膨胀；后者如美联储诞生之前美国持续出现的通货紧缩，还有 21 世纪以来日本经济面临的通货紧缩。日本在近二十年的经验表明，一旦通货紧缩成为经济主体预期的组成部分，一国经济就难以摆脱流动性陷阱和通货紧缩的威胁。实际上，通货膨胀和通货紧缩都是本国经济平稳发展的障碍。因此，保持低且稳定的物价涨幅是各国中央银行的首要目标。如何实现这一点呢？

各国中央银行在实现这一目标的过程中，有价格水平目标制（Price Level Targeting）与通货膨胀目标制（Inflation Targeting）两种选择。两者有何差异呢？实际上，首先要明确物价水平和通胀率的差异。假设去年物价指数为 100，今年仍然是 100，此时通胀率为零。中央银行是否需要实现零通胀率才被认为是实现了物价稳定呢？不是的。各国中央银行在货币政策的实践中，往往是要求保持低且稳定的通胀率。如果一国中央银行被认为是实行了价格水平目标制，则认为是在一个较长的时间跨度内，其基准不发生变化，尽管在这个过程中物价涨幅很高，但是到目标期，物价必须降至基期的水平。例如，在为期 5 年的时间跨度内，中央银行要求实现物价保持在基期的水平。第 1 期物价指数为 100，第 2 期为 103，第 3 期为 107，第 4 期为 104，第 5 期为 100。我们可以发现，虽然在中长期内该经济体保持了物价稳定，但是第 4 期出现了通货紧缩（物价指数从 107 降至 104），第 5 期也出现了通货紧缩（物价指数从 104 降至 100），这对该经济运行的危害是不言而喻的。然而，对于通货膨胀目标制，其优势恰恰是避免通货紧缩的出现。例如，在一个 5 年期的时间跨度内，通胀率为 3% 是该经济体的合意目标。如果第 1 期物价指数为 100，第 2 期因为石油价格冲击物价指数为 115，第 3 期为 118，第 4 期为 122，第 5 期为 125.7，如何评价中央银行的绩效呢？显然，石油价格冲击属于供给层面的冲击，但是中央银行并没有采取紧缩性的货币政策，并且在接下来的三期内，基本上保持了每年 3% 的通胀率。从第 5 期的物价指数来看，通货膨胀目标制下的物价指数相对更高。也正因为如此，在通货膨胀目标制中，通过基准的变化（基准不再是第 1 期的 100，而是第 2 期的 115），避免了出现通货紧缩。

不过，在零利率下限（Zero Lower Bound，ZLB）的情况下，价格水平目标制可能更为货币当局所偏好。例如，加拿大中央银行已经考虑一旦触及零利率下限，就从通货膨胀目标制转到价格水平目标制。价格水平目标制能够通过减少触及零利率下限的机会，并在到达零利率下限时尽量减少其持续时间，来调整经济行为人的预期。

9.2 利率

通常，利率可以理解为让渡货币使用权的价格，同时利率也反映了货币的时间价值。因此，根据期限的不同，利率可以分为不同期限的利率。中央银行根据宏观经济与金融形势，适时对利率水平和利率结构进行调整，进而影响社会资金供求状况，实现货币政策的目标，因此，利率政策是一国货币政策的重要组成部分。在发达国家的宏观金融间接调控过程中，中央银行利率是非常关键的利率指标。中央银行的存贷款利率构成了中央银行宏观调控模式——"利率走廊"模式的上下限水平。此外，在金融市场上，以国债利率为代表的无风险资产利率也是其他利率品种的基准，地方政府债券、公司债券等的利率水平是在同期限国债利率的基础上加点生成的。在市场经济国家，中央银行高度关注基准利率，通过调控基准利率影响其他性质的利率，达到控制通货膨胀、实现经济增长的目标。与宏观金融间接调控方式相对应的是发展中国家的宏观金融直接调控方式。在直接调控方式下，中央银行要么直接控制商业银行的利率，要么直接控制商业银行的资产或负债额度，抑或是价格－数量双重控制。

一般来说，长期利率要高于短期利率。但是，有时会出现相反的情况。例如，从 2004 年 6 月至 2006 年 7 月，美联储连续 17 次加息，联邦基金利率从 1% 提高到了 5.25%。然而，在 2004 年和 2005 年的大部分时间里，美国的长期利率不仅没有随短期利率上升，反而继续下降。时任美联储主席的格林斯潘把这种长短期利率倒挂的现象称为一个难解之谜（Conundrum）。在 2008 年之后，为刺激经济，美联储还主动通过扭转操作，调整利率的期限结构，使得长期利率低于短期利率。

9.2.1 利率的种类

一般而言，从金融机构资产负债表的角度来看，最主要的分类是资产方的利率和负债方的利率。还可以从期限的角度对利率进行分类，如短期利率、中期利率和长期利率等。从金融机构的角度来分类，大体可以分为中央银行利率、商业银行利率、金融市场利率三大类。从调整利率的机构来区分，可以分为政策利率和市场利率。从利率的影响力分析，还分为基准利率和非基准利率。基准利率在一国利率体系中起着基础性的作用，是固定收益类金融产品和其他金融产品定价的基础，也是货币政策操作的重要参考依据，其变化对于货币政策传导、健全金融产品定价机制、推动金融产品创新、完善金融机构内部转移定价，乃至整个金融体系的健康、稳定、有序发展都具有无可替代的作用。在市场经济国家，金融市场利率在某种程度上具有基准利率的性质。当然，中央银行的贷款利率，如再贴现利率、再贷款利率也曾经具有基准利率的性质。在计划经济国家，信贷资源的分配是非市场化的，利率的影响相对较小，数量化的信贷配给（也称信贷限额）更为常见。以中国为例，中国人民银行曾经直接规定商业银行对客户的存款利率，如一年期储蓄存款利率。该利率很长一段时间内发挥基准利率的作用，该利率的调整主要依据与通胀率的比较，其目的在于保持居民储蓄存款稳定，避免社会民众对商品的抢购。

1. 政策利率与市场利率

政策利率是由中央银行直接控制并提供货币政策信号的利率，美联储的再贴现率、超额准备金利率、隔夜回购固定利率，欧央行的隔夜贷款利率、隔夜存款利率、主要再融资利率均是央行的政策利率，交易主体是央行和金融机构。美联储的再贴现率、超额准备金利率、隔夜回购固定利率以及欧央行的三种主要政策利率的交易将反映在央行的资产负债表中。政策利率既可以反映在中央银行资产负债表中，如再贷款利率、再贴现利率，也可以反映在商业银行资产负债表中，如中国利率市场化改革之前商业银行对客户的一年期存款利率、贷款利率。

基准政策利率（Benchmark Policy Rate）是央行能够直接决定的利率，直接反映央行货币政策的立场，也被称为关键政策利率（Key Policy Rate）。主要经济体的央行基准政策利率主要有两种。**一是由央行直接宣布的货币市场隔夜利率**，也被称为政策目标利率（Target Rate），如美联储的联邦基金目标利率（Target Federal Fund Rate，TFFR），联邦公开市场委员会公布该目标利率，并通过公开市场操作使得市场交易的利率达到该目标利率。事实上，美国金融机构相互拆借形成的利率并不完全等于联邦基金目标利率，而是在该目标利率上下波动。在美国金融市场上，根据交易量加权得到的利率称为有效联邦基金利率（EFFR），该利率在联邦基金目标利率上下波动。**二是央行与金融机构特定期限业务的利率，又称为中标利率（Tender Rate）**，例如欧央行的主要再融资利率。主要再融资操作是欧央行向金融机构提供流动性的主要方式，该操作将使金融机构的流动性发生变化，并在欧央行的资产负债表中反映。主要经济体短期关键政策利率见表9-2。

表 9-2 主要经济体短期关键政策利率

	美 国	欧元区	中 国
关键政策利率	联邦基金目标利率	主要再融资利率	逆回购利率
到期期限	隔夜	7天	7天
操作频率	每个工作日	7天	每个工作日
是否在央行资产负债表中反映	间接反映	是	是

市场利率是金融机构之间、金融机构与资金需求方、金融机构与资金供给方通过交易

形成的利率，包括银行同业拆借利率，商业银行的贷款利率、存款利率等。

基准市场利率（Benchmark Market Rate）是金融市场上具有普遍参照作用的利率，其他利率水平或金融资产价格均可根据这一基准利率水平来确定。基准市场利率作为各类金融产品利率定价的重要参考，是金融市场的重要要素，也是货币政策传导中的核心环节。健全基准市场利率体系既是建设金融市场的关键，也是深入推进利率市场化改革的重要内容，对于完善货币政策调控和传导机制具有重要意义。金融市场主要包括货币市场、债券市场、利率衍生品市场，不同金融市场中的基准利率组成了金融市场基准利率体系。在欧洲货币市场上，最具代表性的货币市场基准利率包括伦敦同业拆借利率（LIBOR）、香港同业拆借利率（HIBOR）和新加坡同业拆借利率（SIBOR）。以 LIBOR 为例，尽管 2021 年之后该利率将退出市场，但是该利率自从 20 世纪 80 年代问世以来，长期作为浮动利率债券的定价基准。在欧元区有欧元区银行间同业拆借利率（EURIBOR）、欧元区隔夜拆借平均利率（EONIA）、欧元区回购参考利率（EUREPO），其中欧元区大部分金融衍生产品的定价基准均采用 EURIBOR。

2. 中央银行利率与商业银行利率

中央银行利率主要包括中央银行的存款利率和贷款利率两个小类。前者如商业银行在中央银行法定准备金的利率、超额准备金的利率等。后者如商业银行向中央银行融资的利率，如再贴现利率、再贷款利率。中国人民银行近年来还推出了创新性流动管理工具利率，如常备借贷便利（Standing Lending Facility，SLF）、中期借贷便利（Medium-term Lending Facility，MLF）和抵押补充贷款便利（Pledged Supplementary Lending，PSL）等利率。2019 年中国 1 年期中期借贷便利利率为 3.3%，2018 年为支持小微企业和民营企业融资新创设的定向中期借贷便利（Targeted Medium-term Lending Facility，TMLF）的操作利率比 MLF 的利率优惠 15 个基点，为 3.15%。改革开放后的很长一段时间内，中国人民银行还直接规定了商业银行对客户的存贷款基准利率，2015 年 10 月后就没有再调整过，如活期存款基准利率是 0.35%，1 年期定期存款基准利率为 1.5%，1 年期贷款基准利率是 4.5%。

商业银行利率是指商业银行对各类客户的存贷款利率。在商业银行的负债方，有诸如储蓄存款利率、企业存款利率等；在商业银行的资产方，有诸如商业银行对普通民众和企业的贷款利率等。长期以来，中国人民银行一直规定了商业银行的存贷款基准利率，这被视为中国宏观金融直接调控模式的重要组成部分。因此，实现人民币利率市场化也是中国金融改革的重要目标之一。在实现这一目标的过程中，中国人民银行通过不断扩大存贷款基准利率的波动范围来实现利率市场化。2015 年 10 月人民币利率市场化迈过了最后一道坎，也就是中国人民银行对商业银行等机构不再设置存款利率浮动上限，这标志着中国利率市场化实现了阶段性的目标。

商业银行的贷款利率中，贷款基础利率（Loan Prime Rate，LPR）非常重要。该利率又称为优惠利率，它是指金融机构对其最优质客户执行的贷款利率，而其他贷款利率可根据借款人的信用情况，考虑抵押、期限、利率浮动方式和类型等要素，在贷款基础利率的基础上加减点确定。最优质客户是指属于金融机构客户类型中银行内部评级最优类，风险、运营和资本成本较低的非金融类企业客户。从商业银行的定价原则来看，贷款基础利率水平应涵盖本行资金成本、信用风险成本、税收成本、管理费用和最低资本收益。美国的贷款基础利率由《华尔街日报》根据10家大型商业银行的贷款基础利率报价对外发布，该利率主要应用于零售客户的消费贷款、信用卡透支等业务的定价；加拿大的贷款基础利率由5家最大商业银行参与报价，在剔除最高与最低报价后，根据剩余3家的报价在算术平均的基础上生成贷款基础利率，并通过加拿大央行网站对外发布；日本的贷款基础利率由6家主要银行参与报价，日本银行在其网站上同时公布短期贷款基础利率报价的平均值以及最高值和最低值。2013年10月25日，中国银行业的贷款基础利率集中报价和发布机制正式运行。全国银行间同业拆借中心为贷款基础利率的指定发布人。首批报价行共9家。每个工作日在各报价行报出本行贷款基础利率的基础上，剔除最高、最低各1家报价后，将剩余报价作为有效报价，以各有效报价行上季度末人民币各项贷款余额占所有有效报价行上季度末人民币各项贷款总余额的比重为权重，进行加权平均计算，得出贷款基础利率报价平均利率，并于每个工作日通过上海银行间同业拆放利率网对外公布。虽然实施了这一改革，并且商业银行的贷款利率上下限已经放开，但中国人民银行仍保留存贷款基准利率，因此存在贷款基准利率和市场利率并存的"利率双轨"问题。尤其是商业银行发放贷款时大多参照贷款基准利率定价（如以贷款基准利率的0.9倍）设定隐型下限，形成市场利率向实体经济的传导阻碍。这使得市场利率下行明显，但实体经济却仍然认为贷款难、贷款利率高。这也是中国利率市场化改革过程中遇到的重要挑战。因此，促进贷款利率"两轨合一轨"，提高利率传导效率，推动降低实体经济融资成本成为中国利率市场化继续推进的主要任务。2019年8月，中国人民银行进一步改革完善贷款市场报价利率（LPR）形成机制。18家报价行每月20日（遇节假日顺延）9时前，综合考虑资金成本、风险溢价等因素，每月在中期借贷便利（MLF）利率基础上加点报出LPR，以反映市场供求状况。相较于过去参考的贷款基准利率，市场化程度更高，灵活性更强，更能够反映市场利率的变化。全国银行间同业拆借中心去掉最高和最低报价后，按算术平均的方式计算得出贷款市场报价利率。18家报价行覆盖的类型有国有银行、股份制银行、城商行、农商行、民营银行和外资银行。报价的品种由1年期一个期限品种扩大至1年期和5年期以上两个期限品种。此次改革同时要求各家银行的浮动利率贷款合同中采用贷款市场报价利率作为定价基准。报价的频率由过去的每个工作日进行报价改为每月报价一次。MLF是中央银行提供中长期流动性的重要渠道，是中央银行的中期政策利率，传递了中央银行利率调控的信号。LPR的期限和操作频率均与MLF匹配，将两种利率挂钩，可形成由中央银行间接调控的市场化参考基准，可更好地反映市场供求状况。同时，中国人民银行将把银行的LPR应用情况及贷款利率竞争行为纳入宏观审慎评估（MPA），督促各银行运用LPR定价。

目前，中国各家商业银行广泛采取分支行制度，在经营管理中内部资金的调度非常关键，因而设置了内部资金转移（Funds Transfer Pricing System，FTP）的利率。内部资金转移利率是商业银行根据外部定价基准和自身经营成本制定的资金价格，通过内部资金中心与本行的利润中心或分支机构按此价格有偿转移资金，核算业务成本与收益，调控全行资产负债规模、结构等。简言之，内部资金转移利率是法人性质商业银行的内部资金价格。

3. 金融市场利率

金融市场利率包括两大类：一类是以银行同业拆借利率为代表；另一类是金融市场上各种金融产品的利率，包括短期利率（包括银行间债券回购利率、短期票据市场利率、短期融资券利率、短期国债收益率）和中长期利率（中长期国债收益率、中期票据利率）。银行同业拆借利率的参与者通常以商业银行为主，当然越来越多的非银行类金融机构参与其中，而很少有个人投资者参与其中。2008年全球金融危机爆发之后，特别是雷曼兄弟公司倒闭之后，交易对手方的信用风险显著上升，这使得银行间无担保的同业信用交易的成交量显著下降，有担保（抵押品）的同业融资规模迅速上升。此外，银行同业拆借利率的报价机制容易受到部分报价行的操控，备受市场人士的诟病。部分报价行受到了英美等国金融监管当局的严厉处罚，各国货币当局正在考虑如何改进基准利率的设置。在中国，DR007是银行间市场存款类金融机构之间以无风险的国债等利率债为质押的7天期加权平均回购利率，该利率从2014年12月15日由中国人民银行开始对外公布。R007是银行间市场所有金融机构之间的7天期加权平均回购利率，该利率是不限定交易机构和标的资产形成的银行间市场的回购利率。各种金融产品的利率则以特定的金融产品为依托，如国债利率、公司债利率、金融债利率、央行票据利率等。

根据国际经验，西方发达国家采用的金融市场利率主要分为两种模式：一种是报价驱动型的金融市场利率，如伦敦同业拆借利率、欧洲银行同业拆借利率等；另一种是交易驱动型的金融市场利率，包括债券回购利率、短期国债利率和同业拆借利率，典型的如美国的3个月期短期国债利率、联邦基金利率。实际上，这是从事前与事后的角度进行的分类，报价驱动型的基准利率产生在交易发生之前，交易驱动型的利率产生在交易发生之后。

专栏9-1

储蓄存款保值贴补率和储蓄存款利息个人所得税

1988年中国经济运行出现了较为严重的通货膨胀，为了遏制通货膨胀的负面影响，避免储蓄存款出现挤提，保证老百姓的长期储蓄存款不至于在取款时严重缩水，中国人民银行先后两度开办人民币居民中长期保值储蓄存款。具体做法是对3年、5年、8年期的储蓄存款，在当年现行利率的基础上，按照储户所得利益不低于物价上涨幅度的原则，由中国人民银行参照国家统计局公布的零售物价指数，公布全国统一的保值贴补率，即3年期储蓄的年利率加上保值贴补率，相当于同期的物价上涨幅度。5年期和8年期储蓄存款年利率加上保值贴补率后，高于同期物价上涨幅度。

第一次是1988年9月10日起，1991年12月停办。根据国务院常务会议决定，中国人民银行在与各专业银行共同商议后，确定从1988年9月10日开始，对城乡居民个人3年期以上定期储蓄存款（指整存整取、存本取息、华侨人民币储蓄存款）实行保值贴补（银传〔1988〕35号）。请注意，当时仅仅是针对城乡居民个人3年期以上定期储蓄存款，且保值储蓄存款不得提前支取。如果提前支取，则不享受保值贴补，只按原规定利率计息。对企业、事业、机关、部队、学校等单位的长期定期存款不实行保值办法。

储户的保值储蓄收益率为规定的储蓄利率加上中国人民银行总行参照国家统计局的零售物价指数按季平均计算的保值贴补率。城乡居民个人3年、5年、8年期定期储蓄存款的现行利率和利差不变，保值贴补率由中国人民银行总行在执行季度前15天公布下达全国各地统一执行。保值贴补率如何计算呢？根据中国人民银行的规定，保值贴补率是与社会商品零售物价指数挂钩的，为简化手续，采用按季平均的零售物价指数，因当季零售物价指数难以取得，只得以上季的零售物价指数作为计算贴补率的依据。其计算公式是：

百元存款年贴补率 = [（存款到期当季物价指数/存入时当季物价指数 -1）× 100 - 存款利率 ×100× 存期] / 存期 ÷100

例如，1985年12月1日存入3年定期存款100元，1988年12月1日到期，如1988年第四季度的3年期保值贴补率为3%，对这笔存款除应付利息外，还应支付从1988年9月10日至12月1日的保值补贴0.667元（3元÷360天×80天）。

这一公式适用于1988年9月10日之后新存入的3年、5年、8年期的定期储蓄存款。1988年9月10日前存入、9月10日后到期的3年、5年、8年期定期储蓄存款贴补率的计算方法也如以上公式，但基期零售物价指数是经过一定的折算后使用的，其保值补贴从9月10日起计算至到期日。

第二次是1993年7月至1996年4月，仍然是针对新存入的3年期以上的定期储蓄存款实施保值贴补。1992年南方谈话之后，全国兴起了股票热、房地产热，银行同业拆借交易频繁，1993年零售物价水平高涨，远远超过了当时的3年期定期储蓄存款的利率水平。在这种情况下，中国人民银行决定再次实施保值储蓄业务。

1994年中国人民银行实现了汇率并轨改革，物价水平仍然高企。但是到1995年下半年，居民消费价格的涨幅连续下降，到1996年3月，已经连续5个月低于3年期定期存款利率水平。为此，经国务院批准，中国人民银行决定从1996年4月1日开始，不再办理新的保值储蓄业务。在此之前已存入的3年期以上人民币定期储蓄存款，仍给予保值，但保值贴补率为零时的月份不再公布贴补率。综上所述，中国人民银行在20世纪80年代和90年代实行的保值贴补政策，仅仅是针对该政策实施期间到期的中长期储蓄存款进行保值贴补，即保障到期的中长期居民储蓄存款实际收益不低于零。

储蓄存款利息个人所得税，经常被简称为利息税，是对个人在中华人民共和国境内的储蓄机构存储人民币、外币取得的利息所得征收的个人所得税。1999年，中国政府开始对储蓄存款利息所得征收个人所得税。2008年10月，为配合宏观调控政策的实施，对储蓄存款利息所得暂免征收个人所得税。具体来看，个人的储蓄存款利息税征收出现了以下几个阶段：在1999年10月31日前滋生的利息所得，不征收个人所得税；储蓄存款在1999年11月1日至2007年8月14日滋生的利息所得，按照20%的比例税率征收个人所得税；储蓄存款在2007年8月15日至2008年10月8日滋生的利息所得，按照5%的比例税率征收个人所得税；储蓄存款在2008年10月9日后（含10月9日）滋生的利息所得，暂免征收个人所得税。

9.2.2 银行同业拆借利率

银行同业拆借利率作为一项重要的金融市场利率，是属于银行同业之间融入融出资金的价格，其中融入资金的价格体现在金融机构的负债方，融出资金的价格体现在金融机构的资产方。它是银行同业间买卖超额准备金（储备资产之一）所形成的利率，在美国通常称为联邦基金利率，其本质上是一种隔夜的无抵押的银行同业拆借利率（Overnight, Unsecured, Interbank Borrowing Rate）。实际上，联邦基金利率包括两种：一种是1994年2月由联邦公开市场委员会确立的联邦基金目标利率（TFFR）；另一种则是由联邦基金市场的实际供需所决定的有效联邦基金利率（Effective Federal Funds Rate，EFFR）。作为货币政策操作目标，TFFR由联邦公开市场委员会主动调整，其变化对美国乃至全球金融市场而言是一种前瞻性指引（Forward Guidance），反映了美联储货币政策的倾向性，是一个非交易属性的政策性目标利率。在2008年12月16日前，联邦公开市场委员会对TFFR采取具体的点目标数值形式。之后，为了更加有效地引导市场预期，美联储将TFFR由1%下调到0～0.25%，从此TFFR以区间的形式出现。EFFR反映了美国同业拆借市场交易的实际状况，是同业拆借市场松紧程度的晴雨表。EFFR的利率水平一般接近于TFFR或者在TFFR的区间范围之内，是一个具有交易属性的盘后统计指标，并且属于加权中位数。

不少国家的中央银行选择银行拆借利率作为货币市场的基准利率，主要是因为中央银行是储备资产的最终提供者，也是金融系统储备资产唯一的提供者，所以在这个市场上中央银行具有完全的垄断力量。在不同期限的利率品种当中，最具代表性的多是指无抵押的银行同业隔夜拆借利率。从利率的性质来看，银行同业拆借市场上的各类利率大体分为两类：一类是带有央行政策意图的目标利率，如美国的联邦基金利率；另一类是商业银行的报价利率（成交之前的利率），如LIBOR。

1. 中国同业拆借市场上的各种利率

1996年1月1日，中国人民银行建立起全国统一的银行间拆借市场，拆借期限从隔夜到120天共8个期限。中国外汇交易中心暨全国银行间同业拆借中心（CFETS，以下简称"交易中心"）将各期限成交利率按其交易量权重进行加权平均，公布了中国银行间同业拆借市场利率（CHIBOR）。5个月之后，中国人民银行取消了银行间同业拆借利率上限，利率完全由拆借双方根据市场资金供求自主决定。可以说，CHIBOR基本上实现了市场化。从性质上看，CHIBOR是成交利率，也是事后利率。

2007年1月，中国人民银行推出了上海银行间同业拆放利率（Shanghai Inter Bank Offered Rate，SHIBOR）。SHIBOR是由信用等级较高的18家银行组成报价团自主报出的人民币同业拆出利率（剔除了最高和最低的利率报价）计算确定的算术平均利率，是单利、无担保、批发性利率，从统计性质来看，是截尾算术平均数，其性质非常类似于LIBOR。其交易属于金融机构之间的信用交易。银行同业拆借利率的期限分为隔夜、1周、2周、1个月、3个月、6个月、9个月和1年期等品种。该市场的参与机构不仅包括传统的（中资、外资）存款类金融机构及其授权的一级分支机构，还包括证券公司、保险公司、信托公司、金融资产管理公司、金融租赁公司、企业集团财务公司、汽车金融公司、保险资产管理公司等类型的非银行金融机构。正因为证券公司也是该市场的交易者，所以中国证券市场的波动也会对SHIBOR产生影响。经过十余年的发展，该利率已经成长为中国认可度较高、应用较广泛的货币市场基准利率之一。目前SHIBOR已被应用于货币、债券、衍生品等各个层次的金融产品定价，部分商业银行也依托SHIBOR建立了较完善的内部转移定价机制，金融体系内以SHIBOR为基准的定价模式已较为普遍。此外，还有与SHIBOR挂钩的理财产品、SHIBOR浮息债、非金融企业参与的SHIBOR利率互换交易。为什么中国人民银行在公布CHIBOR十年之后推出了SHIBOR呢？从性质上看，SHIBOR与CHIBOR的差异主要体现为：SHIBOR仅仅是一种报价利率，而CHIBOR（包括质押式债券回购利率）则是成交利率，也就是说前者是交易成交之前的报价利率，后者是交易成交之后的实盘利率。同样，LIBOR也是报价利率，而不是实盘利率（即成交利率）。在国际金融市场上，类似的银行同业拆借利率基本上都是报价利率，而不是实盘的成交利率。中国人民银行在当时推出SHIBOR，有利于与国际金融市场的对接。此外，在期限上，也有利于中外利率的对比。

在中国的同业市场上，交易类型更多的是回购交易，而非信用交易。所谓回购是融入资金的一方以债券作抵押，向对方借入资金，并且双方约定在一段时间之后，融入资金的一方再买回债券的操作。它可以分为买断式回购和质押式回购。这两种回购在操作上存在差异，具体如下：第一，质押式回购中逆回购方对标的债券没有处置权，而买断式回购中逆回购方在回购期内对标的券种拥有进行买卖和再次质押融资的权利；第二，质押式回购中票面利息归正回购方所有，而买断式回购中归逆回购方所有（回购期间如发生回购债券付息的，则计算回购利率时应将上述付息算入资金成本）。回购交易形成的利率就是**回购利率**。从性质上来看，回购利率就是有抵押品的拆借利率。从交易规模来看，交易量最大的是质押式回购交易，其次是银行同业拆借交易，最后是买断式回购交易。从利率水平来看，买断式回购的利率最高（这主要是由于买断式回购的交易规模小，流动性相对较差），质押式回购利率和银行同业拆借利率的水平相差无几。

自从1997年全国统一的银行间债券市场建立以来，交易中心开始发布隔夜（R001）、

7天（R007）等11个期限品种的质押式回购利率，至今已超过20年。2014年以来，同业业务和资管业务发展迅速，越来越多的非银行金融机构参与其中，由此逐渐形成了"中央银行→大型商业银行→中小商业银行→非银行金融机构"的流动性传导链条。这就使得传统的质押式回购利率（R）波动率加大。为更准确地反映银行体系流动性的变化，交易中心从2014年12月开始专门编制DR利率，即银行业存款类金融机构间以利率债为质押形成的回购加权平均利率，涵盖隔夜（DR001）到1年（DR1Y）等11个品种。从性质上看，上述两类利率均为成交利率。

除此之外，交易中心先后还发布了回购定盘利率，如2006年3月发布银行间回购定盘利率（FR），以每个交易日9点至11点的质押式回购交易为基础，对所有成交利率进行紧排序后取中位数，11点对外发布。为适应市场结构变化，提高FR基准性，2015年7月交易中心优化了FR形成机制，延长取样和发布时间至11点30分，并以正常排序取代紧排序。2017年5月，交易中心在DR基础上又推出了存款类金融机构间的回购定盘利率（FDR），采用与FR类似的形成方式对DR取中位数，有效剔除异常价格，更准确展现行情，并同步推出以FDR为利率标的的利率互换（中国人民银行，2020）。从性质上看，回购定盘利率（FR、FDR）属于盘中利率；从利率发布的时间来看，与LIBOR这种报价利率类似，因此可以认为回购定盘利率兼具这两类利率的属性。

2. LIBOR操纵丑闻及影响

在国际金融市场上，以LIBOR为代表的利率非常具有代表性。LIBOR是"London Inter Bank Offered Rate"，是伦敦国际银行同业间从事欧洲美元资金拆借的利率，期限有七种，分别为隔夜、1周、1个月、2个月、3个月、6个月和1年期，以3个月期或6个月期最为常见。LIBOR包含英镑（GBP）、欧元（EUR）、美元（USD）、日元（YEN）、瑞士法郎（CHF）五种货币。每个交易日都会有35种不同的LIBOR报价，其中最常使用的是美元3个月期LIBOR。该利率过去是由英国银行家协会（British Bankers' Association，BBA）负责监督并发布。根据LIBOR的规则，20家大型银行在伦敦时间每天上午11点向英国银行家协会提交拆入拆出利率的估计值，英国银行家协会剔除占25%的最高利率和最低利率后，得出的算术平均值就构成了当天的LIBOR，这种平均数从性质上属于截尾算术平均数。从性质上看，LIBOR并不是通过实际交易得到的利率，而是一种报价利率。LIBOR利率被设计成报价利率，是为了便于报价成员行在不存在实际交易的情况下，也可以提交报价。同时，该利率也是报价行向市场提供的期望利率。然而，恰恰是这一点使得报价成员行可以对其进行操控。尤其是在金融市场环境恶化的情况下，为了减轻交易对手方对自身流动性不足的担忧，报价行有意识地降低LIBOR。

从LIBOR变化出来的还有新加坡银行间同业拆借利率（Singapore InterBank Offered Rate，SIBOR）、纽约银行间同业拆借利率（New York InterBank Offered Rate，NIBOR）、香港银行间同业拆借利率（Hong Kong InterBank Offered Rate，HIBOR）等。2012年6月，英国巴克莱银行被曝涉嫌操纵LIBOR和EURIBOR的丑闻。此后，瑞士联合银

行、花旗集团、苏格兰皇家银行、摩根大通、德意志银行等金融机构都被曝出涉嫌操纵 LIBOR 的丑闻，并被美英等国金融监管部门处以巨额罚款。

LIBOR 自 1986 年诞生以来，一直是金融市场非常重要的基准利率指标，直接影响利率期货、利率掉期、工商业贷款、个人贷款、住房抵押贷款和其他金融衍生产品的定价以及货币政策的制定。由于各家报价行都拥有规模巨大的基于该利率的金融衍生产品合约，若彼此相互勾结，联手影响 LIBOR，LIBOR 每变动 1 个基点，就可能在全球范围内造成数百万美元的利润或亏损。此外，在 2008 年全球金融危机期间，LIBOR 曾被视为反映银行业健康水平的晴雨表而受到市场密切关注。在金融危机期间，银行间同业拆借市场的流动性会变得紧张，此时 LIBOR 上升将导致商业银行的融资成本上升，对流动性紧缺的商业银行来说将是雪上加霜。大型国际金融机构有意降低 LIBOR 报价，使得拆借市场最终将 LIBOR 维持在低位以降低融资成本。在 2008 年全球金融危机期间，3 个月期欧洲美元利率超过 3 个月期 LIBOR 利率最高达 195 个基点，表明金融机构提交的利率报价低于实际的市场美元融资成本。2012 年，LIBOR 被曝出操控丑闻，这严重打击了全球金融市场对 LIBOR 的信心。此后，经过一系列改革后，LIBOR 仍然难以获得市场的认可，2017 年英国金融行为监管局（Financial Conduct Authority，FCA）宣布，2021 年年底后将不再强制要求报价行报出 LIBOR，转而培育基于实际交易的基准利率。2020 年 7 月 G20 财长和央行行长会议重申，应推动国际基准利率转换如期进行，LIBOR 在 2021 年年底前按时退出。

3. LIBOR 改革和 SOFR 推出

由于 LIBOR 被操控以及 LIBOR 的流动性显著下降（2008 年全球金融危机之前，同业拆借量已经开始下降，危机之后出于对交易对手信用风险的担忧，同业拆借下降非常显著。银行间短期融资方式从信用拆借全面转向了回购操作，如 2016～2017 年，3 个月期 LIBOR 每日拆借规模中位数仅有 10 亿美元），2014 年美联储成立了替代参考利率委员会，提出了改革 LIBOR 的思路。一是将 LIBOR 报价的金融机构范围不再仅限于银行间的无担保借贷，非银行金融机构和其他多样化的交易也可参与其中。二是充分利用金融衍生品形成多样的无风险利率来充当基准利率，取代 LIBOR。2017 年 6 月，美联储正式确定使用 SOFR（Secured Overnight Financing Rate）替代 LIBOR，并推出基于 SOFR 的期货、利率互换等多种衍生工具。SOFR 是美国隔夜回购市场全天成交利率按交易量加权的中位数，由纽约联邦储备银行在第二天早上 8 点 30 分发布。

SOFR 改善了 LIBOR 最致命的两个缺陷。第一，SOFR 不是通过报价，而是根据成交价计算，这增加了该利率被操纵的难度；第二，回购是货币市场成交量最大的品种，2008 年之后更是占据了绝对份额，这保证 SOFR 能最大限度地反映资金市场利率水平。美联储决定用 SOFR 取代 LIBOR，与当年 LIBOR 取代国债收益率成为基准利率的原因一脉相承：SOFR 比 LIBOR 更能代表目前银行间的融资成本。图 9-1 为 2018 年 4 月 2 日至 9 月 20 日 SOFR 走势图。

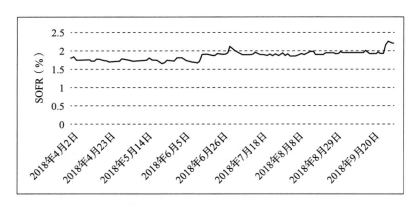

图 9-1　2018 年 4 月 2 日至 9 月 20 日 SOFR 走势图

资料来源：https://apps.newyorkfed.org/markets.

9.2.3　国债收益率以及风险溢价

另一个重要的金融市场利率是债券的收益率（Rate of Return）。对于债券而言，债券的票面利率与收益率的差异是很大的。债券收益率包括两部分，一部分是当年收益率，另一部分是资本收益率（Rate of Capital Gain）。在各国中央银行的宏观调控中，国债收益率就是中央银行高度关注的监测指标之一。

2013 年 11 月的《中共中央关于全面深化改革若干重大问题的决定》提出："完善人民币汇率市场化形成机制，加快推进利率市场化，健全反映市场供求关系的国债收益率曲线。"什么是国债收益率曲线呢？国债收益率曲线是反映某一时点上不同期限国债到期收益率水平的曲线。由于国债属于无风险资产，其利率水平为一国金融体系提供了基础性的定价参考。换言之，地方政府债券、公司债券等的利率定价以同期限的国债利率为基础，在国债利率的基础上加点生成。此外，国债收益率曲线还可以作为预测未来利率、经济增长率和通胀趋势的工具，有助于货币政策通过预期渠道实现对实体经济的传导。

目前，中国的国债收益率曲线的构建还在不断完善的过程中，其主要的问题体现为以下几个方面。第一，国债品种和期限结构不甚合理。中国的国债当中，中期国债的比重过高，1 年期以下的短期国债和 10 年期以上的长期国债占比很低。第二，不同期限的国债的流动性不同。以换手率（二级市场国债现货交易额除以国债余额）为例，国债的换手率远低于公司信用债的换手率，也低于发达国家成熟市场的国债换手率。第三，国债的发行余额管理制度制约了国债市场的发展。例如国债发行仅仅考虑上一年国债余额和本年度的赤字规模，没有考虑财政支出状况和金融市场的变化因素，财政部更多地从本部门还本付息的角度考虑，没有顾及国债的金融功能，偏好发行中长期国债，短期国债发行规模不足。

2014 年 11 月 2 日，中国财政部首次公布 1 年、3 年、5 年、7 年、10 年等关键期限国债收益率，2015 年开始公布 3 个月、6 个月期等短期国债收益率，2016 年 10 月公布了 30 年期国债收益率。其中，3 个月期国债收益率是用于计算 IMF 特别提款权利率的人民币代表性利率。从 2016 年 6 月开始，中国人民银行在官方网站也发布中国国债及其他债券收益率曲线。目前，公开发布人民币国债收益率曲线的机构有两大类：一类是市场中介服务机构，包括中央国债登记结算有限责任公司、外汇交易中心、中证指数公司等；另一类是国内外金融信息服务商等机构，如万得资讯（Wind）、新华 08、汤森路透（Thomson Reuters）、彭博（Bloomberg）等。

1. 风险溢价

如何理解风险溢价（Risk Premium）呢？假定在金融市场上分别存在公司债券市场和政府债券市场，$P_1^C = P_1^T$ 且风险溢价等于零（见图 9-2）。此时，公司债券违约风险的增加使得其需求曲线由 D_1^C 移动到了 D_2^C。同时，出于规避风险的考虑，投资者转向政府债券市场。政府债券的需求曲线由 D_1^T 移动到了 D_2^T。公司债券的均衡价格由 P_1^C 降到了 P_2^C，公司债券的均衡利率上升到了 i_2^C。在政府债券市场上，政府债券的均衡价格由 P_1^T 上升到了 P_2^T，均衡利率下降到了 i_2^T。i_2^C 和 i_2^T 之间的差别就体现为公司债券的风险溢价（P_2^C 小于 P_2^T，i_2^C 大于 i_2^T）。

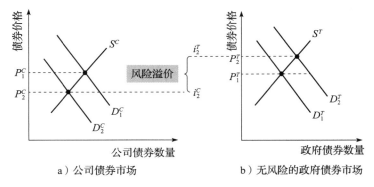

图 9-2　公司债券市场和政府债券市场供求分析

2. 泰德利差

泰德利差（Treasury & EuroDollar Spread，TED 利差）是伦敦同业拆借美元利率与美国短期国债利率之差。TED 利差是国际金融市场常用的一个指标，主要反映国际金融市场流动性松紧和投资者风险偏好变化。在国际金融市场上，1 个月期和 3 个月期的 TED 利差运用较多，后者更为普遍。

美国国债利率以美国政府的信用为基础，在国际金融市场近似地被视为无风险利率。所以，3 个月期 LIBOR 美元利率与 3 个月期美国国债利率之差通常被视为国际金融市场上的市场利率与无风险利率的差。例如，如果美国 3 个月期短期国债利率为 3.1%，同期欧洲美元利率为 3.5%，那么 TED 利差为 40 个基点。当国际金融市场上投资者的避险情绪上升，或者资金供给紧张时，TED 利差会趋于扩大。反之，该利差将会趋于缩小。一般而言，国际金融市场上 TED 利差一般在 10～50 个基点之间波动，长期来看，其平均水平为 30 个基点（见图 9-3）。

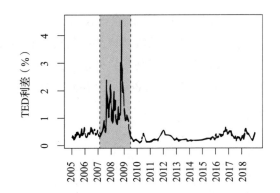

图 9-3　2005 年 1 月 4 日至 2018 年 12 月 31 日 TED 利差走势图

注：阴影部分，起止时间为 2007 年 3 月 1 日至 2009 年 6 月 30 日。

资料来源：https://fred.stlouisfed.org/series/TEDRATE.

3 个月期 TED 利差可以分解为：

$$(LIBOR3 - TBILL) = (LIBOR3 - LIBOR0) + (LIBOR0 - TARGET) + (TARGET - TBILL)$$

其中，LIBOR3 为 3 个月期 LIBOR；TBILL 为美国 3 个月期国债利率；LIBOR0 为隔夜 LIBOR；TARGET 为美联储的目标利率（联邦基金利率）。

一般来说，在国际金融市场较为平稳的情况下，上式中的第二项差额基本保持不变，那么 TED 利差主要源于第一项和第三项因素。其中，第一项利差主要反映风险补偿因素（即风险溢价）或流动性补偿因素（Liquidity Premium）；第三项利差主要反映美国货币政策的变化。如美联储希望执行扩张性的货币政策，通过降低联邦基金利率，可以迫使 3 个月期的美国国债利率接近于零。2007 年美国次贷危机转变为全球金融危机，TED 利差的变动恰好反映了危机的特性。次贷危机爆发之前，TED 利差大约为 40 个基点，危机爆发之后 TED 利差扩大为 150～200 个基点。2008 年 9 月 17 日，TED 利差大于 300 个基点，超过了 1987 年 10 月 19 日 "黑色星期一" 时的 TED 利差。2008 年 10 月 10 日，TED 利差达到 457 个基点。

专栏 9-2

扭转操作

扭转操作是美联储采取的一种货币政策操作，最初由美国经济学家詹姆斯·托宾于 20 世纪 60 年代设计，1961 年首次使用。美联储通过卖出短期债券买入长期债券实现收益率曲线的反转。当时，美联储购入以 5 年期为主的 40 亿美元长期美国国债，同时卖出短期国债，目的除了降低长债利率，刺激美国国内投资，实现经济增长之外，更希望减少美国的黄金储备流失，但成效不大。2011 年 9 月，美联储在应对全球金融危机的过程中推出扭转操作，当时的经济背景是美国的二次量化宽松政策的效果并不显著。2011 年 9 月 22 日，联邦公开市场委员会宣布从 2011 年 9 月至 2012 年 6 月实施4 000亿美元的扭转操作，也就是买入6年期至30年期国债，同期出售规模相同的3年期或更短期的国债，试图压低长期利率，降低企业长期融资成本以实现美国经济发展。消息出来之后，美国股市小幅下跌，黄金市场较为稳定，原油价格下跌，美元贬值，国债价格大幅上涨，10年期国债收益率降至历史低点，到了1.899 6%的水平。2012年6月2日，美联储决定将扭转操作延长至当年年底，也就是在2012年7月至12月，扭转操作的规模再增加约2 670亿美元（大约每月450亿美元）。此时，美联储的短期债券基本耗光，已经无力再进行扭转操作。扭转操作的目的是希望在基础货币投放总量不变的情况下，通过"卖短买长"的方式，压低长期利率抬高短期利率，促使资金投向长期贷款等领域，以期实现经济发展。美联储扭转操作面临的约束条件是，美联储持有的短期债券数量是有限的。

扭转操作确实会产生若干影响效果，尤其是可以压低债券的长期收益率与市场长期利率，降低企业的长期融资成本，引导长期投资扩大，并对降低失业率与通胀率产生某些积极的影响，也会间接改变商业银行的资产结构以及美元汇率走势。然而，其他数据显示，扭转操作对美国实体经济运行并没有产生太多影响，如GDP、贸易差额等指标。从整体上来说，扭转操作的实施效果仍然值得商榷。

此外，名义利率与实际利率是许多金融学教材中常见的一对术语。在中央银行的宏观金融调控中，涉及的利率种类非常多，不过，主要都是针对名义利率而言的。伴随着金融工具的不断创新，实际利率可以通过抗通胀型长期国债（Treasury Inflation Protected Securities，TIPS，也有人译作"通货膨胀保护国债"）观测得到。

不少国家的财政部都发行了抗通胀型长期国债。这实际上是一种指数债券，1997年1月15日由美国财政部首次发行，规模为70亿美元。此后，其他国家陆续发行，如英国、加拿大、澳大利亚和瑞士等国。在1998年9月，美国财政部开始发行对小额投资者提供抗通胀风险的系列储蓄债券。抗通胀型债券的特点是，利息和本金偿付能够根据通胀率的变化进行相应的调整，换言之，这些债券为实际利率的度量提供了直接的方法。对货币政策制定者来说，这种债券的利率提供了非常有用的信息，意义更大。举例来说，在6月29日，10年期国债的利率为3.05%，同时10年期抗通胀型长期国债的利率是1.65%。那么这意味着将来10年期的通货膨胀率就是这两个利率的差异，也就是1.40%。这是国际上衡量通胀预期的三种方法之一。

对通胀预期的另外两种衡量方法分别是对居民进行问卷调查和对经济学家、专业预测机构进行问卷调查。对居民进行问卷调查的方法在美国、欧盟、日本应用广泛，比如1946年以来美国密歇根大学ISR定期发布美国家庭对未来1年（短期）、5～10年（长期）通胀预期的月度抽样调查数据。还有就是对经济学家、专业预测机构进行调查。美国以经济学家为调查对象的Livingston预测法就是通过向许多经济学家询问他们对当前若干关键指标（包括通胀率）的预期，在分析加工的基础上得到通胀率的预测值。从1999年开始，巴西中央银行每周都进行经济学家调查。

9.3 汇率

汇率是货币在外汇市场上的价格。双边汇率是两国货币交换的比价，是用一种货币来表示另一种货币的价格，也可以认为是两种货币的兑换比率。因此，汇率就有两种表示方法，既可以用甲国货币表示乙国货币的价格，也可以用乙国货币表示甲国货币的价格。这其中的差异在于以何种货币作为计价的标准。

9.3.1 汇率的表示方法和变化率

通常汇率的标价方法有两种。价格表示法（Price Quotation），又称直接标价法（Direct Quotation）或应付标价法（Giving Quotation），是指每单位外国货币的本国货币单位数，即以本国货币的数量变化表示外国货币价格的方法。中国银行间外汇市场就采用直接标价法。在这一表示法下，外国货币的数额固定不变，本国货币的数额如果上升，则意味着外币升值，本币贬值。反之，本国货币的数额如果下降，则意味着外币贬值，本币升值。目前，大多数国家采用直接标价法。

数量表示法（Quantity Quotation），又称间接标价法（Indirect Quotation）或应收标价法（Receiving Quotation），是指每单位本国货币的外国货币单位数，即以外国货币表示本国货币价格的方法。现在，美国、英国、欧元区均采用间接标价法。

读者会发现，第二种标价只是第一种标价的倒数。尽管采取哪一种标价方法取决于国际惯例，但是数值的增减在两种标价法下的经济含义却是相反的。数值的上升在直接标价法下是本币贬值的含义，但是在间接标价法下是本币升值的含义。通常将在各种标价法下数值固定不变的货币称为基础货币（Base Currency）或基准货币（Vehicle Currency），在英文文献当中也称为"Quoted Underlying Currency""Fixed Currency"。将数量不断变化的货币称为标价货币（Quotating Currency），在英文文献当中也称为"Terms Currency""Counter Currency"。

既然汇率是两种货币的交换比价，一种货币升值就意味着另外一种货币的贬值。进一步来看，我们可否认为一种货币的升值幅度就是另外一种货币的贬值幅度呢？例如，人民币从 2005 年 7 月 21 日的 1 美元兑换 8.27 元升值到 2013 年 9 月末的 1 美元兑换 6.14 元，人民币升值幅度是多少呢？美元的贬值幅度是否就是人民币的升值幅度呢？

正确的计算方法是：

$$人民币的升值幅度 = \frac{\frac{1}{6.14} - \frac{1}{8.27}}{\frac{1}{8.27}} = 35\%$$

$$美元的贬值幅度 = \frac{6.14 - 8.27}{8.27} = -25\%$$

以上计算结果出现的差异主要源于分母的不同。在两个公式中，分子的结果是相反数，分母却不同，一个是期初的汇率，另一个是期末的汇率。当然，在汇率变化幅度很小的时候，一种货币的升值幅度就是另外一种货币的贬值幅度，但是在变化幅度比较大的情况下，却不可以这么判定。

9.3.2 实际汇率及其含义

通常，名义汇率就是外汇市场的报价汇率。所谓实际汇率（Real Exchange Rate），又称真实汇率，指名义汇率经价格调整后的汇率。设直接标价法下的名义汇率为 S，实际汇率为 Q，则 $Q=SP_f/P_d$，其中 P_f 和 P_d 分别代表外国和本国商品的物价水平。如果一价定理（the law of one price）成立，那么 $P_d=SP_f$，即 $Q=1$。以 $Q=S\dfrac{P_f}{P_d}$ 为例，实际汇率的经济含义是如果 $Q>1$，表示本国商品具有较强的竞争力；反之，本国商品的竞争力较弱。

假设中国一件衬衫 600 元人民币，同等品质、型号和规格的美国一件衬衫 80 美元，如果外汇市场上美元兑人民币的汇率为 6 元人民币/美元，那么中美衬衫的兑换比率为：

$$Q=\dfrac{\dfrac{6\text{元人民币}}{1\text{美元}}\times\dfrac{80\text{美元}}{\text{每件衬衫}}}{\dfrac{600\text{元人民币}}{\text{每件衬衫}}}=0.8$$

Q 的比率为 0.8，其含义就是美国 1 件衬衫相当于中国 0.8 件衬衫。换句话说，用 80 美元在美国可以买 1 件衬衫，按照汇率为 6 换算为 480 人民币，只能在中国买 0.8 件衬衫。显然，与 $Q=1$ 相比，Q 值越小，中国衬衫的价格竞争优势就越弱；Q 值越大，中国衬衫的价格竞争优势就越显著。因此，名义汇率的含义是两国货币的兑换比率，实际汇率则是两国商品的兑换比率。

为了对更长时间跨度的实际汇率进行分析，必须建立类似物价指数的实际汇率指数，此时往往简称为实际汇率，实际上它是一种指数。实际汇率变化幅度的计算公式如下：

$$\tilde{Q}=\dfrac{Q_1-Q_0}{Q_0}=\left(\dfrac{S_1P_{f_1}}{P_{d_1}}\bigg/\dfrac{S_0P_{f_0}}{P_{d_0}}\right)-1=\dfrac{(1+\tilde{S})(1+\pi_f)}{1+\pi_d}-1$$

其中：$\dfrac{S_1}{S_0}=1+\tilde{S}$，$\dfrac{P_{d_1}}{P_{d_0}}=1+\pi_d$，$\dfrac{P_{f_1}}{P_{f_0}}=1+\pi_f$

如果 $\tilde{S}$、π_f 和 π_d 的变化率很小，那么实际汇率的变化率则为：

$$\tilde{Q}=\tilde{S}+\pi_f-\pi_d$$

其含义为外币对本币实际汇率的变化率等于外币对本币名义汇率的变化率加上两国通胀率之差。这里需要注意两点。第一，只有当以上变量的变化率很小的时候，才可以去掉高阶无穷小项，分母才可以约等于 1，否则上式是不成立的。第二，由于这里采用的是直接标价法，因此计算的是基准货币的实际汇率变化幅度，而不是本币的实际汇率变化幅度。要计算本币实际汇率的变化幅度，或者某种货币的实际汇率指数，必须将本币或该种货币置于等号前面基准货币的地位，即采用间接标价法下的汇率。

9.4 本章小结

本章主要分析了货币的三种价格——通胀率、利率和汇率。通胀率反映的是货币与商品之间的关系，利率反映的是资金所有者让渡资金使用权的价格，（双边）汇率反映的是两种货币兑换的比价。从时间的角度来看，汇率属于时点指标，利率与通胀率属于时段指标。这三类指标在货币政策的实施过程当中，有着不同的作用。

通胀率是一个回顾性的指标，通胀率的预期值则是一个前瞻性的指标。不同的通胀率指标，由于统计频率和商品篮子不同，对于政策制定者的意义有所差异。CPI 与消费者关系密切，熟悉程度较高，但是反映的主要是消费品。PPI 与生产者关系密切，GDP 平减指数反映价格变化较为全面，但是统计周期较长。通胀率预期值主要反映了货币当局对未来物价水平的判断，是货币政策未来导向的重要指标。各国中央银行法均规定，保持物价稳定是中央银行的首要职责。

在市场经济条件下，利率的调整是货币当局调控经济的主要手段之一。利率的风险溢价部分反映了金融市场风险大小。在市场经济条件下，利率大体可以分为政策利率和市场利率。政策利率由货币当局确定，其变化反映了货币政策的走势变化；市场利率主要反映市场经济中资金供求相互作用下的利率。基准利率表示在市场经济下，其变化具有牵一发动全身的效果。在市场经济条件下，金融市场上的利率既有事前的报价利率，又有成交后的利率。在伦敦金融市场上，无担保的银行间同业间信用贷款利率——LIBOR 利率是典型的报价利率，但是在全球金融危机中，受到部分国际大型商业银行的操纵，2021 年之后将退出历史舞台。

汇率是开放型经济下一国经济竞争力大小的重要指标之一。在钉住汇率制度下，本币与关键货币之间的汇率稳定往往是一国货币当局的首要目标。在浮动汇率制度下，汇率是一国政府宏观金融调控工具箱中的工具之一。名义汇率是两种货币交换的比价，实际汇率则是两国商品交换的比价。从更长的时间跨度来看，实际汇率实际上是类似于股价指数的一个货币指数。该指数变大，表示本币的购买力提高；反之，表示本币的购买力下降。一国政府不仅关注本币与世界主要货币之间的比价关系，更关注本币的实际有效汇率。

CHAPTER 10 · 第 10 章

货币价格之间的关系

上一章介绍了货币的三个价格——通胀率、利率和汇率。这三个价格均是货币当局关注的重要指标。在均衡条件下，这三个价格两两之间又存在一定的平价关系。本章重点介绍这三类平价（效应）。

10.1 费雪效应

名义利率与实际利率之间的关系被称为费雪效应，最初由美国经济学家欧文·费雪提出。费雪效应的具体推导如下。如图 10-1 所示，四个方框分别代表当期的货币额 M_1、下一期的货币额 M_2、当期的代表性商品量 G_1 和下一期的代表性商品量 G_2，相互之间有如下关系。

（1）$M_1 = P_1 G_1$，按照 P_1 的价格水平来购买当期的代表性商品 G_1，总支出是当期的货币额 M_1。

（2）$G_1(1+r) = G_2$，下一期的代表性商品量 G_2 对当期的代表性商品量 G_1 的收益率为 $1+r$。

（3）$M_1(1+i) = M_2$，当期的货币额 M_1 到下一期变为 M_2，其收益率为 $1+i$。

（4）$M_2 = P_2^E G_2$，按照 P_2^E 的价格水平（下一期的预期价格水平）来购买下一期的代表性商品量 G_2，总支出是下一期的货币额 M_2。

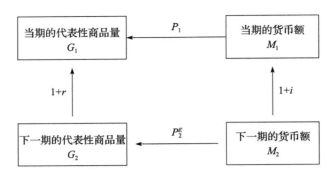

图 10-1 费雪效应关系图

由此我们可以得到下述关系式：

$$M_2 = P_2^E G_2$$
$$M_1(1+i) = P_2^E G_1(1+r)$$

因为 $M_1 = P_1 G_1$，且令 $\dfrac{P_2^E}{P_1} = 1 + \pi^E$，所以上式可以简化为：

$$(1+i) = (1+r)(1+\pi^E)$$

因此我们就可以得到费雪方程式。

这就是著名的实际利率效应，也就是费雪效应。关于这一效应，需要注意以下三点。

（1）只有当实际利率 r 和预期通货膨胀率 π^E 均很小的时候，这两项的乘积才是高阶无穷小，其结果才可以被省略，只有在这种情况下上式可以简化为 $i = r + \pi^E$；否则，不可以省略。例如名义利率为 12%，预期物价上涨率为 10%，根据以上公式，实际利率为 1.8%，而不是 2%。

（2）以上公式中的预期通货膨胀率 π^E 不可简化为通货膨胀率 π。这是因为通货膨胀率、预期通货膨胀率以及利率的时间跨度是不同的。名义利率通常是从现在时刻开始的未来一段时间内（比如说是一年）的利率，预期通货膨胀率也是从现在时刻开始的未来一段时间内（也假定为一年）的物价上涨率，而通货膨胀率则是从过去开始的某一时点到现在时刻（假定为过去的一年）的物价上涨率。因此，预期通货膨胀率不可简化为通货膨胀率。在上述推导中，时间跨度都是从现在到未来的一个时间段内。

（3）名义利率 i_d 和实际利率 r_d 反映的是从某一时点开始未来一段时间内的利率水平，实际利率是指名义利率扣除通胀预期后的利率水平。扣除的通胀预期要与名义利率的时间跨度一致。因此，也有经济学家从事前实际利率和事后实际利率来进行讨论。然而，不论从哪个角度，名义利率、实际利率和（预期）通胀率三者的时间跨度必须是一致的。

10.2 购买力平价

购买力平价（Purchasing Power Parity，PPP）是 20 世纪 20 年代由瑞典斯德哥尔摩大学（Stockholm University）的经济学教授斯塔夫·卡塞尔（Gustav Cassel）做出清晰阐述的。卡塞尔认为，本国对外币的需求是一种引致需求（Derived Demand）——这些货币在外国市场上具有购买力，可以买到外国生产的商品和服务；外国之所以需要本币，则是因为本币在本国市场上具有购买力。因此，货币的价格取决于它对商品的购买力，两国货币的兑换比率就由两国货币各自具有的购买力的比率决定。

绝对购买力平价是经济学家们最早提出的汇率决定理论。在国际贸易过程中，经济学家们发现著名的一价定律，并逐渐引申出了绝对购买力平价（Absolute Purchasing Power Parity）。

假设忽略运输费用、保险费用和海关关税等支出，在自由贸易条件下，同一种商品在折算成同一种货币计价之后，在两国的价格是相同的，这就是著名的一价定律（Law of One Price）的核心思想。按照一价定律，假设商品 j 在美国卖 1 美元，在中国卖 7 元人民币，而外汇市场上现实的双边汇率为 1 美元等于 6 元人民币，那么有：

$$P_d^j > SP_f^j$$

国际上的商品套购（Commodity Arbitrage）就是贸易商在美国买入这种商品并运到中国出售，即贸易商在美国以 1 美元的价格买入这种商品，运到中国出售，获得 7 元人民币，再按 1 美元兑换 6 元人民币的汇率换回 1.17 美元，每 1 美元净赚 0.17 美元。上述活动将导致以下情况：在美国市场上，商品套购使得该商品的供给减少（出口），该商品在美国的售价 P_f^j 上升；在中国市场上，由于该商品的供给增加（进口），其在中国的售价水平 P_d^j 不断下降；在中国的外汇市场上，由于对美元的需求不断增加，导致美元汇率 S 不断上升。上述三个变量将同时发生变化，最终使得 $P_d^j = SP_f^j$。如果将单个商品换成一篮子商品，并且假定两国的一篮子商品的构成相同，那么这就是绝对购买力平价的思想。用公式来表示就是：

$$\sum_{j=1}^{n} w_d^j P_d^j = S \sum_{j=1}^{n} w_f^j P_f^j$$

其中，对于所有的商品 j 来说，$w_d^j = w_f^j$；$\sum_{j=1}^{n} w_d^j P_d^j$ 就相当于本国的一般物价水平；$\sum_{j=1}^{n} w_f^j P_f^j$ 为外国的一般物价水平。

然而，绝对购买力平价在现实中比较难以成立，这是由于现实中存在运输费用、信息不完全以及关税和其他形式的贸易保护。然而，经济学家们认为即使存在上述扭曲，作为绝对购买力平价的弱形式（Weaker Form）——相对购买力平价（Relative Purchasing Power Parity）仍然成立。

如果令 π_d 和 π_f 分别表示 t 期本国和外国的通货膨胀率，则有：

$$P_{d_t} / P_{d_{t-1}} = 1 + \pi_d$$
$$P_{f_t} / P_{f_{t-1}} = 1 + \pi_f$$

其中，P_{d_t} 和 $P_{d_{t-1}}$ 分别为本国 t 时刻和 $t-1$ 时刻的物价水平；P_{f_t} 和 $P_{f_{t-1}}$ 分别为外国 t 时刻和 $t-1$ 时刻的物价水平。

由此可以得到：

$$\frac{S_t - S_{t-1}}{S_{t-1}} = \frac{\pi_d - \pi_f}{1 + \pi_f}$$

其中，$\frac{S_t - S_{t-1}}{S_{t-1}}$ 为汇率在 t 期的变化率，令其为 $\tilde{S}$，在外国通胀率 π_f 不太高的情况下，上式可简化处理为：

$$\tilde{S} = \pi_d - \pi_f$$

该式表明，汇率的变化等于两国的通货膨胀率之差。如果本国通货膨胀率高于外国的水平，则 $\tilde{S}$ 值为正，即本币贬值，外币升值。这意味着，本国与外国的通货膨胀率之差恰好反映了外币的升值幅度。

以汇率变化 $\tilde{S}$ 表示纵坐标，向上表示本币贬值，向下表示本币升值；本外币通货膨胀率之差 $\pi_d - \pi_f$ 为横坐标，向左表示本国通胀率低于外国通胀率，向右表示本国通胀率高于外国通胀率。相对购买力平价线就是一条过原点的 45° 线（见图 10-2）。相对购买力平价线上方区域表示 $\tilde{S} > \pi_d - \pi_f$，即外币的购买力较强；相对购买力平价线下方区域表示 $\tilde{S} < \pi_d - \pi_f$，表示本币的购买力较强。

假设以中、美两国为例来分析相对购买力平价。若中国通胀率高出美国通胀率 3%，根据相对购买力平价，人民币应该贬值 3%，即图 10-2 中相对购买力平价线上的 E 点。偏离这条线的点，如 A 点，表示美国通货膨胀率较中国通胀率高 3%，按照相对购买力平价原理，人民币应该升值 3%，但出现了人民币贬值 2% 的结果，这表明相对于人民币，美元的购买力提高。B 点表示中国通胀率较美国高 3%，人民币应该贬值 3%，但出现了人民币升值 1.5% 的结果，这表明相对于美元，人民币的购买力提高。

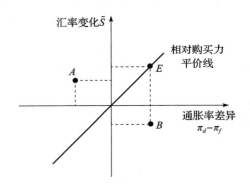

图 10-2 相对购买力平价线

相对购买力平价理论比绝对购买力平价理论的应用价值更强，因而更富有意义。它从理论上避开了 "一价定律" 关于绝对价格水平 P_d 和 P_f 的问题，着力分析其相对变化水平 π_d 和 π_f。相对购买力平价的政策含义也非常明显：本国通货膨胀率相对较高，那么本国货币就应该贬值。反之，如果本国物价涨幅相对较低，本国货币就应该升值。

10.3 利率平价

所谓利率平价理论（Theory of Interest Rate Parity），就是揭示利率与汇率之间变化关系的理论。国际经济领域的经验事实表明，这种密切关系是通过国家间的套利性资金流动而产生的。如果说购买力平价理论主要分析汇率水平的长期变化趋势，利率平价理论更多的是从短期来分析汇率的变化走势。该理论的核心思想可追溯到19世纪下半叶，并在20世纪20年代由凯恩斯等人予以完整阐述。利率平价理论可以分为抵补利率平价（Covered Interest Rate Parity，CIP）和非抵补利率平价（Uncovered Interest Rate Parity，UIP）。

10.3.1 抵补利率平价

如果投资者将一笔资金投资一年期存款，他既可以在本国投资，也可以在外国投资。后者会涉及汇率问题，即当他将本币资金兑换成外币（涉及即期汇率），一年后投资获得的本利和必须兑换成本币（该投资者事先按远期汇率卖掉其外币的本利和），其投资外币的最终收益与投资本币的收益相比较：如果前者更高，资金从本国流向外国；反之，资金从外国流向本国；当两者的收益相等时，资金不发生流动。这就是抵补利率平价理论的核心思想。

如图10-3所示，假定本国金融市场上一年期存款利率为i_d，外国金融市场上一年期存款利率为i_f，即期汇率为S（直接标价法）。如果资金投资于本国，则1单位本币资金的本利和为：

$$1 \times (1 + i_d) = 1 + i_d$$

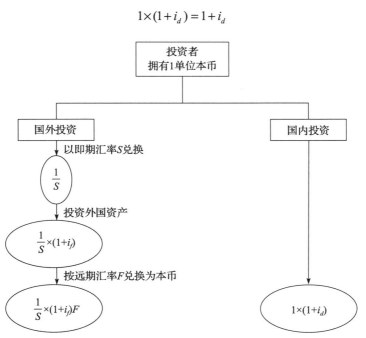

图10-3 抵补利率平价理论的推导

如果投资于外国金融市场，具体分为三个步骤：第一，先将1单位本币资金兑换成外币；第二，将外币在外国金融市场上投资于一年期存款；第三，将投资于外币的本利和按远期汇率（F）兑换成本币。因此，1单位本币资金投资于外国金融市场最终的收益为：

$$\frac{1}{S} \times (1+i_f) \times F$$

如果 $1+i_d = \frac{F}{S} \times (1+i_f)$，市场上的资金流动将实现均衡。读者可考虑如果投资者拥有 1 单位外国货币的情况。

将以上公式进行整理后，可以得到以下等式：

$$\frac{F}{S} = \frac{1+i_d}{1+i_f}$$

$$\frac{F-S}{S} = \frac{i_d - i_f}{1+i_f} \approx i_d - i_f$$

因此，如果外国利率 i_f 较小，该公式的含义就是外币的升贴水率等于两国利差。具体来说，根据抵补利率平价理论，本国利率较高则本币远期贴水，本国利率较低则本币远期升水。如果令外币的升贴水率 $(F-S)/S$ 为 y，两国利差 $i_d - i_f$ 为 x，抵补利率平价就是过原点的 45° 直线 $y=x$，这条直线又称为利率平价线（见图 10-4）。其中，横坐标的左侧方向表示外国利率高于本国利率，右侧方向表示本国利率高于外国利率；纵坐标向上的方向表示外币升值，本币贬值；向下的方向表示外币贬值，本币升值。

请注意，抵补利率平价理论揭示的是一种均衡状态，即在利率平价线上资金转移无法实现利润。

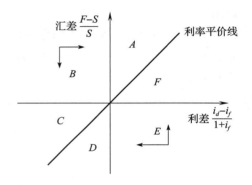

图 10-4 利率平价线

在利率平价线上方的区域，投资外国金融市场将获得利润，本国资本将流出，这是资本外流区域；在利率平价线下方的区域，投资本国金融市场将获得利润，外国资本将流入，这是资本内流区域。具体来看，利率平价线、横坐标和纵坐标可以将整个平面分成 A、B、C、D、E 和 F 六个区域。

在 A 区，外币出现升水，本币利率高于外币利率。然而，外币的升水幅度要大于本币高于外币的利差幅度。此时如果按照 i_d 的价格借入本币到国外投资，可以获得汇差收益，损失利差收益，但汇差收益要高于利差损失，投资者的最终收益为 $\frac{F-S}{S} - \frac{i_d - i_f}{1+i_f}$，因此在这种状态下，本国资金会出现外流。

在 B 区，一方面远期外币出现升水，另一方面外币的利率要高于本币利率，此时借入本币在国外投资，不仅可以获得汇差收益，而且可以获得利差收益，其收益之和为 $\frac{F-S}{S} - \frac{i_d - i_f}{1+i_f}$，而持有本币则会受到双重损失，在这种情况下，国内资金会大量转移至国外。

在 C 区，外币利率要高于本币利率，外币在远期出现贴水，但投资外币的利差收益要大于其汇差损失，其最终收益为 $\dfrac{F-S}{S} - \dfrac{i_d - i_f}{1 + i_f}$，仍然会出现国内资金转移至外国的现象。

在资本自由流动的情况下，处于 A、B 和 C 区域的利率与汇率组合点，将导致本国资金流向外国（也有可能是套利者借入本国资金然后投资外国），这必然造成本国资金供给的减少，由此导致本国利率的上升（本国货币市场的变化见图 10-5b），相应地，资金大量流入外国，导致外国利率的下降（外国货币市场的变化见图 10-5a）；两国利率的上述变化使得利差扩大。

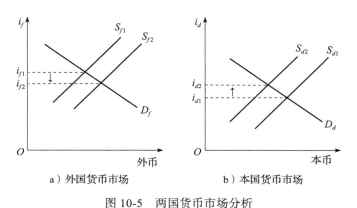

图 10-5　两国货币市场分析

与此同时，本国资金流向外国，对外币的即期需求增加，必然导致本币贬值（即期外汇市场的变化见图 10-6a）；投资结束后，资金再流回本国，因而对本币远期需求增加，这将导致本币远期汇率的升值（远期外汇市场的变化见图 10-6b）。即期和远期汇率的上述变化使得汇差缩小。因此，利差变化是向横坐标右侧移动，汇率变化是向纵坐标下方移动，这一系列变动必将导致资金的套利空间消失，最终出现均衡状态。从政策含义来说，除非本币高于外币的利差扩大（外币高于本币的利差缩小），或者本币远期贬值率缩小（即期汇率上升，远期汇率下降），或者是这两者的组合，否则无法改变本国资金外流的局面。

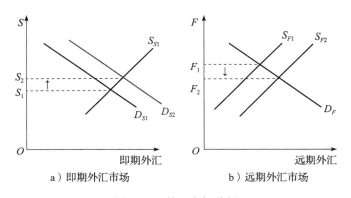

图 10-6　外汇市场分析

在 D、E 和 F 区，资本流动所受的影响恰恰与 A、B 和 C 三个区域相反，但最终都表现为资本内流。就政策含义来说，除非本币高于外币的利差缩小（外币高于本币的利差扩大)或者本币远期贬值率扩大(即期汇率下降,远期汇率上升),或者是以上方法的组合,否则将无法改变外国资金内流的局面。

不论是资本流入还是流出,站在套利者的角度,赚汇差损失利差的组合分别是 A 区和 D 区,赚利差损失汇差的组合分别是 F 区和 C 区,同时赚利差和汇差的组合分别是 B 区和 E 区。具体见图 10-7。

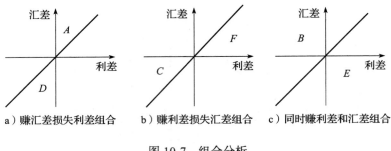

a)赚汇差损失利差组合　　b)赚利差损失汇差组合　　c)同时赚利差和汇差组合

图 10-7　组合分析

10.3.2　非抵补利率平价

如果经济主体对未来汇率的预期有相当的准确性。现在该经济主体要将一笔本币资金进行投资,可以在以下两个策略中进行选择(见图 10-8):(1)投资国内资产,利率为 i_d;(2)投资国外资产,即在即期外汇市场上以汇率 S 将本币兑换成外币,投资国外资产,假定利率为 i_f,在投资期结束后将外币本利和按照预期即期汇率 S^E 兑换成本币。

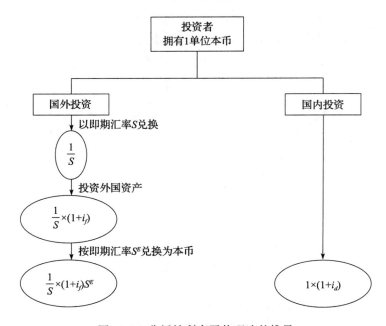

图 10-8　非抵补利率平价理论的推导

当以下公式成立时，这两种策略对投资者无差异。

$$1+i_d = \frac{S^E}{S}(1+i_f)$$

其中，S 为初始时刻的即期汇率；S^E 为下一时刻即期汇率的预期；i_d 和 i_f 分别为从初始时刻到下一时刻期间的本国利率和外国利率。

整理后可以得到：

$$\frac{S^E-S}{S} = \frac{i_d-i_f}{1+i_f} \approx i_d - i_f$$

令 $\frac{S^E-S}{S} = \tilde{S}^E$（汇率的预期变化率），则：

$$i_d - i_f = \tilde{S}^E$$

其经济含义为两国利率之差等于双边名义汇率预期变化率，这就是非抵补利率平价（UIP，有时候也写作 Open Interest Rate Parity）。

理解非抵补利率平价需要注意以下几点。

（1）非抵补利率平价与抵补利率平价之间的差异。在抵补利率平价当中，四个变量在即期是完全确定的，但是非抵补利率平价的四个变量只有三个是确定的，还有一个是预期值。如果运用非抵补利率平价原理来分析即期汇率的变化，其影响因素有三个，分别是本国利率、外国利率与下一时刻汇率的预期值。这三个因素任意一个变化都将影响即期汇率。例如，若国内外利率相等，投机者预期本币在下一阶段发生贬值，那么他们将在即期外汇市场上买进外汇，并预期能够获利，如此将推高即期汇率和远期汇率，使之接近下一期即期汇率的预期值。

（2）非抵补利率平价对资本流动性（Mobility）的隐含要求。非抵补利率平价的成立要求完全的资本流动性，即如果资本可以随时随地没有任何延迟地以任何数量转化为偏好的资产形式，那么资本就具有完全的流动性。如果资本不具有完全的流动性，这意味着可能存在较高的交易成本，如政府对资本流动的行政性管制。

（3）非抵补利率平价还显示出对市场参与者风险偏好的要求。只有本国债券提供的收益率（i_d）与外国债券的收益率（$i_f + \tilde{S}^E$）相同，非抵补利率平价才会成立，这要求市场参与者是风险中性的（Risk Neutrality）。由于外国资产的实际收益通常会受到不可估计的违约风险的影响，因此外国资产要求的收益率就应该更高，这中间的差异就是风险溢价（RP），这就使得非抵补利率平价均衡条件变为：

$$i_d = i_f + \tilde{S}^E + RP$$

因此，若非抵补利率平价不成立，这既有可能是源于资产的不完全流动性，也可能源于资产的不完全替代性。对于后者，其确切含义是尽管资本是完全流动性的，但是本国资产与外国资产不是完全替代的（源于参与者风险的偏好）。换而言之，对于完全资产替代性而言，资本的完全流动性是一个必要条件，而非充分条件。当资本存在不完全流动性，且存在资产不完全替代性，那么在短期内 $i_d \neq i_f + \tilde{S}^E + RP$。简而言之，资本流动性和资产替代性是两个相关但含义并不相同的术语（见表 10-1）。

表 10-1 资本流动性与资产替代性的关系

		资产替代性	
		完全替代性	不完全替代性
资本流动性	完全流动性	$i_d = i_f + \tilde{S}^E$	$i_d = i_f + \tilde{S}^E + RP$
	不完全流动性	不可能出现	$i_d \neq i_f + \tilde{S}^E + RP$

（4）在政府刻意维持本币汇率稳定，而市场不相信政府的这一承诺时，若运用非抵补利率平价理论来维持该平价，本国利率将发生急剧的变化。例如，当市场预期本币汇率在未来一个月内贬值10%，即 $\tilde{S}^E = 10\%$，如果外国利率保持在年利率5%，根据非抵补利率平价公式，$\left(1 + \frac{1}{12} \times i_d\right) = \left(1 + \frac{1}{12} \times 0.05\right) \times 1.1$，可以求得 $i_d = 1.255$，即本国年利率将上涨至125.5%。当市场预期本币汇率在一个月内升值10%，即 $\tilde{S}^E = -10\%$，如果外国利率仍然保持在年利率5%，$\left(1 + \frac{1}{12} \times i_d\right) = \left(1 + \frac{1}{12} \times 0.05\right) \times 0.9$，可以得到 $i_d = -1.155$，这意味着国内存款人非但不能从国内银行那里获得利息，还必须对国内银行支付高达115.5%的年利率。所以说，要实现非抵补利率平价的成立，国内利率必须出现大幅度的变化。然而，实际上这种情况很少发生。

10.3.3 实际利率平价

根据费雪效应分别有 $r_d = i_d - \pi_d^E$ 和 $r_f = i_f - \pi_f^E$ 成立。两式相减后，可以得到以下公式：

$$r_d - r_f = i_d - i_f - (\pi_d^E - \pi_f^E)$$

由非抵补利率平价理论可以得到 $i_d - i_f = \tilde{S}^E$，那么上式可以简化为：

$$r_d - r_f = \tilde{S}^E + \pi_f^E - \pi_d^E$$

在相对购买力平价中有 $\tilde{S} = \pi_d - \pi_f$ 成立，进一步将预期因素考虑进去，则有 $\tilde{S}^E = \pi_d^E - \pi_f^E$，这一关系式又被称作事前购买力平价，因此可以得到 $r_d = r_f$。这就是实际利率平价，其经济含义是两国的实际利率相等意味着两国资本的边际产出相等。

如果将等式 $r_d - r_f = i_d - i_f - (\pi_d^E - \pi_f^E)$ 的右侧同时加上和减去汇率的预期变化率 $\tilde{S}^E$ 和远期升贴水率 $f\left(f = \frac{F-S}{S}\right)$，$r_d - r_f = (i_d - i_f - f) + (f - \tilde{S}^E) - (\pi_d^E - \pi_f^E - \tilde{S}^E)$，那么等式右侧的三项分别为对抵补利率平价的偏离、对远期汇率无偏估计的偏差和对事前购买力平价的偏离，如果这三个市场同时达到有效，那么实际利率平价成立，该效应又称为国际费雪效应（International Fisher Effect）。

实际汇率的公式是 $\tilde{Q} = \tilde{S} + \pi_f - \pi_d$，其经济含义是实际汇率的变化率等于名义汇率的变化率加上两国通胀率差。如果购买力平价成立，实际汇率变化率为零。该公式并没有涉及预期的因素，若考虑实际汇率的预期变化率公式，则有 $\tilde{Q}^E = \frac{Q^E - Q}{Q} = \tilde{S}^E + \pi_f^E - \pi_d^E$，又可以得到 $r_d - r_f = \tilde{Q}^E$，即两国实际利率之差等于两国实际汇率的预期变化率。

10.4 各种平价的相互关系

综上所述，货币的价格包括利率、通胀率和汇率。利率是货币的时间价值，它又可以再分为名义利率 i_d 和实际利率 r_d，反映的是在某一时点上未来一段时间内的利率水平；反映货币与商品之间的比价的指标从时间的角度来看有两个，一个是从时点上考虑的绝对的物价水平 P，另一个是从时间段上考虑的相对物价水平 π（物价水平的变化率），这两者之间的关系是 $\pi = (P - P_{-1})/P_{-1}$。此外，以当前为基期，从预期的角度来看，也有两个指标，即对下一期物价的绝对水平的预期 P^E 和对下一期物价的相对水平的预期 π^E。双边汇率是两国货币交换的比价，它又可以再分为名义汇率 S、实际汇率 Q（$Q = SP_f/P_d$）、预期汇率 S^E、远期汇率 F，双边汇率可以进一步扩展为有效汇率。以上三组指标分别为货币市场、商品市场和外汇市场的指标。从时点和时间跨度来看，在 t 时刻两国货币的价格分别有双边名义汇率 S，当期绝对价格水平 P_d 和 P_f；在 t 到 $t+1$ 的时间段内，分别有两国利率 i_d 和 i_f；在 $t-1$ 到 t 的时间段内，分别有两国通胀率 π_d 和 π_f。同样两国的预期通胀率 π_d^E 和 π_f^E 反映了从 t 到 $t+1$ 的时间段内物价的预期变化率。在 t 时刻，有两国货币间的远期汇率 F，也有该时刻的预期即期汇率 S^E。

如表 10-2 和图 10-9 所示，利率、通胀率和汇率这三个价格存在各种均衡关系，名义利率、即期汇率与远期汇率之间有利率平价理论（t 到 $t+1$ 的这段时间），名义汇率与两国物价水平之间有绝对购买力平价（反映在 t 时刻），名义汇率的变化率与两国通胀率之间有相对购买力平价（$t-1$ 到 t 的这段时间）和事前购买力平价（t 到 $t+1$ 的这段时间）。在本国范围内，名义利率、实际利率与预期通胀率之间就是费雪效应（t 到 $t+1$ 的这段时间）。在两国范围内，货币市场、外汇市场和商品市场有效性同时实现，这就是实际利率平价，反映的是两国实际利率相等的平价关系（t 到 $t+1$ 的这段时间）。

表 10-2　各种平价公式一览表

平价原理	相关市场	公　式
绝对购买力平价	商品市场和外汇市场	$P_d = SP_f$
相对购买力平价		$\tilde{S} = \pi_d - \pi_f$
事前购买力平价		$\tilde{S}^E = \pi_d^E - \pi_f^E$
抵补利率平价	货币市场和外汇市场	$\dfrac{F-S}{S} = \dfrac{i_d - i_f}{1+i_f} \approx i_d - i_f = f$
非抵补利率平价		$\dfrac{S^E - S}{S} = \dfrac{i_d - i_f}{1+i_f} \approx i_d - i_f$
费雪效应	商品市场和货币市场	$r_d = i_d - \pi_d^E,\ r_f = i_f - \pi_f^E$
实际利率平价（国际费雪效应）	商品市场	$r_d = r_f$
无偏估计	外汇市场	$F = S^E$

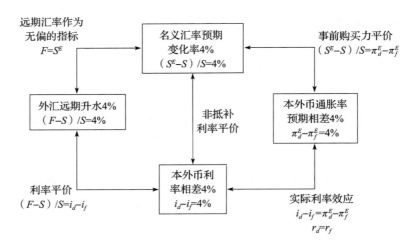

图 10-9　从 t 时刻到 $t+1$ 时刻的各种均衡关系

10.5　本章小结

货币本身可以从数量的角度来理解，如货币供应量。然而，在现代社会，货币的价格更加重要，上一章介绍了货币的三种价格——通胀率、利率和汇率。本章主要分析了通胀率、利率和汇率之间的平价关系。

从时间跨度来看，在 $t-1$ 时刻到 t 时刻的时间段内，有两国通胀率 π_d 和 π_f；在 t 时刻到 $t+1$ 时刻的时间段内，有两国利率 i_d 和 i_f，两国的预期通胀率 π_d^E 和 π_f^E。从时点上来看，在 t 时刻有当期绝对价格水平 P_d 和 P_f、双边名义汇率 S、双边远期汇率 F 以及该时刻的预期 $t+1$ 时刻的即期汇率 S^E。通胀率和利率之间的关系反映为费雪效应，反映剔除物价涨幅之后的资产实际收益率。通胀率与汇率之间的关系反映为购买力平价，从时间跨度上可以进一步区分为事前的购买力平价与事后的购买力平价，利率与汇率之间的关系反映为利率平价，具体可以分为抵补利率平价和非抵补利率平价以及有交易成本的利率平价。经济运行如果能够维持这三种平价的成立，是经济实现均衡的重要表现。

CHAPTER11 · 第 11 章

货币政策目标

什么是货币政策目标？一般来说，中央银行的货币政策目标包括最终目标、中间目标和操作目标。货币政策目标一般包括四个方面：物价稳定、经济增长、充分就业和国际收支平衡。例如，中国人民银行的最终目标就表述为"保持人民币币值的稳定，并以此促进经济增长"。其他国家的中央银行也主要是以物价稳定为最关键的最终目标，辅之以其他目标，如经济增长或充分就业等。中央银行维护物价稳定，其主要目标是为经济发展和运行提供一个良好的经济环境。货币政策中间目标包括两类：一类是数量型目标，如广义货币供应量、信贷总额等；另一类是价格型目标，如利率、汇率（或汇率指数）或通胀率预期等。货币政策的操作目标同样包括两大类：一类是价格型目标；另一类是数量型目标。不论是哪种类型的操作目标，都与中央银行资产负债表资产方或负债方某个科目的价格或数量有关。前者的典型指标如银行同业拆借利率，后者的典型指标如基础货币。本章主要讨论这三类目标。在具体分析之前，首先讨论货币政策框架。

11.1 货币政策框架

什么是货币政策框架（Monetary Policy Framework）？货币政策框架就是中央银行进行货币政策决策的名义锚以及其他一系列依据和标准。货币政策的名义锚，通俗地说，就是中央银行进行货币政策调整的依据或抓手，主要是量化的货币政策的中间目标。货币政策的名义锚主要有两大类：一类是货币的数量，即不同层次货币供应量的年增长率；另一类是货币的价格，这又可以分为货币的对内价格和对外价格，前者是通货膨胀率或对未来通货膨胀率的预期，后者是本国对外币的汇率或汇率指数。货币政策框架一般包括货币政策目标、货币政策工具和货币政策传导机制三个部分。其中，货币政策传导机制类似于一个黑箱，经济学家对其机理还没有形成统一的看法。IMF 对货币政策框架的具体分类如下。

第一类：汇率锚（Exchange Rate Anchor）。中央银行将汇率作为货币政策的名义锚或中间目标，货币政策的全部操作就是为了将汇率维持在事先宣布的水平或幅度以内，并承诺随时准备按既定的牌价买入或卖出外汇。在该框架下，中央银行通常会采用有波幅（或无波幅）的钉住汇率制度或爬行钉住汇率制度，更为极端的情况是采取货币局制度（以中国香港地区为典型）或者实施货币联盟的汇率制度。

第二类：货币总量锚（Monetary Aggregate Anchor）。中央银行运用各种货币政策工具来实现某一层次货币总量的目标增长率，货币目标总量是货币政策的名义锚。这类货币总量包括基础货币、M1 或 M2 等。中国的货币政策采取的就是货币总量锚。

第三类：以通货膨胀为目标的框架（Inflation Targeting Framework）。在该框架中，中央银行公开宣布中期内的目标通胀率以及中央银行实现该目标水平的制度承诺。其他主要特征还包括：增加与公众和市场的沟通并保持货币政策的透明度；详细阐明货币政策制定者的计划和目标；加强对中央银行实现通胀目标的问责制。货币政策的调整取决于对未来通胀率的预测值与事先宣布的目标通胀率的偏离，通胀预测值（明确或隐含地）充当货币政策的中间目标。英国、新西兰、加拿大、澳大利亚等国都是采用这一框架。

第四类：其他类型的货币政策框架。其他类型的货币政策框架包括具有多元的政策目标，通常是通胀目标或者货币供应量目标再加上一个汇率目标。

从全球范围来看，在人类社会进入信用货币时代之前，各国中央银行制度尚处在初创阶段，货币政策还远未成熟。在信用货币时代，货币发行由分散发行逐渐过渡到集中发行后，各国货币当局才有可能通过调整货币总量或者改变货币的利率、汇率来调节经济运行，从而才有了真正意义上的货币政策。以英格兰银行为例，在金本位制度阶段，其政策空间非常有限，主要是通过调整再贴现率来调控经济。1929～1933 年经济大萧条期间，以英国为首的西方国家先后放弃了金本位，或者实施金块本位（或金汇兑本位），开始通过调整本国货币对黄金的比价（即本币贬值）来刺激经济；与此同时，凯恩斯宏观经济理论问世，为货币政策成为主要的需求管理工具奠定了理论基础。

本节通过探讨中国货币政策框架的特征，分析其存在的内在矛盾，并分析对 1929 年经济大萧条的不同解释。

专栏 11-1

货币政策的时滞

米尔顿·弗里德曼在 1961 年曾经提到，货币当局变动货币供应量会在时滞（Time

Lags）的作用下使得其他经济变量的变化存在不确定性（见图11-1）。第一，货币政策的制定者需要时间来确认当前的经济形势必须采取货币政策来防止通胀率上升到公众无法接受的水平，这属于认识时滞（Recognition Lag）。第二，货币政策的制定者需要时间做出决策，比如，采取何种政策工具，政策力度多大，可能产生什么后果等，都是政策制定者需要考虑在内的，这就是决策时滞（Decision Lag）。第三，中央银行开始实施操作，即实施时滞（Administrative Lag）。第四，中央银行采取相应的货币政策之后，商业银行体系需要时间来调整对经济主体的信贷投放，这就是所谓的中间时滞（Intermediate Lag）。第五，经济主体意识到货币政策发生了变化，相关的经济变量开始发生变化，这就是有别于银行体系的外部时滞（Outside Lag）。由于客观上存在上述一系列时滞，所以经济运行中的不确定性增加了。

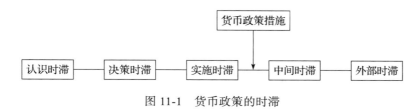

图 11-1　货币政策的时滞

11.1.1　中国货币政策框架的阶段性特征

我们如何归纳中国的货币政策框架呢？简言之，中国经济转型背景下的政策框架阶段性特征基本上可以概括如下。1978年以来，中国经济经历了三大重要转变：一是传统的计划经济向现代的市场经济转变；二是欠发达的城乡二元经济向发达的混合经济转变；三是封闭经济向开放经济转变。整体上看，这三大变化使中国的经济改革既具有经济转轨国家的鲜明特征，又具有发展中国家的若干经济表现，同时还具备外向型经济的特点。从经济总量上来看，中国2020年的GDP超过了100万亿元人民币，是世界第二大经济体。中国的需求变化已经显著影响国际市场上的利率、汇率、大宗商品价格以及资本流动方向。尤其是在大宗商品市场上，与小型开放经济体不同，中国不再是价格的接受者（Price Taker）。这是总结中国现行货币政策框架的出发点。在这种背景下，中国现行的货币政策框架也同样呈现出体制转型、经济发展和外向型经济体货币政策框架的若干特征。

与其他经济领域的改革不同，1978年以来中国宏观金融调控领域的改革始终交替存在着两股力量。一是金融领域的体制性改革。宏观金融从直接调控向间接调控的体制转变，这一趋势体现为价格型调控工具发挥越来越明显的作用，数量型和行政干预的成分逐渐降低。二是经济周期决定了货币政策的松紧变化。改革开放以来中国经济周期的特征进一步强化，用以熨平经济波动的货币政策也出现周期性的松紧调整。总之，中国的金融改革以市场化、规范化、自由化为主要特征。在经济萧条时期，为刺激经济发展，中央银行加速推进金融自由化措施，金融管制程度明显下降，频频采用非常规的政策措施（如大幅度降低法定准备金率、连续降息等）来刺激国内需求；在经济繁荣时期，通胀压力加大，紧缩性的货币政策基本体现为金融机构运作规范性的加强和窗口指导的频繁出台，以行政干预的比重加大为主要特征。因此，体制性改革和政策的周期性调整既存在相互促进和协调的一面，也存在彼此冲突和矛盾的一面。

2014年上半年之前，中国货币政策的框架可以归纳如下：以人民币币值稳定为货币政策的首要目标、以广义货币供应量为中间目标（伴之以监控社会融资总量）、以商业银行超额准备金并兼顾货币市场利率稳定为操作目标的货币政策目标体系；在人民币升值阶段央行频繁采用法定准备金率和发行中央银行票据等政策工具，在人民币贬值阶段央行频繁采用各类再贷款（或者各种形式的中央银行贷款便利）等政策工具；商业银行存贷款利率以渐进方式实施的利率市场化和已经实现市场化的货币市场利率为特征的利率管理制度；以市场供求为基础，参考一篮子货币进行调节，有管理的人民币浮动汇率制度；从全额结售汇制度转向自由结汇制度，经常账户完全可自由兑换，资本账户仍然受到少部分管制的国际收支制度。2011年以来，中国人民银行引入了宏观审慎监管，将防范和化解系统性金融风险作为重要的工作内容。2013年推出的宏观审慎监管制度配合货币政策操作，以实现金融稳定为目标。宏观审慎监管制度还在持续改进当中。2015年10月，人民币利率市场化改革取得了突破性进展，中国人民银行不再规定商业银行存款利率的波动上限。2015年"8·11"人民币汇率报价机制改革之后，人民币汇率形成机制的市场化改革方向没有发生变化，但是人民币汇率变化在美元加息、美元指数走强、2018年中美贸易战背景下变得扑朔迷离。

11.1.2　中国货币政策框架的内生矛盾

相对而言，中国的货币政策框架更多地具有转型经济的特征。在试图兼顾不同目标的约束下，达到目标的过程却存在内生性的问题——货币政策目标的锚是货币总量还是汇率？根据汇率原理，在固定汇率制度下，货币供应量是中央银行无法控制的，是内生性的；在浮动汇率制度下，货币供应量才是中央银行可以控制的。因此，中国货币政策锚的选择非常关键。不过，中国人民银行并没有明确货币供应量指标与汇率指标的优先性问题。1997年亚洲金融危机爆发之后，IMF对中国汇率制度的划分归结为传统的固定钉住安排，对中国货币政策框架的分类是货币总量锚。2005年7月中国进行了人民币汇率制度改革，2006年IMF的《年报》对此进行了特别说明，认为从2005年7月末到2006年4月末，人民币汇率更加富有弹性，但是人民币对美元的波动幅度不足2%（以3个月为一个周期），因此仍然将人民币汇率制度归类为传统的固定钉住安排。在2009年2月公布的新的货币政策框架分类当中（截至2008年4月30日），中国的货币政策框架修改为采用汇率锚，同时选择了爬行钉住的汇率制度。如果中国确定了汇率锚，那么货币供应量理论上就不在可控的范围之内了。中国人民银行从1994年宣布采取货币供应量目标制以来，每年在两会会议期间或者在中国人民银行工作会议上宣布下一年度的货币供应量增长率目标。这种情况在2017年开始发生变化，中国人民银行不再公布广义货币供应量M2的年度目标增长率目标值。截至 2019 年年末，中国人民银行仍然定期公布广义货币供应量 M2 的增长率以及社会融资规模的增长率统计数据。在现实当中，中国的货币政策更多地受制于人民币汇率水平。在人民币升值期间，货币政策需要以避免人民币的过快升值为操作导向；在人民币贬值期间，货币政策需要以避免人民币的过快贬值为操作导向。因此，人民币广义货币供应量的预期目标往往无法实现。也正因为如此，中国人民银行不再公布广义货币供应量的预期值。

11.1.3　中国的货币政策框架面临的新挑战

在金融市场和金融衍生品快速发展的 21 世纪，中国货币政策框架还面临资产价格变化的挑战。传统的货币政策以物价稳定为目标，更多地以维持实体经济稳定为导向，货币政策旨在平抑经济周期波动。然而，伴随着金融业的发展，货币政策受到越来越多的来自金融周期的挑战。所谓经济周期，一般指经济活动水平扩张与收缩的交替波动。宏观经济理论侧重考虑资本、劳动、技术进步等实际经济变量对经济周期波动的影响，认为在市场竞争环境下，通过价格的灵活调整，就可以实现资源的有效配置，物价稳定在较大程度上就代表了宏观经济的稳定。因此，货币政策的主要目标就是通过逆周期的调节方式来平抑经济周期的波动，维护物价稳定。然而，20 世纪 90 年代日本泡沫经济的破灭和 2008 年全球金融危机的爆发，这些惨痛的教训都表明，货币当局仅仅维持物价稳定，如果忽略了资产价格和金融市场的稳定，整个经济必定会遭受巨大的冲击。例如，2003 年至 2007 年次贷危机之前，全球经济处于强劲上升期，在此期间，全球 CPI 涨幅基本稳定，但同期初级商品价格和 MSCI 全球股指上涨超过 90%，美国大中城市房价上涨超过 50%，累积了巨大的风险。2008 年国际金融危机的爆发促使各国进一步关注金融周期的变化，各国央行也逐渐认识到，只关注以物价稳定等为代表的经济周期来实施宏观调控显然已经不够，中央银行需要有效应对系统性金融风险。相对于经济周期而言，金融周期主要是指由金融变量扩张与收缩导致的周期性波动。中国人民银行在 2017 年第三季度的《中国货币政策执行报告》指出，金融周期最核心的两个指标是广义信贷和房地产价格，前者代表融资条件（数量类指标），后者反映投资者对风险的认知和态度（价格类指标）。这两者之间存在自我强化的顺周期关系。如果经济周期和金融周期同步叠加，整个经济扩张或收缩的幅度都会被进一步放大；相反，如果经济周期和金融周期不同步，两者的作用方向可能不同甚至相反，会导致宏观调控政策的冲突和失效。因此，中央银行仅借助货币政策工具难以有效平衡好经济周期和金融周期调控，宏观金融调控面临新的挑战。

根据国内外的经验，中央银行需要引入宏观审慎政策加以应对金融周期的问题，加强系统性金融风险防范。例如，英国将货币政策、宏观审慎政策和微观审慎监管职能集中于央行，在已有货币政策委员会之外，设立了金融政策委员会负责宏观审慎管理；欧元区也逐步建立了以欧洲央行为核心、欧洲央行和各成员国审慎管理当局共同负责的宏观审慎政策框架，把宏观审慎政策和货币政策更紧密地结合在一起（中国人民银行，2017）。中国也开始了货币政策和宏观审慎政策的实践。2011年中国人民银行正式引入差别准备金动态调整机制，其核心是金融机构的信贷扩张应与经济增长的合理需要及自身的资本水平等相匹配，不能盲目扩张和过度加杠杆。从2016年起，中国人民银行将差别准备金动态调整机制"升级"为宏观审慎评估体系（MPA），将更多金融活动和资产扩张行为纳入宏观审慎管理，实施逆周期调节。此后，宏观审慎管理的范围不断扩大，将差别化住房信贷政策、跨境资本流动、表外理财、同业存单等指标纳入MPA考核。

11.1.4　经济大萧条的出现及其解释

中央银行制度问世之后，除了在经济正常运行的年份通过调整货币政策熨平经济周期的波动之外，更值得关注的是一旦出现较严重的经济危机，中央银行该如何应对呢？如果说长期以来，通货膨胀是全球经济面临的主要挑战，那么当出现通货紧缩问题时，中央银行该如何面对呢？本书以1929～1933年经济大萧条为例，阐述其出现的背景、原因，并且分析当时美联储的应对措施及其批评。

1. 美国20世纪20年代的经济繁荣

1918年11月一战结束，这极大地改变了全球格局，世界经济、政治重心逐渐向美国转移。美国经济进入了快速发展的通道，1921年以后美国的几任总统都是保守的共和党人，分别是沃伦·C.哈定（1921～1923年）、约翰·卡尔文·柯立芝（1923～1929年）、赫伯特·胡佛（1929～1933年），尤其是在柯立芝总统执政时期，这一时期的经济繁荣被称为"柯立芝繁荣"。美国的20世纪20年代又被称为"咆哮的20年代"（Roaring Twenties），一方面是美国的经济繁荣，另一方面是美国社会、文化、政治、思想观念等各个层面发生了显著的变化，社会氛围喧嚣、狂热、绚丽多彩。美国社会的变化主要体现在以下几方面。

第一，汽车产业兴起。以标准化、大批量生产为标志，汽车价格大幅度下降，过去的奢侈品开始走入寻常百姓家庭，美国的汽车工业也形成了福特、通用、克莱斯勒三足鼎立的局面。到1928年，美国的汽车保有量超过2 500万辆。到1929年，美国汽车制造业产值已经占到美国工业总产值的8%左右，成为美国的支柱行业之一。分期付款的汽车信贷方式进一步刺激了汽车的快速普及，由此带动了钢铁、轮胎、化工、石油等产业的兴起，加油站、汽车旅馆、连锁店等新兴行业随之蓬勃发展。此外，手表取代了怀表，各种现代化的家用电器，如电话、冰箱、洗衣机、吸尘器等先后进入普通百姓的家庭。

第二，美国社会生活的其他方面也发生了一系列的变化。美国社会对女性的传统观念和束缚发生了变化，越来越多的女性外出工作，参与社交活动。在文化方面，由于收音机的诞生和普及，商业广告、爵士音乐纷纷兴起。电影文化也日渐繁荣。以卓别林主演为代表的电影揭露了社会的不公平，如喜剧片《马戏团》《淘金记》。《大卫·科波菲尔》《呼啸山庄》《安娜·卡列尼娜》等名著先后被拍摄成电影，去影院观看电影成为普通美国人常见的娱乐方式。以海明威、菲茨杰拉德等作家为代表，美国大量的文学作品反映出对浮华现世的厌倦、对理想主义的幻灭。如美国文学经典名作《了不起的盖茨比》以20世纪20年代纽约富豪盖茨比为主角，描写了咆哮年代的社会现象，被后世视为美国文学"爵士时代"的杰作。

第三，美国经济的持续繁荣与股市过热。柯立芝总统的执政理念是减少政府干预，坚信自由放任的经济政策，认为"少管闲事的政府是最好的政府"。因此，他大幅削减所得税和遗产税，废除赠与税。这刺激了投资规模的不断扩大，同时，在股市上升阶段，企业通过提高杠杆率也可以实现利润的快速增加，股票市场的投机现象也愈发严重。美国经济的繁荣带来了股市的持续上涨。许多没有投资经验的投资者涌入股市，盲目跟风炒作。20世纪20年代美国股市的牛市持续8年之久。与股市的持续繁荣不同，美国的实体经济在1924年和1927年先后发生两次小规模的衰退，1927年8月美联储降低再贴现率（从4%降到3.5%）以刺激经济。从国际经济形势来看，当时欧洲股票市场持续低迷，英镑贬值压力较大。纽约联邦储备银行行长本杰明·斯特朗在与英国、法国、德国的中央银行行长会晤之后，决定下调美元的再贴现率以支持英镑汇率。美元的降息不仅可以防止黄金和热钱流入美国，而且可以帮助欧洲国家走出货币贬值的阴影，还可以刺激美国的对外贸易。然而，美元的降息政策却刺激了当时本已过热的美国股市，股市因此再度升温。

第四，美联储的政策应对。如何遏制股市的投机活动呢？最理想的方法是提高证券交易的保证金比例。这样既可限制资金流入股市，又不至于对实体经济产生影响。可惜当时美联储并不拥有这个权力。面对这一局面，1928年本杰明·斯特朗将再贴现率先后提高了三次，到了5%的水平，该水平一直维持到当年10月他去世，其目的旨在抑制过热的投机，但是效果有限。当时美国股市普遍的做法是商业银行向美联储申请利率为5%的再贴现贷款，然后以12%的利息转贷给股票经纪人，经纪人再按20%的利息转贷给投资者，投资者希望从股市中获得超过20%的收益。当时美国股票交易的保证金比例为1∶10，投资者用1万美元买10万美元的股票，9万美元是向股票经纪人借入的利率为20%的高息贷款，这些贷款随时都可能被要求偿还，并以热门的有价证券作为抵押。股市的持续繁荣和保证金制度放大了股市的风险。股市的持续火爆引起了美国货币当局的高度关注。美联储主席罗伊·杨格和纽约联邦储备银行行长乔治·哈里森分别在1929年2月和3月发表讲话，建议将再贴现率从5%提高到6%以抑制过度投机。但是，他们一直犹豫不决。一方面，美国如果提高再贴现率会使得欧洲各国的黄金进一步流失；另一方面，美国提高再贴现率会使得资金涌入美国，这势必造成美国股市的进一步高涨。若出现这种情况，非但不能抑制股市的波动，反倒会对美国工商业造成负面影响。

柯立芝总统生性沉默寡言，绰号是"沉默的卡尔"（Silent Cal），他生活简朴，是典型的新英格兰清教徒。1927年8月，他决定不参加1928年的大选。当时担任商务部长的共和党候选人赫伯特·克拉克·胡佛（Herbert Clark Hoover）宣布参加竞选。他夸耀共和党领导下的经济繁荣，并宣称"每家锅里都有一只鸡，每个车库里都有一辆车"。1928年11月6日，作为斯坦福大学的毕业生和优秀的企业家，胡佛以绝对优势赢得了1928年的选举，可以说他是在歌舞升平中入主白宫。1929年3月4日，在总统就职演说中，他说道:"总的看来,我们达到了世界上前所未有的慰藉和安全,从普遍的贫困中解脱出来后,我们得到了空前的个人自由。"当美国民众走上街头为胡佛当选美国第 31 任总统进行庆祝时,美国股市继续上涨。美国民众对于未来持续的大牛市更加有信心,他们新的期待就是"股市再繁荣 4 年"!实际上,此时的美国经济已经是危机四伏,快要大难临头了。

2. 美国股市危机与经济萧条

随着纽约股市的持续上涨,欧洲各国先后不得不提高利率,以保证其黄金储备不出现流失。1929 年,意大利在 1 月,英国在 2 月,荷兰在 3 月,德国在 4 月,奥地利和匈牙利在 5 月,比利时在 7 月纷纷提高再贴现率,紧缩信用。8 月,纽约联邦储备银行终于提高再贴现率,从 5% 提高到 6%。这对美国股市虽然没有造成直接影响,却使实体经济掉头下行。

1929 年 10 月 24 日,纽约证券交易所一开盘股市就下跌,当日道琼斯指数下跌了 22%,这是一场史无前例的股市大暴跌,史称"黑色星期四"。1929 年 10 月 29 日,纽约证券交易所里所有的人都陷入了恐慌。集体抛售股票的狂潮彻底击垮了美国民众,成千上万的美国人眼睁睁看着他们一生的积蓄在几天内化为乌有。这是美国证券史上最黑暗的一天,其影响波及其他西方国家乃至整个世界。股市下跌的幅度极为惨烈,比如通用汽车公司的股票价格就从 1929 年的 300 多美元一路下跌到 1932 年的 30 多美元。因此,以这一天为标志,美国和全球经济从此进入了大萧条时期。由于当天正值星期二,史称"黑色星期二"(Black Tuesday)。

短短两周之内,美国民众的财富缩水 300 亿美元。道琼斯指数由此一路下跌,到 1932 年 12 月跌到谷底,市值只有 1929 年 9 月峰值的 10%。纽约股市的恐慌带来了一系列连锁反应。人们纷纷到银行提现,银行禁不住民众在短时间内的集中提现,先后破产。大量银行破产之后,很快对实体经济产生影响,经济陷入了全面的衰退。大萧条期间,全球的工业生产规模急剧下降,美国下降了几乎 50%,德国下降了约 40%,法国下降了近 30%,英国虽然仅下降了 10%,但是其经济衰退自 20 世纪 20 年代就已经开始了。1933 年美国的失业率达到 25%。在大萧条开始后的三年里,美国有 5 000 多家银行关了门。这同时使得早已陷入困境的美国农民受到了毁灭性的打击,因为无力偿债,其抵押品被取消赎回权,世代耕种的土地被转手他人。与此同时,美国和世界其他各国还出现了严重的通货紧缩。美国棉花、小麦等的价格下跌远不止 50%,英国物价下跌近 25%,德国和美国物价下跌超过 30%,法国物价下跌 40% 以上。大萧条还使得各国失业率急剧上升。到了 1933 年,美国失业人口达到 1 200 万至 1 500 万的水平,其他国家莫不如此。工业化国家经济的崩溃直接导致政府独裁势力的抬头,如德国和日本。大萧条也蔓延到了发展中国家,造成拉丁美洲、非洲和亚洲经济的崩溃。失业人口的猛增使得民众生活水平下降到最低点。无力购买燃油而改由畜力拉动的汽车被称为"胡佛车",露宿街头长椅上的流浪汉身上盖的报纸也被称为"胡佛毯"。胡佛总统的声望一落千丈,被人们称为"饥饿总统"。"胡佛"这个词也变成了贫穷的代名词。起初,胡佛总统仍然坚持传统的自由经济政策,认为这仅仅是证券市场恐慌，起因于投机活动而又为恐惧心理所加剧，只要恢复股市信心就可以重建经济繁荣。

3. 胡佛政府经济政策的失效

胡佛总统也采取了一系列措施。首先，他一再要求全国工商界巨头公司率先垂范，以福特汽车、通用汽车、杜邦化工为首的大公司不许降低工资水平，不准裁员。但是，企业的产品销售不出去，工人工资还不准下调，又不准裁员，企业只有倒闭。其次，给富人加税，如高收入人群的税收从 25% 增加到了 63%。这又严重影响了企业投资。再次，通过以工代赈，大兴政府工程，胡佛大坝就是这个时期兴建的，但是其作用仍然是杯水车薪。最后，为了保护美国农民的利益和维持农产品的价格，胡佛总统也为了兑现当时的竞选承诺（提高农产品的进口关税以帮助受困农民），美国联邦农业局大量收购小麦和棉花。20 世纪 20 年代，美国农产品产量大幅增加，农产品价格却大幅下跌，谷贱伤农的现象使得美国农民怨声载道。1928 年美国国会就有通过提高关税来保护那些因外国竞争而长期遭受困境的美国农民的提案。1929 年经济危机爆发后，这种声音再次响起。1930 年 6 月，来自犹他州的共和党国会参议员里德·斯姆特和来自俄勒冈州的共和党国会众议员威尔斯·C. 霍利共同发起了以他们名字命名的关税法——《斯姆特 - 霍利关税法》（Smoot Hawley Tariff Bill）在共和党主导的国会众议院顺利通过，但是在参议院仅仅以两票的优势勉强通过。该法案的主旨是将包括农产品在内的总共 2 000 多种进口商品的平均关税提高到史无前例的 50% 的水平以上，用以保护美国国内产品不受外部冲击。

1930 年 5 月 4 日，包括保罗·道格拉斯、欧文·费雪等著名学者在内，有 1 028 名经济学家向总统提交了请愿书，请求总统不要签署该法案。在国际社会，有 38 个国家的政府向美国提出了正式抗议，警告美国它们将采取报复措施。汽车业巨头亨利·福特认为这个法案是个"愚蠢的经济政策"，并且在白宫花了一整个晚上力图说服胡佛总统否决该项法案，但是没有成功；J. P. 摩根的首席执行官托马斯·W. 拉蒙特⊖则描述当时他就差跪下来乞求总统否决这项愚蠢的关税法案了。

1930 年 6 月 17 日胡佛总统签署了该法案，其结果是受保护产品的平均关税率为 53%。该法案通过之后，世界上 30 多个国家立刻报复性地提高关税或者采取其他反制措施。例如，作为美国最大的贸易伙伴，加拿大政府立即宣布反制措施，对从美国进口的 15 种商品征收 3 倍关税。法国基本上将美国的进口商品全部拒之门外。瑞士手表业深受其害，很快组织起来一个抵制美国货的非正式集团。意大利 80% 的进口汽车来自美国，意大利政府对美国进口汽车加倍征收关税作为报复手段，这使得美国汽车业的损失尤其严重。大英帝国及其殖民地国家则通过建立优惠关税安排机制规避该法案带来的冲击。简言之，其他国家反制措施的出台很快使得美国对外贸易困难重重。《斯姆特 - 霍利关税法》

⊖ 1929 年 11 月 11 日的《时代》周刊封面人物就是托马斯·W. 拉蒙特。他一直被认为是总统身边很有影响力的经济专家，但这次不是了。在胡佛签署法案之后，拉蒙特表示，这是"一个悲剧又荒唐的结局""可谓世界关税历史上最让人震惊的一页……"。

签署之后的几个月内，美国的进出口额骤降 50% 以上。1929～1933 年，国际贸易额下降了 67%。其中，大部分下降是由于全球性的经济衰退所致，但美国在国际贸易战中的第一枪却起到了很坏的带头作用。该法案还使得美国的失业率持续升高，到 1933 年，达到了 25.1%。从某种意义上来看，美国政府通过的这个法案是搬起石头砸自己的脚，该法案的签署被视为胡佛总统最严重的错误之一。

经济危机爆发之后，胡佛总统也采取了若干刺激政策，但是其效果被其他许多政策抵消了。一方面，政府提出不可以让老百姓忍饥挨饿，另一方面又不允许联邦政府直接出面予以救济，只强调由私人慈善机构去解决问题。面对急剧下降的政府收入和迅速上升的政府支出，胡佛总统还试图保持预算平衡，一方面，联邦政府加大公共工程的建设；另一方面，州和地方政府开支急剧压缩。1932 年胡佛总统签署法案，设立了复兴金融公司。该机构注册资本为 5 亿美元，并获准发行 15 亿美元的债务，向主要的金融机构提供贷款。这样，在美联储不愿采取行动的情况下，复兴金融公司就可以作为救命稻草向金融机构提供资金支持，挽救全国的信贷机构。该公司成立不到两周，每天发放的贷款就达到了 100 多笔。所有这些措施促进了信贷放松，企业可以重新获得资金来源，为美国创造大量再就业的机会。然而，上述举措无法为美国民众带来直接的帮助。胡佛总统始终坚持自己曾在 1927 年确立的救济原则，即鼓舞士气、广泛宣传、援助贷款人，而不是向美国工人提供直接帮助。共和党政府的这些政策失效使得民主党更有可能赢得 1932 年的大选。在民主党总统候选人当中，富兰克林·罗斯福的可能性最大。富兰克林·罗斯福是前总统西奥多·罗斯福的远房亲戚，娶了这位前总统的侄女为妻。他 1900 年进入哈佛大学就读，毕业后又进入哥伦比亚大学法学院学习，是律师出身，1913 年任美国海军部助理部长。1921 年严重的脊髓灰质炎使他后半生一直在轮椅上度过。1928 年他当选纽约州州长。胡佛总统在 1932 年的大选中失利还与以下事件有关。

早在 1924 年，柯立芝总统坚决反对参加一战老兵提出的赔偿要求，声称"能够买卖的爱国主义不是爱国主义"。但是，国会仍然通过了一项补偿法案，规定一战期间在国内服役者每天补偿 1 美元，在海外服役者每天补偿 1.25 美元。由美国政府先发给一战老兵一张补助金证书，承诺所欠薪金在 1945 年加上利息以现金偿付。1929 年的大危机之后，许多退伍老兵失业了。到了 1932 年，失业的退伍老兵们要求政府立即发放到 1945 年才支付的补助金，他们将这笔推迟支付的补偿金戏称为"墓碑补偿金"，因为到政府支付这笔补偿金的时候，其中许多人早就死了。全国各地的一战老兵自发组成了"退伍补偿金大军"（Bonus Expeditionary Force），其中第一支退伍补偿金大军在 1932 年 5 月 23 日到达华盛顿。他们打出"我们需要现金，不要墓碑，立即支付补偿金"的标语。

到 1932 年 6 月，近 25 000 名参加过一战的退伍老兵和他们的家人在华盛顿汇集，要求政府提前发放补助金，如果成功的话，每位退伍老兵能够获得大约 500 美元的补助，这笔钱在当时就可以养活全家老小。参加过一战的时任华盛顿警察局局长格拉斯福特同情这些退伍老兵，将他们安顿在一个称为安那科斯蒂亚平地的地方，与国会山仅一吊桥之隔。退伍老兵们在那里搭起的简陋小屋或者帐篷，形成了当时最大的胡佛村。

然而，美国军方情报部门向白宫报告说共产党已经渗透进这些退伍兵中，阴谋推翻政府。当时的新闻报道对退伍军人中共产党人的活动报道颇为详细。这似乎证实了胡佛总统的新闻秘书西德罗·朱斯林的说法，他曾声称："这些游行者已经从补偿金的要求者迅速成为共产主义者或者游民。"1932年6月，国会开始讨论是否立即兑付退伍补偿金的问题。共和党议员从平衡财政的角度考虑，强烈反对这一提案。14日，众议院经过激烈争论，同意立即支付退伍补偿金。17日，参议院就此事进行表决。当天，有8 000多名退伍军人聚集在国会大厦前面，另有10 000多人在安那科斯蒂亚平地的营地。但是，提案没有获得通过。参议院同意支付请愿者回家的路费，部分老兵领取了回程车票，但是仍然有部分老兵坚持示威游行，要求政府立即发放补偿金。7月28日，政府要求退伍老兵们撤离安那科斯蒂亚平地的营地。在撤离过程中，警察与老兵们发生了冲突，一名警察开枪误杀了两名退伍老兵。这激起了老兵和声援者们的愤怒，他们开始攻击警察，双方对立情绪非常紧张。胡佛总统于是下令调动美国军队驱散这些老兵。陆军参谋长麦克阿瑟将军得到命令之后，指挥带有步枪和催泪瓦斯的部队来到安那科斯蒂亚平地的营地，巴顿少校（也就是后来二战中威名赫赫的巴顿将军）指挥的坦克部队也参加了此次行动。下午4点30分，大约200名骑兵、300名陆军士兵和5辆坦克进入安那科斯蒂亚平地。老兵们临时搭起的帐篷被拆毁，戴着防毒面具的士兵向人群投掷催泪瓦斯，并引起多处临时窝棚着火。尽管整个事件中只有四人死亡，但是因为这件事，全国上下对胡佛总统一片指责。这对于声誉不佳且面临大选压力的胡佛总统来说无疑是个致命打击，他当时只获得了7个州的支持，而他的竞争对手罗斯福获得了41个州的支持。在大选中胡佛总统毫无悬念地遭到了惨败。

4. 罗斯福总统上台

1933年3月4日，罗斯福总统宣誓就职。他的名言至今令美国民众记忆深刻："我们唯一应该感到恐惧的，就是恐惧本身。"这句话不仅是他个人精神世界的写照，也是美国民众战胜大萧条勇气的象征。他上台后的首要任务就是处理金融恐慌的问题。当时人们对银行已经失去信心，开始囤积黄金，这使得金融状况持续恶化。为此，罗斯福总统下令全国的银行停业一周，即从3月6日到3月12日。3月9日罗斯福总统向国会提交《紧急银行法》（Emergency Banking Act of 1933），当天傍晚国会就通过该法并由总统签字生效，目的是为国会通过相关法律、稳定金融体系争取时间。3月12日，罗斯福总统通过无线电广播开展第一次"炉边谈话"，告诉美国民众，"我可以向大家保证，把钱存入经过整顿、重新开业的银行里比放在床垫下更为保险"。所有的银行被审查之后分为了三类：经营状况良好的银行，在各州和联邦监管部门审查后签发准予复业的执照；没有偿还能力的银行（4 000余家）关门歇业；处于中间状态的，政府帮助它们渡过难关。具体的方法是由复兴金融公司购进这些银行的优先股股票。3月13日，合格的银行重新开门后，门前排起了长龙，这次人们不是为了提款，而是争相将此前提取的现金存回银行，一周之内，重新存入银行的钱已经达到《紧急银行法》通过前提取金额的一半，罗斯福上任前银行的挤兑风潮终于得到了控制。经过这次危机，准许重新开业的商业银行从1921年顶峰时期的 30 000 家下降到 14 500 家左右，不及顶峰时期的一半。接下来的 3 个月内，在国会的配合下，罗斯福总统先后制定了 15 项重大法案（金融方面的法案占了 1/3），这一时期又被称为"百日新政"（The First Hundred Days）。此外，从 1933 年至 1935 年，美国国会先后还通过了《格拉斯－斯蒂格尔法》《联邦证券法》《证券交易法》《存款保险法》，建立了商业银行与投资银行业务分离的金融分业制度和联邦存款保险制度；根据"Q 条例"对利率实行严格管制，加强对证券市场的监管，加强美联储的独立性等。

在社会救济和公共工程建设方面，1933 年 5 月，国会通过了《联邦紧急救济法》，成立了联邦紧急救济署。其中对田纳西河流域的治理，通过以工代赈的方式，不仅解决了部分失业人员的就业问题，而且取得了公共工程建设的巨大成就。在工业、农业领域，通过《农业调整法》《全国工业复兴法》，政府可以介入工业、农业的生产和销售过程，可以干预劳资关系，建立了社会保障体系等。罗斯福新政的措施终止了美国金融恐慌，但是经济大萧条仍然没有结束。

5. 美国经济大萧条的各种解释

为什么美国乃至世界经济会出现如此大规模的"大萧条"？经济学家对经济大萧条的解释主要有以下几类。

第一类是从实体经济层面的因素来论证。经济学家们主要从 GDP 的三大需求来分析。构成 GDP 的消费、投资和净出口下降导致了物价下跌，即通货紧缩。例如，约瑟夫·熊彼特认为，大萧条是由于美国 20 世纪 20 年代技术进步和管理水平的提高带来劳动生产率迅速增长，但是这没有带来真实工资的上涨。美国生产能力的扩大，远远超过了购买力的增加，这最终导致经济必须进行根本性的调整。

从投资来看，一战之后的美国在 20 世纪 20 年代出现了投资热。建筑业、汽车制造、电气工业并称为当时美国经济的三大支柱，这些领域的大规模投资到 30 年代出现了急速下降。总投资支出从 1929 年的 140 亿美元减少到 1933 年的不足 30 亿美元。净投资在 1933 年实际上是负值，因为折旧额超过了总投资支出。凯恩斯在其专著《就业、利息和货币通论》中就认为，危机的原因是美国工商界对未来失去信心，从而导致投资支出锐减。美国股市的崩盘导致财富缩水和消费者信心丧失，严重影响了消费和投资。

从净出口来看，1930 年臭名昭著的《斯姆特－霍利关税法》引发了全球范围的贸易保护主义浪潮，这使得世界各国间的国际贸易额锐减，美国的出口额也急剧下降，全世界出口行业的失业率持续攀升。如 1929 年美国的净出口为 8.42 亿美元，到了 1933 年，美国的净出口只有 2.25 亿美元。1933 年的贸易总量仅为关税战之前的 1/3 左右。

第二类是从货币层面的因素来论证，这与美联储的货币政策紧密相关。以米尔顿·弗里德曼为代表的货币主义者认为大萧条的爆发要归因于美联储的货币政策。萧条的起源地在美国而不是在欧洲或者其他地区，是货币因素而不是实体经济层面的因素，是政策问题而不是制度问题，是一个国家而不是国际经济体系出了问题。这集中体现在弗里德曼等人所著的《美国货币史》一书中。该书作者认为，从 1930 年至 1933 年，美国有超过 9 000

家银行破产（美联储的货币政策没有阻止住这个势头），由此导致的货币供给紧缩才是美国经济出现大萧条的原因。从 1929 年 8 月至 1933 年 3 月，美国的货币供应量下降了 28%。货币学派认为，美联储应该对紧随商业银行大规模倒闭的 M1 和 M2 的急剧紧缩负主要责任，因为美联储没有扮演好"最后贷款人"的角色。为何美联储没有能够扮演好"最后贷款人"的角色呢？这是因为许多成员银行无法向联邦储备银行提供合格的再贴现票据，并且许多在各州注册的商业银行不是美联储的成员银行，也无法从"再贴现窗口"获得资金。货币主义者还认为，货币供应量的紧缩引起了灾难性的通货紧缩，而通货紧缩又引发了家庭、农场主以及企业出现大规模债务违约，这最终导致了商业银行的倒闭浪潮和合格的银行客户无法获得信贷资金。简言之，美联储做得太晚也太少了。恰如美联储前主席本·伯南克在 2002 年 11 月 8 日庆祝米尔顿·弗里德曼 90 岁生日宴会上的讲话："就大萧条问题而言，您的观点完全正确，的确是我们造成了经济大萧条。对此我们感到非常难过，对不起大家了。但是，托您的福，我们美联储再也不会那样做了。"

奥地利学派也同样将危机爆发的原因归结为货币因素，但是该学派认为，美联储是做得太多，干扰了自由市场经济规律的自由发挥，从而加剧和延长了这次萧条。

第三类是从国际经济秩序的维护角度来解释的。查尔斯·金德尔伯格是著名的美国经济史学家，国际政治经济学和国际关系学的霸权稳定理论奠基者之一，在美国国务院任职期间参与了二战后美国马歇尔计划的设计。他在专著《1929—1939 年世界经济萧条》一书中认为：经济大萧条爆发前期，英国作为曾经具有世界领袖地位的大国已经在衰落，美国作为当时的新兴大国，一直到 1936 年都拒绝扮演这一角色，没有为世界提供必要的全球公共产品，从而造成世界治理的领导力真空。所谓全球公共产品是指那些具有很强国际性、外部性的国际治理体系等，例如公平自由开放的贸易体系、稳定高效的金融市场、防止冲突与战争的安全机制等。由于全球公共产品的使用不具有排他性，因此"搭便车"现象较为普遍，世界主要大国则是全球公共产品的主要供给者，这使得全球公共产品常常处于供不应求的状态。恰恰是因为美国取代了英国成为当时新的世界霸主，却未能及时发挥提供全球公共产品的作用，因而导致 20 世纪 30 年代"灾难的十年"。美国著名学者约瑟夫·奈将上述观点概括为"金德尔伯格陷阱"。例如，在危机爆发后，英美两国都没有阻止危害世界贸易的关税战升级，没有提供信贷以帮助世界经济复苏，进而刹住世界经济的螺旋下降。其中，美国非但没有发挥正面作用，反而由于《斯姆特－霍利关税法》的出台，实际上成为罪魁祸首之一。

第四类是从美国维护金本位的角度来解释的。这种观点认为经济大危机之后，美联储为了维持本国的金本位而提高利率，其结果是美国经济恶化。一战之前，欧洲各国普遍实施金本位。一战爆发后，各国先后暂停了银行券兑付黄金。1922 年热那亚会议要求各国尽快恢复金本位。1925 年 4 月英国保守党内阁财政大臣丘吉尔宣布以战前的黄金平价恢复了金本位，其他国家因为黄金储备不足，有的采取了金块本位制度，有的采取了金汇兑本位制度。美国在 1900 年确定金本位，但是一直没有成立中央银行。1914 年 12 家联邦储备银行正式开业，这标志着美国中央银行制度形成。当时各家联邦储备银行均被要求持有不少于已发行的联邦储备券（现钞）面额40%的黄金。直至大萧条的后期，美国政府才允许美联储持有的国库券也可充当现钞的发行储备。在20世纪30年代早期，部分联邦储备银行的"自由黄金"（所持黄金超过法定发行储备要求的部分）规模相当低。1919年6月《凡尔赛和约》使得德国政府在战后背上了沉重的债务负担，协约国在战后向美国偿付战争期间的借款使得赔款问题与战债问题纠缠在一起。为了解决上述问题，道威斯计划（Dawes Plan）和杨格计划（Young Plan）先后出台。通过美国借款给德国，德国向协约国支付战争赔款，协约国向美国支付战债实现了资金的循环，但是1929年的大危机使得欧洲各国经济先后崩塌，上述资金的循环链条中断。尽管1931年6月胡佛总统同意欧洲各国延期一年偿付一战的赔款和战债，但是这没能挽救欧洲的危局。1931年欧洲各国爆发了银行倒闭的风潮。5月，奥地利最大的银行——奥地利信用银行宣布破产；7月，德国最大的金融机构——达姆施塔特银行（Darmstadter）倒闭。8月至10月，欧洲有近千家银行倒闭。奥地利和德国先后停止银行券的黄金兑付。这引发了全球范围内的黄金兑付浪潮，并波及金融中心——伦敦。1931年9月20日，在英格兰银行干预外汇市场失败之后，英国政府不得不宣布放弃金本位。英国是世界上最早采取金本位制度的国家，也是最早放弃金本位制度的国家。在当时，受此影响，各国央行纷纷将美元储备转换成黄金，欧洲的金融恐慌在美国造成了新一轮的冲击。在抛售美元的情况下，美联储不得不急剧上调再贴现率，以应对美国资本逃逸和黄金的外流。换言之，美联储为了保持美国的金本位而不顾美国实体经济状况提高了利率，这使得美国经济进一步恶化了。美国国内的银行倒闭之风席卷了几乎未曾波及的地区，如新英格兰、南卡罗来纳、北卡罗来纳等地。经济学家巴里·艾森格林、杰弗里·萨克斯就认为当时的金本位妨碍了各国采取独立的货币政策来刺激本国经济，最早取消金本位的国家也是最先从大萧条中复苏的国家。

▓ 专栏11-2

一战后的德国赔款

一战结束后的1919年6月，协约国与德国在巴黎和会上签署了《凡尔赛和约》（Treaty of Versailles），该条约旨在削弱德国的实力，从外贸、金融、资源、国土等方面限制德国的恢复和发展。根据该条约，德国必须割让1/8的领土，所有的海外殖民地被瓜分，全部的国外投资被没收，向协约国交付巨额实物赔偿和战争赔款等。一战期间，英、法、意等国向美国大量借款，到一战结束时，欧洲各国欠美国的战债超过了110亿美元。协约国希望借德国支付的战争赔款来归还美国债务，所以德国的赔款问题和英法等国的战债问题紧密联系，各国在赔款问题上矛盾重重。

协约国在1919年成立了赔款委员会，但是并没有确定德国赔偿的总金额。1921年该委员会确定德国赔偿的总金额为2 690亿金马克，其中2 260亿为本金，其余为利息，在42年内赔偿完毕。这一数额是德国国民收入的4倍，超出了德国的偿付能力，经过协商，最后确定德国的赔款金额为1 320亿金马克，要求66年内赔付完毕。

即便是这样，这一规模也远远超出了德国的经济能力，德国的赔款不具有可持续性。1919 年成立的德国魏玛共和国（又称为"第二帝国"）在 1921 年 8 月支付了首笔约 20 亿金马克的赔款后，1922 年 7 月宣布无力偿还赔款，要求延期支付赔款。由于德国拖欠赔款，1923 年 1 月法国、比利时联合出兵占领了鲁尔区。它们以直接运走木材、煤炭、其他工业原材料的方式保护其在战争赔款中的利益。鲁尔区的工人则用怠工、罢工和破坏生产设备来消极回应两国的占领，魏玛共和国时期的中央银行——帝国银行（Reichsbank）通过印刷纸币来发放工人工资和失业救济金，暗中鼓励工人的罢工行动。帝国银行在鲁道夫·冯·哈芬史坦博士（由律师转行的普鲁士银行家）的主持下，不断地为政府预算赤字提供融资，结果是钞票的大量发行和恶性通货膨胀的爆发。曾经有个说法是，德国采取恶性通货膨胀的做法是为了使得《凡尔赛和约》规定的赔款缩水。实际上，这些赔款以黄金计价，纸币超发引发通货膨胀的做法并不能减轻德国的战争债务负担。不过，恶性通货膨胀使得其货币大幅度贬值，这促进了德国的出口，同时鼓励引进外商直接投资，这些都可以增加赔款所需的外汇。

为了解决上述问题，协约国赔款委员会于 1923 年专门设立了以美国银行家查尔斯·盖茨·道威斯（Charles G. Dawes）为主席的道威斯委员会，并于 1924 年 4 月推出了"道威斯计划"。道威斯于 1921 年被任命为美国预算局的首任局长，1923 年和 1924 年道威斯领导协约国赔款委员会，主要负责恢复德国 1922 年至 1923 年恶性通货膨胀后的金融秩序。他因为对一战后的和平进程有着积极的贡献，（与英国首相奥斯汀·张伯伦爵士一起）获得了 1925 年的诺贝尔和平奖，他还是 1925～1929 年美国柯立芝政府时期的副总统。一战彻底改变了美国在世界经济中的地位。战前美国还是国际净投资头寸为负的国家，战后则成为净投资头寸为正的国家。1924 年 8 月，协约国的伦敦国际会议正式通过了道威斯计划，同年 9 月 1 日该计划生效。道威斯计划按照"将欲取之，必先予之"的原则，通过恢复德国经济的办法来保证德国偿付赔款。例如，通过改组帝国银行实行币制改革。由美国等国的私人银行贷款给德国，这样资金从美国流入德国，再以战争赔款的形式流入协约国，协约国最后又以偿还战债的形式流回美国，形成资金的循环。道威斯计划促进了 20 世纪 20 年代后半期德国经济的恢复和发展。

1929 年 10 月美国经济危机爆发后，德国财政濒于破产，无力执行道威斯计划。1929 年 2 月至 6 月，协约国与德国代表组成以美国财政专家欧文·杨格（Owen D. Young）为主席的委员会，在巴黎开会重新商讨德国的战争赔偿问题，并于 1930 年通过了"杨格计划"。该计划同意将德国的赔款额降至 1 120 亿金马克，取消对德国的经济管制，将其经济政策的决定权交还给德国政府。根据杨格计划，在 1930 年美、英、法、德、比、意、日七国共同创立了著名的国际清算银行，该行行址设在交通便利的法国、德国、瑞士三国交界附近的巴塞尔。1931 年 6 月，美国胡佛总统宣布欧洲各国可以延期一年偿付一战的赔款和战债。然而，德国经济的恶化使得德国总统兴登堡不得不发表声明，称德国无力支付赔款。1932 年 6 月至 7 月，协约国在洛桑举行会议再次讨论德国的战争赔款问题，同意不再强迫德国立即赔款；免除德国 90% 的债务，规定德国的最后赔款额为 30 亿金马克，在停付 3 年后，德国需要在 37 年内分次付清这 30 亿金马克。1933

年希特勒上台以后，纳粹德国拒绝偿付债务，此时德国仅仅偿还了 1/8 左右的一战赔款。二战结束后的 1953 年，联邦德国总理阿登纳同意继续赔偿战前未偿还的一战赔款，从 1953 年至 1983 年偿还了 140 亿德国马克。直到 2010 年 10 月 3 日，德国政府向法国支付了最后一笔一战赔款 6 670 万欧元，整个德国一战赔款才全部结束。

11.2 货币政策的最终目标

货币政策的最终目标也往往被认为是中央银行的主要职责。不少国家都是通过对中央银行立法，来规定本国中央银行的主要职责或最终目标。随着经济发展和各国国情的不同，各国中央银行的职责也在不断扩展和延伸。在不同的时期，各国中央银行最终目标的侧重点也有所不同。

20 世纪 20 年代之后，建立中央银行是世界潮流，大部分国家先后建立本国的中央银行。在饱受两次世界大战过程中恶性通货膨胀的痛苦之后，各国政府都将保持物价稳定作为中央银行最主要的职责之一。20 世纪 60 年代，国际收支失衡困扰西方各国，除了物价稳定之外，保持国际收支平衡也成为各国中央银行的目标之一。因此，经济学家们将货币政策的最终目标归纳为以下四个：物价稳定、经济增长、充分就业和国际收支平衡。布雷顿森林体系崩溃之后，全球进入了浮动汇率时代。理论上，在浮动汇率条件下，各国国际收支会自动实现平衡。然而，现实情况是汇率波动幅度显著加剧之后对各国经济产生了负面影响，即使是实行浮动汇率制度的国家，其中央银行都试图稳定本国货币与关键货币之间的汇率，更遑论采取钉住汇率制度的国家了。因此，汇率稳定也成为各国中央银行的职责之一。然而，伴随着历次金融危机的出现，尤其是日本 20 世纪 90 年代泡沫经济的破灭，各国中央银行逐渐认识到仅仅保持物价稳定不足以使得本国经济平稳运行，各国中央银行还必须保持金融体系的稳定。因此价格稳定和金融稳定成为世纪之交各国中央银行共同追求的目标。21 世纪之初，从美国次贷危机演变而成的全球金融危机，再次深刻地揭示了危机前占主导模式的货币政策目标存在的缺陷，这主要体现在两个方面：第一，在短期内以通胀率（点目标或者区间目标）来定义价格稳定的目标；第二，在分析价格稳定的风险时，很大程度上忽略了金融和货币因素变化，主要依据实体经济层面的指标，如短期通胀率和经济增长率等指标的预测值来调整货币政策的走势。

11.2.1 价格稳定与金融稳定

什么是价格稳定？通常来说，价格稳定就是以 CPI 为代表的物价涨幅保持相对稳定。美联储前主席格林斯潘曾经认为："所谓物价稳定是指这样一种状态，一般价格水平的预期变化不会有效地改变企业和家庭的经济决定。"然而，2008 年全球金融危机以来，世界各国的物价水平一直保持在低水平。此外，世界各国经济运行还出现了一系列的新现象，如通胀回落（Disinflation）、持续低通胀（Persistently Low Inflation）和通货紧缩（Deflation）。通胀回落是指经济体的通胀率逐年回落，但物价的绝对水平仍然在缓慢上升。持续低通胀是指通胀率连续保持在刚刚超过零的低水平上。通货紧缩是指经济体出现了负的通胀率，价格的绝对水平在下降。这里还涉及一个理论问题，就是价格稳定是不是意味着通胀率为零？为什么各国中央银行不设定一个恒定的物价水平，或者以零通胀率作为货币政策的目标，而是将保持2%左右的通胀率就认定为实现了物价稳定呢？一般来说，中央银行的理由包括以下几个方面。

1. 物价指数的计算方法会使得统计结果出现偏误

中央银行一般以消费者物价指数作为衡量价格稳定的重要指标。当物价指数采用帕氏指数时，会忽略对产品质量提升的调整，经济学家将这种偏误称为质量变化偏误（Quality Change Bias）。例如，随着时间的推移和企业竞争的加剧，汽车性能发生了显著的改变，增加了许多新的功能（比如安全气囊、电动座椅和日间行车灯等）。因此，即使汽车的价格保持不变，其性能也已经远远提升了。统计专家认为，帕氏指数往往会低估产品质量改善带来的因素，结果通胀率就会被夸大。尤其是出现新产品时，这个问题更为严重。平均来看，世界各国消费者物价指数每年会因此高估 0.5% ~ 1%。

如果采用拉氏指数（基期加权指数），由于物量权重固定在基期，当某种产品价格上涨时，人们往往会选择价格低且产品性能相似的替代品，因此拉氏物价指数也会出现高估，经济学家称之为替代偏误（Substitution Bias）。同样，由于各类发明创造的出现，各种新产品频频产生，物量固定在基期的拉氏加权指数会忽略这些新产品，由此导致新产品偏误（New Products Bias）。

除此之外，由于物价指数还包含农产品、能源产品的价格，而农产品价格和能源产品价格分别容易受到自然灾害与欧佩克产量限制因素的影响，这些外部冲击（External Shocks）都超出了中央银行货币政策的控制能力，因此，在部分国家，中央银行采用核心通胀率指标（即剔除农产品和能源产品）。简言之，由于物价统计方法存在上述一系列偏误，货币政策调控有可能出现失误。

2. 物价和工资存在负增长的刚性

如果物价保持绝对稳定，即零通胀率，这就意味着有些产品价格上涨，则有些产品价格必须下降。大多数经济学家认为，企业不愿意接受产品价格的下降，工人也不愿意接受工资的下降，这种刚性意味着零通胀率必然会导致持续的高失业率和产能过剩。相反，货币政策以较低的正的通胀率为目标，意味着部分企业的产品价格和工人的工资涨幅虽然低于目标通胀率，但是会高于零通胀率，因此经济调整的痛苦会相对更小。

3. 零通胀率将降低持有现钞的机会成本，产生挤出效应

现钞的收益率为零。正常情况下，人们会持有最低数额的现钞以满足日常的交易需

要，通过持有其他资产获得更高的收益。然而，当通胀率接近于零时，利率和其他资产的名义收益率也会下降，这降低了人们持有现钞的机会成本。由于现钞既安全又方便，在零通胀率和低利率的背景下，人们更愿意持有现钞，而不愿意持有高风险高收益的其他资产（如股票和债券），这对应的是企业的资本（权益资金和债务资金）。企业获得的资金减少，相应地未来的产出就会下降。因此，低通胀率也就挤出了投入生产中的资本，这与高利率的政府债务会挤出企业的生产性资本的方式非常相似。

4. 利率零下限

传统上，中央银行通过调控短期名义利率来实现价格稳定和经济增长。然而影响经济运行的是实际利率，即名义利率减去预期通胀率。在经济衰退期间，一国往往会出现通货紧缩，即物价负增长。即使是名义利率为零，此时的实际利率仍然大于零，在通货紧缩非常严重的情况下实际利率可能较高。较高的实际利率将抑制企业扩大投资，只有较低的实际利率才可能刺激企业增加投资，实现经济扩张。实际利率为负更可以刺激经济。因为名义利率无法小于零，所以只有当未来预期的通胀率为正的时候，实际利率才可能为负。因此，在经济低迷时期，维持正的通胀率可以使中央银行采取宽松的货币政策以实现经济增长的目标。在债务水平高的国家，通胀率的意外下降会降低总需求，因为借款人面临的实际利率会上升，其实际债务负担会加重——这种现象称为"债务型通缩"（Debt Deflation），并且去杠杆化（Deleverage）会更难以实现。在通缩状态下，负债人的实际偿债负担会加重。尽管债权人的财富在债务型通缩状态下会增加，但他们增加的支出无法抵消债务人因为损失而减少的支出，这意味着债务型通缩对经济会产生净的负面影响。通货紧缩往往伴随着抵押品价值（包括房价）下降，这可能导致经济主体的所有者权益下降或变为负值，降低违约成本，经济形势进一步恶化。在通胀率很低但仍然大于零的情况下，经济运行即使能够避免通缩陷阱（Deflation Trap），也有可能存在显著的经济成本。通胀率长期低于目标水平可能使经济主体认为中央银行愿意在较长时期内接受低通胀率，从而实际上会使中期跨度内的通胀预期水平降到虽然为正但低于目标的水平。这种低通胀环境的主要代价是货币政策的有效性下降。低通胀率会限制货币政策应对需求疲软的能力。在经济严重衰退时，实际利率必须大幅下降，以恢复充分就业，并使产出回到潜在水平。通胀处于正常水平时，中央银行可以通过下调名义政策利率来实现上述目标，但当经济处在低通胀率、低名义利率环境时，中央银行几乎没有空间降低实际利率，即使是利用非常规工具，以至于有学者提到了"直升机撒钱"的方式。

专栏 11-3

金融稳定与中央银行的职责

金融稳定（Financial Stability）可以从数量和价格两方面来理解。从数量的角度来看，金融稳定就是金融资产（负债）规模的平稳增长，需要避免其在短时间内出现暴涨暴跌。例如，在金融危机（银行危机）期间，大量银行倒闭就会出现金融资产（负债）的急剧萎缩。同样，美联储在2017年以来的"缩表"就非常值得关注。从价格的角度来看，金融稳定就是资产价格的相对稳定，避免金融资产（如利率、股价、房地产）价格的暴涨暴跌。有经济学家还认为，在经济全球化的今天，汇率稳定对于本国经济发展的意义不言而喻。之所以将金融稳定纳入货币政策的最终目标，是因为出现过泡沫经济破灭的国家，其经济都经历过长期的低迷。例如，日本在20世纪80年代末虽然出现了泡沫经济，物价水平却保持了相对稳定，当时日本银行对此没有引起足够的重视。90年代初泡沫经济破灭之后，日本经济持续低迷，并且陷入了通货紧缩的陷阱，由此日本银行认为货币政策的目标不仅包括物价稳定，而且包括金融稳定。因此，也有经济学家将中央银行的职责归结为四个稳定——价格稳定、汇率稳定、产出稳定和金融稳定，其中产出稳定就是避免实体经济的剧烈波动，如GDP增长率的大起大落。

11.2.2 中国货币政策最终目标的演变

1993年国务院通过的《关于金融体制改革的决定》规定，中国货币政策的最终目标是"保持货币的稳定，并以此促进经济的增长"。何谓货币的稳定？经济增长的合理速度又是多少？时任中国人民银行副行长的戴相龙（1994）对此的解释是，经济增长达到8%～9%，物价控制在5%以下就是一个合理的目标。

1995年，第八届全国人民代表大会第三次会议通过的《中华人民共和国中国人民银行法》（简称《中国人民银行法》）第三条明确规定：货币政策目标是保持货币币值的稳定，并以此促进经济增长。这中间显著的变化就是增加了"币值"两字。中国人民银行条法司对这一条款的解释是，"将中国人民银行的货币供应量控制在客观容许的限度内，通过调节货币供应量，并保持国际收支平衡，为国民经济的发展创造一个良好的货币金融环境，从而促进经济的增长"。这一解释回避了对"币值"一词的解释，实际上是对实现币值稳定的方式（通过控制货币供应量）的解释。戴相龙（1995）在《依法履行中央银行职责》一文中提到了币值与物价的关系："币值是否稳定是通过物价反映的，而物价又是通过国民生产总值平减指数、零售物价指数、消费物价指数、批发物价指数等反映的。"他进一步解释了"币值稳定"的含义，即"物价在短时间内不要有大幅度波动，即使有波动，也要控制在社会、居民可以承受的范围内，而不是要求物价固定不变……'九五'时期，最好使零售物价增长比国民生产总值增长幅度低2～3个百分点"。1996年戴相龙在《当前金融工作中急需研究的几个问题》一文中解释说："整个'九五'计划期间，物价增长比经济增长低2个百分点，这是比较合适的，如果能做到这样，也可以说是币值基本稳定。"我们从中不难发现，截至1997年亚洲金融危机爆发之前的这一段时间，也就是在中国为通货膨胀所困扰的背景下，中国人民银行对"币值稳定"的理解是从抑制通货膨胀的角度出发，仅仅停留在物价稳定方面。

从国务院《关于金融体制改革的决定》到《中国人民银行法》，货币政策目标的表述仅仅将"货币稳定"改为"币值稳定",文字表述略有不同,但从其解释来看都集中于物价的稳定方面,在当时实际上还暗含这样的意义,即根据弗里德曼的货币数量说,货币供应量的稳定增长最终会带来物价的稳定,因此要实现物价的稳定,必须控制货币供应量的增长。从操作层面来看,中国自 1994 年开始公布各层次货币供应量的统计数据,并将货币供应量 M2 作为货币政策的中间目标,这主要是因为当时中国人民银行无法控制信贷总量,或者即使控制了信贷总量仍然无法实现物价稳定,货币当局就寄希望于通过货币供应量的涨幅来实现这一目标。这使得中国经济学家乃至中国人民银行的官员以后在论及中国货币政策最终目标时,"货币稳定"和"币值稳定"的提法相互混用,不加区分。1998 年之后中国货币当局对"稳定货币币值"的理解可以分为以下三个阶段。

第一阶段是 1998 年至 1999 年 3 月,从"对内币值稳定"跨越到包括"人民币汇率稳定"。亚洲金融危机之后,戴相龙的讲话开始增加有关人民币汇率的内容,如 1998 年在《为建立现代金融体系金融制度和良好的金融秩序而努力》的讲话当中提出:"在合理控制国内货币供应的同时,要保持国际收支平衡,保证人民币汇率稳定。"国家外汇管理局前领导李福祥 1998 年也撰文写道:"(中国)货币政策的目标是稳定人民币币值,并以此促进经济增长。这就决定了中国当前汇率政策的目标是稳定人民币汇率,维护国际收支平衡。"可以说,1998 年货币当局对币值稳定的理解从过去的仅仅是物价稳定(从抑制通货膨胀的角度),开始增加保持人民币汇率稳定的内容。与此同时,国内通货紧缩的程度继续加重,国内学者对通货紧缩的定义、根源以及对策进行了热烈的讨论,然而此时货币当局仍然不承认中国出现了通货紧缩。如 1999 年 3 月 11 日戴相龙回答记者关于中国当时是否出现通货紧缩现象的提问时称,"通货紧缩有两个明显的标志,一是物价连续下跌;二是货币供应量连续下降。与之相伴的是经济衰退及经济连续两个季度出现负增长。中国目前没有这些征兆,因此中国不存在通货紧缩"。他用货币供应量涨幅高于经济增长率的数据来加以说明(见 1999 年 3 月 12 日《金融时报》的报道)。可以说,中国货币当局对稳定人民币名义汇率的关注要早于对国内通货紧缩的认识。

第二阶段是 1999 年 4 月至 2002 年,"对内币值稳定"开始包括"反通货紧缩"的要求。1999 年 4 月 3 日,朱镕基总理在答《华尔街日报》记者提问时说,1993 年中国面临的困难是通货膨胀,而中国现在面临的困难是通货紧缩,是物价不断下跌⊖。这标志着中国政府开始正式确认通货紧缩问题的严重性,防范通货紧缩逐渐成为中央银行的中心任务。从此,币值稳定又增加了防范通货紧缩的含义。之后,货币当局对稳定币值的解释基本从对内对外两个角度来解释,并且强调对内要防止和克服通货紧缩。此外,值得关注的是,中国人民银行货币政策司前司长戴根有对中国人民银行货币政策目标的解释是:"保持人民币币值稳定,对内指保持物价总水平稳定,对外指保持人民币实际有效汇率稳定。"他对实际有效汇率稳定进行了详细阐述:"实际有效汇率稳定是保持一国国际收支平衡的基本条件,外汇市场供求每天都在发生变化,特别是在中国这样外汇市场机制并不健全的国家,放任人民币汇价每天随供求任意波动,不利于实体经济运行。中央银行在外汇公开市

⊖ 朱镕基答记者问编辑组. 朱镕基答记者问 [M]. 北京:人民出版社,2009:112.

场操作，应以熨平短期名义汇率剧烈波动、保持长期实际有效汇率基本稳定为目标。"

第三阶段是2003年以来，人民币对内币值既出现过通胀压力，也出现了通货紧缩的局面，但是人民币对内币值不再成为货币当局关注的主要方面。在法律层面，货币当局没有对货币政策的最终目标进行任何修改，但是在实际执行过程中，中国人民银行对货币政策最终目标的理解趋于多元化。

就人民币对内币值而言，我们可以从消费者物价指数（CPI）和批发物价指数（PPI）的变化趋势来分析。以CPI为例，2003年以来，国内经济大致在2007年3月开始面临通货膨胀的压力，2008年4月，CPI达8.5%，通胀压力较为显著。一直到2008年10月，通胀压力持续了20个月（以CPI大于3%作为衡量标准）。2008年9月全球金融危机爆发之后，CPI旋即下降，并且陷入了通货紧缩。2009年2月至10月，CPI同比一直为负数。全球金融危机爆发之后，总需求的下降也使得中国受到了显著冲击。在经历了9个月的通货紧缩之后，CPI一直保持正数。除了2011年3月至10月CPI高于5%之外，截至2019年年末，CPI一直低于5%。以PPI为例，自2003年以来，中国三度被通货紧缩困扰。第一个阶段从2008年12月至2009年11月，PPI同比12个月为负。第二个阶段从2012年3月至2016年8月，PPI同比持续54个月为负。第三个阶段从2019年7月开始到2019年年末，PPI为负持续了6个月。另外，在2019年上半年，PPI同比指标均低于1%。

就人民币对外币值而言，以人民币兑美元汇率（月度平均值）作为代表，人民币对外币值经历了稳定、升值和贬值三个阶段。稳定阶段是从2003年到2005年6月，人民币兑美元在8.27的水平上基本保持不变。2005年7月人民币汇改之后，人民币整体上处于升值态势，人民币兑美元的汇率水平从8.27上升到6.10。不过，2008年全球金融危机爆发之后的一段时间内（从2008年7月至2010年5月），人民币兑美元汇率保持在6.82~6.83的水平上下波动（持续了23个月）。此后，人民币再次出现升值态势，并在2014年1月达到峰值6.104 3。贬值阶段是从2014年2月到2019年年底，其间仅偶有小幅反弹，这中间涉及2015年"8·11"人民币汇率报价机制改革，2018年开始的中美贸易战对人民币汇率的冲击。

综上所述，在1998年之前，中国经济运行的常态是通货膨胀，因而货币政策的任务是控制通货膨胀率。不论是货币当局还是学术界，对"稳定币值"的理解仅仅是从抑制通货膨胀的角度来实现物价的稳定。1997年7月亚洲金融危机爆发后，中国人民银行对"稳定币值"的理解增加了人民币名义汇率稳定的含义。此后，由于国内通货紧缩的加剧，中国政府对物价稳定的解释又增加了防范通货紧缩的含义。所以，综合来看，人民币币值的稳定包括对内币值的稳定和对外币值的稳定（见图11-2）。前者的实质就是物价稳定，它包括两层含义，既要抑制通货膨胀，又要防止通货紧缩。对外币值的稳定主要表现在人民币汇率水平上，对此又有两种不同的认识：第一种认识是人民币名义汇率（即人民币对美元的名义汇率）的稳定，即中国政府承诺的人民币不贬值、不升值；第二种认识以戴根有（2001）为代表，指保持人民币实际有效汇率稳定。

21世纪以来中国物价和人民币汇率的走势表明：中国既出现过通货膨胀，也出现过通货紧缩，人民币既出现过升值，也出现过贬值。在发生外部冲击的情况下，中国人民银行首先应该解决对内币值的稳定还是对外币值的稳定呢？换言之，人民币物价稳定和汇率稳定，何者更为优先呢？到目前为止，不论是货币当局还是有关的学者，均没有明确这一顺序。这仍然是一个值得中国人民银行探索的问题。

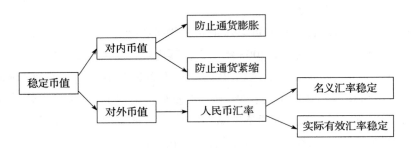

图 11-2　中国货币政策最终目标的分解

11.2.3 "货币币值稳定"与"经济增长"的关系

国内学者对中国货币政策目标的讨论还集中表现在"币值稳定"与"经济增长"关系方面，这主要有两条思路。

第一条思路是从"币值稳定"与"经济增长"之间的关系入手，探讨货币当局首先实现的目标应该是"币值稳定"还是"经济增长"。在 1995 年《中国人民银行法》立法的过程中，国内学者对此讨论得非常多。1998 年中国出现通货紧缩之后，有关这个问题的讨论再次引起关注。从整体上看，这一思路的讨论呈现出以下特征：在经济繁荣阶段或者说经济运行以通货膨胀为主要特征时，扩张性货币政策对"币值稳定"与"经济增长"两个目标产生的作用是矛盾的，经济学家们争论的是是否执行扩张性货币政策的问题，即货币政策的松紧方向问题。占主流的意见是，保持物价稳定为货币政策的首要目标，即使要实现经济增长，也必须以物价稳定为前提，如 1997 年之前和 2002～2005 年这段时间。在国内经济衰退期间，如 1998 年以来出现的通货紧缩时期，由于扩张性货币政策同时有利于"币值稳定"与"经济增长"的实现，经济学家们争论的是扩张性货币政策的力度问题。

第二条思路则以谢平以及周小川等央行官员为代表。谢平（2000）认为，中国货币政策实质上面临多目标约束，而不仅仅是《中国人民银行法》所规定的"币值稳定"与"经济增长"两个目标，这些目标包括物价稳定，促进就业，确保经济增长，支持国有企业改革，配合积极的财政政策扩大内需，确保外汇储备不减少，保持人民币汇率稳定。周小川（2011）认为："币值稳定在货币政策目标中的首要地位，其科学性和实效性也被中国金融宏观调控实践所证明。但是由于中国经济结构的特殊性和复杂性，中央银行在货币政策决策和实施过程中不能只盯住币值稳定目标，还要兼顾经济增长、充分就业、国际收支平衡等多个目标，并根据一段时期内宏观经济运行中的主要矛盾和突出问题，有所侧重，有所强调，及时调整政策取向。"多目标思路的解释准确地描述了中国货币当局在当时面临的窘境，即使中国人民银行的约束目标仅仅是"币值稳定"，由于其内涵的丰富性和对其理解的不同，同样会对中国货币政策的执行形成多重约束，更遑论多目标对中央银行货币政策的影响了。

专栏 11-4

"币值稳定"与"货币稳定"的混用

此外，中国学者对"稳定货币币值"定义的理解普遍存在将"币值稳定"混同于"货币稳定"的倾向，这种混用存在以下不足。

第一，仅从中文字面上理解，"币值"就是货币的价格，这从中国人民银行网站上《中国人民银行法》的英译文本中也可以得到证实："The objective of the monetary policy is to maintain the stability of the value of the currency and thereby promote economic growth." "货币"则是"货币供应量"一词的简称，是从量的角度来表述。如果说"币值稳定"就等于"货币稳定"，那就相当于认为"货币"就是"币值"了，也就是将货币的数量等同于货币的价格。这一解释无疑是不成立的。

第二，如果将"货币稳定"理解为货币供应量涨幅的稳定，并且这一稳定会带来币值的稳定，这不过是弗里德曼货币数量说的翻版。根据这一学说，"币值稳定"是货币政策的目标，"货币稳定"是实现这一目标的手段，混淆这两者就等于将目标和实现目标的手段等同起来。

第三，将"币值稳定"等同于"货币稳定"的理解不仅暗含货币供应量增幅与物价的相关关系，还暗含着从货币供应量增幅稳定到物价稳定的因果关系，但物价的稳定是否会带来货币供应量涨幅的稳定这种反向的因果关系则没有被关注。

第四，货币当局通过控制货币供应量实现物价稳定要取决于货币供应量与物价之间存在较为稳定的关系，如果这种关系被打破，那么货币供应量作为通胀率预测指标的作用将值得怀疑。以货币供应量作为货币政策的中间目标曾经是亚洲大多数中央银行采用的主要方法，但美联储前主席格林斯潘在 1993 年国会作证时就宣布美联储将放弃货币供应量 M2 作为中间目标，当时的亚洲大多数中央银行没有意识到货币供应量指标将会出现的局限性。

此外，"Monetary Stability"如何翻译呢？如果译作"货币稳定"，在中文语境中很容易让人误以为是货币数量的稳定。"Monetary Stability"实际上是指货币币值的稳定，既包括货币对内币值的稳定，以通胀率来表示，又包括货币对外币值的稳定，以汇率来表示。

11.2.4 货币政策目标多重性引发的问题

对于中国来说，中国人民银行的主要领导先后就货币政策的目标进行过阐述。简言之，中国的货币政策是多目标制。

周小川（2006）认为中国的货币政策应该采取多目标制，他具体从两方面来解释：一方面中国经济处于转轨阶段，若干资源类商品、服务、生产要素的价格正处于市场化的过程中，这将对货币价格和数量带来额外的影响，中国若发生币值不稳定，很可能源于转轨特性，而不一定是货币数量和货币价格所引起；另一方面，作为低收入发展中国家的中国将经济增长和就业视为重要目标，"虽然央行最主要的职能是稳定货币、保持低通胀，但中国目前还要采用多目标制，既关注通胀，又要考虑经济增长、国际收支平衡、就业等问题，特别是要推动金融改革"。

易纲（2007）在就"稳健的货币政策实施情况"接受中国政府网在线专访过程中也就人民币币值稳定的含义进行了解释。他认为，人民币币值稳定有两个含义：第一，控制通货膨胀，就是对内的购买力要稳定，第二，保持人民币的汇率在合理均衡水平上的基本稳定，就是对外也要比较稳定。然而，他没有进一步解释人民币合理均衡汇率的具体含义以及指标问题。

2008年，全球金融危机爆发以来，周小川先后多次提到中国的货币政策需要考虑多重目标。例如，2009年12月22日周小川在"2009中国金融论坛"上表示，中国货币政策需要考虑多重目标，目前要围绕通胀、经济增长、就业、国际收支四大目标考虑政策制定。中国人民银行在制定货币政策时还会考虑对资源价格、能源价格、住房、公共交通等资源配置改革给予支持。资源价格改革可能会伴随一定的通胀，但今日的通胀将为明日的结构优化和低通胀打下基础。周小川在2011年《建立符合国情的金融宏观调控体系》一文中继续提出，"由于中国经济结构的特殊性和复杂性，中央银行在货币政策决策和实施过程中不能只盯住币值稳定目标，还要兼顾经济增长、充分就业、国际收支平衡等多个目标，并根据一段时期内宏观经济运行中的主要矛盾和突出问题，有所侧重，有所强调，及时调整政策取向"。

2012年11月20日，周小川在"新浪金麒麟论坛"上谈及金融宏观调控时指出："优化货币政策目标体系，更加突出价格稳定目标，关注更广泛意义的整体价格水平稳定，处理好促进经济增长、保持物价稳定和防范金融风险的关系。"2012年11月26日，周小川发表的《新世纪以来中国货币政策主要特点》一文更是提到，"中国的货币政策具有多重目标：一是维护低通胀；二是推动经济合理增长；三是保持较为充分的就业，维持相对低的失业率；四是维护国际收支平衡。防通胀一直是中央银行最主要的任务和使命，在货币政策中分量最大"。

2016年6月24日周小川在IMF中央银行政策研讨班上以"把握好多目标货币政策：转型的中国经济的视角"为主题发言，明确表示"中国政府赋予央行的年度目标是维护价格稳定、促进经济增长、促进就业、保持国际收支大体平衡。从中长期动态角度来看，转轨经济体的特点决定了中国央行还必须推动改革开放和金融市场发展，这么做的目的是实现动态的金融稳定和经济转轨，转轨最终是为了支持更有效、更稳定的经济"。他进一步指出，货币政策的目标重叠、目标冲突、目标加总及其权重以及模型的选择等问题都需要考虑如何解决。综上所述，中国人民银行在货币政策的具体操作过程中，一直都是多目标的。只是在不同时期，各个目标的优先地位、权重和各个目标之间的冲突并不相同。

伍戈和刘琨（2015）对中国采取的"多目标、多工具"的货币政策框架以及规则体系进行了系统分析和实证检验。他们认为随着中国经济结构改革的深化以及汇率利率市场化、资本项目可兑换进程的推进，中国货币政策的规则（体系）仍在演进之中，并可能不断趋近"不可能三角"的"角点解"。如上所述，不论是货币当局还是国内学者，他们对中国货币政策最终目标的理解和解释都是多维度的。

如果我们将"币值稳定"从对内价值稳定和对外价值稳定两个方面细分，可以构成如表 11-1 所示的组合。

表 11-1　中国货币政策内外币值目标的组合

		本币对内价值（国内物价）	
		通货膨胀	通货紧缩
本币对外价值（汇率）	本币升值	Ⅰ 通货膨胀 本币升值	Ⅱ 通货紧缩 本币升值
	本币贬值	Ⅲ 通货膨胀 本币贬值	Ⅳ 通货紧缩 本币贬值

组合Ⅰ是经济运行同时出现通货膨胀和本币升值的状况，此时货币当局无论是执行紧缩性的货币政策还是扩张性的货币政策都无法同时解决通货膨胀和汇率上升的问题。紧缩性的货币政策可以抑制通货膨胀，但利率的上升会增加本币升值的压力。扩张性的货币政策无法控制通货膨胀，但是有助于缓解汇率上升的压力。中国在 1994～1997 年和 2003～2008 年就出现了这种情况。

组合Ⅱ是经济运行同时出现通货紧缩和本币升值的状况，货币当局可以采取扩张性的货币政策同时实现反通货紧缩和抑制本币升值的目标。这一组合在中国表现得并不显著，2009 年出现了近 10 个月的通货紧缩，但是人民币对美元汇率基本保持稳定。

组合Ⅲ是经济运行同时出现通货膨胀和本币贬值的状况，与组合Ⅱ类似，货币当局可以采取紧缩性的货币政策同时实现这两个目标。中国自 1994 年以来也未出现这种组合。

组合Ⅳ是经济运行同时出现通货紧缩和本币贬值的状况，与组合Ⅰ类似，货币当局单独依靠货币政策无法同时解决这两个问题。紧缩性的货币政策可以解决本币贬值问题，但利率的上升会进一步恶化通货紧缩的形势。扩张性的货币政策会加剧本币贬值问题，但是有助于解决通货紧缩的压力。中国在 1998～2002 年就出现过这种组合。

必须指出的是，不论是《中国人民银行法》还是中国人民银行的解释说明，都没有明确提到物价稳定与人民币汇率稳定的优先次序，因此在某种经济运行状态下，如在人民币汇率钉住美元期间，两者就可能出现冲突，典型的如"米德冲突"，政府单独采用支出增减政策无法同时实现内外经济均衡，这在理论上就揭示了稳定汇率与稳定物价在一定条件下是不相容的。

专栏 11-5

"不可能三角"

"不可能三角"（The Impossible Trinity，Inconsistent Trinity）定理又称为"三元悖论"（Trilemma）或者"克鲁格曼三角"，指的是在货币政策的独立性、固定的汇率制度和资本自由流动这三者之间只能同时选择其中的两者（见图 11-3）。货币政策的独立性是指货币政策能独立地影响经济运行，并最终有效地影响产出。

例如，政府可以选择独立的货币政策和固定汇率制度，放弃资本自由流动，如中国内地在 1998 年亚洲金融危机之后一直到 2005 年 7 月 21 日人民币汇率制度改革的这段时间；政府也可以选择独立的货币政策和资本自由流动，那么就必须放弃汇率稳定，如美国就一直采取这一模式；政府当然也可以选择固定汇率制度和资本自由流动，放弃独立的货币政策，如中国香港采取的就是这一模式，其货币政策根据美联储的货币政策调整而调整。因此，汇率制度的选择与货币政策的有效性关系密切，有关这一点在蒙代尔－弗莱明模型中已经提到。

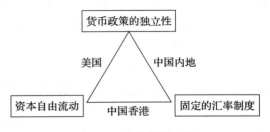

图 11-3　克鲁格曼三角

伦敦政治经济学院的教授 Rey（2013）进一步提出，资本的自由流动与一国货币政策的有效性不可兼得，而与其采取何种汇率制度无关，这就是所谓的二元悖论（Dilemma）。换言之，理论研究表明，从过去的三元悖论到现在的二元悖论，其政策含义是除非对资本账户进行直接或间接的管制，否则一国难以实现货币政策的独立性。"二元悖论"与"三元悖论"的根本分歧存在于"浮动汇率制国家是否能保持货币政策独立"这一问题上。

"三元悖论"认为，浮动汇率制国家的货币政策可以保持独立性的逻辑是，浮动汇率制国家不存在被动地通过增减基础货币来稳定汇率的负担。例如，在浮动汇率制度下，某国中央银行采取紧缩性货币政策时，国内利率一般会随之上升，境内外利差扩大，资本不断流入，从而导致本币升值。但是，如果现实世界中有一个新的因素阻碍上述传导机制中的某个环节，进而影响该国货币政策的独立性，即形成所谓的"二元悖论"。国内学者伍戈（2016）提出，有可能是全球避险情绪这个因素导致"二元悖论"的出现。全球避险情绪可以使用 VIX 指数（Volatility Index）来测度。该指数由芝加哥期权交易所于 1993 年推出，根据标准普尔 500 指数期权隐含波动率加权平均计算后而得到。

伍戈认为，在全球金融一体化的背景下，各国金融市场联系越来越紧密，信息在各国市场间迅速传播。美国等主要经济体金融市场的波动或恐慌有可能瞬间传遍全球市场，引起全球性避险情绪都出现类似的波动。全球避险情绪会影响金融资产的风险溢价，从而有可能改变资本跨境流动的方向，这也许是传统宏观经济学分析所忽视的重要金融现象。例如，假设目前境内利率为2%，境外利率为5%，那么由于利差的存在，资本往往会流出境外。但如果此时全球避险情绪上升，导致风险溢价上升到3%，那么资本就可能不会流出。进一步地，若风险溢价上升到3%以上，那么反而有可能出现资本净流入。

资料来源：伍戈，陆简. 全球避险情绪与资本流动——"二元悖论"成因探析［J］. 金融研究，2016（12）.

11.3 货币政策的中间目标

从理论上来看，货币政策的中间目标包括两大类：一类是数量型的中间目标，如各层次的货币供应量、信贷总量等；另一类是价格型的中间目标，如通胀率预期值、短期利率、汇率等。从时间的角度来看，包括前瞻性（Forward Looking）指标，如通货膨胀预期值，以及回顾性（Backward Looking）指标，典型的如货币供应量指标。

传统IS-LM模型分析表明：货币政策选择数量型指标还是价格型指标作为政策目标，取决于经济扰动的性质。若随机冲击主要来自商品市场，那么选择货币供应量作为中间目标较为合适；若随机冲击主要来自货币市场，那么选择利率作为中间目标较为合适（William Poole，1970）。

首先，若商品市场发生随机冲击（如经济周期冲击），这表现为 IS 曲线在 IS_U 与 IS_L 之间随机波动（见图 11-4）。如果货币当局以利率为中间目标，那么产出在 Y_L 与 Y_U 之间波动。当 IS 曲线移至 IS_U，LM 曲线将自动右移，与 IS_U 相交于 F 点。LM 曲线之所以向右移，是因为 IS 曲线向右移动，提高了国内收入，此时 LM 曲线与 IS_U 曲线相交的点的利率高于货币当局设定的目标利率，为维持利率水平不变，货币当局必须增加货币供给，因此 LM 曲线向

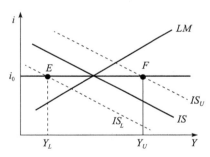

图 11-4　IS 曲线发生冲击

右移动，最终与 IS_U 曲线相交于 F 点。同理，如果当 IS 曲线移至 IS_L 曲线，LM 曲线向左移动，最终与 IS_L 曲线相交于 E 点。因此，产出在 Y_L 与 Y_U 之间波动。如果货币当局以货币供应量为目标，即 LM 曲线保持不变，当 IS 曲线在 IS_U 与 IS_L 之间随机波动，此时产出的波动幅度要小于前者。假设 IS 曲线向右移动（比如说因为该国经济繁荣），这会使该国利率上升。反之，IS 曲线向左移动，这会使得该国利率下降。此时产出的波动幅度要小于货币当局钉住利率的情形。

其次，若货币市场发生随机冲击，LM 曲线在 LM_L 与 LM_U 之间移动（见图 11-5）。如果货币当局以利率为中间目标，则产出不会发生波动。原因如下：假设货币需求下降引起 LM 曲线向右移动，这会引起利率下降。然而货币当局以利率为中间目标，利率的降低为货币需求的增加所抵消，LM 曲线必然会回到其最初的水平。同样，假设货币需求增加引

起 LM 曲线向左移动，这会引起利率上升。利率的上升为货币需求的下降所抵消，LM 曲线必然会回到其最初的水平。因此，产出保持不变。如果货币当局以货币供应量为目标，产出水平会在 Y_L 与 Y_U 之间波动。假定 LM 曲线向右移动，利率下降。此时货币供给保持不变，利率下降则会刺激总需求，这会使 IS 曲线向右移动直到与 LM_U 曲线相交于 G 点。同理，LM 曲线向左移动，利率上升，在货币供给保持不变的情况下，利率的上升将使得总需求下降，这会使得 IS 曲线向左移动，最终产出在 Y_L 与 Y_U 之间波动。

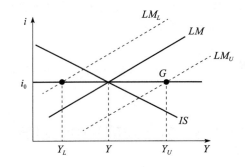

图 11-5　LM 曲线发生冲击

随着金融创新和金融深化，数量型指标的有效性会下降。在货币需求函数稳定性下降的情况下，继续以数量型指标作为货币政策的中间目标，就可能使得价格波动扩大，进而影响产出稳定。20 世纪 80 年代以来，主要工业化国家的中央银行普遍采用短期利率替代了货币供应量作为中间目标，其中包括以下两个原因：第一，以 M2 为代表的数量型指标与经济增长、物价稳定等目标的相关性弱化，这使得中央银行即使实现了数量型指标的涨幅也无法实现物价稳定等目标；第二，由于金融创新的不断推出，货币需求日益变得不稳定，也愈发难以预测，中央银行强行控制数量型指标不仅将使得市场利率发生大幅度的波动，而且中央银行也面临在短期内无法有效控制基础货币的难题。

11.3.1　价格型的中间目标

从价格型目标来看，货币政策的中间目标不外乎前面章节提到的货币的三种价格——利率、汇率和通胀率。然而，这三个目标的地位是不同的。

就通胀率而言，物价稳定是货币政策的四大最终目标之一，不少国家的中央银行将下一年度的通胀率目标作为货币当局最主要的最终目标。在通胀目标制货币政策框架中，通胀率的预测值是货币政策的中间目标。

就利率而言，将利率直接作为货币政策中间目标的做法较为罕见。下面，我们分宏观金融的直接调控模式和间接调控模式两种情况进行分析。对于宏观金融的直接调控模式而言，利率实际上退化为一种政策工具。例如，处于转型发展阶段的中国人民银行的宏观金融调控，就采用过中央银行基准利率的做法，即由中央银行直接规定了商业银行对客户的存贷款基准利率，同时允许商业银行在此基础上继续浮动。中国人民银行调整存贷款利率，就是运用利率政策工具来调控经济。对于宏观金融的间接调控模式而言，如果中央银行通过政策工具直接锁定自身资产或负债的利率，此时的利率就退化为操作目标了。例如，美联储以联邦基金利率为操作目标。例外的情况是，二战时期的美联储将货币政策的目标定位于维持美国国债利率和价格，以降低美国政府在战时的融资成本。二战结束之后，美联储仍然将这种做法维持到 1947 年 7 月（二战胜利约两年后）。此后美联储说服财政部取消了 90 天期短期国债 0.375% 的买进利率。在 1947 年 8 月，财政部同意美联储取消 9～12 月期短期国债 0.875% 的买进利率。

就汇率指标而言，在实行浮动汇率制度的国家，汇率仅仅是货币当局关注的政策指标之一。在实行硬钉住汇率制度（如货币局制度）的国家，该国的货币政策就是汇率政策。所有的货币政策操作全部以实现汇率稳定作为首要目标。此时汇率指标既是货币政策的中间目标，也是操作目标。

11.3.2 数量型的中间目标

从数量型指标来看，货币当局确定货币政策的中间目标往往是从整个银行体系资产负债表中提取指标，如从负债方提取的指标——货币供应量，从资产方提取的指标——信贷总量。随着时间的推移，数量型指标的有效性常常受到质疑，因为金融机构可以创设与该指标类似的金融资产（或负债），但是不在受货币当局监控的中间目标的指标统计口径之内。

以中国为例，在货币供应量指标推出之前，对商业银行的信贷总量控制是采取贷款限额管理制度，中国人民银行发现，虽然管住了金融机构的贷款限额，但是企业还可以从信托公司等其他金融机构获得融资，于是转而控制金融机构的负债方的指标——货币供应量。然而，一段时间之后，货币供应量指标的有效性也受到质疑，因为中国的广义货币供应量很少实现预期值。从本质来看，这个指标主要从金融机构资产负债表的负债方汇总，加上其他机构的统计数据加总后获得。1996 年以来，中国人民银行确定了中国货币政策的中间目标——广义货币供应量 M2。在中国人民银行推出广义货币供应量指标之后，经过多次修订，该指标都有哪些特征呢？伴随着中国金融市场的快速发展，新的融资工具大量出现，直接融资占比不断提高，融资渠道日益多元化，货币当局只控制信贷规模已经不足以反映实体经济获得的融资规模，因此 2010 年中国人民银行推出了社会融资规模指标，并且认为社会融资规模与货币供应量是一个硬币的两面。该指标推出之后，不少经济学家认为该指标存在重复计算的问题。为什么广义货币供应量指标实施以来，基本上会偏离中国人民银行年初的计划值？是因为货币供应量指标存在重复计算的问题，还是该指标存在其他内生性问题？

简言之，不论中央银行货币政策的数量型中间目标选择何种指标，也不论这些指标存在怎样的不足，我们可以发现，中央银行货币政策的数量型中间目标总是在银行体系资产负债表资产方—负债方—资产方的循环转移过程中。

▧ 专栏 11-6

中国的货币供应量指标为什么无法实现预期目标

根据 IMF 金融规划（Financial Programming）的原理，有公式 $M=D+R$，可以确

定货币供给的规模和增长速度。其中，M 代表广义货币供应量，D 代表国内信贷，包括整个银行体系对国内机构（如企业和个人的贷款）以及对政府的各种债权，R 代表以本币计价的外汇储备。将公式以增量形式表示就是 $\Delta M = \Delta D + \Delta R$。以增长率形式来表示，就可以写成：

$$\frac{\Delta M}{M} = \frac{\Delta D}{D}\frac{D}{M} + \frac{\Delta R}{R}\frac{R}{M}$$

其中，$\frac{\Delta M}{M}$ 是广义货币供应量增幅（中间目标值）；等式右侧第一项是贷款增幅及其比重的乘积；右侧第二项是外汇储备增幅及其比重的乘积。外汇储备 R 以本币计价，其大小取决于两个因素，一是人民币汇率 S，二是外汇储备的规模 F。

$$R = S \cdot F$$
$$\Delta R = \Delta S \cdot F + S \cdot \Delta F$$

因此上式可以表示如下：

$$\frac{\Delta M}{M} = \frac{\Delta D}{D}\frac{D}{M} + \left(\frac{\Delta S}{S} + \frac{\Delta F}{F}\right)\frac{R}{M}$$

如果采用货币供应量增长率作为货币政策的中间目标，这一目标能否实现就要看等式右侧的各个变量是内生的还是外生的，而这取决于本国所采取的汇率制度。

在固定汇率制度下，$\frac{\Delta S}{S} = 0$，$\frac{\Delta F}{F}$ 的变化取决于经济主体对汇率的预期水平，这是货币当局不可控的。即使货币当局可以控制 $\frac{\Delta D}{D}$，$\frac{\Delta M}{M}$ 仍然是不可控的。在浮动汇率制度下，在理论上 $\Delta F = 0$（尽管在现实中并非如此），货币当局如果能够控制 $\frac{\Delta D}{D}$，也就意味着 $\frac{\Delta M}{M}$ 可控。简言之，货币供应量指标在固定汇率制度下是内生性的，是不可控的；在浮动汇率制度下是外生性的，是可控的。

显然，中国货币供应量能否实现预期目标取决于中国人民币的汇率政策。众所周知，1997 年东南亚金融危机爆发之后，到 2005 年 7 月人民币的汇率改革为止，人民币兑美元汇率长期保持稳定，外汇储备的变化是经济体系内生的，超出了货币当局的控制范围，因此货币供应量显然是不可控的。2005 年人民币汇率形成机制改革之后，一直到 2014 年年末，人民币对美元汇率累计升值 35.26%，人民币名义有效汇率升值 40.51%，实际有效汇率升值 51.04%。从变化幅度来看，我们可以认为人民币汇率制度并不是钉住美元的汇率制度。按照 2010 年中国人民银行的提法，人民币汇率制度是"以市场供求为基础、参考一篮子货币进行调节、有管理的浮动汇率制度"。然而，从另外一个数据来看，2005 年 7 月末中国外汇储备为 7 327 亿美元，2014 年年末为 3.84 万亿美元，涨幅约 424%。较之人民币对美元汇率的涨幅 35.26%，后者显然不在一个数量级。虽然不可以认为人民币采取的是钉住汇率制度，但是政府干预的痕迹还是比较明显的。中国人民银行可以控制人民币每年的涨幅 $\left(\frac{\Delta S}{S}\right)$，却无法控制 $\frac{\Delta F}{F}$（从经济学的基本原理来看，控制了外汇的价格，就无法控制外汇的供求缺口；反之，亦是如此)。即使中国人民银行可以控制 $\frac{\Delta D}{D}$,却无法控制 $\frac{\Delta M}{M}$。因此,最终来看,货币供应量的目标值必然落空。如表 11-2 所示,自从 1994 年以货币供应量为中间目标以来,在大多数年份里,中国人民银行实现货币供应量预期目标的年份较少,不少年份实际值与预期值的差距较大。从 2007 年开始,《政府工作报告》不再公布狭义货币供应量 M1 增长率的目标值了;从 2017 年开始,《政府工作报告》不再公布广义货币供应量 M2 增长率的目标值了。

表 11-2 1994～2019 年中国货币供应量增长率的预期值与实际值

(%)

年份	M2 预期增速	M2 实际增速	M1 预期增速	M1 实际增速
1994	24	34.5	21	26.2
1995	23～25	29.5	21～23	16.8
1996	25	25.3	18	18.9
1997	23	17.3	18	16.5
1998	16～18	15.3	17	11.9
1999	14～15	14.7	14	17.7
2000	14	12.3	14	16
2001	13～14	14.4	15～16	12.7
2002	大约 13	16.8	大约 13	16.8
2003	大约 16	19.6	大约 16	18.7
2004	大约 17	14.6	大约 17	13.6
2005	15	17.6	15	11.8
2006	16	16.9	14	17.5
2007	大约 16	16.7	—	21.1
2008	—	17.8	—	9.1
2009	大约 17	27.7	—	32.4
2010	大约 17	19.7	—	21.2
2011	大约 16	13.6	—	7.9
2012	大约 14	13.8	—	6.5
2013	大约 13	13.6	—	9.3
2014	大约 13	12.2	—	3.2
2015	大约 12	13.3	—	15.2
2016	大约 13	11.3	—	21.4
2017	—	8.2	—	11.8
2018	—	8.1	—	1.5
2019	—	8.7	—	4.3

注:"—"表示数据缺失或者中国人民银行没有公布相关数据。
资料来源:陈利平(2007),各期《货币政策执行报告》,各年份《政府工作报告》。

因此,在中国人民币汇率制度没有发生根本性变化之前,货币供应量是属于内生性质的。如果货币供应量和新增贷款同时作为货币当局的政策目标,或者说监控目标,也就是从存款类金融机构的负债方和资产方同时对相应科目的增长率做出规定,这必然导致不能够同时实现预期目标的可能性。从这个角度分析,由于指标的内生性,货币供应量作为中国货币政策的中间目标的确不合适。

11.3.3 选择中间目标的原则

通常来说，中央银行一般根据什么原则来选择货币政策的中间目标变量呢？从各国中央银行的实践来看，一般包括以下几点。

1. 中央银行能够及时统计中间目标变量的结果

中央银行必须能够及时对中间目标变量的结果进行统计。如果货币当局没有对中间目标变量的统计数据，中央银行将无法及时根据统计结果实施新的调控。从价格型的中间目标来看，中央银行可以非常迅速地得到利率和汇率水平的统计结果，物价水平（CPI）的统计结果则有一定的时滞。从数量型的中间目标来看，如货币供应量的统计数据，同样由于时滞（1个月）的缘故，中央银行不可能立即得到统计结果。此外，数量型中间目标还需要进行季节性调整。因此，从统计的及时性和准确性来看，价格型的中间目标（如利率、双边名义汇率）似乎比数量型的中间目标变量更具有优势。然而，影响经济的是实际利率水平和实际有效汇率，中央银行仍然无法即时统计到上述指标，因此还很难断言这两类指标孰优孰劣。

2. 中央银行能够控制中间目标变量

中央银行必须对中间目标变量具有很强的控制力。如果中央银行无法对中间目标实施有效控制，那么当该中间目标变量偏离目标值或者目标区间时，中央银行将无法实现最终目标。对比来看，虽然中央银行有能力对货币供给施加强有力的影响，但是还有其他经济主体的决策（社会公众以及商业银行）会影响货币供应量。同样，中央银行可以直接控制短期的名义利率，但是中央银行无法控制实际利率水平，因为中央银行不能控制预期通货膨胀率。因此，学术界还无法明确利率与货币供应量作为中间目标何者更优。不管是哪类指标，虽然中央银行都无法完全控制，但中央银行都必须对其具有较强的影响力，这也是不争的事实。

3. 中间目标变量对最终目标具有很高的预测性

中央银行通过中间目标变量，可以对最终目标进行预测，预测结果相对准确，并有很强的稳定性。一般来说，中间目标和最终目标之间不仅要有相关性，而且这两者之间必须存在因果性。假设一国的巧克力月销售量与该国的月度物价水平高度相关，中央银行是否可以通过控制巧克力月销售量来实现物价稳定这一最终目标呢？显然，这两者仅仅具有某种相关性，而不具有因果性。此外，中间指标的时间指向性也非常关键。以数量型指标为例，货币供应量、社会融资规模都是回顾性指标，利率、远期汇率和预期通胀率等指标属于前瞻性指标。对于货币政策的调控而言，前瞻性指标的统计更为关键。进一步而言，即使中央银行可以从某个变量的变化预测最终目标的结果，也不意味着中央银行就必然选择该变量作为中间目标，因为中央银行还必须关注预测结果的准确性和稳定性。如果通过某个变量得到最终目标变量的预测结果准确性不高且波动幅度很大，这类变量也不适合作为中间目标。近年来，学术界对于哪一类中间目标变量与最终目标变量（通胀率、失业率以及产出水平）的关系更为稳定一直存在着争议。从各国中央银行的操作实践来看，它们更偏好价格型的中间目标——短期利率。以加拿大为例，加拿大中央银行曾经以货币供应量为中间目标，但是由于货币周转速度变化非常大，后来不得不放弃这一指标。恰恰如有的中央银行行长所言，不是我们放弃了货币总量，是它抛弃了我们。

▨ 专栏11-7

宏观金融调控的先行指标、同步指标、滞后指标

宏观经济运行呈现出周期性的波动。一般来说，经济周期分为繁荣、衰退、萧条、复苏四个阶段。为了有效观测宏观经济的运行轨迹，经济学家们分别设置了先行指标、同步指标和滞后指标。一般来说，经济学家根据先行指标（Leading Indicators）判断宏观经济是否即将到达波峰或波谷，为判断未来经济状况提供前瞻性的信息，常用指标有PMI指数、发电量等。同步指标（Coincident Indicators）描述宏观经济的同步运行状况，常见指标有GDP、工业生产指数、社会消费品零售总额等。顾名思义，滞后指标（Lagging Indicators）则滞后于宏观经济景气的变化，有助于决策者验证经济运行状况是否已历经波峰或波谷，常见指标有失业率、商品库存量、企业贷款规模、消费者物价指数等。上述三类指标统称为敏感性指标，是宏观经济景气分析和货币政策决策的重要参考指标。

11.4 货币政策的操作目标

一国货币政策的操作目标同样可以分为两类，一类是价格型操作目标，另一类是数量型操作目标。前者如短期利率（银行同业拆借利率、短期国债回购利率）、汇率（或者汇率指数），后者如超额准备金、借入准备金、非借入准备金、基础货币等。

11.4.1 价格型操作目标

从西方国家中央银行主流操作目标的选择来看，一般采用价格型操作目标。关于价格型操作目标的设定，有两个问题值得关注。第一，价格型操作目标采用何种模式——单一制还是走廊制？第二，中央银行为何基本上都选择短期利率指标，尤其是银行间隔夜利率，而不是长期利率[㊀]？

[㊀] 在美国，典型的长期利率有30年期的抵押贷款（30-year Mortgage）利率、大额抵押贷款（Jumbo Mortgages）利率、5年期可调整利率抵押贷款（Five-year Adjustable Rate Mortgages）利率、新车贷款（New-car Loans）利率和10年期国债（10-year Treasury）利率。其中，30年期的抵押贷款利率是由联邦房屋管理局（Federal Housing Administration, FHA）担保的、金额不足41.7万美元的30年期固定利率居民抵押贷款的利率。大额抵押贷款利率是向优质客户发放的、金额超过41.7万美元的30年期固定利率居民抵押贷款的利率。5年期可调整利率抵押贷款利率是向优质客户发放的居民抵押贷款前5年固定的利率，5年之后利率可以调整。新车贷款利率和10年期国债利率因较常见在此不再赘述。

1. 单一制与走廊制

从西方国家中央银行主流操作目标的选择来看，一般采用价格型操作目标。各个国家金融体系和历史背景不同，操作目标的具体选择有所差异，如美联储选择联邦基金利率，英格兰银行选择14天期的国债回购利率。

以美联储为例，美联储以某一水平的联邦基金利率为目标（即政策利率目标），放弃对基础货币供给的控制，通过改变基础货币的供给以满足商业银行对基础货币的需求。众所周知，中央银行是基础货币最终并且也是唯一的提供者，所以在这个市场上中央银行具有完全的垄断力量。一般来说，中央银行主要是通过买卖国债来调整商业银行的超额准备金，从而将操作目标（利率）控制在其目标范围之内。20世纪80年代中期美联储开始放弃货币供应量目标后，将政策目标重新转向货币市场利率，并于1994年正式确立以联邦基金利率为目标的货币政策框架。具体操作方面，美联储根据金融机构日均存款情况计算法定准备金水平（计算周期为两周，以周一作为考核期末时点），并以此对金融机构的法定准备金水平进行考核（以上一个计算期作为考核依据，以周三作为考核期末时点，考核持续期为17天），对储备头寸的管理就成为影响流动性和市场利率的重要手段。同时，美联储作为同业拆借市场最大的参与者，对市场流动性情况进行密切跟踪和预测，并围绕政策利率目标展开操作。需要提醒的是，美联储只能设定联邦基金利率的目标值，实际的联邦基金利率是由该市场上的供给和需求决定的。美联储通过公开市场操作尽量使得联邦基金利率的实际值接近于目标值。因此，纽约联邦储备银行在每天上午9点公布上一个工作日的有效联邦基金利率（Effective Federal Funds Rate，EFFR），该利率是以交易量为权重的隔夜联邦基金交易的加权利率水平。

利率走廊制就是中央银行规定了商业银行在央行的贷款利率与存款利率，形成了商业银行之间同业拆借的利率上下限。如果某家商业银行在中央银行的准备金充裕，可以拆借给其他的商业银行，拆借利率在这个上下限之间波动。以欧洲中央银行为代表的中央银行采用的就是这种操作模式。近年来，中国人民银行一直在探索如何实施"利率走廊"机制，例如，2016年中国人民银行就尝试以常备借贷便利（SLF）的利率作为利率走廊的上限。

2. 短期利率与长期利率的选择

Bindseil（2004）对此进行了解释。他认为如果中央银行选择某个时间跨度较长的利率作为操作目标，这会导致短期利率出现跳跃性的调整，且短期利率的时间序列性质以及收益率曲线会发生变化。反之，中央银行如果选择短期利率作为操作目标，则不会影响中长期利率的时间序列性质，收益率曲线也不会发生变化。根据利率期限结构的预期理论（Expectation Theory of the Term Structure of Interest Rate），长期利率是投资者预期长期债券到期时间段内的短期债券利率的平均数。简单来说，投资者持有2年期的债券到期收益率与持有1年期债券到期后再购买1年期债券到期的回报率是一样的。对于操作目标的30天期利率而言，该利率就等于从现在开始计算的每天隔夜利率的平均值，用公式表示为：

$$i_{30,t} = (i_{1,t} + i^e_{1,t+1} + i^e_{1,t+2} + \cdots + i^e_{1,t+29})/30$$

其中，$i_{30,t}$ 和 $i_{1,t}$ 分别表示在 t 天的 30 天期利率和隔夜利率。以最简单的情况为例，从第 t 天开始的 30 天内，每一天的（预期）隔夜利率均为 4%，则第 t 天的 30 天期利率 $i_{30,t}$ =4%。

（1）中央银行选择以 30 天期的利率作为目标利率。第 $t-1$ 天的 30 天期利率 $i_{30,t-1}$ 为 5%，第 t 天中央银行决定把该利率从 5% 降至 4%，在第 t 天的隔夜利率将发生什么变化呢？按照利率期限结构的预期理论，有以下公式：

$$i_{30,t} = (i_{1,t} + i^e_{1,t+1} + i^e_{1,t+2} + \cdots + i^e_{1,t+29})/30$$

$$i_{30,t-1} = (i_{1,t-1} + i^e_{1,t} + i^e_{1,t+1} + i^e_{1,t+2} \cdots + i^e_{1,t+28})/30$$

以上公式表明，以第 $t-1$ 天和第 t 天为起点的 30 天期利率 $i_{30,t-1}$ 和 $i_{30,t}$ 重叠了 29 天，两式相减可以得到，在第 t 天和第 $t-1$ 天的 30 天期利率之差就转化为第 $t-1$ 天和第 $t+29$ 天隔夜利率的差异：

$$i_{1,t-1} - i^e_{1,t+29} = 30(i_{30,t-1} - i_{30,t})$$

中央银行将 $i_{30,t}$ 降为 4%，假设未来 30 天期内的隔夜利率保持不变，$i_{1,t}$ = 4%，…，$i^e_{1,t+29}$ = 4%，这就意味着 $i_{1,t-1}$ = 34%。虽然较长时间跨度的目标利率水平出现了下降，但是隔夜利率在调整日（第 t 天）的前一天却产生了短暂的大幅攀升，并且 34% 的隔夜利率水平也是无法想象的。同理，如果将 30 天期的利率上调 1 个百分点，则前一天的隔夜利率为 $i_{1,t-1}$ = -24%。隔夜利率降至负利率的水平也是不可能的事情。短期利率的期限结构出现了无法解释的变化。

（2）中央银行选择隔夜利率作为目标利率。第 $t-1$ 天隔夜利率 $i_{1,t-1}$ 为 5%，第 t 天中央银行将该利率 $i_{1,t}$ 降为 4%，假定未来一段时间内该利率仍然保持在 4%（这意味着 $i_{1,t+29}$ 为 4%），那么在第 $t-1$ 天的 30 天期利率 $i_{30,t-1}$ 将会下降 0.033%。换言之，在这种情况下，30 天期的利率会以平滑的方式进行调整，如此可以避免金融市场的动荡。

专栏 11-8

利率到底是中国货币政策的目标还是工具

如果利率是政策目标，就是中央银行某个利率指标希望达到的水平。如果利率是政策工具，则是中央银行可以动用的手段。中央银行调整其资产方或负债方的利率水平，我们既可以认为这是中央银行的政策目标，也可以认为是其政策工具。例如，中央银行调整再贴现率，我们可以认为这是中央银行向市场发出的政策信号，是其政策目标；同时我们也可以认为这是中央银行的政策工具，调高或调低该利率在中央银行的掌控之下。如果中央银行直接调整商业银行资产方或负债方的利率水平，则是中央银行的政策工具，不应该认为是中央银行的政策目标。要达到这一状况，对于转轨经济的国家来说，利率市场化就是必然之路。

改革开放以来，中国一直在以渐进的方式推进人民币的利率市场化改革。在最终实现利率市场化之前，我们可以认为利率，尤其是关键性的利率，如人民币一年期存款利率，是中国货币政策的工具，而不是其政策目标。只有当中国实现了利率市场化，利率才有可能成为其政策目标。所谓利率市场化，就是金融市场取代货币当局，成为利率定价的主体。根据中国金融四十人论坛和上海新金融研究院（2015）的研究，利率市场化有三层含义：第一，利率水平、风险结构和期限结构由资金供求双方在市场上通过竞争来决定；第二，具备联动的利率体系，其中，基准利率处于关键地位并发挥主导作用；第三，货币当局通过市场化手段影响利率的走势。简言之，利率市场化就是利率"放得开""形得成""调得了"，即利率决定和利率管理的市场化。2015年10月23日，中国人民银行在降低利率的同时，不再对商业银行和农村合作金融机构等设置存款利率上限，至此中国的利率管制基本取消，这标志着为期20多年的利率市场化改革进入了新阶段。中国人民银行有关负责人在答记者问中表示，此次存款利率上限取消前夕，中国金融机构的资产方已完全实现市场化定价，负债方的市场化定价程度也已达到90%以上。中国人民银行仅对活期存款和一年以内（含一年）定期存款利率保留基准利率1.5倍的上限管理，距离放开利率管制只有一步之遥。在取消存款利率上限之前，主要商业银行对放开存款利率上限已有充分预期并做了大量准备工作。此外，大额存单和同业存单发行交易有序推进，存款保险制度同期推出，也为放开存款利率上限奠定了坚实的基础。

11.4.2 数量型操作目标

数量型操作目标模式是指中央银行以控制一定数量的储备资产（可以是基础货币、超额准备金、借入准备或者非借入准备等）为目标，放弃对货币市场利率的控制，通过储备资产价格的变化来改变商业银行对储备资产的需求。

采用数量型操作目标的中央银行，在发达国家当中比较典型的是日本银行。这始于日本银行为刺激国内经济，将日本经济从泡沫经济破灭之后的萧条当中拉出来。2001年3月，日本银行采用新的操作框架，将其操作目标从无抵押的银行同业隔夜贷款利率（Uncollateralized Overnight Call Rate）转向了金融机构在日本银行的往来存款账户余额（Outstanding Balance of the Current Accounts Held at the Bank），该账户余额类似中国金融机构在中央银行的准备金账户（包括法定准备金和超额准备金）的余额。这标志着日本的货币政策也进入了所谓"量的宽松"时期。

自采用这一数量型操作目标以来，日本银行不断提高其上限标准，旨在为国内经济复苏提供足够的流动性。2001年3月，日本银行确定的上限为5万亿日元，经过几次调整，到2005年7月这一目标已提高到"30万亿至35万亿日元"的上限。在这种操作模式下，无抵押的银行同业隔夜贷款利率基本上接近于零，最低为0.001%，甚至比"零利率政策"时期（1999年2月至2000年8月）还要低。日本银行当时明确承诺这一货币政策操作模式将一直维持下去，直到年消费物价指数达到稳定地高于零的水平。很显然，日本银行采用这一政策操作模式就是为了使日本尽快摆脱通货紧缩的困扰。2006年3月9日，日银行宣布结束持续了5年之久的极其宽松的货币政策，引入新的货币政策操作框架，改变货币市场操作目标，即从银行往来存款账户余额转向隔夜信用拆借利率。这标志着在全球金融危机爆发之前世界主要发达国家采用数量型操作目标的终结。

2008年全球金融危机爆发后，美联储实际上也转向采用数量型操作目标。从2008年11月开始，美联储开始执行量化宽松政策，也就是大规模购买长期资产，如美国国债、抵押贷款支持证券和美国政府机构债，通过压低长期利率以支持抵押贷款市场，使得本就较为宽松的金融市场环境更为宽松。这体现在两方面：一是美联储的准备金余额急剧增长（三轮量化宽松政策的结果）；二是银行同业拆借利率保持在低水平。由于美国国会决定让美联储提前至2008年10月就开始执行对准备金支付利息的法律规定，因此银行同业拆借利率一直保持在联邦公开市场委员会规定的目标区间内。

2015年12月，美联储宣布实施货币政策的正常化，这体现为两方面。一是联邦基金利率的正常化。2015年12月17日，美联储宣布加息25个基点，调整到0.25%~0.5%的水平，这标志着美联储结束了连续7年的准零利率政策，2018年12月曾经一度提高到2.25%~2.50%的水平。二是美联储资产负债表的正常化（Balance Sheet Normalization），也就是所谓的"缩表"。2017年10月以来，美联储进入了缩表的阶段。2019年8月1日，联邦基金利率下调25个基点，由2.25%~2.5%降至2%~2.25%，这标志着美联储结束缩表。

11.4.3　负利率政策及其影响

这里讨论的负利率，是指名义利率水平为负，而不是实际利率为负。其针对的业务对象不是普通民众和企业在金融机构的存款，而是金融机构在中央银行的存款。根据日本银行的经验，负利率政策对银行同业拆借市场的交易形成了较大的冲击。从利率走廊来看，日本银行给出的负利率（假如是-0.2%）要比银行同业拆借市场的负利率（假如是-0.1%）更低。假定银行A向银行B拆入一笔资金，银行B反而要向银行A支付一笔利息（0.1%），与此同时，银行A拆入这笔资金后，存放在日本银行并要支付0.2%的利息。无论是对拆入方银行还是对拆出方银行来说，这都不是理想的一笔交易。因此，负利率政策直接导致了短期的银行同业借贷规模迅速下降。负利率政策实施之后，对货币政策的具体影响还有待于进一步考察。下面分别介绍欧洲中央银行、瑞典中央银行和丹麦中央银行实施负利率的做法。

（1）**欧洲中央银行**。2014年6月5日，欧洲中央银行举行议息会议后宣布，下调欧元区主要再融资利率10个基点至0.15%，下调隔夜存款利率（Rate on the Deposit Facility）10个基点至-0.1%，同时下调隔夜贷款利率（Rate on the Marginal Lending Facility）35个基点至0.4%，该决议从6月11日起生效。其中，主要再融资利率是欧洲中央银行向银行体系提供大额流动性的利率水平；隔夜存款利率是欧洲中央银行向商业银行隔夜存款支付的利率；隔夜贷款利率是欧洲中央银行向商业银行提供隔夜贷款的利率。通常，欧洲中央银行将主要再融资利率和隔夜存款利率维持 0.25 个百分点的差额，以保证欧元区银行同业拆借市场的正常运行。为了刺激欧元区经济复苏，欧洲中央银行必须首先下调主要再融资利率，该利率降至 0.15%，为了维持 0.25 个百分点的利差，隔夜存款利率将首次步入负利率时代。在此之前，也就是 2012 年 7 月，欧洲中央银行就已经将隔夜存款利率降为零。欧洲中央银行在当日还决定进一步采取增强流动性的货币政策措施，包括实行一系列有效期约 4 年的定向长期再融资操作，预计总共将向市场注入 4 000 亿欧元（约合 5 436 亿美元）的流动性。同时，欧洲中央银行表示将加紧筹备资产支持证券市场购买计划，在此框架内欧洲中央银行可以购买私人部门证券化资产。欧洲中央银行这一揽子刺激政策旨在促使欧元区内商业银行向家庭及非金融部门提供更多的信贷，帮助欧元区通胀率回到 2% 的水平。欧洲中央银行的这一举措并不意味着普通民众的储蓄存款也会是负利率，普通民众也无须担心要向商业银行支付利息。欧洲中央银行将欧元区隔夜存款利率下调至负值的政策举措备受市场关注，这意味着欧元区商业银行在欧洲中央银行存放的资金（准备金）将支付"罚金"。欧洲中央银行的上述政策出台后，欧美股市全线上扬，其中德国 DAX 指数创出历史新高。但是，也有经济学家认为商业银行并不会因此增加对实体经济的放款，而是有可能缩减其资产负债表规模。从欧洲中央银行的政策意图来看，这是迫使商业银行增加信贷供给，却未必能创造信贷需求。所以说，这种方式会适得其反，带来难以预料的后果，部分经济学家并不看好刺激政策的长期成效。欧洲中央银行不是第一家实施负利率的中央银行，瑞典中央银行和丹麦中央银行都曾经进行过负利率的尝试。

（2）瑞典中央银行。2009 年 7 月 8 日，瑞典中央银行将商业银行准备金存款利率从零降至 -0.25%，其目的是对商业银行在中央银行的准备金存款收取利息以刺激商业银行发放贷款。这一操作持续了 1 年多的时间，直到 2010 年 9 月 7 日瑞典中央银行重新将该利率上调为零。2014 年 7 月 9 日，瑞典中央银行再次实施负利率政策，瑞典中央银行重新将该利率下调至 -0.5%，10 月 29 日又将该利率降至 -0.75% 的水平。负利率的水平一直持续至今。

（3）丹麦中央银行。2012 年 7 月，为了避免国际资本的大量涌入，丹麦中央银行将其对银行业的主要存款利率下调至 -0.2%。当时欧洲主权债务危机持续恶化，AAA 评级的丹麦成为投资者的避风港，丹麦克朗对欧元持续升值，丹麦出口受阻。丹麦中央银行此时实施存款负利率政策有两个目标，一是鼓励商业银行更多地向私人部门提供信贷，二是通过实施负利率政策让丹麦克朗相对贬值。丹麦克朗稍有贬值后，在 2013 年 1 月 25 日，丹麦中央银行将其主要存款利率上调 10 个基点，至 -0.1% 的水平。2014 年 4 月丹麦中央银行将其主要存款利率从 -0.1% 上调至 0.05%，从而结束了为期近两年的负利率。这虽然实现了让丹麦克朗相对贬值的效果，但并没有刺激商业银行扩大信贷。2014 年 9 月 4 日，丹麦中央银行为维持丹麦克朗钉住欧元的汇率水平，宣布将其主要存款利率下调 0.1 个百分点，从 0.05% 降至 -0.05%。瑞士中央银行于 2014 年 12 月宣布对商业银行在央行的活期存款实施 -0.25% 的利率。进入 2015 年 1 月后，丹麦中央银行连续三次下调利率水平。1 月 19 日，丹麦中央银行将其主要存款利率从 -0.05% 降至 -0.2%。1 月 22 日，丹麦中央银行将其主要存款利率从 −0.2% 降至 −0.35%。1月29日，丹麦中央银行再次将存款利率从 −0.35% 降至 −0.5%。丹麦中央银行此轮连续降息，主要起因是瑞士中央银行在 2015 年 1 月 15 日取消欧元兑瑞士法郎的汇率下限，导致丹麦克朗相对升值。为了保持丹麦克朗钉住欧元汇率的稳定性，丹麦中央银行采取连续降息的政策措施。丹麦是当前欧洲汇率机制Ⅱ（ERM2）的唯一成员。根据欧洲汇率机制Ⅱ，丹麦中央银行需将丹麦克朗维持在中间平价汇率的 2.25% 区间内；而在实际操作中，丹麦中央银行通常将丹麦克朗兑欧元维持在更窄的区间内。

长期以来，利率政策一直受到"零下限"约束，即短期名义利率不能为负，否则资金持有者宁愿持有现金也不愿拆出资金，从而使得利率政策"失效"。"零下限"约束的前提是资金持有者持有现金的成本为零，但在现实中，商业银行和非金融企业持有巨额现金的成本并不为零，这就使得实施负利率政策具有可能性。尤其需要明确的是，负利率政策针对的是基础货币，即商业银行在中央银行的存款。部分中央银行采取负利率政策，目的旨在促使商业银行加大对实体经济的信贷投放，并降低贷款利率，最终促进消费和投资。当然也有出于稳定汇率的考虑，部分央行希望通过负利率抑制资本流入和本币升值。

如果追溯到更早，日本在 20 世纪 90 年代与美国在 2008 年全球金融危机期间就曾经出现过短期国债利率为负的情况。1998 年 11 月，日本 6 个月期国债的利率为负，即 −0.004%。2008 年 9 月，美国 3 个月期国库券利率在很短的一段时间内略低于零。为何此时会出现短期国债利率为负的情况呢？这是因为，经济疲软和金融危机期间对安全型资产的追捧共同压低了利率，大额投资者发现将短期国债作为价值储藏手段比现金更为方便，不仅国债的面额较大，并且是以电子形式保存。所以虽然国库券的利率为负，部分投资者仍然愿意持有。

11.5 本章小结

综上所述，货币政策框架一般包括货币政策目标、货币政策工具和货币政策传导机制三个部分。货币政策框架的差异主要在于采用不同的货币政策的名义锚。货币政策的名义锚，用通俗的语言来表达就是中央银行进行货币政策调整的依据，主要是货币政策的中间目标的量化值。各国货币政策的最终目标往往由中央银行法予以规定，一般是对各种目标的定性表述。货币政策的中间目标和操作目标，大体可以从数量型指标和价格型指标两个角度进行区分。从指标预期的角度来看，则可以分为前瞻性指标和回顾性指标。从数量型指标来看，货币政策的中间目标与整个银行体系的资产负债表相关，如货币供应量、信贷总量；操作目标与中央银行的资产负债表相关，如超额准备金、借入准备和非借入准备等。从价格型指标来看，货币政策的中间目标和操作目标涉及的指标包括三类：利率、汇率和（预期）通胀率。低而稳定的通胀率既是货币政策的最终目标又是货币政策的中间目标。对于利率而言，在宏观金融的直接调控模式下，利率实际上退化为一种政策工具。在宏观金融的间接调控模式下，很少有中央银行将维持某种利率水平作为中间目标，利率往往就退化为操作目标了。对于汇率指标，在硬钉住汇率制度（如货币局制度）下，作为中间目标的汇率指标退化为操作目标，或者说两者合二为一。在典型的浮动汇率制度下，本币对关键货币的汇率水平的重要性排在本国通胀率水平之后，有可能被善意地忽视了。只有当汇率变化会严重影响本国物价稳定时，中央银行才会动用政策工具进行汇率干预。

CHAPTER12 · 第 12 章

货币政策工具

所谓货币政策工具就是指由中央银行完全控制的、与货币政策的中间目标联系紧密的各种工具（手段或方法），中央银行通过运用这些工具影响中间目标，进而影响国民收入、失业率以及价格水平等宏观经济变量。例如，中央银行希望刺激处于衰退中的经济，就需要降低利率，提高货币供应量的增长率。为实现这一目标，中央银行必须采用相关的货币政策工具以使宏观经济变量朝着合意的方向变动。从中央银行制度诞生起，各国货币当局就一直在探索各种有效的政策工具。直到今天，各国中央银行的政策工具箱都在不断地发展和丰富。通常来说，各国中央银行都具有工具独立性，即中央银行拥有选择何种政策工具的自由。一般来说，世界各国中央银行使用的一般性货币政策工具包括三种：法定准备金率（Reserve Requirements）、公开市场操作（Open Market Operations）和再贴现率（Discount Rate）。除此之外，选择性的政策工具包括消费者信用控制、证券市场信用控制以及道义劝告和窗口指导等措施。周小川（2011）认为，"一国中央银行使用什么样的货币政策工具来实现政策目标，并不存在最优或者普适的模式，要根据不同时期的经济发展水平、宏观调控的现实需要及经济主体对政策的敏感性等多种因素确定"。

21 世纪以来，尤其是 2008 年国际金融危机爆发之后，以美联储为代表的中央银行设立了各种形式的新型政策工具，如对法定准备金和超额准备金付息（Interest on Required Reserve Balances and Excess Balances）、隔夜准备金回购协议（Overnight Reverse Repurchase Agreements）以及若干种融资便利，通过这些工具，美联储或者向商业银行提供流动性，或者直接向信贷市场上的借款人和投资者提供流动性。伴随着美国经济的逐步复苏和金融市场恐慌情绪的消散，美联储终结了部分政策工具的使用。中国人民银行在官网上列出的货币政策工具包括以下几项：公开市场操作、准备金、中央银行贷款、利率政策、常备借贷便利、中期借贷便利、抵押补偿贷款、定向中期借贷便利。理论上，不论何种货币政策工具都必须满足以下功能：第一，中央银行通过运用货币政策工具，在整体上能够向金融体系提供储备货币，满足商业银行对准备金的需求；第二，货币政策工具应该促使商业银行与中央银行相互依赖，尤其是在受到金融创新的影响，普通民众的现金需求出现大幅下降的背景下（彼得·博芬格，2013）。

12.1　法定准备金制度

一般来说，法定准备金制度就是商业银行等存款性金融机构以其负债方各项存款为基础，在准备金账户（资产方）中保留一定数量的被央行认可的无息或低息资产，这笔无息或低息的资产就是准备金，资产方的无息或低息资产占负债方各项存款的比率就是准备金率，中央银行规定的比率即为法定准备金率，超出部分即为超额准备金率。法定准备金往往被认为是对存款机构征收的一种"税"，减少了商业银行的利差收入。由于全球范围内银行业竞争的不断加剧，法定准备金率有逐渐下降的趋势，有的国家甚至取消了法定准备金的要求，如新西兰、加拿大和澳大利亚等国家。但是在中国，这一比率却在2000～2010年间不断上升，到2011年达到21.5%的最高水平。

12.1.1　历史渊源

法定准备金制度最早诞生在美国。1863年，美国国会通过了《国民银行法》，决定在全国范围内实行了法定准备金制度，其目的主要是保护存款人的利益。国民银行是指在联邦政府注册的商业银行，州银行则是在州政府注册的商业银行。《国民银行法》规定的法定准备金制度有以下几个特点。第一，计算法定准备金率的存款，最初按国民银行负债方国民银行券的发行额和各项存款余额计算，之后剔除了国民银行券的规模，改为按存款余额来计算。第二，根据每家国民银行所在地区的不同，设定不同的法定准备金率。在纽约、芝加哥以及圣路易斯的各家国民银行，属于"中心准备城市银行"，缴存比率为25%；其他16个城市的各家国民银行属于"准备城市银行"，缴存比率同样为25%；其余的银行称为"地方银行"，缴存比率为15%（见表12-1）。第三，不同的国民银行类型，用于缴存法定准备金的资产不同。中心准备城市银行的法定准备金全部为库存现金。准备城市银行法定准备金的50%为库存现金，其余50%可以用同业存款（在中心准备城市银行的存款）充抵。地方银行法定准备金的40%用库存现金缴存，其余60%可以用同业存款（在准备城市银行或者中心准备城市银行的存款）充抵。

表 12-1　1863 年美国国民银行制度对法定准备金率的具体规定

银行种类	法定准备金率	法定准备金的构成
中心准备城市银行 （Central Reserve City Banks，CRCB）	25%	全部是库存现金
准备城市银行 （Reserve City Banks，RCB）	25%	50% 的准备金（存款余额的 12.5%）为库存现金；其余 50% 的准备金（存款余额的 12.5%）可以是库存现金，也可以是在中心准备城市银行的存款
地方银行 （Country Banks，CB）	15%	40% 的准备金（存款余额的 6%）为库存现金，其余 60% 的准备金（存款余额的 9%）可以是库存现金，也可以是在准备城市银行或者中心准备城市银行的存款

资料来源：美联储。

上述做法的不足表现为两点：一是大量的准备金（库存现金）集中于纽约各家中心准备城市银行；二是地方银行在中心准备城市银行开立账户，存有资金。对地方银行来说，该账户里的资金可以用于缴存法定准备金。对于中心准备城市银行而言，该账户里的资金是其同业存款，属于负债，但是当时美国政府将这笔存款同样视为客户存款，纳入缴存法定准备金的存款范围，按照 25% 的比率缴存准备金。这一做法实际上降低了准备金的规模。一旦遇到银行危机，地方银行的客户集中提取现金，就会形成连锁反应，不仅地方银行需要进行资产收缩，而且中心准备城市银行也需要大幅度强制收回贷款，很容易造成金融恐慌。下面以表 12-2 具体阐述。

表 12-2　国民银行准备金缴存制度的缺陷

中心准备城市银行资产负债表				地方银行资产负债表			
资　产		负　债		资　产		负　债	
库存现金	+25（1） −9（2） −16（3）	存款 CB 的存款	+91（1） −20（3） +9（1）	库存现金 在 CRCB 的存款	+6（1） −6（2） +9（1） −9（2）	存款	+100（1） −20（2）
贷款	+75（1） −4（3）		−9（2）	贷款	+85（1） −5（2）		

注：对于地方银行而言：（1）地方银行吸收 100 美元存款，以 6 美元库存现金和在中心准备城市银行的存款 9 美元缴存法定准备金，贷款 85 美元；（2）客户提现 20 美元，地方银行用库存现金 6 美元支付，提取在 CRCB 的同业存款 9 美元，同时收回贷款 5 美元。

对于中心准备城市银行而言：（1）假定中心准备城市银行吸收 91 美元存款，地方银行存入 9 美元同业存款，以 25 美元缴存法定准备金，贷款 75 美元；（2）地方银行从同业存款中提取现金 9 美元，中心准备城市银行以库存现金支付 9 美元；（3）中心准备城市银行客户提现存款 20 美元，中心准备城市银行以 16 美元库存现金支付，同时收回贷款 4 美元。

对于地方银行（CB）吸收的存款 100 美元，准备金包括两部分，一是库存现金为 6 美元，二是在中心准备城市银行（CRCB）的存款 9 美元。对于中心准备城市银行吸收的存款 91 美元，另外同业存款性质的 CB 的存款 9 美元，合计计提的准备金为 25 美元的库存现金。综合分析，地方银行和中心准备城市银行吸收的客户存款 191 美元，剔除同业存款性质的准备金，以库存现金形式保有的准备金为 31 美元（6+25），准备金率仅为 16.2%。如果地方银行和中心准备城市银行同时面临客户存款挤提 20 美元，它们都需要收缩贷款资产。对于地方银行而言，负债方下降 20 美元，资产方也必须下降 20 美元。库存现金（6 美元）和在 CRCB 的存款（9 美元）均下降为零，此外还需要收缩贷款资产 5 美元。对于中心准备城市银行而言，同业性质的 CB 的存款下降 9 美元，带来库存现金下降 9 美元。此时该银行的客户存款下降 20 美元，其只有 16 美元的库存现金来应付挤提，此时必须收缩贷款资产 4 美元。不论是地方银行还是中心准备城市银行，都必须收缩贷款资产。如果是长期贷款，就无法及时变现，整个银行体系就面临流动性不足。这体现了当时国民银行体系存在的两大缺陷：一是没有中央银行发挥"最后贷款人"职能，整个银行体系处于周期性的危险之下；二是准备金制度在设计上存在不足（中心准备城市银行将同业存款视为客户存款计提准备金）。

1913 年 12 月 23 日，美国威尔逊总统签署《联邦储备法》，这标志着美国联邦储备体系的建立。1914 年 12 家联邦储备银行成立。按照规定，所有的国民银行都必须是当地联邦储备银行的成员行。州银行如果符合某些条件，也可以申请成为当地联邦储备银行的成员行。但是，由于联邦政府的监管要求比州政府更为严格，因此在美联储成立的初期，很少有州银行申请成为美联储的成员行。事实上，除了设在大都市的州银行，大多数的州银行都没有加入。美联储规定，所有成员银行以库存现金和在联邦储备银行存款的形式缴纳准备金。这一规定避免了国民银行在准备金制度上的缺陷。但是，对非成员的商业银行没有实施这一规定。1935 年，美国新政中的《银行业法》颁布，美国国会授权美国联邦储备委员会可以在对应范围内调整准备金率。1980 年美国国会通过的《存款机构放松管制与货币控制法案》（Depository Institutions Deregulation and Monetary Control Act）将法定准备金缴纳范围扩大到非成员银行及储蓄机构的存款。

从其最初设立的指导思想和基本目的来看，这一制度主要是为了应对银行遭遇大规模挤提带来的流动性风险，维护银行体系的稳定，防止金融危机的爆发。因为该制度可以影响银行体系的流动性，所以世界各国中央银行纷纷借鉴和采用这一制度。

12.1.2 主要功能

目前，法定准备金制度的功能主要体现在如下两方面。

（1）调控金融体系流动性松紧。法定准备金制度实际上是资产方准备金科目余额与负债方存款类科目余额的比率，该比率的提高，将导致商业银行超额准备金余额的下降，从而使得整个银行体系的流动性下降（见表 12-3）。反之，该比率的下降，将扩大整个银行体系的流动性规模。由于其巨大的杀伤力，各国中央银行对使用这一政策工具都非常谨慎。从世界范围来看，法定准备金率的这一功能正逐渐弱化。

表 12-3　提高法定准备金率对中央银行和商业银行的影响

中央银行资产负债表		商业银行资产负债表	
资　产	负　债	资　产	负　债
	法定准备金　　　＋ 超额准备金　　　－	法定准备金　　　＋ 超额准备金　　　－	

（2）缓解货币市场短期利率波动。例如，在欧洲中央银行成立之初，关于在欧元区内是否实行法定准备金制度就存在激烈的争论。以英国为代表的一方认为，准备金制度会有损于欧元区金融机构的竞争力；以德国为代表的另一方则认为，准备金制度还必须保留，因为在欧元问世之初的转轨时期，对欧元的需求有可能存在很大的不确定性。准备金制度会使金融机构对中央银行基础货币的需求（法定准备金和超额准备金）保持在相对稳定的水平上，可以缓解货币市场短期利率的波动。欧洲中央银行最终决定采取这一制度。由于征收法定准备金增加了欧元区各家商业银行的经营成本，欧洲中央银行决定对最低准备金支付利息。

12.1.3 主要内容

经过多年的运行，各国法定准备金制度的实践涉及了许多方面，主要包括以下几点。

（1）对缴纳法定准备金机构类型的规定，即何种金融机构属于缴存法定准备金的机构范畴？一般来说，中央银行主要是向存款类金融机构征收法定准备金，因此负债方主要为各类存款的商业银行、信用社属于缴存的机构，此外，大型集团公司下属的财务公司（拥有公司集团下属企业的存款）也属于需要缴存准备金的金融机构。证券公司和保险公司不属于缴存准备金的金融机构。

（2）对缴纳法定准备金负债类型的规定，即何种类型的负债属于缴存法定准备金的资金来源？在计算过程中，对存款型负债是采取周期内的平均余额还是采取周期末的时点余额？在中国，商业银行的存款类负债（即对居民个人和企业的负债）是缴存法定准备金的主要对象，也就是说，金融机构的"一般存款账户"中的负债余额是缴存的主要对象，而银行同业存款类负债原则上不属于这一范畴。2011年，中国人民银行发布了《关于将保证金存款纳入存款准备金交存范围的通知》（2011银发209号文），要求金融机构将银行承兑汇票、信用证、保函等业务的保证金存款纳入准备金的缴存范围。在具体操作层面，为了避免对流动性形成冲击，中国人民银行采取了分步到位的做法。以工行为例，保证金存款分为三个阶段计入一般性存款的基数，即在这三个阶段分别按照20%、60%和100%的水平计入一般性存款。如前所述，银行同业存款是不计入法定准备金的存款范围的。但是在中国，情况有所不同。保险公司在商业银行的存款属于商业银行的一般性存款，而不是作为同业存款来对持，需要缴存法定准备金。

（3）对符合法定准备金资产类型的规定，即哪些资产视为法定准备金？除了金融机构在中央银行的存款之外，库存现金、短期债券等资产是否属于法定准备金？在大多数国家，符合央行规定的资产类型主要是商业银行在央行的存款。不少国家还把库存现金计算在内。一般来说，只有少数国家将短期国债视为法定准备金。

这里值得一提的是中国人民银行在2007年9月6日宣布在2007年9月25日开始实行的用外汇缴存人民币准备金的规定。2007年中国人民银行总共上调法定准备金率10次，除了3月和7月没有调整之外，其余每个月份都进行了上调。其主要背景是2007年中国外汇储备增加迅猛，当年新增外汇储备超过 4 600 亿美元。在中国人民银行资产负债表上，"国外资产"科目增加了 3.9 万亿元，平均每个月增加了 3 200 亿元的外汇占款。大量的外汇占款导致了银行体系流动性泛滥，为了减轻外汇储备增加对流动性的压力，中国人民银行采取了以外汇资金缴存新增人民币准备金的做法。这一规定可以相应减少中国人民银行资产负债表中的外汇占款，改善当时国内流动性泛滥的情况。下面以表 12-4 和表 12-5 为例来阐述具体机理。

表 12-4 不采用外汇缴存人民币准备金的情况

中央银行资产负债表		商业银行资产负债表	
资 产	负 债	资 产	负 债
外汇储备 +$10 亿（2）	法定准备金（人民币） + ￥7 亿（3） 超额准备金（人民币） + ￥70 亿（2） - ￥7 亿（3）	外汇资产　　　　　　+$10 亿（1） 　　　　　　　　　　-$10 亿（2） 法定准备金（人民币） + ￥7 亿（3） 超额准备金（人民币） + ￥70 亿（2） - ￥7 亿（3）	客户存款 + ￥70 亿（1）

注：（1）客户向商业银行结汇 10 亿美元（假设美元兑人民币的比率为 1∶7）；（2）商业银行将 10 亿美元外汇卖给中央银行；（3）商业银行缴存法定准备金（假定准备金率为 10%）。中央银行的外汇储备在表中以美元标价，将其按汇率折算成人民币之后，资产负债表仍然是平衡的。外汇储备本该以人民币入账，这里为了便于展示外币资产状况，仍然以外币列示。商业银行的外汇资产做相同的理解。

表 12-5 采用外汇缴存人民币准备金的情况

中央银行资产负债表		商业银行资产负债表	
资 产	负 债	资 产	负 债
外币资产（法定准备金） +$1 亿（2） 外汇储备　　+$9 亿（3）	法定准备金（外币） 　　　　　+$1 亿（2） 超额准备金（人民币） 　　　　+ ￥63 亿（3）	外汇资产　　　　　　+$10 亿（1） 　　　　　　　　　　-$1 亿（2） 　　　　　　　　　　-$9 亿（3） 法定准备金（外币）　 +$1 亿（2） 超额准备金（人民币） + ￥63 亿（3）	客户存款 + ￥70 亿（1）

注：（1）客户向商业银行结汇 10 亿美元（假设美元兑人民币的比率为 1∶7）；（2）商业银行用外汇 1 亿美元缴存法定准备金（假定准备金率为 10%）；（3）商业银行将其余 9 亿美元卖给中央银行。

通过对比可以发现，在采用外汇缴存法定准备金之后，商业银行资产方必须持有 1 亿美元的外汇资产，这样可以卖给中央银行的外汇资产只有 9 亿美元；在实施该制度之前，商业银行卖给中央银行的外汇资产是 10 亿美元。这个制度的实施实现了中国人民银行收缩流动性的目的。此外，2007 年中国人民银行的这一规定有以下几个特征。第一，商业银行应以外汇资金缴存新增的人民币准备金，减少了商业银行卖给中央银行外汇资产的规模，迫使商业银行必须持有部分外汇资产。在上面的示例中，商业银行资产方的"法定准备金（外币）"科目增加了 1 亿美元。中央银行的"外汇储备"科目增加额由 10 亿美元下降到 9 亿美元（假定商业银行将其余外汇资产全部出售给中央银行）。第二，缴存的金融机构主要是大中型商业银行，具体包括：工商银行、农业银行、中国银行、建设银行、交通银行、中信银行、光大银行、华夏银行、民生银行、招商银行、兴业银行、广东发展银行、深圳发展银行、上海浦发银行。该制度不适用于城市中小商业银行、信用社等机构，主要是因为外汇买卖业务主要集中在大中型商业银行。第三，2007年9月采用外汇缴存新增法定准备金的政策结果在货币当局资产负债表上有明确反映。这部分外汇资金在货币当局资产负债表资产方"国外资产"项目下"其他国外资产"科目下反映，因此2007年该项目数据加剧上升。

（4）准备金计提的时点和时间跨度问题。具体包括以下几方面：一是法定准备金的计算和缴存的时间跨度为多长？二是法定准备金率的分子和分母计算以某个时点来确定还是以缴存的时间跨度来确定？关于第一个问题，各国有自己的传统。中国人民银行每旬计算一次，美联储则14天核算一次。关于第二个问题，以法定准备金率为例，分子为法定准备金的规模（即商业银行在中央银行的准备金存款），分母是一般存款的规模。（按旬计算的）时点法就是按旬末当天的数据来确定，平均数法就是按一旬的平均数来计算。如果分子和分母都是时点数，则是时点法。如果分子、分母都是时间跨度内的平均数，则是平均数法。当然也有中间状态：要么分子是时点数，分母是平均数；要么分子是平均数，分母是时点数。美联储法定准备金考核就是采用双平均数法，即分子和分母均采用平均数；欧央行则是分子采用平均数，分母采用时点数。2015年9月之前，中国人民银行对法定准备金率的分子和分母都是采用时点法计算。由于时点法往往导致金融机构经营行为的偏差，中国人民银行采取了向双平均数法的过渡。首先是分子采用平均数法计算，从2015年9月开始，分子的计算由时点数调整为平均数。因为采用平均数法计算实际持有的法定准备金数额，所以这就允许金融机构在维持期内的某一天（或某几天）实际的法定准备金率低于央行的规定水平，但是中国人民银行要求这个幅度必须在1个百分点（含）以内。其次是分母采用平均数法计算，自2016年7月起，分母由时点数调整为旬内的算术平均值计算。至此，中国人民银行法定准备金率的分子和分母计算全部采用了平均数法。双平均数法实际上为金融机构提供了缓冲机制，提高了其流动性管理的灵活性和便利性，但是平均数法对中央银行流动性管理提出了更高要求，例如某金融机构头寸不足，中央银行如何避免清算系统出现梗阻问题等。

（5）中央银行是采取滞后型准备金记账体系（Lagged Reserve Accounting System）还是即时型准备金记账体系（Contemporaneous Reserve Accounting System）？准备金的计算期（Reserve Computation Period）涉及的是准备金率分母的时间跨度，准备金的维持期（Reserve Maintenance Period）涉及的是准备金率分子的时间跨度。如果计算期和维持期是重合的，就是同期型；计算期和维持期不一致，就是滞后型。以美联储为例，准备金计算期是两周，从星期二开始，并于14天后的星期一结束。1998年7月之前，美联储采取的是非严格意义上的即时型准备金记账体系，维持期滞后于计算期仅仅2天，此后改为滞后型准备金记账体系，维持期滞后于计算期30天。中国人民银行在核算金融机构准备金率时，滞后期为5天。在准备金维持期内，持有的法定准备金数额必须达到或超出法定准备金目标额。滞后型准备金记账体系可以使得金融机构有充分的时间来筹集资金、调度头寸，满足中央银行法定准备金率的要求，这一做法大大降低了银行同业拆借利率的波动幅度。以美联储为例，法定准备金率分子分母均采用平均数法，加上滞后型准备金记账体系，这些都给金融机构足够的时间去调度头寸以满足法定准备金的要求。

（6）法定准备金率的确定，是单一型的还是有差别型的？即对所有的存款（抑或是针对所有的机构而言）采取相同还是不同的准备金率？征收法定准备金是否存在免征额度（Exemption Amount）？

美联储 D 条例（Regulation D）、1980 年《货币控制法》（Monetary Control Act of 1980）和 1982 年《圣杰曼存款机构法》（Garn-St Germain Depository Institutions Act of 1982）先后详细规定了法定准备金制度的细节及其变化。目前，美联储实行的法定准备金制度的主要内容如下。第一，将存款进行分类，不同性质存款的法定准备金率不同。需要缴纳法定存款准备金的存款类型主要包括净交易性存款账户（Net Transaction Accounts）、非个人定期存款（Nonpersonal Time Deposits）和欧洲货币负债（Eurocurrency Liabilities）。从 1990 年 12 月 27 日开始，非个人定期存款和欧洲货币负债的法定准备金率降为零（见表 12-6）。净交易性存款账户的存款需要缴纳准备金。第二，同一类型的存款实行不同档次的法定准备金率。美联储将净交易性存款账户的法定准备金率分为两档，第一档为 3%，第二档为 10%。同时在第一档中设置免征额，该免征额为 1 690 万美元。这相当于存款账户中 1 690 万美元以内的部分，法定准备金率为 0，1 690 万～12 750 万美元的部分，法定准备金率为 3%。3% 的法定准备金率是由 1980 年《货币控制法》规定的。1982 年《圣杰曼存款机构法》对免征额做出了规定，当时确定的数额为 200 万美元。第三，第一档存款范围和免征额，每年都进行调整（见表 12-7）。美联储规定，从 2020 年 1 月 16 日开始，免征额为 1 690 万美元，第一档存款范围为 0～12 750 万美元。

表 12-6　美联储对法定准备金率的规定

负债类型	法定准备金率（%）	开始执行日期
1. 净交易性存款账户		
0～1 690 万美元	0	2020 年 1 月 16 日
1 690 万～12 750 万美元	3	2020 年 1 月 16 日
超过 12 750 万美元	10	2020 年 1 月 16 日
2. 非个人定期存款	0	1990 年 12 月 27 日
3. 欧洲货币负债	0	1990 年 12 月 27 日

资料来源：http://www.federalreserve.gov/monetarypolicy/reservereq.htm.

表 12-7　2014 年以来美联储规定的第一档存款上限额和免征额

（单位：百万美元）

开始执行日期	第一档存款数量上限	免征额
2014 年 1 月 23 日	89.0	13.3
2015 年 1 月 22 日	103.6	14.5
2016 年 1 月 21 日	110.2	15.2
2017 年 1 月 19 日	115.1	15.5
2018 年 1 月 18 日	122.3	16.0
2019 年 1 月 17 日	124.2	16.3
2020 年 1 月 16 日	127.5	16.9

资料来源：http://www.federalreserve.gov/monetarypolicy/reservereq.htm.

在中国，准备金率的差异由过去的存款类型差异转变为机构类型差异。1984年中国开始实施法定准备金制度，按存款类型核定准备金率，企业存款为20%，储蓄存款为40%，农村存款为25%。之后，中国人民银行改为实行单一型准备金率，即所有的存款类型都采取相同的准备金率。从2004年开始，中国人民银行实行差别准备金率制度。确定差别准备金率的主要依据是金融机构资本充足率，金融机构不良贷款比率，金融机构内控机制状况、发生重大违规及风险情况，金融机构支付能力明显恶化及发生可能危害支付系统安全的风险情况四项指标。根据上述四项指标对金融机构设若干档次，不同类型的金融机构适用不同的准备金率，目的是抑制资本充足率不足且资产质量不高的金融机构的贷款扩张。到2011年11月，大型金融机构的法定准备金率已经达到21.5%，中小金融机构的法定准备金率达到18%。这是1998年中国法定准备金制度改革以来，法定准备金率上调的最高水平。之后，法定准备金率逐年下降。此时差别准备金率制度的实施，一方面是向市场投放流动性，另一方面是配合普惠金融以及宏观审慎的实施。根据金融机构系统重要性程度、机构性质、服务定位，中国人民银行将金融机构的法定准备金率分为三档：第一档是大型银行准备金率，体现防范系统性风险和维护金融稳定的要求，包括工、农、中、建、交和邮，共6家银行；第二档是中型银行准备金率，较第一档略低，中型银行主要包括股份制商业银行和城市商业银行；第三档是小型银行准备金率，包括4 000多家农村信用社、农村合作银行、村镇银行和服务县域的农村商业银行。㊀此外，中国人民银行还实施两项优惠：一是第一档和第二档银行达到普惠金融定向降准政策考核标准的，可享受0.5或1.5个百分点的准备金率优惠；二是服务县域的银行达到新增存款一定比例用于当地贷款考核标准的，可享受1个百分点准备金率优惠。2018年以来的连续降准，加之上述优惠政策，金融机构实际的准备金率水平要比基准档更低。

（7）对金融机构持有的法定准备金和超额准备金是否予以一定的利息补偿？按何种利率水平对金融机构予以补偿？其理由又是什么？各国中央银行是否对法定准备金和超额准备金支付利息，做法各不相同，原因也千差万别。一般来说，中央银行向法定准备金支付利息的理由之一是，该做法可以降低中央银行对存款机构的有效税率（如果将存款机构持有的法定准备金率视为一种隐含税率的话）。从商业银行来看，持有超额准备金的机会成本是商业银行将超额准备金投资其他资产获得的利息收入。如果中央银行不对超额准备金支付利息，那么就会增加商业银行的机会成本。为了降低成本，提高利润，商业银行会对这部分超额准备金进行短期投资。如果中央银行对超额准备金支付利息，那么商业银行的短期投资交易规模将会大幅下降，金融市场的异常波动将会减少。理由之二是，超额准备金利率相当于为银行同业拆借利率设置了一个利率下限，使得银行同业拆借利率的波动幅度有所控制。在有些国家，该利率构成了中央银行对各种存款便利的利率底线，也是不少国家中央银行利率走廊的下限。在有的国家，中央银行对法定准备金和超额准备金支付的利率水平是有差异的。其中，中央银行对法定准备金支付利息主要是弥补商业银行的收入不足。

㊀ 资料来源：孙国峰. 构建"三档两优"准备金率新框架"[J]. 中国金融，2019（17）.

自从 1984 年中国人民银行实施法定准备金制度以来，中国人民银行就一直对法定准备金和超额准备金采取付息的制度。该制度存在以下特征。第一，相对于发达国家中央银行来说，中国的准备金利率相对偏高。第二，从利率水平的变化来看，不论是法定准备金利率还是超额准备金利率，基本上是逐步下调的状态中。第三，相比较而言，法定准备金利率下调较为平缓，超额准备金利率在 2003 年 12 月存在断崖式的下跌，从 7.02% 下调至 1.62%（见表 12-8）。第四，对比法定准备金利率和超额准备金利率，在 1996 年开始实施该制度到 1998 年 3 月 21 日之前，法定准备金利率高于超额准备金利率，这使得商业银行缴存法定准备金也可以获得利差收入，因为法定准备金利率高于活期存款利率。此时，中国对准备金支付利息主要是弥补商业银行业务收入的不足。以 1996 年 8 月 23 日下调后的准备金利率为例，法定准备金利率仍然保持为 8.82%，超额准备金利率下调为 7.92%，后者仍然高于商业银行 1 年期存款利率 7.47%，表明商业银行吸收 1 年期存款后存放在中央银行，仍然是有利可图的。第五，从 1998 年 3 月（东南亚金融危机已经爆发）开始，到 2003 年 12 月之前，法定准备金利率低于超额准备金利率，之后，法定准备金利率高于超额准备金利率，几乎成为固定模式。第六，对比超额准备金利率与商业银行一年期存款利率，1996 年 8 月至 2003 年 12 月之间，前者高于后者，处于利率倒挂的状态。这段时间商业银行曾经出现过惜贷现象，该政策加剧了惜贷的产生。第七，2020 年 4 月 7 日，中国人民银行在时隔 12 年之后，将超额准备金利率从 0.72% 下降到 0.35%。为何此次中国人民银行下调该利率水平？一般认为，因为新冠疫情爆发，中国人民银行很快降低了法定准备金率，这增加了各家商业银行的超额准备金规模。中国人民银行降低超额准备金率，希望各家商业银行将超额准备金全部用于支持实体经济，而不是存在中央银行，造成流动性过剩。

表 12-8　中国人民银行法定准备金与超额准备金利率变动表　　　　（%）

时间	法定准备金利率	超额准备金利率	一年期存款利率
1996 年 5 月 1 日	8.82	8.82	9.18
1996 年 8 月 23 日	8.82	7.92	7.47
1997 年 10 月 23 日	7.56	7.02	5.67
1998 年 3 月 21 日	5.22	7.02	5.22
1998 年 7 月 1 日	3.51	7.02	4.77
1998 年 12 月 7 日	3.24	7.02	3.78
1999 年 6 月 10 日	2.07	7.02	2.25
2002 年 2 月 21 日	1.89	7.02	1.98
2003 年 12 月 21 日	1.89	1.62	1.98
2005 年 3 月 17 日	1.89	0.99	2.25
2008 年 11 月 27 日	1.62	0.72	2.52
2020 年 4 月 7 日	1.62	0.35	1.30

资料来源：中国人民银行。

美联储是否对准备金支付利息呢？多年以来，美联储对法定准备金是不支付利息的，因为美国国会认为这会影响到美联储的净利润。然而，美联储一直请求美国国会允许其向准备金支付利息。2006年《金融服务管制放松法》（Financial Services Regulatory Relief Act）授权美联储从2011年10月1日开始对存款机构的准备金余额支付利息，2007年美国次贷危机爆发后，美国国会通过了2008年《经济稳定紧急法案》（Emergency Economic Stabilization Act），决定从2008年10月1日开始，美联储对法定准备金和超额准备金支付利息。美联储对法定准备金支付利息（IORR rate）的目的是消除对存款机构隐含的税收，对超额准备金支付利息（IOER rate）则相当于给美联储提供了一项额外的政策工具。这两种利率水平均由联邦储备委员会制定。2008年10月9日，联邦储备委员会将IORR的利率水平设定为比准备金维持期内联邦基金目标利率低10个基点，IOER的利率水平比联邦基金目标利率的下限水平低75个基点。对于超额准备金利率的水平，联邦储备委员会将根据金融市场的实际情况进行调整。2008年10月23日，为促进联邦基金市场以更接近目标利率的利率水平进行交易、降低联邦基金利率的波动水平，联邦储备委员会缩小了超额准备金利率与联邦基金目标利率的利差，将超额准备金利率调整为低于联邦基金目标利率下限35个基点。2008年11月6日，美联储将IORR和IOER的利率合并，统一调整为准备金维持期内联邦基金目标利率的利率水平。2008年12月16日，美联储将IORR及IOER的利率水平统一调整为联邦基金目标利率的上限即0.25%的水平。至此，联邦基金利率的目标上限由原先的再贴现利率演化为超额准备金利率。2020年新冠疫情爆发之后，美联储从2020年3月16日开始将准备金利率水平下调为0.1%。

（8）准备金动用的安排。中国的准备金制度还有一个特征就是经批准后可以动用以保证储蓄存款的支付。自1997年以来，针对地方性中小金融机构出现的支付风险，为保证及时兑付个人储蓄存款以防止区域性金融风险发生，在经中国人民银行批准后，金融机构可以动用法定准备金用以支付居民的储蓄存款兑付。2004年银发第302号文件《中国人民银行关于加强存款准备金管理的通知》规定了金融机构动用法定准备金的审批权限、使用条件、最高限额、期限和用途等。该制度的实质内容是经营中出现支付困难的金融机构在申请得到批准后，最多可以动用其缴纳的全部法定准备金。对于外币存款准备金，中国人民银行规定："金融机构出现严重支付困难申请动用外汇存款准备金，应当报经中国人民银行或中国人民银行授权的分支行批准。"2017年年末，中国人民银行建立了"临时准备金动用安排"，其目的是满足春节前商业银行因现金大量投放而产生的临时流动性需求，保持货币市场平稳运行。具体来说，对于现金投放中占比较高的全国性商业银行来说，在春节期间出现临时流动性缺口的情况下，可临时使用不超过2个百分点的法定准备金，使用期限为30天。金融机构动用准备金的制度安排，从过去的金融机构因为经营不善而实施到如今因为金融机构现金投放规模较大而实施，这大致相当于在特定时间跨度内降低特定金融机构的法定准备金率。

（9）本币与外币存款准备金管理上的差异。外币法定准备金率是多少？外币法定准备金是否支付利息？

从2005年1月1日开始，中国人民银行执行《金融机构外汇存款准备金管理规定》，该规定明确：外币存款实施存款准备金制度，其比率统一为5%。同时，中国人民银行对金融机构缴存的外汇存款准备金不计付利息。此外，该规定要求"金融机构的外汇存款准备金，应缴存到中国人民银行在境内中资商业银行开立的外汇准备金存款专用账户"。如何理解专户管理呢？对于中国人民银行来说，人民币存款准备金（也就是本币存款准备金）是其负债，是商业银行等金融机构的资产。对于外汇存款准备金来说，情况就比较复杂了。甲银行向中央银行缴存一笔外汇存款准备金，在该银行和中央银行资产负债表上的反映见表 12-9。

表 12-9　中央银行与（缴存外汇准备金的）甲银行的资金关系

中央银行资产负债表		甲银行资产负债表	
资产	负债	资产	负债
外汇资产　　＋	法定外汇存款准备金　　＋	外汇资产　　－ 法定外汇存款准备金　　＋	

当中央银行将收到的外汇存款准备金存放在乙银行（指定存放外汇存款准备金的银行），其相互关系见表 12-10。

表 12-10　中央银行与（指定存放外汇存款准备金的）乙银行的资金关系

中央银行资产负债表		乙银行资产负债表	
资产	负债	资产	负债
外汇资产　　－ 存放乙银行的外汇存款准备金　　＋		外汇资产　　＋	中央银行存放的外汇资金　　＋

将上述两个过程合并之后，在中央银行资产负债表上表现为资产和负债的同时增加，即资产方的"存放乙银行的外汇存款准备金"科目增加，负债方的"法定外汇存款准备金"的科目增加。在整个商业银行体系资产负债表上也表现为资产和负债的同时增加。第一，其"外汇资产"科目没有因为实施该制度总额发生变化；第二，实施外汇存款准备金制度之后，资产方的"法定外汇存款准备金"科目与负债方的"中央银行存放的外汇资金"科目同时增加。对比本币的法定准备金缴存，中央银行的负债方结构发生变化，余额不发生变化；整个商业银行体系的资产方结构发生变化，余额也不发生变化。

之所以出现如此差异，这与人民币与外币的发行机构不同有关。人民币的发行机构是中国人民银行，外币的发行机构则是其他国家的中央银行或商业银行。人民币准备金是中国人民银行的负债，外币准备金是中国人民银行的资产。此外，中国人民银行将外币存款准备金存放在境内中资商业银行开立的专用账户中，这种做法值得进一步推敲。对于这家境内中资商业银行（假设为 A 银行）而言，中国人民银行存放的外币存款准备金是其负债。由此，该机构由此在获得一笔外币负债的同时，等额的一笔外币资产将增加。最终来看，A 银行增加了其可用头寸。这种做法对于其他金融机构来说，是不公平的。在外汇存款准备金制度下，其他金融机构的外币可用头寸下降了，而 A 银行的外币可用头寸却增加了。而对于 A 银行如何运用和管理这笔外汇头寸，《金融机构外汇存款准备金管理规定》并没有做出规定和解释。

（10）法定准备金制度的其他规定以及与其他政策工具的配合使用。21世纪以来，中国人民银行加大了法定准备金制度与其他制度的配合，这主要体现在以下几个方面。第一，伴随着银行理财产品的增加，中国人民银行已经将表内理财产品纳入缴存准备金的存款范畴。第二，配合财政部实施国库现金定期存款制度。财政部将存放在中央银行的部分政府存款由各家商业银行进行招标，投标利率高的商业银行获得这笔存款。中标的商业银行需要为这笔存款缴纳法定准备金。第三，法定准备金率的调整与其他政策工具相配合。例如，2018年4月17日，中国人民银行决定，从2018年4月25日起，降低大型商业银行、股份制商业银行、城商行、非县域农商行以及外资银行人民币存款法定准备金率1个百分点，共释放资金近1.3万亿元，同时要求相关商业银行归还所借央行的中期借贷便利共9 000亿元。两者相抵，净释放资金近4 000亿元。释放的这部分流动性与4月中下旬企业缴税形成对冲后，银行体系流动性的总量基本没有变化。从表面上看，中国人民银行降低了法定准备金率，但是实际上银行体系的流动性并没有因此增加（见表12-11）。

表12-11　中央银行法定准备金率调整与其他政策工具的配合

中央银行资产负债表		商业银行体系资产负债表	
资　产	负　债	资　产	负　债
中期借贷便利　-9 000（2）	政府存款　　　+4 000（3） 法定准备金　-13 000（1） 超额准备金　+13 000（1） 　　　　　　-9 000（2） 　　　　　　-4 000（3）	法定准备金　-13 000（1） 超额准备金　+13 000（1） 　　　　　　-9 000（2） 　　　　　　-4 000（3）	中期借贷便利　-9 000（2） 企业存款　　　-4 000（3）

注：表中（1）央行降低法定准备金率，涉及流动性13 000亿元人民币；（2）商业银行归还中期借贷便利，涉及流动性9 000亿元人民币；（3）企业纳税，涉及流动性4 000亿元人民币。

从20世纪90年代开始，新西兰、澳大利亚、比利时、科威特、挪威、瑞士、英国、墨西哥等国先后实行了零准备金率制度。然而，进入21世纪以来，中国人民银行仍然将法定准备金作为非常重要的货币政策工具。伴随着中国经济进入新常态，中国人民银行向金融体系注入流动性的渠道发生转变，货币政策也将出现"新常态"，法定准备金制度将如何变化，我们拭目以待。

12.2　公开市场操作

公开市场操作（Open Market Operation，OMO，也译作"公开市场业务"）就是中央银行在公开市场上买卖证券，这是西方国家中央银行对金融机构流动性进行调控的主要工具。在公开市场操作问世之前，再贴现窗口几乎是当时各国中央银行管控流动性的唯一政策工具。中央银行的主要收入也来自于通过再贴现渠道获得的利息收入。

第一次世界大战在1914年7月爆发，美国在1917年4月正式参战。美联储与美国财政部紧密合作，为美国军费支出提供融资。当时美国军费开支的 1/3 由新增税收解决，2/3 通过发行自由债券（Liberty Bonds）解决。一方面，美联储及其成员银行积极帮助美国财政部向公众销售该债券；另一方面，美联储鼓励其成员银行买进政府债券，并且在制度上做出有利于美国政府债券销售的安排，如成员银行要获得美联储的再贴现融资需要以政府债券作为抵押等。一战结束后，美国经济在全球表现最为抢眼，美联储拥有大量的黄金储备，同时向成员银行提供了大量的再贴现融资。之后，由于黄金储备的流失和通货膨胀的抬头，美联储采取提高利率的方式加以应对，这引发了美国 1920～1921 年的经济衰退。

在这场经济衰退中，成员银行向各家联邦储备银行申请的再贴现规模急剧下滑，各级联邦储备银行的利息收入迅速下降。为了弥补收入的下降，从 1921 年 11 月至 1922 年 5 月，各家联邦储备银行购买了 4 亿多美元的政府债券，其持有的债券存量从不足 2 亿美元增加到 6 亿多美元。除了获得利息收入外，各家联邦储备银行并没有意识到上述操作可以影响金融市场上的流动性、利率乃至货币供应量。联邦储备银行购买美国政府证券的操作导致债券利率迅速下降，整个信贷状况变得日渐乐观。12 家联邦储备银行并没有就购买债券进行政策协调，但是当它们发现购买债券的操作可以影响市场的流动性时，遂决定将其作为政策工具，于是公开市场操作走上了历史舞台。为了便于协调各家联邦储备银行的证券买卖，1923 年成立了由 5 名联邦储备银行行长组成的公开市场操作委员会（纽约联邦储备银行行长本杰明·斯特朗作为主席）。1928 年，该委员会成员进一步扩大，包括了全部 12 家联邦储备银行的行长。1935 年，根据《银行业法》成立了联邦公开市场委员会，这改变了公开市场操作委员会的人员构成，将决策权力从各家联邦储备银行转移到了华盛顿的联邦储备委员会手中。联邦公开市场委员会包括 12 名具有投票权的委员，其中 7 位是联邦储备委员会的成员，1 位是纽约联邦储备银行行长，剩下的 4 位在其他 11 家联邦储备银行行长中通过轮换制选出。换言之，前 8 位委员的投票权是固定的，另外 4 位委员的投票权则是轮流制的。不过，12 家联邦储备银行行长都参加这个会议，并参与讨论。通常，除特殊情况外，联邦公开市场委员会每年召开 8 次会议。美联储主席是这个委员会的主席，纽约联邦储备银行行长担任副主席。

一般来说，公开市场操作分为长期操作（Permanent Open Market Operations）和短期操作（Temporary Open Market Operations）两类。长期操作的目的是中央银行主动改变银行体系准备金的规模，主要采用现券交易模式，即一次性操作（Outright Operations），要么是买入，要么是卖出有价证券。短期操作的目的在于抵消流动性临时性因素的影响，比如财政部在美联储的存款变动，主要采用回购交易（Repurchase or Reverse Repurchase）模式。中央银行买卖的有价证券包括政府债券、政府机构证券⊖以及其他证券。一般来说，中央银行独立决定买卖有价证券的规模和时机，进而影响短期利率、超额准备金和基础货

⊖ 在美国，政府机构证券由政府国民抵押贷款协会（Government National Mortgage Association，GNMA，"Ginnie Mae"，中文译作"吉利美"）、联邦农业信贷银行（Federal Farm Credit Bank）与田纳西河谷管理局（Tennessee Valley Authority）等政府机构发行，目的是为抵押贷款、农业信贷或者发电设备等项目筹资。这些证券由美国联邦政府担保。

币，渐次影响长期利率和货币总量以及社会公众对上述指标的预期。

现券交易是指中央银行在操作中单向地买入或卖出债券，大多属于一次性操作，其目的是使金融机构的流动性在较长时期内发生改变，同时也反映了货币政策走向的改变。现券交易又可以分为现券买入和现券卖出。现券买入向金融市场注入流动性，现券卖出则相反（见表12-12）。此外，中央银行的现券卖出交易很大程度上受制于其掌握的债券资产数额。

表 12-12　现券交易对超额准备金的影响

中央银行资产负债表		商业银行资产负债表	
资　产	负　债	资　产	负　债
国债　　+（1） 　　　　-（2）	超额准备金　+（1） 　　　　　　-（2）	超额准备金　+（1） 　　　　　　-（2） 国债　　　　-（1） 　　　　　　+（2）	

注：(1) 中央银行买入现券；(2) 中央银行卖出现券。

在货币市场上，临时性或偶然性因素会造成流动性在短期内发生变化，回购交易就是中央银行为了平抑流动性变化采取的以债券为抵押的操作，目的是维持货币市场利率的稳定。从回购交易对债券的要求来看，可以分为质押式回购和买断式回购。所谓质押式回购，也称封闭式回购，其特征是在回购期间债券的经济所有权不发生转移，债券被存入在登记托管和结算机构开设的专用证券账户并冻结，作为履行交易的保证，交易双方都不能将债券用于其他用途。如果债券在冻结期间有利息支付，由融入资金的一方（债券的原持有人）获得。如果融出资金的一方可以动用债券（债券的经济所有权发生转移），则称为买断式回购。2004年，中国开始试行买断式回购，此后交易规模不断扩大。就交易规模而言，质押式回购的交易量仍然占主导地位。

从对金融市场流动性影响方向的角度分析，中央银行的回购交易又可以分为正回购（Repo）操作和逆回购（Reserve Repo）操作。中央银行正回购为中央银行向一级交易商卖出有价证券，并约定在未来特定日期买回有价证券。中央银行的资产方不发生变化，但其拥有的债券被锁定（此为质押式回购的核心），负债方则表现为一级交易商的"超额准备金"科目下降，"卖出回购"科目增加（见表12-13）。对于一级交易商而言，该过程就是其与中央银行实施逆回购，在其资产负债表上，资产方的"超额准备金"科目下降，"买入返售"科目增加。正回购到期，中央银行负债方的金融机构"超额准备金"科目增加，"卖出回购"科目下降。与此同时，一级交易商资产方的"超额准备金"科目增加，"买入返售"科目下降。因此说，正回购操作的实质是中央银行以债券作为抵押从市场收回流动性的操作，正回购到期则是中央银行向市场投放流动性的操作。

这里有一个问题，为何"卖出回购"科目在负债方，"买入返售"科目在资产方？众所周知，这两个科目是质押式回购交易中使用的会计科目。中央银行实施质押式正回购交易，债券仍然留在中央银行的资产方，其交易对手在中央银行负债方的"超额准备金"下降。由于中央银行资产方保持不变，负债方发生额下降，这就需要在负债方设置一个科目，以保持资产负债表的平衡，因此"卖出回购"在负债方。同理，中央银行实施质押式逆回购交易，债券仍然保留在其交易对手的资产方。此时，其交易对手在中央银行负债方"超额准备金"增加，为了保持资产负债表的平衡，就需要在资产方设置一个科目，因此"买入返售"科目在资产方。实际上，对于中央银行和商业银行而言，"卖出回购"科目都是在负债方，"买入返售"科目都是在资产方。

表 12-13 正回购操作对超额准备金的影响

中央银行资产负债表		商业银行资产负债表	
资产	负债	资产	负债
	超额准备金　－（1）	超额准备金　－（1）	
	＋（2）	＋（2）	
	卖出回购　　＋（1）	买入返售　　＋（1）	
	－（2）	－（2）	

注：（1）表示中央银行实施正回购，商业银行实施逆回购；（2）表示中央银行正回购到期，商业银行逆回购到期（均未考虑利息问题）。

逆回购为中央银行向交易商买入有价证券，并约定在未来特定日期将有价证券卖回给一级交易商。中央银行资产方的"买入返售"科目增加（央行所拥有的债券并没有增加，但商业银行相应的债券被锁定），负债方的金融机构"超额准备金"科目增加（见表12-14）。对于一级交易商而言，该过程就是其与中央银行实施正回购。在其资产负债表上，资产方的"超额准备金"科目增加，负债方的"卖出回购"科目增加。逆回购到期，中央银行的资产负债双双下降。在一级交易商的资产负债表上，资产方的"卖出回购"科目下降，"超额准备金"科目下降。简言之，逆回购操作的实质是中央银行向市场上投放流动性的操作，逆回购到期则是中央银行从市场收回流动性的操作。

表 12-14 逆回购操作对超额准备金的影响

中央银行资产负债表		商业银行资产负债表	
资产	负债	资产	负债
买入返售　＋（1） －（2）	超额准备金　＋（1） －（2）	超额准备金　＋（1） －（2）	卖出回购　＋（1） －（2）

注：（1）表示中央银行实施逆回购，商业银行实施正回购；（2）表示中央银行逆回购到期，商业银行正回购到期（均未考虑利息问题）。

根据中央银行操作的主动性和对流动性的影响来看，公开市场操作模式的分类见表 12-15。

表 12-15 公开市场操作模式的分类

	中央银行主动操作	中央银行被动操作
增加金融机构流动性	逆回购 现券买入	正回购到期 中央银行票据到期
减少金融机构流动性	正回购 现券卖出 发行中央银行票据	逆回购到期

12.3 发行中央银行票据

2003年以来,在中国的公开市场操作当中,发行中央银行票据日益成为货币当局最为依赖的一项政策工具。从中央银行控制银根的角度分析,发行中央银行票据是紧缩性的操作,中央银行票据到期则为扩张性的操作(见表12-16),而后者对金融市场流动性的扩张性作用常常被忽略。

表12-16 发行中央银行票据对超额准备金的影响

中央银行资产负债表		商业银行资产负债表	
资 产	负 债	资 产	负 债
	超额准备金 -(1) +(2) 中央银行票据 +(1) -(2)	超额准备金 -(1) +(2) 中央银行票据 +(1) -(2)	

注:(1)中央银行票据发行时;(2)中央银行票据到期时(未考虑利息问题)。

12.3.1 发行中央银行票据的独特性

2003年以来,一年期的中央银行票据发行利率在中国一度成为金融市场上的基准利率之一。中央银行票据这一政策工具能否在未来成为中国主流的政策工具呢?将其置于国际背景下,中央银行票据能否在世界范围内成为主流的政策工具呢?在中国,中央银行票据是中国人民银行发行的、旨在调控金融机构流动性的一种债券,属于广义债券的范畴。除了具有流动性好、风险低、期限适中等特点外,中央银行票据的独特性还表现在如下方面。

(1)发行对象的特殊性。中央银行票据与国债不同,它是由中国人民银行在银行间市场通过中国人民银行债券发行系统发行的,发行的对象是公开市场操作一级交易商。2019年3月,中国人民银行公布了最新的49家一级交易商。这其中,商业银行占比超过90%,非银行金融机构只有2家券商和中债信用增进公司。中国人民银行每年对一级交易商进行考评,考评的指标体系分为"传导货币政策""发挥市场稳定器作用""市场活跃度及影响力""依法合规稳健经营""流动性管理能力""操作实务""配合操作室有关工作"7个一级指标和15个二级指标。

(2)招标方式的特殊性。中国人民银行主要采用竞争性招标方式来完成中央银行票据的发行工作,这其中既有价格(利率)招标方式,又有数量招标方式。价格(利率)招标是指中央银行明确招标数量,一级交易商以价格(利率)为标的进行投标,价格(利率)由竞标形成。价格招标主要运用在短期债券的操作当中,利率招标主要运用在长期债券的操作当中。在价格(利率)招标方式上,中国人民银行分别采取过美国式利率招标方式(多重价位中标)和荷兰式招标方式(单一价位中标),其中以荷兰式招标方式为主。数量招标是指中央银行明确招标量和价格,一级交易商以数量为标的进行投标。如果投标量超过招标量,则按比例分配;如果投标量低于招标量则按实际投标量确定中标量。价格招过程是中央银行发现市场价格（利率）的过程，数量招标过程是中央银行向市场宣示其目标价格的过程。除此之外，中央银行还通过非竞争性招标方式向四大国有商业银行等9家双边报价商进行过配售。

（3）作为中央银行公开市场操作的重要工具。这主要体现在两方面：一方面体现在中央银行票据的发行和回笼上，通过发行和回笼调控流动性；另一方面，在中央银行票据的存续期间，中央银行票据可以在银行间债券市场上市流通，同时作为人民银行公开市场操作现券交易和回购操作工具。

（4）从中央银行控制银根的角度分析，发行中央银行票据是紧缩性的操作，中央银行票据到期则为扩张性的操作。在很大程度上，中央银行票据目前被视为货币当局紧缩银根的工具之一，然而由于中央银行票据的期限多集中在1年以内（2004年12月9日开始发行3年期中央银行票据），中央银行票据的到期使得货币市场上的流动性迅速回升。因此，这一特点表明发行中央银行票据应该是为了平衡货币市场上临时性或偶然性因素所造成的流动性波动，而不是用于货币政策松紧方向性变化的操作方式。同时，该方式对流动性的收缩体现在中央银行票据发行余额上，而不是其累计发行量。

（5）与流通中现金一样，中央银行票据也是中央银行的负债。两者的不同在于流通中现金是中央银行的无息负债，其增减反映了社会公众对现金这种支付手段的需求变化；中央银行票据是中央银行的有息负债，是中央银行的货币政策工具之一。

（6）在离岸金融市场发行的目标与传统的在岸市场发行不同。2014年9月，在英国伦敦举行了第六次中英经济财金对话，同时中国国家开发银行在伦敦发行总规模为20亿元的人民币债券。2014年10月，英国财政部发行了首只规模为30亿元、期限为3年的人民币主权债券，这是首只由西方国家发行的人民币主权债券。英方将发行以人民币计价的英国国债的收入，作为英国政府的外汇储备。此后，2015年10月13日，中国建设银行在伦敦顺利发行2年期10亿元离岸人民币债券，票面利率为4.3%；2015年10月14日，中国农业银行在伦敦发行创新型绿色债券，规模为6亿元人民币，票面利率为4.15%。

2015年10月20日，中国人民银行在英国伦敦发行了50亿元人民币央行票据（简称央票），期限1年，票面利率为3.1%。这是中国人民银行首次在海外发行人民币央票，其中美国和欧洲投资者占49%，亚洲投资者占51%。此次中国人民银行在伦敦发行央票，被认为是中国人民银行对伦敦离岸人民币市场流动性的主动调控，也是落实了第七次中英经济财金对话的成果之一，不仅有利于丰富离岸市场高信用等级的人民币金融产品，也有利于深化离岸人民币市场的发展，对于推动跨境贸易和投资的便利化也具有积极意义。

2018年11月以来，中国人民银行在香港离岸市场已经实现了常态化地发行中央银行票据（见表12-17）。截至2020年年末，离岸金融市场上发行的中央银行票据余额已经达到750亿元。该票据的期限以1个月（较少）、3个月、6个月和1年期为主，每一个半月左右发行一次，主要由离岸市场的投资者购买。进入2020年以来，中国人民银行总共在香港发行12期、1 550亿元中央银行票据。在香港离岸市场常态化地发行央行票据，这对推动人民币国际化具有重要作用。一是丰富了香港市场上的高信用等级人民币金融产品，为香港市场提供了人民币流动性管理工具；二是完善离岸人民币收益率曲线，为其他离岸人民币债券发行和定价提供基准，促进离岸人民币货币市场发展；三是促进离岸人民币市场结构优化、均衡发展。○除了上述意义之外，此举与2018年3月以来中美贸易冲突中人民币贬值压力增加有关。人民币在岸和离岸价格差异扩大，离岸市场上的人民币贬值压力更大。中国人民银行主动收缩（或者冻结）香港离岸市场上的人民币境外存量资金，相应地就减少了人民币看空者在香港市场上抛售人民币的规模，减轻了人民币在离岸市场上的贬值压力，对于维持人民币汇率的稳定起到了积极的作用。

为了促进香港离岸人民币货币市场的发展和投资者利用人民币央票进行流动性管理，从2021年1月开始，中银香港推出了香港人民币央行票据回购做市机制，提供隔夜、1周、2周、1个月、2个月、3个月共六个档期的人民币央行票据回购与逆回购业务报价。截至2021年7月，中银香港总计开展284笔交易，总交易金额734亿元（《2021年人民币国际化报告》，第36页）。

表12-17　2018～2020年中国人民银行在香港发行的人民币中央银行票据一览表

时　　间	3个月期（亿元）	利率（%）	6个月期（亿元）	利率（%）	1年期（亿元）	利率（%）
2018年11月7日	100	3.79			100	4.20
2019年2月13日	100	2.45			**100**	2.80
2019年5月15日	100	3.00			**100**	3.10
2019年6月26日	200	2.80	100	2.82		
2019年8月14日	200	2.90			100	2.95
2019年9月26日			100	2.89		
2019年11月7日	**200**	2.90			100	2.90
2019年12月20日			100	2.90		
2020年2月13日	200	2.55			100	2.60
2020年3月26日			100	2.19		
2020年5月14日	200	1.77			100	1.78
2020年6月23日			100	2.21		
2020年8月13日	200	2.70			100	2.70
2020年9月24日			100	2.68		
2020年11月12日	100	2.85			150	2.90
2020年12月23日			100	2.70		

资料来源：中国人民银行。

（7）尽管在一段时间内，发行中央银行票据曾经是中国人民银行非常倚重的政策工具，但是中央银行票据能否成为宏观金融调控的主流工具呢？下面我们将从两方面来分析。

第一，从政策工具影响金融机构流动性的特点分析。 中央银行采用中央银行票据进行调控，发行环节导致银根的收缩，兑付环节才会导致银根的扩张；也可以认为前者是主动的，后者是被动的。也恰恰是因为这一点使其无法与国债在金融调控中的地位相提并论。伴随着一国经济的发展，经济主体对基础货币的需求是不断增加的。中央银行必须不断买

○ 2019年第三季度《中国货币政策执行报告》。

入相应的资产，基础货币才会增加，从而才能满足经济运行对基础货币的需求。然而，中央银行采用发行中央银行票据的调控方法在发行环节会导致基础货币的减少，这与经济发展对基础货币需求增加的方向正好是相反的。虽然发行中央银行票据在兑付环节也会增加基础货币，但是中央银行之所以发行中央银行票据显然是其他渠道导致基础货币增加的结果。如果没有这一环节，中央银行是不可能发行中央银行票据的，因为外汇占款增加在前，发行中央银行票据进行对冲在后。从长期来看，货币当局恰恰需要首先能够提供使基础货币不断增加的政策工具，发行中央银行票据显然无法承担这样的职能。因此从长期来看，该方式无法承担整个经济对基础货币需求增加的要求。采用国债作为中央银行的操作对象则不存在这样的矛盾，中央银行可以不断地通过买入国债来满足经济主体对基础货币的需求。例如，美联储持有的国债从绝对数上看就是不断增加的。简言之，发行中央银行票据对金融机构流动性的影响方向与经济运行对基础货币的需求方向完全相反。

第二，中央银行票据的利息支付还可能影响金融系统的流动性。采用发行中央银行票据的方式进行调控的不利影响还体现在其利息支付会增加金融系统的流动性。以中国香港为例，香港金融管理局于1990年开始发行外汇基金票据与债券（Exchange Fund Bills and Notes），发行的目的是"提供一种具有成本效益的金融政策工具，用以左右银行同业流动资金水平，达到维持汇率稳定的目的"。外汇基金票据与债券的发行与买卖又可以称为香港版本的"公开市场操作"。金融管理局通过买卖这一工具，调节持牌银行在金融管理局结算户口中的余额（类似商业银行在中央银行的超额准备金余额），达到调控银根的目的。当市场上银根紧缩、同业拆借利率趋升时，金融管理局可以买入外汇基金票据与债券，此时持牌银行在金融管理局结算户口中的港元余额将会上升，使同业拆借利率逐渐回落。然而，由此给金融管理局带来的另一个问题就是，随着对外汇基金票据与债券所付利息增加，香港持牌银行在金融管理局结算户口中的余额也随之上升，银根渐趋宽松，为此金融管理局又必须发行新的外汇基金票据与债券以收缩银根。这就形成了一个悖论：希望通过发行外汇基金票据与债券来紧缩银根，但其本金兑付和利息支付又成为银根放松的原因之一。同样，在20世纪80年代之前，韩国中央银行没有将公开市场操作视为主要的政策工具，这主要是由于其缺乏可操作的工具，而问题的实质是韩国政府宁愿依靠从韩国中央银行大量借款也不愿意通过发行债券来弥补财政赤字，因为前者的成本更低。在这一背景下，韩国货币当局根据《货币稳定债券法》从1961年开始发行货币稳定债券（Monetary Stabilization Bonds），这逐渐成为其公开市场操作的重要工具之一，其目的是控制金融系统的储备头寸。韩国中央银行可以根据货币委员会确定的期限和条件在公开市场上发行货币稳定债券，并可以根据货币和信贷状况在债券到期前将它们赎回，发行对象非常广泛。其局限性之一同样是对货币稳定债券利息的支付会导致基础货币的增加。

以上分析表明，中央银行票据在调控金融系统流动性上存在两方面的障碍：一是与经济长期增长对基础货币增加的方向相反，中央银行发行中央银行票据的主动性在于收缩基础货币，紧缩银根；二是中央银行票据利息支付和到期兑付会使得金融系统流动性被动增加，并且形成"滚雪球"似的增发中央银行票据的恶性循环。

专栏 12-1

短期流动性调节工具

为进一步提高公开市场操作的灵活性和主动性，保持银行体系流动性的稳定，促进货币市场利率的平稳运行，中国人民银行从 2013 年 1 月 18 日起启用公开市场短期流动性调节工具（Short-term Liquidity Operations，SLO），作为公开市场常规操作的必要补充，主要用于熨平公开市场常规操作间歇期的流动性短期波动，一般在春节前后的特殊时期使用。简单来说，短期流动性调节工具就是一种极短期（隔夜和 7 天期之间）的回购业务，使得中央银行的流动性调控更为精准。该政策工具如果遇节假日可适当延长操作期限，并采用市场化利率招标方式开展。该工具的操作对象为一级交易商中具有系统重要性、资产状况良好、政策传导能力强的部分金融机构（主要是传统的国有商业银行），操作结果在 1 个月之后对外披露。通常，这种操作工具对流动性的影响不超过 1 周。中央银行操作该工具之初，对流动性的影响包括投放流动性和回收流动性两类。该工具到期时，对流动性的影响则相反。2013 年 10 月至 2016 年 1 月，中国人民银行运用短期流动性调节工具共 19 次，投放流动性操作共 16 次（见表 12-18）。该政策工具在 2016 年年末余额为零，后来中国人民银行没有再使用该政策工具，其原因主要是对于商业银行来说，该政策工具的资金成本太高了。

表 12-18 2013～2016 年中国人民银行短期流动性调节工具操作一览表

操作日期	操作方向	期限（天）	交易量（亿元）	中标利率（%）
2013 年 10 月 28 日	投放流动性	2	410	4.50
2013 年 10 月 30 日	投放流动性	2	180	4.50
2013 年 11 月 18 日	投放流动性	3	700	4.70
2013 年 12 月 18 日	投放流动性	2	1 000	4.20
2013 年 12 月 19 日	投放流动性	4	600	4.70
2013 年 12 月 20 日	投放流动性	4	1 500	4.70
2013 年 12 月 23 日	投放流动性	3	1 800	5.00
2013 年 12 月 24 日	投放流动性	1	300	4.20
2013 年 12 月 24 日	投放流动性	3	1 030	4.30
2013 年 12 月 30 日	回笼流动性	3	1 500	3.00
2013 年 12 月 31 日	回笼流动性	2	1 000	3.00
2014 年 2 月 27 日	回笼流动性	5	1 000	3.40
2015 年 1 月 19 日	投放流动性	1	200	2.63
2015 年 1 月 21 日	投放流动性	2～6	1 600	3.66
2015 年 8 月 26 日	投放流动性	6	1 400	2.30
2015 年 8 月 28 日	投放流动性	7	600	2.35
2015 年 8 月 31 日	投放流动性	6	1 400	2.35
2016 年 1 月 18 日	投放流动性	3	550	2.10
2016 年 1 月 20 日	投放流动性	6	1 500	2.25

资料来源：中国人民银行。

12.3.2 与其他政策工具的对比

中央银行运用不同的货币政策工具旨在影响金融体系超额准备金的数量和价格水平（货币市场利率）。有的政策工具从中央银行的资产方来实现，有的政策工具从负债方来实现。下面主要以外汇储备增加导致超额准备金扩大为起点，分析发行中央银行票据与其他政策工具对超额准备金影响的差异。

1. 与回收再贷款相比

就其政策背景分析，发行中央银行票据的目的是对冲外汇占款的增加。1994 年人民币汇率并轨改革之后，中国也曾经出现过外汇储备快速增加的局面。1994～1997 年东南亚金融危机爆发之前，中国的外汇储备增加接近 1 000 亿美元，在当时这是很大的一个规模。同样为了对冲流动性的增加，中国人民银行采取了收回金融机构再贷款的方式。这种方式的优点体现为未来不存在自动增加流动性的情况，缺点表现为紧缩的力度受制于当时再贷款的规模。由于 1997 年 7 月东南亚金融危机爆发，金融形势发生了根本性的逆转。中央银行不需要被动地收缩流动性，而是需要主动投放流动性，因此无须收回再贷款了。其政策效果见表 12-19。

表 12-19　中央银行采用回收再贷款方式

资　产		负　债	
外汇占款	+（1）	超额准备金	+（1）
再贷款	-（2）		-（2）

注：（1）外汇占款的增加；（2）中央银行收回再贷款。

2. 与提高法定准备金率相比

中央银行调高法定准备金率，目的同样是收缩商业银行的流动性，它与发行中央银行票据的差异体现为以下几个方面。第一，在法定准备金制度下，商业银行无权动用在中央银行的法定准备金；中央银行发行中央银行票据后，商业银行虽然不能用中央银行票据进行清算支付，但可以在全国银行间债券市场上使用中央银行票据进行现券和回购交易。第二，提高法定准备金率，收缩了商业银行的超额准备金。只要法定准备金率不下调，锁定的超额准备金在未来就不存在重新流入银行体系的可能。发行中央银行票据恰恰存在这样的不足，尤其是短期中央银行票据更为明显。其政策效果见表 12-20。

表 12-20　中央银行采用提高法定准备金率方式

资　产		负　债	
外汇占款	+（1）	超额准备金	+（1）
			-（2）
		法定准备金	+（2）

注：（1）外汇占款增加；（2）提高法定准备金率。

3. 与卖出国债相比

在性质上，发行中央银行票据与中央银行在公开市场上卖出国债对流动性的影响一致，中央银行票据到期与中央银行买入国债对流动性的影响一致。然而，发行（回收）中央银行票据与中央银行买卖国债不同的是，前者更为被动。这主要是说，在中央银行票据发行之前，中央银行已经通过其他渠道注入了流动性，发行中央银行票据，主要是收回流动性。中央银行买卖国债，则是货币政策和财政政策协调的表现。此外，中央银行采取卖出国债的方式调控流动性，取决于中央银行持有的国债数额是多少。其政策效果见表12-21。

表 12-21　中央银行采用卖出国债方式

资　产		负　债	
外汇储备	+（1）	超额准备金	+（1）
国债	-（2）		-（2）

注：（1）外汇占款增加；（2）中央银行卖出国债。

4. 与中国人民银行特种存款方法相比

在中国，与发行中央银行票据的效果非常类似的一种工具就是人民银行特种存款。例如，从1987年开始，中国人民银行对农村信用社、城市信用社、信托投资公司等机构先后征收过特种存款。具体做法是：规定这些机构必须在中央银行存入一笔资金，在存续期内不得动用，中央银行付给较高的利息。这种做法在效果上与发行中央银行票据并无差异，只是后者的市场化特征更为明显。具体政策效果见表12-22。

表 12-22　中央银行采用特种存款方式

资　产		负　债	
再贷款	+（1）	超额准备金	+（1）
			-（2）
		特种存款	+（2）

注：（1）再贷款（或者其他资产）导致超额准备金增加；（2）中央银行对特定机构征收特种存款。

5. 与正回购操作相比

发行中央银行票据对金融机构流动性的短期影响和中国公开市场操作中的回购交易非常类似。一般来说，回购交易具有融资和融券两种功能。中国人民银行正回购操作的实质是中央银行以债券作为抵押从市场收回流动性的操作，正回购到期则是中央银行向市场投放流动性的操作。因此，发行中央银行票据与正回购的实质是一样的，而中央银行票据到期和正回购到期实质是一样的。两者的差异主要体现为，正回购操作需要中央银行有相应的国债资产作为基础，发行央票则不需要这样的前提条件。

综合来看，公开市场操作已经成为世界主要发达国家中央银行最主要的政策工具。该政策工具的优点体现为以下几个方面。第一，中央银行在实施公开市场操作的过程中具有很强的主动性。相比较而言，再贴现业务就不具备这样的主动性。中央银行可以通过调整再贴现利率或者再贴现规模来控制银行体系的流动性，但是存在着不对称性。具体来说，中央银行可以鼓励商业银行通过再贴现实现信用的扩张，但是无法强制商业银行向中央银行进行再贴现操作（主动权在商业银行）。换言之，如果商业银行没有意愿进行再贴现操作，中央银行对商业银行就无法做到"牛不喝水强按头"。第二，中央银行可以很精确地把握公开市场操作的规模。不论中央银行希望银行体系准备金发生何种规模的变动，中央银行都可以通过证券买卖来实现其目标。与法定准备金率调整带来的准备金市场的巨幅震荡相比，公开市场操作带来的冲击相对较小。第三，中央银行很容易改变公开市场操作的方向。当公开市场操作的方向出现失误时，中央银行可以立即进行反向操作。例如，当中央银行认为银行同业拆借利率下降是中央银行进行了大量的公开市场买入所造成的，那么就可以通过立即执行公开市场卖出来予以修正。第四，与财政政策相比，中央银行执行公开市场操作的速度更快。当中央银行决定要调整银行体系准备金规模时，只需向交易商发出买卖指令即可，这与财政政策的出台要经过漫长的国会辩论完全不同。正因为公开市场操作这项政策工具日益重要，中国人民银行决定从2016年2月18日开始正式建立公开市场每日操作常态化机制，根据货币政策调控需要，原则上每个工作日均开展公开市场操作。

12.4 外币公开市场操作

在中央银行的外汇干预业务中，中央银行买进或卖出外汇会对金融市场造成什么影响？对基础货币会造成什么影响？中央银行选择国内或国外不同的交易对手，是否会有差异？

12.4.1 中央银行与本国商业银行进行交易

假设中国人民银行（以下简称"人行"）希望抑制人民币相对美元升值，拟斥资700亿元从中国工商银行（以下简称"工行"）手中买入100亿美元（假定汇率为1美元兑换7元人民币）。这将对中国的基础货币产生何种影响？交易双方为本国的中央银行和商业银行，但是因为涉及外币，交易的完成会涉及外币清算，所以这个过程与国外的金融机构相关。假定工行在美国的代理行为花旗银行，人行在美联储开立了美元账户。同时，花旗银行在美联储开立了美元超额准备金账户。以上交易的具体环节如下。

第一步：人行向工行买入100亿美元外汇，需要付出700亿元。这将增加工行在人行的超额准备金700亿元。这同时反映在人行的负债方，工行的资产方（见表12-23）。

表12-23 中央银行与本国商业银行外卖外汇资产的操作

中国人民银行资产负债表		中国工商银行资产负债表	
资产	负债	资产	负债
美元资产（在美联储存款）+100亿美元（2）	超额准备金（工行）+700亿元人民币（1）	存放同业（花旗银行）−100亿美元（2） 超额准备金 +700亿元人民币（1）	

美联储资产负债表		花旗银行资产负债表	
资产	负债	资产	负债
	外国央行存款（人行）+100亿美元（2） 超额准备金（花旗银行）−100亿美元（2）	超额准备金 −100亿美元（2）	同业存款（工行）−100亿美元（2）

注：（1）700亿元资产或负债的变化，涉及两家机构（人行、工行）；（2）100亿美元资产或负债的变化，涉及四家机构（人行、工行、美联储和花旗银行）。

第二步：工行的 100 亿美元外汇资产表现为在花旗银行的同业存款 100 亿美元。工行卖给人行 100 亿美元，意味着工行将其在花旗银行的同业存款转给人行，由于人行在美联储开户，这最终表现为人行在美联储的存款增加 100 亿美元。人行和工行是直接的交易对手方（其资产负债表的变化采用字体加粗来表示），在这笔交易中花旗银行和美联储则是隐含的交易对手。花旗银行负债方的"同业存款（工行）"科目下降 100 亿美元，资产方的"超额准备金"科目下降 100 亿美元。美联储资产负债表负债方的"外国央行存款（人行）"科目增加 100 亿美元，表示人行在美联储的存款增加 100 亿美元，同时花旗银行的"超额准备金"科目下降 100 亿美元。

综上所述，人行的超额准备金和基础货币均增加 700 亿元，相反，美联储的超额准备金和基础货币均下降 100 亿美元。

12.4.2　中央银行与外国商业银行进行交易

如果中央银行的交易对手是外国商业银行而非国内商业银行，情况是否会有所不同？假定人行与花旗银行直接交易，向花旗银行买入 100 亿美元。以上交易的具体环节如下。

第一步：人行向花旗银行买入 100 亿美元外汇，需要付出 700 亿元。由于花旗银行无法在人行开立账户，花旗银行获得的 700 亿元需要由其在中国的代理行——工行代为持有。这表现为工行的资产方"超额准备金"科目增加 700 亿元，负债方"同业存款（花旗银行）"科目增加 700 亿元（见表 12-24）。

表 12-24　中央银行与外国商业银行外卖外汇资产的操作

中国人民银行资产负债表		中国工商银行资产负债表	
资　产	负　债	资　产	负　债
美元资产（在美联储存款）+100 亿美元（2）	超额准备金（工商银行）+700 亿元人民币（1）	超额准备金 +700 亿元人民币（1）	同业存款（花旗银行）+700 亿元人民币（1）
美联储资产负债表		花旗银行资产负债表	
资　产	负　债	资　产	负　债
	外国央行存款（人行）+100 亿美元（2）超额准备金（花旗银行）-100 亿美元（2）	超额准备金 -100 亿美元（2）同业存款（工行）+700 亿元人民币（1）	

注：（1）700 亿元人民币资产或负债的变化，涉及三家机构（人行、工行和花旗银行）；（2）100 亿美元资产或负债的变化，涉及三家机构（人行、美联储和花旗银行）。

第二步：假设人行仅仅是在美联储开立美元账户，因而花旗银行出售给人行的 100 亿美元必须转给人行在美国的代理行——美联储。所以最终表现为人行在美联储存款增加 100 亿美元。

人行和花旗银行在这笔交易中是直接的交易对手方（其资产负债表的变化采用字体加粗来表示），工行和美联储是隐含的交易对手方。对于工行而言，该行代理花旗银行持有人民币，表现为在工行的负债方"同业存款"科目增加 700 亿元，同时，工行资产方"超额准备金"科目增加 700 亿元。对于美联储而言，负债方的"外国央行存款"科目增加 100 亿美元，"超额准备金（花旗银行）"科目下降 100 亿美元。

交易结束后，人行的超额准备金和基础货币均增加 700 亿元。相反，美联储的超额准备金和基础货币均下降 100 亿美元。这与中央银行与本国商业银行交易的结果相同。对比以上两种操作，其特征表现为：第一，本国中央银行在外汇市场的干预操作，不论交易对手是谁，超额准备金的变化都是相同的；第二，两国中央银行资产负债表的最终变化都是相同的；第三，在不同的操作模式下，两家商业银行资产负债表的变化存在差异。

12.5 再贷款和再贴现

从世界范围来看，在中央银行制度实施的早期，再贴现不仅是中央银行调节银行体系流动性最重要的政策工具，而且是中央银行向金融体系注入流动性的主要通道。然而，伴随着其他货币政策工具，尤其是公开市场操作的出现，其地位已经明显下降。在中国，由于商业信用的滞后和中国票据市场发展的滞后，长期以来再贴现并不构成中国人民银行注入基础货币的主流渠道，仅仅发挥辅助性的作用。在 1984 年中国人民银行职能转变之后的很长一段时间内，具有中国特色的政策工具——再贷款替代再贴现成为中国最为重要的政策工具。

伴随着中国宏观金融间接调控的不断推进，再贷款和再贴现这两种政策工具的功能也先后发生了明显变化。在中国出现通货紧缩的时期内，再贴现作为货币当局注入流动性的渠道之一，曾经发挥过一定的作用。2003 年以来，由于金融机构的流动性过剩，再贴现业务基本处于萎缩状态，再贴现始终没有成为中国主流的政策工具，也没有成为像西方中央银行当中的类似流动性管理"阀门"的政策工具。同样，再贷款政策工具的定位从 20 世纪 80 年代的"结构调整"功能在 21 世纪初逐步向"不良资产货币化"功能转变，其财政特征日益明显。2014 年以来，以各种"借贷便利"为名目的中央银行融资不断涌现，并且规模日益扩大，这些"借贷便利"与再贷款没有实质性的差异。不过，中国人民银行仍然保留了再贷款、再贴现这两种政策工具。

12.5.1 21 世纪以来再贷款的业务发展创新

1984 年，中国人民银行开始发挥中央银行的职能，中国人民银行再贷款开始发挥基础货币注入的主渠道作用。进入 21 世纪以来，由于外汇占款增加，再贷款渠道的重要性开始下降。2004 年，中国人民银行对再贷款的分类进行了第一次调整。

1. 再贷款业务的分类

根据银发〔2004〕59 号文，中国人民银行对再贷款的分类如下：第一类是流动性再贷款，包括对金融机构头寸调节和短期流动性支持的各档次再贷款和对农村信用社再贷款，这是中国人民银行通过再贷款途径注入流动性的延续；第二类是专项政策性再贷款，包括中国农业发展银行再贷款、金融资产管理公司再贷款以及对商业银行发放的用于指定用途的再贷款；第三类是金融稳定再贷款，主要包括地方政府向中央专项借款、紧急贷款等风险处置类再贷款。这次对再贷款的重新分类主要是以金融机构为划分标准，而不是根据业务性质和功能来决定。如专项政策性再贷款当中的对金融资产管理公司的再贷款是中央银行出资处理银行体系不良资产，从功能上分析，这与金融稳定再贷款并无实质差异。从再贷款规模来看，伴随着21世纪以来中央银行向金融体系注入流动性的主渠道为外汇占款，再贷款的规模变得无足轻重。同样，进入2000年以来，对于经济结构的调整，再贷款扮演的角色都不再重要。2013年，中国人民银行将再贷款重新分为以下四类。

第一，流动性再贷款。在过去，原来的流动性再贷款承担了双重功能，即调节流动性总量和促进信贷结构调整，从2013年开始，流动性再贷款仅仅包括金融体系的流动性调节，即中国人民银行为解决商业银行的资金头寸不足而对其发放的期限不超过3个月的再贷款，具体包括两类：一类是中国人民银行总行对全国性存款类金融机构发放的流动性再贷款；另一类是中国人民银行分支机构对地方性存款类法人金融机构发放的短期再贷款。通过这两个渠道投放的流动性增加了流动性的供给。不过，向金融机构提供流动性支持的不仅有流动性再贷款，还有回购操作等。2013年以来，中国人民银行还推出了常备借贷便利工具、中期借贷便利等政策工具。

第二，信贷政策支持再贷款。这部分再贷款则包括支农再贷款和支小再贷款（即原中小金融机构再贷款）。支农再贷款是指中国人民银行为了满足农村信用社等机构发放涉农贷款的资金需要；支小再贷款是指中国人民银行为支持城市商业银行扩大中小企业贷款和消费信贷而提供的中小金融机构再贷款。信贷政策支持再贷款主要发挥促进信贷结构调整的作用。

2016年3月，为了落实《中共中央国务院关于打赢脱贫攻坚战的决定》（中发〔2015〕34号），中国人民银行决定设立扶贫再贷款。扶贫再贷款是在支农再贷款下设立，专门用于支持改善贫困地区涉农金融服务的再贷款，降低其融资成本。与支农再贷款相比，扶贫再贷款主要有两个特点：一是实行比支农再贷款更优惠的利率，以引导降低贫困地区扶贫贷款利率水平；二是累计展期次数最多达到4次，从而使扶贫再贷款的实际使用期限最长达到5年，为地方法人金融机构支持打赢脱贫攻坚战提供期限较长的资金来源。2019年年末，支农再贷款余额2 602亿元（含扶贫再贷款1 642亿元），支小再贷款余额2 832亿元。

第三，专项政策性再贷款。它是指对中国农业发展银行和资产管理公司发放的用于指定用途的再贷款，主要包括对中国农业发展银行发放的用于支持粮棉油收购的再贷款，以及对资产管理公司发放的用于支持政策性剥离国有商业银行不良资产的再贷款。2020年新冠疫情爆发后，中国人民银行于1月31日通过银发〔2020〕28号文，向商业银行提供了总计 3 000 亿元低成本专项再贷款资金，对防疫医疗物资和生活物资的产运销重点企业实行名单制管理，支持金融机构向名单内的企业提供优惠利率信贷支持。

第四，金融稳定再贷款。它是指为维护金融稳定、化解金融风险，用于支付高风险金融机构境内个人债务的再贷款，主要包括紧急贷款等。紧急贷款是中国人民银行为帮助发生支付危机的银行业金融机构缓解支付压力、恢复信誉，防止出现系统性或区域性金融风险而发放的贷款。

2. 抵押补充贷款

抵押补充贷款（Pledged Supplementary Lending，PSL）是中国人民银行 2014 年推出的政策工具，属于再贷款的范畴。最初中国人民银行只对国家开发银行发放抵押补充贷款，从 2015 年 10 月开始，将范围扩展到中国农业发展银行和中国进出口银行。中国人民银行通过向这三家银行提供成本适当的长期（3～5 年）资金来源（需提供相应的抵押资产，如高信用评级的债券类资产及优质信贷资产等），支持其发放棚改贷款、重大水利工程贷款、人民币"走出去"项目贷款等，同时希望引导中期利率水平。截至 2019 年年末，抵押补充贷款余额为 32 350 亿元。2020 年，中国人民银行对政策性银行和开发性银行净收回抵押补充贷款共 3 023 亿元，其中第四季度净收回 1 993 亿元，年末余额为 32 350 亿元（见表 12-25）。

表 12-25　2014 年以来中国人民银行抵押补充贷款余额　　（单位：亿元）

2014 年	2015 年	2016 年	2017 年	2018 年	2019 年	2020 年
3 831	10 812	20 526	26 876	33 795	35 374	32 350

资料来源：中国人民银行。

该政策工具有两层含义：一是量的角度，即从 2015 年以来，抵押补充贷款作为中国人民银行基础货币投放的新渠道，有效地补充了外汇占款下降带来的流动性不足；二是价（利率）的角度，中国人民银行通过常备借贷便利控制了短期政策利率，通过抵押补充贷款引导和掌控中期利率水平。

12.5.2　再贴现的功能定位及其在中国的发展

再贴现政策工具的内容包括几个方面：一是再贴现率（Discount Rate）的确定；二是再贴现窗口（Discount Window）的规模；三是中央银行提供的再贴现融资都需要有抵押资产，中央银行会对抵押资产的类型和信用等级做出规定。在西方国家，再贴现的功能定位体现在两方面：一是作为金融机构获得流动性的最后一道"阀门"，发挥稳定整个金融体系的重要功能；二是再贴现率的调整也是货币政策松紧的信号之一，有很强的宣示作用。

（1）流动性管理的最后一道"阀门"。所谓获得流动性的最后一道"阀门"，是指金融机构在流动性紧张的情况下，向同业机构寻求流动性支持仍然不能缓解其压力，作为本国金融体系流动性的垄断供给者和最终供给者的中央银行，此时向该机构提供的流动性就是其最后一道"阀门"。以美联储为例，再贴现窗口的功能主要体现在两方面：一是在整个金融体系对准备金的需求超过供给时，配合公开市场操作以实现联邦基金目标利率；二是对单个存款机构而言，起流动性备用供给的作用。从整体上看，尽管通过再贴现窗口提供的基础货币规模很小，但在平抑联邦基金利率上扬方面仍然发挥着重要作用。尤其是若金融市场遭遇意外情况，如自然灾害、恐怖袭击等，再贴现窗口就会发挥极为重要的作用。对个别面临流动性短缺的金融机构而言，再贴现窗口提供的流动性可以使金融市场避免大的波动（Board of Governors of the Federal Reserve System，1994；2005）。

（2）再贴现利率构成货币市场利率的上限。通常，中央银行把再贴现的操作和公开市场操作联系起来。首先，中央银行定出货币市场的目标利率（或基准利率），如欧洲中央银行的主要再融资利率、美联储的联邦基金利率等。然后，规定一个利率走廊（即利率上下限），金融机构如果流动性过多，则存入中央银行并获得按下限利率计算的利息收入。金融机构如果流动性不足，则可凭其持有的符合中央银行规定的各类票据作为抵押，自动从中央银行获得融资，或者据此向中央银行申请再贴现，其利率则是中央银行事先规定的利率上限或者再贴现利率。这就是所谓的中央银行存贷款便利的利率。这样大大降低了中央银行进行公开市场操作的规模与频率。2003年之前，美联储的再贴现操作模式有两个特征非常突出：一是将再贴现利率设定在低于联邦基金利率25～50个基点的水平上；二是对申请再贴现业务的各金融机构加强审查，以防止金融机构从中套利。这两点是相辅相成的，正因为再贴现利率低于货币市场利率，美联储担心金融机构从中套取利差，因而加强对再贴现的审查和管理。从2003年1月开始，美联储改变了上述操作模式，也采取了类似"利率走廊"的操作模式，这大大简化了美联储对于再贴现的管理。目前，美联储的再贴现利率高于联邦基金利率0.25个百分点。国内有学者将这种操作模式称为"无货币供应量变动的利率调控""公告操作""利率走廊"。在这种情况下，再贴现利率往往构成了货币市场利率的上限。工业化国家中央银行再贴现业务的操作模式大体类似，如欧洲中央银行、澳大利亚储备银行、新西兰储备银行和加拿大中央银行等，当然具体的称呼各不相同。

不论是中国改革开放之前，还是改革开放以来，再贴现始终没有成为中国人民银行宏观金融调控的主要政策工具，这与中国商业信用欠发达关系密切。改革开放前，在取缔商业信用只保留银行信用的理念下，再贴现政策工具不可能发挥作用。改革开放后，商业信用的发展步履缓慢，以商业信用为基础的再贴现受到的掣肘就更明显。1995年《票据法》才问世，2004年《票据法》修订后已经多年没有再修订。2016年上海票据交易所成立，中国票据交易全面转向电子化，业务发展进入了快车道。《票据法》已经远远不能覆盖票据业务10多年来的发展。在现实经济生活中，商业信用还存在巨大的违约风险。这些不利因素大大制约了再贴现的发展。截至2019年年末，再贴现余额为4 714亿元，仅占中国人民银行资产总额的1.3%。在利率的价格信号方面，中国人民银行以常备借贷便利利率作为利率走廊的上限，再贴现利率的作用无法发挥。因此，再贴现操作在中国人民银行的流动性管理中仅仅扮演补充性的角色，这一点与其他国家差异较大。

表 12-26 2011 年以来中国人民银行再贴现余额　　（单位：亿元）

2011 年	2012 年	2013 年	2014 年	2015 年	2016 年	2017 年	2018 年	2019 年
446	760	1 137	1 372	1 305	1 165	1 829	3 290	4 714

资料来源：中国人民银行。

专栏 12-2

美联储的再贴现率

美联储的再贴现率是各家联邦储备银行通过再贴现窗口向商业银行和其他存款类机构提供贷款便利的利率水平。联邦储备银行提供初级融资（Primary Credit）、次级融资（Secondary Credit）、季节性融资（Seasonal Credit）三种形式的融资方案，每一种融资方案都有各自的利率水平。美联储通过再贴现窗口提供的所有融资都需要担保。初级融资方案一般只向运行稳健的存款类金融机构提供超短期（通常是隔夜的）融资。不符合初期融资方案的金融机构可以申请次级融资方案以满足其短期的流动性需要或者解决严重的金融困境。季节性融资方案主要是针对规模相对较小的存款类金融机构的季节性资金需求，如农业或旅游公司的季节性需求。

初级融资方案的再贴现率一般要高于金融市场的短期利率水平。次级融资方案的再贴现率比初级融资方案的再贴现率要高。季节性融资方案的再贴现率则是有选择性的若干金融市场利率的平均数。再贴现率由各联邦储备银行的董事会决定，但美联储有监督和最终决定权。在这三个融资方案中，所有联邦储备银行的再贴现率都相同（避免金融机构的套利），再贴现率发生变动时的特殊情况外。

除此之外，美联储还提供紧急融资（Emergency Credit）。在特殊或者紧急情况下，联邦储备委员会在得到财政部授权后可授权给某一家联邦储备银行向金融机构提供紧急融资。这种融资方案必须得到财政部部长的批准，发放紧急融资的联邦储备银行必须有充分证据证明接受紧急融资的金融机构无法从其他银行机构获得足够的信贷来源。如果没有美国政府债券或政府机构债券作为抵押，这类贷款将需要联邦储备委员会至少五名成员投赞成票。

值得注意的是，英格兰银行在金本位时代，运用贴现率政策（此时，英格兰银行已经履行中央银行的职能，其贴现率就是再贴现率），英格兰银行通过提高或者降低贴现率，操纵了世界上的黄金流动，并且在实际上管理着国际货币政策。英格兰银行调整贴现率，不仅对本国经济有影响，而且对当时的世界经济产生了重要影响。

12.6　常备借贷便利、中期借贷便利和临时借贷便利

如果说中央银行实施公开市场操作具有充分的主动性，那么中央银行实施各种类型

的借贷便利则为金融机构提供了主动性。从国际经验来看，中央银行通常综合运用常备借贷便利和公开市场操作两大类货币政策工具管理流动性。全球大多数中央银行都有借贷便利类的货币政策工具，但名称各异，如欧洲中央银行的边际贷款便利（Marginal Lending Facility）、英格兰银行的操作性常备便利（Operational Standing Facility）、日本银行的补充贷款便利（Complementary Lending Facility）、加拿大央行的常备流动性便利（Standing Liquidity Facility）、新加坡金融管理局的常备贷款便利（Standing Loan Facility）以及新兴市场经济体中俄罗斯央行的担保贷款（Secured Loans）、印度储备银行的边际常备便利（Marginal Standing Facility）、韩国央行的流动性调整贷款（Liquidity Adjustment Loans）、马来西亚央行的抵押贷款（Collateralized Lending）等。

12.6.1 常备借贷便利

常备借贷便利（Standing Lending Facility，SLF）是中央银行正常的流动性供给渠道，主要功能是满足金融机构短期的流动性需求。常备借贷便利的利率水平根据货币政策调控、引导市场利率的需要等因素综合确定。常备借贷便利可以分为两类：信用类常备借贷便利和质押类常备借贷便利。质押类常备借贷便利在操作过程中，中央银行要求金融机构提供抵押品，合格的抵押品包括债券类资产（如国债、中央银行票据、国家开发银行及政策性金融债、高等级公司信用债等）及优质信贷资产等。该便利的主要特点如下：一是金融机构根据自身流动性需求主动申请；二是由中央银行与提出申请的金融机构"一对一"交易，针对性强；三是存款类金融机构是该便利的主要参与者；四是常备借贷便利的期限短，主要有隔夜、7天期和1个月期三种。

2013年春节前夕，在借鉴国际经验的基础上，中国人民银行创设了常备借贷便利，目的是解决部分商业银行因为现金投放导致的资金缺口，实施的对象主要是政策性银行和全国性的商业银行。2013年6月，中国银行体系出现了"钱荒"，常备借贷便利再次出手，余额达到了4 160亿元，维护了金融稳定。到2013年年末，该余额降至1 000亿元（见表12-27）。2014年中国人民银行将常备借贷便利的操作对象扩展到城市商业银行、农村商业银行、农村合作银行和农村信用社四类中小金融机构。虽然中国人民银行有投放流动性，但是由于期限短，很快就收回了流动性。截至2014年年末，常备借贷便利余额为零。之后，常备借贷便利的余额在1 000亿元上下波动，截至2019年年末，余额为1 021.1亿元。进入2020年以来，常备借贷便利余额迅速下降，第一季度末降至306亿元，第二季度末降至73亿元，第三季度末降至25亿元，第四季度末回升至198亿元。该政策工具的特征如下：第一，因为常备借贷便利的期限短，所以其累计操作规模远大于其余额。第二，2020年新冠疫情爆发之后，常备借贷便利余额迅速下降至198亿元，表明金融机构通过常备借贷便利获得流动性的规模下降非常迅速，与此同时，中期借贷便利的规模快速上升（具体见后面的分析）。

表 12-27　2013 年以来中国人民银行常备借贷便利余额　　（单位：亿元）

时间	2013 年	2014 年	2015 年	2016 年	2017 年	2018 年	2019 年	2020 年
余额	1 000	0	0.4	1 290.07	1 304.2	927.8	1 021.1	198
累计额度	23 650	3 400	3 348.35	7 122	6 069	4 385	5 465.6	1 862

资料来源：中国人民银行。

从常备借贷便利的利率来看，中国人民银行旨在将其利率设置为利率走廊的上限，调整常备借贷便利的利率就具有较强的政策信号。自 2015 年起到 2020 年 6 月，中国人民银行总共 22 个季度的《货币政策执行报告》中有 17 个提及发挥常备借贷便利作为利率走廊上限的功能。截至 2019 年年末，隔夜、7 天和 1 个月期常备借贷便利分别为 3.35%、3.50% 和 3.85%（见表 12-28）。2020 年 4 月 10 日，中国人民银行下调各期限常备借贷便利利率 30 个基点。下调后，隔夜、7 天、1 个月期常备借贷便利利率分别为 3.05%、3.2%、3.55%。

表 12-28　各期限常备借贷便利利率调整表　　（%）

	隔夜	7 天期	1 个月期
2015 年 11 月 20 日	2.75%	3.25%	3.60%
2017 年 2 月 3 日	3.10%	3.35%	3.70%
2017 年 3 月 16 日	3.30%	3.45%	3.80%
2018 年 3 月 22 日	3.40%	3.55%	3.90%
2019 年 12 月 30 日	3.35%	3.50%	3.85%
2020 年 4 月 10 日	3.05%	3.20%	3.55%

资料来源：中国人民银行。

综合来看，中国人民银行从 2013 年开始实施常备借贷便利，经过近几年的发展，常备借贷便利主要解决了中国春节前夕金融机构流动性紧张的局面。这有以下几个特点：一是在春节前夕启动，春节结束后收回，属于对金融机构短期的流动性支持；二是由于期限短，累计交易规模大，余额很小；三是常备借贷便利利率发挥了利率走廊的上限信号作用。

12.6.2　中期借贷便利和定向中期借贷便利

2014 年 9 月，中国人民银行创设了一种新的政策工具——中期借贷便利（Medium-term Lending Facility，MLF）。中期借贷便利是中央银行提供中期流动性的货币政策工具，对象为符合宏观审慎管理要求的商业银行、政策性银行，可通过招标方式开展。中期借贷便利利率发挥中期政策利率的作用，通过调节向金融机构中期融资的成本来对金融机构的资产负债表和市场预期产生影响，引导其向符合国家政策导向的实体经济部门提供低成本资金，促进社会融资成本降低。中期借贷便利采取质押方式发放，金融机构需要提供国债、中央银行票据、国开行及政策性金融债、地方政府债券、AAA 级公司信用类债券等优质债券作为质押品。2018 年 6 月，为了缓解部分金融机构高等级债券不足，中国人民银行决定扩大中期借贷便利的担保品范围，新的担保品包括：不低于 AA 级的小微企业、绿色和"三农"金融债券，AA+、AA 级公司信用类债券（优先接受涉及小微企业、绿色经济的债券），优质的小微企业贷款和绿色贷款。

从 2014 年 9 月开始，中国人民银行通过 3 个月期的中期借贷便利向商业银行提供流动性，虽然累计投放额较高，但是由于期限短（3 个月期），到 2014 年年末，中期借贷便利余额仅为 6 445 亿元（见表 12-29）。从 2016 年开始，中期借贷便利的规模开始跃升，到年末余额为 34 573 亿元。到 2018 年年末接近 50 000 亿元，2019 年年末回落至 36 900 亿元，截至 2020 年第三季度末，中期借贷便利的规模回升至 41 000 亿元。之所以在 2016 年出现显著的跃升，与 2015 年的"8·11"人民币汇改关系密切。2020 年中国人民银行累计开展中期借贷便利操作 51 500 亿元，期限均为 1 年。其中，第一至第四季度分别开展中期借贷便利操作 6 000 亿元、4 000 亿元、17 000 亿元、24 500 亿元，期末余额为 51 500 亿元，比年初增加 14 600 亿元。从总体上看，在外汇占款渠道投放基础货币出现阶段性放缓的情况下，中期借贷便利起到了主动补充流动性的作用，有利于保持金融体系中性适度的流动性水平。

表 12-29　2014 年以来中国人民银行中期借贷便利余额　（单位：亿元）

时间	2014 年	2015 年	2016 年	2017 年	2018 年	2019 年	2020 年
余额	6 445	6 658	34 573	45 215	49 315	36 900	51 500

资料来源：中国人民银行。

从利率水平来看，以 1 年期中期借贷便利为例，2016 年以来，其变化幅度每次调整不超过 10 个基点。2020 年疫情爆发后，2 月 17 日中标利率下降 10 个基点至 3.15%，2020 年 4 月 15 日中标利率进一步下降 20 个基点至 2.95%（见表 12-30）。

表 12-30　2014 年以来中期借贷便利利率变化情况表　（%）

	3 个月期	6 个月期	1 年期
2014 年 9 月	3.5%		
2015 年 11 月		3.25%	
2016 年 2 月	2.75%	2.85%	3.00%
2017 年 1 月		2.95%	3.10%
2017 年 3 月		3.05%	3.20%
2017 年 12 月			3.25%
2018 年 4 月			3.30%
2019 年 11 月			3.25%
2020 年 2 月			3.15%
2020 年 4 月			2.95%

资料来源：中国人民银行。

中期借贷便利和常备借贷便利两项政策工具的差异体现在以下几个方面。

第一，在规模上，截至 2020 年第三季度末，前者的规模远大于后者的规模，成为中央银行主动向银行体系发放贷款的主要渠道之一。

第二，从利率水平来看，常备借贷便利的到期期限为隔夜、7 天、1 个月，属于典型的短期利率，中期借贷便利的到期期限是 3 个月、6 个月、1 年，时间跨度较常备借贷便利要长；常备借贷便利和中期借贷便利都由央行定价，常备借贷便利为抵押方式，中期借贷便利为质押方式，两者抵押品的种类有所区别。在同一个时点上，常备借贷便利的利率高于中期借贷便利。从利率期限结构来看，通常是短期利率低，中长期利率高。在中国为何持续出现这一反常现象，还有待于继续研究。

第三，从利率的属性来看，中国人民银行对这两者的定位也不同。常备借贷便利的定位是未来利率走廊的上限，通过该政策工具发挥"最后贷款人"作用。例如，截至2020年9月末，美联储的一级再贴现余额为34.37亿美元，最低时曾经仅为数百万美元，欧洲中央银行的贷款便利余额为0.55亿欧元，这表明，发达国家中央银行均将常备借贷便利视为银行体系流动性的最后一道阀门。中期借贷便利的定位在2020年第二季度《货币政策执行报告》中有明确表述："中期借贷便利利率作为中期政策利率，是中期市场利率运行的中枢，国债收益率曲线、同业存单等市场利率围绕中期借贷便利利率波动。中期借贷便利中标利率反映了银行平均边际中期资金成本，其下降是银行平均边际中期资金成本降低的体现，有助于通过LPR下降推动企业贷款利率降低，促进社会融资成本降低。"请注意，从商业银行实践来看，一般将1年期以内的存贷款利率视为短期利率，将1年期到5年期的存贷款利率视为中期利率。这一惯例与中期借贷便利定义的时间跨度有所不同。

为加大对小微企业、民营企业的金融支持力度，中国人民银行在2018年12月决定向支持实体经济力度大、符合宏观审慎要求的大型商业银行、股份制商业银行和大型城市商业银行实施定向中期借贷便利（Targeted Medium-term Lending Facility，TMLF），为上述金融机构提供长期资金。2019年1月、4月和7月，中国人民银行先后三次实施定向中期借贷便利操作，2019年年末其余额为8 226亿元（见表12-31）。该操作的期限为1年，因为可以续作两次，所以资金的使用期限实际上为3年。从利率水平来看，其利率比中期借贷便利利率优惠15个基点，2019年为3.15%。2020年第一季度操作2 405亿元，期限为1年，利率为3.15%。第二季度操作561亿元，期限为1年，利率为2.95%；第三季度到期的定向中期借贷便利以中期借贷便利的形式续作。第四季度未开展操作。2020年年末定向中期借贷便利余额2 966亿元。

表12-31　2019年中国人民银行实施的定向中期借贷便利一览表

	金额（亿元）	余额（亿元）	期限（年）	利率（%）
2019年1月	2 575	2 575	1	3.15
2019年4月	2 674	5 249	1	3.15
2019年7月	2 977	8 226	1	3.15
2020年1月	2 405	8 056	1	3.15
2020年4月	561	5 943	1	2.95
2020年7月	4 000①	2 966	1	2.95
2020年12月	0	2 966		

① 根据2020年第三季度《货币政策执行报告》第17页，"2020年7月15日，中国人民银行开展了4 000亿元中期借贷便利操作，期限为1年，利率为2.95%，其中包含对当月到期的定向中期借贷便利的续作，该工具可滚动续作，总期限为3年"。

资料来源：中国人民银行。

12.6.3 临时借贷便利和央行票据互换

2017年1月19日，为满足春节前现金投放的集中性需求，保证银行体系流动性和货币市场平稳运行，中国人民银行通过"临时借贷便利"（Temporary Lending Facility，TLF）操作，为在现金投放中占比高的几家大型商业银行提供了临时性的流动性支持。"临时借贷便利"是除了常备借贷便利和中期借贷便利外，中国人民银行创设的又一种新型的短期货币政策工具。当时中国的经济背景是，受2017年春节前外汇占款持续减少、居民提取现金、法定准备金上缴、税收缴款和1月信贷集中投放规模较大等多种因素影响，银行间市场流动性持续紧张，货币市场利率水平上升明显。尽管中国人民银行已经连续在公开市场进行资金投放，但资金紧张的压力持续不减。为了保持货币市场利率稳定，中国人民银行需要进一步投放流动性，临时流动性便利操作适时出台。临时流动性便利的操作期限为28天，期限与1个月期的常备借贷便利期限非常接近，资金成本与28天期逆回购操作利率大致相同。既然期限相同、利率相同，为何中国人民银行要推出临时借贷便利呢？主要原因是该政策工具不需要商业银行提供相应的质押债券。相反，中期借贷便利和逆回购操作都需要融入资金的商业银行提供足够的质押资产。如果商业银行的优质流动性资产有限或者已经被用于质押，商业银行仍然面临流动性短缺。由于临时借贷便利不需要提供质押资产，这大大减轻了商业银行对质押资产的需求压力。

2019年1月24日，中国人民银行设计和出台了"央行票据互换"这个政策工具，第二天才有了中国银行成功发行首单无固定期限资本债券，也就是首单永续债。对于购进永续债的其他商业银行来说，由于永续债对投资者吸引力不强，购买的积极性不高。为了保证商业银行的永续债能够顺利发行，就必须提高该债券的吸引力，正是在这一经济背景下，中国人民银行创立了"央行票据互换"这一政策工具。由于央行票据不计入基础货币（即储备货币）的范围，央行票据互换操作发起之时，虽然中央银行的资产和负债同时增加，但是并没有增加基础货币，也没有增加整个商业银行体系的超额准备金。所以中国人民银行有关负责人认为其"对银行体系流动性的直接影响是中性的"这一观点是恰如其分的。

商业银行发行永续债，其投资者有哪些呢？除了其他商业银行之外，还有银行理财产品或理财子公司，理财子公司并不具备使用票据互换工具的资格。对于投资永续债的商业银行而言，永续债并没有离开其资产负债表。因为永续债被锁定，所以投资永续债的商业银行可以得到相应的收益。然而，在互换期间，商业银行资产方"中央银行票据"科目余额增加了，且与互换的期限相同。虽然商业银行持有的这部分央行票据不可以用于现券买卖、买断式回购，但是商业银行可以将这部分央行票据用于抵押或其他交易。从这个角度来看，这有可能增加投资永续债的商业银行的流动性。例如，截至2019年年末，央行票据互换的操作规模为320亿元，余额仅为220亿元（见表12-32）。换言之，如果商业银行将换入的全部央行票据向央行抵押申请流动性，最大规模也就是220亿元。2020年，中国人民银行以每月一次，每次50亿美元的频率进行央行票据互换操作（1月除外），央行票据互换操作的累计规模为610亿元。换入的债券既有国有大行、股份制银行发行的永续债,也有城商行发行的永续债。对于几万亿的超额准备金而言,这个规模不足以影响流动性供求的大局,但是的确可以提高购买商业银行,尤其是中小商业银行永续债的积极性。

表 12-32　2019 年以来央行票据互换操作一览表

日　期	中标总量(亿元)	期　限	费率(%)
2019 年 2 月 20 日	15	1 年	0.25
2019 年 6 月 27 日	25	1 年	0.25
2019 年 8 月 9 日	50	3 个月(91 天)	0.10
2019 年 9 月 11 日	50	3 个月(91 天)	0.10
2019 年 10 月 17 日	60	3 个月	0.10
2019 年 11 月 27 日	60	3 个月	0.10
2019 年 12 月 24 日	60	3 个月	0.10
2020 年 1 月 20 日	60	3 个月	0.10
2020 年 2 月 28 日	50	3 个月	0.10
2020 年 3 月 25 日	50	3 个月	0.10
2020 年 4 月 21 日	50	3 个月	0.10
2020 年 5 月 26 日	50	3 个月	0.10
2020 年 6 月 29 日	50	3 个月	0.10
2020 年 7 月 27 日	50	3 个月	0.10
2020 年 8 月 27 日	50	3 个月	0.10
2020 年 9 月 28 日	50	3 个月	0.10
2020 年 10 月 28 日	50	3 个月	0.10
2020 年 11 月 27 日	50	3 个月	0.10
2020 年 12 月 24 日	50	3 个月	0.10

资料来源:中国人民银行。

专栏 12-3

央行票据互换工具

2019 年 1 月,中国人民银行决定创设央行票据互换工具(Central Bank Bills Swap,CBS)。所谓央行票据互换工具,就是中国人民银行和一级交易商之间的债券互换交易。在现阶段,一级交易商主要是各类商业银行。某商业银行发行性质类似于优先股的永续债,由其他商业银行予以认购,但是永续债对其他商业银行的吸引力不强。为了提高其流动性,鼓励其他商业银行购买,中央银行推出央行票据互换工具,对于银行体系流动性的影响如下。

对于某家商业银行而言,买进他行的永续债,随即与中央银行开展 CBS 业务,其永续债被锁定。资产方的"中央银行票据"科目增加,负债方"央行票据互换"科目增加。表面上看来,商业银行的确是在"以券换券",但是永续债仍然没有出表,也就是永续债没有离开商业银行的资产负债表,商业银行仍然拥有永续债的经济所有权,既可以获得永续债的利息收益,也必须承担可能的风险。

对于中央银行来说,负债方的"中央银行票据"科目增加,资产方的"央行票据互换"科目增加(见表 12-33)。从经济意义来看,这相当于中央银行通过"央行票据互换"渠道增加了银行体系的一笔流动性,随即用发行央行票据的方式予以锁定。所以互换实施后,虽然中央银行的资产和负债同时增加,但是银行体系的流动性并没有增加。互换到期之后,中央银行资产方的"央行票据互换"科目和负债方的"中央银行票据"科目同时下降。商业银行资产方的"中央银行票据"科目和负债方的"央行票据互换"科目同时下降。此时,银行体系的流动性也并没有减少。中央银行实施央行票据互换操作,目的不是主动发行央行票据,但是会形成央行票据的被动发行。2019 年年末,中国人民银行负债方"发行债券"科目的余额为 1 020 亿元,这由两部分构成,一是在香港发行的人民币央行票据存量 800 亿元,二是通过"央行票据互换"工具发行的央行票据余额 220 亿元。

表 12-33　商业银行购买永续债和央行实施"央票互换操作"

中央银行资产负债表		商业银行资产负债表	
资　产	负　债	资　产	负　债
央行票据互换　+（2） 　　　　　　　－（3）	超额准备金（购买永续债方） 　　　　　　　－（1） 超额准备金（发行永续债方） 　　　　　　　+（1） 中央银行票据　+（2） 　　　　　　　－（3）	超额准备金　－（1） 永续债　　　+（1） 中央银行票据+（2） 　　　　　　－（3）	央行票据互换　+（2） 　　　　　　　－（3）

注：(1) 一级交易商购买永续债；(2) 央行票据互换发起；(3) 央行票据互换结束。

12.7　非常规货币政策工具

2007 年 4 月美国次贷危机爆发之后,以美联储为代表的西方国家中央银行纷纷采取各种非常规货币政策（Unconventional Monetary Policies）,以应对次贷危机、全球金融危机和欧洲债务危机。根据 IMF 的研究,非常规货币政策大体可以分为两类：第一类是用来恢复金融市场和金融中介正常运转的；第二类则是在零利率下限约束下,为未来的货币政策提供空间。第一类政策包括中央银行直接提供流动性以及直接购买私人部门和公共部门的证券资产；第二类政策则涵盖前瞻性指引（Forward Guidance）。前瞻性指引可以分为定性指引和定量指引,也可以分为根据经济指标变化发布的指引和定期发布的指引。当然,我们还可以从中央银行资产负债表的角度来分析。从中央银行资产来看,分为购买非政府债务的资产方政策和购买政府债务的资产方政策。前者包括中央银行直接通过贴现窗口或其他创新性政策工具,购买金融机构的债券、国有企业（政府支持机构）的债券,有时候甚至是股权资产；后者的实质就是政府债务的货币化。从中央银行的负债方来看,主要是针对准备金的操作（日本银行开展了这类操作）。这里主要介绍美联储采取的非常规货币政策工具。从政策效果看,在危机最严重的时刻,非常规货币政策工具的采用极大地稳固了国际社会对全球经济走出低谷的信心,短期内产生了积极的溢出效应。但是,越来越多的经济学家开始质疑非常规货币政策的有效性和弊端（陈雨露,2017）。

12.7.1 定期拍卖便利

在 2007 年次贷危机爆发之初，美国国内各家银行就面临严峻的资金压力。为了解决这一问题，美联储希望存在流动性紧张的存款机构通过再贴现窗口主动向美联储借款。然而，由于美国各家存款机构担心通过再贴现窗口借款会向市场传递流动性短缺的负面信号，所以这些金融机构利用再贴现窗口的意愿并不强烈。为了更直接地满足它们定期融资的需求，美联储于 2007 年 12 月设立了新的货币政策工具——定期拍卖便利（Term Auction Facility，TAF）。

定期拍卖便利的期限主要有 28 天与 84 天两种。达到美联储一级信贷方案合格标准的财务健康的存款类金融机构可按照规定程序向当地美国联邦储备银行提交利率报价和竞拍额。在抵押物方面，再贴现窗口接受的抵押资产即可作为定期拍卖便利的抵押资产。在资金数量方面，定期拍卖便利每次拍卖的资金总量由美联储预先确定并公布，利率通过存款机构之间的竞拍程序确定。资金从投标的最高利率开始分配，直到所有资金被分配或所有投标都满足为止。对于美联储而言，通过定期拍卖便利向金融体系注入资金，所面对的交易对手和获得的抵押品比实施公开市场操作更为广泛，因此即使是在无抵押银行间市场面临巨大压力的情况下，该工具也可以确保流动性资金能够有效地得到满足。随着金融市场表现转好，该工具已于 2010 年 3 月 8 日被终止。

12.7.2 一级交易商信贷便利

2008 年 3 月初，美国金融市场的资金紧张局势急剧升级，美联储在 2008 年 3 月设立了一级交易商信贷便利（Primary Dealer Credit Facility，PDCF），以应对三方回购协议市场和一级交易商面临的流动性压力。三方回购协议市场是美国非常关键的短期资金市场。

一级交易商信贷便利是美联储向一级交易商提供的隔夜贷款融资便利，并授权纽约联邦储备银行实施操作。一级交易商信贷便利提供的是隔夜贷款，期限只有一个工作日，利率与纽约联邦储备银行的再贴现利率相同。在抵押物方面，最初只有投资级证券才可作为合格抵押物。2008 年 9 月，合格抵押物扩展为在三方回购协议中可以抵押的所有类型的金融工具。美联储设立该政策工具的目的在于通过向一级交易商提供融资便利，维持并增强其清偿能力，以提升其参与证券市场交易的能力，并尽快恢复和促进金融市场正常地发挥其功能。随着美国金融市场表现好转，美联储已经于 2010 年 2 月 1 日终止该政策工具。

12.7.3 定期证券借贷便利

通过证券抵押获取资金是一级交易商的一项重要资金来源。但是，当抵押品市场缺乏流动性时，一级交易商获取资金就变得非常困难，因此它们也就无法向其他市场提供流动性。2008 年 3 月,美联储建立了定期证券借贷便利(Term Securities Lending Facility,TSLF),作为缓解一级交易商在获得定期融资和抵押品方面临的压力的一种手段。

定期证券借贷便利是美联储每周提供给一级交易商的贷款融资。一级交易商以该政策工具认可的抵押品作为担保,在支付一定的费用后,通过公开竞标的拍卖机制,获得由公开市场账户持有的短期国债。也就是说,一级交易商通过定期证券借贷便利与纽约联邦储备银行进行证券互换,用流动性较差的抵押证券换到流动性更高的评级更高的短期国债,从而缓解资产抵押债券持有者面临的融资困境。与之前一级交易商与美联储之间经常进行的隔夜借贷不同,定期证券借贷便利的期限为 28 天。在此期间,美联储用持有的流动性高的政府债券交换一级交易商手中流动性较低的抵押债券。虽然美联储并不通过该政策工具向金融市场提供资金,但是美联储和一级交易商之间的债券置换将显著提高金融市场的流动性。因为这种置换方式并没有改变金融体系中的准备金和货币供给,所以美联储在提高市场流动性的同时无须进行公开市场的对冲操作。随着金融市场表现转好,定期证券借贷便利已经于 2010 年 2 月 1 日被终止。

12.7.4 资产支持商业票据货币市场共同基金流动性便利

货币市场共同基金(MMMF)是美国金融市场上很常见的投资机构,拥有数万亿美元的资金。在 2008 年金融危机期间,MMMF 的投资者大量挤提资金,迫使基金在流动性不高的市场上抛售资产来满足客户基金赎回的需求。因此,美联储引入了资产支持商业票据货币市场共同基金流动性便利(Asset-Backed Commercial Paper Money Market Mutual Fund Liquidity Facility,AMLF),帮助持有资产支持商业票据(Asset-Backed Commercial Paper,ABCP)的 MMMF 满足投资者的赎回需求,从而提升 ABCP 市场和货币市场的流动性。在缺乏流动性的货币市场上,ABCP 的强行抛售会压低 ABCP 以及其他短期金融工具的价格,导致 MMMF 的损失以及投资者对 MMMF 和其他金融市场信心的削弱。

该政策工具旨在为 MMMF 拟出售的 ABCP 提供市场。美联储通过这一政策工具为各家存款机构、银行控股公司、外国银行在美国的分行和代表处提供无追索权(Nonrecourse)的贷款,这些机构利用美联储提供的贷款资金从 MMMF 购买合格的 ABCP。因此,该政策工具的借款人向 MMMF 提供流动性,而 MMMF 才是该政策工具的主要受益者。美联储通过该政策工具向借款人发放的贷款由借款人购买的 ABCP 完全抵押。此外,为了确保该政策工具的使用达到其预期目的,美联储要求只有在出售 ABCP 之前有基金赎回的 MMMF 所出售的 ABCP 才是该政策工具的合格抵押品。除要支付利息外,使用该政策工具没有其他额外费用。贷款期限因为借款人身份的不同而有所不同,具体可以区分为存款机构和非存款机构。对于作为非存款机构的借款人,贷款期限为所融资的 ABCP 的剩余期限,从隔夜到 270 天不等;对于作为存款机构的借款人,贷款期限则不能超过 120 天。因为该贷款是无追索权的,所以合格借款人通过该政策工具持有的 ABCP 没有任何的信用风险和市场风险。随着金融市场表现转好,该政策工具已经于 2010 年 2 月 1 日被终止。

12.7.5 商业票据融资便利

在 2008 年秋季，MMMF 及其他投资者受到金融危机的影响，面临严重的流动性压力，越来越不愿意购买商业票据，尤其是期限较长的商业票据，这导致商业票据市场压力剧增。因此，未清偿商业票据的规模严重萎缩，长期商业票据的利率不断攀高，需要再融资的未清偿商业票据比例不断上升。然而，发行商业票据是许多企业的重要资金来源，这种对信贷可用性的限制使得企业在金融危机时期更难以获得融资。为了解决这些问题，美联储在创立 AMLF 后，于 2008 年 10 月 7 日宣布创立商业票据融资便利（Commercial Paper Funding Facility，CPFF），授权纽约联邦储备银行实施具体操作，并于 2008 年 10 月 27 日开始正式实施。

根据该计划，纽约联邦储备银行向商业票据融资便利工具有限责任公司（CPFF LLC）提供 3 个月的贷款，该公司在获得资金后直接向合格的发行人购买商业票据。该公司只能购买符合如下要求的商业票据：评级高；美元标价；无担保；有资产支持；3 个月到期。为了管理其风险，美联储要求该公司购买了其商业票据的发行人需在每次支付一定费用。此外，申请商业票据融资便利的发行人首先需要进行注册。在第一次注册时，每个发行人需要支付给该公司一定的手续费。该公司共获得 8.49 亿美元的手续费。纽约联邦储备银行向该公司的贷款由该公司所有的资产提供担保，包括其持有的商业票据、获得的手续费和投资收益。随着金融市场表现不断转好，该工具已于 2010 年 2 月 1 日被终止。该公司持有的商业票据最后于 2010 年 4 月 26 日到期，该公司于 2010 年 8 月 30 日解散。

12.7.6 货币市场投资者融资便利

根据《联邦储备法》的规定，在紧急情况下，美联储可以授权各家联邦储备银行，对个人、合伙企业和公司提供信贷。自 2008 年 9 月中旬以来，MMMF 遭受了最大限度的赎回请求，货币市场承受了巨大的压力。这导致了较长期限的货币市场工具利率大幅上升，未清偿的货币市场工具的规模占比上升。

在这种情况下，美联储于 2008 年 10 月 21 日宣布创立了货币市场投资者融资便利（Money Market Investor Funding Facility，MMIFF），其目的是给美国 MMMF 提供流动性，以满足 MMMF 应对客户赎回的要求，并且引导货币市场投资者扩大在该市场的投资，尤其是期限超过隔夜的金融工具。该政策工具具体由纽约联邦储备银行操作，是对 AMLF 的有效补充，都是增加 MMMF 的流动性供给。随着金融市场表现不断转好，该工具已于 2009 年 10 月 30 日被终止。

12.7.7 定期资产支持证券信贷便利

2008 年金融危机期间，资产支持证券（ABS）市场遭到严重破坏，这大大减少了对消费者和企业的信贷供给。根据定期资产支持证券信贷便利（Term Asset-Backed Securities Loan Facility，TALF）的安排，纽约联邦储备银行以无追索权的方式提供最高额度达到 2 000 亿美元的资金给 AAA 级 ABS 的持有者，这些证券由新发放的消费者贷款和小企业贷款作为抵押品。该政策工具旨在通过促进 ABS 的发行以及改善 ABS 市场的整体状况，使得信贷市场恢复其信贷功能。在实施过程中，通过该政策工具发放的贷款期限为一年，若符合一定条件，其期限可以延长，且贷款不需要按市值计价或无保证金要求。该贷款由合格的资产支持证券完全担保，每月支付利息，借款人无追索权，在贷款期限内不得替换抵押品。为此，美国财政部就这个项目向纽约联邦银行提供 200 亿美元的信用保护。TALF 在 2009 年 3 月开始正式运作，2010 年 6 月 30 日纽约联邦储备银行停止发放新的贷款，2014 年 10 月收回了最后一笔贷款。

12.7.8 大规模资产购买

2008 年 12 月，美国经济出现显著的衰退，美联储迅速将联邦基金利率下调至 0～0.25% 的区间，以刺激家庭和企业支出，支持美国经济实现复苏。在联邦基金利率接近零的同时，美联储在 2008 年年末到 2014 年 10 月之间进行了一系列大规模资产购买（Large-Scale Asset Purchase，LSAP）。大规模资产购买计划的目标是降低长期利率，支持抵押市场的发展，使得信贷状况整体上改善，由此刺激经济复苏。

在实施该计划时，美联储通过竞争程序在私人市场上购买美国政府长期国债和美国政府机构（如房利美或房地美）发行或担保的长期证券，而不是直接从美国财政部直接购买政府证券。美联储的购买减少了市场上的证券供应，导致这些证券的价格上涨，并降低了它们的收益率。收益率的下降也降低了抵押贷款利率。为了追求更高的收益，私人投资者会选择投资收益率高的资产（如公司债券和其他私人部门发行的证券）。投资者的购买提高了这些证券的价格并降低了它们的收益率。因此，美联储大规模资产购买的总体效应是对各种长期证券的收益率施加下行压力，支持抵押贷款市场，并促进更强劲的经济复苏。在经济学家看来，中央银行的大规模资产买入具有以下三个渠道功能。

（1）信号渠道（Signaling Channel）。中央银行购买债券可能会使得市场相信其希望保持宽松的货币政策。如果中央银行只是简单地声明货币政策将在更长的时间内保持宽松，这并不具可信度。假如市场参与者认为中央银行短期内很难退出宽松的货币政策或退出的成本过高，中央银行大规模购买债券将会增加货币政策的公信力。

（2）稀缺性渠道（Scarcity Channel）。如果类似中央银行这样的大买家，大规模地买入某一品种的债券，这会大幅减少市场上可供交易的该债券的数量。对于该品种债券有特别偏好的投资者不得不出高价买入（降低收益率），可作为替代品的其他债券的价格也会上升。

（3）久期渠道（Duration Channel）。当中央银行大量购买长期债券后，投资者所持有的投资组合将会变得更为安全（因为它们将面临更小的利率风险），这一变化将会降低其资产组合的价格风险。结果，投资者会愿意以更低的收益率持有其他债券。这意味着整条收益率曲线将会向下移动，其不同于在稀缺性渠道中收益率的变化只体现为在中央银行所购买的债券品种上。

12.7.9　中央银行流动性互换额度

为了避免银行间借贷市场（Bank Funding Markets）的崩溃，从而减少各家商业银行对美国和其他国家为家庭和企业提供贷款的规模，美联储与部分外国中央银行建立了中央银行流动性互换额度（Central Bank Liquidity Swap Lines，也可以译作"中央银行流动性互换上限"）。互换额度分为美元流动性额度（Dollar Liquidity Lines）和外币流动性额度（Foreign-Currency Liquidity Lines）。在美元流动性不足的情况下，美联储通过向外国中央银行提供美元资金，使外国中央银行根据自己的判断向辖区内的金融机构提供美元贷款来改善美元的融资状况。在这个过程中，外国中央银行承担其贷款的信用风险。在上述交易中，美联储只与外国中央银行交易，这使得美联储不承担任何外汇风险，更不承担信用风险。联邦公开市场委员会在2007年12月12日宣布与欧洲中央银行和瑞士国家银行实施美元流动性互换，随后又批准了与14家中央银行实施互换协议，这些中央银行包括：澳大利亚储备银行、巴西中央银行、加拿大银行、丹麦国家银行、英格兰银行、欧洲中央银行、日本银行、韩国银行、墨西哥银行、新西兰储备银行、挪威银行、新加坡金融管理局、瑞典中央银行、瑞士国家银行。这些互换安排于2010年2月1日终止。

外币互换额度可以支持美联储向美国金融机构提供各种外币资金来解决金融市场上的流动性紧张，主要的外币规模如下：英镑300亿，欧元800亿，日元10万亿，瑞士法郎400亿。一般来说，这些互换涉及两次交易。当外国中央银行与美联储实施互换时，外国中央银行向美联储出售相应数额的外币，并以现行市场汇率换取美元。对于美联储而言，美联储获得的外币是其资产，体现在美联储资产负债表的资产方，同时美联储将这笔外币资金存在外国中央银行的账户中。美联储向外国中央银行提供的美元，由外国中央银行存放在纽约联邦储备银行的账户中，这笔美元资金是美联储的负债，同时是外国中央银行的美元资产。与此同时，美联储和外国中央银行签署具有约束力的第二次交易协议，要求外国中央银行在未来某一特定日期（最多3个月）以相同汇率回购其货币。在第二次交易结束时，外国中央银行根据美元的市场利率向美联储支付利息。换言之，在互换实施后，美联储和外国中央银行的资产和负债同时增加。在互换结束时，美联储和外国中央银行的资产和负债同时减少。

当外国中央银行利用其互换额度向其管辖范围内的金融机构贷出美元时，美元从纽约联邦储备银行的外国中央银行账户转移到该借款机构的账户上，并用于清算其美元交易。外国中央银行仍然有义务根据互换协议以美元归还美联储，外国中央银行提供美元贷款的金融机构不是美联储的交易对手方，外国中央银行才是美联储的交易对手方。

12.7.10 非常规货币政策工具的特点

2008年全球金融危机爆发之后，各国中央银行大量采用非常规货币政策工具。当时，全球各大中央银行为度过危机纷纷降息，基准利率很快降至零附近，价格型的政策工具已经走到尽头，通过这种常规性货币政策工具实现经济复苏遥不可及，非常规货币政策工具应运而生。其特点如下。

（1）非常规货币政策是特殊的短期应急工具。非常规货币政策工具可以大致分为流动性支持类和资产购买类两类。前者是针对传统上中央银行并不提供融资的非银行金融机构，比如证券公司和货币市场共同基金；后者是针对特定的金融市场，如商业票据和资产支持证券市场。其操作期限、操作方式和操作对象有别于常规货币政策工具的惯例做法。随着金融危机的缓解及宏观经济向好，绝大部分工具被停止使用。

（2）非常规货币政策的实施具有一定程度的风险。中央银行在执行常规货币政策时的操作对象一般是风险较小的政府债权。非常规货币政策工具则涉及大量私人部门发行的证券，因此中央银行面临的财务风险增大，并有可能影响中央银行的独立性，尽管各国中央银行在这个过程中采取了不少预防措施。与此同时，中央银行直接的资产购买行为易使资产价格出现泡沫。

（3）在金融市场出现动荡，市场参与者抛售问题资产追逐避险资产的过程中，美联储直接进入市场，扮演了"最后做市商"，购买了大量美债。美联储甚至创设贷款给企业和地方政府的融资机制，购入企业债，从银行机构的"最后贷款人"演变成非金融体系的"最后做市商"。这对中央银行的独立性有潜在的影响。与此同时，中央银行开始面对金融机构的信用风险。

除此之外，中国在运用货币政策工具应对负面冲击方面，陈雨露（2017）将其特点概括如下：一是在货币政策目标选择上，强调突出价格稳定，并统筹兼顾金融稳定等其他目标；二是始终注重短期调控政策与中长期金融改革相结合，重视金融体系"在线修复"；三是高度重视结构性改革的基础性作用，将结构性改革与货币政策、财政政策相结合。

12.8 本章小结

货币政策工具是指由中央银行完全控制的、与货币政策的中间目标联系紧密的各种工具（手段或方法），各国中央银行运用这些政策工具，渐次影响货币政策的操作目标（短期利率、超额准备金规模等）、中间目标（长期利率、货币供应量或者信贷规模）和最终目标（物价水平、经济增长率、失业率、国际收支差额等）。

不论是传统的政策工具——三大法宝，还是选择性的政策工具，抑或是若干新型的政策工具，中央银行操作的指向均为超额准备金。有的政策工具是从中央银行资产方来影响该指标，有的政策工具是从中央银行负债方来影响该指标。有的政策工具顺应中央银行资产负债表不断扩张的需要，有的政策工具则是反其道而行之。不论何种方式，中央银行货币政策工具的运用直接影响了中央银行的操作目标——超额准备金。有的中央银行更关注超额准备金的数量，有的则更关注超额准备金的利率。2008年之后，各国中央银行均采取了非常规性货币政策工具。本章重点介绍了美联储采取的非常规货币政策工具。这些非常规政策工具具有一定的风险，且属于应急性质。各种政策工具的运用都离不开本国的具体国情。伴随着经济体制的变化，中央银行货币政策工具选择也会出现调整。

CHAPTER13 · 第 13 章

铸币税与通货膨胀税

什么是铸币税（Seigniorage）？这是学习货币银行学课程后学生们经常思考的一个问题。不少民众认为，各国的中央银行都垄断本国现钞发行，如果不考虑现钞的生产成本，是不是中央银行就可以获得以现钞面额标价的利润？不少人往往不假思索地认为这是理所当然的事情。也有人认为现钞有精密的防伪设计和复杂的生产工艺，其生产和制造需要花费一定的成本。根据美国政府的测算，生产一张 100 美元的现钞，需要花费 14 美分，其使用寿命预期约为 15 年。[一]现钞的成本不足面额的 1%，剩余的 99% 是不是就是发行机构获得的利润呢？有学者将这种差异称为"铸币税"，国内经济学界也有人译为"铸币利差"，本书统一采用"铸币税"这一表述，不是因为这一表述更为准确，而是因为国内学界通常采用这一表述。

简单地说，政府垄断现钞发行权时，现钞面额与其实际生产成本之间的差额就是铸币税。如果政府生产货币（纸币和铸币）能够获得铸币税，历朝历代的统治者是不是增加货币的数量即可？在西方国家实施金本位以来，铸币分为本位币和辅币。全部铸币由政府的铸币厂统一生产，不论是本位币还是辅币，都有统一的重量、成色和形制，辅币的金属成分也是明确的。本位币与辅币之间的兑换比价是固定的。其中，本位币的铸造仅仅收取少量的铸造费用以弥补其生产成本，并实行无限量铸造制度。对于辅币而言，采用政府垄断铸造，私人

[一] 生产一张 50 美元的现钞则要 19.4 美分，预期使用寿命约为 3.7 年。1 美元的现钞需要花费 5.4 美分，预期使用寿命约 6 年。

部门不缴纳任何费用。无论政府的铸币厂有多少家，生产出来的铸币质量都是统一的。

专栏 13-1

耗羡与铸造费用（或铸币税）

清朝时期，政府实行的是银铜本位制度。白银采用的是称量货币制度，用于民间大额交易和政府财政收支。百姓日常交易仍然使用政府垄断铸造的制钱（材质以铜为主）。然而，百姓向政府纳税则必须使用白银。地方政府将百姓缴纳的散碎银子收齐之后，需要按规定重量、成色和形制铸成银锭上缴中央政府。在熔铸的过程中，原有的碎银子铸成银锭之后会有损耗，因此地方官向百姓加征税款以弥补这部分损失，这也就是所谓的"火耗"。官府不愿意承担这些损耗而将其转嫁给百姓，即所谓"耗羡"。"耗"就是损耗，"羡"是多余。通常来说，碎银子熔铸的损耗其实并不大，每两最多也就是一两分，即 1%～2%。随着时间的流逝，地方政府向百姓征收耗羡的比例不断提高，以至于达到正赋的八成左右，逐渐演变成为地方官员盘剥百姓、贪污腐化的借口和工具。

雍正二年（公元 1724 年），雍正帝开始实行耗羡归公制度："各地根据本省情况，每两地丁银明加火耗数分至 1 钱数分银不等。耗羡归公后，作为政府正常税收，统一征课，存留藩库，酌给本省文职官员养廉。"用现代汉语来解释，就是火耗的税率为地丁银的百分之几至百分之十几。按照收支两条线的原则，火耗由地方政府统一征收之后，留在省政府这一级统一用于辖内文职官员的养廉银支出。虽然说都是用于弥补铸造过程中的成本，但是火耗与西方国家所说的铸币费用（铸币税）仍然存在显著差异。火耗后来成为地方政府的主要收入之一，铸造的货币也并不用于流通；西方国家所说的铸币费用主要是弥补铸造过程的生产成本。

类似西方国家的铸币费用，在中国也出现过。例如，袁世凯执政时期，1914 年出台的《国币条例》中规定的铸造费用标准如下："以生银委托政府代铸一元银币，每枚政府收铸币费用库平六厘。"该条例规定：一元国币含库平纯银六钱四分八厘，因此折算后铸币费用约为 1.23%。1933 年 3 月 8 日国民党政府颁布《银本位币铸造条例》规定，银本位币的铸造费用为 2.25%。这种铸造费用与耗羡高达百分之几十的比例，不仅数量上不是一个量级，而且在性质上也完全不同。

在中国明清两朝，铸币主要分为银两与制钱。但是，明清两朝并没有规定银两就是本位币，制钱就是辅币。两者固定的兑换比价仅仅存在于政府的法律条款，在实际的交易中，两者的交换比价并不固定。就银两而言，其重量、成色和形制，即使有官方的规定，也有不同的标准。就制钱而言，由政府垄断铸造，但是其金属成分受产地、产量等因素的影响，分散在不同的地方铸造，因此质量并不完全相同。清朝由于银贵钱贱和银贱钱贵的现象交替出现，在银贱钱贵的阶段，清政府就面临制钱流通数量不足的问题，其原因是生产制钱的原材料——铜的产量不足（后来不得不从日本等国进口铜），导致生产制钱的成本高于其面值。如果说政府垄断铸造辅币可以从中获利的话，中国封建朝代就曾经出现过生产制钱的成本要高于其面值的反例。尽管如此，在原材料（铜、铅和锡等）价格上涨的情况中，政府虽然铸造制钱在财务上是不划算的，但是往往选择继续铸造，其目的就是满足百姓的日常交易需求。

英国是世界上最早实现金本位的国家，金本位的特征表现为自由铸造、自由兑换和自由输出入。其中，自由铸造就是经济主体可以自由地将金块向政府的铸币厂申请铸造为金币，也可以自由地将金币熔化为金块。这一原则保证了金块与金币价格的一致性。加之政府允许百姓自由铸造，那么政府就无法获得铸币税，但是民众仍然需要向铸币厂缴纳费用，这是弥补铸币厂的生产成本，与一本万利的铸币税完全不是一回事。如果说生产铸币，尤其是本位币，还需要金属原材料，那么生产纸币是否就一本万利了呢？从技术本身而言，这一点毋庸置疑。生产一张面值100欧元的纸币与一张面值500欧元的纸币，成本的差异不大，按照面值与成本的差额为铸币税的定义，500欧元的纸币为政府带来的铸币税规模更大。但是为何各国政府都会主动约束纸币的发行规模呢？为什么各国中央银行甚至都不再发行大面额的纸币呢？

在现代社会，政府一般不直接发行现钞，而是将现钞发行的职能交由中央银行（有的国家称为储备银行或专门的货币发行机构）来执行，因此不少民众认为中央银行可以获得这笔收入。中央银行到底能不能获得这笔收入？本章将详细讨论这个问题。本章的分析分为两个视角，一是从时间跨度，二是从机构角度。从时间跨度来看，需要从金属本位和信用本位两个角度来分析，其中，信用本位又可以分为可兑现的信用本位和不可兑现的信用本位两种类型。从机构角度来看，又分为从政府（财政部）和中央银行两个角度来分析。

所谓通货膨胀税，是指通货膨胀产生后，政府的债务因为通货膨胀大幅度缩水，这变相地减轻了政府偿还债务的压力。弗里德曼曾经说过："天下没有免费的午餐。"政府通过制造通货膨胀来减轻债务偿还的压力，这种饮鸩止渴的行为在短期内可以获利，但是从长期来看，该国政府在国内外的债券市场将失去信用，其未来在市场上筹资将面临更高的成本。

13.1　金属货币本位下的铸币税

前面的章节已经从币材的角度介绍了人类社会货币发行的历史顺序：从足值货币过渡到信用货币，从商品货币过渡到纸质货币甚至是电子货币。从货币发行者的角度来看，既有官方部门，又有私人部门。因为私人部门发行的金属铸币和纸质现钞，铸币税都是由私人部门获得，所以这里不予讨论。在金属货币时代，官方部门发行的货币也可以分为金属铸币和纸质现钞（又称可兑现的信用货币），后者的铸币税性质与信用货币本位下的铸币税性质类似，我们在下一节一并分析。这里仅仅分析金属货币本位下的铸币税问题。

探讨金属货币本位制度下的铸币税问题，必须区分规范的货币制度和不规范的货币制度两种情况来讨论。在规范的金属货币本位制度下，应该从本位币（主币）与辅币两个角度来讨论。典型的金属本位，如金本位，该制度就有自由铸造、自由兑换和自由输出入三个特征。例如，根据英国法律规定，任何居民都有权向本国政府申请将货币金属铸成本位货币，其数额不受限制，国家只收取少量的铸造费用。这种自由铸造制度，保证了本位货币是足值货币。这里的"自由铸造"是指无限量铸造，而不是免费铸造（Free of Charge）。因此对本位货币来说，是不存在铸币税的。我们不能将铸造本位币缴纳的铸造费用也理解为铸币税，这是因为仅就铸造费用的价值量而言，其相对于本位币的比重很低，如1933年3月8日南京国民政府颁布《银本位币铸造条例》，规定银类持有者请求中央造币厂代铸银本位币，必须支付2.25%的铸造费用。因此，铸造费用仅仅是对铸币厂铸造本位币的一种成本补偿，而不是本位币名义值与实际值的差异。

专栏 13-2

牛顿爵士与英镑金本位制度

众所周知，艾萨克·牛顿爵士（Sir Isaac Newton，1643—1727）是英国历史上著名的物理学家、数学家、化学家和天文学家，是力学三定律的建立者和万有引力的发现者，微积分的发明人之一，现代物理学的奠基人。不过很少有人知道，牛顿是英国金本位制度确立的主要推动者。

牛顿是遗腹子，母亲改嫁之后，由外祖母抚养长大。他性格内向腼腆，社会交往不多，生活单调，饮食无规律。1661年，18岁的牛顿考入英国剑桥大学三一学院，4年后大学毕业。从大学毕业到去世的62年中，牛顿前31年从事科学研究，后31年从事英国金币的改铸和管理工作。世人认为他热衷于炼金术，例如，1942年英国著名经济学家凯恩斯就曾经将牛顿称为"最后的术士"。为何牛顿会获得这一绰号呢？1696年，位于伦敦的伦敦塔（Tower of London，现已经成为著名的旅游景点）的英国皇家铸币局有一个职位正好空缺，时任英国财政大臣查尔斯·孟塔古向英国国王威廉三世举荐了牛顿。当时，牛顿在剑桥大学三一学院任首席教授。孟塔古是牛顿在剑桥大学的同学，也是牛顿多年的挚友，他非常崇拜牛顿的学术成就。孟塔古家世显赫，权倾朝野，深受威廉三世的器重，在英格兰银行建立的过程中功不可没，后来被册封为哈利法克斯勋爵。孟塔古的推荐使得牛顿的人生轨迹发生了根本性的改变，此后牛顿在英国皇家铸币局工作了三十余年。1696年3月，牛顿迁居伦敦，担任英国皇家铸币局总监（Warden of Royal Mint），年俸五六百英镑。三年后的1699年，他被任命为英国皇家铸币局局长（Master of Royal Mint），年俸2 000英镑，这是个薪水很高的职位，其收入相当于剑桥大学教授的10倍。英国皇家铸币局的历史实际上也是英国金本位的演进史。该机构成立于公元886年，至今已经有1 100多年的历史。1066年，诺曼王朝的国王威廉一世在伦敦塔设立皇家铸币局，确定银币的纯度标准为92.5%。到亨利二世时代，斯特灵（Sterling）家族开始负责铸造银币。直到现在，纯度为92.5%的白银仍然被称为"Sterling Silver"，"英镑"的正式名称还是"Sterling Pound"。

当时，英国国内假币泛滥，制假者众多。为整顿货币流通秩序，任职期间，牛顿深入钻研铸币的铸造技术和防伪技术，目的旨在减少和杜绝流通中的假币。牛顿以福尔摩斯般的破案精神，足迹踏遍伦敦的大街小巷，将假币的制造者和二道贩子纷纷送上绞刑架，令做贼心虚的假币制造者心惊胆寒。1697～1700年，牛顿对假币制造者的严厉打击遏制了伦敦地区假币泛滥的状况。这一期间，英国政府多次实施金币改铸（相同面额的金币，其含金量进行调整）。1717年，牛顿向政府建议：1盎司重的黄金（纯度为0.9的每金衡盎司）被定值为3英镑17先令10.5便士⊖，该价格一直延续到1931年，其间因为英国陷入战争出现过两次短暂的中断，分别是1797～1819年和1914～1925年。英国的金银比价由此变为1∶15.2。此前英国的金银比价为1∶15.58，甚至更高。1717年，英国政府对金币的重铸定价降幅太小，仍然没有改变英国的金银比价高于欧洲大陆其他国家金银比价的状况（例如，当时荷兰与法国金银的比价为1∶14.5），在格雷欣法则的作用下，大量的白银流出英国，海外的大量黄金，如巴西和印度（印度当时的金银比价为1∶10左右）等地的黄金不断流入英国，英国流通中的全部是金币。这就使得英国事实上成为世界上最早实行金本位的国家。

虽然牛顿在英国建立金本位的过程中功不可没，但他却是股市投资的失败者。1720年南海金融泡沫的形成与破灭，是英国金融史上最具标志性的事件，对英格兰银行的历史进程产生过重要影响。1711年英国南海公司成立，其目的与英格兰银行成立的初衷一样，即帮助英国政府解决其财政收支缺口问题。公司的创始人哈利（Harley）是当时著名的政府人士。英国政府承诺以6%的利率向债权人支付利息，即每年60万英镑的利息支出。南海公司的主要收入来自英国政府向商人们出售赴南海进行贸易的特许状。所谓南海，是指拉美东岸地区，如秘鲁和墨西哥。当时人们认为南海地区蕴藏了储量丰富的金矿和银矿。人们认为与当地土著进行贸易，可以获得金银，赚取丰厚的利润，不过此时南海地区尚处于西班牙政府的控制之下。1720年年初，南海公司提出了新的政府融资方案。经过辩论，国会最终接受了南海公司的融资方案。1720年1月，该公司股价从128英镑迅速上升。7月，该公司股价达到了每股1 000英镑。在当年4月，牛顿投资7 000英镑购买了南海公司的股票，两个月就净赚了7 000英镑。追涨的心态使得牛顿进一步买入该股票。不料，到12月该公司股价跌至124英镑，牛顿也因为投资南海公司的股票而损失2万英镑（相当于他10年的年薪），他欲哭无泪，在事后感慨道："我能计算出天体的运行轨迹，却难以预料到人们如此疯狂。"

然而，对辅币而言，铸币税概念的理解完全不同。众所周知，辅币面额小，主要用于日常零星交易，币材多为铜、镍等贱金属。除此之外，辅币具有两个显著的特征，一是辅币为不足值货币，二是政府垄断制造，这两者是相辅相成的。其原因就是如果辅币是足值货币，当主、辅币的金属价值发生变化时，两者之间的兑换比例就不能保证，格雷欣法则就会自动发生作用，尤其是当辅币币材价格上升时，辅币就可能被私毁，退出流通领域，造成流通中辅币不足。正因为如此，辅币不允许自由铸造，而是政府垄断制造，辅币面额高于其实际价

⊖ 当时，英镑的辅币分别为先令和便士，其兑换关系为1英镑等于20先令（Shilling），1先令等于12便士（Pence）。1971年2月，英国政府实行了新的货币进位制度，1英镑等于100新便士。

值的这部分收入归政府所有。这就是金属货币制度下铸币税的概念。从本质上看，它是源于辅币铸造垄断权的价差收入，这与居民缴纳的本位币的铸币费用存在根本的差异。

在不规范的金属货币制度下，统治者有意降低本位货币金属含量和成色而获得的利润也可以视为铸币税，该做法的实质是大幅度扩大本位币的名义价值与实际价值之差，这与前面对辅币的铸币税理解并没有实质性差异。统治者要实现这一目标，其前提是实现对本位币的垄断铸造，否则就会出现私铸现象，或者即使政府强制发行这种实际已经贬值的货币，民众也往往拒绝接受这种贬值的货币，使之失去广泛流通的经济基础，这曾在中外历史上屡屡出现。

专栏 13-3

劣币驱逐良币还是良币驱逐劣币

格雷欣法则，又称"劣币驱逐良币"规律，是金属货币时代出现的一种货币现象。所谓劣币，就是币值被高估的货币；所谓良币，就是币值被低估的货币。当政府规定的金币与银币的兑换比价与外国市场上的金银兑换比价存在差异时，在套利机制的作用下，市场上流通的是劣币，而良币则会从市场上退出。举例来说，在美国金银的比价是 1：15，在法国金银的比价是 1：15.5，那么，黄金在美国的价格低，在法国的价格高。相反，白银在美国的价格高，在法国的价格低。作为套利者，如何操作才能够获利呢？首先，套利者在美国用 15 盎司的白银按照 1：15 的价格去兑换 1 盎司的黄金，然后将 1 盎司黄金运往法国，在法国按照 1：15.5 的比价换取 15.5 盎司的白银，这样可以赚到 0.5 盎司的白银，相比于套利者的期初成本而言，其收益率为 0.5/15（以上分析不考虑交易成本，如关税、运输成本等）。最后，黄金大量流向法国，而白银大量流向美国。美国的金银复本位演变成了银本位，法国的金银复本位演变成了金本位。在这个例子当中，黄金是劣币还是白银是劣币？显然，我们不可以简单地定义何种金属是劣币或者良币。在美国，白银是良币，在法国，白银却是劣币；在美国，黄金是劣币，在法国，黄金却是良币。因此，劣币与良币的确认需要与本国金银比价相比较。在格雷欣法则的作用下，劣币流通，良币退出流通，要么窖藏，要么流向国外。那么，这是货币流通的全部事实吗？

上面的分析仅仅是货币与货币兑换的结果。如果用货币购买商品，会出现何种情况呢？当商品的买方以高估的货币进行支付时，交易的对手方，也就是商品的卖方是否必然按政府规定的货币名义价值予以接受呢？显然，如果买方付出的是劣币，也就是按照政府规定的货币的名义价值进行支付，卖方必然会遭受损失。卖方如何避免这一损失呢？卖方可以提高商品的价格。因此，政府发行金（银）含量较低的新币之后，物价水平会出现上涨。我们可以通过下面这个简单的例子予以说明。假设面额 10 元的银币，实际含银量为 50 克，10 元的银币可以购买 100 斤大米，即 1 斤大米的价格为 0.1 元银币。如果政府发行面额为 10 元而含银量只有 25 克的新银币，并规定新银币与旧银币等价流通。在格雷欣法则的作用下，旧银币会迅速退出流通领域，或被窖藏，或被熔毁，或被出口到其他国家。市场上流通的都是新银币。我们也可以认为，劣币发挥了交易媒介的职能，而良币发挥了价值储藏的职能。从大米卖家的角度来看，新银币的实际价值只能买到 50 斤大米，大米的卖家为了维护自身的收益，会将 1 斤大米的价格调高为 0.2 元，即大米的价格上涨了一倍。如此，不仅流通中的是劣币，而且也会出现通货膨胀。

格雷欣法则在现代社会同样起作用，但是换了一种形式。例如，在苏联解体后，俄罗斯货币卢布通胀率很高，而美元通胀率较低，币值稳定。在俄罗斯的普通民众看来，美元是良币，卢布是劣币。俄罗斯普通民众在日常交易中大量采用美元作为交易货币，也就是通常所说的货币替代现象。如果格雷欣法则成立，那么民众应该大量使用卢布，而不是美元。然而，现实情况是美元（良币）驱逐了卢布（劣币），货币替代的现象频频出现。因此，将以上现象称为"良币驱逐劣币"更为恰当。

综上所述，格雷欣法则在不同的货币制度下会呈现出不同的形式。在金属货币时代，表现为劣币驱逐良币；在信用货币时代，表现为良币驱逐劣币。良币和劣币都是基于本国民众的角度来确定的。

13.2 信用货币的铸币税问题

不论是金属货币本位下政府部门发行的可兑现信用货币的铸币税问题，还是不可兑现信用货币本位下政府部门发行的信用货币的铸币税问题，都必须从两个不同的视角来分析，一个是从货币发行机构的角度来理解，另一个是从政府财政部的角度来理解。

人类社会从金属货币本位过渡到信用货币本位历经了漫长的时期，在这一过程中，信用货币有政府发行的，也有前金融机构发行的；既有可兑现的，又有不可兑现的。从现钞货币来看，货币发行权也是逐步统一的，这中间既有金融机构发行的货币，如由商业银行发行的银行券；也有逐渐获得通货垄断发行权的金融机构发行的钞票，如英格兰银行发行的货币；还有政府发行（具体由财政部出面发行）的货币，如美国的"绿背"钞票。对于不同机构发行的钞票，政府获得的铸币税是不同的。下面我们来逐一分析。

13.2.1 以货币发行机构（中央银行）为视角

在金属货币本位时期，已有银行券的产生，这标志着人类的货币制度开始了向信用货币制度的缓慢过渡。起初，银行券由各家私人银行分散发行，它是用来代替私人票据、具有不定期性质并保证随时兑现的债务凭证。私人银行的银行券发行、流通的源头是其发放的贷款。当某私人银行发放贷款 100 元时，其资产负债表的负债方还将增加 100 元的活期存款（见表 13-1）。当接受贷款的一方提现 50 元的货币时，该私人银行如果不是直接支付金属货币，而是支付该银行承诺见票即付的银行券，那么提现过程就表现为银行券的发行。对私人银行来说，银行券的发行在资产负债表上表现为私人银行的无息负债增加（假定银行券的制造成本忽略不计），资产方盈利性资产贷款增加，结果是私人银行的利差收入增加，这可以看作现代中央银行铸币税概念的滥觞。

表 13-1 私人银行银行券的发行过程

资　产		负　债	
贷款	100（1）	银行券	50（2）
		活期存款	100（1）
			−50（2）

注：在表中，(1) 私人银行发放贷款 100 元；(2) 客户提现 50 元。

正因为收益可观，才诱发私人银行大肆发放贷款，结果导致银行券的滥发。由于金属货币时代的银行券存在可兑现金属货币的约束，当流通中银行券的发行超过一定规模并造成通货膨胀时，必然引发银行券的兑现，并导致私人银行的破产。银行券分散发行导致的社会动荡与通货膨胀促使政府进行货币制度的改革。19 世纪中叶以后，西方国家的银行券逐渐改由中央银行或指定的银行统一发行，并通过政府的法令强制成为法偿货币。不论统一发行的银行券是否存在可兑现黄金的要求，还是在私人兑现黄金时存在某种限制，如英国在 1925 年实行金块本位制时就规定银行券至少需要 1 700 英镑（合纯金 400 盎司）才能兑换相应价值的金块；⊖法国 1928 年规定的最低兑现额则为 215 000 法郎，银行券的垄断发行使发行机构获得了现代意义上的铸币税——利差收入。因此，以货币发行机构（中央银行）为视角的铸币税，实际上就是一种利差收入。

以上分析表明，从信用货币发行机构的资产负债表来看，信用货币发行机构视角下的铸币税收入体现为该机构（如最早的私人银行，乃至后来的中央银行）通过发行货币（无息负债）获得的利差收入。在现代社会，对中央银行而言，基础货币增加的直接结果是利差收入增加，而不是基础货币增加额形成的购买力。可得到的推论是，若某一机构通过某种方式能够发行无息负债，就可以获得类似中央银行的铸币税，如西方国家出现由商业性金融机构发行的电子货币，在中国屡禁不绝的由商场、超市和购物中心发行的各种代币券（购物卡）就是代表。

13.2.2　政府视角下的铸币税

政府视角下的铸币税则要以政府预算约束条件为出发点开始讨论。在债务收入成为政府收入之前，财政预算支出就是日常性财政支出。财政收入则包括税收收入和发行货币的收入。政府预算约束恒等式可写为 $G_t = T_t + \Delta CU_t$。其中，ΔCU_t 就表现为政府直接发行纸币获得的铸币税规模，即在某一时间跨度内新增加的现钞规模。当债务收入成为政府收入，并且政府将货币发行的垄断权转移给中央银行之后，政府财政预算支出包括日常性财政支出和利息支出，财政收入包括税收收入、债务收入和中央银行上缴的利润。政府预算

⊖ 有学者认为，金币本位和金块本位的差别，是程度上而不是本质上的差别。即使是在完全的金币本位制度下，也不流通很小面额的金币，如一分钱的金币。因此，上述两种制度下，只是货币本位的最低额不一致。在金币本位制度下，最低额可能是 1 美元，而在金块本位下，最低额可能是 14 000 美元。

约束恒等式可写为：

$$G_t + i_{t-1}B_{t-1}^T = T_t + (B_t^T - B_{t-1}^T) + RCB_t$$

其中，G_t 表示本期政府支出（包括政府的购买支出和转移支出）；B_t^T 表示本期政府已发行的全部债务余额；$i_{t-1}B_{t-1}^T$ 表示政府在本期的利息支出；T_t 表示政府税收；$B_t^T - B_{t-1}^T$ 表示本期新发行的政府债券；RCB_t 表示本期中央银行向财政部上缴的利差收入。假定中央银行的资产方只有政府债券，负债方为储备货币（假定为流通中的现钞）。中央银行资产负债的恒等式（增量）形式如下：

$$B_t^C - B_{t-1}^C = H_t - H_{t-1}$$

其中，B_t^C（资产方）表示本期中央银行持有的政府债券余额；H_t（负债方）表示本期中央银行储备货币余额。中央银行的收入支出等式的形式如下：

$$RCB_t = i_{t-1}B_{t-1}^C$$

即中央银行上交财政部的 RCB_t 等于其持有政府债券的利息收入 $i_{t-1}B_{t-1}^C$，这里假定中央银行对储备货币不付息。合并以上三个公式，可得：

$$G_t + i_{t-1}B_{t-1} = T_t + (B_t - B_{t-1}) + (H_t - H_{t-1})$$

其中，$B = B^T - B^C$，表示公众持有的国债。上式的含义就是将财政部与中央银行视为一个整体，等式左边代表政府的实际总支出，包括 G_t 和对公众所持的未清偿债券的利息支出 $i_{t-1}B_{t-1}$，等式右边代表政府总支出的融资途径，分别是征税 T_t、政府向私人部门的借款 $B_t - B_{t-1}$ 和向中央银行融资 $H_t - H_{t-1}$。因此，从政府的角度看，（名义）铸币税 SE_t 实际上是中央银行储备货币的增加额 $H_t - H_{t-1}$。

在历史上出现过政府直接发行货币的现象，如由于战争或其他临时性因素导致大规模的财政赤字，为解决这一缺口，政府就采用直接发行货币的方法，这一方法在现代社会虽然已经很少见到，在历史上却曾出现过多次，如美国发行的"绿背"钞票、中国清政府时期咸丰朝发行的"咸丰宝钞"等。这种现象主要和中央银行还没有全面发挥发钞功能有关。在现代社会，不少国家的财政部仍然执行一部分发钞功能，不过主要发行的是小面额的硬辅币，美国、日本就是如此。其发钞过程是财政部所属的铸造机构铸造各种辅币，并按面额出售给中央银行，其间的利差归财政部所有。这些辅币通过金融机构的提现再流通到住户和企业手中。这可以视为金属货币时代下政府直接获取铸币税的延续。

综上所述，对铸币税概念的理解有以下两个关键点。第一，不论在金属本位下，还是在信用本位下，铸币税都源于政府对货币发行权的垄断，因此必须从政府的角度来理解铸币税的概念。第二，现代意义的铸币税收入要等于储备货币的增加额，中央银行资产和负债必须满足两点规定：一是中央银行的资产是政府债券，二是中央银行不对储备货币支付利息。在这种情况下，只要本国储备货币增加，政府获得的铸币税就会增加。在现实中，政府并没有获得一笔叫"铸币税"的收入，其含义是在赤字货币化的条件下，政府可以免费获得一笔收入用于扩大财政支出，或者说借了一笔永远无须偿还的债务收入。如果中央银行资产科目与负债科目（及其付息率）发生变化，铸币税的规模将发生变化，这是我们下面要讨论的问题。

13.2.3 铸币税特征总结

货币的历史与人类的历史一样漫长。从货币的演变历史来看，先后历经了金属货币时代和信用货币时代，在这中间有一个过渡期，即可兑现的信用货币时代。因此，对于铸币税的理解也应该根据不同的时代进行具体阐述。与此同时，我们还可以从资产和负债的角度来认识货币以及由此派生出来的铸币税问题。通过前面的分析，我们将铸币税的特征归纳如下。

（1）在金属货币时代，本位币是足值货币，是持有者的资产。在这个过程中，不存在发行者的问题。所谓的发行机构，就是代为制造铸币的机构，本位币的铸造费用占比很低。因此才会有金本位制度下的自由铸造特征。对于金属货币本位下的辅币而言，它是持有者的资产，但是存在名义价值与实际价值的显著背离。其铸造机构往往是政府或者是政府指定的某个权力机构，凭借垄断权力，获得了名义价值与实际价值的价差，这可以称为铸币利差。铸造费用和铸币利差（即铸币税）在内涵上完全不同。人们多关注后者。

（2）在可兑现的信用货币时代和完全不可兑现的信用货币时代，不论是财政部还是中央银行发行的货币，都属于信用货币。信用货币的一个重要特征就是，它是发行机构的负债，是持有机构的资产。不论是金属货币时代的交子还是大明宝钞，抑或是美国南北战争时期发行的绿背钞票或者当下中国人民银行发行的人民币，都属于信用货币，也称债务货币。从材质上看，上述信用货币主要是纸质材料，因此就需要制定一个约束发行机构发行银行券的制度，以避免通货膨胀的产生。人类社会先后采取了以下制度措施。

①银行券的发行保证（也称为发行准备）问题。政府财政部发行的货币往往不存在发行保证的问题（专指通过财政收支渠道投放和回笼的纸币），中央银行发行的纸币存在发行保证的问题。在现代社会，这种发行准备制度的遗迹就是货币局制度。总而言之，不同形式的发行准备就是确定资产方的商品货币（黄金或者白银）、外汇及其他资产与银行券的比例关系。为什么需要这些规定呢？货币的发行权从政府的财政部转移到中央银行，避免了政府财政收支赤字对货币发行的直接影响，但是仍然可能出现失控。具体途径是中央银行通过对政府的融资（不论是透支还是购买政府债券），诱发通货膨胀。因此，规定银行券与商品货币的比例关系，可以约束银行券的发行规模。

②实施银行券的可兑现制度，即规定银行券与商品货币可按固定比率进行兑换。一旦发行机构银行券发行过多，经济主体感觉手持的银行券币值下降，则直接到货币发行机构进行兑现，其结果是发行机构负债方的银行券和资产方的黄金同时下降。这会导致上面提到的现金准备比率下降。

③规定政府可以征收发行税。对于银行券的发行机构来说，银行券是一种无息负债，其资产均为有息资产，因此资产规模越大，发行机构的净收入就越大，发行机构也就存在扩大发行银行券的冲动。为了抑制这种现象，政府按发行机构负债方的银行券余额进行征税，如此会增加发行机构的成本，减少其净收入。

（3）不论在何种货币本位下，铸币税都源于政府对货币发行权的垄断，因此必须从政府的角度来理解铸币税的概念。

（4）在金属货币本位和可兑现的信用本位下，政府直接发行货币（即发行无须支付利息的政府债务）获得的收入就是铸币税收入，当然这里没有扣减在发债过程中发生的若干费用。在不可兑现的信用货币本位下，政府发行的债务往往需要支付利息（永续债券除外），基本上不再介入无息负债的发行，这一职能留给了中央银行。

（5）现代意义的铸币税收入要等于储备货币的增加额，中央银行资产和负债必须满足两点规定：一是中央银行的资产是政府债券；二是中央银行不对储备货币支付利息。在这种情况下，只要本国储备货币增加，政府获得的铸币税就会增加。在现实中，政府并没有获得一笔叫"铸币税"的收入，其含义是在赤字货币化的条件下，政府可以免费获得一笔收入用于扩大财政支出，或者说借了一笔永远无须偿还的债务。如果中央银行资产科目与负债科目（及其付息率）发生变化，铸币税的规模将发生变化。

▨ 专栏 13-4

美联储向美国财政部支付的净收入

由于中央银行垄断了现钞的发行权，并且持有的各项资产都可以获得利息收入，因此中央银行每年都可以获得不菲的利润。以美联储为例，其收入主要来自通过公开市场业务而持有美国国债的利息收入，持有外汇资产的收入、对存款机构的贷款利息收入、为各家商业银行提供清算的服务收入等。自 1914 年以来，美联储在支付其各项支出之后，其净收入（Net Earnings）的 95% 都上缴给了美国财政部。表 13-2 给出了 2003 年至 2020 年美联储每年向美国财政部上交的净收入规模。这实际上是中央银行视角下的铸币税规模，本质是利差收入。

表 13-2　2003 年至 2020 年美联储每年向美国财政部上缴的净收入规模

年份	金额（亿美元）	年份	金额（亿美元）
2003	229	2012	884
2004	181	2013	796
2005	215	2014	969
2006	291	2015	978
2007	346	2016	915
2008	317	2017	806
2009	474	2018	621
2010	793	2019	549
2011	754	2020	885

注：以上净收入不包括根据《修复美国地面运输法案》（Fixing America's Surface Transportation Act）向美国财政部划转的联邦储备银行资本盈余（Capital Surplus）193 亿美元。

资料来源：美联储。

13.3　不同货币制度下铸币税含义的演化

在人类历史上，货币制度历经诸多变化。中央银行的设立在 20 世纪才成为一种潮流，例如，美联储就是在 1914 年才成立的。在历史上，除了中央银行制度之外，还有货币局制度、美元化制度等。

13.3.1 一般中央银行制度下的铸币税

$H_t - H_{t-1}$ 仅仅是政府视角下最基本的铸币税含义。在一般的中央银行制度下，其资产不会仅仅是政府债券一项，通常还包括外汇储备以及对国内金融机构的债权，因此中央银行资产负债的恒等式可以表述为：

$$B_t^C - B_{t-1}^C + FE_t - FE_{t-1} + CFI_t - CFI_{t-1} = H_t - H_{t-1}$$

其中，FE 表示外汇储备项；CFI 表示中央银行对国内金融机构的债权。中央银行的收入支出等式则变为：

$$RCB_t = i_{t-1} B_{t-1}^C + i_{t-1}^* FE_{t-1} + i_{t-1}^F CFI_{t-1}$$

其中，$i_{t-1} B_{t-1}^C$ 表示中央银行持有政府债权的利息收入；$i_{t-1}^F CFI_{t-1}$ 表示中央银行对金融机构债权的利息收入；$i_{t-1}^* FE_{t-1}$ 表示中央银行持有外汇储备获得的利息收入。将政府收支恒等式与上面两式合并，可得：

$$G_t + i_{t-1} B_{t-1} = T_t + (B_t - B_{t-1}) + (H_t - H_{t-1}) + i_{t-1}^* FE_{t-1} - (FE_t - FE_{t-1}) \\ + i_{t-1}^F CFI_{t-1} - (CFI_t - CFI_{t-1})$$

对比后可以发现，在中央银行资产多样化的情况下，本国政府获得的铸币税收入 SE_t 具体为 $(H_t - H_{t-1}) + i_{t-1}^* FE_{t-1} - (FE_t - FE_{t-1}) + i_{t-1}^F CFI_{t-1} - (CFI_t - CFI_{t-1})$。与中央银行仅持有政府债券的情况相比，本国政府的铸币税收入增减与否取决于增加项 $i_{t-1}^* FE_{t-1} - (FE_t - FE_{t-1}) + i_{t-1}^F CFI_{t-1} - (CFI_t - CFI_{t-1})$ 是否大于零。

13.3.2 货币局制度下的铸币税

货币局制度是一种严格按照货币规则运作的货币制度。该规则要求基础货币的增加必须有完全的外汇储备作为支持，且本币与某一关键货币维持固定的汇率，因此货币局制度又被视为固定汇率制度的一种。由于该制度被认为具有殖民地色彩，二战以后被许多国家所放弃，但一些曾经遭受过严重通货膨胀的国家和制度转轨国家却陆续采用，如阿根廷、保加利亚、爱沙尼亚、立陶宛等，其目的是通过维持本币与关键货币的固定汇率，降低本国的通货膨胀率。

从货币局的资产负债表分析，其资产方是主要是外汇储备，且一般不持有本币资产，即不持有对本国政府、金融机构、企业和居民的债权；负债方主要是无须支付利息的通货和准备金⊖（见表 13-3）。

⊖ 即使是同样实行货币局制度的国家或地区，它们在某些具体规定方面仍然存在不同。在资产方面，有的货币局持有对本国或本地区政府的债权，有的因承担"最后贷款人"职能而持有对本国或本地区金融机构的债权，如中国香港，然而本币资产的比重相对很小。在负债方面，有的货币局实行法定准备金制度，如保加利亚；有的就不实行这一制度，如中国香港。对准备金存款是否予以补偿也有不同的规定。但上述差异对铸币税的利差收入性质并无影响。

表 13-3　货币局制度下货币当局的资产负债表

资　产	负　债
外汇储备	储备货币
	流通中现金
	准备金

货币局制度下货币当局资产负债的恒等式条件变成：

$$FE_t - FE_{t-1} = H_t - H_{t-1}$$

其中，FE 表示货币局持有的外汇储备。货币局的收入支出等式的形式如下：

$$RCB_t = i^*_{t-1} FE_{t-1}$$

即货币局的支出 RCB_t 等于其外汇储备的利息收益 $i^*_{t-1} FE_{t-1}$，这就是货币局制度下以货币发行机构为视角的铸币税收入。在货币局制度下，本国政府即使出现财政赤字，一般也不向货币当局融资，那么该制度下政府预算约束条件为：

$$G_t + i_{t-1} B_{t-1} = T_t + (B_t - B_{t-1}) + RCB_t$$

在货币局制度下，政府视角下的铸币税收入 SE_t 是外汇储备的利息收入 $i^*_{t-1} FE_{t-1}$。如果实行货币局制度国家的货币钉住某一关键货币，我们可以考虑该关键货币发行国政府由此增加的融资额度。该国的财政预算约束可变为：

$$G_t + i_{t-1}(B_{t-1} + B^C_{t-1} + B^F_{t-1}) = T + (B_t - B_{t-1}) + (B^C_t - B^C_{t-1}) + (B^F_t - B^F_{t-1}) + RCB_t$$

其中，B^F_t 表示本期国外持有的本国政府债券的余额。合并有关等式后可得：

$$G_t + i_{t-1} B_{t-1} = T + (B_t - B_{t-1}) + (H_t - H_{t-1}) + (B^F_t - B^F_{t-1}) - i_{t-1} B^F_{t-1}$$

关键货币发行国政府获得的全部铸币税收入 SE_t 为 $(H_t - H_{t-1}) + (B^F_t - B^F_{t-1}) - i_{t-1} B^F_{t-1}$，该国的铸币税收入 SE_t 增加了 $B^F_t - B^F_{t-1} - i_{t-1} B^F_{t-1}$，即通过国外途径获得的净铸币税收入。这可以解释为什么在开放经济条件下，如果一国经常账户持续保持顺差实际上是在向储备货币国家提供铸币税收入。在开放经济下，关键货币发行国不仅可以获得规模更大的铸币税，而且可以享受更大的政策空间。

13.3.3　"美元化"条件下的铸币税

"美元化"有非正式（非官方）和正式（官方）之分。非正式"美元化"是指在那些通货膨胀率非常高的国家（如一些拉美国家和制度转型国家）中，本国居民为规避持有本币的通货膨胀损失，转而持有美元这种通货膨胀率相对较低的货币，这种现象又称为货币替代。正式"美元化"就是一国货币当局放弃现钞的垄断发行权，采用世界上关键货币（主要是美元）作为本国的法偿货币。现在，全世界实行正式"美元化"的国家主要有利比里亚、巴拿马和厄瓜多尔等经济规模较小的国家。如果说非正式"美元化"意味着本国储备货币发行量的相对减少，那么在正式"美元化"的国家本国储备货币发行量降为零。

假定在实施正式"美元化"之前，该国的政府预算约束不变，中央银行正式实施"美元化"之后，其资产负债表左右两边均降为零，中央银行不再有利息收入。因此：

$$G_t + i_{t-1}B_{t-1} = T_t + (B_t - B_{t-1})$$

这意味着采取正式"美元化"政策的政府铸币税收入 SE_t 就降为零。相反，对于本币现钞在国外大量流通的政府来说（以美国为例），不论国外是正式的"美元化"还是非正式的"美元化"，都扩大了其现钞的发行量，反映在其中央银行资产负债恒等式上就是：

$$B_t^C - B_{t-1}^C = H_t - H_{t-1} + H_t^F - H_{t-1}^F$$

其中，H_t 代表其国内公众和机构持有的本国储备货币；H_t^F 代表外国公众和机构持有的本国储备货币。若将上式与政府预算约束、中央银行利息收入等式合并，可得：

$$G_t + i_{t-1}B_{t-1} = T_t + (B_t - B_{t-1}) + (H_t - H_{t-1}) + (H_t^F - H_{t-1}^F)$$

上式表明本币国际化的政府获得的铸币税收入 SE_t 为 $(H_t - H_{t-1}) + (H_t^F - H_{t-1}^F)$，增加项为 $H_t^F - H_{t-1}^F$，即国外持有的本国储备货币的增加额。

如果完整地考察开放经济条件下一国经济全面国际化而增加的铸币税收入，也就是既考虑本国政府债券市场的国际化，又考虑本币现钞在国外的广泛流通，那么 SE_t 则为 $(H_t - H_{t-1}) + (H_t^F - H_{t-1}^F) + B_t^F - B_{t-1}^F - i_{t-1}B_{t-1}^F$。

综上所述，在信用货币制度下，如果我们将 $H_t - H_{t-1}$ 视为政府视角下铸币税的一个基准，那么在不同的货币制度下，铸币税概念可以在这个基础上演化。它既可以增加，如由于本币的国际化或者本国政府债券市场的国际化，也可以减少，如本国现钞发行规模的相对减少（货币替代）或绝对减少（正式"美元化"），或者本国中央银行增持外汇储备或增加对金融机构的债权。因此，不同货币制度下基于政府视角的铸币税收入概念可以归纳如表 13-4 所示。

表 13-4　政府视角下的铸币税收入

不同的货币制度	政府视角下的铸币税
中央银行仅持有本币政府债券且储备货币不付息	$H_t - H_{t-1}$
中央银行不仅持有本币政府债券，还持有外汇储备和金融机构债权，且储备货币不付息	$(H_t - H_{t-1}) + i_{t-1}^* FE_{t-1} - (FE_t - FE_{t-1}) + i_{t-1}^F CFI_{t-1} - (CFI_t - CFI_{t-1})$
实行货币局制度的国家	$i_{t-1}^* FE_{t-1}$
采取正式"美元化"的国家	0
关键货币发行国（本币国际化、本币政府债券国际化），且储备货币不付息	$(H_t - H_{t-1}) + (H_t^F - H_{t-1}^F) + B_t^F - B_{t-1}^F - i_{t-1}B_{t-1}^F$

专栏 13-5

人民币国际化能否增加中国的铸币税收入

在 2009 年中国政府以人民币跨境结算为切入点，大力推进人民币国际化。同时国内不少人士认为，人民币国际化的好处之一就是通过人民币的海外流通，可以获得相应的铸币税。那么，人民币国际化能否增加中国的铸币税收入？

中国人民银行资产负债表的资产方除了国债之外，还包括外汇储备以及对国内金

融机构的债权,因此其资产负债恒等式可以表述为:

$$B_t^C - B_{t-1}^C + FE_t - FE_{t-1} + CFI_t - CFI_{t-1} = H_t - H_{t-1} + H_t^F - H_{t-1}^F$$

其中,FE 表示外汇储备项;CFI 表示中央银行对国内金融机构的债权;$(H_t^F - H_{t-1}^F)$ 表示国外持有的本国货币。中央银行的收入支出等式则变为:

$$RCB_t = i_{t-1}B_{t-1}^C + i_{t-1}^* FE_{t-1} + i_{t-1}^F CFI_{t-1}$$

其中,$i_{t-1}B_{t-1}^C$ 表示中央银行持有政府债权的利息收入;$i_{t-1}^F CFI_{t-1}$ 表示中央银行对金融机构债权的利息收入;$i_{t-1}^* FE_{t-1}$ 表示中央银行持有外汇储备获得的利息收入。

$$G_t + i_{t-1}B_{t-1} = T_t + (B_t - B_{t-1}) + (H_t - H_{t-1}) + (H_t^F - H_{t-1}^F) + i_{t-1}^* FE_{t-1}$$
$$- (FE_t - FE_{t-1}) + i_{t-1}^F CFI_{t-1} - (CFI_t - CFI_{t-1})$$

在本国货币国际化,本国中央银行大量持有外汇储备,并持有金融机构债权的三重约束下,政府视角的铸币税如下:

$$(H_t - H_{t-1}) + (H_t^F - H_{t-1}^F) + i_{t-1}^* FE_{t-1} - (FE_t - FE_{t-1}) + i_{t-1}^F CFI_{t-1} - (CFI_t - CFI_{t-1})$$

这一铸币税的规模是否有可能为负数呢?完全可能。如果暂时不考虑中央银行对金融机构贷款科目,也就是若外汇储备增加额大于储备货币增加额与外汇储备利息之和,就会出现这种情况。

2003年以来,中国货币当局为了应对外汇储备过多带来的流动性过剩,通过不断发行中央银行票据、提高法定准备金率等手段进行对冲。尽管如此,中国人民银行还是形成了外汇储备增加额大于中央银行货币发行增加额的局面。因此,中国即使因为人民币国际化程度不断提高,海外流通的人民币不断增加,但是外汇储备增加额更大的话,这种意义上的人民币国际化实际上是得不偿失的。

表13-5表明,除了2012年之外,2008~2014年的7年间,中国人民银行的国外资产年增加额一直要大于货币发行年增加额。如果以合计额来看,货币发行额增加了38 767.0亿元人民币,但是中国人民银行的外汇资产增加了161 620.5亿元人民币。根据前面的公式,在外汇储备资产迅速扩大的背景下,政府视角下的人民币国际化的铸币税收益实际上是负的。这与普通民众的认识完全相反。

表13-5 2008~2014年中国人民银行国外资产与货币发行年增加额的对比

(单位:亿元)

年 份	2008	2009	2010	2011	2012	2013	2014	合 计
国外资产	37 718.3	25 391.6	31 768.0	22 478.5	3 518.8	30 816.6	6 389.3	158 081.2
外汇	34 455.6	28 122.2	35 128.1	25 622.0	4 281.2	27 600.1	6 411.3	161 620.5
货币发行	4 144.2	7 099.3	9 018.2	7 204.1	4 795.9	4 335.0	2 170.4	38 767.0

资料来源:中国人民银行。

除此之外,是否应该考虑人民币国际化之后,商业银行由此扩大业务量而获得的利润?即使商业银行因为业务规模扩大而增加利润,这也不可以称为铸币税收益,因为铸币税收益仅仅是从政府视角出发来判断。即使本国货币没有国际化,随着经济一体化进程的推进,本国商业银行也可能随着海外业务规模的扩大而增加利润,本国货币国际化不是充分条件。

我们还可以考察国际货币发行国的铸币税问题。相对其他国家而言，国际货币的发行国（如美国）发行的货币不仅在本国流通，而且在外国流通，这使得其铸币税的规模更大。另外，该国的政策空间也更大，其政策可以享受更大的自由度。1959 年戴高乐出任法兰西第五共和国总统，开始推行独立自主的外交政策，主张"欧洲是欧洲人的欧洲"，推动西欧各国联合起来摆脱美国的控制。在国际金融领域，法国对美国的国际收支政策日益表示不满。1965 年，法国总统戴高乐[⊖]对此就曾经抱怨道："美国享受着美元所创造的过度特权（Exorbitant Privileges）和不流眼泪的赤字。它用一钱不值的废纸去掠夺其他民族的资源和工厂。"所谓美国政府享有的特权就是美国国际收支出现逆差之后不必采取紧缩性的经济政策。面对美国的过度特权，法国采取了一系列行动。1965 年 1 月，法国将其 1.5 亿美元的外汇储备兑换成黄金，并宣布计划兑换另外的 1.5 亿美元。戴高乐总统甚至派出海军到美国将黄金运回法国。法国的外汇储备从 1964 年年底的 28.4 亿美元下降到 1966 年的 11.2 亿美元，同期黄金储备从 10.65 亿盎司上升到 14.96 亿盎司。西班牙为了获取法国在其加入欧共体问题上的支持，将 6 000 万美元的外汇储备兑换成黄金。阿尔及利亚在法国的劝说下从美国购买了 1.5 亿美元的黄金。

13.4 实际铸币税、通货膨胀税与成本视角的铸币税

从现代意义上看，铸币税是政府由于货币发行垄断获得的利润。如果中央银行实行扩张性的货币政策，导致通货膨胀加剧，政府获得的铸币税的实际收入与其获得的名义铸币税收入就会产生差异。然而，铸币税与通货膨胀税是不是一回事呢？如果通货膨胀率为零，是否意味着政府获得的铸币税也为零呢？

13.4.1 实际铸币税

从实际收入的角度来分析政府的铸币税收入，即：

$$SE_t = \frac{H_t - H_{t-1}}{P_t} = \frac{H_t - H_{t-1}}{P_{t-1}} \frac{H_{t-1}}{P_t} \frac{1}{1+\pi_t} = \frac{g_t}{1+\pi_t} \frac{H_{t-1}}{P_{t-1}} = \frac{g_t}{1+\pi_t} h_{t-1}$$

其中，H 表示储备货币；P 表示物价水平；π 表示通货膨胀率且 $\pi_t \equiv (P_t - P_{t-1})/P_{t-1}$；$g_t = \frac{H_t - H_{t-1}}{H_{t-1}}$ 表示 H 在 t 期的增长率；h_{t-1} 表示 $t-1$ 期储备货币的实际价值。若 $g_t = \pi_t$，则 $\frac{g_t}{1+\pi_t} = \frac{\pi_t}{1+\pi_t}$。在通货膨胀率很小的条件下，$\frac{\pi_t}{1+\pi_t} \approx \pi_t$，则实际铸币税收入为：

$$SE_t = \pi_t \cdot h_{t-1}$$

⊖ 也有人认为，"过度特权"的说法由时任法国财政部部长瓦莱里·吉斯卡尔·德斯坦（Valéry Giscard d'Estaing）提出。

对于上式，如果将 π_t 视为"税率"，将实际储备货币量 h_{t-1} 视为税基，那么实际铸币税收入又可看作对实际储备货币额按通货膨胀率征收的收入，铸币税又可称为通货膨胀税收入（Inflation-Tax Revenues）。

13.4.2 通货膨胀税

更准确地说，通货膨胀税是（主要由货币过度扩张引起的）通货膨胀所带来的实际货币余额价值的下跌，用公式表述就是：

$$IT = (H_{t-1}/P_{t-1}) - (H_{t-1}/P_t) = (H_{t-1}/P_{t-1})\left(1 - \frac{P_{t-1}}{P_t}\right) = (H_{t-1}/P_{t-1})\frac{\Delta P}{P_t} = (H_{t-1}/P_{t-1})\frac{\pi_t}{1+\pi_t} = \pi_t' h_{t-1}$$

如果令 $\pi_t' = \dfrac{\pi_t}{1+\pi_t} = \dfrac{(P_t - P_{t-1})}{P_t}$，这就是通货膨胀税的准确表达式，它表示通货膨胀导致通货持有者所遭受的资本损失幅度，其差异仅限于"税率"的不同。如果做以下变形：

$$SE_t = \frac{H_t - H_{t-1}}{P_t} = \frac{H_t - H_{t-1}}{P_t}\frac{P_{t-1}}{P_{t-1}} = \frac{(P_t - P_{t-1})H_{t-1}}{P_t P_{t-1}} + \frac{P_{t-1}H_t - P_t H_{t-1}}{P_t P_{t-1}} = \pi_t' h_{t-1} + (h_t - h_{t-1})$$

其中，第一项 $\pi_t' h_{t-1}$ 就是前面通货膨胀税的含义；第二项 $(h_t - h_{t-1})$ 表示公众实际储备货币的变化额，这有两个影响因素，一是人口增加导致中央银行发行的储备货币增加，二是经济增长导致人均所持储备货币额的增加。如果通胀率为零，通货膨胀税就等于零，但政府获得的铸币税并不为零。因此从更严格的意义来说，通货膨胀税和铸币税并不相等。

13.4.3 成本视角的铸币税

除此之外，铸币税的概念还可以从成本的角度进行分析，具体的含义是政府发行无息负债而不是带息负债所节约的利息支付。将中央银行的收入支出等式的形式做如下变换：

$$RCB_t = i_{t-1}B_{t-1}^C = i_{t-1}H_{t-1}$$

合并各式后，可得：

$$G_t + i_{t-1}B_{t-1}^T = T + (B_t^T - B_{t-1}^T) + i_{t-1}H_{t-1}$$

其中，最后一项 $i_{t-1}H_{t-1}$ 就是基于成本视角的铸币税概念。如果考虑其实际收入，则为：

$$SE = \frac{i_{t-1}H_{t-1}}{P_t} = \frac{i_{t-1}H_{t-1}}{P_{t-1}(1+\pi_t)} = \frac{i_{t-1}}{1+\pi_t}h_{t-1}$$

在 π_t 很小的情况下，上式近似等于：

$$SE = i_{t-1}h_{t-1}$$

如果将中央银行储备货币（H）与国债（B）一道视同政府对社会的负债（D），即广义上的政府债务（$D=H+B$），在给定政府广义债务总额的条件下，若中央银行在公开市场操作中买入国债，即公众所持国债下降，中央银行持有的国债上升，则政府对公众的有息负债额下降，无息负债额上升。从政府债务管理的角度分析，由于政府广义负债总额中无息负债的比重上升而少支付的这部分利息就是成本视角下的铸币税。同时这一操作也意味着中央银行在放松银根，货币政策的导向是信用扩张，即前述的赤字货币化过程。

以上分析表明，基于成本角度的铸币税的多寡直接取决于政府筹资利率的高低。成本视角的铸币税与通货膨胀税的差异在于"税率"的差别，前者是政府筹资的利率水平，后者是储备货币的增长率（或者说是通货膨胀率）。

13.5　本章小结

本章从货币历史演变和发行主体两个角度对铸币税这一概念进行了深入分析。在西方国家典型的金属本位制度下，本位币通常是无限量铸造，百姓只需要向政府的铸币厂缴纳少量的铸造费用，辅币通常是由政府垄断铸造。百姓铸造本位币缴纳的铸造费用和政府垄断铸造辅币获得的利润在性质上完全不同，前者是对生产成本的补偿，后者是政府获得的垄断利润。

在中国封建社会，直至清政府倒台，货币制度一直混乱不堪。既有不同政府标准的银锭等，又有外国铸造的银元和本国铸造的银元；既有中央政府统一标准的制钱，也有各地方政府分散铸造的重量和成色不一的铜元；既有本国政府（财政部）发行的"官票""宝钞"，也有本国传统金融机构发行的银票、庄票，还有本国商业银行和外国商业银行发行的银行券。就制钱而言，制钱的垄断铸造并没有给清政府带来稳定的利润，有时候出现了生产亏损的情况。就银锭而言，清政府在政府治理的过程中，曾经长期面临一个棘手问题，即百姓用散碎银子纳税后，地方政府将其重铸出现的损耗补偿问题，即"耗羡"或者"火耗"，如果正常的损耗还类似于西方国家本位币铸造费用的话（实际上仍然存在差异，中国百姓缴纳火耗是为了缴税，西方国家百姓缴纳铸造费用之后促进了铸币流通），地方政府官员的火耗任意加征则成为百姓沉重的税收负担、地方官员贪腐的主要来源。尾大不掉的"耗羡"与西方国家本位币的铸造费用完全是两码事，虽然雍正皇帝后来采取了"耗羡归公"的政策，但是这与货币制度的改进无关，是清政府吏治整顿的措施之一。

在现代社会，铸币税是政府因垄断货币（纸币）发行权而获得的收益。由于在现代社会由中央银行来执行货币发行职能，因此铸币税问题与中央银行关系密切。要完整地分析在现代社会政府获得的铸币税问题，必须基于中央银行和财政部的合并资产负债表。在简化条件下，政府获得的铸币税规模就是中央银行储备货币的增加额，也相当于在财政部直接发行纸质货币条件下的货币增加额。在这个基础上，本章还探讨了不同货币制度（货币局制度、美元化制度）下的铸币税问题。最后，对实际铸币税、通货膨胀税和成本角度下的铸币税问题都进行了研究。

结　　语

　　人类社会自从有交换以来，货币的问世则是一种必然。纵观世界各国，货币的出现要远远早于中央银行的诞生。在人类社会，货币至少有几千年的历史，中央银行的诞生、中央银行制度的形成是近三百多年的事情。货币出现之初，其材质不同，形态各异。在长期的演进过程中，世界各国的货币最终都过渡到金属质地的"金"或"银"。现代社会民众担心的货币问题，不论是通货膨胀还是通货紧缩，在金属货币时代都曾经出现过。由于历史过于久远，现在的人们对那段历史既记忆模糊，又无法做到感同身受。在长期的过程中，货币材质逐渐向纸质材料过渡，在这个阶段，货币问题仍然是困扰人类社会的梦魇。通货膨胀是一种常态，通货紧缩也会偶尔出现。从币材来看，世界上较为统一的币材是金或银，之后过渡到纸质货币，到现代社会，人类视觉和触觉无法感知的电子货币、数字货币问世了。如果将中国北宋年间交子的问世作为纸币的开端，到现在纸币已经有上千年的历史了。从源流来看，政府发行纸币是其解决财政收支缺口的来源之一。若政府财政收支缺口的这种融资方式不受制约，那么犹如打开了潘多拉的盒子。因此，如何约束政府的这种融资模式曾经是各国政府努力探索的重要领域。在纸币从分散发行逐渐转向集中发行的过程中，中央银行诞生了。中央银行的问世以及中央银行制度的不断改进，解决了货币运行中的许多问题。然而，随着经济的发展，中央银行面临的新问题不断出现。在过去，典型的如"最后贷款人"问题。2008年全球金融危机爆发之后，中央银行又面临了"负利率""零利率下限"等新的挑战。

　　中央银行自问世以来，其在世界各国的发展和演进存在某种共同的规律。本书探讨了中央银行承担的各种职能。回顾历史，人类社会对中央银行职能的认识也是逐步完善和丰富的。中央银行的出现并没有杜绝金融危机，但减轻了金融危机对整个社会的冲击；展望未来，金融危机还必然存在。每一次金融危机都会给世人带来惨痛的损失和深刻的记忆，人类社会也正是从一次次危机中吸取教训，不断地调整和完善中央银行的功能。发展到今天，发行货币已经不再是中央银行的主要功能。并且，中央银行发行的货币，其材质也在随着经济的发展而出现新的形态。在现代社会，中央银行的重要性已经不再体现在货币发行上，而是体现在制定并执行货币政策，保持物价稳定，熨平经济波动，实现经济增长，降低金融危机带来的负面影响等方面。因此围绕货币政策的一系列问题，是目前经济学家关注中央银行的焦点。对某些货币政策的问题，我们的认识还存在黑箱。希望本书的修订出版，能够帮助读者澄清某些认识上的问题，把握中央银行制度发展的演进规律。

在中国，相较于西方国家，中央银行制度的诞生相对较晚。1978 年的改革开放，为中国学习和超越西方国家的中央银行制度提供了强大的经济基础和实力。经过 40 余年的发展，中国金融资产总量已经到达了一个很高的水平。2019 年 12 月末，广义货币（M2）余额 198.65 万亿元。中国为什么没有出现通货膨胀？2018 年年末，中国金融业机构总资产为 293.52 万亿元。其中，银行业机构总资产为 268.24 万亿元；证券业机构总资产为 6.95 万亿元；保险业机构总资产为 18.33 万亿元。2018 年中国的 GDP 刚刚超过 90 万亿元人民币。中国从过去的金融抑制变身为金融资产规模全球遥遥领先，为什么中国没有出现金融泡沫？诸如此类的问题，都是中国未来面临的挑战，也需要中国经济学家向世界给出符合逻辑的解释。希望本书的修订出版，能够为此贡献绵薄之力。

参考文献

[1] 博芬格. 货币政策：目标、机构、策略和工具［M］. 黄燕芬，等译. 北京：中国人民大学出版社，2013.

[2] 宾德赛尔. 货币政策实施：理论、沿革与现状［M］. 齐鹰飞，林山，等译. 大连：东北财经大学出版社，2013.

[3] 汉达. 货币经济学［M］. 彭志文，等译. 北京：中国人民大学出版社，2013.

[4] 格里芬. 美联储传：一部现代金融史［M］. 罗伟，蔡浩宇，董威琪，译. 北京：中信出版社，2017.

[5] 雷. 现代货币理论：主权货币体系的宏观经济学［M］. 张慧玉，王佳楠，马爽，译. 北京：中信出版社，2017.

[6] 布林德. 最终贷款人：解密中央银行［M］. 王逸濛，陈曦，译. 上海：格致出版社，上海人民出版社，2017.

[7] 埃森格林. 资本全球化：一部国际货币体系史［M］. 麻勇爱，译. 北京：机械工业出版社，2014.

[8] 霍维慈. 美国货币政策与金融制度［M］. 谭秉文，戴乾定，译. 北京：中国财政经济出版社，1980.

[9] 伯南克. 金融的本质［M］. 巴曙松，陈剑，译. 北京：中信出版社，2014.

[10] 斯泰尔. 布雷顿森林货币战：美元如何统治世界［M］. 符荆捷，陈盈，译. 北京：机械工业出版社，2014.

[11] 伯恩斯坦. 黄金简史［M］. 黄磊，郑佩芸，译. 上海：上海财经大学出版社，2008.

[12] 艾布拉姆斯. 美国历史上的10大经济失误［M］. 孙建中，译. 北京：新华出版社，2016.

[13] 金德尔伯格. 1929—1939年世界经济萧条［M］. 宋承先，洪文达，译. 上海：上海译文出版社，1986.

[14] 霍姆斯. 语控经济：中央银行的沟通规则［M］. 张成思，译. 大连：东北财经大学出版社，2016.

[15] 萨克斯，拉雷恩. 全球视角的宏观经济学［M］. 费方城，等译. 上海：格致出版社，上海三联书店，上海人民出版社，2012.

[16] 阿塔克，帕塞尔. 新美国经济史：从殖民地时期到1940年［M］. 罗涛，等译. 北京：中国社会科学出版社，2000.

[17] 瓦什. 货币理论与政策［M］. 彭兴韵，郑黎黎，曾刚，译. 上海：格致出版社，上海三联书店，上海人民出版社，2019.

[18] 钱得勒，哥尔特菲尔特. 货币银行学 [M]. 中国人民大学财政金融教研室，译. 北京：中国财政经济出版社，1980.

[19] 怀特. 货币制度理论 [M]. 李扬，等译. 北京：中国人民大学出版社，2004.

[20] 托马斯. 金融危机和美联储政策 [M]. 危勇，等译. 北京：中国金融出版社，2012.

[21] 黑泽尔. 美联储货币政策史 [M]. 曾刚，陈婧，译. 北京：社会科学文献出版社，2016.

[22] 布鲁纳，卡尔. 完美风暴——1907大恐慌和金融危机的根源 [M]. 董云峰，译. 北京：中信出版社，2009.

[23] 弗里德曼，施瓦茨. 美国货币史（1867—1960）[M]. 巴曙松，王劲松，等译. 北京：北京大学出版社，2009.

[24] 弗里德曼. 货币的祸害：货币史片段 [M]. 安佳，译. 北京：商务印书馆，2006.

[25] 罗斯巴德. 美联储的起源 [M]. 安佳，译. 上海：上海人民出版社，2017.

[26] 休斯，凯恩. 美国经济史 [M]. 邸晓燕，邢露，等译. 北京：北京大学出版社，2011.

[27] 莫里森，等. 美利坚众合国的成长 [M]. 南开大学历史系美国史研究室，译. 天津：天津人民出版社，1980.

[28] 伍德. 英美中央银行史 [M]. 陈晓霜，译. 上海：上海财经大学出版社，2011.

[29] 戈登. 伟大的博弈：华尔街金融帝国的崛起（1653—2019年）[M]. 祁斌，编译. 北京：中信出版社，2019.

[30] 奥弗特韦尔德. 欧元的终结？！：欧盟不确定的未来 [M]. 贾拥民，译. 北京：华夏出版社，2012.

[31] 麦迪森. 中国经济的长期表现 [M]. 伍晓鹰，马德斌，译. 上海：上海人民出版社，2008.

[32] 哈森普施. 全球市场的清算服务：清算行业未来发展框架 [M]. 张晓刚，尹小为，王宇超，等译. 北京：机械工业出版社，2016.

[33] 贝恩，豪厄尔斯. 货币政策：理论与实务 [M]. 杨农，等译. 北京：清华大学出版社，2013.

[34] 哈里斯. 货币理论 [M]. 梁小民，译. 北京：商务印书馆，2017.

[35] 乔恩. 货币史：从公元800年起 [M]. 李广乾，译. 北京：商务印书馆，2002.

[36] 凯恩斯. 和约的经济后果 [M]. 张军，贾晓屹，译. 北京：华夏出版社，2008.

[37] 科纳汉. 英格兰银行 [M]. 王立鹏，译. 北京：中国友谊出版公司，2015.

[38] 巴曙松. 流动性过剩的控制与机遇 [J]. 资本市场，2007（合刊）.

[39] 北京大学中国经济研究中心宏观组. 流动性的度量及其与资产价格的关系 [J]. 金融研究，2008（9）.

[40] 滨野洁，等. 日本经济史：1600—2000 [M]. 彭曦，等译. 南京：南京大学出版社，2010.

[41] 蔡德金. 历史的怪胎 [M]. 桂林：广西师范大学出版社，1993.

[42] 陈利平. 通货膨胀目标制并不能解决我国货币政策低效率问题 [J]. 经济学（季刊），2007（4）.

[43] 陈雨露. 在"2017年中国金融学会学术年会暨中国金融论坛年会"上的讲话 [C/OL]. 2017. http://finance.ce.cn/rolling/201703/24/t20170324_21377489.shtml.

[44] 陈元，黄益平. 中国金融四十人看四十年 [M]. 北京：中信出版社，2018.

[45] 陈元，钱颖一. 资本账户开放：战略、时机与路线图 [M]. 北京：社会科学文献出版社，2014.

［46］戴根有．中央银行宏观经济分析［M］．北京：中国金融出版社，1990．

［47］戴根有．中央银行宏观经济分析若干理论和方法问题［M］．北京：中国金融出版社，1995．

［48］戴根有．货币政策目标、方针和措施［N］．金融时报，2001-10-22（3）．

［49］戴相龙．依法履行中央银行的职责［J］．中国金融，1995（10）．

［50］戴相龙．当前金融工作中急需研究的几个问题［J］．金融研究，1996（3）．

［51］杜金富．金融统计标准及诠释［M］．北京：中国金融出版社，2012．

［52］樊纲，贺力平．金融改革开放与中国国际收支再平衡［M］．上海：上海远东出版社，2012．

［53］范一飞．关于数字人民币M0定位的政策含义分析［N］．金融时报，2020-9-15（1）．

［54］傅筑夫．中国封建社会经济史：第二卷［M］．北京：人民出版社，1982．

［55］耿磊．朱理治与1941～1942年陕甘宁边区银行［J］．史学月刊，2015（6）．

［56］管涛．汇率的本质［M］．北京：中信出版社，2016．

［57］管涛，等．汇率的博弈［M］．北京：中信出版社，2018．

［58］管涛．汇率的突围［M］．上海：中国出版集团东方出版中心，2020．

［59］郭田勇．中国货币政策最终目标内涵研究［J］．金融研究，2001（7）．

［60］黄阿明．明代货币白银化与国家制度变革研究［M］．扬州：广陵书社，2016．

［61］黄达，等．中国金融百科全书［M］．北京：经济管理出版社，1990．

［62］霍颖励．人民币走向国际化［M］．北京：中国金融出版社，2018．

［63］纪志宏．金融市场创新与发展［M］．北京：中国金融出版社，2018．

［64］姜建清．世界金融百年沧桑记忆-1［M］．北京：中信出版社，2018．

［65］姜建清．世界金融百年沧桑记忆-2［M］．北京：中信出版社，2019．

［66］赖建诚．经济史的趣味［M］．杭州：浙江大学出版社，2011．

［67］赖建诚．经济思想史的趣味［M］．杭州：浙江大学出版社，2016．

［68］李斌．中国货币政策有效性的实证研究［J］．金融研究，2001（7）．

［69］李斌．存差、金融控制与铸币税——兼对我国"M2/GDP过高之谜"的再解释［J］．管理世界，2006（3）．

［70］李斌，伍戈．信用创造、货币供求与经济结构［M］．北京：中国金融出版社，2014．

［71］李波．以宏观审慎为核心，推进金融监管体制改革［N］．第一财经日报，2016-2-15（5）．

［72］李波．构建货币政策和宏观审慎政策双支柱调控框架［M］．北京：中国金融出版社，2018．

［73］李弘．图说金融史［M］．北京：中信出版社，2015．

［74］李实．陕甘宁革命根据地货币史［M］．北京：中国金融出版社，2003．

［75］李晓，上川孝夫．人民币、日元与亚洲货币合作：中日学者的对话［M］．北京：清华大学出版社，2010．

［76］李祥瑞．抗日战争时期的陕甘宁边区银行［J］．西北大学学报（哲学社会科学版），1985（3）．

［77］李扬．中国金融改革30年［M］．北京：社会科学文献出版社，2008．

［78］励跃．中国支付体系［M］．北京：中国金融出版社，2017．

［79］林晓光，孙辉．日本军票史考略［J］．抗日战争研究，2005（4）．

［80］林铁钢．落实从紧货币政策促进经济又好又快发展——访中国人民银行副行长易纲［J］．中国金融，2008（3）．

［81］刘春航. 解密巴塞尔：简析国际银行监管框架［M］. 北京：中国金融出版社，2015.

［82］刘贵生. 现代国库论［M］. 北京：中国金融出版社，2014.

［83］刘明志. 货币供应量和利率作为货币政策中介目标的适应性［J］. 金融研究，2006（1）.

［84］刘尚希.《预算法》修订争论：国库管理主体只能是财政［J］. 瞭望，2012（8）.

［85］刘士余. 支付业务统计指标释义［M］. 北京：中国金融出版社，2013.

［86］陆磊. 金融机构改革的道路抉择［M］. 北京：中国金融出版社，2018.

［87］陆磊，李宏瑾. 最优外汇储备与货币调控方式转型［M］. 北京：经济管理出版社，2017.

［88］罗光彩. 央行救助再贷款亟待加强管理［J］. 武汉金融，2002（9）.

［89］罗华素，廖平之. 中央革命根据地货币史［M］. 北京：中国金融出版社，1998.

［90］马海涛. 新预算法与我国国库集中收付制度改革［J］. 中国财政，2015（1）.

［91］茅海建. 苦命天子：咸丰皇帝奕詝［M］. 北京：生活·读书·新知三联书店，2006.

［92］明明. 货币政策理论与分析［M］. 北京：中国金融出版社，2017.

［93］欧洲中央银行. 欧洲央行货币分析工具及框架［M］. 徐诺金，等译. 北京：中国金融出版社，2014.

［94］潘功胜. 大行蝶变：中国大型银行复兴之路［M］. 北京：中国金融出版社，2012.

［95］彭文生. 渐行渐远的红利：寻找中国新平衡［M］. 北京：社会科学文献出版社，2013.

［96］彭兴韵. 流动性、流动性过剩与货币政策［J］. 经济研究，2007（11）.

［97］彭兴韵. 转折与变局：中国经济金融大趋势［M］. 北京：中信出版社，2017.

［98］戚其章. 甲午战争新讲［M］. 北京：中华书局，2009.

［99］千家驹，郭彦岗. 中国货币演变史［M］. 上海：上海人民出版社，2005.

［100］钱小安. 通货紧缩论［M］. 北京：商务印书馆，2000.

［101］任学岭. 简述陕甘宁边区货币［J］. 延安大学学报（社会科学版），1992（4）.

［102］阮健弘. 金融统计创新与发展［M］. 北京：中国金融出版社，2018.

［103］盛松成. 一个全面反映金融与经济关系的总量指标——写在社会融资规模指标建立三周年之际［J］. 中国金融，2013（12）.

［104］盛松成，翟春. 中央银行与货币供给［M］. 北京：中国金融出版社，2015.

［105］盛松成. 社会融资规模理论与实践［M］. 北京：中国金融出版社，2014.

［106］石俊志. 汉文帝放民铸钱——铜本位货币制度在中国古代的成功演练［J］. 金融博览，2011（11）.

［107］石俊志. 王莽的货币改制——中国古代最失败的社会改革运动［J］. 金融博览，2012（2）.

［108］石涛. 南京国民政府中央银行研究（1928～1937）［M］. 上海：上海远东出版社，2012.

［109］石毓符. 中国货币金融史略［M］. 天津：天津人民出版社，1984.

［110］孙国峰. 第一排：中国金融改革的近距离思考［M］. 北京：中国经济出版社，2012.

［111］孙国峰. 货币政策工具的创新［J］. 中国金融，2017（4）.

［112］孙立坚. 流动性过剩与流动性繁荣［N］. 东方早报，2007-02-28（A15）.

［113］孙天琦. 外汇管理体制改革与创新［M］. 北京：中国金融出版社，2018.

［114］唐双宁. 关于解决流动性过剩问题的初步思考［J］. 经济研究，2007（9）.

［115］陶士贵. 中央银行再贷款：泛化、反稳定性与道德风险［J］. 广东金融学院学报，2006（4）.

［116］屠光绍. 结算系统：运作与趋势［M］. 上海：上海人民出版社，2000.

［117］万存知. 征信业的探索与发展［M］. 北京：中国金融出版社，2018.

［118］汪锡鹏. 钱的故事［M］. 北京：华文出版社，2009.

［119］汪洋. 中国M2/GDP比率问题研究述评［J］. 管理世界，2007（1）.

［120］汪洋. 中国货币政策框架研究［M］. 北京：中国财政经济出版社，2008.

［121］汪洋. 中国人民银行再贷款：功能演变与前景探讨［J］. 广东金融学院学报，2009（5）：35-45.

［122］汪洋. 中国货币政策工具研究［M］. 北京：中国金融出版社，2009.

［123］汪洋. 国际收支与汇率［M］. 上海：复旦大学出版社，2012.

［124］汪洋，党印. 中国银行体系流动性过剩问题研究述评［J］. 金融教育研究，2011，24（1）.

［125］王国刚. 中国货币政策调控工具的操作机理：2001—2010［J］. 中国社会科学，2012（4）.

［126］王国刚. 中国金融监管框架改革的重心［J］. 中国金融，2016（10）.

［127］王宏斌. 清代价值尺度：货币比价研究［M］. 北京：生活·读书·新知三联书店，1990.

［128］王健. 还原真实的美联储［M］. 杭州：浙江大学出版社，2013.

［129］王毅. 美国简史［M］. 北京：北京时代华文书局，2015.

［130］王信，王晓春. 江西红色金融记忆［M］. 南昌：江西人民出版社，2015.

［131］王兆星. 后危机时代国际金融监管改革探索［M］. 北京：中国金融出版社，2013.

［132］翁礼华. 礼华财经历史散文［M］. 杭州：浙江文艺出版社，2000.

［133］吴晓灵. 流动性性过剩与金融市场风险［J］. 中国金融，2007（19）.

［134］伍戈，刘琨. 探寻中国货币政策的规则体系：多目标与多工具［J］. 国际金融研究，2015（1）.

［135］夏斌，陈道富. 中国流动性报告［R］. 北京：国务院发展研究中心金融所，2007.

［136］向松祚. 美元发行泛滥：全球流动性过剩根源［N］. 第一财经日报，2007-06-22（A07）.

［137］项俊波. 中国本外币政策协调问题探讨［J］. 金融研究，2007（2）.

［138］谢多. 银行间市场综合知识读本［M］. 北京：中国金融出版社，2014.

［139］谢平. 新世纪中国货币政策的挑战［J］. 金融研究，2000（1）.

［140］谢平，罗雄. 泰勒规则及其在中国货币政策中的检验［J］. 经济研究，2002（3）.

［141］谢众. 支付体系创新与发展［M］. 北京：中国金融出版社，2018.

［142］徐忠. 区域金融改革探索与实践［M］. 北京：中国金融出版社，2018.

［143］徐忠，等. 中国货币政策转型：转轨路径与危机反思［M］. 北京：经济管理出版社，2018.

［144］延安革命纪念地管理局. 走进陕甘宁边区银行［M］. 西安：陕西人民出版社，2018.

［145］严中平. 中国近代经济史（1840—1894）［M］. 北京：人民出版社，2012.

［146］阎坤，陈新平. 我国当前金融风险财政化问题及对策［J］. 管理世界，2004（10）.

［147］燕红忠. 本位与信用：近代中国白银货币制度及其变革［J］. 中国经济史研究，2019（6）.

［148］杨端六. 清代货币金融史稿［M］. 武汉：武汉大学出版社，2007.

［149］姚余栋，谭海鸣. 央票利率可以作为货币政策的综合性指标［J］. 经济研究，2011a（增刊2）.

［150］姚余栋，谭海鸣. 中国金融市场通胀预期——基于利率期限结构的量度［J］. 金融研究，2011（6）.

［151］叶世昌. 中国金融通史：第一卷 先秦至清鸦片战争时期［M］. 北京：中国金融出版社，2002.

[152] 易纲. 中国的货币化进程 [M]. 北京：商务印书馆，2003.

[153] 易纲. 人民银行行长助理易纲就"稳健的货币政策实施情况"接受中央政府网在线专访 [A/OL]. 中国人民银行网站，2007.http://www.pbc.gov.cn/detail.asp?col=100&ID=2087.

[154] 易纲. 中国金融改革思考录 [M]. 北京：商务印书馆，2020.

[155] 殷剑峰. 反思宏观金融政策的重构——评央行"社会融资总量"[J]. 财经，2011（9）.

[156] 余永定. M2/GDP 的动态增长路径 [J]. 世界经济，2002（12）.

[157] 余永定. 理解流动性过剩 [J]. 国际经济评论，2007a（4）.

[158] 余永定. 当前中国宏观经济的新挑战 [J]. 国际经济评论，2007b（5）.

[159] 余永定. 社会融资总量与货币政策的中间目标 [J]. 国际金融研究，2011（9）.

[160] 余永定. 见证失衡：双顺差、人民币汇率和美元陷阱 [M]. 北京：生活·读书·新知三联书店，2010.

[161] 袁江. 中央银行再贷款政策及转型研究 [J]. 广东金融学院学报，2006（4）.

[162] 张成权. 王茂荫与咸丰币制改革 [M]. 合肥：黄山书社，2005.

[163] 张杰. 中国的高货币化之谜 [J]. 经济研究，2006（6）.

[164] 张明. 流动性过剩的测量、根源和风险涵义 [J]. 世界经济，2007（11）.

[165] 张明. 全球危机下的中国变局 [M]. 北京：中国金融出版社，2013.

[166] 张茉楠. "社会融资总量"引领金融调控体系嬗变 [N]. 中国财经报，2013-03-29（3）.

[167] 张晓慧. 正确认识当前的"存差"问题 [J]. 中国金融，2006（4）.

[168] 张晓慧. 国际收支顺差条件下货币政策工具的选择、使用和创新 [Z]. 中国人民银行网站，2011.

[169] 张晓慧. 推进利率、汇率形成机制改革，疏通货币政策传导机制 [Z]. 中国人民银行网站，2011-03-10.

[170] 张晓慧. 中国货币政策 [M]. 北京：中国金融出版社，2012.

[171] 张晓慧. 新常态下的货币政策 [J]. 中国金融，2015（1）.

[172] 张晓慧. 如何理解宏观审慎评估体系 [J]. 中国货币市场，2016（8）.

[173] 张晓慧. 货币政策回顾与展望 [J]. 中国金融，2017（3）.

[174] 张屹山，张代强. 前瞻性货币政策反应函数在中国货币政策中的检验 [J]. 经济研究，2007（3）.

[175] 张屹山，张代强. 包含货币因素的利率规则及其在我国的实证检验 [J]. 经济研究，2008（12）.

[176] 张宇燕，高程. 美洲金银和西方世界的兴起 [M]. 北京：中信出版社，2004.

[177] 中共中央党史研究室. 中国共产党党史：第一卷 1921—1949 [M]. 2版. 北京：中共党史出版社，2011.

[178] 中国金融博物馆. 百年美联储：一个独立帝国的金融真相 [M]. 北京：北京联合出版公司，2015.

[179] 中国金融四十人论坛，上海新金融研究院. 中国金融改革报告 2015：中国经济发展与改革中的利率市场化 [M]. 北京：中国金融出版社，2015.

[180] 中国人民银行. 中国共产党领导下的金融发展简史 [M]. 北京：中国金融出版社，2013.

[181] 中国人民银行金融消费权益保护局. 金融知识普及读本［M］. 北京：中国金融出版社，2014.
[182] 中国人民银行条法司.《中国人民银行法》讲座·第一讲总则［J］. 中国金融，1995（5）.
[183] 中国人民银行资金管理司. 中央银行信贷资金宏观管理［M］. 兰州：甘肃人民出版社，1990.
[184] 中国人民银行总行参事室. 中华民国货币史资料1912—1927：第一辑 1912—1927［M］. 上海：上海人民出版社，1986.
[185] 中国人民银行总行参事室. 中华民国货币史资料1924—1949：第二辑 1924—1949［M］. 上海：上海人民出版社，1991.
[186] 中国人民银行总行参事室金融史料组. 中国近代货币史资料：第一辑 清政府统治时期 1840—1911［M］. 北京：中华书局，1964.
[187] 钟伟，魏伟，陈骁，等. 数字货币：金融科技与货币重构［M］. 北京：中信出版社，2018.
[188] 周其仁. 货币的教训［M］. 北京：北京大学出版社，2012.
[189] 周小川. 当前研究和完善货币政策传导机制应关注的几个问题［N］. 金融时报，2004-4-14（2）.
[190] 周小川. 汇率机制改革与转变思维模式［J］. 财经，2005（15）.
[191] 周小川. 中国货币政策的特点和挑战［J］. 财经，2006（26）.
[192] 周小川. 关于推进利率市场化改革的若干思考［Z］. 在《财经》年会上的讲话，2010-12-17.
[193] 周小川. 建立符合国情的金融宏观调控体系［J］. 中国金融，2011（14）.
[194] 周小川. 金融政策对金融危机的响应——宏观审慎政策框架的形成背景、内在逻辑和主要内容［J］. 金融研究，2011（1）.
[195] 周小川. 国际金融危机：观察、分析与应对［M］. 北京：中国金融出版社，2012.
[196] 周小川. 新世纪以来中国货币政策主要特点［J］. 财新周刊，2012（46）.
[197] 周小川. 把握好多目标货币政策：转型的中国经济的视角［Z］. 在华盛顿参加IMF中央银行政策研讨上的发言，2016-6-24.
[198] 周正庆. 中国货币政策研究［M］. 北京：中国金融出版社，1993.
[199] 朱隽. 金融业开放和参与全球治理［M］. 北京：中国金融出版社，2018.
[200] 朱清华，李东. 陕甘宁边区银行及其发行的纸币［J］. 收藏，2011（7）.
[201] BINDSEIL, ULRICH. Monetary policy implement theory, past and present［M］. Oxford: Oxford University Press, 2004.
[202] BERNANKE B S. Central Banking and Bank Supervision in the United States［R/OL］, Speech at the Allied Social Science Association Annual Meeting, Chicago, Illinois, 2007. https://www.federalreserve.gov/newsevents/speech/bernanke20070105a.htm
[203] BOARD OF GOVERNORS OF THE FEDERAL RESERVE SYSTEM. The Federal Reserve System: purposes & functions［M］. 10th ed. Washington D C: Board of Governors of the Federal Reserve System, 2015.
[204] BOARD OF GOVERNORS OF THE FEDERAL RESERVE SYSTEM. The Fed Explained What the Central Bank Does［M］. 11th ed. Washington D C: Board of Governors of the Federal Reserve System, 2021
[205] Davies H, Green D. Banking on the future: the fall and rise of central banking［M］. Princeton,

Princeton University Press, 2010.

[206] DE HAAN, JAKOB. The History of the Bundesbank: lessons for the European Central Bank [M]. London: Routledge, 2000.

[207] EUROPEAN CENTRAL BANK. The monetary policy of the ECB [M/OL]. Frankfurt: European Central Bank, 2011. https://www.ecb.europa.eu/pub/pdf/other/monetarypolicy2011en.pdf?4004e7099b3dcdbf58d0874f6eab650e.

[208] EIJFFINGER SYLVESTER C W, DE HANN, JAKOB. European monetary and fiscal policy [M]. Oxford: Oxford University Press, 2000.

[209] FERGUSON, R W. The Evolution of Central Banking in the United States [R/OL]. Remarks At a European Central Bank Colloquium in Honor of Tommaso Padoa-Schioppa, The European Central Bank, Frankfurt, Germany, 2005.https://www.federalreserve.gov/boarddocs/speeches/2005/20050427/default.htm

[210] GOODHART C. The evolution of central banks [M]. Cambridge, MA: MIT Press, 1988.

[211] Institute for Monetary and Economic Studies, Bank of Japan. Functions and operations of the Bank of Japan [M/OL]. Tokyo: Bank of Japan, 2011. https://www.boj.or.jp/en/about/outline/data/foboj01.pdf.

[212] International Monetary Fund. Central Banking Lessons from the Crisis [R]. Washington D C: International Monetary Fund, 2010.

[213] International Monetary Fund. Monetary and financial statistics manual and compilation guide [M/OL]. Washington D C: International Monetary Fund, 2017.

[214] MISHKIN, F S, EAKINS, S G. Financial markets and institutions [M]. 7th ed. Upper Saddle River: Prentice Hall, 2013.

[215] MARTHINSEN, JOHN E. Managing in a global economy: demystifying international macroeconomics [M]. 2nd ed. Boston: CENGAGE Learning, 2015.

[216] MARQUIS, MILTON H. Monetary theory and policy [M]. Eagan: West Publishing Company, 1996.

[217] MERTON, R C. A functional perspective of financial intermediation [J]. Financial management, 1995, 24(2): 23-41.

[218] MOENJAK, THAMMARAK. Central banking: theory and practice in sustaining monetary and financial stability [M]. Singapore: John Wiley & Sons Pte.Ltd, 2014.

[219] NYAWATA O. Treasury bills and/or central bank bills for absorbing surplus liquidity: the main considerations [J/OL]. IMF Working Paper, 2012. https://www.imf.org/external/pubs/ft/wp/2012/wp1240.pdf.

[220] SCHELLER H K. The European Central Bank: history, role and functions [M]. 2nd revised ed. Frankfurt: European Central Bank, 2006.

[221] TAUS E R. Central Banking Functions of the United States Treasury, 1789-1941 [M]. New York: Columbia University Press, 1943.

[222] UGOLINI S. The Evolution of central banking: theory and history [M]. London: Palgrave Macmillan, 2017.

后 记

本书出版之后，得到了不少朋友的好评和肯定，出版社也进行了二次印刷。良好的反馈和中央银行宏观调控的不断变化使我思考如何让本书与时俱进。

本人一直从事金融领域的教学和研究，如何让学生掌握中央银行的调控原理一直萦绕在我的心头。这本书如何才能够写出特色呢？读者如何才能够对本书感兴趣？从可读性方面来看，我从历史上的金融故事入手，揭示其背后的金融原理。所讲的故事既要古今中外兼顾，又能够将其背后的金融原理用现代的经济学语言来解释和阐述，让读者能够真正明白，我个人感觉这仍然是个不小的挑战。我在这方面进行了尝试。从逻辑思路上，我采取了从资产负债表入手的方法，通过介绍中央银行的资产负债表来阐述中央银行的三大职能。记住了中央银行资产负债表的主要科目，也就基本掌握了中央银行的主要业务和主要职能。在此基础上，本书围绕货币这个术语，从定性和定量两方面展开论述。如何认识货币的属性？这个话题在金融学课程中都有介绍，本书则从货币的资产负债属性来阐述。从这个角度出发，我们可以认清最近非常火爆的虚拟货币——比特币的性质。对某些似是而非的问题，如比特币取代一国的主权货币等问题，读者就会有更清晰的认识。与货币相关的术语则有流动性、基础货币、银根、准备金、社会融资规模等，这些术语的差异在哪里？本书一一进行了解释。在此基础上，本书对货币的量与价进行了分析。如何统计一个国家的货币供应量？从资产负债表的角度来看，货币供应量的统计过程就是银行体系资产负债表的合并过程。本书通过介绍中央银行资产负债表和商业银行资产负债表的并表过程，使学生基本掌握货币供应量的统计问题和货币层次问题。从价格的角度来看，货币都有哪些价格呢？一般来说，货币有三个价格，即通货膨胀率、利率与汇率。这三个价格又彼此两两构成一个定理，分别是费雪效应、购买力平价和利率平价。从理论上来看，当经济达到均衡时，就应该实现这三大定理。写到这里，我们就可以解释为什么说中央银行制度是人类社会的一项伟大创举。政府财政支出的资金来源有财政收入，当财政收入不足以满足财政支出时，有什么办法可以解决呢？提高税率，通过横征暴敛的方式来解决显然不合适。近代以来，解决这一问题的手段增加了两个，一个是通过有借有还的债务方式，另一个是通过发行货币的方式。运用好这两个政策工具，并非一件易事。历史上，有的政府发行国债，出现过违约；有的政府发行货币（也可以说钞票、通货等），出现了通货膨胀。在金属货币本位制度下如此，在信用货币本位制度下亦如此。发展到今天，发行国债主要由财政部实施，这是一种有借有还的融资操作；发行货币，最初要么是财政部自身，要么是政府通过特许权的方式赋予某家商业银行来操作，走到今天，各国先后成立具有独立性的中央银行来实施货币发行。尽管后者不是政府融资缺口的主要解决方式，而是以保障经济平稳运行、保持物价稳定为目标，并且中央银行发行的货币在广义货币总量中的占比只有 5% 左右，显然在现代社会，发行货币不再是中央银行最关键的任务了。但是，人类社会认识到这一点，却花了很长的时间。

　　本书另外一个特征就是对金融领域出现的若干术语进行了讨论，比如铸币税的问题、清算与结算的差异问题、流动性的问题以及原始存款和派生存款的问题等。在我看来，对这些概念理解不准确，与现代金融业从西方发展起来有很大的关系。在翻译过程中，由于译者理解上的差异以及金融业务的迅速发展，包括国人基于汉语的顾名思义，部分术语在使用过程中以讹传讹。对这些术语进行追本溯源，澄清认识上的误区，是金融学科取得进步的基础。笔者不揣浅陋，将自己的想法写出来，就教于方家。

推荐阅读

中文书名	原作者	中文书号	定价
货币金融学(商学院版，第4版)	弗雷德里克 S. 米什金 哥伦比亚大学	978-7-111-54654-2	79.00
货币金融学(商学院版，第4版·英文版)	弗雷德里克 S. 米什金 哥伦比亚大学	978-7-111-60658-1	109.00
《货币金融学》学习指导及习题集	弗雷德里克 S. 米什金 哥伦比亚大学	978-7-111-44311-7	45.00
投资学（第10版）	滋维·博迪 波士顿大学	978-7-111-56823-0	129.00
投资学（第10版·英文版）	滋维·博迪 波士顿大学	978-7-111-39142-5	128.00
投资学习题集（第10版）	滋维·博迪 波士顿大学	978-7-111-60620-2	69.00
公司理财（第11版）	斯蒂芬 A.罗斯 MIT斯隆管理学院	978-7-111-57415-6	119.00
期权、期货及其他衍生产品（第10版）	约翰.赫尔 多伦多大学	978-7-111-60276-7	169.00
《期权、期货及其他衍生产品》习题集	约翰.赫尔 多伦多大学	978-7-111-54143-1	49.00
债券市场：分析与策略（第8版）	弗兰克 法博齐 耶鲁大学	978-7-111-55502-5	129.00
金融市场与金融机构（第7版）	弗雷德里克 S. 米什金 哥伦比亚大学	978-7-111-43694-2	99.00
现代投资组合理论与投资分析（第9版）	埃德温 J. 埃尔顿 纽约大学	978-7-111-56612-0	129.00
投资银行、对冲基金和私募股权投资（第3版）	戴维·斯托厄尔 西北大学凯洛格商学院	978-7-111-62106-5	129.00
收购、兼并和重组：过程、工具、案例与解决方案（第7版）	唐纳德·德帕姆菲利斯 洛杉矶洛约拉马利蒙特大学	978-7-111-50771-0	99.00
风险管理与金融机构（第4版）	约翰.赫尔 多伦多大学	978-7-111-59336-2	95.00
金融市场与机构(第6版)	安东尼.桑德斯 纽约大学	978-7-111-57420-0	119.00
金融市场与机构(第6版·英文版)	安东尼.桑德斯 纽约大学	978-7-111-59409-3	119.00
货币联盟经济学（第12版）	保罗·德·格劳威 伦敦政治经济学院	978-7-111-61472-2	79.00

推荐阅读

中文书名	原作者	中文书号	定价
公司金融(第12版·基础篇)	理查德 A. 布雷利 伦敦商学院	978-7-111-57059-2	79.00
公司金融(第12版·基础篇·英文版)	理查德 A. 布雷利 伦敦商学院	978-7-111-58124-6	79.00
公司金融(第12版·进阶篇)	理查德 A. 布雷利 伦敦商学院	978-7-111-57058-5	79.00
公司金融(第12版·进阶篇·英文版)	理查德 A. 布雷利 伦敦商学院	978-7-111-58053-9	79.00
《公司金融（第12版）》学习指导及习题解析	理查德 A. 布雷利 伦敦商学院	978-7-111-62558-2	79.00
投资学（第10版·精要版）	滋维·博迪 波士顿大学	978-7-111-48772-2	55.00
投资学（第10版·精要版·英文版）	滋维·博迪 波士顿大学	978-7-111-48760-9	75.00
投资学：原理与概念（第12版）	查尔斯 P.琼斯 北卡罗来纳州立大学	978-7-111-53341-2	89.00
投资学原理：估值与管理（第6版）	布拉德福德 D. 乔丹 肯塔基大学	978-7-111-52176-1	95.00
投资学：以Excel为分析工具（原书第4版）	格莱葛 W.霍顿 印第安纳州立大学	978-7-111-50989-9	45.00
财务分析:以Excel为分析工具(第6版)	蒂莫西 R. 梅斯 丹佛大都会州立学院	978-7-111-47254-4	59.00
个人理财(第6版)	杰夫·马杜拉 佛罗里达亚特兰大大学	978-7-111-59328-7	79.00
固定收益证券	彼得罗·韦罗内西 芝加哥大学	978-7-111-62508-7	159.00